EÇA DE QUEIROZ. UMA BIOGRAFIA

A. CAMPOS MATOS

EÇA DE QUEIROZ. UMA BIOGRAFIA

Ateliê Editorial

EDITORA UNICAMP

Dados Internacionais de Catalogação na Publicação (CIP)
(Câmara Brasileira do Livro, SP, Brasil)

Matos, A. Campos

Eça de Queiroz: Uma Biografia / A. Campos Matos. – 1. ed. – Cotia, SP: Ateliê Editorial; Campinas: Editora da Unicamp, 2014.

ISBN 978-85-7480-673-0 (Ateliê Editorial)
ISBN 978-85-268-1051-8 (Editora da Unicamp)

1. Escritores portugueses - Biografia
2. Queiroz, Eça de, 1845-1900 I. Título.

14-02025 CDD-928.69

Índices para catálogo sistemático:
1. Escritores portugueses: Biografia 928.69

Direitos reservados à

ATELIÊ EDITORIAL
Estrada da Aldeia de Carapicuíba, 897
06709-300 – Cotia – SP – Brasil
Telefax: (11) 4612-9666
www.atelie.com.br
contato@atelie.com.br

EDITORA DA UNICAMP
Rua Caio Graco Prado, 50
Campus Unicamp
13083-892 – Campinas – SP – Brasil
Telefax: (19) 3521-7718/7728
www.editora.unicamp.br
vendas@editora.unicamp.br

Printed in Brazil
Foi feito o depósito legal
2014

A distância faz muito bem ao talento: é a saudade que tudo unge de tristeza. A saudade de que fala o meu querido Garrett. O Eça de Queiroz (que é tão grande) nunca teria feito a sua obra se não fora o seu destino que, desde menino e moço, o tem trazido errante por longes terras...

ANTÔNIO NOBRE, em carta inédita para Martinho Brederote, de 8.3.1896, da coleção do com.te Paulo Achmann.

Precisão, limpidez e ritmo, que são qualidades de razão e das melhores. [...] Porque a prosa é um dom dos deuses, como a beleza.

EÇA DE QUEIROZ, Carta a Alberto de Oliveira, 6.8.1894.

A tolice tem cabeça de touro. [...] O riso é uma Filosofia.

EÇA DE QUEIROZ *Uma Campanha Alegre* (1890-91).

Deve a biografia conter, tanto quanto possível, aquela multiplicidade de fisionomias físicas e morais que o decorrer dos anos vai imprimindo em todos os homens. A imobilidade, a visão única, pode prestar-se a um ensaio ou a um estudo, mas não está de acordo com a técnica biográfica, com a história de uma vida. Biógrafo ideal é aquele que transmite ao leitor a sensação das idades marcando as fisionomias e os caracteres, a sensação do tempo, as modificações dos dias.

ÁLVARO LINS, *Jornal de Crítica*, 3ª série, pp. 151-152.

SUMÁRIO

I. NOTA PREAMBULAR À EDIÇÃO BRASILEIRA

Foi no "alto-lugar" de Tormes, na Fundação Eça de Queiroz, que recebi um exemplar, acabado de imprimir, da primeira edição desta biografia, a 5 de dezembro de 2009, por ocasião de um colóquio internacional queiroziano, datando a distribuição nas livrarias de 22 de janeiro do ano seguinte. A sua revisão não tardaria a impor-se. A primeira tarefa empreendida foi a de corrigir algumas gralhas que não poucas vezes deixam os autores escapar. Mais preocupante todavia é a omissão de temas e complementos que só mais tarde se verificam. Em boa hora tive, para além da reflexão própria, a ajuda de leitores minudentes. Entre estes destaco a lupa excelente do meu amigo Luís dos Santos Ferro. Contribuição arguta e de monta me deu também a queirozianista Marie-Hélène Piwnik, tradutora da versão francesa desta obra e, como acontecera já com o Dicionário de Eça de Queiroz, *Américo Guerreiro de Sousa, autor dos* Cornos de Cronos, *sem esquecer o desvelo atento do meu colega o arquiteto Romeu Pinto da Silva. Também Luís Amaro me apontou com gosto e saber as suas observações, lembrando-me textos esquecidos de relevante importância na infindável bibliografia queiroziana.*

Destaco por fim o que de mais importante introduzi nesta edição, para além de alguns complementos aos retratos psicológicos de Eça e de Emília de Castro, sua mulher, e das adendas a diversos temas: novos elementos acerca do período obscuro do Colégio da Lapa, no Porto, entretanto descobertos; uma alínea específica sobre a Fundação Eça de Queiroz *(com sede na região do Douro, a "Tormes" de* A Cidade e as Serras*) no capítulo* II, *9 e; outra sobre a gênese, conteúdo e recepção crítica de* O Mistério da Estrada de Sintra, *no capítulo* IV *a, e a revisão da* Cronologia, *no capítulo* V, *a mais completa até esta data existente.*

Suprimi nesta edição, revista e emendada, para não a sobrecarregar, a "Introdução" de treze páginas da 1ª edição, que apresenta um discurso teórico sobre a Biografia, de onde extraio alguns dados e reflexões que podem ser assim resumidos:

1. Este trabalho teve como origem o convite do dr. João Pedro Garcia, diretor do Centre Culturel Portugais da Fundação Gulbenkian de Paris, para que fizesse uma biografia de Eça de Queiroz com os elementos essenciais suscetíveis de informar o público francês, que dispunha da tradução da maioria das suas obras, carecendo, no entanto, desse complemento cultural importante. Aconteceu isto em 2008 por ocasião do lançamento nesse Centre Culturel de outro trabalho meu: Eça de Queiroz et ses sept biographes. *Deste modo, em finais de abril de 2010, as Éditions de La Différence, de Paris, publicavam* Eça de Queiroz, Vie et Oeuvre, *em tradução da queirozianista francesa Marie-Hélène Piwnik. Eis uma versão que me permitiu, depois, abalançar-me a um trabalho de maior fôlego.*

2. Como escreveu o biógrafo brasileiro de Eça, Luís Vianna Filho, num trabalho teórico de 1945, A Verdade na Biografia: *"realmente, em última análise, quando lemos uma biografia não fazemos mais do que ver a vida duma personalidade através de um biógrafo, e com todas as deformações, coloridos, restrições e omissões daí decorrentes".*

3. A algumas exigências há de submeter-se o biógrafo: ao convívio de muitos anos com o autor estudado (vida e obra); à preocupação de sensatez, impeditiva da invenção de fantasias insuscetíveis de justificação (nomeadamente as de produzir juízos literários temerários), e à percepção constante de que uma biografia, tal como um Dicionário de autor ou de uma Correspondência, é, inevitavelmente, uma obra em aberto, sujeita a permanente atualização e interpretação.

4. Eça apresenta uma personalidade complexa, constatação feita por comentadores abalizados entre os quais Lúcia Miguel-Pereira, biógrafa de Machado de Assis (vd. Capítulo "Dissimulações"). Ela comentou sagazmente o "mistério" da idiossincrasia do autor de Os Maias. *Temos aqui um fator importante e uma constante do seu caráter, a que se soma a variabilidade de características que o decorrer do tempo vai acrescentando. O não ter em conta certas características psicológicas suas, ou desconhecê-las, tem levado alguns comentadores e biógrafos às mais erradas interpretações.*

5. Há que pôr em evidência, ainda, os conceitos do grande biógrafo André Maurois. Em obra teórica pioneira, Aspects de la biographie, *Maurois diz-nos que não podemos perder de vista "a preocupação da complexidade da pessoa humana e o reconhecimento de que a personalidade oferece a 'ligeireza do arco-íris'". Nas* Mémoires *adverte-nos ainda: "É completamente impossível dissociar a obra do autor. O ser humano é uno. O criador de momentos de êxtase é também o pobre homem dos momentos sórdidos e o da vida quotidiana".*

6. Faz-se notar, ainda, a estrutura particular deste trabalho ao estabelecer dois capítulos, o III e o IV: o primeiro com tópicos específicos de caráter biográfico e literário, o segundo com a descrição, obra por obra, dos seus conteúdos e das recensões críticas que mereceram de exegetas e comentadores notáveis, quer nacionais quer estrangeiros. É por via de regra ponto fraco de biografias deste gênero a crítica literária produzida pelo biógrafo. Não abdicamos dessa crítica mas transferimos a sua principal responsabilidade para os melhores exegetas e comentadores de Eça, através da seleção que deles fizemos.

7. No restabelecer ou reconstruir de uma personalidade e, com maioria de razão, nas propostas interpretativas de obra e vida, instâncias inseparáveis, não me pareceram nunca suficientes as fontes, embora dizendo respeito a uma bibliografia passiva enormíssima, e incessante. Algo faltará sempre. Se o cômputo final deste livro tiver foros, aqui e ali, de acerto inovador, já valeu a pena o esforço desta ponderada revisão.

8. Por último: não poderia aqui omitir o meu agradecimento aos meus amigos os professores Elsa Miné (USP) e Paulo Franchetti (Unicamp) que me proporcionaram esta edição na Ateliê Editorial e na Editora da Unicamp. Saliento ainda a ajuda de minha mulher, Coralina, sempre presente nos trabalhos e emoções das pesquisas queirozianas.

Lisboa, 31 de março de 2013.

II. BIOGRAFIA

As menores coisas na vida de um homem estremado do vulgo, são fatos significativos.

CAMILO CASTELO BRANCO, *Coração, Cabeça e Estômago*,
Cap. VII, 1ª fase, "Coração".

1. O NASCIMENTO, OS PRIMEIROS ANOS E O DRAMA QUE LHES ANDA ASSOCIADO

Pode dizer-se que o episódio romântico que envolveu o nascimento de Eça de Queiroz começa numa pequena e antiga povoação do Norte de Portugal, na foz do rio Lima, Viana do Castelo. Aí vivia uma jovem, nascida em Monção (7.8.1826), Carolina Augusta Pereira d'Eça. Não se sabe em que data e em que circunstâncias ela conheceu o Dr. José Maria d'Almeida Teixeira de Queiroz, então delegado do procurador régio na vila vizinha de Ponte de Lima. (O mais provável é que se tenham conhecido através de Francisco Augusto Pereira Soromenho, natural de Ponte do Lima, casado com Emília Amália Pereira d'Eça, ainda sua parente, a irmã mais velha de Carolina, que viviam na Póvoa de Varzim.)

Desta relação irá nascer um filho, no dia 25 de novembro de 1845, na Póvoa de Varzim, estância balnear onde vivia a já referida irmã mais velha de Carolina Augusta, então com dezenove anos. A criança deveria ver a luz fora de olhares indiscretos que não comprometessem os Pereira d'Eça. Foi prático e lógico ir ter o filho à Póvoa de Varzim, a casa da irmã, a uma distância de apenas algumas horas em diligência. A mãe regressa, depois do parto, a Viana do Castelo e o recém-nascido é entregue aos cuidados de Ana Joaquina Leal de Barros, costureira, que vivia em Vila do Conde, dois quilômetros a sul da Póvoa. Ela vai ser sua madrinha e sua ama (decerto por indicação do avô paterno da criança). Aqui começam as relações de

José Maria Teixeira de Queiroz, pai do escritor.

Carolina Augusta Pereira d'Eça.

Os pais, José Maria e Carolina Augusta.

Eça com o Brasil, pois Ana Leal era natural de Pernambuco. Seja dito que o pai do futuro escritor, por seu turno, nascera no Rio de Janeiro, dois anos antes da Independência.

Rejeitado pela mãe e muito presumivelmente não desejado pelo pai, seis anos mais velho que ela, estas são as circunstâncias fundamentais do nascimento de José Maria, que virão a deixar marcas bem visíveis nos seus comportamentos e na sua obra. A 1º de dezembro de 1845, José Maria, que toma o nome do pai, é batizado na igreja matriz de Vila do Conde. O padrinho será o Senhor dos Aflitos. Parece premonitória esta circunstância porque de fato muito virá a sofrer com a falta de dinheiro e de saúde.

À certidão de batismo, que abre deste modo: "José Maria – filho natural de José Maria d'Almeida de Teixeira de Queiroz e de mãe incógnita", ficará apensa uma estranha carta, alvo de várias interpretações, que o pai do recém-nascido escreve à mãe da criança:

Ponte de Lima, 18 de novembro de 1845

Senhora: Recebi carta de meu pai, que novamente me recomenda a criação de meu filho, e se me oferece para mandá-lo criar no Porto, em companhia da minha família, quando a senhora nisto convenha. Espero, pois, a sua resposta para nessa inteligência escrever a meu pai. Ele me recomenda igualmente – e também o desejo – que no Assento do Batismo se declare ser meu filho, sem todavia se enunciar o nome da mãe. Isto é essencial para o futuro de meu filho, e para que, no caso de se verificar o meu casamento consigo – o que talvez haja de acontecer brevemente –, não seja precisa em tempo algum justificação de filiação. Espero se ponha ao nosso filho o meu, ou o seu nome, conforme deve ser.

Adeus, Acredite sempre nas minhas sinceras tenções – e agora mais do que nunca – Queiroz.

Os pais vêm de fato a casar, a 3 de setembro de 1849, em Viana do Castelo, ou seja, quatro anos depois do nascimento de José Maria. Esta é já uma legitimação do filho. Outra é o fato de ele usar desde cedo o apelido Eça, da mãe. De fato, na matrícula em Direito na Universidade de Coimbra, de 14 de outubro de 1861 (documento que se encontra no Arquivo da Universidade), figura o nome completo *José Maria d'Eça de Queiroz*. Antes do seu casamento, realizado com quarenta anos, a 10 de fevereiro de 1866, os pais assinam um documento específico de legitimação.

Seis anos após a morte do escritor, em 1906, quando a Póvoa de Varzim inaugurou uma lápide na casa da Praça do Almada onde se presume que Eça nascera, Vila do Conde desencadeia uma polêmica, ainda hoje não inteiramente apaziguada, contestando o nascimento do grande escritor na Póvoa de Varzim e reclamando para si a glória de tal acontecimento. Pelas leis da época, as crianças eram, em boa verdade, batizadas no local onde nasciam. A mãe, por essa altura ainda viva, confirmaria então, por escrito, o seu nascimento na Póvoa: o pai já o fizera no próprio mês da morte do filho.

Eis a carta do pai, dirigida ao Dr. Eleziário Luís Monteiro, redator do jornal poveiro *A Praia*:

Cascais 31-8-(1900)

Exmo Sr.

Apenas posso informá-lo de que meu filho nasceu numa casa, onde em 1845 morava o meu falecido parente Francisco Augusto Pereira Soromenho, empregado, que então era, na fiscalização do pescado. Ignoro o nome da rua. Assino-me De V. Excia. Ven.or e criado José Maria d'A. Teixeira de Queiroz

Recordemos que este Soromenho seu parente, já atrás referido, casado com a irmã mais velha de Carolina Augusta, mãe de Eça, era natural de Ponte do Lima. O Dr. Teixeira de Queiroz poderia ter entrado ao seu conhecimento durante a sua permanência em Ponte de Lima, relacionando-se, através dele, com Carolina Augusta.

Eis agora a carta da mãe do escritor, dirigida ao Presidente do Município da Póvoa, Dr. Antônio Silveira:

Exmo Sr.

Venho assegurar que meu filho José Maria d'Eça de Queiroz nasceu na Póvoa de Varzim. Aproveito esta ocasião para agradecer a V. Excia. e a todas as pessoas que tomaram parte na homenagem feita a meu filho, pelo que estou muito grata e imensamente reconhecida.

6-11-1906

De V. Excia. etc.

Carolina Augusta Pereira d'Eça de Queiroz

Há que não esquecer, igualmente, que a 23 de dezembro de 1885 os pais de Eça fazem uma "Declaração extravagante de legitimação", por ambos assinada, em que o declaram seu filho e onde se lê: "Para o legitimar contraímos matrimônio no dia 3 de setembro de 1849". Este documento seria apresentado pouco depois, a 10 de fevereiro de 1886, para o casamento do escritor. Em 1888, por altura de uma polêmica célebre com Pinheiro Chagas, um polígrafo e político das suas relações, Eça escreve: "Você é um poeta, um orador, um lutador – e eu sou apenas um pobre homem da Póvoa de Varzim". Os documentos da Universidade de Coimbra, onde irá cursar Direito, dão-no como nascido na Póvoa de Varzim. No concurso de cônsules, para acesso à carreira, curiosamente, é dado como natural de Vila do Conde. O mesmo acontece com a sua certidão de casamento, de 10.2.1886. Em outubro de 1884, para combinar a visita a casa de um amigo com casa no areal da Costa Nova, Luís de Magalhães, Eça escreve: "Filho de Aveiro, educado na Costa Nova, quase peixe da ria, eu não preciso que mandem ao meu encontro caleches e barcaças". Aqui d'el-rei que ele nasceu em Aveiro, bradam críticos que tomaram à letra estas palavras! A certidão de óbito, passada em Paris, regista o seu nascimento em Aveiro. Perguntar-se-á: em que ficamos?

Não é de espantar, na época, a falta de rigor desta documentação. A burocracia era então mais leve e livre. Não temos quaisquer razões para duvidar das declarações assinadas pelos pais, nem da sua própria declaração, nem da afirmação de Emília de Castro, sua mulher, registada em carta, ou seja, de que Eça nasceu na Póvoa de Varzim, pelo que devemos encerrar aqui a questão, a menos que nova documentação venha a pôr em causa estas afirmações, o que não nos parece provável.

Há apenas que acrescentar, finalmente, que estas declarações dos pais sobre o nascimento do filho me parecem suficientes para contrariar especulações recentes, mirabolantes, feitas com base nas interpretações jurídicas do já referido documento apenso à certidão de batismo, de que a mãe de Eça seria uma outra senhora casada... Tais interpretações foram analisadas juridicamente, muito recentemente, pelo jurista Luís Crucho de Almeida (Almeida, 2008).

CARACTERIZAÇÃO DA ÉPOCA DO NASCIMENTO

Quando Eça nasce em 1845, no reinado de D. Maria II, havia apenas 11 anos que tinham terminado as lutas entre liberais e miguelistas, com a derrota definitiva do despótico D. Miguel, em 1834. Encontra-se no poder um governo liberal, conservador e musculado, presidido por Costa Cabral. Reorganizou-se o Estado no quadro de um conceito centralizador de inspiração francesa. Com forte oposição e revoltas populares, este governo cairia pela ação de liberais radicais e legitimistas, precisamente em 1845, com a revolta da Maria da Fonte. Só a partir de 1851 começa uma duradoura estabilidade, iniciando-se um período conhecido por Regeneração (1851), em que, como em Espanha, se pratica a alternância no poder e a manipulação das eleições, o centralismo da capital do reino, a má administração econômica e o verbalismo mais ou menos retórico no Parlamento. Caciquismo e clientelismo marcam a vida política à escala regional e local. Diversos membros da Igreja exerceram um papel ativo na política (caso do bispo de Viseu) e esta instituição imiscui-se nas eleições. No país real impera a pobreza, o analfabetismo e a emigração. O analfabetismo atingia em 1878, ano de publicação de O Primo Basílio, *a espantosa cifra de mais de 80% da população. Como essa população era então de quatro milhões de habitantes, apenas oitocentos mil almas eram capazes de ler. Mas desta cifra apenas um reduzido número teria apetência ou capacidade de leitura.*

Considera-se geralmente o período da Regeneração até à crise de 1890-92, provocada pelo Ultimatum *inglês a Portugal, que teve origem na ocupação portuguesa de territórios de África compreendidos entre Angola e Moçambique, e que obrigou Portugal a renunciar às suas ambições colonialistas.*

***

De Vila do Conde, onde deve ter passado os primeiros tempos de vida, José Maria irá viver para os arredores de Aveiro, em Verdemilho, no solar dos avós paternos. Não se sabe ao certo com que idade. Apenas sabemos que ele tinha cinco anos quando a ama morre em Vila do Conde. É por demais presumível que a sua ida para Verdemilho seja anterior a este falecimento. Gondin da Fonseca assegura que ainda pôde conviver com o Dr. José Francisco Lourenço de Almeida Borges de Medeiros, com solar em Fermelã, Estarreja (bacharel em Filosofia por Coimbra e falecido em 1934), que lhe disse repetidas vezes que viu José Maria, menino de colo, em Aveiro e Verdemilho (Fonseca, pp. 30-31). Este é um testemunho importante.

Os pais casam, como já dissemos, em Viana do Castelo a 3 de setembro de 1849, na Igreja de Santo António. José Maria tem então quatro anos. Segundo o testemunho fidedigno de um familiar, que o jornalista Severino Costa registou numa monografia (*vd.* Bibliografia), parece que Carolina Augusta tinha um caráter muito difícil e só aceitou casar a pedido instante de sua mãe, feito na hora da morte. É possível que a sua aventura com o Dr. Teixeira de Queiroz a tenha traumatizado profundamente. De fato, poucos dias antes do casamento, a 28 de agosto, dava-se o falecimento da mãe de Carolina Augusta, de seu nome Ana Clementina, falecida em Viana a 28.8.1849 (o marido desta, o coronel José António Pereira d'Eça, falecera dezesseis anos antes em 13.9.1833). Os poucos testemunhos que conhecemos sobre o caráter de Carolina Augusta, já idosa, dão-na, efetivamente, como um temperamento muito voluntarioso. Vejamos o testemunho obtido por Severino Costa de uma sobrinha de Eça, D. Maria d'Eça: "O nascimento de José Maria foi, de fato, um caso que envergonhou a família; mas a culpa foi dela. O tio José Maria tinha boa situação e quis sempre casar. Mas ela tinha um gênio violentíssimo, e ficou furiosa de ter caído nessa falta e tomou uma raiva ao namorado que não quis e suportou todo aquele transe; ela já não tinha pai. A mãe, à hora da morte, obrigou-a a fazer a promessa de se casar". E acrescenta:

"Conheci muito bem a tia Carolina Eça de Queiroz, que tinha um feitio muito especial. Era muito inteligente, muito irônica e todos lhe achavam muita graça. Depois de casados, muito felizes não foram; nunca, porque ela era muito especial. Muito interessante, muito elegante. Mas autoritária" (Costa, 1979, pp. 32, 34).

João Gaspar Simões, biógrafo de Eça, ao referir o abandono a que a jovem senhora o votara, escreve: "Foi o grande traumatismo no gênio literário do escritor: o ter sido renegado pela mãe" (3ª edição da biografia, p. 30), fazendo da sua ilegitimidade um cavalo de batalha. Mais decisivo do que a ilegitimidade do nascimento me parece o prolongamento do abandono, ou seja, o fato de José Maria ter sido educado sem mãe e só ter vivido junto dos irmãos no lar de família apenas depois de licenciado. Eça há de refletir em *Os Maias* este trauma, através de evocações de Carlos: "De sua mãe não ficara nem um daguerreótipo, nem sequer um contorno a lápis. O avô tinha-lhe dito que era loura. Não sabia mais nada. Não os conhecera (os pais); não lhes dormira nos braços; nunca recebera o calor da sua ternura". Curiosamente, as personagens principais, como se sabe, por via de regra, são órfãs, sendo educadas por parentes próximos. Assim acontece com o Padre Amaro, Teodorico Raposo, Carlos da Maia, João da Ega, Zé Fernandes, Jacinto, Fradique...

Miguel Real em *O Último Eça* (Real, 2006, p. 107) transcreve sobre este tópico a interpretação do psicanalista Pedro Luzes, ao qualificar "as três *cessões* que Eça terá sofrido na infância, os enviesamentos patológicos da sua personalidade (patológicos mas não radicalmente anormais ou desviantes face ao código da normalidade social e institucional da personalidade) que terão conduzido ao fato evidente de *quase todas as personagens centrais queirozianas serem significativamente órfãos e quase todas as mulheres apresentarem carateres negativos.* Com efeito, como Pedro Luzes demonstra, dificilmente uma mente infantil pode sair incólume das três *cessões* que a personalidade de Eça terá sofrido no estádio fundamental da sua formação: primeiro, a rejeição radical da mãe no ato do nascimento (que, de certo modo, se prolongará até aos 21 anos) – ato simbólico marcador da personalidade –, ficando entregue aos cuidados da ama Ana Joaquina Leal de Barros; segundo, por morte desta, a entrega de Eça aos avós paternos, em Verdemilho (Aveiro); terceiro, pela morte do avô, e depois da avó, o internamento no Colégio da Lapa e o convívio (aos fins de semana e nas férias escolares), não com os pais e os irmãos, mas com os tios. Até à ida para Coimbra, aos dezesseis anos, Eça não o sendo, vive, de fato, como um órfão".

Em recente monografia onde estudei as relações de Eça com Camilo Castelo Branco, escrevi: "Se não tivesse esforçadamente ocultado, durante toda a vida, o abandono a que a mãe o votou, desde o nascimento, também Eça, como Balzac, poderia ter escrito este queixume pungente deixado por Camilo nas *Quatro Horas Inocentes*: 'Eu nunca tive seio de mãe a que encostar a cabeça'". Não o escreveu mas deve tê-lo sofrido como um espinho pertinaz. Disse, todavia, num relevante texto de *As Farpas*, reproduzido mais tarde em *Uma Campanha Alegre* (março de 1872, vol. 2º): "Na criança, como num mármore branco, a mãe grava;

Joaquim José de Queiroz, o avô.

mais tarde, os livros, os costumes, a sociedade só conseguem escrever. As palavras escritas podem apagar-se, não se alteram as palavras gravadas". Acrescentarei que muito mais profundamente grava numa criança a ausência de mãe.

Prossigamos, todavia. José Maria permanece em Verdemilho, no solar do avô paterno, até à morte da avó, Teodora Joaquina, em 30 de novembro de 1855, ou seja, pelos dez anos do neto. Registre-se que esta avó era pouco mais do que analfabeta. Na literacia do menino mais influiria, provavelmente, o criado Mateus, mulato que o avô trouxera do Brasil, que José Maria irá referir mais tarde como contador de histórias francesas, do que sua avó que mal sabia ler.

O avô falecera, a 16 de abril de 1850, pelos cinco anos de José Maria. Mas quem é este avô de nome Joaquim José de Queiroz, nascido em 9 de janeiro de 1744, que figura imponente numa tela a óleo na casa-museu de Tormes? É um bacharel em Direito, por Coimbra, que parte para o Brasil, onde permanece cerca de cinco anos. Aí nasce em 1820 aquele que virá a ser o pai do escritor. Supõe-se que o avô tenha vindo do Brasil, onde desempenhara as funções de ouvidor, com a corte de D. João VI, em 1821, que para lá embarcara por ocasião das invasões napoleônicas. A data máxima admitida para o seu regresso ao continente é 1823. O recenseamento de 1821, relativo ao Rio, foi realizado por Joaquim José de Queiroz. Em 1828 vemo-lo protagonizar a rebelião liberal de Aveiro, e no mesmo dia à tarde o Porto subleva-se também, sendo ele um dos secretários da Junta do Governo Provisório. Fidalgo cavaleiro da casa real, Joaquim José requer brasão de armas, concedido a 30.6.1835, passando, a partir de então, a usar o nome de Joaquim José de Queiroz e Almeida. Só pouco antes disso legitimará os seus seis filhos. Por aqui se verifica o fato curioso de haver uma tradição de ilegitimidade a partir deste avô paterno, que só tardiamente casa com a empregada doméstica que o servia, Teodora Joaquina. Pelas lojas que frequentou e por papéis apreendidos quando do sequestro dos seus bens, se prova que era maçon. Mas parece haver outra tradição na família Queiroz: a da tuberculose, pois com exceção do pai de Eça os restantes irmãos morreram tuberculosos.

Durante as lutas liberais Joaquim José fica com a cabeça a prêmio pelos absolutistas e foge para Inglaterra e daí para França e Bélgica. Os miguelistas haviam-no sentenciado como *infame*, *perverso* e *façanhudo*, "tendo deixado numa situação aflitiva Teodora Joaquina com os seis filhos do casal para educar e sustentar" (Henriques, 2001, p. 55). Com a vitória dos liberais Joaquim José é nomeado presidente do Tribunal de Guerra e de Justiça do Porto. Será ainda deputado em 1834, terminada a guerra civil, e, por fim, Ministro e Secretário de Estado dos Negócios Eclesiásticos e da Justiça, em 18 de dezembro de 1847, deixando o cargo a 21 de fevereiro do ano seguinte, indo viver para o seu solar de Verdemilho. Falece em 1850, como atrás dissemos. A ama de Eça, Ana Joaquina, morre em 1851, mas é mais do que provável que José Maria tenha ido para Verdemilho antes da sua morte e tenha convivido ainda com o avô. Parece que a sua biblioteca jurídica era enorme. Ao jovem José Maria não deve ter escapado a imagem expressiva desta biblioteca, pois dela deveriam constar também aqueles livros de aventuras que Mateus, o criado mulato, falecido em 28 de outubro de 1877, com 73 anos, lhe lia, como conta no artigo "O Francesismo". Aí podemos ler: "A minha mais remota recordação é de escutar, nos joelhos dum velho escudeiro preto, grande leitor da literatura de cordel, as histórias que ele me contava de Carlos Magno e dos Doze Pares".

Verdemilho é apenas um lugar em pleno meio rural, num terreno plano que se espraia até ao mar muito próximo, entrecortado por canais entre campos de milho. O terreno fora comprado em 11.5.1822, para a construção do solar. No número de homenagem a Eça da *Revista Moderna*, de 20.11.1897, a mansão surge numa fotogravura, sem o jardim, sem o telhado e esventrada. Seria vendida em hasta pública em 1904. Num assomo de fantasia e baseado em falsos pressupostos, o biógrafo do escritor, João Gaspar Simões, escreve: "O campo deixa-o pouco menos que indiferente e os trabalhos agrícolas nada lhe dizem". O fato de os campos de Verdemilho não aparecerem nunca nos seus romances seria prova de que "não sabe o nome das árvores, ignora o nome das plantas". Muito pelo contrário, a vasta obra de Eça (a edição brasileira da Nova Aguilar, do Rio de Janeiro, conta 6 713 páginas), quando lida com olhos de ler, é invulgarmente preenchida, do primeiro ao último exemplar, com pertinentes alusões ao mundo vegetal, mundo esse que profundamente o interessa e onde vai buscar conotações simbólicas muito significativas. A acuidade com que viu estes aspectos do mundo exterior esteve nele sempre notavelmente desperta.

Seu pai, como o avô, forma-se em Direito por Coimbra. A sua estreia literária dá-se em 1840, quando, quartanista, publica na *Crónica Literária da Nova Academia* de Coimbra a balada *D. Elvira e D. Ramiro*. Aí publica também a novela histórica *O Mosteiro de Santa Maria de Tamarães*, crônica de façanhas heroicas do tempo de D. Afonso Henriques. No último ano do curso publica na Imprensa da Universidade *O Castelo do Lago*, poema em sete cantos, com guerreiros que pelejam na Terra Santa, que o autor confessa ter sido escrito sob a influência de Castilho. Em 1852 o Dr. Teixeira de Queiroz é redator principal de *O Campeão do Vouga*, de Aveiro, deixando de o ser nesse mesmo ano, por ter sido colocado no Porto como juiz da 1ª vara, por decreto de 7 de abril de 1852. Apresenta a demissão do jornal a 17 de abril, nos seguintes termos: "Brevemente parto para o Porto onde vou residir. Assim não posso continuar na redação de *O Campeão do Vouga*, pois entendo que não se pode redigir bem um jornal a não ser na própria terra em que ele se publica". É importante esta missiva pois prova que ele residia em Aveiro. É curioso também registrar o fato de seus filhos Alberto e Aurora Amada terem nascido em Aveiro: Alberto a 15 de novembro de 1851, Aurora a 30 de setembro de 1853. O assento de batismo do filho Alberto confirma a sua residência nessa cidade. Teria José Maria, pelos sete anos, durante a permanência do Dr. Teixeira de Queiroz em Aveiro, convivido então com os pais e com os irmãos, como é plausível? (Henriques, 2001, p. 68, 69 e 121).

Teixeira de Queiroz virá depois a ser juiz em Estarreja, onde permanece seis meses. Em 2 de julho de 1858 voltará para o Porto, como juiz do 1º Distrito Criminal, onde irá pronunciar o conde de Bolhão, num processo célebre em que fica patente o seu rigor e isenção. Um acórdão da Relação do Porto despronunciou o Conde. Teixeira de Queiroz não hesita e escreve uma carta ao Rei D. Pedro v, como protesto, com data de 24 de agosto de 1860, onde podemos ler estas passagens: "Não sei se neste país a justiça é igual para todos. Creio que não. Digo, mesmo afoitamente, que não, porque tenho visto a balança da lei vergada com o ouro dos novos Cresos, a independência dos juízes curvada diante da influência dos poderosos, a consciência dos magistrados humilhada à vista do brilho das fardas agaloadas dos nobres improvisados. [...] Eu, Senhor, como juiz, não conheço pobres, nem ricos fidalgos, nem plebeus poderosos ou desvalidos. No meu tribunal, acusadores ou acusados, não têm nomes nem títulos. Chamam-se réus ou autores".

Teixeira de Queiroz ficará ligado também ao processo de adultério de Ana Plácido, a companheira de Camilo, dando-se como suspeito. Nos autos lavraria este despacho: "Por motivos supervenientes não posso, nem devo, continuar a intervir neste processo como juiz. Dou-me, por isso, de suspeito. Façam-se os autos conclusos ao juiz competente. Porto, 2 de janeiro de 1860. *Queiroz*". No dia 9, Teixeira de Queiroz declara: "Juro que sou suspeito". A Relação do Porto negou a suspeição. A 26 escrevia um longo despacho glosando esta interrogação: "Pode o juiz criminal lançar-se de suspeito no processo preparatório?" A 26 de março os autos vão às mãos do juiz Teixeira de Queiroz, que despacha deste modo: "Julgo a querelada D. Ana Augusta Plácido, casada com o querelante Manuel Pinheiro Alves, indiciada como autora do crime de adultério, punido pelo art. 401 do Código Penal. Passem-se ordens de captura contra a indiciada, sem admissão de fiança. Quanto ao querelado Camilo Castelo Branco: – considerando que, nos termos do parágrafo 2º do citado artigo somente são admissíveis contra o corréu adúltero as provas de flagrante delito, ou as resultantes de cartas, ou outros documentos escritos por ele; Considerando que, no processo, não há contra o querelado provas de flagrante delito; Considerando que também as não há resultantes de cartas, ou documentos escritos por ele; pois a carta junta, nem se mostra ser do querelado Camilo Castelo Branco, porque não está reconhecida, nem prova legalmente que, o que nela se diz, se refere à querelada D. Ana Augusta Plácido.

"Por isso, não julgo o querelado Camilo Castelo Branco indiciado no crime, pelo qual foi contra ele requerida querela. Porto, D. R. Queiroz".

A 19 de abril Teixeira de Queiroz responde à petição de agravo de culpabilidade de Camilo afirmando que não tendo aparecido no processo provas de *flagrante delito*, não podia Camilo ser pronunciado, não havendo também documentos escritos por ele. A 4 de maio a relação lavra um acórdão pronunciando Camilo. A 8 de junho Ana Plácido é inquirida pelo juiz Teixeira de Queiroz, respondendo negativamente à acusação de ter praticado adultério. A 1º de outubro Camilo apresenta-se no Tribunal para depois ser encarcerado na Cadeia da Relação.

Em carta ao conselheiro Nogueira Soares, Camilo escreve: "Se eu sou despronunciado, a D. Ana está livre. Diz o Queiroz que lhe dá logo mandado de soltura" (carta de 19 de outubro). O julgamento é marcado para 15 de outubro de 1860, mas cinco dias antes o magistrado é transferido para Vila Franca de Xira. Camilo, que recebeu na Cadeia da Relação os seus conselhos jurídicos, ficar-lhe-ia eternamente grato, evocando amiúde o seu nome com amistosos encômios: "O boníssimo Queiroz", "O nosso honrado Queiroz", "Meritíssimo magistrado", "Ouro de 24 quilates sem jaça".

É de 17 de outubro de 1860 a sentença que absolve Camilo. O júri dá como "não provado, por maioria, o adultério" (Costa, 1959, cap. XV-XVII). Começará então o drama do casal em São Miguel de Seide, para onde foram viver os amantes, que irá durar cerca de trinta anos, até ao suicídio de Camilo, nessa localidade, a 1º de junho de 1890. Retenha o leitor interessado estas considerações acerca do juiz Teixeira de Queiroz e do seu relacionamento muito amistoso com Camilo, pois serão fundamentais para a leitura do capítulo "As Relações de Eça com Camilo" (*vd.* Sumário, II, 7).

Em 1862, o Dr. Queiroz passa a desempenhar o cargo de juiz em Lisboa. A sua família irá ter, além do primogênito José Maria, mais quatro filhos: dois rapazes e duas raparigas. O Dr. Queiroz cedo se deve ter apercebido do talento literário excepcional daquele filho, que viria a proteger desde a publicação de *O Crime do Padre Amaro.* Arnaldo Faro, em *Eça e o Brasil*, cita uma carta da irmã de Eça, Miló, em que esta recomenda à cunhada Emília: "Dize ao José que escreva ao Papá, pois ele não compreende a vida sem cartas do José" (Faro, 1977, p. 57). Que será feito do rico espólio em correspondência desta irmã de Eça, Aurora Amada, que veio a falecer em 10.6.1917 no recolhimento da Encarnação em Lisboa, o mesmo recolhimento que albergou a D. Felicidade de *O Primo Basílio*, para onde foi depois da morte dos pais? Em vão o procurei nesse organismo, tendo apenas encontrado uma ficha com o seu nome.

Precioso deveria ter sido este espólio pois nessa época tudo se conservava. Não é difícil supor que poderia aí haver cerca de quarenta anos de correspondência de Eça com a família.

Circunstância importante a salientar quanto à falta de um lar do jovem José Maria são as frequentes deslocações do juiz Queiroz, seu pai, como magistrado: Delegado em Valença (1841-1843); Pico de Regalados (1843); Ponte de Lima (1843-1844); Vila Nova de Famalicão (1844); Ponte de Lima (1844-1845); Viana (1846-1847); Barcelos (1852); 1ª Vara do Porto (1852); Aveiro (1852-1854); Juiz em Ovar (1854-1855); Estarreja (1855-1856); 2º Distrito Criminal do Porto (1856-1858); 1º Distrito Criminal do Porto (1858-1861); Vila France de Xira (1861-1862); Almada (1862); Elvas (1862); 1ª Vara de Lisboa (1862-1868); Presidente do Tribunal de Comércio (1868-1875); *Idem* (1875-1876).

2. ENSINO SECUNDÁRIO. O COLÉGIO DA LAPA, NO PORTO: 1856-1861

Ainda hoje, ao lado da Igreja da Lapa, no Porto, podemos ver um edifício alongado de dois pisos, adossado ao longo da parede sul da igreja. É o que resta de um colégio célebre e bem frequentado, do século XIX, o Colégio da Real Irmandade da Lapa. Funcionou aí uma escola primária, nessa parte antiga, e num edifício do princípio do século passado que pertence, como outrora, à Irmandade da Lapa, onde ainda se encontra guardado o letreiro de madeira pintada do colégio que Eça frequentou. Essa escola viria a fechar no fim do ano letivo 2007-2008. Os estatutos do Colégio da Lapa, de 1841, que publiquei no *Dicionário de Eça de Queiroz* (1993, pp. 676-678), revelam-nos os seus horários rígidos, com orações na capela, terços, missas e explicações do Evangelho. Lê-se nesses estatutos o seu começo como seminário, que foi criado em 1792 e que se intitulava Real Seminário de Nossa Senhora da Lapa. Passou o colégio, mais tarde, para a direção do pai daquele que viria a ser o mais íntimo amigo de Eça, Ramalho Ortigão, também ele escritor. Ao longo desta obra, por diversas vezes havemos de encontrar aquele que era familiarmente conhecido pelo epíteto de "Ramalhal figura", proveniente da sua altura (1,80 m) e das suas poses imponentes. Quem já leu a abundante correspondência que Eça lhe endereçou, cedo verificará a sincera, profunda amizade que este sempre lhe dedicou. Facilmente constatará também, como irá vendo, que nem sempre Ramalho correspondeu a essa amizade, que se

Carolina Augusta, mãe do escritor, e sua irmã Carlota (da esquerda para a direita). Em segundo plano os maridos, Dr. Teixeira de Queiroz e Afonso Tavares de Albuquerque (da direita para a esquerda). Eça residiu em casa destes tios, na Rua de Cedofeita, no Porto, até ao fim da sua formatura.

traduziu por comportamentos ambíguos e reprováveis, particularmente após a morte de Eça.

José Maria passou nesse estabelecimento de ensino, entre 1856 e 1861, cinco anos de decisiva formação, antes de ingressar na Universidade de Coimbra para cursar Direito. Este período é porventura o mais obscuro da sua vida. A Irmandade da Lapa não possui os arquivos do colégio, que em vão procurei descobrir, e os alunos que o frequentaram não deixaram senão escassos testemunhos. Sabemos apenas que a disciplina era rígida e que vigorava aí uma régua de madeira exótica que desancava cábulas e indisciplinados. Ricardo Jorge, médico e publicista, amigo de Camilo, na monografia *Ramalho Ortigão* (1915), de quem fora aluno, apelidou essa temível régua "corretor da Lapa" oferecendo-nos um testemunho muito vivo do colégio: "Ramalho mestreava o francês; estava no vigor dos trinta anos quando eu, petiz de oito, me sentava em 1866 nos bancos rasos da aula onde dava a lição, esguia como um corredor, socavada na raiz dos contrafortes da igreja, aula úmida, escura e fria, a usurpar o lugar duma boa adega e até de uma fértil tortulheira. Como havia de medrar neste ambiente de subterrâneo a língua clara e graciosa de Ramalho? Frouxo e negligente, poupava-nos ao menos as unhas à palmatória; raro brandia, e nunca humanamente além de duas palmatoadas, aquele descomunal *corretor* da Lapa, o terror da minha geração – espécie de régua larga de vinhático, rija, elástica e percuciente, que zunia no ar e retinia na palma, puxada de trás da orelha em descarga de bolaria, até deixar as mãos levedadas como pão molete".

Ramalho Ortigão, que tão importante lugar haveria de ocupar na vida de Eça, era nove anos mais velho, e foi nesse colégio professor de francês, desde 1855, mas não temos qualquer testemunho de que tenha lecionado o amigo. Apenas sabemos que Eça, na correspondência, lhe gaba os seus conhecimentos de francês. Por outro lado, estranhamente, nenhum dos dois deixou qualquer referência ao seu relacionamento desse tempo. O que temos por certo, e é importante registar, é que Ramalho, por morte de seu pai em 1860, assumiu a direção do colégio, portanto ainda no tempo de Eça.

Se lermos com atenção *A Relíquia* havemos de nos dar conta, logo nas primeiras páginas, de um pequeno pormenor curioso sobre a passagem do *Raposão* pelo colégio dos Isidoros em Lisboa, onde convive com Isidoro Júnior, provavelmente o filho do diretor. Uma vez por mês o *Raposão* saía: "Isidoro Júnior, antes de eu sair, examinava-me sempre os ouvidos e as unhas; muitas vezes, mesmo na bacia dele, dava-me uma ensaboadela furiosa, chamando-me baixo, *sebento*. Depois trazia-me até à porta, fazia-me uma carícia, tratava-me de *seu querido amiguinho* e mandava pela Vicência os seus respeitos à sr.ª D. Patrocínio das Neves"... Seria abusivo, no entanto, inferir das memórias do *Raposão* reminiscências autobiográficas que, aliás, pouco ou nada contêm de significativo para os nossos pontos de vista.

Ricardo Jorge, o médico memorialista atrás referido, deu-nos como vimos uma ideia muito negativa do colégio a que chamou "o pardieiro da Irmandade", dadas as suas condições de insalubridade, que funcionava em sistema de internato, semi-internato e externato. Em *As Farpas* de outubro de 1871 (pp. 9-10), ou seja, cerca de três anos depois de ter deixado o Porto, para vir ocupar o lugar de oficial da secretaria da Academia das Ciências, com a memória muito fresca ainda do colégio em que lecionara desde os dezenove anos, Ramalho, num artigo intitulado "A Educação na Família, no Colégio e no Liceu", faz um retrato impiedoso dos colégios, em geral, que vale a pena transcrever. Este retrato, não pode deixar de evocar o estabelecimento da Lapa: "O colégio é uma casa triste, sombria, impregnada daquele cheiro abafante que deixa no ar a aglomeração das crianças. O colégio tem um

O Colégio da Lapa, anexo à Igreja da Lapa.

O letreiro de madeira primitivo guardado na Irmandade da Lapa.

guarda-portão de aspecto duro, homem habituado a pagar-se nas lágrimas dos colegiais pequenos das diabruras que os grandes lhe fazem. As paredes têm riscos e letras a lápis; no chão escuro há bocados de papéis rasgados; a disposição das camas, o aspecto seco dos prefeitos, as maneiras dos criados dão aos dormitórios um ar de hospital. As aulas, sujas pela lama que trazem as botas dos externos, os bancos lustrados pelo uso, as carteiras de pinho pintadas de preto, os transparentes das janelas manchados pela chuva, a lousa negra polvilhada de giz a um canto da casa, o rodapé da banca do professor de baeta lacrimejada de tinta, infundem uma tristeza lúgubre. Tudo quanto pode converter o trabalho num objeto de repulsão e de horror acha-se felizmente reunido na maior parte dos colégios portugueses". Foi este ambiente que Eça viveu decerto no Porto.

Teófilo Braga, num artigo que lhe dedicou, em 1878 (*Eça de Queiroz Visto Pelos seus Contemporâneos*, p. 31), faz esta referência: "A sua primeira educação fez-se nos colégios do Porto, onde seu pai exercia a magistratura judicial e onde firmou reputação da mais inabalável integridade no processo de moeda falsa que instaurou ao conde de Bolhão, não obstante as pressões daquela sociedade mercantil e as relações do argentário com o duque de Saldanha. A crassa atmosfera dinheirosa do Porto, e a violência pedagógica dos colégios de exploração não destruíram na alma de Queiroz essa orientação contemplativa de criança nascida e criada à beira-mar, nessa encantadora terra da Póvoa de Varzim". Certamente que a "violência pedagógica" não era apanágio do Colégio da Lapa apenas, mas de todos os colégios dessa época.

É extremamente plausível que o jovem José Maria tenha passado aí tempos amargos, amenizados apenas pelas férias que passava não com os pais, que viviam então no Porto, mas na casa da tia materna Carlota, casada com Afonso Tavares de Albuquerque, que residia também nessa cidade, na Rua de Cedofeita, e tinha duas filhas jovens. É da tradição familiar que ele se tenha apaixonado por uma delas, Cristina, amores esses contrariados pelo pai da rapariga. Na casa desta tia, segundo testemunhos de familiares, lia-se muito Camilo, e é muito possível que o jovem José Maria tenha entrado aí, pela primeira vez, em contato com a obra desse escritor. Camilo frequentava a Póvoa de Varzim, onde ia a banhos. José Maria para lá ia também, no verão, na companhia dos seus tios. É provável também que Ramalho Ortigão possa ter amenizado no sombrio colégio a vida do jovem José Maria, porque é indubitável o sentimento de profunda amizade que este irá manifestar pelo amigo mais velho durante toda a vida.

Plausível é, igualmente, que os sentimentos muito críticos e suspeitosos do futuro escritor relativamente às práticas do catolicismo tenham tido origem no Colégio da Lapa e que a sua cultura religiosa se tenha enriquecido com os ensinamentos aí recebidos. Estranhamente, na sua ficção poucas alusões ao Porto nos deixou: uma no conto "José Matias", outra no romance *A Capital!* Antônio Nobre, que com ele conviveu em Paris na última fase da sua vida, trocando impressões sobre Paris, Coimbra e sobre "Oporto", testemunha: "[...] sobre o qual tem a mesma opinião que eu, tal qual: Jesus!

Que terra! Verdadeiramente inabitável" (Nobre, *Correspondência*, p. 99). De fato, ao longo da correspondência podemos constatar a pouca simpatia que a cidade lhe merecia, nomeadamente o seu clima.

Um manuscrito de Eça arquivado na Biblioteca Nacional, de cinco páginas, que parece um apontamento perliminar destinado à *Capital*, com o título de "João Resgate – Conta sua Própria História", apresenta muito curiosas e importantes referências à vida colegial. Transcrevemos o que desse manuscrito nos parece mais significativo: "[...] João é tímido, feminino, bonito: o seu grande casacão, talhado num paletó d'Astrakan do tio, é escarnecido no colégio, é desprezado – o prefeito do colégio, Padre Sebastião, toma-o em afeição – o que é ainda origem de novas antipatias e de calúnias obscenas – a sua mesma inteligência, o seu sucesso superior nos estudos é uma origem de antipatia; como o colégio o efemina fisicamente pela porcaria, pela falta de ar, de exercício, como o efemina moralmente pelos costumes relaxados e porcos, pelo abuso das rezas e da capela, pelo despotismo dos prefeitos. A natureza começa a fazer irrupção, a acumulação de temperamentos de dezesseis anos vivendo em comum produz uma excitação recíproca e uma perversão de imaginação: as obras de Bocage lidas em comum, o Pereira, um mulato, o grande desmoralizador do colégio. O fundo do caráter de João – então – isto é até aos dezesseis anos, é uma grande timidez, uma extrema superstição – e ao mesmo tempo uma imaginação ardente – que falta de outro alimento se lança nos livros – e um temperamento amoroso e apaixonado que faz irrupção da maneira mais bizarra – a sua paixão por o banheiro das costas do Furadouro.

"Além disso – essa necessidade de amar é tanto mais viva quanto é concentrada: bonito, gracioso – João não encontra simpatias: a mãe está longe –, a sua timidez, a sua reserva não lhe atraem amigos – assim é que a sua sensibilidade trabalhava no vazio, e procurava prender-se a tudo – objetos, homens, mulheres, animais, pássaros" (Reis, 1989, p. 383).

Este precioso rascunho, que se alonga ainda e abrange os tempos universitários e para além desses tempos, esboço de uma personagem de dezesseis anos que perdeu o pai muito jovem e é educado por um tio, empregado do Ministério da Agricultura, apresenta várias semelhanças com o Artur de *A Capital* e contém inúmeras referências autobiográficas, quer na definição do seu caráter quer na caracterização do colégio, que bem pode ser o da Lapa, tais como: "porcaria, falta de ar", "abuso de rezas e da capela", "despotismo dos prefeitos". Quanto às parecenças com Eça: "uma grande timidez" e "uma extrema superstição". De fato o escritor, como consta de vários testemunhos, era uma natureza supersticiosa e assim se teria mantido sempre. João Resgate, ainda que apenas esboçado, mas por isso mesmo com a espontaneidade que só a escrita de primeiro jato possui, parece personificar o testemunho autobiográfico mais direto e elucidativo que Eça alguma vez escreveu. Esta personagem é um outro Artur: "Sempre que uma personalidade forte se lhe impõe, João sente os joelhos vergarem-se-lhe e a alma pôr-se dentro dos joelhos". O seu tio morre e ele vem para Lisboa encontrando trabalho no escritório de um advogado, onde encontra três políticos de Évora que lhe propõem a direção política de um novo jornal cuja finalidade secreta é combater a administração do concelho. João aceita e parte para Évora, terminando aqui o manuscrito. João e Artur são personagens gêmeas, pela indecisão de caráter e por exemplificarem com nitidez o resultado de falsas educações.

Tenho, por vezes, citado o passo de uma carta onde Eça, a propósito de uma quarentena que passou no Lazareto de Lisboa, vindo da Inglaterra por barco, afirmou: "Contar um mal é tornar a vivê-lo". Ora aqui está. É significativo o seu silêncio sobre este período. Ao contrário de Balzac, que tantas vezes se libertou de dramas e dolorosas experiências da infância através da ficção, Eça, pelo contrário, ocultou-os. Há que saber lê-lo e interpretá-lo, mesmo quando se cala, porque foi um mestre da dissimulação e da ocultação. Mas quando assim é, há que ser cauteloso e salientar o caráter hipotético das opiniões que formulamos.

Por outro lado não se deve perder de vista o seu pendor caricatural, que não poucas vezes deforma, amplia e exagera, quando não inventa, e também o fato de que ele é intrinsecamente um ficcionista. Acima de tudo o efeito literário, o estilo, o humor. Por isso escrevemos: "plausível é que"... e "parece-me que"... Se o confrontássemos com esse seu vezo de deformar e ampliar dir-nos-ia, decerto com uma gargalhada, o que disse o criado chinês que ele pôs numa crônica e que afirmara ter visto uma cobra gigante. Repreendido pelo exagero, pois na realidade tratava-se de uma cobrinha minúscula, o chinês respondeu tranquilamente que exagerado seria se na sua descrição lhe tivesse posto quatro patas... Diga-se de passagem que também para Flaubert, após a observação da realidade, deveria haver uma escolha e até uma exageração: "O processo ideal é de dar o verdadeiro, e isso não se pode fazer senão escolhendo e exagerando. Toda a diferença consiste em exagerar harmoniosamente" (carta a Taine, de 14.6.1867).

***

Um precioso estudo descoberto posteriormente à 1ª edição desta obra (Ribeiro da Silva, 2000) permitiu-nos obter informações novas e complementares sobre o Colégio da Real Irmandade de Nossa Senhora da Lapa e seus antecedentes. Foi seu fundador o missionário e pregador de São Paulo, e cônego da sua Sé, padre Ângelo de Siqueira, falecido no Rio de Janeiro em 1776. O alvará régio que autorizou este estabelecimento de ensino só foi assinado por D. Maria I em 1792, tendo as aulas começado em 1800. Real Seminário de Nossa Senhora da Lapa, assim se chamava, e o seu regime normal era o de internato, havendo casos de semi-internato, e a frequência de uma razoável percentagem de estudantes brasileiros, sobretudo oriundos de São Salvador da Bahia, do Rio de Janeiro e do Maranhão. A cidade do Porto tinha fortes ligações comerciais com essas cidades, o que explica essas proveniências. A frequência do colégio era dispendiosa, por isso os seus alunos pertenciam à elite burguesa e à aristocracia.

Quanto ao caráter de Seminário do Colégio da Lapa, este documento esclarece que ele "não teve nunca como objetivo prioritário expresso preparar rapazes para a carreira sacerdotal. O que não quer dizer que não haja grandes semelhanças de estilo e de concepção entre o Seminário tridentino concebido para a formação de padres e este estabelecimento" (p. 60).

A observação dos estatutos do Real Seminário, de 1803, permitiu ao professor Ribeiro da Silva, autor do levantamento que vimos seguindo, salientar na origem deste estabelecimento de ensino "a forte componente de atos de piedade, a solenização das festas litúrgicas, não só na Igreja mas também no Refeitório com ementas melhoradas [...]". É também caracterizada a figura do Reitor, através desta referência: "nas recomendações que se lhe fazem subjaz toda uma concepção de Autoridade[...]". As considerações mais importantes, de um ponto de vista biográfico queiroziano, são todavia as que constam deste excerto que se transcreve na íntegra: "Provavelmente o excesso de vigilância que os Estatutos deixam entrever e o cuidado quase obsessivo pelo comportamento-padrão obstariam ao livre desabrochar da personalidade de cada criança. Mas a ideia do pecado original e do desequilíbrio por ele operado na natureza humana, sempre propensa ao mal e sempre disponível para o desvio, eram axiomas que conservavam forte incidência nas concepções pedagógicas da época. Deste espírito, talvez resultassem alguns frutos nefastos, como a hipocrisia, a dissimulação, a delação, a primazia do parecer sobre o ser" (p. 62).

Informação de interesse pedagógico e literário é a que resulta das referências ao ensino do Latim, no Colégio da Lapa, língua tão presente nos textos de Eça. Essas referências são colhidas nas directrizes dos Estatutos do Real Seminário, de 1803, podendo afirmar-se que a evolução muita lenta do ensino nestes tempos permite conjeturar a permanência de tais diretrizes meio século mais tarde. Recomenda-se, assim, em 1803, o começo do ensino do Latim pelas fábulas de Fedro e pelas comédias de Terêncio, por Quinto Cúrsio, Cornélio Nepote e Cícero. Só então se passará a César, Tito Lívio, Virgílio, Horácio e a Ovídio. Igualmente interessante é a referência à biblioteca básica do Colégio, que os estatutos de 1803 permitem elaborar, como a Bíblia em português do Padre António Pereira de Figueiredo; o *Retiro Espiritual* e as *Meditações* do Padre Bernardes; *História Geral de Portugal* de Laclède; *Vida de D. Frei Bartolomeu dos Mártires* e *História de São Domingos* de Frei Luís de Sousa; a *Vida de D. João de Castro*; *Obras de Frei Amador Arrais* etc.

O estudo sobre o Colégio da Lapa termina deste modo: "Mas importa mais uma vez sublinhar que as suas portas se abriram a algumas (poucas) dezenas dos primeiros cidadãos do Brasil independente. Este foi mais um elo dos muitos que construíram a ligação ancestral do Porto ao Brasil". No seu tempo de colégio Eça deve ter tido também colegas brasileiros e esse foi o prolongamento das suas relações com o Brasil, que vinham, como vimos, da presença do seu avô no Rio de Janeiro, do nascimento nessa cidade de seu pai, na existência de uma ama proveniente de Pernambuco e de um criado brasileiro em casa dos avós em Verdemilho, de quem ouviu as primeiras histórias.

3. ESTUDOS SUPERIORES. COIMBRA, O CURSO UNIVERSITÁRIO: 1861-1866

Em Coimbra, na ardente e fantástica Coimbra do meu tempo.
(Eça de Queiroz, Cartas Familiares e Bilhetes de Paris.)

Sem se destacar nos seus estudos de Direito, na Universidade de Coimbra, velha de seis séculos, Eça não foi o aluno cábula que alguns testemunhos do seu tempo nos pretendem inculcar. Também não desprezou os livros de Direito e a sua rebarbativa matéria, como nos quis fazer crer num texto seminal, "O Francesismo": "Em todo o tempo que vagueei pelas margens do Mondego, creio que não abri um livro português, a não ser, em vésperas de ato, e com infinitas repugnâncias, a *Novíssima Reforma Judiciária*. Mas conhecia, como todos os meus amigos, cada romancista, cada poeta francês, não só na sua obra, mas na sua vida – nos seus amores, nos seus *tics*, e no seu estado de fortuna". Apesar disso nunca perdeu nenhum ano, o que prova a aplicação que dedicou aos estudos, cujos professores exigiam a memorização de vasta e árida matéria. Na Universidade de Coimbra desse tempo imperava o autoritarismo despótico de um reitor que se orientava por estatutos do tempo do Marquês de Pombal. Desse reitor, Basílio de Sousa Pinto, disse um ex-estudante que viria a ser mais tarde biógrafo de Eça, António Cabral: "Exigia e determinava em edital afixado na Universidade, o cumprimento exato e rigoroso dos estatutos pombalinos, impondo à Academia dura e férrea disciplina. Os estudantes, sujeitos à fiscalização aturada dos verdeais, eram obrigados a entrar nas aulas com o cabeção eclesiástico, batina abotoada, meia preta e sapatos como usam os padres, sendo apenas

Basílio Alberto de Sousa Pinto, reitor déspota.

dispensadas as fivelas. A loba desabotoada ou a bota de elástico eram consideradas transgressões subversivas. À menor falta, o reitor fazia internar os estudantes na cadeia acadêmica. A Academia respirava densa e crassa atmosfera...". Eça corrobora este testemunho. O clima coimbrão vinha assim, de certa forma, e noutros termos, dar continuidade ao ambiente autoritário e repressivo, sob o mesmo signo católico, que José Maria deixara no Colégio da Lapa, no Porto.

O testemunho de um contemporâneo de Eça em Coimbra, ensaísta e historiador que viria a ser mais tarde presidente do governo provisório da República, Teófilo Braga é também muito significativo:

> Tremia-se diante do Neiva, quando ele, no silêncio sepulcral de alguns segundos, fixava o nome do infeliz que tinha de dizer-lhe, letra por letra, parágrafos inteiros das Ordenações do Reino; tremia-se diante do Pais Novo, que aglomerava a torto e a direito dúzias de citações de leis sobre uma coisa, que uma simples frase de bom-senso bastava para invalidar ou autenticar. Os que se submetiam a esta disciplina ficavam idiotas, e o país todos os anos se povoa de bacharéis formados, que durante muito tempo foram símbolos de nulidade. [...] em geral adquire-se no meio dessa perversão intelectual hábitos profundos de ironia, e fica-se com uma tendência para o sarcasmo, com uma hostilidade contra tudo o que é medíocre, vulgar e chato. É

O pátio da Universidade de Coimbra.

esse o caráter de Eça de Queiroz, e um dos poderes do seu estilo. Em 1862 era reitor da Universidade o doutor jubilado Basílio Alberto de Sousa Pinto; não obstante ter pertencido às hostes liberais de 1820, a idade e o pedantismo universitário haviam feito dele um déspota. (*Eça de Queiroz Visto pelos Seus Contemporâneos*, p. 29).

Na sua ficção surgem referências muito críticas aos professores coimbrões. Em *A Correspondência de Fradique Mendes* (2º capítulo), Fradique pergunta ao narrador pelo "Pedro Penedo, pelo Pais, por outros lentes ainda, do antigo tipo fradesco e bruto". Em *A Cidade e as Serras* (1º capítulo), Zé Fernandes, narrador da novela, recorda que havia sido expulso de Coimbra "por ter esborrachado, numa tarde de procissão, na Sofia, a cara sórdida do Dr. Pais Pita". A sua crítica à atmosfera que se vivia na Universidade é acerba, mas inesquecível é a excelente recordação que manteve pela vida fora do convívio estudantil.

De fato, na colina sagrada de Coimbra, em torno do edifício medieval da Universidade, desenvolvia-se, densa, uma cidade de ruas, ruelas e pracetas, onde conviviam fraternamente estudantes e "futricas", ou seja, a população que vivia à sua sombra e que servia os estudantes. Ruas estreitas, comércios em rés do chão e nos andares as "repúblicas", onde os estudantes alugavam os seus quartos ajudando a população remediada a viver. Na torre da universidade, que continua a ocupar o cimo da colina, o sino regulava os horários

Escadaria da Sé Nova.

Última casa onde Eça morou em Coimbra.

de estudo e descanso. Nos anos 1940 um plano de urbanização insensato, genericamente orientado por Salazar, que fora aí professor, viria destruir grande parte da área histórica, e com essa destruição o ambiente social típico de séculos deste relacionamento intenso.

Edifícios pretensamente grandiosos das faculdades vieram ocupar os espaços habitacionais, perdendo-se o relacionamento do edifício central da reitoria, de grande personalidade arquitetural, com a arquitetura doméstica que o envolvia. No romance *A Capital!* e em *Os Maias*, Eça evoca o ambiente coimbrão que tão decisivo foi na sua formação literária e ideológica. Igualmente o fará num dos seus mais belos textos, destinado ao *In Memoriam* do poeta Antero de Quental, postumamente publicado em *Notas Contemporâneas*.

Saibam os admiradores dos "altos lugares" que as casas onde Eça residiu em Coimbra escaparam todavia à hecatombe. No n. 12 da Rua do Loureiro encontramos a primeira residência. Não muito longe, no 16 da Rua do Salvador, fica a segunda. A essência física, a atmosfera da Coimbra estudantil dessa época, ficou aí felizmente incólume. Mas já não poderemos deambular pela Rua do Forno, onde morava Carlos Mayer e onde Eça declamava *Hamlet*, nem pela Rua do Borralho, não longe dali, onde ficava a célebre taverna das tias Camelas, onde o Raposão se embebedava "com alarido", frequentada por toda a academia. Dizia Carlos Fradique Mendes que "era uma das suas memórias melhores de Coimbra, essa taverna das Camelas,

Antero de Quental, o "doce mestre", em 1867.

e as ceias desabaladas que custavam setenta réis, consumidas ruidosamente na penumbra fumarenta das pipas, com o prato de sardinhas em cima dos joelhos, por entre temerosas contendas de Metafísica e de Arte" (*A Correspondência de Fradique Mendes*, cap. II). Nestas ruas está hoje implantada a Faculdade de Ciências.

O encontro com o poeta Antero de Quental (1842-1891), já quartanista de Direito quando Eça frequentava o primeiro ano, seria para ele o mais decisivo acontecimento desse período, pois Antero liderava o movimento revolucionário da Academia, e não só era um chefe, mas, no próprio dizer de Eça, "um Messias", como recordou no *In Memoriam* do poeta, mais tarde recolhido em *Notas Contemporâneas*. Ele ia a atravessar o Largo da Feira, hoje da Sé Nova, com as sebentas na algibeira, quando avistou nas escadarias da Sé "um homem de pé que improvisava". Deslumbrado por aquele verbo tão rico, Eça recorda: "Então perante este Céu onde os escravos eram mais gloriosamente acolhidos que os doutores, destracei a capa, também me sentei num degrau, quase aos pés de Antero que improvisava, a escutar, num enlevo, como um discípulo. E para sempre assim me conservei na vida".

Saliente-se no entanto, desde já, a abissal diferença de temperamento entre estes dois intelectuais. Antero grave, introspectivo, mergulhado em cogitações metafísicas (Eça considerou que "o elemento natural do espírito de Antero era a abstracção filosófica"). Eça irônico, fantasista, por essa altura

Sala dos Capelos.

positivista, todo dado ao humor e à contemplação da linha e da cor. Nesse famoso *In Memoriam* ele viu perfeitamente o que de essencial o separava do autor dos *Sonetos* ao escrever: "Eu sempre ardentemente me ofereci para ser o seu São Paulo, afrontar os gentílicos, derramar o Verbo. Mas Antero receava que, como artista, eu materializasse as suas ideias em imagens – imagens floridas, cinzeladas, pitorescas, e arrepiadoras portanto para quem como ele abominava o pitoresco".

O inconformismo de Antero e o seu prestígio fizeram Eça participar no *Manifesto dos Estudantes da Universidade de Coimbra à Opinião Ilustrada do País* (1862-1863), panfleto redigido por Antero, depois da revolta dos estudantes, que evacuaram a Sala dos Capelos quando o reitor aí discursava, numa distribuição de prêmios. Lia-se nesse manifesto: "Os estudantes querem a reforma dum processo inquisitorial; garantias de justiça; que se seja julgado e condenado como homem, como cidadão dum Estado Livre, e não como relapso fugido aos cárceres do Santo Ofício; que a igualdade perante a lei seja uma realidade aqui, e não risível fantasmagoria; que nos julguem homens desapaixonados, e não os que estão no declive escorregadio das vinganças; que se distinga entre ciência e costumes, e acabe por uma vez essa pena infamante que, com um traço negro de tinta, mata a reputação, o futuro duma vida em começo, quando, muita vez também, não mata o coração duma família...".

Significativamente, Antero, logo no 1º ano jurídico, sofrera uma prisão acadêmica, vindo depois a constituir a famosa Sociedade do Raio, organização inspirada na carbonária italiana que viria a decidir a evacuação da Sala dos Capelos num dia de cerimônias presididas pelo reitor, a quem essa Sociedade chegou a pôr a hipótese de raptar.

Como ele recorda no *In Memoriam*: "No meio de tal Universidade, geração como a nossa só podia ter uma atitude – a de permanente rebelião. Com efeito, em quatro anos, fizemos, se bem me recordo, três revoluções, com todos os seus lances clássicos, manifestos ao País, pedradas e vozearias, uma pistola ferrugenta debaixo de cada capa, e as imagens dos reitores queimadas entre as danças selváticas. A Universidade era, com efeito, uma grande escola de revolução: – e pela experiência da sua tirania aprenderíamos a detestar todos os tiranos, a irmanar com os escravos".

Pela mão de Antero, Eça viria a tornar-se leitor assíduo de Proudhon. Repare-se que já em 1852 o professor Amorim Viana fizera a crítica do *Système des Contradictions Économiques* (1846), deste autor. Estes anos de Coimbra, onde se entrecruzaram fortes correntes românticas e positivistas, foram os mais decisivos da sua formação intelectual e cívica, ao integrar uma geração que, no dizer de Antero, "foi a primeira em Portugal que saiu decididamente e conscientemente da velha estrada da tradição". Eça faria mais tarde o retrato dessa geração coimbrã no *In Memoriam de Antero*. O espírito inconformista que virá a percorrer todas as suas páginas, crônicas jornalísticas, ensaios e romances, parece radicar nesses anos seminais de Coimbra, de que guardará visível saudade, embora tenha chamado à Universidade "madrasta amarga e carrancuda". Fará então passar por Coimbra grande parte das suas personagens de primeiro plano, que aí vão viver a experiência estudantil que ele próprio viveu.

Essa experiência será fortemente enriquecida pela sua participação como ator no Teatro Acadêmico, que lhe permitiu ter um contato mais estreito com a literatura. Desempenha aí o papel do poeta Garção, perseguido pelo Marquês de Pombal, na peça intitulada *Resignação*, do seu colega Teófilo Braga. Atua também em *Os Amigos Íntimos* e *Um Chapéu de Palha da Itália*, de Labiche. Possivelmente são esta vocação e estes desempenhos que irão concorrer para melhorar a sua expressão de brilhante conversador. O testemunho de uma escritora sua amiga, Maria Amália Vaz de Carvalho, já após a morte de Eça, é concludente: "Era tal o encanto daquela palavra colorida, impressionista, cáustica sem maldade, pitoresca e vária, que os ouvintes, fascinados, não podiam mais lembrar-se de que era um doente que os estava deslumbrando assim. Esqueciam tudo no deleite incomparável de o admirar".

A filha de Batalha Reis, em carta para Maria Eça de Queiroz, hoje no arquivo de Tormes, recorda a viva impressão que Eça lhe causava, quando ela era criança, ao fazer representações histriônicas para a entreter, com que ele próprio Eça grandemente se divertia. O mesmo se passava em Lisboa, em casa de Carlos Mayer, onde recitava cantos de *Os Lusíadas* para a petizada. Teófilo Braga, o já referido colega de Coimbra, relembra-o e testemunha, mais tarde, já Eça era celebrado escritor: "Hoje que me lembro do grande talento dramático de Eça de Queiroz, é que sei explicar como os seus romances são tão bem tecidos, como as situações são tão logicamente conduzidas, como o seu diálogo é tão vivo".

No artigo "O Francesismo", Eça conta-nos: "Durante três anos, como *pai nobre*. Ora grave, opulento, de suíças grisalhas, ora aldeão trêmulo, apoiado ao meu cajado, eu representei entre as palmas ardentes dos acadêmicos, toda a sorte de papéis de comédias, de dramas – tudo traduzido do francês. Por vezes tentávamos produzir alguma coisa de mais original, de menos visto que a *Dama das Camélias*, ou o *Chapéu de Palha da Itália*: reunimo-nos com papel e tinta; e entre aqueles moços nascidos em pequenas vilórias da província, novos, frescos, em todo o brilho da imaginação, uma só ideia surgiu: traduzir alguma coisa do francês".

Para se poder avaliar a importância destes cinco anos de curso há que recordar ainda esta passagem do *In Memoriam de Antero*: "Coimbra vivia então numa grande atividade, ou antes num grande tumulto mental. Pelos caminhos de ferro, que tinham aberto a Península, rompiam cada dia, descendo da França e da Alemanha (através da França) torrentes de coisas novas, ideias, sistemas, estéticas, formas, sentimentos, interesses humanitários... Cada manhã trazia a sua revelação, como um Sol que fosse novo. Era Michelet que surgia, e Hegel, e Vico, e Proudhon: e Hugo tornado profeta e justiceiro dos reis; e Balzac, com o seu mundo perverso e lânguido; e Goethe, vasto como o Universo; e Poe, e Heine, e creio já que Darwin, e quantos outros! Naquela geração nervosa, sensível e *pálida* como a de Musset (por ter sido talvez como essa concebida durante as guerras civis) caíam à maneira de achas numa fogueira, fazendo uma vasta crepitação e uma vasta fumaça!" E, finalmente, esta confissão: "Aqueles de nós que hoje leiam uma *História da Vida e da Sociedade em Roma*, nos fins do século XVIII, quando toda a cultura livre era vedada, e a banalidade tinha a estima do governo por ser uma condição de docilidade, e os melhores bens se obtinham pela intriga e o favoritismo, e se educava o homem para a baixeza, e a independência se arrancava como erva venenosa, e a polícia intervinha até na maneira de atar a gravata, e não se permitia aos cidadãos andar fora de casa depois das *Ave-Marias* – julga ver a escura imagem da vida universitária há trinta anos, quando se impunha ao estudante, com a batina do padre, a regra canônica do *Gesú*. E era por nos sentirmos envolvidos numa repressão teocrática, que, além de pendermos para o Jacobinismo, tendíamos por puro acinte de rebeldia, para o Ateísmo [...]. Havia pouco tempo que Proudhon tinha escrito que Deus era o Mal, e essa frase célebre era tida pela divisa ímpia e demagógica dos blasfemadores do cenáculo".

Para quem pretender avaliar melhor a turbulência intelectual que Eça viveu em Coimbra, não terá mais do que ler a primeira carta da sua correspondência (Eça de Queiroz, *Correspondência*, 2008). Nessa carta, dirigida ao seu colega e amigo Carlos Mayer, ele evoca os seus tempos estudantis de Coimbra. Manuel de Arriaga, mais tarde primeiro Presidente da República Portuguesa, recorda por seu turno no *In Memoriam de Antero de Quental*: "Não havia problema religioso, econômico ou político que não fosse levantado à banca dos nossos estudos ou à mesa das nossas refeições, e em especial durante aquelas inolvidáveis excursões nocturnas quando cercados de uma natureza privilegiada, cheia de encantos e de poesia, as nossas almas, como as flores da noite, de que fala o poeta se abriam às fulgurações dos nossos ideais!" A ligação de Portugal à Europa, por caminho de ferro, dera-se alguns anos antes, em 1863, acontecimento muito significativo para a transmissão de ideias e contatos.

Antônio José Saraiva observa: "Se lermos com atenção os textos em que Eça se refere a Coimbra uma coisa nos impressionará: é a evocação repetida de um mundo que é de alguma maneira fantástico e irreal. Eça vê esses tempos como um sonho em que as coisas não tivessem consistência, realidade ou seriedade mas fossem livremente fantasistas" (Saraiva, 1947, p. 24).

Em março de 1866, no seu último ano jurídico, Eça escreve o folhetim "Notas Marginais", para a *Gazeta de Portugal*, de Lisboa, onde entra pela mão de seu pai, amigo do diretor. Nesse jornal colaboravam eminentes nomes literários da época. São 22 notas soltas que falam de bem-amadas, de amores, de idílios divinos, de florestas escuras e sonoras, de diálogos entre a alma e o corpo... Esta série, que continuaria depois, foi tomada "como novidade extravagante e burlesca", assim escreve um dos seus amigos. Podemos dizer que toda a obra de Eça, pelo menos até à publicação de *Os Maias*, suscitou a reação habitual dos leitores aos estilos e temas provocatórios. Teixeira de Vasconcelos, diretor da *Gazeta* e amigo do pai de Eça, costumava dizer: "Tem muito talento este rapaz: mas é pena que estudasse em Coimbra, que haja nos seus contos sempre dois cadáveres amando-se num banco do Rossio, e que escreva... va... va... va em francês".

A primeira crítica que se conhece destes textos deve-se ao jornalista portuense Urbano Loureiro, com o título "Uma Estreia Fúnebre ou d'Eça", que começa por afirmar que "um homem chamado Eça está enterrado por natureza". Em cinco artigos de um jornal intitulado *Bocage. Piparotes Literários* (1867), este comentador mostra-se inteiramente adverso àquela prosa. Numa carta ao seu amigo Castilho, Camilo escreveu: "Olhe que isto aqui está frio. O quintal está plantado de couve, fava e ervilha. O sol tem umas frialdades moles, como diz um Eça de Queiroz nos folhetins da *Gazeta de Portugal*". Jacinto do Prado Coelho comenta: "Estas audácias sugestivas ('um leite mórbido como a lua; um terror transparente e mole; um colorido aveludado e luminoso; agora o azul está indolentemente belo; a chuva cai lúcida e fresca; eu fiquei hirto e nulo') ainda não foram devidamente estudadas. Não só do ponto de vista da atitude e dos temas, como no aspecto estilístico, as *Prosas Bárbaras* estão na origem da nossa poesia moderna". Eis o título com que esses textos foram postumamente publicados. Eça traduzirá, depois, do francês, a peça *Philidor* de Bouchardy, que envia para o Teatro Nacional, em Lisboa. Assim começa a carreira literária daquele que viria a ser o maior romancista português do século XIX e um grande escritor de dimensão europeia.

4. OS ANOS DE LISBOA E A VIAGEM AO ORIENTE: 1866-1872

Em 22 de junho de 1866 Eça conclui a formatura em Direito e vem viver para casa dos pais, num 4º andar do n. 26 do Rossio, a praça central da capital do reino. O seu quarto dava para as traseiras, para a então Rua do Príncipe, hoje Rua 1º de Dezembro. É a primeira vez, ao que consta, que vive com os pais e com os irmãos. Eram estes: Alberto, que viria a falecer em 1886, tendo acompanhado o irmão nas suas primeiras atividades literárias em Lisboa; Aurora Amada, familiarmente conhecida por Miló, que faleceria solteira em 1918; Henriqueta Augusta (com datas de nascimento e morte desconhecidas); e Carlos, que viria a falecer com cerca de vinte anos, em 1888.

O panorama que desse 4º andar se desfruta sobre o Rossio é arrebatador: cá em baixo a bela praça pombalina, com as árvores, o pavimento empedrado de motivos ondulados a preto e branco, a estátua de D. Pedro IV, as fontes. Para a esquerda o espaço retangular da praça, muito harmonioso de proporções, remata com a fachada neoclássica do Teatro Nacional. Em frente, no alto, perfila-se o Castelo de São Jorge e o casario que escorre pela colina onde assenta. Não é difícil ter aqui a sensação de que estamos, verdadeiramente, no coração do reino. Mais tarde, numa obra-prima a que dá o título de *A Relíquia*, o narrador, depois da sua viagem à Terra Santa, recorda: "Fazia as minhas devoções: depois ia-me encontrar com o alemão, o meu amigo, o lente, numa grande praça que dizem os de Alexandria que é

Casa dos pais, Rossio, 26 4º andar.

Lisboa vista do Tejo.

muito melhor que o Rossio... Maior e mais abrutada talvez seja. Mas não é esta lindeza do nosso Rossio, o ladrilhinho, as árvores, a estátua, o teatro... Enfim, para o meu gosto, e para um regalinho de Verão prefiro o Rossio... E lá o disse aos turcos!"

A descoberta da cidade, clara e luminosa, que contrasta singularmente com o Porto, mais cinzento e frio, fascina o jovem escritor. O traçado setecentista da baixa pombalina, retilíneo e monumental, embrecha no desenho orgânico e sinuoso do Chiado e do Bairro Alto, enriquecendo a percepção geográfica de Lisboa que irá fazer palco da sua ficção. Na parte alta da cidade, no Bairro Alto, o jardim de São Pedro d'Alcântara oferece uma soberba vista da cidade, que vai do Convento da Graça e Castelo de São Jorge às torres da Sé, recortadas no rio Tejo. Forma-se por essa altura da sua chegada a Lisboa, nessa área alta da cidade, um local de convívio de amigos, parte dos quais vindos de Coimbra, a que mais tarde se chamará o Cenáculo. Entre eles encontra-se o poeta Antero de Quental, o "doce mestre", líder do grupo. No seu horizonte literário fervilham predominantemente nomes da cultura francesa: Proudhon, Renan, Taine, Balzac, Víctor Hugo, Auguste Comte. Literariamente, acima de todos, Flaubert.

Eça recorda: "Sob a influência de Antero logo dois de nós, que andávamos a compor uma ópera bufa, contendo um novo sistema do Universo, abandonamos essa obra de escandaloso delírio – e começamos à noite a estudar Proudhon, nos três tomos da 'Justiça e a Revolução na Igreja'". Viviane Bourdin, que estudou a influência de Proudhon em Eça, escreve: "O que Eça vai reter de Proudhon é o Proudhon moralista, na medida em que ser moralista consiste em estudar os costumes de uma época, em julgá-los, e em procurar corrigi-los" (Bourdin, 1981, p. 155). Esta autora relata as asserções de Proudhon que Eça retoma quase *ipsis verbis* ao verberar aspectos da decadência e corrupção de costumes na sociedade do seu tempo.

Entretanto parte para Évora. Espera-o uma experiência jornalística de grande fôlego, como diretor e redator de um jornal de oposição ao governo, o *Distrito de Évora*, onde durante oito meses, de janeiro a agosto de 1867, põe à prova os seus dotes de escritor. Aí criou folhetins, artigos de fundo, uma correspondência de Lisboa (sob o pseudônimo A-Z), envolvendo-se também em polêmicas jornalísticas. As palavras Democracia, Justiça e Verdade aparecem nestas crônicas a cada passo. Alguns temas da ficção queiroziana surgem já nesse jornal redigido na totalidade por ele próprio, diretor, como no conto "O Réu Tadeu". Numa das crônicas justifica o fuzilamento do imperador Maximiliano, no México: "Instigado pelo imperador dos

Franceses, colocado num trono oscilante pela supremacia tirânica de um opressor, abandonado depois pelo corpo expedicionário que o fora instalar, batido em todo o território, vendo os seus amigos sacrificados, teve por fim Maximiliano a sorte de todos aqueles que querem impedir a ascensão do espírito liberal e se tornam os agentes da tirania" (n. 44, de 9 de junho). Publica também excertos, por si traduzidos, de *Voyage en Italie*, de Taine, e de *Les Odeurs de Paris* de Louis Veuillot.

Em Évora, Eça anuncia no *Distrito de Évora* a sua disponibilidade como advogado, com escritório na própria sede do jornal: "José Maria Eça de Queiroz, tem aberto o seu escritório de advogado, na Praça de São Pedro, n. 3, A, onde pode ser procurado desde o dia 10 de fevereiro em diante, das 11 às 4 da tarde". Chega a defender nessa cidade um caso difícil, de antemão perdido, e repetirá essa experiência em Lisboa, onde defende um marinheiro que assassina a amante, convencendo-o a dar-se por culpado de um ato tresloucado de ciúme. O réu à última hora nega o crime deitando tudo a perder. Mais tarde, num romance póstumo que deixaria em forma pouco acabada, *A Tragédia da Rua das Flores*, fará um capítulo onde Vítor, personagem principal, advogado e homem de literatura, exprime, num capítulo de intensa vivacidade, o seu tédio e aversão à linguagem do foro e ao ambiente dos escritórios de advogados, e um dia, já definitivamente farto, evadir-se-á repentinamente do escritório onde estagiava: "Vítor bateu com a porta de baeta verde. Desceu a escada, na rua respirou amplamente: estava resolvido a não voltar ao escritório: aquele tédio era superior às suas forças: só ao entrar ali todas as suas faculdades se entorpeciam: não compreendia as palavras, a linguagem jurídica era como uma língua estranha e bárbara que lhe causava melancolia: aquelas figuras de procurador, depois do feitor, as preocupações das demandas, as explicações maçadoras das partes, faziam como uma atmosfera espessa, onde mal respirava, e se sentia entontecer. – E aquela era a sua profissão! Que lhe restava agora?"

Esta transcrição de *A Tragédia* exprime a aversão que o próprio Eça deve ter sentido pelo ambiente do foro e tal aversão andará também ligada à caricaturização que fez de muitas das suas personagens de formação jurídica, algumas das quais desenhadas com inusitada ferocidade. Nas suas recordações de Eça, que deixou como prefácio às *Prosas Bárbaras*, Jaime Batalha Reis escreve, a propósito da chegada de Eça a Lisboa em 1866: "Por tradição de família, e como consequência natural dos seus estudos, deveria seguir, ele também, a magistratura oficial, ou pelo menos, fazer-se advogado. Suponho

Jaime Batalha Reis.

neste intuito frequentou algum tempo um escritório em Lisboa". Essa classe incluía os políticos ignaros, videiros, ávidos de poder, que no prefácio dos *Azulejos*, do conde de Arnoso, Eça refere como "politiquetes e politicões enflorados, emplumados, atordoadores, cacarejando infernalmente, de crista alta", de tão intensa atualidade entre nós!

Terminados oito meses da sua missão de jornalista em Évora, Eça volta a Lisboa, continuando a viver em casa dos pais. Retoma a frequência do Cenáculo e tem intermináveis conversas com Antero de Quental e com Jaime Batalha Reis, na plataforma inferior do jardim de São Pedro de Alcântara. Afirma-se positivista e avesso a metafísicas. Em agosto de 1868, o seu amigo Ramalho Ortigão é nomeado oficial de secretaria da Academia das Ciências de Lisboa e desce do Porto à capital. Eça dá início a um convívio mais estreito com aquele que virá a ser o mais íntimo dos seus amigos, confiando-lhe as suas mágoas, as suas atrapalhações de dinheiro, as suas crises sentimentais e literárias. Não obstante a natural reserva que caracteriza o seu temperamento, a nenhum outro ousará confiar tanto a intimidade. Virá a fazer dele padrinho do casamento e padrinho de dois dos seus filhos. Mal poderia imaginar que, depois da sua morte, este amigo estaria longe de corresponder à profunda amizade que lhe dedicara...

Entretanto frequenta e faz-se sócio de uma associação de prestígio, ainda hoje existente, o Grêmio Literário, em pleno Chiado, na Rua Ivens, antiga

Rua de São Francisco, ao lado da casa de Maria Eduarda, em *Os Maias*. Aí descobre Baudelaire, na sua biblioteca. Esta associação, o Grêmio, irá depois figurar em *O Primo Basílio*, em *A Tragédia da Rua das Flores*, em *Os Maias* e em *A Correspondência de Fradique Mendes*. Segundo o seu amigo Batalha Reis, Eça trabalhava deste modo: "Durante tempos só pôde escrever em certo papel almaço, que ele próprio ia comprar a uma loja pequena de chá e papel selado, no n. 41 da rua Larga de São Roque. Havia de entrar no meu quarto com o pé direito, suspendendo-se, por isso, no último momento, recuando o pé esquerdo agoirento, quando já este inoportunamente se adiantasse, e fazendo, hesitante e confuso, antes de enfim entrar a porta, um ruído inexplicável. Tinha o terror das correntes de ar, e andava continuamente a fechar as janelas, ou as portas, a mudar de posição da cadeira onde se sentava, murmurando com voz cava: – é a pneumonia, a congestão pulmonar fulminante, a morte, menino! [...] Não podia suportar poeira nas mãos, e levantava-se amiúde para ir, cuidadosamente – interrompendo a composição, mas recitando em voz alta as frases que tinha escrito – lavar as pontas dos dedos. Fumava continuamente cigarros, enquanto trabalhava, inclinado sobre o papel, que olhava muito de perto. E uma vez embebido nas suas criações, não falava, não escutava, não atendia a coisa alguma – embrulhando o cigarro, indo lavar as mãos ou fechar a porta, passeando pela casa, sempre muito curvo, com passadas altas e largas, fazendo gestos de dialogar com alguém, resfolgando ruidosamente, abrindo muito os olhos, elevando e baixando nervosamente as sobrancelhas, as pálpebras, e as rugas horizontais da testa, onde ondulava, convulsa, a sua madeixa corredia, negra e triangular. Escrevia com extrema facilidade, e, nesta época, emendava muito pouco: as imagens, os epítetos ocorriam-lhe abundantes, tumultuosamente, e ele redigia rápido, insensível a repetição de palavras ou desequilíbrio de períodos, sem exigências críticas de forma, aceitando, comovido, o que tão espontaneamente, tão sinceramente lhe ocorria". Assim foram escritos os textos depois recolhidos com o título de *Prosas Bárbaras*, em 1903.

O testemunho que Ramalho Ortigão deixou em *As Farpas* de outubro de 1881, com o título de "Ortego e André Gill", dois caricaturistas espanhóis, que transcrevemos mais por diante (no cap. III "Eça Visto Pelos Seus Contemporâneos"), corrobora com exatidão e em excelente prosa, o texto memorialista de Batalha Reis que acabamos de ler, acrescentando-lhe um dado de grande alcance biográfico, qual seja o de que o ato criativo do seu parceiro de escrita se desenvolvia "no meio de verdadeiras crises de todo o seu sistema nervoso, numa agitação sibilina" de expressão corporal em excitado movimento. Curiosamente estas *crises* apresentam uma feição idêntica àquela a que Mariano Pina assiste num hotel de Paris, quando Eça se encontra a trabalhar "febrilmente" em *A Relíquia*, referindo que ele "possuía nevroses até no estômago", sendo "torturado por nevralgias horrorosas que lhe percorriam todo o corpo", a tal ponto que Pina acaba por confessar: "julguei-o perdido". Passava-se este episódio em 1887, encontrando-se o depoimento que o menciona no já referido capítulo "Eça Visto Pelos Seus Contemporâneos". Suponho que até hoje ninguém se debruçou sobre as características desta agitação nervosa que acometia Eça no ato da criação, e que certamente o esgotava e mais ainda, debilitava. Testemunha a filha numa entrevista que recolhemos num videofilme do Instituto Camões, *Realidade e Ficção* (2000), que o pai, modelo de ordem e arrumação, atirava as folhas que ia preenchendo para o chão, sem sequer as numerar, no escritório da Avenue du Roule, para mais velozmente continuar a escrita. Esta circunstância conduz inevitavelmente a esta interrogação: como foi possível a um corpo tão frágil, corroído por uma maleita interna consuntiva de muitos anos, e por tão grande desgaste criativo, ter conseguido chegar até ao final do século?

A 29 de agosto de 1869, o jornal *Revolução de Setembro* publica um folhetim de versos com a assinatura de C. Fradique Mendes, pseudônimo coletivo de Antero de Quental, Batalha Reis e Eça de Queiroz. Estavam assim criados os Satânicos do Norte, autores de uma nova forma poética que, segundo Antero, correspondia ao *realismo* no mundo da poesia. Esta mistificação literária iria produzir mais versos de Fradique que seriam publicados por Antero em *O Primeiro de Janeiro* de 5 de dezembro de 1869. Pedro da Silveira comenta: "Como é sabido o poeta revelado em 1869 em *A Revolução de Setembro* e em *O Primeiro de Janeiro* foi logo tomado a sério, ele e seus pares "satanistas do Norte", e viria a exercer, como já apontou João Gaspar Simões, influência nos rumos que a poesia portuguesa explorou a partir de então. Um seu discípulo direto sem dúvida foi Gomes Leal (que muitos anos depois havia de pretender inculcar-se como um dos seus inventores), outro, menos direto mas não menos plausível, Cesário Verde – e não se ponham inteiramente de parte, mais, o Guilherme de Azevedo da Alma Nova e o Junqueiro de *A Morte de D. João*" (Silveira, 1973, pp. 19-20).

Jaime Batalha Reis, no prefácio de *Prosas Bárbaras*, testemunha: "Eça de Queiroz tinha, por aquele tempo, igual exuberância e originalidade de fantasia em verso; e sentia muitas vezes a necessidade de metrificar – quase o mesmo gênero de necessidade de som e ritmo que o fazia com frequência cantarolar, em voz baixa, pequenas frases musicais, sempre erradas, sempre fora de tom, mas sempre impregnadas das mais patéticas inflexões". Segundo Pedro da Silveira seriam de Eça os poemas "Serenata de Satã às Estrelas", "A Velhinha" e "No Álbum de Rigolboche", este último publicado no *Mistério da Estrada de Sintra*, onde Eça o atribui a Fradique. Em *O Primeiro Fradique*, Joel Serrão atribui porém "A Velhinha" a Jaime Batalha Reis (Serrão, 1985, p. 200), desmentindo assim, de igual modo, Guerra da Cal e João Gaspar Simões.

É desta época o projeto de uma revista que pretende desenvolver com Anselmo de Andrade, projeto que comunica ao professor Emídio Garcia, para Coimbra (carta n. 2, 26 [1867 ou 1868],*Correspondência*, 2008). Envia-lhe mesmo um "prospecto" que se desconhece. Por aqui se vê como era precoce a sua intenção de dirigir revistas culturais, que mais tarde tão grande lugar viriam a ter na sua vida, como a *Revista de Portugal*, o *Suplemento da Gazeta de Notícias* do Rio de Janeiro, e por fim o projeto gorado da revista *Serão*. É esta ideia que ele transmitirá depois para a narrativa do seu grande romance *Os Maias*. Quando Afonso da Maia interpela o neto e o seu amigo João da Ega para saber o que têm eles feito, este responde-lhe: "Mil coisas! Temos sobretudo o projeto duma *Revista*, um aparelho de educação superior, que vamos montar com uma força de mil cavalos!...". Carlos esclarece depois: "Meditava uma série de *ensaios* à inglesa sob este título – *Porque Falhou Entre nós o Sistema Constitucional*".

Em outubro de 1869, Eça parte com Luís de Castro, conde de Resende, para uma viagem ao Oriente (Egito e Terra Santa) de pouco mais de dois meses. Manda então imprimir cartões de visita para essa importante viagem onde podemos ler: *Le Chevalier de Queirós*. "Chevalier"? Qualquer coisa de bizarro ou paródico há nesta designação... Dezessete anos mais tarde virá a casar com a irmã deste seu companheiro. O pretexto da viagem foi a inauguração do Canal do Suez, a que ambos assistem. Param em Cádiz, Gibraltar e Malta, chegando a Alexandria a 5 de novembro. Partirão depois do Cairo, a visitar Heliópolis, Giseh, Sakharah e Mênfis. É do Cairo que partem para a Palestina, desembarcando em Jafa. Podemos seguir a sua viagem na Terra Santa através dos apontamentos feitos em caderninhos de bolso, publicados por sua filha em 1966 com o título de *Folhas Soltas*. Partem de Jafa para Ramleh (a Ramla de hoje) a caminho de Jerusalém. Eça anota que a cidade está dividida em quatro bairros: judeu, cristão, muçulmano e armênio. "O bairro judeu é o mais miserável. Nada tão imundo, tão devastado, tão cheio de negrura. Parece incrível que homens com sensações e princípios possam voluntariamente viver naquela imundície". Visitam o Santo Sepulcro e a bela Mesquita de Omar (ou Domo da Rocha, por assentar em pedra sagrada), a que apresenta uma cúpula dourada enorme e emblemática, que se impõe na paisagem urbana de Jerusalém: "Depois da Meca e de Medina nada há tão respeitável para eles como esta Mesquita". E acrescenta: "Quando se entra, o primeiro aspecto é esplêndido". Visitam depois Betânia, Belém e o Mar Morto. Voltam a Jafa, de onde partem para a Alta Síria a visitar Beirute, onde desembarcam.

Tiveram os viajantes daquele século, como Eça, a ventura de ver o território bíblico com a feição dos velhos tempos, tal como Fradique refere na carta XI: "Tudo permanece como nos tempos de Abraão e nos tempos de Jesus. Entrar na Palestina é penetrar numa Bíblia viva. As tendas de pele de cabra plantadas à sombra dos sicômoros; o pastor apoiado à sua alta lança, seguido do seu rebanho; as mulheres, veladas de amarelo ou branco, cantando, a caminho da fonte, com o seu cântaro no ombro; o montanhês atirando a funda às águias; os velhos sentados, pela frescura da tarde, à porta das vilas muradas; os claros terraços cheios de pombos; o escriba que passa, com o seu tinteiro dependurado da cinta: as servas moendo o grão; o homem de longos cabelos nazarenos que nos saúda com a palavra de paz, e que conversa conosco por parábolas; a hospedeira que nos acolhe, atirando, para passarmos, um tapete ante o limiar da sua morada; e ainda as procissões nupciais, e as danças lentas ao rufo-rufo das pandeiretas, e as carpideiras em torno aos sepulcros caiados – tudo transporta o peregrino à velha Judeia das Escrituras, e de um modo tão presente e real, que a cada momento duvidamos se aquela ligeira e morena mulher, com largas argolas de ouro e um aroma de sândalo, que conduz um cordeiro preso pela ponta do manto, não será ainda Raquel, ou se, entre os homens sentados além, à sombra da figueira e da vinha, aquele de curta barba frisada, que ergue o braço, não será Jesus ensinando".

Eça descreve uma cavalgada nos arredores de Beirute, onde fora com um guia e com o seu companheiro, o conde de Resende. Contrasta singularmente imaginarmos o jovem Eça destes apontamentos com a imagem que dele temos da idade madura, elegante, magríssimo, encartolado tantas vezes! Vale a pena transcrever as suas anotações. Eça adianta-se dos seus companheiros, deixando correr o cavalo: "A noite era tão escura que eu não via o lugar em que estava. Sentia que era uma planície cheia de uma vegetação seca, áspera, baixa, que me impedia de caminhar. Parecia uma mata. O cavalo assustado começou correndo em todas as direções: Creio me levou para o lado da montanha e aí achei-me completamente perdido na falda do Líbano, no mesmo dia em que tinha chegado à Alta Síria! Então o cavalo possuído de terror começou uma carreira incoerente, absurda, mas cheia de vigor. Cavalo excelente, saltava sobre o mato, atravessava riachos, até que entrou como uma bala nas velhas ruínas que ali há. Saltava muros arruinados, fugia, aparecia à beira de uma poça de água, corria, voltava, rinchava, transtornado como uma criança perdida. De repente, quando ele caiu desastradamente, senti-me na água salgada, rolar na areia, e perto o ruído das ondas. No primeiro momento agarrei-me fortemente às rédeas do cavalo. O excelente animal ergueu-se e achamo-nos com a cabeça fora de água". Ainda esta anotação sobre a qualidade dos cavalos sírios: "São excelentes, têm a força, a paciência, a invenção, têm o andar minucioso, elástico, firme das cabras. Seguem nas arestas de pedra e vão penetrando e inventando com os seus grandes olhos fixos, a cabeça baixa e arqueada, nervosos, flexíveis" (*Folhas Soltas*, p. 109).

O Oriente tinha-se tornado aos olhos dos europeus um mito romântico apetecível, que a tradução das *Mil e Uma Noites*, no início do século XVII, e a exploração napoleônica do fim desse mesmo século ajudaram a exaltar. O orientalismo literário progride, cultivado por nomes como Chateaubriand, Nerval, Lamartine, Gautier e Flaubert, para não citar senão literatos franceses. Mais tarde, no romance *A Relíquia*, Eça porá na pena da personagem principal, Teodorico Raposo, aquilo que ele próprio deve ter sentido: "Esta jornada à terra do Egito e à Palestina permanecerá sempre como a glória superior da minha carreira; e bem desejaria que dela ficasse nas letras, para a Posteridade, um monumento airoso e maciço". Ficou, de fato, e é uma obra-prima, com o título *A Relíquia*. Essa viagem iria enriquecer não só esse romance de grande representatividade na sua ficção, feito com larga matéria que ele colheria em Malta, no Egito e na Terra Santa, mas também um livro póstumo feito de notas de viagem, *O Egito*, que só seria publicado em 1926, tal como a obra de Flaubert, *Voyage en Orient*, só publicado em 1910. Num outro texto, "De Port Said a Suez", Eça faz o relato dos festejos da inauguração do canal.

Esses dois meses de viagem vão transformar o jovem escritor romântico e idealista, ainda à procura de um rumo literário, que vai tenteando incerto e sujeito a múltiplas e desencontradas influências, num observador e num descritor de grandes recursos, de que dará provas ao escrever os apontamentos mais tarde coligidos sob o título de *O Egito*. Em face dos nomes muito rebarbativos de caligrafia trêmula e incerta, os seus filhos rodeiam-se de Baedekers, de toda uma vasta biblioteca sobre o Oriente, na difícil interpretação de palavras árabes, o que não evitou variados erros de leitura. Como Girodon comenta: "Eça de Queiroz despersonaliza-se voluptuosamente e, muito paradoxalmente, são os seus contatos exóticos que, por suave transição, o conduzirão para o realismo mais severo dos seus grandes romances". Diz Girodon ainda: "Muitas das páginas de *O Egito* são superiores ao melhor Gautier" (Girodon, 1959).

Em Jerusalém Eça vai visitar o túmulo de Jesus. Nos seus apontamentos dessa jornada, mais tarde publicados pela filha com o título de *Folhas Soltas*, constará este excerto: "Quando se entra, a primeira coisa que se vê, à esquerda, é um estrado em que estão sentados alguns turcos. Encruzados numa imobilidade enfastiada, fumam, comem enchendo o chão de destroços, de nódoas, cuspindo sobre o chão sagrado. [...] São os guardas do Santo Sepulcro. Estão ali para impedir que as comunidades rivais que vivem dentro do templo se dilacerem pelas suas convicções..." E Eça interroga: "Diante do túmulo de Jesus, que se sente? – Nada. Tudo é teatro, arranjado, postiço, artificial. Os mármores estão lavrados em flores, imitando cômodas Luís XV. Os ornatos, os quadros, são de uma decoração pomposa, artificial. Nenhuma grandeza, nenhum pensamento". Mais tarde, em *A Relíquia*, irá dar-nos um quadro muito realista e muito atual do Santo Sepulcro: "Um bando voraz de homens sórdidos, envolveu-nos com alarido, oferecendo relíquias, rosários, cruzes, escapulários, bocadinhos de tábuas aplainadas por São José, medalhas, bentinhos, frasquinhos de água do Jordão, círios, *Agnus Dei*, litografias da Paixão, flores de papel feitas em Nazaré, pedras benzidas, caroços de azeitona do Monte Olivete e túnicas *como usava a virgem Maria!* E à porta do sepulcro de Cristo, onde a Titi me recomendara que entrasse de rastos, gemendo e rezando a coroa – tive de esmurrar um malandrão de barbas de eremita, que se dependurara na minha rabona, faminto, rábido, ganindo que lhe comprássemos boquilhas feitas de um pedaço da arca de Noé".

Vale a pena comparar estas impressões com as que experimentou Flaubert no mesmo local, em *Notes de Voyage:* "Esta manhã no Santo Sepulcro acontece que um cão ficaria mais emocionado do que eu. [...] Como tudo isto é falso! Como eles mentem! Como isto é mal pintado, chapeado, envernizado, feito para a exploração, a propaganda, a clientela. [...] Uma coisa para mim dominou: o aspecto do retrato em pé de Luís Filipe que decora o Santo Sepulcro. Ó grotesco tu és pois como o sol".

A. SOBRE A *HISTÓRIA DE UM LINDO CORPO*

Conta Batalha Reis, no prólogo de *Prosas Bárbaras*, que por esta altura Eça lhe leu, e a Antero de Quental, "o primeiro esboço muito desenvolvido, tão extenso que levou várias noites a ler – de um romance intitulado *História de um Lindo Corpo*. Foi, julgo eu, a primeira tentativa na chamada literatura Naturalista ou Realista". Diz ainda Batalha Reis que a ideia fundamental da obra, de que se não conhece rasto, era a do *Affaire Clémenceau*, de Dumas Filho. De que tema se tratava? Com o subtítulo de *Mémoire de l'Accusé*, este romance, publicado com sucesso em 1866, era na primeira parte autobiográfico, visto Dumas ser também filho natural como o herói da obra. É uma narrativa feita por um escultor célebre, Pierre Clémenceau, ao seu advogado de defesa, depois de ter assassinado a mulher. Pierre vive com a mãe, modesta vendedeira de roupa, abandonada pelo pai de Pierre, que desapareceu. Até aos primeiros anos Pierre frequenta um internato onde sofre agruras devido à sua condição modesta e à sua bastardia. Com treze anos trava conhecimento com um escultor que o convida a trabalhar no seu ateliê e onde rapidamente progride. De início a narrativa arrasta-se e perde-se em pormenores, o próprio narrador o confessa. Pierre conhece um dia uma jovem belíssima, filha de uma condessa polaca, a quem não tarda a fazer o busto. Sua mãe quer casá-la com um nobre rico e regressa com a filha ao seu país. Pierre enceta com Iza, é este o nome da jovem, uma correspondência assídua e quando ela regressa a Paris com a mãe desposa-a, não sem que antes receba cartas anônimas com acusações contra as duas mulheres. Não tardará que Pierre reconheça os defeitos da jovem mulher: "Os três vícios que deviam perder essa mulher, em primeiro lugar, e perder-me depois: o impudor, a inquietação, a sensualidade". Assim pensa depois de um banho que ela toma nua num lago.

Pierre reconhece que o amor que inspirava a Iza é essencialmente físico. Ela tem uma ideia fixa: ser representada na sua nudez esplêndida para ser apreciada e eternizar no mármore as suas formas. O marido faz de Iza o único modelo, e considera que "não era ainda senão infidelidade do espírito mas já era infidelidade". Iza engravida e tem um filho que entrega a uma ama e a sua beleza permanece intacta. Pierre acaba por saber que ela tem vários amantes e que leva a sua perversidade ao ponto de os convidar para a sua mesa, no lar conjugal. Pierre em dada altura parte para Roma, afastando-se da mulher, mas refletindo que a admitiria novamente se ela regressasse, vindo mais tarde a admitir também que não era culpado de a ter morto: "Não tenho consciência dos meus atos, sofro decididamente a fatalidade hereditária; e desde logo, não fui eu que cometeu este assassinato, foi o ser misterioso que trago em mim! É o meu pai! É o desconhecido".

Pierre chega a pensar no suicídio como uma solução. Iza saíra de França para regressar muito rica, ao que parece devido a uma herança. Pierre vai visitá-la e a conversa decorre com cordialidade. Pergunta-lhe por que o enganara: "Porque me aborrecia, porque era maluca", responde-lhe ela. "Tinha sede de sensações novas. Mas no fundo, não amava senão a ti"... "Tu pertences-me. Sou uma cortesã, uma rapariga, uma criatura vil e desprezível, está dito; mas tu amas-me. É uma fatalidade. Aceita-a". Iza leva-o então para o seu luxuoso leito de cortesã. "Que amante eu ia ter", pensa Pierre. Ela tem então 23 anos e encontra-se no esplendor da sua beleza. No dia seguinte Pierre acorda e enterra-lhe no peito um punhal que a mata imediatamente. Entrega-se depois à justiça. Flaubert escreve: "O final deste livro parece-me radicalmente falso: um homem não mata uma mulher *depois*; experimenta--se então uma calma geral, contrária a toda a energia. Isto é um equívoco fisiológico e psicológico..." (Maurois, 1957, pp. 346, 347).

Em que medida, de que modo, a *História de um Lindo Corpo* reflete este romance de Dumas? Só Batalha Reis o poderia ter dito, mas este excelente e parco memorialista, que chegou a escrever no número de homenagem a Eça da *Revista Moderna* de Paris (n. 10, 20 nov. 1897) que "podia encher volumes com recordações do Eça de Queiroz", não deixou senão dois textos sobre este amigo, o prefácio das *Prosas Bárbaras* e o texto para o *In Memoriam de Antero de Quental*. Este matusalém que só viria a falecer em 1935 desperdiçou o seu precioso tempo com discussões e conversas efêmeras, pois era um emérito conversador, tendo deixado um espólio enorme de 119 pastas, cada uma delas com dezenas de documentos, onde há muito por explorar e onde existe mesmo um trabalho pormenorizado, preparatório, para uma *Explicação do Universo* que intentara fazer! Desse espólio consta até a tradução incompleta das *Mil e Uma Noites*. Nada disto passaria de um projeto de boas intenções.

Sobre a gênese da *História de um Lindo Corpo* Lopes de Oliveira interroga: "Era resultante mais dos vagares burocráticos de Leiria? Ou a elaboração desse romance deve ter começado antes de publicar *O Mistério*" (Oliveira, 1968, p. 77). Na *Bibliografia* (tomo I, ficha 1415), Guerra da Cal informa que o *Diário de Notícias* de 20 de janeiro de 1871 anunciou que Eça, escritor de altos dotes "mas pouco conhecido do público", tinha acabado de escrever uma novela, que considera a sua melhor narração, à qual, todos que a têm lido, dedicam os mais altos elogios".

Gaspar Simões, na biografia de Eça, aventa a hipótese dessa obra em esboço ter sido escrita em Leiria, entre o outono de 1870 e a primavera de 1871, antes de *O Crime do Padre Amaro* (Simões, 1980, p. 343), considerando ter qualquer coisa de "demasiado humano", de "demasiado pessoal", como por exemplo a bastardia. E interroga: "Referiria o herói de Eça de Queiroz a história dos seus anos de Vila do Conde, dos seus tempos de Verdemilho, das suas tristezas de colegial?" Não parece, de modo algum, que assim tenha sido, dada a proverbial e feroz reserva de Eça relativamente ao seu passado, muito particularmente à sua infância. Mais natural é que se tenha fixado no drama do adultério e talvez do assassinato e também no modo narrativo, na primeira pessoa. Gaspar Simões, ainda, interroga se *O Crime do Padre Amaro*, escrito logo a seguir, "não seria um regresso ao tema da bastardia" (Simões, 1980, p. 348). Mas Simões põe outra hipótese, mais plausível, a do símile com o conto *Singularidades de uma Rapariga Loura*, e interroga ainda: "Não seria Luísa, a rapariga loura, mulher singularmente viciosa e recatada na candidez dos seus vícios, uma irmã gêmea de Iza, de Alexandre Dumas Filho? Iza seria Luísa; a condessa polaca, sua mãe em *L'Affaire Clémenceau*, seria, na novela de Eça, *a soberba mulher pálida, a mãe Vilaça*, zelosa progenitora de Luísa. A vida misteriosa das duas portuguesas é em tudo afim da misteriosa vida das duas polacas". E acrescenta: "Na candura de Macário ainda há seja o que for, todavia, da candura de Clémenceau. Virginal até aos vinte anos, espera, deslumbrado, aquela rapariga "fina, fresca, loira como uma vinheta inglesa e que é afinal uma ladra". "Ambas são *singulares*, porém, e ambas iludem um *inocente*. Posto isto, pergunta-se: não serão as *Singularidades de uma Rapariga Loura* as páginas refundidas da *História de um Lindo Corpo*?" Parece que esta hipótese poderá merecer toda a atenção dos comparatistas. Simões lembra que Eça, em carta a Ramalho Ortigão, de Montréal (1873), refere-se ao romance de Dumas Filho nestes termos: "Eu por mim julgar-me-ia mais profundamente artista – por ter criado aos meus um interior sábio, colorido, doce, atraente, influente, inteligente – do que em ter contado aos outros a *História da Sibila*, ou o que fez Clémenceau". Helena Cidade Moura, na "Nota Final" da edição de *O Primo Basílio* de Livros do Brasil, alude à hipótese de na gênese deste romance ter estado a *História de um Lindo Corpo*, não a justificando todavia. Diga-se de passagem que Batalha Reis, no *In Memoriam* de Antero, volta a contar o episódio da leitura, informando desta feita: Eça "escreveu-o então, em grande parte no meu quarto".

Mas um acontecimento capital vai estar na gênese do seu primeiro romance realista, *O Crime do Padre Amaro*, a sua nomeação como administrador do Concelho de Leiria. Isto dá-se em 21 de julho de 1870, um dia depois da declaração de guerra da França à Prússia. Será de dez meses o tempo de permanência de Eça em Leiria. É um período crucial de observação de uma sociedade típica da província, que o faz dizer mais tarde: "*O Crime do Padre Amaro* é apenas, no fundo, uma intriga de clérigos e de beatas tramada e murmurada à sombra de uma velha Sé de província portuguesa". O centro histórico de Leiria é hoje, decerto, entre todos os ambientes urbanos descritos por Eça, aquele que mais fielmente resistiu ao impacto do tempo. Tudo lá permanece: a vasta massa de cantaria da Sé, a casa de administração do Concelho de onde o administrador do romance, de binóculo em punho, "depravava" a mulher do Teles alfaiate "retorcendo o bigode louro e entesando o plastrão azul"; a botica do Carlos, ao lado, com a fachada coberta de expressivos azulejos anunciando a botica que deveras foi e de cujo andar a Amparo, sua mulher, vigiava o terreiro da Sé; o n. 13 da Rua da Tipografia, primeira morada do Padre Amaro, assinalado por uma lápide, onde o próprio Eça morou, tão perto da Sé que Amaro até podia "dizer missa de chinelos", como dizia o cônego Dias; finalmente a Praça Rodrigues Lobo, no centro da cidade. A Sé, do século XVII, com um interior de três naves, pela sua luminosidade e claro recorte, é bem o contrário do que Eça descreve no romance: "Tudo era escuridão, melancolia, penitência, faces severas de imagens; nada do que faz a alegria do mundo ali entrava [...]". Miguel Torga, no *Diário I*, em 26 de agosto de 1939 escreveu: "À noite (três da manhã) um passeio pelos becos da cidade. A Sé, a botica do Carlos, a rua da Misericórdia, a casa da Sanjoaneira. Grande Eça: arrancar desta terra um tal romance parece obra de um Deus".

Eça recordará depois nos panfletos de guerrilha inspirados nas *Guêpes* de Alphonse Karr, *As Farpas*: "Eu morava numa rua estreita como uma fenda e triste como o destino de um monge: de um lado tinha as velhas paredes da Misericórdia onde as corujas piavam, do outro as torres da Sé onde os sinos faziam a cada momento rolar para o ar os seus prantos sonoros! E havia na minha janela, num caixote de pau, um arbusto de alecrim, que erguia constantemente para o céu os seus miúdos bracinhos de verdura seca – nunca pude saber porquê, porque enfim na sua qualidade de planta devia ser materialista e ateu!".

B. RAMALHO ORTIGÃO E *O MISTÉRIO DA ESTRADA DE SINTRA*

Entretanto, logo no começo da sua estada em Leiria, dá início à publicação em folhetins, no mais importante jornal de Lisboa, o *Diário de Notícias*, em colaboração com Ramalho Ortigão, de um romance policial denominado *O Mistério da Estrada de Sintra*. Cerca de dois meses vai durar esta publicação, entre 24 de julho e 27 de setembro de 1870, onde alguns dos capítulos evidenciam a vivacidade do seu estilo, a sua aptidão para criar personagens femininas de relevo e um diálogo realista. Cármen e Luísa, condessa W., são as suas primeiras criações femininas. Os comentadores que se debruçaram sobre a autoria dos capítulos dão a primazia a Eça, apontando a predominância nítida da sua intervenção, neste e naquele capítulo. Indubitavelmente, tudo aquilo que dizia respeito à vida a bordo, a Gibraltar e a Malta, pertencem a Eça e têm origem na sua viagem ao Oriente. Todavia, Ramalho, numa carta de 25 de fevereiro de 1915, ano da sua morte, ao então diretor do *Diário de Notícias*, Alfredo da Cunha, reivindica para si não só a ideia do romance como a autoria dos principais capítulos, o que vinha contrariar a opinião daqueles comentadores, bastante críticos para o autor de *A Holanda*.

Meu caro senhor Alfredo da Cunha

Quando eu me dirigi ao meu bom camarada e leal amigo Eduardo Coelho para lhe propor a publicação no *Diário de Notícias* de um romance que eu acabara de idear, Eduardo Coelho disse-me: – "Menino, que ideia a tua! Ninguém lê romance nenhum agora. Ninguém lê senão telegramas da guerra franco-prussiana, e é nos telegramas que o jornal tem de aplicar neste momento o melhor dos seus cuidados e a sua mais pesada verba de despesa". Respondi procurando convencê-lo de que o romance que eu lhe propunha era uma invenção inteiramente inédita, o tipo até então desconhecido do verdadeiro romance-folhetim como os franceses e os americanos ainda não o tinham realizado, e que eu considerava destinado a atrair ao *Diário de Notícias* um considerável número de leitores e de apaniguados. E expus então a série dos diversos capítulos cuja ação se viria passando dia a dia e hora a hora segundo a aparição de cada número da folha. Ora desses capítulos a que eu sucessivamente me referia, quer o meu amigo saber qual foi o aquele que mais vivamente impressionou Eduardo e num relâmpago lhe fez ver todo o alcance jornalístico da minha empresa? Esse capítulo foi o primeiro da minha obra, e chamo-lhe neste ponto minha porque ainda a esse tempo eu não tinha a colaboração do Queiroz, que só lhe propus em amigável camaradagem depois de firmado o meu contrato com o *Diário de Notícias*. O capítulo a que eu me refiro foi o primeiro do romance e era precisamente a notícia

Ramalho Ortigão.

Ramalho Ortigão e Eça.

local que desde logo lhe dei redigida por mim nos termos em que ela se publicou, bem como a que apareceu no dia em que a publicação do romance começou. Esta combinação do noticiário com o folhetim era o ponto capital da obra e a chave do seu interesse. Era esse leve detalhe que espacialmente caracterizava o gênero dessa produção literária eminentemente adequada à índole de um jornal intitulado *Diário de Notícias*, gênero que por esse fato distinguira do romance-folhetim e muito bem se poderia chamar romance-noticiário.

Eduardo Coelho compreendeu-o profundamente e foi com um imediato abraço de parabéns que no escritório dessa redação se deliberou a publicação do romance a que de comum acordo pusemos o nome de *Mistério da Estrada de Sintra* porque se estava no verão e era essa a estrada mais concorrida do público a que o destinávamos. Acabando de percorrer com saudoso prazer o seu livro comemorativo do cinquentenário do *Diário de Notícias* – livro que recebi ontem, peço-lhe que me perdoe o assomo de juvenil vaidade que me infundiu a leitura das obsequiosas páginas referidas ao *Mistério da Estrada de Sintra*, não pelo valor literário mas pelo valor imaginativo dessa obra, que foi o início da minha intimidade literária com o Queiroz e o mais doce laço de inalterável amizade que constantemente me ligou a Eduardo Coelho. Inútil acrescentar que é só para si esta carta e que muito desejo continuem a ficar em anonimato as duas notícias ao malicioso *bluff* com que o *Diário de Notícias* acompanhou a publicação do nosso já suficientemente celebrado romance.

Seu colega m.to dedicado e agradecido

Ramalho Ortigão

Ramalho reivindicava para si a iniciativa e glória do sucesso deste empreendimento literário, usando o já consagrado costume de pedir segredo das suas confissões, em cartas que ele sabia de antemão que seriam do conhecimento da posteridade.

Muito recentemente, numa monografia intitulada *Eça de Queiroz-Ramalho Ortigão, Retrato da "Ramalhal Figura"* (2009), publiquei uma carta inédita de Ramalho para Eduardo Coelho, diretor do *Diário de Notícias*, escrita no mesmo ano da edição do romance, em que Ramalho afirma precisamente o que virá a dizer em 1915! Este documento vem confundir profundamente as opiniões até aqui formuladas, na medida em que é muito plausível considerar que, se era possível Ramalho faltar à verdade em 1915, com Eça morto há quinze anos, difícil se tornava essa invenção ou inverdade no próprio ano da publicação da obra, com o seu companheiro a viver ora em Lisboa, ora em Leiria. E no entanto os textos não mentem e dão claramente a primazia da obra a Eça de Queiroz. Eis a carta de Ramalho a Eduardo Coelho, só recentemente conhecida, com a data não expressa de 1870:

> Meu querido Eduardo
>
> Se v. fosse homem capaz de me obter da administração do *Diário de Notícias* o preço de dois folhetins meus "As Flores", assinados por Berta de Medeiros, fazia-me o mais relevante serviço e dava-me o júbilo mais entranhado que pode ter um pobre em presença do metal abjeto e vil.
>
> Para lhe dar ideia do estado de pobreza em que me acho bastaria que lhe diga que abati consecutivamente e que tenho inteiramente acabados os seis primeiros capítulos do romance que v. há de intitular (sem prejuízo de melhor escolha) *O Mistério da Estrada de Sintra*. Dois capítulos mais, que estarão feitos dentro de dois dias, e estará completa a primeira parte desta obra, com a qual eu me quero apresentar diante dos críticos reclamando para mim o privilégio de ter criado o tipo de romance-folhetim do período literário em que estamos. V. medirá quando é que tem duas horas livres para me ouvir ler o que está lançado ao papel... Não se esqueça porém do objeto da primeira parte destas letras e veja se me envia pelo portador a resposta que lhe peço entre suspiros de penúria! Amigo certo
>
> Ramalho Ortigão

Como por aqui se vê, num romance de nove capítulos Ramalho declara-se nesta data autor de oito, outorgando-se o direito de se considerar o criador do gênero em Portugal. Esta afirmação vem naturalmente abalar a declaração por ambos os autores assinada, na 3ª edição do romance, com data de 14 de dezembro de 1884: "Desfechamos a improvisar este livro, um em Leiria, outro em Lisboa, cada um de nós com uma resma de papel, a sua alegria e a sua audácia". Note-se que a revisão total desta edição fora feita por Eça, que em carta ao seu confrade se confessa autor do prefácio, que assina em primeiro lugar. A carta de Ramalho ao diretor do *Diário de Notícias* põe também em causa a primazia da obra, invariavelmente atribuída a Eça de Queiroz. Comento mais pormenorizadamente estas autorias na alínea *a* do capítulo IV, local específico da história, entrecho e recensões críticas acerca do romance.

Vejamos sumariamente as edições deste romance policial: no próprio ano da sua publicação em folhetim do *Diário de Notícias* sai a primeira edição em livro; seguir-se-á uma segunda edição totalmente revista em 1885, com um prefácio de Eça, assinado pelos dois autores, mas em que o nome de Eça figura, significativamente, em primeiro lugar; uma terceira edição "emendada" sairá em 1894, não parecendo que haja nela a intervenção dos autores; em 1902 (dois anos depois da morte de Eça) publica-se uma quarta edição contendo uma "nota amistosa" de Ramalho, com um sem-número de correções atrabiliárias e incompreensíveis, a que Ramalho não faz qualquer referência prévia, mas que são indubitavelmente da sua pena. Um pequeno exemplo: em determinado passo, sem qualquer justificação, Ramalho resolve substituir o termo *máscara*, que neste romance aparece dezenas de vezes, pelo correspondente termo em francês, *loup*, o que nenhum revisor ousaria fazer. Continuava a "ramalhal figura" aqui o mesmo critério que adotara na revisão dos capítulos finais de *A Cidade e as Serras*, que Eça não chegara a corrigir em provas impressas, como era seu costume, e que lhe haviam sido entregues pela viúva, que confiava inteiramente na sua amizade e na sua competência. Claro está que o texto padrão a considerar deve ser o da terceira edição de 1885. Este caso, como o de *A Cidade e as Serras*, são absolutamente paradigmáticos para o estudo das relações dos dois escritores e do comportamento ambíguo de Ramalho Ortigão.

Através da leitura de Víctor Hugo, Eça aprende a odiar a figura ditatorial desse *Napoléon le petit* (Napoleão III), cuja mulher, a Imperatriz Eugênia, vira na inauguração do Canal do Suez, e de que por diversas vezes, nos seus textos e na correspondência, tão mal dirá. O Imperador capitula em Sedan e é feito prisioneiro. No artigo "O Francesismo" podemos ler, a propósito da atmosfera que se vivia em Lisboa quando lá desembarca, vindo de Coimbra:

"Também, havia decerto na Baixa, no Passeio Público, Imperialistas, que tinham empreendido a campanha da Ordem contra Rochefort e contra Gambetta. Mas era uma minoria. Lisboa toda arreganhava o dente para o Imperador. E naturalmente, eu, moço e ardente, cheio de ideias de liberdade e de República, transbordando de ódio contra essa corja dos Rouher, dos Baroche, que proibiam o teatro de Hugo, e tinham levado à polícia correcional Gustave Flaubert, lancei-me vivamente na oposição às Tulherias. O que eu conspirei! Jesus, o que eu conspirei! O meu desejo era filiar-me na Internacional!"

C. NAPOLEÃO III

O imperador dos franceses foi durante muito tempo a *bête noire* de Eça, na esteira de Víctor Hugo, autor de *L'Histoire d'un Crime,* escrito em Bruxelas, em 1877, sobre a conquista do poder por Napoleão III. Este livro termina com a sua derrota em Sedan pelos exércitos prussianos, e pela profecia da criação dos "Povos Unidos da Europa", sob a égide da França. Em *Les Châtiments*, Hugo produz uma sátira vingadora contra o imperador. Eça fala dele no *Distrito de Évora*. No final da vida, no prefácio do *Almanaque Enciclopédico para 1896*, descreve o desastre de Sedan, ou seja, a rendição do exército francês aos prussianos, atribuindo a vitória alemã à união profunda da alma dos exércitos. Em *As Farpas*, a propósito da passagem por Lisboa da viúva do imperador, Eugênia de Montijo, Eça volta a atacá-lo.

Ao evocar no *In Memoriam de Antero de Quental* os tempos estudantis de Coimbra, escreve: "O pobre Napoleão III foi para essa nossa Coimbra um Nero, um Anticristo", evocando-o, novamente, no artigo "O Francesismo". No final de *O Crime do Padre Amaro*, ao aludir aos acontecimentos da Comuna de Paris, lá aparece mais uma vez Napoleão III. Em *A Tragédia da Rua das Flores*, *O Conde de Abranhos* e *Os Maias*, o Império volta à baila, através de várias personagens e situações. Mas é em *A Tragédia da Rua das Flores* que a presença de Napoleão III e do Segundo Império é mais extensa e importante. A participação do Segundo Império na novelística queiroziana é um recurso para a criação do clima de verossimilhança indispensável à sua estratégia literária, funcionando aí como elemento de referência a assinalar a época em que se passa a narrativa. Tal como os elementos geográficos e toponímicos, as referências deste período histórico constituem na

Napoleão III.

efabulação romanesca suportes reais, ou seja, indutores de uma atmosfera de vibrante e sugestiva credibilidade. São mais um ingrediente, entre tantos outros, habilmente introduzido para sugestionar, seduzir o leitor, fixar-lhe a atenção.

Tais referências resultam das preocupações sociais e históricas de Eça de Queiroz nos anos cruciais da sua formação intelectual, correspondendo aos mais importantes acontecimentos da Europa de então. Esses acontecimentos são, em resumo: o desenvolvimento fulgurante da civilização industrial, com a radicalização dos antagonismos de classe entre burguesia e proletariado, provisoriamente contidos em França, durante o Segundo Império, que irão novamente eclodir depois da derrota de Napoleão III em Sedan, a que se sucederia a República, a ocupação da França pelos prussianos e a revolta de Paris com a Comuna; as lutas entre partidários de regimes democráticos e partidários de cesarismos monárquicos; as guerras que levaram à unificação da Itália e do Império Germânico. O mundo bonapartista do Segundo Império concita a cólera do Eça inconformista, servindo-lhe para opor partidários de regimes democráticos, liberais, e partidários de regimes conservadores e autoritários, que as personagens de *A Tragédia da Rua das*

Flores refletirão como nenhumas outras. Muito influenciado na sua visão do Segundo Império pela posição de Víctor Hugo, Eça despreza o enorme desenvolvimento industrial alcançado pela França neste período, jamais aludindo à profunda, espantosa, renovação de Paris empreendida no seu tempo. No entanto, interpretou excelentemente as causas da derrota militar, ao escrever no prefácio do *Almanaque Enciclopédico para 1896:* "[A França] não quis confessar que fora vencida pela espingarda do soldado alemão: – e imaginou, ou pelo menos afirmou, que fora vencida pelo compêndio do professor alemão. Com efeito o professor lá estava também, nos altos de Sedan, de óculos, de grossas barbas ruivas – mas sem compêndio, com uma espingarda: e quem comandava era Moltke e não Hegel. Na realidade não vencera nem o compêndio, nem a espingarda; – mas a forte alma germânica, a alma submissa e séria que estava no soldado e estava no professor. Ao fim da batalha, os franceses, encurralados no Vale de Sedan, choravam, clamavam, injuriavam o imperador, desabafavam em blasfêmias, tentavam arremetidas furiosas... E no entanto, sobre as colinas, os exércitos alemães, trezentos mil homens, com uma só grande voz, uma lenta e grave voz, repassada de reverência e crença, cantavam, na sombra crepuscular, o Coral de Lutero. Este Coral cantado em Sedan por um exército, numa tarde de batalha, explica, melhor que todos os relatórios do Estado-Maior, as vitórias da Alemanha – as que passaram e as que virão".

A 24 de setembro de 1870, Eça faz concurso para cônsul de primeira classe, tem 25 anos. Às provas apresentam-se oito candidatos. A 1º de outubro surge a decisão do júri. Eça ficara em primeiro lugar. A vaga que se abre depois para a Bahia, no Brasil, considerada como muito desejável, é, na aparência, injustamente ocupada pelo candidato que obtivera o 2º lugar, Manuel Saldanha da Gama. Na escolha contava também a experiência administrativa dos candidatos e Saldanha da Gama, com cinquenta anos de idade, apresentava um *curriculum* vasto, que Eça estava longe de ter. Além do mais tinha residido catorze anos na Bahia e apresentara uma petição assinada por 263 negociantes radicados no Brasil (Mônica, 2008, p. 93). Eça fará em *As Farpas* de novembro de 1871 uma diatribe de grande humor sobre este caso, que suprimirá quando em *Uma Campanha Alegre* (1890) reedita esses textos. Por que fora ele preterido? Porque o governo fazia a honra de o supor:

Chefe republicano
Orador dos Clubes

Organizador de greves
Agente da Internacional
Delegado de Karl Marx
Representante das associações operárias
Cúmplice nos incêndios de Paris
Ex-assassino de Mgr. Darboy
Redator secreto de proclamações
Receleur de pétrole
E enfim – antigo forçado!

Eça preparara-se para o concurso consular em Lisboa, na companhia de Jaime Batalha Reis. Batalha fica em terceiro lugar. Segundo carta deste à sua noiva, Celeste Cinatti, de julho de 1870, parece que Eça usara uma cunha junto de Mendes Leal, sem nada ter dito ao amigo: "Dizes-me tu, minha amiguinha, que te faz efeito de que eu e o Eça, sendo amigos, não devíamos ir ao mesmo concurso. Tens razão. Fui eu o primeiro a falar nesses concursos, ainda em tempos em que o Mendes Leal era ministro. Falei nisso e disse com toda a franqueza de amigo ao Eça o que o Mendes Leal dissera a meu pai e disse-lhe que ia a concurso. O Eça disse-me que também ia. Depois, soube pelo conde de Resende que o Eça fora falar ao Mendes Leal sem me dizer nada a mim. Não achei isto bonito, mas não lhe disse nada. Eu já sei o que são os amigos. O que há a fazer neste mundo é tratar com todos e dar à palavra amigo o valor conhecido" (Mônica, 2008, p. 91). É do verão do mesmo ano, ainda em carta a Celeste Cinatti, este excerto: "Olha, Celeste, o Queiroz talvez empregue os seus meios e os seus empenhos, mas eu tenho um bom. O [Luís Vicente d'] Afonseca é amigo íntimo do marechal Saldanha e diz que é a primeira coisa que ele pede. Enquanto ao concurso, apesar do seu talento, que é muito, não faz nada melhor do que eu, descansa. Primeiro, porque ele [Queiroz] não estuda nada, depois porque aquilo prende com coisa que eu tenho estudado muito e de que o Queiroz não tem a mais leve ideia. Depois, a inteligência do Queiroz não é para estes estudos positivos, não é para isto, nunca nestas coisas que formam o programa do concurso poderá, por mais que queira, fazer muito. É o que se chama uma inteligência exclusivamente literária. Depois, porque eu estudo há tempo e ele, quando eu saí de Lisboa, ainda não tinha pegado num livro" (Mônica, 2008, p. 91).

Manifestava-se aqui uma distinção que Batalha fazia entre a sua cultura científica e a cultura literária do amigo. Será este o primeiro dissídio,

Eça em 1870 com 25 anos.

entre os que virão a ter pela vida fora e que mais tarde, em determinado momento, quase resulta em ruptura. Maria José Marinho utiliza um curioso eufemismo acerca desta primeira querela chamando-lhe, no que a Eça respeita, de "entorse ética" (Marinho, 1996, p. 13). O que não se esclarece completamente é a presunção de Batalha Reis relativamente à sua aptidão de agrônomo para o bom desempenho de um concurso, constituído na sua maioria por matérias de Direito. Vejamos: História Política e Diplomática, Direito Internacional Público, Direito Internacional Privado, Direito Internacional Marítimo, Administração Consular, Economia Política e Estatística Comercial. Não é pois de estranhar que Eça, pela sua formação jurídica, fosse mais apto para uma melhor prestação de provas. Como anotação importante no que respeita às relações nem sempre cordiais entre estes dois amigos, há que referir o conhecido caráter difícil de Batalha Reis, que, muito embora tivesse sido um homem extremamente convivente e sociável, demonstrou nas relações com as filhas grande autoritarismo e até egoísmo, cerceando-lhes a autonomia e liberdade. Muito monárquico, isolou-se mais tarde, já reformado, na sua quinta de Torres Vedras para não encontrar antigos amigos agora republicanos. Só treze anos depois do concurso para cônsules partiria para o estrangeiro, a ocupar em Newcastle o mesmo posto que Eça desempenhara.

D. AS CONFERÊNCIAS DO CASSINO

Entretanto no Cenáculo, em Lisboa, prepara-se um grande acontecimento cultural que vai dar brado no País, as *Conferências Democráticas do Casino*, que têm como palco o Cassino da cidade. Deverá observar-se que Jaime Batalha Reis, no texto do *In Memoriam de Antero de Quental*, contrariando esta designação de "Cenáculo", escreveu: "Posso porém asseverar que o Antero de Quental, e o grupo muito limitado dos seus amigos, ignoraram sempre, absolutamente, que fossem um *Cenáculo*, ou qualquer outra coisa com pretensões a *Escola*, a *Centro*, a *Núcleo* pitoresco de Filosofia e Arte". É Antero de Quental, mais uma vez, o principal organizador. Pelo destaque cultural e pelo papel que este evento assinalou na carreira literária de Eça de Queiroz vale a pena debruçarmo-nos sobre ele com uma certa minúcia. Como diz José-Augusto França na excelente recolha que fez dos documentos relativos às *Conferências*, elas "tiveram larga e prolongada repercussão nos meios políticos, constituindo um tema importante na táctica parlamentar de oposição ao ministério de Ávila" (França, 1973, p. 9). Numa carta de Antero para Teófilo Braga convocando-o para essa iniciativa podemos apreciar os parâmetros ideológicos das conferências e dos seus objetivos: "O Teófilo conhece o estado de miséria intelectual desta nossa terra e é um dos que mais a lastima, sendo, até certo ponto, uma vítima ilustre dela [...]. Temos um programa mas não uma *doutrina*: somos *associação*, mas não *igreja*: isto é, liga-nos um comum espírito de racionalismo, de humanização positiva das questões morais, de independência de vistas, mas de nenhum modo impomos uns aos outros opiniões e ideias. Fora do âmbito marcado tão largamente à nossa unidade por esse comum ponto de vista seremos, em religião, pelo sentimento criador do coração humano, contra os mitos doutrinais das teologias; seremos em política, pelo governo do povo pelo povo; em sociologia, pela emancipação do trabalho; em literatura e arte, pelo fim social e civilizador da arte e literatura, combatendo as tendências egoístas e esterilizadoras que hoje predominam. Dentro disto, todas as opiniões são perfeitamente livres, assim como todos os assuntos. O nosso fim é produzir uma agitação intelectual na nossa sociedade lançando em cada semana uma ideia ou duas para o meio desta massa adormecida do público".

O seu programa era assim redigido:

Ninguém desconhece que se está dando em volta de nós uma transformação política e todos pressentem que se agita, mais forte que nunca, a questão de saber como deve regenerar-se a organização social. Sob cada um dos partidos que lutam na Europa, como em cada um dos grupos que constituem a sociedade de hoje, há uma ideia e um interesse, que são a causa e o porquê dos movimentos.

Pareceu que cumpria, enquanto os povos lutam nas revoluções, e antes que nós mesmos tomemos nelas o nosso lugar, estudar serenamente a significação dessas ideias e a legitimidade desses interesses, investigar como a sociedade é, e como ela deve ser; como as nações têm sido, e como as pode fazer hoje a liberdade; e, por serem elas as formadoras do homem, estudar todas as ideias e todas as correntes do século.

Não pode viver e desenvolver-se um povo, isolado das grandes preocupações intelectuais do seu tempo; o que todos os dias a humanidade vai trabalhando, deve também ser o assunto das nossas constantes meditações. Abrir uma tribuna, onde tenham voz as ideias e os trabalhos que caracterizam este momento do século, preocupando-nos sobretudo com a transformação social, moral e política dos povos; ligar Portugal com o movimento moderno, fazendo-o assim nutrir-se dos elementos vitais de que vive a humanidade civilizada; procurar adquirir a consciência dos fatos que nos rodeiam, na Europa; agitar na opinião pública as grandes questões da Filosofia e da Ciência moderna; estudar as condições de transformação política, econômica e religiosa da sociedade portuguesa; tal é o fim das Conferências Democráticas.

Têm elas uma imensa vantagem, que nos cumpre especialmente notar; preocupar a opinião com o estudo das ideias que devem presidir a uma revolução, de modo que para ela a consciência pública se prepare e ilumine, é dar não só uma segura base à constituição futura, mas também em todas as ocasiões, uma sólida garantia à ordem. Posto isto, pedimos o concurso de todos os partidos, de todas as escolas, de todas aquelas pessoas que, ainda que não partilhem as nossas opiniões, não recusam a sua atenção aos que pretendem ter uma ação – embora mínima – nos destinos do seu país, expondo pública mas serenamente as suas convicções e o resultado dos seus estudos e trabalhos. Lisboa, 16 de Maio de 1871. Adolfo Coelho; Antero de Quental; Augusto Soromenho; Augusto Fuschini; Eça de Queiroz; Germano Vieira de Meireles; Guilherme de Azevedo; Jaime Batalha Reis; Joaquim Pedro Oliveira Martins; Manuel de Arriaga; Salomão Sáragga; Teófilo Braga.

Em 22 de maio de 1871 realiza-se a primeira conferência proferida por Antero sob o título "O Espírito das Conferências". Um dia antes começara a "Semana Sangrenta da Comuna de Paris", que vai durar de 21 a 28 de maio. Toda a burguesia da Europa se apavora. As classes dirigentes tremem. Combates de sangrenta violência fazem confrontar-se *versaillais* e *communards*. Paris arde, com chamas que se avistam à distância de quilômetros. "Trinta e cinco mil pessoas foram aniquiladas nesta Saint-Barthélemy conservadora, nesta hecatombe da plebe, oferecida em sacrifício à ordem com o delírio com que o Rei de Dahomey decapita tribos inteiras em honra do ídolo Gri-Gri, ou os cartagineses imolavam uma mocidade, toda uma primavera sagrada, para aplacar o mais cruel dos Baals, o negro e flamejante Moloch", escreveu Eça nove anos mais tarde numa crônica para a *Gazeta de Notícias* do Rio de Janeiro (recolhida depois em *Ecos de Paris*). "Je serai impitoyable", dissera o cruel Thiers. Assim foi.

Não espanta que o Governo venha a fechar as Conferências a 26 de junho. Antero de Quental abrira as sessões para definir "O Espírito das Conferências". Esta abertura não era senão o prospecto de 16 de maio de 1871 que definia o seu objetivo.

Eça, em *As Farpas* de maio de 1871, escreve:

É a primeira vez que a revolução sob a sua forma científica tem em Portugal a palavra. O mundo revolucionário, ou antes, na sua feição partidária e política, o mundo republicano tinha-se até hoje manifestado muito indistintamente, – por alguma voz isolada, que se extinguia sem eco, no silêncio da opinião, ou pelas agitações – mais suspeitadas que verificadas – de especuladores ávidos e de intrigantes decaídos. Às vezes meia folha de papel era distribuída grátis, com alguns insultos aos ministros, ao rei, e a um ou outro regedor. Outras vezes aparecia um jornal, que, em tom lírico, cantava a fraternidade e os seus encantos, dirigia apóstrofes ao rochedo de Guernesey, citava o Gólgota em questões de fazenda, e voltando-se para o rei dizia-lhe: – Tu! Outras vezes era um jornal de capa vermelha, e de calúnia de outras cores, que a propósito de liberdade insultava senhoras, e que, sob pretexto de ser um jornal de combate, era um jornal de difamação.

Havia outros republicanos: todos os jornais na oposição se dão vagamente esse ar, falam então no suor do povo... [...] Por isso o espanto é grande, vendo aparecer homens que apresentam a revolução, serenamente – como uma ciência a estudar. Não o fariam mais tranquilamente se se tratasse de anatomia.

As conferências hão de encontrar resistências. Em primeiro lugar o nosso público inteligente e sobretudo literário, ama o *bel-esprit*: o que lhe agrada é a oratória e a frase. Moda peninsular. Ora as conferências pela sua natureza científica, experimental, exigem justamente o contrário dos aparatos retóricos. São a demonstração, não são a apóstrofe; são a ciência, não são a eloquência. As declamações têm tirado à democracia o seu caráter privativo de realidade e de ciência. Temos ouvido cantar a democracia, metrificá-la, soluçá-la; é tempo de a vermos demonstrar: deixemos no bilheteiro a nossa perpétua inclinação nacional de escutar odes – entremos só com a tendência humana de resolver problemas.

Eça refere-se depois ao proletariado, decerto por influência dos acontecimentos da Comuna de Paris:

É muito mais cômodo encontrarmo-nos com quem represente o proletário, sossegadamente, na sala do cassino, do que encontrarmos o próprio proletário mudo, taciturno, pálido de ambição ou de fome, armado de um chuço à embocadura de uma rua. Fazer conferências – se bem atentamos nesse ato – reconhece-se que é uma coisa diferente de fazer barricadas. É por lhe não permitirem fazer conferências que o proletário parisiense quando se apresenta ao público faz fogo. O proletário inglês não espingardeia os seus governos pela razão de que fala nos *meetings*. E quando aqueles que falam por eles no poder os representam mal, os operários ingleses pedem-lhes contas nos seus comícios, cobrem-nos de impropérios, e atiram-lhes com cebola à cara. Se a vítima tenta fugir ou fazer resistência à cebola ou ao insulto, um *policeman* segura-o gravemente pela gola da casaca e convida em nome da moralidade o procurador do povo a esperar pelos restos da retórica e da hortaliça.

A 27 o mesmo Antero faz uma comunicação de grande importância cultural, que é como uma cartilha para o pensar de toda uma geração: "Causas da Decadência dos Povos Peninsulares nos Últimos Três Séculos". Eduardo Lourenço, no prefácio a uma recente edição desta conferência, escreveu: "Talvez se imponha a releitura de um texto que desde o seu nascimento se tornou na referência mítica da cultura portuguesa moderna. Ou com mais precisão, o seu próprio ato fundador" (Lourenço, 2008). Este texto irá influenciar seminalmente a visão que Eça vem a fazer do seu país, pois Antero iria ser um dos mais influentes comentadores da decadência portuguesa. O poeta dos *Sonetos* atribui o atraso da Península, a partir do século XVII, a três causas: a transformação do catolicismo, pelo Concílio de Trento; o estabelecimento do Absolutismo, pela ruína das liberdades locais, e o desenvolvimento das Conquistas longínquas (do

Concílio de Trento, 1545-1563, saíra a Contrarreforma e a repressão feroz pela Inquisição). Antero diz ainda:

> À influência do espírito católico, do seu pesado dogmatismo, deve ser atribuída esta indiferença universal pela filosofia, pela ciência, pelo movimento moral e social moderno, este adormecimento sonambulesco em face da revolução do século XIX, que é quase a nossa feição característica e nacional entre os povos da Europa. [...] Fomos os portugueses intolerantes dos séculos XVI, XVII e XVIII: somos agora os portugueses indiferentes do século XIX. As conquistas longínquas, levar-nos-iam por sua vez a descurar o desenvolvimento da metrópole e a trocar o trabalho pela aventura.

O ataque à instituição católica era claro: no seu dogmatismo institucional deveriam procurar-se as causas do atraso cultural e econômico do país. "Nunca – como observa o professor Joaquim de Carvalho – se ouvira um requisitório tão violento contra a tradição, nem uma apologia tão raciocinada da revolução" (Carreiro, 1948, p. 378). A reação dos jornais católicos não se fez esperar, o que deu origem à "Resposta aos Jornais Católicos" que Camilo considerou "uma das coisas mais belas e mais eloquentes que ainda lera em língua portuguesa".

Mais tarde, o contato com as grandes culturas e com as grandes cidades, dos Estados Unidos e da Europa, o confronto que Eça fará entre o Portugal atrasado e ruralizado da sua época, onde é muito precária a alfabetização do povo, e as sociedades industrializadas, virá alimentar o seu inconformismo, chegando a invectivar os liberais que haviam desembarcado nas praias do norte de Portugal, a poucos quilômetros da sua terra natal (de que os seus antepassados do lado paterno e materno haviam sido partidários e guerrilheiros), para outorgar uma carta constitucional e devolver a liberdade a um país que fora dominado por forças retrógradas e clericais do miguelismo. Os liberais não tinham sabido ou podido fazer a revolução, deixando o país num atraso cultural e econômico confrangedores. Esta circunstância vai motivar todo o seu programa literário, considerando-se ele próprio um "artista vingador".

Por isso Unamuno, no artigo para o *In Memoriam* de Eça, "El Sarcasmo Ibérico de Eça de Queiroz", escreveu com perfeita acuidade: "A Eça de Queiroz le duele Portugal. Quando de éste se burla, óyese el quejido. Todo su arte europeo, un arte tan esquisitamente europeo, no logra encubrir su ímpetu ibérico. Se le oye el sollozo bajo la carcajada".

Lisboa vista do jardim de São Pedro d'Alcântara.

A terceira conferência, de Augusto Soromenho, professor do Ensino Superior, versou sobre literatura portuguesa. Eça será o autor da quarta conferência, a 12 de junho, com o título: "O Realismo como Nova Expressão da Arte", onde pela primeira vez vai exprimir princípios teóricos norteadores da literatura que virá a fazer nos anos mais próximos. Densa e rica de ideias, Eça não guardou o texto desta comunicação que só conhecemos pelo somatório dos relatos com que a imprensa de Lisboa a noticiou. Extraio dessa obra preciosa que é a *História das Conferências do Casino*, de António Salgado Júnior, o essencial da sua comunicação:

Segundo os jornais Eça apresentou-se com "a *toilette* de um *gentleman* e o modo grave e distinto de um fidalgo", e "principiou por integrar a sua conferência no espírito revolucionário. Confessou-se submisso a esse espírito revolucionário, à Revolução que via dever ser acatada como *fato permanente* e como *teoria jurídica*. Com efeito, o espírito revolucionário, sendo como é, manifestação concreta da lei natural da transformação constante – é um *fato permanente*. [...] Em primeiro lugar havia que aceitar um princípio fundamental: o princípio de que a arte não aparece nas sociedades como um fato isolado mas sim intimamente ligado ao progresso e decadência delas. Isso era negar o valor do artista como individualidade. Mas havia que negar aquilo a que a história chama as grandes individualidades.

Tudo na ação delas é da vontade da sociedade em que vivem. Essas individualidades não têm o direito que se arrogam. E Eça, na sua fúria, chegou mesmo a soltar este grito iconoclasta: *Abaixo os heróis!* A arte, também longe de se atribuir à criação da vontade do artista, devia considerar-se, efetivamente, ligada a todos os movimentos sociais, determinada, condicionada por *causas permanentes* e por *causas acidentais ou históricas*. [...] A revolução foi durante anos sem fim obra da literatura. Principiou com Rabelais. Desde Rabelais até Beaumarchais há um exército de escritores que, em batalha cerrada, combateram o misticismo e o ascetismo e conduziram a França à revolução de 89. [...] Depois apareceu o romantismo, os escritores parecem fugir todos do seu tempo: cada um refugia-se onde mais lhe apraz. [...] E é assim que se chega à pior das coisas: – à arte pela arte –, que Eça condena porque lhe não vê intuitos de influência benéfica visto que se propõe apenas o de produzir uma impressão fugaz. Eça vai tomando calor. Chega ao segundo Império. – Então caiu a fundo sobre a sociedade parisiense e sobre a literatura chamada de *boulevard*. Refere-se aos céticos corrompidos, materialistas; à política boêmia que explora o povo; ao egoísmo; ao amor do dinheiro; ao luxo que afoga a dignidade; à falta de consciência; à política que tudo domina; ao mundo odioso das *cocottes* e *petits crevés*; ao mundo que fugira havia pouco em frente dos prussianos e que fora contemplar como um espetáculo de prazer a destruição de Strasburgo; à literatura devassa do *boulevard* que se sintetiza na ostentação da impudica Rigolboche... Com o despertar do espírito público coincide o aparecimento do *Realismo*: Que é pois, o Realismo? Para Eça não é simplesmente um processo formal: – é uma base filosófica para todas as concepções do espírito –, uma lei, uma carta de guia, um roteiro do pensamento humano, na eterna região artística do belo, do bom e do justo. Assim considerado, o realismo deixa de ser, como alguns podiam falsamente supor, um simples modo de expor – minudente, trivial, fotográfico. Isso não é realismo: é o seu falseamento. É o dar-nos a forma pela essência, o processo pela doutrina. O realismo é bem outra coisa: – é a negação da arte pela arte; é a proscrição do convencional, do enfático e do piegas. É a abolição da retórica considerada como arte de promover a comoção usando da inchação do período, da epilepsia da palavra, da congestão dos tropos. É a análise com o fito da verdade absoluta. – Por outro lado, o realismo é uma reação contra o romantismo: o romantismo era a apoteose do sentimento; – o realismo é a anatomia do caráter. É a crítica do homem. É a arte que nos pinta a nossos próprios olhos – para nos conhecermos, para que saibamos se somos verdadeiros ou falsos, para condenar o que houver de mau na nossa sociedade. [...] Eça de Queiroz cita, como exemplo destas afirmações, a *Madame Bovary* – o célebre livro de Gustave Flaubert, geralmente ligado ao realismo, apesar desta classificação, como é sabido, ser rejeitada pelo seu autor. Faz primeiro a história desse livro, mostra a significação que teve neste momento de reação e explicou o que foi o ruído do processo que levou o autor ao tribunal. – Depois mostra esse livro como exemplo do que afirma do realismo. Aí o adultério, o adultério tantas vezes cantado pelos românticos como um infortúnio poético, dos infortúnios poéticos que comovem perniciosamente a suscetibilidade das almas cândidas, o adultério aparece-nos aí, pela primeira vez, debaixo da sua forma anatômica, nu, retalhado e descosido fibra a fibra por um escapelo implacável. [...] Eça dá agora algumas noções mais concretas do Realismo, sistematizando:

1º – O Realismo deve ser perfeitamente do seu tempo, tomar a sua matéria na vida contemporânea. Deste princípio que é basilar, que é a primeira condição do realismo, está longe a nossa literatura. A nossa arte é de todos os tempos menos do nosso. – E mandou ver o *Eurico*, o *Monge de Cister*, a *Mocidade de D. João V*, o *Arco de Santana*.

2º – O Realismo deve proceder pela experiência, pela fisiologia, ciência dos temperamentos e dos caracteres.

3º – O Realismo deve ter o ideal moderno que rege as sociedades – isto é: a justiça e a verdade. Esta última condição que impõe ao realismo lança-o de novo na discussão das relações da literatura, da moral e da verdade. Insiste: A arte não deve ser destinada a causar impressões passageiras, visando simplesmente o prazer dos sentidos. Deve visar a um fim moral: deve corrigir e ensinar. Se a arte não estabelece a moral – perderá a sociedade. Eça serve-se de comparações pictóricas entre a tela de David, *Le Premier Consul Gravissant le Saint-Bernard*, quadro enfático e demonstrativo de uma falsa retórica, e as telas de Courbet realistas, como *Le Retour de la Conférence e Un Enterrement à Ornans* e ainda, *Les Casseurs de Pierres* (Salgado Júnior, 1930, pp. 49-59).

Eça fora buscar estes dados em uma obra de Proudhon que lera atentamente: *Du Principe de l'Art et de sa Destination Sociale*, onde deve ter fixado este passo fundamental: "Pintar os homens na sinceridade da sua natureza e dos seus hábitos, nos seus trabalhos, na realização das suas funções cívicas e domésticas, com a sua fisionomia atual, sobretudo sem pose, surpreendê-los, por assim dizer, nas suas consciências nuas, não simplesmente pelo prazer de mofar, mas com o fim de uma educação geral e a título de aviso estético: tal me parece ser o verdadeiro ponto de partida da arte moderna" (Proudhon, 1865, p. 203). Para Eça o realismo não era apenas um guia para o processo formal, mas uma cartilha onde iria basear a sua concepção artística.

Esta comunicação, que durou cerca de duas horas, deve ter representado um enorme esforço de reflexão e leitura de Proudhon, Taine e possivelmente também de Zola, muito embora não lhes cite os nomes, e iria marcar uma enorme viragem na sua prática literária, agora caracterizada pela denúncia da inutilidade da arte romântica que dominava ainda. São a realidade francesa e a cultura literária francesa o objeto da sua crítica. Eça dava mostras de preconceitos literários enraizados que irão persistir ao longo da vida, ao considerar que "a revolução foi durante anos sem fim obra da literatura", e que terão suprema expressão quinze anos mais tarde, quando escreve no prefácio dos *Azulejos* do conde de Arnoso: "A Arte é tudo, tudo o resto é nada". Uma outra radical e juvenil expressão é definida na conferência pela afirmação de que arte seria o resultado da "análise com o fim da verdade absoluta", afirmação que viria a ser posta em causa, mais tarde, pela defesa da relativização do conhecimento (*A Relíquia*) e pela demonstração das dificuldades que o homem experimenta ao querer conhecer a realidade das coisas (*Correspondência de Fradique Mendes*).

Dias antes, em *As Farpas*, logo no primeiro artigo ele criticava o espírito da literatura nacional com esta comparação de humor: "É como um trovador gótico que acordasse de um sono secular numa fábrica de cerveja". Pinheiro Chagas reagiria à conferência de Eça na *Revolução de Setembro* de 10 de junho de 1871, contra o realismo, considerando "falsíssimos todos os sentimentos que exprime". Realismo e materialismo eram para este crítico idênticos. Vaticinando que Eça viria a ser "um dos vultos mais notáveis da nossa literatura", Pinheiro Chagas abria contra ele no seu artigo hostilidades literárias e políticas, que iriam durar 24 anos, até à morte daquele polígrafo em 1895.

A quinta conferência, a 19 de junho, versou sobre "O Ensino" e Adolfo Coelho, o iniciador da linguística em Portugal, preconizou como base essencial da sua reforma a separação completa do Estado e da Igreja. Os jornais conservadores encetaram imediatamente uma campanha contra as conferências e um dos críticos não deixou de mencionar o *Du Principe de l'Art...*, de Proudhon, como fonte de inspiração de Eça. Os acontecimentos trágicos da Comuna em Paris haviam assustado a burguesia pacata de Lisboa. As poderosas forças clericais e o governo não tardariam a reagir ao espírito "revolucionário" das Conferências. O comissário António Rangel, no dia seguinte, 20 de junho, envia uma informação ao Governador do Distrito nestes termos:

Cumpre-me, em observância do que V. Excia. me determinou, levar ao conhecimento de V. Excia. que concorreram à preleção democrática que ontem teve lugar no Cassino Lisbonense, cerca de cem pessoas, na sua maioria estudantes de cursos superiores, e apenas um ou dois jornalistas e uma senhora. Apresentou-se a orar Adolfo Coelho, e o assunto de que tratou foi a necessidade de ser reformado o atual método de ensino. Foi acre, e por vezes virulento na frase, mormente todas as vezes que se referiu ao nosso professorado, que tachou de inepto e ignorante, atacando ainda com maior violência o corpo docente da Universidade de Coimbra. Disse que provindo do ensino o denominado espírito religioso dos povos, e não se coadunando ele com espírito científico, se estabelece uma luta entre razão e a religião, que tolhe o desenvolvimento da ciência, que não poderá dar-se enquanto no código fundamental do estado existir a determinação de ser católica, apostólica, romana a religião do reino. Censurou todas as reformas do ensino feitas pelos governos da Nação, por entender serem elas acanhadas e mesquinhas; julgou como um desperdício injustificável as somas despendidas, e que atualmente se despendem, com a instrução pública, visto ela não ter alcance algum para o progresso e prosperidade nacional, e concluiu por aconselhar que se empregue, como propaganda, o ensino particular científico, para que este, caminhando desassombrado, possa elevar-se até à altura em que deve subsistir, o que trará então como consequência imediata a reforma radical e tão necessária do ensino público no País. Findo este discurso não houve a mais leve demonstração de, em sua generalidade, haver sido bem aceite pelo auditório. Deus guarde a V. Excia. Lisboa, 20 de junho de 1871.

A 23 de junho fica elaborado o extenso parecer do Procurador Geral da Coroa e a Portaria do Ministério do Reino, assinados por Carvalho Martens e Luís António Nogueira.

Salientamos deste parecer a reprovação dos ataques feitos nas Conferências, à religião, ao professorado e ao ensino: "E como não pode haver reuniões convocadas para serem atacadas as instituições do País, a Religião, as leis, os corpos do Estado, em suma o Governo da Nação, pois que semelhantes fatos são punidos pelo Código Penal, e pela lei da Imprensa, é evidente o direito que o Governo tem de mandar cessar as reuniões, em que por qualquer forma forem ofendidos os princípios indicados". A ameaça da Comuna de Paris estava presente nos atemorizados governantes pois neste parecer lia-se também: "Às vozes de extermínio contra a sociedade constituída e contra a religião, viu Paris derrocados os seus monumentos, arrasados os seus edifícios públicos, violada a propriedade particular e a da nação, consumidos pelas chamas os museus, as bibliotecas, os arquivos do Estado, viu os ataques ao laço indissociável da família, aceite o direito do roubo, os reféns massacrados ou queimados nas prisões e a liberdade substituída pelo terror em nome da Humanidade que assim se dizia regenerada". E por fim: "Concluindo, entendo que são errôneas e ofensivas das leis, da Constituição e dos corpos do Estado as doutrinas expostas nas preleções a que me referi: que são assim um perigo para a sociedade. É por isso que o governo não pode consentir que continue semelhante ensino, e deve proibi-lo conforme deixo indicado na primeira parte deste meu parecer".

Uma semana depois da quinta conferência, a 26 de junho, o governo proíbe por decreto público, assinado pelo Marquês de Ávila e de Bolama, a sua continuação, quando Salomão Sáragga se propunha falar sobre "Os Historiadores Críticos de Jesus". O conferente iria discutir a religião católica, estreitamente vinculada ao Estado, baseando-se na investigação de Renan, com quem havia colaborado na sua qualidade de especialista de estudos hebraicos. Afirmava o decreto de proibição que os conferentes "expõem e procuram sustentar doutrinas e proposições que atacam a religião e as instituições políticas do Estado". De nada serviu aos organizadores o protesto com que reagiram à intransigência do governo e que assim rezava:

> Em nome da liberdade de pensamento, da liberdade de palavra, da liberdade de reunião, bases de todo o direito público, únicas garantias da justiça social, protestamos, ainda mais contristados que indignados, contra a portaria que manda arbitrariamente fechar a sala das Conferências democráticas. Apelamos para a opinião pública, para a consciência liberal do país, reservando-nos a plena liberdade de respondermos a este ato de brutal violência como nos mandar a nossa consciência de homens e de cidadãos.
>
> Lisboa, 26 de junho de 1871. – Antero de Quental, Adolfo Coelho, Jaime Batalha Reis, Salomão Sáragga, Eça de Queiroz.

Assinavam ainda este documento jornalistas, socialistas, livreiros, pintores, professores etc. Em carta a José Fontana, Herculano dizia desta proibição: "Pior do que uma ilegalidade, um despropósito". A 30 de junho, Antero escrevia uma "Carta ao Exmo. Sr. António Joaquim d'Ávila, Marquês d'Ávila, Presidente do Conselho de Ministros", onde lhe diz com violência: "Pego na pena mais pesaroso do que irritado. As misérias morais de qualquer homem contristam-me, porque vejo nelas o abaixamento da alma humana, que devia pairar serena e sem mácula. As misérias morais dos homens, que pela posição, pela autoridade, pelos anos, têm missão de dar o exemplo da justiça incorruptível e ser como apóstolos entre as nações, essas compungem-me dobradamente, porque vejo nelas a degradação de uma coisa augusta, a lei, e o envilecimento de uma coisa veneranda, os cabelos brancos. [...] Porque havia V. Excia., velho que eu não conheço, ministro que eu quisera respeitar, fazer calar em mim o respeito que é devido aos anos e à posição, e obrigar-me a falar-lhe num tom, que não é o da cólera, mas que é o da indignação e que pode ser o do desprezo?" E em nota: "Ávila é apenas a máscara aristocrática do *parvenu*. Quem diz o que pensa é criminoso: quem renega o nome de seu pai é ministro. *C'est la moralité de cette comédie...*" Antero terminava assim esta carta: "Nem eu nem V. Excia. passaremos à história: e muito menos as ineptas portarias que V. Excia. faz assinar a um rei sonâmbulo. Mas, supondo por um momento que alguma destas coisas possa passar ao século XX, folgo de deixar aos vindouros com este escrito a certeza de uma coisa: que em 1871 houve em Portugal um ministro que fez uma ação má e tola, e um homem que teve a franqueza caridosa de lho dizer".

Dias depois Antero publicava no *Jornal da Noite*, com data de 7 de julho de 1871, um desmentido onde afirma: "Retiro espontaneamente e de todo o coração, as ilações que tirei dum fato para mim então certíssimo, e que hoje declaro, pelo menos, considerar duvidoso". Antero referia-se às alusões desprimorosas que fizera ao nome Ávila.

Em *As Farpas* de junho de 1871, Eça escrevia: "Com direito igual pode amanhã o sr. Ministro mandar suprimir *As Farpas*, suprimir os romances do sr. Camilo Castelo Branco, os volumes da história do sr. Alexandre Herculano, os jornais, a conversação, esta simples pergunta *Como está passou bem?* Pode suprimir ainda um sorriso ou um olhar expressivo. Pode fulminar o espirro". E Eça interroga: "Que foi o que se quis fazer calar nas conferências? Foi a crítica política? Para que deixam então circular no país os livros de Proudhon, de Girardin, de Louis Blanc, de Vacherot? Foi a crítica religiosa? Para que deixam então atravessar a fronteira ou a alfândega os livros de Renan, de Strauss, de Salvador, de Michelet? [...] Nós queremos a revolução feita serenamente no domínio das ideias e da ciência, primeiro, – depois pela influência pacífica de uma opinião esclarecida e inteligente, e pelas concessões sucessivas dos poderes conservadores; – enfim *uma revolução pelo governo*, tal qual ela se faz lentamente e fecundamente na sociedade inglesa. É assim que queremos a revolução. Detestamos o facho tradicional, o sentimental *rebate* de sinos, e parece-nos que um tiro é um argumento que penetra o adversário... um tanto de mais! [...] Antes de haver conferências no Cassino havia ali *cançonetas*. Mulheres decotadas até ao estômago, com os braços nus, o olhar obsceno, a boca avinhada, cantavam, com toda a sorte de gestos provocantes e de esgares infames – um reportório de cantigas impuras, materialistas, lascivas". [...] "Homens que escutam gravemente uma voz que fala de justiça, de moral, de arte, de civilização – isso é proibido com tanta violência que até se salta por cima da *Carta* para o proibir! A isso manda-se um polícia dar duas voltas à chave! *Miserere! Miserere!*" (pp. 61, 66).

Antero e Batalha Reis requeriam a 4 de julho ao Procurador Geral da Coroa o seu julgamento: "Os abaixo assinados têm direito de se justificarem perante os tribunais, num processo público e legal, duma imputação que os faz passar aos olhos do País por homens convictos dum delito grave, e os aponta, como díscolos à indignação pública: nenhuma autoridade lhes pode recusar tal direito. Se delinquiram, querem ser condenados pelo juiz competente, e não por uma informação feita na sombra, e pela decisão individual de um homem, a quem lei alguma dá poder para tanto". A 1 de agosto, Antero e Batalha Reis denunciavam, "Aos Exmos. Srs. Deputados da Nação Portuguesa", "a ilegalidade manifesta deste ato do poder executivo em face das seguintes disposições da legislação portuguesa". Seguiam-se quatro elementos da legislação. O requerimento terminava nestes termos: "Se se considerar agora, que os direitos de pensamento, de palavra e reunião são a garantia mais segura das liberdades constitucio-

Os conferentes "rolhados" – caricatura de Bordalo Pinheiro, *A Berlinda*, 1ª página.

nais, ver-se-á claramente que o ato arbitrário do poder executivo constitui um verdadeiro crime político, e é esse crime que os abaixo assinados vêm denunciar à Câmara, representando e requerendo aos deputados da Nação que o art. 57 da Carta Constitucional faz zeladores das garantias constitucionais e juízes das culpabilidades dos ministros, queiram tornar efetiva a responsabilidade ministerial, decretando a acusação do Ministro do Reino, na conformidade do art. 103 parágrafos 3, 4 e 5 da mesma Carta Constitucional".

Manuel Pinheiro Chagas, ao atacar os conferentes, em defesa do governo, no *Diário de Notícias* de Lisboa, a 3 de julho, fala de "comunismo", apelidando de "bandidos" os que comungavam das ideias dos conferencistas. Antero de Quental e Jaime Batalha Reis enviam-lhe, como testemunhas, Eça de Queiroz e Salomão Sáragga, para que ele se retrate, o que Pinheiro Chagas não tarda em fazer. A 6 de julho, em alguns jornais de Lisboa, as testemunhas publicavam o seguinte texto: "Sr. Redator. – Rogo a V. Excia. a publicação desta carta, que nesta data dirigimos aos nossos amigos Jaime Batalha Reis e Antero de Quental:

> Caros amigos. Tendo-nos V.V. encarregado de procurar o exmo sr. Pinheiro Chagas para que, numa intenção toda amigável, lhe comunicássemos que acerca de algumas palavras do seu folhetim do *Diário de Notícias* de 3 do corrente V.V. receavam que interpretações erradas ou voluntariamente malévolas se pudessem considerar, ainda que remotamente, alusivas às vossas pessoas – s.excia. espontaneamente e da melhor vontade nos entregou a declaração seguinte: Declaro que no que escrevi no meu folhetim de segunda-feira, 3 do corrente, relativo aos precursores do socialismo, não tive intenção de ofender, nem sequer de aludir por forma alguma aos srs. Antero de Quental e Jaime Batalha Reis, nem supus que ainda muito remotamente se lhes pudesse aplicar as frases de que me servi.
>
> Lisboa, 4 de julho de 1871. M. Pinheiro Chagas.

Pouco depois, no Parlamento, Pinheiro Chagas, ao apoiar a proibição, declarava entre outras coisas: "A Câmara entende que as circunstâncias especiais em que se achava a Europa, justificam o procedimento do Governo. [...] Nós bem vimos que, quando a Comuna estabeleceu em Paris o seu império despótico, a primeira coisa que fez foi suprimir todas as liberdades, que a república de 4 de setembro mantivera entre os horrores e as dificuldades do bloqueio prussiano. Os próprios propagandistas do socialismo se encarregam de confessar as suas tendências para o despotismo". E Pinheiro

Chagas interroga: "Por que há de ser sempre o socialismo o tácito aliado da reação? É porque o socialismo e a reação são igualmente incompatíveis com o espírito liberal: é porque o socialismo e a reação, ambos filhos das trevas, não podem suportar o claro esplendor da liberdade. E chamam-se reacionários àqueles que atacam o socialismo!... Reacionários são todos eles, ultramontanos e socialistas; vermelhos são todos eles, socialistas e ultramontanos, porque os ilumina com a mesma cor sinistra, com a mesma cor de sangue, a labareda dos incêndios de Paris e a chama lúgubre das fogueiras da Inquisição. Uns acendem as fogueiras em nome de Deus, os outros ateiam os incêndios em nome da liberdade, mas todos caluniam a liberdade". No final do seu discurso Chagas afirma que "a propaganda do Cassino era uma verdadeira conspiração contra a ideia de Pátria". As conferências que não chegaram a realizar-se foram:

Salomão Sáragga – *Os Historiadores Críticos de Jesus.*
Jaime Batalha Reis – *O Socialismo.*
Antero de Quental – *A República.*
Adolfo Coelho – *A Instrução Pública.*
Augusto Fuschini – *Dedução Primitiva da Ideia Democrática.*

A comunicação de Batalha Reis, segundo o que ele diria no *Diário de Notícias* de 6 de junho de 1921, "teria sido apenas a exposição crítica dos diferentes sistemas socialistas – principalmente de P. J. Proudhon, Karl Marx e Engels". Muitos outros nomes estavam indicados para apresentar comunicações. O quinto e último capítulo da *História das Conferências do Casino*, de António Salgado Júnior, dá-nos circunstanciadamente preciosas reflexões e documentos sobre o espírito deste acontecimento. Rafael Bordalo Pinheiro, nas páginas de *Berlinda*, comentou graficamente, com olho certeiro, em 28 episódios, o acontecimento.

Não havia dois meses sobre a proibição das Conferências e já o governo que as proibira se demitia, a 11 de setembro. Esta iniciativa cultural servirá a oposição ao governo como arma de arremesso depois de vasto debate no Parlamento. As Conferências do Cassino foram um dos acontecimentos culturais mais importantes desta época, que sobressaltou a pacatez do país a que Antônio Sérgio chamou "reino cadaveroso". A sua repercussão estabeleceu uma etapa importante na história da liberdade e do espírito crítico em Portugal. "Aquilo foi uma aurora, mas à qual se não seguiu dia, ou só um dia fusco", como diria Antero mais tarde (Carreiro, 1948, p. 392). Com razão a conferência de Antero sobre a "Decadência dos Povos Peninsulares" havia terminado com o símile famoso: "O Cristianismo foi a Revolução do mundo antigo: A Revolução não é mais do que o Cristianismo do mundo moderno".

E. *AS FARPAS*

Inspirado nas *Guêpes* de Alphonse Karr, panfletos muito lidos em Portugal, Eça e o seu amigo Ramalho Ortigão publicam, em maio de 1871, pequenos cadernos com o nome de *As Farpas*, com o subtítulo *Crónica Mensal da Política, das Letras e dos Costumes*. É nestes panfletos, com a figura do Diabo impressa na capa, a espreitar por um óculo, que a influência mais direta de Proudhon se faz sentir. Viviane Bourdin, que estudou de perto esta matéria, escreve: "Pedindo-lhe emprestado as mesmas fórmulas, os mesmos termos, ele adaptava o espírito geral que animava Proudhon nesta denúncia dos progressos da decadência e da corrupção moderna" (Bourdin, 1981-82). Em carta ao seu condiscípulo de Coimbra João Penha, Eça dirá: "No estado em que se encontra o país, os homens inteligentes que têm em si a consciência da revolução – não devem instruí-lo, nem doutriná-lo, nem discutir com ele – devem *farpeá-lo*". Escreveu nesses panfletos, a propósito das Conferências do Casino: "É a primeira vez que a Revolução sob a sua forma científica tinha em Portugal a palavra". Esta Revolução, como Eça comentará depois, deveria fazer-se, não nas barricadas, mas por meios políticos pacíficos, como em Inglaterra.

Mais tarde dirá a Ramalho Ortigão, a propósito de *As Farpas*: "Uma graça que faça rir, passados vinte anos ou a cem léguas do mundo que a provocou, é uma bem interessante obra de arte".

Ao fazer depois o retrato desse seu amigo, recorda: "O primeiro fim das *Farpas* foi promover o riso. O riso é a mais antiga e ainda a mais terrível forma de crítica. Passa-se sete vezes uma gargalhada em volta de uma instituição e a instituição alui-se". Como disse um crítico contemporâneo, Alexandre da Conceição: "*As Farpas*, a publicação periódica moderna de mais larga e salutar influência nos progressos do espírito público português, abriram contra a falsa sentimentalidade romântica, espalhada como uma lepra pelo corpo da nossa sociedade, contra o cretinismo jornalístico, contra a declamação literária, contra o charlatanismo político, contra o formalismo constitucional, contra toda esta depressão geral do espírito e da consciência portuguesa uma guerra que há de ficar eternamente memorável na história da nossa educação nacional" (Conceição, 1882, p. 97). Deverá salientar-se que muitos dos temas que irão povoar depois a sua ficção haviam sido anunciados nestes panfletos de sucesso, onde ainda hoje, frequentemente, se vão buscar citações e comparações, para identificar os turbulentos tempos políticos atuais.

Antero de Quental, em carta a Jaime Batalha Reis, de julho de 1871, escreve: "Já viu as *Farpas*? Vêm magníficas. O artigo das colônias é surpreendente. *Gouvea e cacau!* Leia que há de gostar". Tratava-se de um artigo sobre as "Colônias Portuguesas. Tinta Azul no Chapéu", de Eça de Queiroz (Quental, 2009, vol. 1, p. 221).

João Medina, autor do melhor estudo até agora empreendido sobre estes panfletos, escreve: "*As Farpas* são uma novidade cultural, ideológica e propriamente jornalística no nosso panorama oitocentista; depois de folhetinistas e jornalistas do programa romântico-liberal ou até da sua própria época coeva, os dos *farpistas* apareciam com algo que chocava desde logo com os hábitos e as rotinas tanto mentais como sociológicas do Portugal de então: era uma revista a duas vozes – mas onde não havia solista – afirmando-se mensalmente como revista-panfleto mas sem estrutura burocrático-administrativa ou comercial e, sobretudo, nada apostada em servir de porta-voz de grupos políticos partidários ou de quaisquer outros interesses corporativos". O mesmo comentador salienta ainda: "O curioso deste levantamento sociológico está no fato de estas fainas de 71-72 terem sido, em larga medida, úteis para a sua obra posterior de romancista [...] uma forte continuidade, lógica e ideológica, une o jornalista social de 71-72 ao romancista social de 1875-88" (Medina, 2000, pp. 44, 54-55).

Em 1890, ao reeditar estes panfletos sob o título de *Uma Campanha Alegre*, Eça começa por se interrogar sobre o seu direito de acusar e julgar, ao escrever: "Quem era eu, que força ou razão superior recebera dos deuses, para assim me estabelecer na minha terra em justiceiro destruidor de monstros?" E atribui ao verdor dos anos esse atrevimento: "A mocidade tem destas esplêndidas confianças: só por amar a Verdade imagina que a possui; e, magnificamente certa da sua infalibilidade, anseia por investir contra tudo o que diverge do seu ideal" [...]. Eça acabará por definir essa reedição como "um riso que peleja. Que peleja por aquilo que eu supunha a Tolice". E acrescenta acerca do que agora considera sobre esses textos tão convictos e radicais do passado: "Encontro um riso desabalado – mas escassamente uma verdade adquirida, uma conclusão de experiência e de saber, algum resultado visível dessa inspiração de Minerva que eu supunha combatendo por detrás de mim". Estas palavras de profunda autorreflexão crítica espelham a maturidade plena do escritor.

No seu espírito, ao refletir com olho crítico sobre os textos juvenis de *As Farpas*, devia estar presente a agitação conflituosa que provocara no Brasil, juntamente com Ramalho, ao chacotear a figura de D. Pedro II, no fascículo de fevereiro de 1872, a propósito da viagem do Imperador a Portugal, que chegara a Lisboa a 20 de junho de 1871. Camilo insurgiu-se contra este ataque, em cartas para Castilho: "Que dirão os jornais brasileiros quando lá virem os panfletos gasalhosos desta bengalé de burros por entre os quais o Imperador passou, como nós passamos na *Carreira dos Cavalos* em dia de feira, depressa e com cautela" (25.3.1872). E, para o mesmo destinatário, quinze dias depois, este passo: "[...] todos havemos de pagar a infâmia de meia dúzia de biltres. Tenho lido com espanto e até com lágrimas no coração, o que por aí se imprime contra o Imperador. A garotice das *Farpas* não tem sequer graça que lhe descontemos. As caricaturas não chegaram cá por enquanto; mas desta chafurdeira já esparrinhou lama que farta. Há dois opúsculos à competência de sórdidos. Em um sou eu escoiceado por besta anônima; noutro, que se chama o *palhaço*, é D. Pedro assobiado com desbragada gaiatice. A maioria destes cidadãos gostam, e aplaudem. Que infeliz ideia teve o Imperador de vir a esta estrebaria! Quem me dera ler o que os brasileiros lá hão de escrever a nosso respeito" (Camilo, 2002, pp. 118 e 120). Nesta sua crítica Camilo incluía também outros escritos e referia com certeza as hilariantes caricaturas de 1872, com o título parodiante de: *Apontamentos de Raphael Bordalo Pinheiro sobre a Picaresca Viagem do Imperador do Rasilb pela Europa.*

As destemperadas diatribes não se limitaram, porém, a atingir a figura do imperador brasileiro, parente próximo da família real portuguesa, por ser filho de D. Pedro IV e irmão de D. Maria II. Com ferocidade, os farpistas desancaram também os brasileiros. No Recife circularam depois *Os Farpões*, como "resposta cabal" e muito viva às *Farpas*, tendo-se desencadeado distúrbios em Goianas, povoação da província de Pernambuco, não muito distante do Recife, contra os comerciantes portugueses. Ramalho escreve em *As Farpas*, em 1872: "Deram-nos mais tarde descomposturas, disseram-nos insolências, escreveram-nos panfletos – são já sete ou oito os panfletos com que nos têm distinguido –, dirigiram-nos cartas anônimas, ameaçaram-nos de morte no continente e prometeram-nos pauladas no novo mundo". Remeto o leitor interessado neste tema para a obra fundamental, do brasileiro Paulo Cavalcanti, *Eça de Queiroz Agitador no Brasil*.

Dezenove anos mais tarde, ao reeditar a sua colaboração em *As Farpas* sob o título de *Uma Campanha Alegre* (1890-91), Eça transformará o brasileiro do Brasil no português retornado do Brasil. O escritor já tinha adoçado esta imagem quatro anos antes, no prefácio de *O Brasileiro Soares* (1886), do seu amigo Luís de Magalhães. Quanto ao retrato que fizera do Imperador D. Pedro II, será inteiramente refeito numa *Crônica de Londres*, de 1877, através da exaltação das suas virtudes de intelectual e da sua humana simplicidade. O Imperador viria a falecer em Paris, em 1892, quando Eça exercia nessa cidade o último período consular.

Com a partida de Eça para Havana, em finais de 1872, Ramalho ficará com a exclusiva responsabilidade de *As Farpas*, que manterão na capa o nome do seu companheiro. Fialho de Almeida, em *Figuras de Destaque* ("E. de Q. II"), faz este juízo crítico: "o panfleto perdera a graça, o dandismo, o riso, o encanto literário, em detrimento de missões para que o seu redator não estava preparado". No retrato de Ramalho feito por Eça e mais tarde recolhido postumamente em *Notas Contemporâneas*, poderemos encontrar este curioso e astuto passo crítico (que atribui a outrem) acerca do companheiro: "Alguns amigos nossos achavam então (e diziam-lhe) que *As Farpas* tinham um *excessivo aparato científico*, e que ele, como acontece aos pobres que herdam grandes fortunas não podia quase tirar o lenço do bolso sem mostrar habilmente maços de notas de banco". Eça dirá ainda nesse texto, sobre o amigo: "Estava cansado de rir, dizia. *As Farpas*, segundo as declarações do editor, tinham dois mil assinantes, isto representava de cinco a seis mil leitores: e se, propunha ele, aproveitando um tal auditório, nós lhe ensinássemos alguns princípios? Fiquei aterrado: ensinar! Eu era, sou ainda, em filosofia, um turista facilmente cansado, em ciência um diletante de coxia. Converter a alegre catapultazita numa austera cadeira de professor!... Fui prudentemente para a Havana".

F. FLAUBERT, INFLUÊNCIA SEMINAL

Flaubert é decerto o autor estrangeiro com influência literária mais visível e importante na obra de Eça de Queiroz. Na época de Lisboa, por altura da viagem ao Oriente, Eça citava aos amigos, especialmente, *Salambô* e a *Tentação de Santo Antão*. Zola, muito citado também quando se abordam

Gustave Flaubert.

as influências francesas em Eça, não exerceu sobre ele tão grande sedução. Na conferência que faz no Cassino de Lisboa, apresentou *Madame Bovary* como exemplo do romance objetivo e verdadeiro, em oposição à visão idealista do romantismo. A leitura desta obra foi para Eça um deslumbramento. Impregnou-se profundamente dela e por tal forma que iria tornar visível a sua presença num romance de igual temática: *O Primo Basílio*. As observações que Flaubert faz na correspondência sobre os tormentos da sua luta pelo aperfeiçoamento da expressão são singularmente semelhantes às de Eça. O que radicalmente os separa é a militância que Eça imprimiu à sua arte e a convicção de que ela concorreria para a transformação da sociedade, ao contrário de Flaubert, inteiramente preocupado apenas com a sua formulação estética. Numa carta a Louise Colet, Flaubert escreve: "Não há belos pensamentos sem belas formas, e reciprocamente. A Beleza transparece da forma no mundo da Arte, como no nosso mundo surge a tentação, o amor... tu não extrairás a forma da Ideia, porque a Ideia não existe senão em virtude da forma" (Flaubert, 1973, p. 350).

Num texto sobre as *Prosas Bárbaras*, Marie-Hélène Piwnik observa: "Não estamos longe de Flaubert e do seu *écrire sur rien* e *As Farsas* (*Prosas Bár-*

baras) como que adotam esse ponto de vista da escrita pela escrita, ou do prazer da escrita, ou do prazer de ensaiar a escrita" (Piwnik, 2008, p. 79). Na crônica "Poetas do Mal", dessas *Prosas Bárbaras*, Eça escreve: "Flaubert escreveu a *Salambô*. Aquela alma, depois de ter criado em *Madame Bovary* a imagem desoladora de uma harmonia, de uma perfeição, presa nos braços gordos e toscos do materialismo, refugiou o seu desalento nas sombras do mundo antigo. E toda a Antiguidade está em *Salambô*. Mathô é a carne ardente e feroz, cheia de força do sol, da terra de África. Spendius é a astúcia serena e fria da Grécia. Amílcar é a alma austera das antigas repúblicas. Salambô é a lascividade mística da Síria. Schaabarim é a alma desolada dos sacerdotes politeístas vergando ao peso de seis mil deuses. Hanan é a fúnebre corrupção de Cartago. O exército de mercenários é o resto do mundo: ali estão os lusitanos enormes, os gauleses brancos abundantes de palavras, os líbios perversos; e todo o mundo bárbaro, terrível, obscuro, imundo, lento, coberto de lepras". Manifesta-se claramente nesta descrição o fascínio que Eça sempre terá pelas reconstituições históricas.

Ao evocar Flaubert, por ocasião da sua morte, em crônica de 24.7.1880, para a *Gazeta de Notícias* do Rio de Janeiro, postumamente recolhida em *Ecos de Paris*, Eça escreveu: "A sua alta glória consistiu em ter sido um dos primeiros a dar à arte contemporânea a sua verdadeira base, desprendendo-a das concepções idealistas do romantismo, apoiando-se sobre a observação, a realidade social e os conhecimentos humanos que a vida oferece. Ninguém jamais penetrou com tanta sagacidade e precisão os motivos complexos e íntimos da ação humana, o sutil mecanismo das paixões, o jogo dos temperamentos no meio social; e ninguém marcou tão vasta e penetrante análise numa forma mais viva, mais pura e mais forte". Eça assume francamente a influência sobre ele exercida pelo escritor francês. Já em 1876, em carta a Silva Pinto, escreve: "Balzac, com efeito, é o meu mestre [...] ele é como Dickens, certamente, o maior criador na arte moderna: mas é necessário não ser ingrato para com a influência que tem no realismo Gustavo Flaubert – o seu estilo, a sua profunda ciência dos temperamentos tem feito na arte contemporânea uma revolução importante. Eu procuro filiar-me nestes dois grandes artistas, Balzac e Flaubert..."

Adolfo Casais Monteiro, arguto crítico, propõe-nos em páginas da revista *Seara Nova*, uma reflexão de prospectivo alcance, ao considerar a fase em que Eça se encontrava por altura de *Os Maias* como "hesitante", caracterizando essa hesitação como "o combate entre o instinto e a cultura". Parte daí para esta constatação: "Não sendo um torturado do gênero de Flaubert, a criação não era contudo para ele coisa fácil, já que, se podia escrever de um jato uma primeira versão, o torturado aparece depois, no trabalho que faz sobre ela". Casais Monteiro lança-nos então esta interrogação: "Flaubert não teria sido prejudicial, pelo que o possa ter impedido de fazer. Não torceria ele um pouco a sua vocação? Eça tem um poder de *verve*, um sentido do cômico, e uma tendência para a fantasia que lhe abriram porventura horizontes que se limitou a roçar. O 'manto diáfano da fantasia' da célebre epígrafe de *A Relíquia* simboliza uma virtualidade importante do seu talento, que nesse livro e em *O Mandarim* se mostra precisamente prejudicada por um compromisso nem sempre feliz com o que era para ele 'a nudez forte da verdade' – ou seja, a sua concepção do *realismo*. E a conclusão deste crítico vai no sentido de uma 'vitória', a do 'aparecimento do indivíduo nos seus romances, e a substituição – embora a não tenha levado até onde seria necessário – dos motivos experimentais por motivos psicológicos'", dando como exemplos *Os Maias*, *A Capital* e *A Ilustre Casa de Ramires* (Monteiro, 1943, pp. 155-156).

Num artigo da *Colóquio-Letras* (n. 58, p. 67), Carlos Reis faz notar que convém meditar quando se estabelecem paralelos entre os dois escritores a propósito de coincidências de estilo e afinidades de entrechos e de personagens, "que as acusações de plágio tantas vezes feitas a Eça de Queiroz e nomeadamente quando está em causa a precedência da obra de Flaubert, decorrem quase sempre de uma manifesta incompreensão dos termos em que se traduz a criação literária e, neste caso, a de natureza narrativa; deste modo, ignora-se que a produção textual se concretiza num espaço de trocas intertextuais cuja intensidade e transparência percorrem um arco de opções que vai da citação à simples adoção de formas literárias convencionais". Diz ainda Carlos Reis: "Julgo que *Salambô* foi o primeiro dos romances de Flaubert que Eça conheceu. Dele lhe vem, porventura, o gosto persistente pelo romance histórico e, principalmente, pelas evocações da Antiguidade medieval ou da lenda cristã". E acrescenta, mais adiante: "Pierre Hourcade, em *Estudos sobre o Século XIX*, escreve: 'Se Eça de Queiroz é até certo ponto o filho espiritual de Flaubert, foi *Madame Bovary* muito mais que *Salambô* que os aproximou'. A leitura daquele livro, assim como a de *A Educação Sentimental*, constituiu para ele uma verdadeira revelação".

Não foi só com o estilo ou com as técnicas da construção narrativa que Eça se impregnou de Flaubert, mas também com o clima por ele criado, que João Medina muito bem exprime deste modo: "O tédio, em suma, devora como um cancro estas existências mesquinhas, como a da Félicité ou os dois copistas (Bouvard e Pécuchet) que intentam praticar e conhecer todas as artes e ciências, socorrendo-se de métodos errados de um amadorismo confrangedor, chegando ao ponto de se encarregarem da educação de dois órfãos (e aqui fracassando como em tudo o mais). O Nada é o horizonte absoluto das vidas dos seres humanos. Ema toma arsênio para se libertar da sua angústia, Bouvard e Pécuchet copiam textos sem sentido, Frédéric e Deslauriers confessam que falharam a vida e resignam-se a vivê-la sem ideal nem esperança – outra semelhança enorme com o desfecho de *Os Maias*" (Medina, 2000, pp. 531-532).

Mas a grande admiração que Eça teve pela cultura francesa não o impediu de se interrogar no artigo "O Francesismo", provavelmente escrito em 1887, pouco antes da sua partida para Paris a assumir o respectivo consulado, que não chegaria a publicar em vida: "Como parasitas prudentes, e o português é prudente, podemos talvez perguntar a nós mesmos se nos convém continuar a sugar a pele francesa, e se ela realmente oferece todos os elementos de uma suficiente alimentação para que, como uma pulga obstinada que pica o seio ressequido da carcaça de uma velha, onde não há seiva e sangue, não estejamos nós mordendo, chupando, onde não há sangue e seiva que nos alimente. É tempo pois de considerar se nos convém, como *table-d'hôte* a literatura da França – a nós parasitas, que em questões de literatura e de tudo, vamos comer às casas alheias. Afoitamente digo que não nos convém". Curiosamente, Pierre Hourcade considerou este ensaio póstumo, "em parte, um panfleto de amor despeitado".

Ao contrário de Eça, que criava com paixão e turbulência e até com crises de nervos, Flaubert exprimia sentimentos muito diferentes ao confessar ao seu amigo Ernest Chevalier, a 13 de agosto de 1845: "Dado o meu receio das paixões e da mudança, creio que se a felicidade está nalgum lugar, é na estagnação; os lagos não têm tempestades. A minha atitude é mais ou menos esta, vivo de uma maneira regrada, calma, regular, ocupando-me exclusivamente da literatura e de história". Separava-o ainda de Flaubert a sua fidelidade ao realismo, pelo menos no período central dos grandes romances. A 30 de março de 1878, Eça escrevia a Rodrigues de Freitas nestes termos: "Os meus romances importam pouco; está claro que são medíocres; o que importa é o triunfo do realismo que ainda hoje *méconnu* e caluniado, é todavia a grande evolução literária do século". Estes termos seriam impensáveis na pena de Flaubert. Como Zola dizia do autor de *Madame Bovary*: "As escolas foram feitas para a mediocridade. [...] são os grandes homens que produziram as escolas". À princesa Mathilde, parente de Napoleão III, Flaubert dizia: "Estabelecer a verdade não me parece ser a primeira condição da arte. Ter em vista o belo é o principal, e se pudermos, atingi-lo" (carta de 4 de outubro de 1876).

Como bem observou o *scholar* americano Alexander Coleman na sua obra *Eça de Queiroz and European Realism*: "O Portugal por ele imaginado, amorosamente recordado e reconstituído no seu escritório de Neuilly, tem a mesma aura do domínio ideal que era o Paris imaginado pelo langoroso e enfastiado Eça de Queiroz, há muitos anos em Lisboa, Leiria e Évora. A distância criou o ideal; a permanência no ideal trouxe desencanto" (Coleman, 1980, p. 56). Todavia, através das múltiplas influências que soube assimilar e de que a sua correspondência nos dá franco testemunho, até porque era nele grande a capacidade de amar e admirar os grandes autores, Eça soube permanecer eminentemente português. Disso dá conta, certeiramente, Jean Girodon, ao escrever: "A despeito da sua máscara irônica, Eça é um lírico, mas um lírico do Sul, amando a cor, a beleza plástica, quer a do mundo quer a do estilo: numa palavra, seja como for, Eça permaneceu profundamente português" (Girodon, 1949).

Mas os agitados tempos que Eça viveu em Lisboa, intermitentemente, durante seis anos, iriam terminar com a sua partida para as Antilhas espanholas, onde em Cuba vai desempenhar as funções de cônsul de Portugal, o primeiro posto da sua carreira. Interrompe então a colaboração em *As Farpas*, que vão ficar daí em diante a cargo do seu amigo Ramalho Ortigão, nas quais Eça colaborou nos anos de 1871-1872. Ao traçar o perfil de Ramalho em 1879 (em *Notas Contemporâneas*), dirá: "*As Farpas*, segundo as declarações do editor, tinham 2 000 assinantes; isto representava de 5 000 a 6 000 leitores; se, propunha ele, aproveitando um tal auditório, nós lhe ensinássemos alguns princípios? Fiquei aterrado! Ensinar? Eu era, sou ainda, em filosofia, um turista facilmente cansado, em ciência um diletante de coxia. Converter a alegre catapultazita numa austera cadeira de professor!... Fui prudentemente para a Havana".

A sua pena encontra-se agora afinada por diversas experiências literárias e jornalísticas que o haviam obrigado a cumprir prazos e a escrever sob pressão. Medira forças com a capacidade de produzir textos dos mais diversos gêneros. A sua vocação afirmara-se e dera provas indiscutíveis. A viagem ao Oriente fora um sucesso e um motivo muito importante de viragem na sua maneira de descrever o mundo exterior. O decreto que o nomeia cônsul de primeira classe nas Antilhas espanholas sairá a 16 de março de 1872. Partirá, via Cádis, a 20 de dezembro.

G. LISBOA, PALCO FUNDAMENTAL DA SUA FICÇÃO

Lisboa ficara-lhe gravada para sempre na mente, depois dos seis anos intermitentes que passa na capital do reino. Eça ama a cidade, chamando-lhe, em 1867, numa crônica da *Gazeta de Portugal*, "Lisboa querida; clara cidade bem amada; doce Lisboa", e vai fazer dela o palco dos seus romances, onde ficará retratada, ora com traços realistas que a pintam com cores negras, ora em descrições poéticas de grande acuidade e através de metáforas belíssimas. O Conselheiro Acácio, no *Primo Basílio*, dizia com ar pomposo: "Era uma das mais belas cidades da Europa, decerto, e como entrada só Constantinopla! Os estrangeiros invejavam-na imenso. Fora outrora um grande império, e era uma pena que a canalização fosse tão má, e a edilidade tão negligente!" Lisboa figurará também em contos como "Singularidades de uma Rapariga Loura", "A Catástrofe" e "José Matias". O Chiado é a sua zona fulcral, com a presença do Grêmio Literário, do Cassino Lisbonense (desaparecido), do Hotel Universal (hoje hotel Borges), do Hotel Alliance (desaparecido), do Hotel Bragança (desaparecido) e do Teatro de São Carlos, ponto de encontro fundamental da alta burguesia e da aristocracia. O Rossio é o espaço central por onde passa a maior parte das personagens. Carlos da Maia tem aí o consultório, o conde de Abranhos estagia num escritório do Dr. Vaz Caminha aí situado. É aí o consultório dentário (real) do Dr. Vitry, frequentado pela Luísa de *O Primo Basílio*. E já a Avenida da Liberdade, que veio rasgar a cidade para norte, virá a aparecer no final de *Os Maias*. Outros espaços com grande expressão urbanística – como o Terreiro do Paço, o Largo do Carmo e o Largo do Pelourinho (onde se encontra o Município) – fazem parte desta geografia literária que implica arruamentos mais modestos como o Beco do Monete (*A Relíquia*) e a Travessa da Trabuqueta (*A Cidade e as Serras*). Pela estação de Santa Apolônia, à beira do rio Tejo, chegam e partem grande parte das personagens que vão para o Porto ou do Porto chegam, que vão para outros países da Europa ou deles regressam. Belém, igualmente junto do Tejo, de onde partiram as caravelas à descoberta do mundo, será palco de um episódio eminente de *Os Maias*, a corrida de cavalos.

O meio define o homem e a referenciação das moradas das personagens permite com rigor expressões arquiteturais e urbanísticas repletas de significado simbólico, que emprestam verossimilhança à ação, principal atributo do realismo de escola. Muitas das personagens vivem em moradas assinaladas pelo número da porta e pelo andar. Lembremo-nos do Raposão, que

O Rossio no século XIX.

ao despedir-se de Topsius, no Cairo, lhe diz: "Adeus, companheiro, adeus! Escreva... Campo de Santa'Ana, 47...".

Lembremo-nos ainda da morada do Conselheiro Acácio, Rua do Ferragial de Cima (Hoje Vítor Cordon), n. 3, 3º; e ainda da morada de Tomás Alencar, no 52 da Rua do Carvalho (hoje Rua Luz Soriano), e assim por diante. Mas, mesmo nos romances que denigrem Lisboa, Eça exalta a cidade e revela a cada passo quanto ele a amava. A presença do Tejo é também motivo para a descrição das vistas e tonalidades que sobre ele se descortinam dos arruamentos do Chiado, e importante motivo simbólico no final de *Os Maias*, quando Carlos, Ega e Alencar o contemplam extasiados, num dia brilhante de sol, da varanda do Hotel Bragança.

A cidade reflete ainda a passagem do tempo. No final d'*Os Maias,* Carlos e Ega querem ver a avenida nova que destruíra o Passeio Público e iria permitir o desenvolvimento da cidade para o norte.

Essa avenida tinha porém o "fôlego curto" e esbarrava num monte de cascalho. Os dois amigos voltam-se então para as vistas da cidade antiga, decrépita, mas mais autêntica. O Aterro (Av. 24 de Julho) é também um arruamento novo, à beira-rio. Participa da ação e liga o Hotel Central à Praça do Comércio.

5. COMEÇO DA CARREIRA CONSULAR. CUBA: 1872-1874

Entre 20 de dezembro de 1872 e 22 de maio de 1874, período do seu posto em Cuba, decorrem dezessete meses, mas Eça permanecerá apenas onze meses nessa ilha. Os seis restantes serão passados nos Estados Unidos, com uma licença ministerial, onde irá viver turbulentos episódios sentimentais com duas jovens americanas que conhecera em Cuba e que farão deste período uma experiência única. Segundo consta de um testemunho da filha (*Eça de Queiroz entre os Seus*, p. 15), o pai de Eça, em carta, ter-lhe-ia dito: "Não sei quando secarão as lágrimas que por ti tenho chorado desde que partiste"... Eram justificadas estas saudades. Além de ter descoberto a vocação literária do filho, o Dr. Teixeira de Queiroz habituara-se à presença deste em casa, durante cerca de seis anos.

Cuba iria ser mais uma circunstância que lhe permitiu ver a pátria de longe. Tendo sido, muito embora, uma altura pouco criativa da sua carreira literária, talvez devido à inadaptação ao clima e à agitação da viagem que empreendeu aos Estados Unidos, esse período viria oferecer-lhe uma experiência social e humana relevante, muito marcada por episódios sentimentais de que guardou silêncio e que dificilmente detectamos na ficção. A sua correspondência alude, discretamente, a esses episódios. Nesta época publicará apenas um conto, uma pequena obra-prima, "Singularidades de uma Rapariga Loura", em 1873, considerado o primeiro conto realista português.

Nos Estados Unidos visita Nova Iorque, Pittsburgh, Chicago, as quedas de água do Niágara e Montreal. No Canadá faz esta observação acerca de Taine: "Como este nome soa aqui no Canadá, o fino, o sutil, o delicado, o perfeito Taine... Há quanto tempo não me lembrava este nome amado. Era aqui que eu o queria, com o seu fino senso, classificando, decompondo, reconstruindo, dissecando, provando".

Nova Iorque fascina-o, encanta-o e ao mesmo tempo repele-o. Diz a Ramalho Ortigão: "É uma cidade que tem cem anos e que está podre: está *détraquée*. Porque a verdade é esta: Nova Iorque não tem civilização. A civilização não é ter uma máquina para tudo – e um milhão para cada coisa: a civilização é um sentimento, não é uma construção. [...] Como a mais pequena aldeia de França é superior, imensamente superior pela sua civilização a esta orgulhosa Nova Iorque, que se chama a si mesma, como Roma – A Cidade. Querida Nova Iorque! – Não, odiada Nova Iorque!" Entretanto faz esta significativa recomendação ao seu amigo e confrade Ramalho Ortigão: "Não se descuide de ser alegre: só a alegria dá alma e luz à ironia – à Santa Ironia – que sem ela não é mais do que uma amargura vazia" (carta de 20 de julho de 1873).

Em Havana, Eça vai encontrar entre os chineses que embarcam na colônia portuguesa de Macau e vêm trabalhar na colheita da cana-de-açúcar – os chamados *coolies* – uma situação muito semelhante à da escravatura. Os relatórios que envia para Lisboa, para o Ministério dos Negócios Estrangeiros, relatam este drama, que vai procurar minorar. Os chineses, gratos, presenteiam-no com uma bengala de castão de ouro, pois, como escreveu, "garantiu-lhes por algum tempo mais pão e menos chicote". No relatório de 9 de novembro de 1874, *A Emigração como Força Civilizadora*, Eça relata circunstanciadamente este drama dos *coolies*.

Eça em Havana, 1873.

Mas esta permanência em Cuba é-lhe penosa. As razões são simples, como diz numa carta a Ramalho Ortigão: "Estou longe da arte e portanto longe da serenidade e do contentamento. Saí da minha atmosfera e vivo inquieto, num ar que não é o meu. Além disso estou longe da Europa e Você sabe quão profundamente somos europeus. Você e eu. Isto aqui – ou pelo seu mau lado espanhol, ou pelo seu curioso lado americano (dos Estados Unidos), é muito diferente daquilo que eu preciso. Eu preciso política, crítica, corrupção literária, humorismo, estilo, colorido, palheta, – e aqui estou metido num hotel, e quanto discuto, é sobre câmbios – e quando penso é sobre *coolies*" (carta de jan.-fev. 1873).

Em 1995 descobri nos arquivos da Fundação Eça de Queiroz, em Tormes, um maço de cartas cuidadosamente preservadas, escritas em inglês, das namoradas norte-americanas com que Eça se relacionou em Cuba. Uma delas é Anna Conover, casada, de origem germânica, com dois filhos crianças, em conflito profundo com o marido, que abandona no fim da permanência de Eça nos Estados Unidos. Trata-se de uma jovem com 25 anos (Eça tem então 28), muito religiosa e culta, vibrante e apaixonada por poesia. São em número de vinte e uma as cartas que lhe envia. A primeira é escrita de Cuba, a segunda de Nova Iorque, as três últimas de Washington e todas as outras de Chappaqua, localidade rural do estado de Nova Iorque. A precipitação e atrabiliário destas cartas apaixonadas são compensadas pela sua veemente e espontânea sinceridade. Em determinada altura diz-lhe: "Oh! Eu disse-lhe, agora sabe muito bem que o amo, e sei que não me ama, que não pode amar-me" (carta de 31.7.1873). Anna parece conhecer bem o seu amigo português porque na carta 10 escreve: "Como tem passado? Espero que esteja bem e feliz. Cuide bem de si, meu querido, penso que trabalha demais, por isso deixe-me aconselhar-lhe uma coisa, 'para ter longa vida é preciso viver devagar'. – Compreende? Porque não há nada que se compare com a saúde, tanto física como mental. Devemos cuidar bem de nós próprios, conhecermo-nos...". Que teria ela visto ou observado? Que trabalhos teria Eça entre mãos por essa altura? O extenso relatório que entregaria no seu Ministério, de regresso a Portugal, intitulado *A Emigração como Força Civilizadora*, com data de 9 de novembro de 1874, ou o texto do conto realista "Singularidades de uma Rapariga Loura"?

A outra jovem, Mollie, possivelmente mais nova, é filha de um industrial de *iron-works*, de Pittsburgh. Ambas se rendem aos encantos do bem falante e elegante jovem cônsul, que nessa altura não domina ainda a língua inglesa e escreve preferentemente em francês a Anna. Esta, poliglota culta, espírito irrequieto e apaixonado, escreve-lhe cartas veementes nas quais paixão e sentimentos religiosos se entrelaçam, afirmando-lhe que há de viajar para a Europa e que aí se virão a encontrar. Mollie, a outra jovem, por razões

Anna Conover, uma das namoradas americanas de Eça.

desconhecidas, acaba por romper o noivado, o que expressamente surge na sua correspondência escrevendo, já no fim da estada de Eça nos Estados Unidos: "Depois de muito pensar apercebi-me que o nosso casamento é impossível". Que teria acontecido? Que episódio teria provocado esta ruptura? Talvez tenha tido conhecimento da existência da outra namorada, Anna. Quem o saberá jamais? Mais tarde, por ocasião do seu segundo posto consular no norte de Inglaterra, Newcastle, Eça, em carta ao seu amigo Ramalho Ortigão, fará discreta alusão a "umas certas mangas de seda preta" que o queriam levar ao altar. Tratar-se-á de Anna? Com efeito, a 29 de abril de 1874, ela tinha-lhe dito: "Muito gostaria de o voltar a ver, mas qualquer dia encontrar-nos-emos de novo. Sim, *estou certa* disso".

Muito recentemente, Doroteia Pita, depois de aturada investigação, conseguiu reconstituir o percurso desta singular mulher que, de fato, veio com os filhos para Londres onde se dedicou a atividades teatrais investindo muito dinheiro no Olympic Theatre, onde representou Shakespeare, ainda antes do casamento de Eça. Estranhas coincidências podem levar-nos a concluir que se voltaram a encontrar na Europa. Ramalho alude numa carta de 1883 a um encontro que teve com Eça e uma senhora inglesa casada, em Paris. Seria Anna? Ela vivia perto do British Museum, em 1885, cerca de Langham Street e de Cavendish Square, de onde nessa data foram escritas as cartas de noivado de Eça para Emília.

Mudar-se-á para Paris antes do falecimento de Eça, onde se vai dedicar à proteção de animais abandonados, aí falecendo em 1923, sendo as suas cinzas levadas para Londres por sua filha (cf. Pita, Doroteia, 2011, pp. 63-86). Sempre muito reservado quanto aos seus problemas íntimos, mesmo com Ramalho, na já citada carta onde fala sobre Nova Iorque faz alusões veladas a estes episódios galantes: "Que quer, eu saí de Nova Iorque tão triste, tão fantasticamente nervoso!... e ainda assim tão feliz!" Mais adiante, ao referir o Niágara, onde estivera dez dias, escreve: "Pequenas ilhas cheias de bosques, de flores, de sombras, de graça e de claridade, no meio da demência da queda – tudo aquilo me fez passar uns dias excessivamente nervosos e romanescos – e tanto – que deixei o Niágara e vim para o lago Ontário". E finalmente esta alusão: "Eu não tenho estado com o espírito tranquilo para fazer uma viagem de estudo – porque... mas enfim um dia, se Deus o consentir, conversaremos".

O episódio das duas americanas acabará em ruptura e desilusão, depois de emoções intensamente vividas que ficaram claramente expressas na carta que Eça escreveu a Ramalho Ortigão, de Montreal. Não se pode vislumbrar qualquer transposição direta destas ocorrências amorosas na ficção que Eça viria a produzir daí em diante. Elas diluem-se, ao que parece, no tema genérico constantemente glosado: o amor pode ser fruto de sentimentos exacerbados e excitantes mas passageiros, acabando sempre em desilusão e arrependimento. É ver, por fim, Fradique e a percepção muito nítida que ele tem da efemeridade das relações amorosas. A metáfora da circassiana, no segundo capítulo de *A Relíquia*, que quando se lhe arranca o véu mostra um carão medonho aos olhos atônitos do Raposão, à espera de ver nela uma Vênus oriental, ilustra como nenhum outro episódio o tema do desejo, do amor e do ceticismo com que Eça invariavelmente o trata.

6. O SEGUNDO POSTO CONSULAR. NEWCASTLE: 1874-1879

Chegado a Newcastle em dezembro de 1874, logo o Barão Wildik, seu antecessor, comunica para Lisboa: "Não hesito em afirmar que o sr. Eça de Queiroz, pelo seu fino trato, e pela condição que revela a sua conversação, depressa conseguirá um lugar eminente entre os membros do corpo consular desta cidade".

É nesta urbe de prédios enegrecidos pelo carvão e sujeita ao clima úmido do norte da Inglaterra que começará o mais produtivo período da sua carreira de escritor. Um mês depois da chegada diz a Ramalho Ortigão: "Estou lutando desde que deixei a nossa linda Lisboa, com esse monstro impalpável – o *spleen*. Aqui tudo tem *spleen*: o céu, as almas, as paredes, o lume, os chapéus das mulheres, os discursos dos oradores e os entusiasmos da paixão. Imagine V. uma cidade de tijolo negro, meio afogada em lama, com uma espessa atmosfera de fumo, penetrada de um frio úmido, habitada por 150 000 operários descontentes, mal pagos e azedados e por 50 000 patrões lúgubres e horrivelmente ricos – eis Newcastle-on-Tyne" (carta de 1.2.1875). A Andrade Corvo, seu Ministro dos Negócios Estrangeiros, dirá: "Esta boa cidade de Newcastle parece-me com efeito inabitável: ruas sujas e negras como esgotos, um casario triste como uma prisão, sociedade casmurra e brutal, nevoeiro permanente, um ar geral de mau humor e tédio – tal me pareceu Newcastle [...], mas enfim comecei a compreender o partido que eu podia tirar deste desterro – e habituar-me um pouco. Newcastle, com efeito, é um excelente gabinete de estudos: não há nada que distraia: nem a Natureza, nem a sociedade, nem os teatros, nem as mulheres são capazes de atrair ninguém: o frio, a chuva constante, as lamas extraordinárias – concentram a gente naturalmente em casa, ao centro do seu fogão: ao pé do lume – que se há de fazer senão fumar, tomar chá e ler? E aqui está como Newcastle conduz logicamente à ciência" (17.12.1875).

Ao seu amigo Jaime Batalha Reis, escreve: "Saberás que Newcastle onde há perto de 100 000 operários, é o centro socialista da Inglaterra. Estou no foco. É desagradável o foco" (6.1.1875). Ao diretor-geral dos consulados em Lisboa, Jesuíno Ezequiel Martins, dirá: "Nunca invejei tanto o poder de Nero – que – quando embirrava com uma cidade lhe mandava tranquilamente deitar fogo". Diz ainda a este seu amigo que Newcastle é uma "melancólica carvoeira" (24.2.1875).

Cerca de um ano antes de partir para o posto de Bristol, em carta pública para Joaquim de Araújo datada de 25 de fevereiro de 1878, descreve um quadro degradante de Newcastle num fim de semana: "Se V. já viveu na Inglaterra, na província, numa cidade industrial típica, sabe o que é o sábado: uma imensa multidão brutal, rude, barulhenta, enche estas largas ruas, cruamente alumiadas dos renques fulgurantes do gás, das vitrinas das lojas; os bares, os palácios do álcool flamejam; os *cabs* rolam, entre as estações, com uma bulha estridente; bêbedos cambaleiam e boxam-se; um pregador da rua, tomado dum ataque religioso, uiva a uma esquina versículos da Bíblia; dos salões de música saem ganidos de flautins e o estrondo de tacões de tachas batendo uma polca animal; uma prostituição insolente impõe-se, reclama salários; garotos esguedelhados, agitando os jornais, gritam com furor as *traições da Rússia*; dois enormes polícias arrastam uma velha que blasfema, bêbeda; magotes de mineiros de cachimbo na boca, seguidos de galgos, falam a áspera língua da Nortrúmbia; pares amorosos passam enlaçados, beijocando-se, sem pudor; os silvos dos comboios cortam o ar espesso; uma névoa úmida, amarelada, fétida, gela, impele ao álcool; e pelas praças, pelos becos, nos pianos dos restaurantes, patriotas exaltados de bebidas cantam a nova canção guerreira... *We Don't Want to Fight, but by Jingo if We Do!...* afirmando ainda num berreiro que: "Os russos não irão não, a Constantinopla!" Num dia como este, um português só pode aspirar a uma aldeia do Minho ou à paz dum convento".

No capítulo 4 de *A Tragédia da Rua das Flores*, Genoveva recorda uma Londres muito semelhante a esta Newcastle. No início deste posto consular,

Eça vai publicar o seu primeiro romance, *O Crime do Padre Amaro*. Deixara em Lisboa o texto incipiente desta obra, aos seus amigos Antero de Quental e Jaime Batalha Reis, para estes a publicarem, depois da sua revisão, numa revista luso-espanhola, a *Revista Ocidental*, o que se dará entre 15 de fevereiro e 15 de maio de 1875. Contava receber provas em Newcastle e fazer nelas profundas alterações, como era seu costume, o que não aconteceu pois a periodicidade da revista não consentia tais demoras. Aqueles seus amigos, mais Ramalho Ortigão, fazem correções e supressões do texto que vai sendo publicado. Ramalho, decerto solicitado pelos diretores da revista para os ajudar a rever provas, vê-se em grandes dificuldades, e em carta para Batalha Reis escreve: "Eu vejo-me extremamente perplexo para emendar" e confessa a sua "incompetência" para tal trabalho, exclamando por fim: "Em jornal meu, da natureza da *Revista* sabe V. o que eu suprimia no *Crime do Padre Amaro*? Tudo, a começar no título e a acabar no fim" (Berrini, 1987, p. 55). Cerca de um mês antes, a 6 de janeiro de 1875, Eça havia escrito a Batalha Reis nestes termos:

> Meu querido Batalha
>
> Meu caro Batalha, que faz o Padre Amaro? Tenho esperado vê-lo chegar, espalmado num envelope, vestido de imprensa, com o seu crime às costas – mas tenho esperado debalde. Tens outros planos a respeito do romance para a *Revista*? Sofreu a mesma revista algumas alterações na sua laboriosa nascença? Tem sido impossível passar a letra de imprensa os gatafunhos românticos em que está escrita aquela história realista? Se nada disto – então remete-me as provas. [...]

A 8 de fevereiro, nova carta para Batalha:

> Meu querido Batalha
>
> Remeto-te as provas. É indispensável, é absolutamente necessário – que eu reveja umas segundas provas – ou provas de páginas. As emendas que fiz são consideráveis e complicadas: e se a um trabalho – onde o estilo já de si é afetado e amaneirado, todo cheio de pequenas intenções e todo dependente da pontuação – ajuntarmos os erros tipográficos – temos um fiasco deplorável. É portanto imediatamente indispensável que me remetas imediatamente as provas de página – ou segundas provas. E vai mandando provas – sem descanso...

A 26 de fevereiro segue de Newcastle um telegrama para Batalha Reis nestes termos: "Suspende imediatamente publicação romance manda provas publicado absurdo não autorizo publicação resto sem rever provas. Queiroz", e nesta mesma data esta missiva:

> Meu caro Batalha
> Acabo de receber a tua carta e estou verdadeiramente indignado. Pois quê! Eu dou-vos um borrão de romance – e vocês em lugar de publicar o romance publicam o borrão! Nós ficamos em que eu corrigiria as provas – sem o que eu vos dei não era mais que um trabalho informe e absurdo. E vocês não esperam pelas provas – e publicam o informe e o absurdo. É verdadeiramente insensato!"

E mais adiante:

> É indispensável que V.V. façam uma declaração – dizendo – que estando eu em Newcastle – e não tendo podido corrigir as provas, o romance sai tal qual está no borrão. Se V.V. não fizerem essa declaração faço-a eu. V.V. sabem que um artista é pior que uma mulher – e um artista escandalizado na sua vaidade de colorista e de estilista é capaz das maiores infâmias.

O romance continuou a ser publicado com a intervenção de Antero de Quental no texto, o que faz Eça, indignado, exclamar nesta mesma carta:

> Se aqui estivesse o Antero estrangulava-o. O Antero é o maior crítico da Península mas entende tanto de arte – como eu de mecânica. O Antero dirigindo a publicação do Padre Amaro é simplesmente hórrido: – a estas horas decerto – já a segunda parte está na rua – e o desastre é completo. Peço encarecidamente que me não remetam essa detestada revista.

Para ultrapassar aquele fracasso editorial Eça atira-se à revisão do romance, cuja edição em livro será publicada pelo editor francês estabelecido no Porto, Ernest Chardron. O pai, que fora jornalista, escritor e poeta romântico, decerto com orgulho naquele filho que prometia ser um grande escritor, apadrinha-lhe essa edição escrevendo ao editor: "Procure promover a saída do livro, e se meu filho lhe escrever, não o desanime, pois ele tem *jeiteira* para as letras, de resto eu tomo a responsabilidade por qualquer prejuízo que o seu insucesso ocasione". Esta atitude redime-o da cumplicidade ou pelo menos da passividade com que aceitou o abandono a que a mãe votou aquele filho.

A edição em livro, embora tratando um tema escaldante, os amores clandestinos de um padre, não suscitou escândalo, o que poderá parecer estranho em país tão católico. O próprio autor, ao pedir a participação de um ilustrador seu amigo, o constatou, pois lhe diz: "O Romance foi publicado, a 1ª edição esgotada – e, ou lido na *Revista Ocidental*, ou lido depois em livro, não provocou – nem na imprensa católica, apostólica, nem nas sacristias, nem em Braga, nem nos cidadãos que usam opa, nem nos *boudoirs* das beatas *chic* – um murmúrio de indignação. Compraram, leram, gostaram. Recebi parabéns – de gente que frequenta o mês de Maria. *O Crime do Padre Amaro* sem ter atravessado a polêmica partidária entra na tranquilidade clássica".

Aconteceu que os jornais da época andavam repletos de notícias de abusos e crimes de padres, criticados na imprensa, em peças de teatro etc., e isso terá concorrido para a aceitação do romance. Como sempre viria a acontecer posteriormente, Eça deu a esta obra um final retumbante e simbólico, com dois padres e um estadista em conversa ao lado da estátua de Camões, no alto do Chiado: "Meus senhores, não admira realmente que sejamos a inveja da Europa! E o homem de Estado, os dois homens de religião, todos três em linha, junto às grades do monumento, gozavam de cabeça alta esta certeza gloriosa da grandeza do seu país – ali ao pé daquele pedestal, sob o frio olhar de bronze do velho poeta, ereto e nobre, com os seus ombros de cavaleiro forte, a epopeia sob o coração, a espada firme, cercado dos cronistas e dos poetas heroicos da antiga pátria – pátria para sempre passada, memória quase perdida!"

Deste período de cinco anos, como disse já o mais produtivo da sua carreira literária, é o importante projeto de uma série de pequenos romances, a que chamou *Cenas Portuguesas* ou *Cenas da Vida Portuguesa* à semelhança de Balzac. Era um conjunto de doze novelas que ele anuncia ao seu editor em 12 de junho de 1878, para o qual prevê apenas dois anos, ou seja, a média de uma novela de dois em dois meses! Tarefa ciclópica para as suas forças e para as suas exigências de perfeição, que só parcialmente pôde cumprir. Eça define assim esse projeto: "É uma coleção de pequenos romances não excedendo 180 a 200 páginas, que fosse a pintura da vida contemporânea em Portugal: Lisboa, Porto, as províncias, políticos, negociantes, fidalgos, jogadores, advogados, médicos, todas as classes e todos os costumes entrariam nesta galeria". Diz ainda: "O encanto destas novelas – que são mais difíceis de fazer do que um romance – é que não há digressão, nem declamação, nem filosofia: tudo é interesse e drama – e rapidamente contado; lê-se numa noite e fica-se com a impressão para uma semana". Como habitualmente, os seus planos literários vão sofrendo, durante este período, os tratos de um autêntico furor criativo. Aquilo que ele pretendia que fosse uma curta novela iria prolongar-se, transformando-se num grande romance, e bastava isso para subverter todo o planeamento desse programa tão ambicioso. De todas essas obras, a que mais se assemelha ao seu primitivo intuito de produção de novelas "rapidamente contadas" é *Alves & Cia*, publicada postumamente em 1925, pelo filho José Maria. O tema central é o adultério, tão objetiva e despreconceituadamente tratado que representa, pode dizer-se, uma novidade nos seus propósitos de moralidade e crítica de costumes.

Mas um romance de envergadura irá ocupá-lo neste período, uma das suas grandes obras da fase realista: *O Primo Basílio*. Segundo os hábitos do escritor de desvalorizar e inferiorizar o seu trabalho perante os amigos, comentará com Ramalho Ortigão: "Já Você deve ter recebido *O Primo Basílio*. Como verá, é medíocre. A não ser duas ou três cenas, feitas ultimamente, o resto, escrito há dois anos, é o que os ingleses chamam *rubbish*, isto é inutilidades desbotadas, dignas de cisco". E acrescenta: "Foi um trabalho útil porque me formou a mão; mas não era publicável; devia ter ficado em cartões – como fazem nos ateliês os quadros amalgamadamente borrados onde os pintores se familiarizam com a paleta. Enfim – o mal está feito – e devo tirar dele todo o partido".

Pouco depois, perante a eventualidade da sua tradução, Eça escreve: "Preferia que a honra da tradução recaísse sobre o *Padre Amaro*, o novo *Padre Amaro* que se está imprimindo: os *traits* característicos da pequena burguesia de *O Primo Basílio* são comuns à burguesia de todos os países: mas o mundo que habita à sombra da Sé de Leiria seria uma estranha revelação de costumes e de sentimentos. Mas já que é o *Primo Basílio* que se quer, vá o *Primo Basílio*". Decerto que este arrazoado está certo e podemos acrescentar que o seu autor trabalhou incessantemente no aperfeiçoamento do *Padre Amaro*, ao longo das suas edições. O que se não pode negar é que o *Primo Basílio* atinge, como romance realista, a perfeição, na riqueza e variedade de personagens, no encadeado da história e nos simbolismos que a enriquecem, no relevo psicológico de certas personagens como a criada Juliana, na riqueza caricatural do imorredouro Conselheiro Acácio. Uma notícia publicada no *Diário Ilustrado* de Lisboa (1.6.1878) fez aumentar a venda do romance: "Na Igreja de São Luís dos Franceses o sr. Padre Sena de Freitas fez um reclamo em favor do romance do Sr. Eça de Queiroz, *O Primo Basílio*, dizendo que ninguém devia ler tão imoral narrativa dos costumes modernos. Consta que ontem até às 2 horas da tarde, se haviam vendido oitenta e tantos exemplares daquele livro". No espaço de um ano, esta obra teria, com efeito, duas edições.

Saída a obra, o pai do escritor apressa-se a escrever-lhe: "A minha opinião franca é a seguinte. O romance é magnífico, e como obra de arte acho-o superior ao *Padre Amaro*; porque trabalhaste num campo mais limitado, ocupando-te unicamente duma questão doméstica, enquanto que no *Padre Amaro* tratavas no fundo a grave questão social do celibato do clero. Os tipos estão bem tratados. O do conselheiro por si só vale um romance". E o pai de Eça termina a sua missiva, depois de outros comentários, deste modo: "Aqui tens em poucas palavras o meu juízo sobre o romance, que acho admirável, e como em Portugal não se faz. De resto deixa falar, ou não falar os invejosos, e vai por diante. Recomendo-te só que em tudo o que escreveres evites descrições que senhoras não possam ler sem corar".

Eça dá mostras, por esta altura, de atravessar uma crise profunda, literária e sentimental, que, como de costume, vai confidenciar ao seu amigo Ramalho Ortigão: "Convenci-me que um artista não pode trabalhar longe do meio em que está a sua matéria artística: Balzac... não poderia escrever a *Comédia Humana* em Manchester, e Zola não lograria fazer os *Rougon* em Cardiff. Eu não posso pintar Portugal em Newcastle [...] longe do grande meio de observação, em lugar de passar para os livros, pelos meios experimentais, um perfeito resumo social, vou descrevendo por processos puramente literários e *a priori*, uma sociedade de convenção, talhada de memória. De modo que estou nesta crise intelectual: ou tenho que me recolher ao meio onde posso produzir – isto é, ir para Portugal – ou tenho de me entregar à literatura puramente fantasista e humorística" (carta de 8.4.1878).

A esta crise intelectual soma-se o seu eterno problema: as dívidas, que o hão de atormentar durante toda a vida. "As minhas dívidas acumulam-se todas a um tempo, como sete espadas contra um coração. Para me desembaraçar do presente, tenho perpetuamente de descontar o futuro – e isto traz-me toda a sorte de amofinações. Não sei, às vezes, como me resta coragem para entender os desgostos dos meus personagens, quando tenho de os observar através da espessura dos meus". E sérios são estes problemas, pois, quando é nomeado para o terceiro posto consular em Bristol, que assume em abril de 1879, confessa que a partida de Newcastle havia sido adiada, pois a sua presença garantia aos credores o pagamento das dívidas que contraíra. Eça procura vender uma marinha em Aveiro, chamada "do Ilhote", herdada de sua avó. O pai escrevera-lhe em 12 de abril de 1877: "Peço-te que na volta do correio me mandes uma procuração pelo teor da nota junta. Há agora ocasião de vender *a marinha* e empregar o dinheiro em inscrições, que rendem mais, não se pagam décimas, não se fazem outras despesas, nem se está sujeito a que as inundações levem o sal. Como aconteceu este ano". Esta propriedade acaba por não se vender, mas antes uma terra lavradia, no mesmo local, vendida por um conto quatrocentos e trinta mil-réis, em 25 de maio de 1878 (Henriques, 2001, pp. 96, 97). Talvez esta quantia lhe tenha permitido fazer, no ano seguinte, um seguro de vida em Londres, como havemos de referir mais por diante.

Não é fácil compreender este endividamento em período de tão intenso trabalho e reclusão. Numa imagem que publiquei em *Eça de Queiroz: Fotobiografia* (2010, p. 132), vemo-lo com um grupo de amigos e amigas, decerto ingleses, com todo o aspecto de pertencerem a uma burguesia educada. Uma figura feminina fixa nele a atenção. Não sabemos de quem se trata. Teria tido Eça ligações femininas dispendiosas em Newcastle? Não sabemos. A comparação dos retratos desta figura feminina com o retrato de Anna Conover não se afigura fácil. Não é de excluir a hipótese de que a jovem divorciada americana que por ele se apaixonou nos tempos de Cuba o tenha seguido até essa cidade. Sendo muito religiosa, bem poderia tratar-se da tal "devota" a que ele se refere na carta a Ramalho: "Quando eu imaginava que me ia levando para a Felicidade, me ia arrastando simplesmente para a missa!"

Não corriam bem os seus problemas de sentimento, com duas experiências que ele não desvenda nem pormenoriza, nas suas confissões a Ramalho Ortigão. E pela primeira vez vemo-lo a falar numa hipótese de casamento. "Eu não tenho hoje pelo casamento aquele horror de outrora, comparável ao horror do cavalo selvagem pela manjedoura. Bem ao contrário: tenho corrido tanto pelo descampado da sentimentalidade, que uma manjedoura confortável em que mãos benévolas me serrotem uma palha honesta – sorriem-me como uma entreaberta paradisíaca". Tinha então 33 anos.

A. AS RELAÇÕES DE EÇA COM MACHADO DE ASSIS

Deste período é um importante acontecimento: o confronto com aquele que é hoje considerado o maior escritor brasileiro de sempre: Machado de Assis. Em 16 de abril de 1878, este escrevia um extenso artigo na revista *Cruzeiro*, do Rio de Janeiro, sobre os dois primeiros romances realistas de Eça, *O Crime do Padre Amaro* e *O Primo Brasílio*. Começando pelo elogio do seu autor, Machado entra a considerar *O Crime do Padre Amaro* como uma imitação de *La Faute de l'Abbé Mouret* de Zola, observando que "não se compreende o terror do Padre Amaro, no dia em que do seu erro lhe

Machado de Assis.

nasce um filho, e muito menos se compreende que o mate". Observa ainda que "uma das passagens que maior impressão fizeram, no *Crime do Padre Amaro*, foi a palavra de calculado cinismo, dita pelo herói. O herói de *O Primo Basílio* remata o livro com um dito análogo; e se no primeiro romance é ele característico e novo, no segundo é já rebuscado, tem um ar de *cliché*; enfastia". Vem de seguida a acusação de teor moralista: "Não se conhecia no nosso idioma aquela reprodução fotográfica e servil das coisas mínimas e ignóbeis. Pela primeira vez, aparecia um livro em que o escuso e – digamos o próprio termo, pois tratamos de repelir a doutrina, não o talento, e menos o homem – em que o escuso e o torpe eram tratados com um carinho minucioso e relacionados com uma exação de inventário". Quanto ao *Primo Basílio*, Machado atribuía o seu sucesso enorme "ao requinte de certos lances, que não destoaram do paladar público". De seguida Machado considera Luísa, personagem principal, como "um caráter negativo, e no meio da ação ideada pelo autor, é antes um títere do que uma pessoa moral". Diz ele: "Não lhe peçam paixões nem remorsos; menos ainda consciência", acrescentando, "Luísa resvala no lodo, sem vontade, sem repulsa, sem consciência; Basílio não faz mais do que empuxá-la, como matéria inerte, que é".

Luísa cai pois nos braços do amante e será depois perseguida pela criada Juliana, que lhe quer arrancar benesses e dinheiro, depois de apanhar à patroa cartas comprometedoras. Juliana morrerá com um enfarte arrastando consigo Luísa, que virá também a morrer com uma febre cerebral, depois do marido tomar conhecimento da sua infidelidade. Diz Machado: "Suponhamos que tais cartas não eram descobertas, ou que Juliana não tinha a malícia de as procurar, ou enfim que não havia semelhante fâmula em casa, nem outra da mesma índole. Estava acabado o romance". Machado continua: "Para que Luísa me atraia e me prenda, é preciso que as tribulações que a afligem venham dela mesma; seja uma rebelde ou uma arrependida; tenha remorsos ou imprecações". Machado passa depois "ao mais grave, ao gravíssimo", aquilo que ele considera "a medula da composição", "o espetáculo dos ardores, exigências e perversões físicas", em suma "as cenas repugnantes do *Paraíso*" (a casa onde os amantes se encontram para fazer amor). Eis as reflexões de um comentador eminentemente "pudibundo", assim lhe chama o crítico brasileiro Wilson Martins em *Pontos de Vista 12* (p. 532). De passagem Machado acusa o Conselheiro Acácio (personagem imortal de Eça de Queiroz, com a importância de um Pickwick) de ser a cópia de uma personagem de Henri Monnier. Machado termina por elogiar certas cenas, pondo todavia em causa o realismo de escola do autor e evocando obras da literatura portuguesa passadas que considera "águas sadias"... Que águas eram estas: *O Monge de Cister, O Arco de Santana* e o *Guarany*, espécie de literatura que Eça repudiara sete anos antes, na sua conferência do Cassino de Lisboa e que o próprio Machado de Assis não tardará em superar.

O que se poderá desde logo dizer desta crítica é que ela é predominantemente moralista e, como princípio, totalmente adversa ao "realismo de escola". Há que dizer também que Machado passa ao lado da perfeita verossimilhança e mestria com que Luísa é desenhada: uma criaturinha da baixa de Lisboa, romântica, entediada, fraca de vontade, banalíssima. Ela está nos antípodas de uma Ema Bovary ou de uma Ana Karênina, ou de uma Doroteia Brooke (*Middlemarch*), por isso mesmo é levada para onde a levam as circunstâncias, sem vontade capaz de as dominar. Vê-se confrontada com um drama que não está à sua altura e é por isso mesmo uma figura trágica, magistralmente construída, e extremamente coerente. Nunca por nunca o drama poderia ser o resultado de "condições intrínsecas" à própria Luísa. A sua personalidade não tem a força de provocar iniciativas capazes de, por si só, desencadear o drama, como pretendia Machado, pelo que nos parece que a sua crítica cai inteiramente ao lado. O que nos interessa saber em Luísa é se Eça soube pôr de pé esta personagem, se lhe deu veracidade, comportamentos adequados à sua psicologia específica, reações lógicas e verossímeis às situações que lhe foi criando. Também as personagens de débil personalidade, mais determinadas pelas circunstâncias do que por elas próprias, que não estão à altura dos dramas em que se veem envolvidas, nos podem interessar, e muito. São aliás, devido à sua fragilidade e fraqueza, as figuras mais trágicas. Isto escrevemos nós num dos ensaios de um livro intitulado *Sobre Eça de Queiroz* (2002). Dizemos aí, ainda: quando Machado exemplifica com a peça *Othelo* de Shakespeare, onde "o drama existe porque está nos caracteres, nas paixões, na situação moral das personagens", Eça poderia ter replicado com o que viria a dizer a Fialho de Almeida, a propósito de *Os Maias:* "Criticar o livro não pelo que ele é, mas pelo que deveria ser – é ridículo". Álvaro Lins considerou que Machado "usou de um critério que nenhum crítico pode usar: o de imaginar, para as personagens alheias, destinos diferentes. Levantava, assim, hipóteses indefinidas: e se Juliana não tivesse descoberto as cartas, e se Luísa as tivesse resgatado, com dinheiro? A única resposta possível seria mesmo esta: e se Brás Cubas tivesse casado com Virgília, e se o Bento, do *Dom Casmurro*, se tivesse ordenado padre?" (Lins, 1959, p. 74).

Eça e Machado eram ambos escritores discretos, dissimulados, pouco propensos a confessionalismos. Machado construiu a sua narrativa a partir da vida interior das suas personagens, Eça a partir da sociedade de que pretendeu fazer o inquérito e a crítica, construindo efeitos de verossimilhança e de fascínio de leitura através da ironia que representam um dos seus mais conseguidos trunfos. Em carta de Newcastle, de 29 de junho de 1878, Eça responde a Machado com cautelas e sutilezas ao escrever: "Apesar de me ser em geral adverso, quase severo, e de se inspirar por uma hostilidade quase partidária à Escola Realista – esse artigo todavia, pela sua elevação e pelo talento com que está feito honra o meu livro, quase lhe aumenta a autoridade". E continua dizendo que se reserva ainda para em melhor oportunidade, para quando viesse a ler um segundo artigo de Machado, discutir com ele a defesa da Escola Realista que representa e que considerava "um elevado fator de progresso moral na sociedade moderna". Com uma certa perfídia pede a

Machado para agradecer em seu nome àqueles que no Brasil tomaram a sua defesa, ou seja, aqueles que haviam atacado Machado. Não lhe responderia nunca mais, diretamente, muito embora lhe tivesse sido fácil fazê-lo, até porque Machado era nessa altura um escritor em começo de carreira e Eça arriscaria menos se controvérsia houvesse. Além do mais tinha do seu lado todos os jornalistas que no Rio haviam tomado a sua defesa.

As *Memórias Póstumas de Brás Cubas*, um dos melhores romances de Machado, seria publicado três anos mais tarde, em 1881. Só dois anos depois Eça vai defender-se da crítica de Machado ao *Crime do Padre Amaro*, no prefácio de uma nova edição do romance, não referindo o nome do autor brasileiro, ao escrever: "Com conhecimento dos dois livros (*Crime do Padre Amaro* e *Crime de l'Abbé Mouret*), só uma obtusidade córnea ou uma má-fé cínica poderia assemelhar essa bela alegoria idílica, a que está misturado o patético drama de uma alma mística, ao *Crime do Padre Amaro* que, como podem ver neste novo trabalho, é apenas no fundo, uma intriga de clérigos e de beatas tramada e murmurada à sombra de uma velha Sé de província portuguesa".

Quinze dias depois da primeira crítica que fizera, já Machado vinha responder aos seus compatriotas que haviam tomado a defesa de Eça, reiterando a sua admiração pelo autor português mas persistindo nos seus pontos de vista. Luísa era para ele um *títere*. Como se um autor não pudesse construir uma personagem perfeita com um tal caráter! A "obscenidade sistemática" do Realismo parecia a Machado intolerável, recomendando aos jovens que não se deixassem seduzir "por uma doutrina caduca, embora no verdor dos anos". Machado terminava este segundo texto crítico afirmando: "O seu dom de observação, aliás pujante, é complacente em demasia; sobretudo, é exterior, é superficial".

Não falta quem afirme que a crítica de Machado contribuiu para que Eça fizesse a revisão da ortodoxia de escola que até então professara e que tal revisão faria parte da "crise intelectual" que experimentou, por esta altura, em Newcastle. Parece doutrina assente, aliás, que foi sob a influência da crítica de Machado que procedeu à revisão da 2ª edição, de 1880, de *O Crime do Padre Amaro*. Segundo Machado da Rosa, "Eça seguira, passo a passo, os conselhos e sugestões de Machado de Assis relativas ao *Crime* de 1876: suprimira a missa inspirada nos *documentos* de Zola; apagara no funeral os rastos de Zola e Flaubert; eliminara ou modificara as cenas mais cruas, como a do muito citado alfinete e a do confessionário, modificando aquilo que Machado considerara mais ilógico e, moralmente, mais falso: o infanticídio. Além disso, ao acrescentar um novo episódio, desfizera o clichê que enfastiara o crítico brasileiro no final de *O Primo Basílio*, e com esse episódio criava uma das suas páginas mais memoráveis" (Rosa, 1964, p. 318). Machado da Rosa fundamentava estas sugestões numa afirmação que Eça fizera a propósito, precisamente, da reedição de *O Crime* no texto "Idealismo e Realismo", onde afirma: "Eu, por mim, adoro a crítica: leio-a com unção, noto as suas observações, corrijo-me quando as suas indicações me parecem justas, desejo fazer minha a sua experiência das coisas humanas". Tudo isto torna plausível a influência de Machado de Assis sobre Eça de Queiroz. Teremos, deste modo, o mais benéfico resultado de um embate de ideias.

É certo que ambos os escritores lucraram com o sucesso dos romances de Eça no Brasil. Machado porque, também ele, fez uma viragem nos moldes literários cediços que usara até aí. Eça porque a crítica de Machado ao Realismo deve ter posto em causa o seu proselitismo de escola e porque tal debate concorreria para alcançar no Brasil um triunfo que jamais diminuiria e que persiste até aos dias de hoje. *O Primo Basílio* não tardou a ser posto em cena por Cardoso de Menezes (que viria a ser em 1883 Barão de Paranapiacaba), aumentando assim a celeuma. Ambos se admiraram mutuamente. Eça destacava e elogiava certos passos da obra de Machado. Exaltava, junto de amigos brasileiros em Paris, por exemplo, o cap. VII, denominado "O Delírio", das *Memórias Póstumas de Brás Cubas*. Machado não perdia nenhum dos seus escritos. Os enigmas que subjazem ao confronto entre os dois continuam a desafiar a nossa curiosidade. Esse confronto é porventura um dos episódios maiores do período de Newcastle. Nunca se cartearam, infelizmente para nós, leitores. Num exemplar do *Quincas Borba*, podemos ler esta fria dedicatória: *A Eça de Queiroz, Machado de Assis, 16-4-92*.

Quando Eça morreu, Machado, em carta para um amigo, considerou esta morte "uma calamidade". Era como se perdessem "o melhor da família, o mais esbelto e o mais válido". E terminava assim: "Por mais esperado que fosse esse óbito, veio como repentino. Domício da Gama, ao transmitir-me há poucos meses um abraço de Eça, já o cria agonizante. Não sei se chegou a tempo de lhe dar o meu". Em janeiro de 1898, Machado escrevia a Magalhães de Azeredo dizendo: "Começamos aqui a ler a *Ilustre Casa de Ramires*, que promete ser (academicamente falando) nova floração para o nosso Eça de Queiroz. A arte com que é posta, desenhada e pintada a principal figura, é realmente admirável, e não é preciso falar particularmente da língua e do estilo, que fazem parte dele".

Estão por estudar os ecos de Eça (talvez o Eça dos contos) em Machado, apenas aflorados por Luciana Stegagno-Picchio num artigo da *Queirosiana* (Picchio, 1994).

Alfredo Pujol escreve sobre as relações Eça-Machado: "Apesar da profunda divergência que o Naturalismo criara entre Machado de Assis e Eça de Queiroz, o autor de *O Primo Basílio* tinha em grande apreço o romancista brasileiro. Conta Olavo Bilac numa das suas crônicas que, no correr do inverno de 1890, havia quase todas as noites na casa de Eça em Paris uma pequena reunião de brasileiros. E não havia noite em que o nome de Machado de Assis não fosse pronunciado e discutido. "Machado era uma preocupação de Eça. Eça admirava-o vivamente, não podia compreender certos aspectos da sua figura de homem e de escritor; e, para satisfazer a curiosidade, multiplicava as perguntas, que às vezes nos deixavam embaraçadíssimos. É que realmente algumas dessas perguntas eram irrespondíveis. Nem Domício da Gama, nem os dois Prados, Paulo e Eduardo, nem eu, podíamos por exemplo dizer ao grande escritor de *Os Maias* o que o autor das *Memórias Póstumas de Braz Cubas* pensava da proclamação da República, da questão financeira, do problema da unidade ou pluralidade das emissões bancárias, da agitação revolucionária do Rio Grande do Sul, e das tendências nativistas da nova política brasileira. E a esta interrogação: 'Que pensa sobre isso o Machado?' – só podíamos replicar: 'O Machado não pensa nada sobre isso: o Machado escreve romances e contos!' Literariamente – conclui Olavo Bilac – a admiração de Eça pelo nosso amado mestre era intensa" (Pujol, 2007, pp. 239, 240).

Para concluir, temos por importante transcrever as considerações que o crítico brasileiro Wilson Martins fez sobre "as intrigantes similaridades genéticas" entre *Os Maias* e o romance *Helena*, de Machado, publicado dois anos antes de *O Primo Basílio*. "Pode-se perguntar, observei na *História da Inteligência Brasileira* III, se *Os Maias* não tomaram justamente *Helena* como ponto de partida: os dez anos que Eça nele trabalhou foram claramente empregados em descobrir sucessivamente uma pequena ideia inicial – que ele encontrara em *Helena* – até transformá-la no grande mural da sociedade portuguesa que terminou por ser. Claro, a primeira pergunta é saber se Eça de Queiroz havia lido o romance de Machado de Assis. É quase impossível que não o tivesse feito, tanto mais se considerarmos que a crítica desfavorável deste último ao *Primo Basílio* havia sido publicada em *O Cruzeiro*, do Rio de Janeiro, a 16 de abril de 1878, logo transcrita num jornal do Porto. É natural que, ferido pela hostilidade incompreensiva de Machado de Assis,

Eça, se ainda o não havia feito, procurasse ler-lhe a obra e, por maioria de razões, o último romance, que era *Helena*, em vista de qualquer eventual contra-ataque. Ora, a primeira menção aos *Maias* aparece a 28 de junho do mesmo ano, na carta em que Eça submete ao editor Chardron o plano das suas projetadas *Cenas da Vida Portuguesa*. 'Em carta a Ramalho, a 28 de novembro, ele confidenciava estar trabalhando num romance intitulado *Os Amores de um Lindo Moço*, esclarecendo: "*O assunto é grave – incesto* [...]", e acrescentava: "Poderei chamar-lhe 'O Brasileiro', *o herói é-o*".

Wilson Martins continua: "Deixando de ser brasileiro, nem por isso Carlos da Maia corresponde menos ao caráter de Estácio; o velho Afonso tem o seu correspondente em D. Úrsula; Pedro da Maia, no Conselheiro Vale e em Salvador; Maria Eduarda, em Helena; Maria Monforte, em Ângela, e assim por diante. No romance brasileiro, o sentimento amoroso se manifesta entre duas pessoas que se supunham irmãs; no português, entre dois desconhecidos que não sabem sê-lo. Em ambos os casos, porém, isso foi possível porque a mulher se criou longe da família e reaparece como uma estranha: a situação, no fundo, é a mesma. *Helena* é o romance corneliano do pundonor e mal-entendido; *Os Maias*, o romance raciniano do amor maldito. Ambos são românticos à sua maneira: não é sem razão que Eça de Queiroz subintitulou o seu de '*Cenas da Vida Romântica*' e não é de hoje que se identificaram o romantismo dos idealistas e o realismo dos românticos, conforme duas obras célebres da literatura universitária francesa" (Martins, 2002, pp. 511-512). E já que citamos este crítico brasileiro, vem a propósito este seu comentário sobre Machado: "No Brasil do século XIX, Machado de Assis foi um escritor do século XVIII (Sterne, Fielding, Xavier de Maistre...); no Brasil do século XX, tornou-se um romancista do século XIX; na literatura universal do século XX, já começa a ser visto como um escritor do século XXI" (Martins, 1996, p. 452).

No estudo das relações Eça-Machado não podemos esquecer a excelente síntese feita por Pedro Calheiros em "Machado de Assis – III. Machado Discípulo de Eça?" (Suplemento do *Dicionário de Eça de Queiroz*), onde Calheiros põe em causa as largas considerações de Machado da Rosa, para si contraditórias, onde este "fala da *profunda*, mas *estreita* crítica de Machado de Assis, voltando depois a apontar a *extraordinária agudeza* do texto crítico machadiano. Noutro passo, Machado é o *opositor penetrante* de *O Primo Basílio*. Num outro é questão da *profunda crítica de Machado de Assis*; num outro ainda, a crítica machadiana é louvada por ser *sugestiva e profunda*. Mas no começo do livro, depois de classificar Machado de Assis como crítico *sagaz* e *penetrante*, considera a sua opinião *precipitada*, *enfática e injusta*. Contradições surpreendentes!" Pedro Calheiros sustenta com chiste que "a crítica de *O Primo Basílio* cheira a sacristia e a seminário, como se tivesse sido Bentinho a escrevê-la antes de se tornar casmurro", observando ainda: "A publicação de *O Primo Basílio* foi para Machado de Assis o despertar para uma nova literatura, ou melhor dizendo, para uma nova forma de encarar a literatura e a arte, em geral; o que de princípio o choca não acabará necessariamente por fazê-lo aderir à nova escola, mas obrigou-o a repensar a sua prática artística e a adotar uma nova filosofia estética. Já uma vez ou outra referi, *mutatis mutandis*, o mesmo fenômeno em relação a Camilo Castelo Branco, a quem saiu o tiro pela culatra ao pretender ridicularizar o Naturalismo; Camilo foi à caça e acabou sendo caçado; não será totalmente incongruente perguntar até que ponto, além da cegueira, a desadaptação ao novo universo não terá contribuído também para a depressão que o levaria a atentar contra a sua vida; se o suicídio não o tivesse levado do reino dos vivos, onde teria chegado a evolução já patenteada em *Vulcões de Lama?*" (pp. 371-380).

B. O CASO DE *A BATALHA DO CAIA*

Deste período e deste mesmo ano de 1878 é também um episódio de assinalar: o seu projeto de produzir um romance de sensação, *A Batalha do Caia*, com um tema escaldante – Portugal invadido militarmente pela Espanha, como consequência do conflito entre as grandes potências europeias. Daqui resultaria uma autêntica catástrofe nacional sob o domínio castelhano, de onde por fim o país abúlico e decadente renasceria. Esta mesma ideia ficaria expressa mais tarde no seu romance maior, *Os Maias*, num diálogo entre o irreverente, turbulento João da Ega e o banqueiro Cohen: "Portugal não precisa de reformas, Cohen. Portugal, o que precisa é a invasão espanhola". "Sovados, humilhados, arrasados, escalavrados, tínhamos de fazer um esforço desesperado para viver [...]. E recomeçava-se uma história nova, um outro Portugal, um Portugal sério e inteligente, forte e decente".

O plano de *A Batalha do Caia* seria explicado ao seu amigo Ramalho para que ele o apresentasse ao ministro, Andrade Corvo, exigindo-lhe uma certa quantia de dinheiro para não ser publicado, pois seria um grande escândalo para o país. "Concebi o livro, uma tarde, em casa de uma senhora, estando só com ela; ela tocava ao piano a *gavota* favorita de Maria Antonieta – e eu,

O ministro Andrade Corvo.

ao pé do lume, acariciava um cão. De repente, sem motivo, sem provocação – lembrou-me, ou antes flamejou-me através da ideia, todo esse livro: – singular não? Fiquei aterrado; supus ser, ou um pressentimento ou uma visão. Depois a minha segunda exclamação mental foi esta: – *que escândalo no país!*" (carta de 10.11.1878). Não conhecemos a resposta de Ramalho Ortigão, pois, para nossa infelicidade, praticamente toda a correspondência recebida por Eça se deve ter perdido no naufrágio do navio Saint André, que trouxe para Lisboa, do Havre, depois da sua morte, parte do espólio da Casa de Neuilly. Essa resposta deve ter sido severa, pois falava em "chantagem" e na sua veemente reprovação. Conhecemos a resposta de Eça com a justificação de que a desistência da ideia o prejudicava, invocando o caso de Víctor Hugo com *Marion Delorme* e Carlos x. Eça tinha a consciência de que descobrira um tema capaz de produzir uma grande obra de ficção. A impossibilidade de o desenvolver e publicar deve tê-lo irritado enormemente, pois podia acarretar-lhe graves sanções, dado o cargo oficial que exercia. Talvez viesse a ser um dos seus grandes romances. Diz ele, ainda na carta atrás citada a Ramalho: "Perder tais episódios literários? Oh menino! Pois não poderei eu dar à publicidade uma descrição de Lisboa em anarquia: as igrejas cheias de mulheres aflitas, as improvisações dos batalhões voluntários, os bancos quebrando, a falta de trabalho organizando insurreições diárias, o pânico na secretaria, o burguês da Baixa em presença da catástrofe? Não poderei publicar a descrição de Sexta-feira de Paixão – em que se sabe em Lisboa que o *Morning Post* publicou o tratado entre as potências pelo qual a Alemanha anexa a Holanda, a França, a Bélgica, a Rússia, toda a Romélia, a Áustria, a Bósnia, a Itália, Fiúme – e que a Inglaterra, isto é Lord Beaconsfield, já no seu leito de morte, em presença da medonha demonstração de Londres, declara a guerra à Europa? É daqui que vem a Conflagração Europeia – e a invasão. Tudo isto é de boa literatura. Portanto eu queria ver a coisa impressa".

Por outro lado as crônicas dificuldades monetárias embotaram a sua lucidez, ao apresentar tal plano ao amigo. Eça, ainda não de todo convencido, acaba por dizer-lhe: "Perdoe-me, Querido Ramalho, tê-lo *dérangé*, mas fi-lo na inocência da minha alma: julguei que em qualquer dificuldade moral ou material, um homem tinha o direito de interessar nela o seu melhor e mais simpático amigo". *A Batalha do Caia* ficaria para sempre como um projeto gorado. Dele parece ter permanecido apenas um fragmento, o conto "A Catástrofe". Demonstra este episódio como se afirmava grande a ingenuidade daquele que era um dos mais lúcidos e inteligentes espíritos da sua geração. Por diante veremos outros casos da coexistência dessa inteligência clara com uma comprometedora candura.

Deve ter-se em conta, em todo o caso, o fato de "A Catástrofe" ser uma narrativa acabada. Marie-Hélène Piwnik, na "Introdução" à edição crítica dos *Contos II* (2003), depois de citar a opinião de Guerra da Cal, que vai no mesmo sentido, interroga: "Não será então mais uma espécie de novela, escrita por Eça para compensar o fato de ter sido obrigado a renunciar ao seu ambicioso projeto?"

Em 1879 Eça parte para Bristol, a ocupar o seu terceiro posto consular, decerto satisfeito por mudar para um clima mais ameno, e estar mais perto de Londres.

7. O TERCEIRO POSTO CONSULAR. BRISTOL: 1879-1888

Episódio saliente a assinalar neste período é o fato de Eça frequentar, entre 1879 e 1884, a cidade de Angers, de onde datou uma novela fantasista, *O Mandarim* (julho de 1880). Como documentos relativos à sua estada nessa cidade francesa pouco se conhece, apenas um punhado de cartas daí datadas e quatro fotografias, feitas no conhecido Estúdio Maunoury com uma jovem cuja identidade ignoramos. Três delas mostram, isoladamente, aquela a que se tem chamado "a bela desconhecida de Angers". Numa quarta fotografia, do mesmo estúdio, vemos o irmão de Eça, Alberto, sentado, ladeado por Eça e pela bela desconhecida, ambos em pé. Em duas das fotografias a misteriosa beldade tem na mão o que parece ser uma carta, e a sua atitude tem um donaire e à vontade pouco habituais em fotografias de estúdio. Quem seria esta jovem que só deixou de si estas imagens fugidias e um rasto de beleza, juventude e elegância que provocaram decerto marcas importantes na vida do romancista? O ensaísta e professor José-Augusto França, casado com uma senhora natural de Angers, publicou na revista local *L'Anjou*, do outono de 1997, as fotografias já referidas, na esperança de que aparecesse alguém capaz de a identificar. Até agora em vão. Em 4 de outubro de 2007 inaugurou-se uma lápide no edifício onde na época esteve o melhor hotel de Angers, o Hôtel du Cheval Blanc, na rue Saint-Aubin, a dois passos da Catedral, onde Eça se hospedava, tendo-se feito depois um colóquio sobre essa matéria.

DIZERES DA LÁPIDE:

Ancien Hotel du Cheval Blanc, XVe siècle-1954.
Maison fréquentée par des personnalités et des artistes: Buffon, Henry James, Roland Garros, Curnonsky, Albert Camus… Entre 1879 et 1884, Eça de Queiroz, diplomate et romancier portugais (1845-1900).

É de Angers que Eça escreverá para Paris ao seu amigo o jornalista Mariano Pina, para lhe pedir que vá ao Bazar du Voyage, na Place de l'Opéra, para lhe comprar um aparelho de ginástica chamado Régénérateur Musculaire. Solicita-lho em *grande vitesse* e com o seu habitual humor: "Nisto tudo, amigo, diligência, exatidão, habilidade, e finura! Que o objeto que lhe deem, seja realmente um regenerador de forças – e não uma correia de apertar mantas em viagem, ou uma cana de pesca" (carta de 4.3.1884). Pretenderia Eça apresentar à sua jovem amiga uma aparência mais musculada?

Pedro Luzes, o psicanalista que no *Suplemento do Dicionário de Eça de Queiroz* analisa a influência desta mulher em Eça, escreve: "Esta vai desencadear um

A bela desconhecida de Angers.

movimento sentimental que vai modificar a sua revolta, desespero, solidão, em emoções muito mais positivas e solares que transformarão a sua personalidade e a sua obra" (Luzes, 2001, p. 137). A bela angevina, aos olhos deste clínico da alma, tinha vindo pacificar os complexos que as condições do nascimento tinham provocado em Eça e a sua ferida profunda de criança abandonada pela mãe, de tão evidentes reflexos na sua ficção e nas particularidades do seu comportamento psicológico. É muito plausível que assim tenha acontecido.

De fato vemos Eça, desde que nasceu, uma criança em bolandas. Da mãe, logo após o nascimento, para a ama, em Vila do Conde, da ama para casa dos avós em Verdemilho, da casa dos avós para o Colégio da Lapa no Porto, daqui para casa de uma tia, irmã da mãe. Finalmente, depois da formatura em Coimbra, vai para casa dos pais no Rossio, em Lisboa. Eis o que os psicanalistas chamam uma criança "cedida", como atrás referimos. Por isso Antônio Nobre lhe chamou tão apropriadamente "exilado". Mas é esta condição, ao que se nos afigura, que contribuirá para a sua grandeza. Antônio Nobre viu com invulgar acuidade isso mesmo ao escrever: "O Eça de Queiroz (que é tão grande) nunca teria feito a sua obra se não fora o seu destino que, desde menino e moço, o tem trazido por longes terras". Porque não foi apenas o exílio da maturidade que o instruiu e pôs em contato com as grandes civilizações e lhe permitiu ver a pátria à distância. Foi também o exílio da infância, que o revoltou e lhe aguçou a sensibilidade. Não sei quem disse que nada melhor para enriquecer a alma de um escritor do que uma infância infeliz... Parece que esse conflito psicológico produz mais tarde uma vida intelectual fértil. Jorge Borges de Macedo, em artigo do *Dicionário de Eça de Queiroz* (1993, p. 626), destaca o psiquismo complexo de Eça ao referir que o universo feminino se revela essencial para a "compreensão do teor psíquico do seu autor. Acaso será a chave mais importante da sua enigmática e densíssima personalidade, onde a ambiguidade e autenticidade se conciliam de uma forma profunda e não raro inesperada".

É vulgar que estas crianças "exiladas", para usar o termo de Antônio Nobre, sejam levadas a um permanente fingimento, a uma permanente dissimulação, como defesa da sua vida fragilizada pela inexistência dos pais. Com facilidade adulam, lisonjeiam, procuram agradar. Reservados, muitas vezes, dificilmente se abrem com estranhos. Se têm qualidades capazes de os fazer triunfar, esforçar-se-ão por afirmá-las. Triunfam então e superam assim os seus traumatismos de infância. É extremamente significativo que, em *Os Maias*, João da Ega, numa noite de bebedeira em Coimbra, onde dá a conhecer a Carlos o episódio de sua mãe que o abandonou e que Carlos ignora, faz também a exaltação dos bastardos, segundo ele "sempre inteligentes, bravos, gloriosos!" Mas esta criança "cedida" só na intimidade dos amigos próximos se sentirá à vontade vencendo a timidez natural, sentimento que encontramos confessado à mulher, na correspondência, já no fim da vida. Assim é que de um hotel de Plombières lhe confessa: "Segundo o costume da minha timidez não conheço ninguém" (carta de 13.8.1897). De um outro hotel, em Biarritz, ainda a Emília: "Se não fosse o encontro com o Nabuco também eu teria feito esta vilegiatura sem trocar um murmúrio com o meu semelhante" (carta de 23.2.1900).

Os comportamentos dissimulatórios de Eça afiguram-se-me resultado de mecanismos complexos de autodefesa, que implicam um jogo de disfarces, apurados pela facilidade fantasista do artista e do ficcionista, que nem sempre compreendemos e que, por vezes, nos parecem inteiramente gratuitos. Teófilo Braga, que foi seu colega em Coimbra, mais tarde refere o ar recolhido e ensimesmado com que o viu por essa altura, não suspeitando ninguém das suas qualidades literárias.

Que predomina na maior parte da sua ficção? O insucesso amoroso, a impossibilidade da realização do amor, a desilusão. No que toca a este tema fundamental poderíamos pôr à cabeça, simbolicamente, o episódio da Circassiana, em Jerusalém, que surge em *A Relíquia*. Raposão, ávido como sempre de "mulherinhas", vai a um serralho. Surge-lhe uma circassiana "velada, vaga, vaporosa". Por detrás do véu que lhe esconde o rosto aparece, inesperadamente, "um carão cor de gesso, escaveirado e narigudo, com um olho vesgo e dentes podres que negrejavam no langor néscio do sorriso..." Do amor, que em Eça é invariavelmente determinado pelo irreprimível desejo carnal, resulta sempre, afinal de contas, desilusão e infelicidade. Topsius, o sábio alemão, companheiro do Raposão no Oriente, comenta o episódio da circassiana condenando a voluptuosidade, que classifica como "enganadora". Diz ele que "debaixo do sorriso luminoso está o dente cariado. Dos beijos humanos só resta o amargor – quando o corpo se extasia, a alma entristece..." Assim é com os amores de Macário e Luísa no conto "Singularidades de uma Rapariga Loura"; do Padre Amaro com Amélia, no *Crime do Padre Amaro*; de Luísa com Basílio, em *Primo Basílio*; de Carlos com Maria Eduarda, de Pedro da Maia com a Monforte, em *Os Maias*; de Artur com a Concha, em *A Capital*; de Genoveva com Vítor, em *A Tragédia da Rua das Flores*; e assim por diante.

A lista dos amantes enganados, por seu turno, é em Eça interminável: o Conselheiro Acácio, no *Primo Basílio*, é enganado pela criada Adelaide com quem vive amancebado; Jorge é traído por Luísa; o Raposão de *A Relíquia* é traído pela Adélia; em *O Mandarim*, a pequenina e loira Cândida trai o riquíssimo Teodoro com um alferes da vizinhança; a bela D. Ana trai o marido Sanches Lucena, em *A Ilustre Casa*; em *Os Maias*, Pedro da Maia é traído pela mulher Maria Monforte; Raquel Cohen e a condessa de Gouvarinho traem descaradamente os seus maridos, e Dâmaso Salcede é traído por um tal Barroso; no *Alves & Cia* Godofredo Alves apanha a sua Ludovina nos braços do sócio, e até Gracinha Ramires, de *A Ilustre Casa*, a nobre Gracinha, cai facilmente nos braços do "Cavaleiro". Tudo acaba sempre em amargura e logro, sobretudo "quando o corpo se extasia"... Para o evitar há que fazer como Fradique, que na "Carta XVII, a Clara" se afasta deliberadamente e renuncia corajosamente, a tempo, antes que surja a amargura e a desilusão... "É verdade que eu parto, e para uma viagem muito longa e remota, que não será como um desaparecimento [...] para findar do modo mais condigno e mais belo uma ligação, que, como a nossa, não deveria nunca ser maculada por uma agonia tormentosa e lenta".

Em 1880, um grande caricaturista, Rafael Bordalo Pinheiro, retrata Eça em cores para um álbum de celebridades, o *Álbum das Glórias*. O escritor elegantemente vestido, sentado num sofá, de perna cruzada, o rosto cor de marfim, assesta o monóculo sobre o seu retratista com um sorriso irônico. Na base da gravura esta divisa: *Honni soit qui mal y pense*. No seu verso este escrito de um jornalista da época, Guilherme de Azevedo: "A sua linguagem compõe-se de todos os elementos da glória e de todos os coloridos do arco-íris. Não se molha com mais simplicidade, com mais graça e mais talento, o bisturi de Balzac na paleta de Corot!" Eça é em Portugal, por esta altura, um escritor de primeira grandeza!

A. AS RELAÇÕES DE EÇA COM PINHEIRO CHAGAS

A fama de Eça irá confirmar-se através da sua polêmica com Manuel Pinheiro Chagas, que se desenvolverá entre outubro de 1880 e fevereiro de 1881, de todas as polêmicas de Eça decerto a mais hilariante. Vale a pena debruçarmo-nos um pouco sobre este tema de grande interesse. Pinheiro Chagas relacionou-se com Eça de Queiroz cerca de trinta anos, durante os quais, como representante eminente da segunda geração romântica, deu voz oficial ao conservadorismo de cariz patriótico, sendo permanente opositor do autor de *A Relíquia*. "Homem fatal" lhe chamou Eça, por nele ter trope-

Álbum das Glórias, julho de 1880.

Manuel Pinheiro Chagas.

çado inúmeras vezes, mas, ao mesmo tempo, homem elegante e de ameno temperamento, com quem Eça manteve, apesar de tudo, cordiais relações. Chagas foi no seu tempo conhecida figura pública de prodigiosa produção literária. Romancista, poeta, autor teatral de sucesso, tradutor, crítico literário, jornalista, historiador, memorialista, cronista, professor universitário de literatura, oficial do exército (carreira que abandonou com a patente de capitão), orador, parlamentar, acadêmico, membro do Conselho da Coroa, membro do Conselho Superior de Instrução Pública e até Ministro da Marinha entre 1883 e 1886. Foi também autor de uma muito popular *História de Portugal* em 8 volumes, entre 1869 e 1874.

O seu drama em cinco atos *A Morgadinha de Valflor*, estreado em 1869 com estrondoso sucesso, valeu-lhe a tradução em várias línguas e um monumento na Avenida da Liberdade em Lisboa, onde figura ao lado da famosa morgadinha. Quem quiser hoje experimentar, com proveito e prazer, uma prosa histórica desenfastiada e amena, não terá mais do que adquirir as *Migalhas da História Portuguesa*, reeditadas desde 1984, em edição popular de pequeno formato, pela editora Lello, onde devemos salientar a "História da Legião Portuguesa", nas guerras napoleônicas. A 7 de fevereiro de 1888, Pinheiro Chagas é agredido por um anarquista em plena rua, à saída do Parlamento, agressão que o deixou às portas da morte. Este ataque fora a vingança de um fanático contra as palavras chistosas e depreciativas que Chagas escrevera no *Repórter* sobre Louise Michel, heroína socialista da Comuna de Paris, a Virgem Vermelha. Por essa altura Eça polemizava novamente com ele, a propósito do concurso da Academia, cujo relator julgara *A Relíquia* negativamente. Esse relator era precisamente Pinheiro Chagas, e, perante o ataque que ele sofrera, Eça faz adiar a publicação da sua réplica.

O jornal *O Dia*, na data atrás referida, noticiava: "Foi hoje agredido à saída da Câmara dos Deputados o sr. conselheiro Pinheiro Chagas. S. Excia. descia a rampa da rua de São Bento quando se acercou dele um indivíduo mal vestido, e sem outra forma de provocação, descarregou-lhe na cabeça uma forte bengalada. O sangue jorrou logo, correu gente, sendo imediatamente metido num trem o ferido. Dentro do trem, S. Excia. perdeu os sentidos. Chegado a casa foi recolhido à cama onde o assaltou novo desfalecimento. À hora em que a toda a pressa escrevemos estas linhas, sabemos que o agredido foi acometido de febre com delírio". Este conhecido polígrafo viria a falecer pobre, em Lisboa, a 8 de abril de 1895, com cinquenta e três anos.

Eça cursava o quarto ano de Direito por ocasião da campanha em que participara Pinheiro Chagas contra a nova geração coimbrã, representada por Antero e Teófilo Braga. Não lhe escapou a polêmica conhecida por Bom Senso e Bom Gosto, ou Questão Coimbrã, provocada pelo posfácio em forma de carta ao editor Antônio Maria Pereira, que Castilho apusera ao "Poema da Mocidade" (1865), de Chagas. Eça não participou nessa questão que durou um ano inteiro e envolveu dezenas de personalidades, entre as quais Camilo e Ramalho Ortigão. Mais tarde diria no *In Memoriam de Antero*: "O protesto de Antero foi portanto moral não literário. A sua faiscante carta Bom Senso e Bom Gosto continuava, nos domínios do pensamento, a guerra por ele encetada contra todos os tiranetes e pedagogos, e reitores obsoletos, e gendarmes espirituais, com quem topa ao penetrar, homem livre, no mundo que queria livre".

Eça falará deste seu pertinaz opositor no *Distrito de Évora* (1867), ao referir um "romance do sr. Pinheiro Chagas que não li". Seria porventura a *Viagem de Guaraciaba*, publicada em 1866. A segunda referência aparece no n. 5, de 20 de janeiro, desse periódico, ao criticar o gênero "folhetim" que, segundo ele, pode ser "horrivelmente insípido, quando é o sr. Santos Nazaré que os escreve; ridiculamente pretensioso, como quando é o sr. Chagas". Seis anos depois da Questão Coimbrã, as Conferências do Cassino Lisbonense (1871) viriam a dar continuidade ao espírito revolucionário iniciado em Coimbra. Pinheiro Chagas virá criticar então a conferência de Eça, de 12 de julho de 1871, sobre a "Nova Literatura", pela razão de que este autor "possuía as qualidades literárias incompatíveis com os defeitos do realismo". Tinha decerto razão, só que não ponderava que o realismo fora para Eça uma poderosa disciplina que o ajudara a encontrar o seu caminho literário. Chagas profetizava: "Há de vir ainda a ser um dos vultos mais notáveis da nossa literatura", manifestando nesse artigo a aversão visceral que lhe merece o "realismo de escola", chamando aos criadores das Ema e Fanny "materialistas de uma figa!" Para o autor da *Morgadinha*, "o realismo desconhece as paixões; o amor é para eles simplesmente a excitação dos sentidos".

Eleito deputado em 1871, na sua estreia parlamentar enceta então a defesa do governo, declarando que "o fim das Conferências era a propaganda republicano-socialista", como vimos anteriormente, ao tratar da história das Conferências do Casino. Radicalmente antissocialista e partidário de uma política liberal-conservadora, agitava o exemplo da Comuna de Paris, acrescentando: "Reacionários são todos eles, socialistas e ultramontanos, porque os ilumina com a mesma cor sinistra, com a mesma cor de sangue, a labareda dos incêndios de Paris e a chama lúgubre da Inquisição". Para Chagas as Conferências mais não eram do que uma "verdadeira conspiração contra a ideia de Pátria". Este conceito de patriotismo não tardará a entrar em conflito com o criticismo insurrecionista queiroziano.

Nas *Farpas* de janeiro de 1872, Eça ataca o autor da *Morgadinha* por este, nuns folhetins do *Diário de Notícias*, considerar "burlescos" aqueles que fustigam a pátria. Eça interroga depois, usando a linguagem jocosa que fará reaparecer doze anos mais tarde na célebre polêmica "Brasil-Portugal", que foi o maior embate que sustentou com Pinheiro Chagas e o mais hilariante e espirituoso dos seus textos de polêmica: "E sabem quais são as provas que o nosso espirituoso amigo dá deste estado de perfeição platônica, desta superioridade inacessível às raças inferiores? Duas provas: termos descoberto o caminho da Índia. Termos, com a nossa energia, domado o Indostão". Pinheiro Chagas, que no seu discurso do Parlamento acusara a Internacional Socialista de preconizar a máxima jesuítica de que os fins justificam os meios, escrevia na sua *História da Revolução da Comuna de Paris*: "Os internacionalistas não são nem progressistas, nem liberais, nem sequer republicanos [...] os republicanos burgueses, ou jacobinos, como eles dizem, são o alvo mais constante dos ódios dos internacionalistas. Estes não querem nem desejam a liberdade, querem uma ditadura que favoreça os seus projetos".

Temos aqui o retrato ideológico do grande opositor de Eça posto em evidência num momento político particularmente perturbado. As suas relações com Eça foram sempre, no entanto, muito cordiais e traduzem mesmo uma certa familiaridade, como vemos numa carta de 26 de outubro de 1877 que Eça lhe escreveu de Newcastle, em acabado e inimitável estilo, a pedir o desmentido de uma notícia que Pinheiro Chagas dera no seu jornal, de que *O Primo Basílio* iria ser publicado em folhetins, ou seja, aos pedaços, "sendo servido em pequenas doses, a dez réis por garfada, ao público gorduroso de cozinheiras sentimentais", começando deste modo a sua carta: "Meu caro Pinheiro Chagas. Se fosse possível meter dentro deste envelope uma punhalada com todos os efeitos trespassantes e homicidas – Você, ao receber esta carta, era um homem morto. Por quê? Para que Você não me tivesse causado um susto – e feito um cabelo branco (o que faz seis com cinco que tinha) [...]".

Pouco depois rebentava a polêmica "Brasil-Portugal", uma querela centrada no conceito de patriotismo, sempre expresso em Pinheiro Chagas de um modo declamatório e empolado. Chagas jamais deixará, todavia, de tecer os mais rasgados elogios à originalidade de Eça e ao seu brilho criativo. Na carta de abertura desta polêmica, registará, sobre *O Primo Basílio*, este acertado juízo: "Há livros seus que hão de ser eternamente lidos, porque o seu talento procede muito mais de Shakespeare, do que de Zola; e, quando o célebre romancista francês estiver tão profundamente esquecido como está o seu antecessor e confrade Rétif de la Bretonne, a Juliana de *O Primo Basílio* há de arrepiar as carnes dos nossos netos com a assombrosa realidade do seu tipo, como nos arrepia ainda hoje o *honest* Iago do trágico imortal".

Falemos então, mais em pormenor, da polêmica "Portugal-Brasil", que começa com o artigo que Eça envia para a *Gazeta de Notícias* do Rio de Janeiro, a 31 de outubro de 1880, depois recolhido na obra póstuma *Cartas de Inglaterra*. Chagas vem à liça criticando escandalizado o passo onde Eça diz: "[...] nunca fomos para o Brasil senão amos amáveis e timoratos. Estivemos para com ele naquela melancólica situação de um velho fidalgo, solteirão, arrasado, desdentado e trôpego, que tem diante de si uma governanta bonita e forte. Nós verdadeiramente éramos a colônia, e era com atrozes sustos de coração que, entre uma Salve Rainha e um Lausperene, estendíamos para lá a mão à esmola...".

Mas pior, para Chagas, foi a afirmação de Eça de que o Império Português do Oriente "é um dos mais feios monumentos de ignomínia de todas as idades". O que irrita Chagas é o que ele considera "uma descompostura na pátria para um jornal brasileiro, que paga largamente a sua colaboração". A resposta de Eça (14 de dezembro de 1880) é a mais hilariante prosa que jamais saiu da sua pena. Inspirando-se num excerto da *História de Portugal* de Oliveira Martins, em que o historiador descreve um sarau em casa do Marquês de Marialva no tempo de D. Maria I, Eça identifica Chagas com um brigadeiro dessa época, escrevendo: "Eram aparatosos e formidáveis; tinham estado no Roussillon; nas festas de família, noivado ou dia de anos, eram eles que se erguiam à sobremesa e com uma lágrima no bigode, batendo sobre o coração, falavam do velho *Portugal!* Possuíam opiniões; e não compreendiam que o Estado fizesse outra coisa que espanejar os louros de Arzila, nem que o pensamento passasse além das maravilhas da *Nova Castro*. Decrépitos, comandando três veteranos num forte, ainda todas as manhãs, depois da sua genebra, batiam furiosamente com a bengala nas lajes, e queriam tragar o Mundo. Excelentes almas! Deixavam sempre dinheiro a uma sobrinha, e sabiam deitar fundilhos nuns calções. Odiavam o pedreiro-livre; atribuíam-lhe todos os males da pátria; e, para eles fazer a crítica histórica do passado era ofender as glórias da nação! – Você é o último dessa nobre raça".

Eça faz depois o "brigadeiro" Chagas assistir ao voltarete do senhor Marquês, tendo chegado com o senhor conde de Vila Nova. "Tinham vindo ambos de acompanhar o Viático com as suas opas vermelhas." O "brigadeiro" faz então um gamão subalterno com um monsenhor da Patriarcal, depois de saudar uma das sécias galantes da época, calçada "com sapato de fivela em passo de minuete" e "comparou-lhe os olhos negros a *duas fisgas de Cupido*. Isto foi julgado em redor lindamente mavioso. Mas você não pôde prosseguir – porque já o Policarpo, castrado da capela real, estava cantando ao cravo... Depois a senhora marquesa, batendo na mesa com o leque de xarão a seu lado, exclamou no silêncio: – Lá vai mote! E logo o nosso Chagas a glosar!"

Após dar largas à sua imaginação polemicante, Eça distingue os cultivadores do amor à pátria em *patriotaças*, *patrioteirinhos*, *patriotadores* ou *patriotarrecas*, afirmando em dado passo: "Você, bem sei, acha isto risível. Mas que diabo! Você é um poeta, um orador, um lutador – e eu sou apenas um pobre homem da Póvoa de Varzim". Chagas é o último brigadeiro patriota, como Eça diz, atribuindo o artigo deste seu confrade à presença enervante de um moço de tipografia à espera de um artigo para o jornal. "Sabe Você o que eu fiz numa destas agonias, sentindo o moço da tipografia a tossir na escada, e não podendo arrancar uma só ideia útil do crânio, do peito ou do ventre? Agarrei ferozmente da pena e dei, meio louco, uma tunda desesperada no bei de Tunis...".

Chagas, com paciente bonomia, responde a esta carta começando por elogiá-la! "Como é admirável o seu talento e prodigiosa a sua imaginação!" Procura depois dar-lhe uma lição de história e manda-o ler os oito volumes da sua *História de Portugal*, que, segundo afirma, Herculano leu, e Camilo, e Teófilo Braga. Dez dias depois Chagas volta à sua lição. Eça responde e continua a troça. Julgava, diz ele, que o seu opositor fora encarregado de planear, dirigir, rever uma compilação da *História de Portugal*, "sob o numeroso pseudônimo duma *Sociedade de Literatos*, justamente como se pode publicar um poema sob este pseudônimo múltiplo: *As onze mil virgens*, ou uma opereta por *Uma Sociedade Filarmônica*"...

Numa quarta e última carta, Pinheiro Chagas, continuando a lecionar o seu confrade, que, diga-se em abono da verdade, se deixara escorregar para umas tantas inverdades históricas, termina a polêmica desta maneira elegantíssima, que acabará por redimi-lo dos seus lances patrioteiros: "E já vê que, apesar da enorme distância que nos separa, damos ambos simultaneamente uma prova de bom critério literário, eu lendo os seus livros, você não lendo os meus". Ao refletir sobre esta questão Sérgio Campos Matos escreve: "Por seu lado, Pinheiro Chagas, ao contrário do que poderia supor-se, não se limita a enaltecer as qualidades do povo português: a par do seu caráter aventureiro na diáspora pelo mundo, considera-o *indolente, sem iniciativa, e declamatório*, no interior das fronteiras territoriais. E não esquece os comportamentos mais reprováveis da cobiça, crueldade e pirataria no período de expansão oriental. O que, de fato, está longe de coincidir com a imagem caricatural que Eça projetou do "brigadeiro Chagas" e da sua visão do passado nacional" (Sérgio C. Matos, 2008, p. 100).

Quando Eça é admitido como sócio correspondente da Real Academia de Ciências de Lisboa, a 28 de abril de 1883, dois anos depois da polêmica "Portugal-Brasil", Pinheiro Chagas, relator do parecer, escrevia: "Seja qual for a escola em que os seus romances se filiem, sejam quais forem as opiniões da Academia acerca das suas tendências literárias, superior a todas as divergências de apreciação está o gênio que se impõe à admiração universal [...]". Quatro anos depois, Chagas, relator da Academia, iria fazer com que Eça não alcançasse o prêmio de um conto de réis a que concorrera com *A*

Relíquia. Ganhara-o o medíocre drama romântico *Duque de Viseu*, de um tal Lopes de Mendonça.

Em carta de 14 de junho de 1887, Eça diz a Ramalho Ortigão acerca do concurso: "Eu pretendo entrar nesse concurso, com *A Relíquia*: não porque haja sequer a sombra fugitiva duma probabilidade mais magra de que me seja dado o Conto entre o clamor das tubas e as palmas de Temístocles; – mas porque desejo gozar a atitude da Academia diante de D. Raposo! Não sei como é feito o Concurso, nem que prazo há para a apresentação do livro, nem com que cerimonial é ele apresentado: estou aqui longe entre saxônios, rudes e concentrados, onde nunca se viram essas belas festas da inteligência dos países do sol".

Lemos no Relatório redigido por Pinheiro Chagas: "Mas será a *Relíquia* um desses grandes livros de Eça de Queiroz, diante dos quais desapareceriam todas as competências? Não é. A *Relíquia* foi, segundo a expressão francesa, uma *méprise* do autor. Imaginou, supomos, que seria original e estranho fazer contemplar e descrever a paixão de Cristo, por um pateta moderno, um devasso reles, vicioso e beato, mantido por uma tia no culto piegas de Nossa Senhora da Conceição e no sagrado horror das saias, e fazendo às furtadelas as suas incursões pelo campo do amor barato, e do cigarro e da genebra à mesa do botequim. Este homem, transportado fantasticamente para a Jerusalém do tempo de Cristo, vendo e descrevendo o grande drama sagrado, devia dar ao mundo um Evangelho burlesco, ímpio decerto, muito mais escandaloso que as *Memórias de Judas* mas que podia ser em todo o caso uma obra de arte notável. Acontece, porém, que o autor parece ter feito à parte o seu romance da *Paixão de Cristo* colocando-o depois à pressa nas páginas do outro. Quem adormece é Teodorico e quem sonha é o autor, e, com grande surpresa nossa, vemos aquele adorador de santinhos, e frequentador das ruas suspeitas de Lisboa, sonhando que vê a *Paixão de Cristo* em todo o seu grandioso aspecto histórico. Mal se pode imaginar o disparatado efeito que produz este contraste, e pior é ainda quando o autor se lembra de súbito que é o seu protagonista que está sonhando e introduz nas cenas mais belas uma nota que arrepia como uma desafinação flagrante: Teodorico a sonhar que acende um cigarro no meio da agitação que produz em Jerusalém a notícia da morte de Cristo!"

O primeiro protesto quanto ao resultado do concurso sai da pena de Mariano Pina, em *A Ilustração* de 5 de janeiro de 1888. Pina escreve: "No primeiro concurso literário que se instituía no nosso país, a que concorria um escritor ilustre que escreveu *As Farpas* com Ramalho Ortigão, *O Crime do Padre Amaro*, *O Primo Basílio*, *O Mandarim*, *A Relíquia*... não dar o prêmio a esse escritor, que é uma glória essencialmente moderna, – é um erro, é uma injustiça... é quase um insulto a todos quantos, livremente, sem preocupações de espécie alguma, prezam as letras portuguesas!" Mariano Pina acusa ainda: "Num júri literário de nove membros, encontram-se apenas *três escritores*! Pinheiro Chagas, Serpa Pimentel e visconde de Benalcanfor. A maioria do júri é pois formada de indiferentes, de pessoas respeitabilíssimas, que podem ser autoridades em muita coisa, menos em coisas literárias!..." "Este concurso literário não passa de uma amável comédia acadêmica..." Pina apontava ainda o fato de na votação terem tido voto os sócios correspondentes da Academia, "pessoas que talvez não possam resistir a um benévolo exame de instrução primária".

Eça envia a Mariano Pina, de Bristol, com data de 25 de janeiro de 1888, uma carta fortemente polemicante, intitulada "A Academia e a Literatura" (publicada em *A Ilustração* a 20 de maio). Nitidamente despeitado (aquele conto de réis ter-lhe-ia feito um grande arranjo), usa agora de um humor duro: "Aos nossos conselheiros e acadêmicos (honra eterna lhes seja nesta voluptuosa terra do Sul!) não desagradou jamais encontrarem, naquele lusco-fusco em que se compraz o Naturalismo, os olhos da Adélia, reluzentes, maganos, prometendo mil coisas. Assim o insinuou, muito finamente, com um sorriso disfarçado e picante, Pinheiro Chagas no seu Relatório". E prossegue: "O fato é, caro Pina, que Pinheiro Chagas no seu Relatório não dá, com indizível assombro meu, as razões honrosas e altas. Antes pelo contrário! Apresenta, para repelir *A Relíquia*, razões estranhamente comezinhas e miudinhas, rasteiras e grosseiras, como se, em lugar de falar numa Academia, se achasse conversando num botequim diante de homens incultos, incapazes de compreender tudo o que é elevado ou profundo! Senão veja V. O que revolta Pinheiro Chagas em *A Relíquia*? O que aponta ele à reprovação de Academia? O sonho de Teodorico – esse sonho em que o obsceno homem presencia aquilo que Pinheiro Chagas reverentemente chama 'as grandiosas cenas da Paixão' ". E, mais adiante: "E aponta então o detalhe comezinho e rasteiro, o detalhe que aqueles homens broncos mais facilmente poderiam apreciar – o cigarro que Teodorico acende no Pretório. Com a mão trêmula, Pinheiro Chagas mostra o cigarro blasfemo. E exclama textualmente: – *Arrepia, arrepia na verdade ver aquele cigarro no meio de tão sublime agitação!*"

Eça prossegue: "Quer dizer: – para que *A Relíquia* agradasse a Pinheiro Chagas e merecesse a coroinha da Academia, eu deveria ter mostrado Jesus

A Titi no oratótio com a camisa de dormir da Mary – ilustração de Rui Campos Matos.

de chapéu de coco e lunetas fumadas, Pilatos deixando cair o pingo de rapé sobre o *Diário de Notícias*, e ao lado Oseias, vogal do Senedrim, numa fardeta de polícia civil, com um número na gola, escabichando um dente furado". Eça ataca ainda a organização do concurso, interrogando se ela teria sido obra de um dentista...

A 8 de junho de 1888, *O Repórter* publicava a resposta de Pinheiro Chagas à critica do autor de *A Relíquia*, que *A Ilustração* reproduziria a 5 de julho. Pinheiro Chagas mostrava-se surpreendido por Eça atacar o programa do concurso, que admitia vários gêneros literários. "O que era lógico era que o nosso ilustre romancista, quando se anunciou o concurso, escrevesse a sua carta declarando que não reconhecia a competência do júri; mas declará-lo incompetente depois de ele ter proferido uma sentença que não lhe foi agradável é uma resolução um pouco tardia, e que manifesta não uma opinião e uma convicção, mas um ressentimento e um despeito...". Pinheiro Chagas defende-se como pode do ataque de Eça e acusa-o de *adulterar* o seu Relatório, dizendo que o defeito do livro "é ser um livro sem unidade lógica, um agregado extravagante de duas individualidades incompatíveis...", a de dois "raposões" inconcebíveis.

Por muitas razões que tivesse na sua argumentação, e algumas tinha, sem dúvida, no que dizia respeito ao concurso propriamente dito, num ponto crucial, pelo menos, falhava, é que nada percebera desse romance extraordinário, *A Relíquia*, que Oliveira Martins vira argutamente, mas que ainda hoje causa engulhos à tradição crítica nacional... Não se apercebera de que se tratava de uma pura farsa! De uma farsa construída em moldes especiais.

O mais curioso desta pugna é que, pouco depois de aberto o concurso para o prêmio, em carta de 2 de julho de 1887 para o seu amigo Luís de Magalhães em que lhe agradece o artigo que este escrevera sobre o seu romance, Eça escreve: "Eu por mim, salvo o respeito que lhe é devido, não admiro pessoalmente *A Relíquia*. A estrutura e composição do livreco são muito defeituosas. Aquele mundo antigo está ali como um trambolho, e só é *antigo por fora*, nas exterioridades, nas vestes e nos edifícios; é no fundo uma paráfrase tímida do Evangelho de São João, com cenários e fatos de teatro; e falta-lhe ser atravessado por um sopro naturalista de ironia forte que daria unidade a todo o livro; D. Raposo, em lugar de se deixar assombrar pela solenidade histórica, devia rir-se dos judeus e troçar os rabis. O valor qualquer do livreco está no *realismo fantasista da Farsa*". Ora aqui está: Eça considera o livro uma "Farsa", com um realismo fantasista e o não compreender isto tem levado os críticos aos maiores equívocos. Porém, ao pôr em dúvida a qualidade da composição da obra, e ao afirmar que ela devia ter sido atravessada por um "sopro de ironia forte", estava, muito curiosa e premonitoriamente, a afirmar o que Chagas viria depois a dizer no seu Relatório!

Eça volta ainda a terreiro em *A Ilustração* de 20 de julho, com o artigo "Ainda sobre a Academia", depois recolhido em *Cartas Inéditas de Fradique Mendes e Mais Páginas Esquecidas* (1929), continuando a insistir que "não se podia, por heterogêneos, comparar um drama romântico em verso, e um romance arqueológico em prosa, o *Ruy-Blas* e a *Salambô*". Diz então com severidade ao seu opositor e autor do Relatório que o eliminou: "Não quero porém frases, nem chistes, nem decrépitas e balofas declamações *sobre o talento*, nem velhos croquetes de retórica requentados e servidos num bocado de jornal".

Terminaria, retomando o tom que adotara anteriormente com o seu "homem fatal": "Mas quê! Pinheiro Chagas arremete contra mim, com o seu usual transporte, um verdadeiro *furor chaguensis*, como diria Bismarck, se conhecesse este meu interessante e impetuoso amigo, e eu, pela consideração devida a um homem, cujos golpes, como os de Roldão, são uma honra que reclama logo grande tropel e grã batalha – sou forçado a defender a minha humilde carcaça… Mas faço-o, o céu me é testemunha, com infinito respeito e doçura – mostrando sempre que, quando Pinheiro Chagas me joga golpes que parecem traiçoeiros, quando atribui as minhas convicções de literatura a despeitos de pecúnia, quando me inventa pelas costas que eu quis 'amesquinhar o candidato laureado', quando declara, que eu votei por *mim* nessa carta em que eu dei o meu voto *contra mim* – procede por impulso da sua leviandade e não por cálculo da sua malícia. Não abriga malícia aquele coração limpo. E se eu procuro atirar pelos ares, a estouvada pena de Pinheiro Chagas – é só, só, para mais livremente poder apertar a sua mão honrada e amiga". Assim terminaria esta pugna, na qual Eça parece que não brilhou pela lucidez da exposição que fez do seu romance, levantando-se aqui a questão de se avaliar o maior ou menor acerto com que um autor pode analisar a sua própria obra. Não brilharia, também, pela argumentação, nem sequer pelas alusões históricas a que recorreu, uma área em que Pinheiro Chagas nitidamente o superava, muito embora a cultura de Eça fosse predominantemente histórica, como observou Vergílio Ferreira.

Passado que foi meio ano sobre o último escrito de Eça na polêmica provocada pelo prêmio da Academia e já um artigo de Pinheiro Chagas em *O País*, do Rio de Janeiro (13.12.1888), com o título "Bulhão Pato e Eça de Queiroz", vinha reacender entre eles as razões polêmicas. Tratava-se de um texto severo, acusando Eça de ter retratado Bulhão Pato na figura do poeta Alencar de *Os Maias*. É ao denunciar esta acusação em carta para *O Tempo* (8.2.1889), com o título "Tomás de Alencar – uma Explicação", que Eça exclamou: "Sempre este homem fatal!" Desta polêmica resultariam duas sátiras de Bulhão Pato (*Sátiras, Canções* e *Idílios*): *O Grande Maia* (2 de agosto de 1888) e *Lázaro Cônsul* (10 de fevereiro de 1889) extremamente insultuosas para Eça de Queiroz.

Na carta de resposta a Pinheiro Chagas, Eça defende-se da acusação da similitude entre os dois poetas, um fictício e o outro real, afirmando que mal conhece o poeta Pato: "Nada sei da sua vida, dos seus costumes, das suas opiniões. Nunca provei da sua cozinha […] quase não provei ainda da sua melhor poesia! Por circunstâncias inexplicáveis e que me vexam, eu nunca li a *Paquita*. Nada sei dele! Se alguém me pedisse para traçar num papel três ou quatro feições características da fisionomia moral e literária deste poeta, eu ficaria com a pena suspensa no ar, na mais absurda e ignara hesitação". Eça costumava usar este processo para com os adversários. É claro que isto era rotundamente falso. Quem não conhecia esta exuberante, espetacular figura de poeta em Lisboa? Eça tinha até dedicado no *Distrito de Évora* umas linhas à *Paquita* e, juntamente com Ramalho Ortigão, tinha mesmo oferecido ao seu autor um exemplar de *O Mistério da Estrada de Sintra!* Como não podia deixar de ser, isto enfureceu Pato.

Como veremos por diante, a propósito de Camilo, a personagem Alencar era, sem sombra de dúvida, metade Pato e metade Camilo, mas Eça, obviamente, não o podia confessar. Isso faria alastrar o incêndio. A sua defesa foi, pois, não inteiramente convincente, ainda que a carta seja primorosa do ponto de vista literário. Eça termina afirmando: "Só uma indiscreta ilusão e um zelo excessivo pela glória própria puderam levar o autor da *Paquita* a introduzir-se, com tanto ruído e tanta publicidade, dentro do autor da *Flor de Martírio*. E visto que nada agora pode justificar a permanência do sr. Bulhão Pato no interior do Sr. Tomás de Alencar, causando-lhe manifesto desconforto e empanturramento – o meu intuito final com esta carta é apelar para a conhecida cortesia do autor da *Sátira*, e rogar-lhe o obséquio extremo de se retirar de dentro do meu personagem".

Antero de Quental, devemos aqui registar, solidarizou-se com Bulhão Pato, ao qual escreveu esta carta, endereçada de Vila do Conde, em 14 de agosto de 1888 (Quental, 2009, vol. III, p. 175), depois de ter lido as desbragadas *Sátiras*, *Canções* e *Idílios* do poeta.

Meu caro Pato

Já li o teu livro quase todo. As tuas *Sátiras* hão de ficar. Estão cheias de coisas eloquentes, reais, humanas. Não são só obra literária; são um ato de homem e de cidadão. De futuro, a história, quando passar por este triste tempo, há de olhar para elas.

Senti no coração o procedimento deplorável do Eça de Queiroz. Sou amigo dele e estimo-o. Aquela sua coisa só a posso explicar por uma aberração singular, uma espécie de doença literária que anda no ar, o furor e o fanatismo do que eles chamam documento humano, que lhes faz perder a noção exata do limite que separa a literatura da vida real, e dos deveres rigorosos que esta impõe àquela. É uma perversão da inteligência, muito mais do que senso moral, mas de que este acaba também por ser contaminado. Em todo o caso, triste, muito triste!

Não sei quando te verei. Tenho passado mal todo este ano. Talvez que em outubro vá passar uns dias a Lisboa. Até lá recebe um abraço do teu

Velho amigo

Antero de Q.

Deveremos ter em consideração, aqui, a intimidade grande que Antero tinha com Pato e a deste com a sua família, podendo esta carta ser, em grande parte, um testemunho de consolação e amizade.

Como vemos, Antero reconhece por inteiro, em Alencar, o seu amigo Pato e aceita também, louvando até, a desproporcionada, insultuosa reação do amigo. Há que apreciar mais objetivamente o furor de Pato transcrevendo alguns excertos das suas sátiras. Da primeira, "O Grande Maia":

Vinte anos lhe apertei cordialmente a mão,
Supus que era um amigo. E morde-me o vilão!
Obriga-me, cachorro, a rebaixar o estilo!
Mas que hei de eu fazer, tratando-se daquilo.
Fraldiqueiro saltão, tu dizes às inglesas
O que dizes no livro às nossas portuguesas?
Que te agradeça a pátria, honrado consular
O brilho que tu dás à fama do teu lar.

Da segunda sátira, intitulada "Lázaro Cônsul":

Burguês enfidalgado, às armas femininas
Reúne o teu brasão, trapeiro das sentinas!
Mas não... Conspurcador do nome português!
Deixa ao velho brasão a pulcra nitidez!
Preza a Deus que na prole se extreme o sangue puro
Da vileza do teu, por honra do futuro!

Pinheiro Chagas criticaria ainda, em dois artigos, *Os Maias*, dizendo que o seu autor "apanha perfeitamente o exterior, a aparência. Os seus retratos são fotografias tiradas à porta da Havaneza, mas o que está no fundo dessas existências superficiais nunca o autor o descortina". No segundo artigo vemos apenas alusões críticas ao Naturalismo, que é, para este crítico, "a manifestação derradeira e expirante do espírito romântico". Em tese minuciosa sobre o

Naturalismo, António Apolinário Lourenço resume assim a condenação a que foi sujeita esta escola literária: "O Naturalismo ofende a arte porque propaga o *feio* e oculta o belo; o Naturalismo ofende a moral porque expõe apenas os aspectos degradantes e pecaminosos da sociedade, valorizando o que é reles, mesquinho e patológico em detrimento do que é justo e bom; o Naturalismo é um perigo social porque propaga teorias, pretensamente científicas, que estão em contradição com os princípios religiosos em que desde há séculos se baseia a civilização cristã" (Lourenço, Apolinário, 2005, p. 300).

A preocupação do "documento humano" leva à cópia, diz Chagas, e isso "faz esquecer as necessidades da criação". O que Chagas esquecia é que uma personagem raras vezes é a cópia de uma só figura real. Pinheiro Chagas viria pela derradeira vez criticar Eça no *Correio da Manhã*, agora referindo os Vencidos da Vida: "O que me custa a compreender é que um excesso de modéstia leve alguns destes vencedores a chamarem-se de *vencidos*". Eça responde anonimamente no jornal *Tempo*, em prosa jocosa, depois recolhida nas *Cartas Inéditas de Fradique Mendes*. A 31 de março de 1889, Chagas, ainda no *Correio da Manhã*, volta a dedicar-se aos Vencidos, com verve e humor.

Não nos podemos esquecer que, como refere Apolinário Lourenço, ainda, Pinheiro Chagas (em diálogo com Jaime Séguier), ao comparar a superioridade do diálogo em Júlio Dinis e Eça de Queiroz com o de Zola, fez considerações pertinentes e deveras curiosas acerca de Eça, no *Jornal de Domingo* (21.8.1881): "Confesso-lhe sinceramente que nos diálogos de Zola encontro uma tão pasmosa uniformidade, que dificilmente percebo quando abro a *Nana*, quais são as personagens que estão falando. [...] Todos usam a mesma linguagem que não terá o defeito de ser acadêmica, mas nem por isso é mais variada e característica. Eça de Queiroz é outra coisa, oh se é! Mas esse perdoe-me, está a cem léguas do naturalismo, pelo menos do naturalismo que tem Zola por Deus, e Huysmans por profeta. Diga-me se em toda a obra de Zola encontra duas fisionomias como a do Conselheiro Acácio e a da criada Juliana" (Lourenço, Apolinário, 2005, pp. 302-303).

A divergência ideológica que separou irremediavelmente os dois contendores ficou expressa na carta de Eça para Alberto de Oliveira (6.8.1894) onde se questiona a literatura que o autor da *Morgadinha de Valflor* representava: "Tomás Ribeiro, Chagas e toda a sua descendência literária, são tradicionalistas. E esses Príncipes Perfeitos, e Duques de Viseu, e Pedros Crus, e D. Sebastiões, que frequentam o palco do D. Maria, não creio que tivessem chegado aí, de Paris, pelo sud-express. E o resultado?... Não, caro amigo, não se curam misérias ressuscitando tradições".

Pinheiro Chagas, símbolo da velha escola literária que Eça tanto atacou em *As Farpas*, com a sua tenaz e cavalheiresca oposição, acabou por conseguir um lugar nas letras pátrias – que, de outro modo, o tempo lhe teria negado – apenas porque lhe coube ser em determinada altura da sua carreira o maior opositor ideológico e literário do autor de *A Relíquia*. Assim terminei o atrás aludido prefácio a uma monografia sobre esta polêmica intitulada, *Polêmica Eça de Queiroz–Pinheiro Chagas, "Brasil–Portugal"* (cf. Bibliografia).

B. OLIVEIRA MARTINS NA OBRA DE EÇA

As relações de Oliveira Martins com Eça datam do período do Cenáculo de Lisboa, em 1870, pouco antes das Conferências do Cassino. Grandes foram as afinidades que uniram estes dois amigos. Convirá expor, desde já, um esboço de retrato deste "autor incômodo", assim lhe chamou um ensaísta-historiador, ao interrogar: "Teórico do socialismo de inspiração proudhoniana, evoluindo depois no sentido da relevância e da autoridade e da razão de Estado? Mentor da chamada Vida Nova no Partido Progressista e pouco depois do Grupo dos Vencidos da Vida, no final do decênio de 1880? Historiador romântico, cultor de uma história narrativa, dramática, de expressão artística? Historiador metafísico, filósofo de uma história

Oliveira Martins.

pessimista? (mas há quem ponha em causa o seu estatuto de historiador). Economista critico do modelo de desenvolvimento fontista e de ideais protecionistas? Divulgador de uma antropologia de cariz evolucionista e darwinista? Cronista e crítico social, atento aos mais variados problemas portugueses da época – das finanças públicas à instrução pública, passando pelas questões institucionais e políticas e as mentalidades coletivas?" (Sérgio C. Matos, 2005, p. 10).

Em 1881, Oliveira Martins publica os dois volumes do *Portugal Contemporâneo*, "livro triste", como o próprio autor lhe chama, triste e desesperançoso, pois é, de fato, o retrato pessimista do "mais pobre dos povos europeus", assim o historiador nos contempla. Martins condena aqui, quase que radicalmente, tudo aquilo que os liberais haviam feito de 1826 até ao ano de publicação desta obra. Nenhuma solução, nenhuma esperança. O liberalismo é assim definido: "Anarquia na economia, anarquia na política, eis, portanto, a definição positiva do liberalismo". Parece uma passagem de *As Farpas*, publicadas dez anos antes... O regime liberal resulta de uma influência estrangeira que impôs pela força das armas princípios contrários ao verdadeiro espírito nacional. Daqui resultaria uma oligarquia de agiotas. Isto mesmo vemos expresso por Eça num artigo da *Revista de Portugal* de novembro de 1889: "O Sr. D. Pedro IV, como ele mesmo dizia, *constitucionalizou Portugal à força*, como uma vara de aço que se verga, impelindo-o à iniciativa dentro do regime representativo. Na sua índole porém e nos seus costumes Portugal ficou em pleno século XVIII – e, como a vara que se levanta logo que a mão forte o abandone, o país vai regressando à sua atitude natural, *que é a obediência dentro do regime pessoal.* Uma maioria nomeada pelo Governo e que passivamente obedece às instruções do Governo: um Governo organizado por um chefe, e que fielmente segue as indicações desse chefe – eis o nosso estado político atual que não difere muito, na sua essência, do que caracterizou os reinados dos avós do nosso rei".

Eis o exemplo de um eco melancólico e radical, que ressoa inúmeras vezes na ficção queiroziana, sobretudo no que respeita à crítica ao liberalismo. Rodrigues de Freitas, no posfácio do *Portugal Contemporâneo*, contesta esta visão, acusando mesmo o historiador de excessiva simpatia por D. Miguel, cujo retrato, diz ele, é em mais do que um aspecto falso. Mais tarde Antônio Sérgio acusaria Martins, frontalmente, de "miguelismo", no tomo V dos *Ensaios*, escrevendo: "Poucos livros tão insensatos como o *Portugal Contemporâneo*, no meio da magnificência das suas telas fúlgidas". Este miguelismo era para o autor dos *Ensaios* "a tendência a recorrer ao autoritarismo estatista como regime permanente da governação dos povos" (Prefácio de *Ensaios* v). Mas na visão martiniana a solução cesarista de um Estado forte, protetor e reformista – a autoridade – deveria, juntamente com o princípio da liberdade, tender para a síntese que seria a democracia futura.

Ao comentar as "Conclusões" do *Portugal Contemporâneo*, Rodrigues de Freitas, no já referido posfácio, observa: "Aqui vêm condensar-se todas as nuvens da melancolia que o leitor encontra nos capítulos antecedentes: aqui se alteiam as expressões do desânimo; aqui se apresenta ao leitor o mais doloroso prospecto do viver pátrio; aqui não há só melancolia profunda, há também as palavras da mais sincera descrença, apenas cortada por algumas hesitações que se arriscam a tímidas perguntas".

Pense o leitor em *Os Maias*, depois de ler estas palavras, e ficará decerto com a impressão que elas parecem ter sido escritas como comentário dessa obra-prima de Eça... Este romance aparecerá sete anos depois da publicação do *Portugal Contemporâneo*, e é, sem dúvida, a obra que mais profundamente reflete o pessimismo martiniano e a sua quase doentia desesperança. Numa carta de Lisboa, de 9 de maio de 1890, de Eça para sua mulher, podemos ler este passo expressivo: "A ideia geral é que o país está na véspera da ruína. Oliveira Martins não cessa de profetizar catástrofes com voz sombria. Todas as noites é o mesmo sermão. Sai a gente de casa dele aterrado. Não é só pelos males do país, mas pelos males individuais que se devem seguir como consequência dos males públicos. Segundo esse O. M. à bancarrota pública vai seguir-se a miséria de todos. E compreendes que ouvir todas as noites este salmo lúgubre não é *cheerful*". Repare-se que quatro meses antes, a 11 de janeiro de 1890, a Inglaterra fizera a Portugal um *Ultimatum* contra as pretensões colonialistas dos territórios situados entre Angola e Moçambique. O rei D. Carlos subira ao trono dois meses antes e esse acontecimento provocou uma crise profunda no país.

Em outra carta de 27 de agosto de 1893, Eça comunica à mulher, transmitindo-lhe notícias que Carlos Mayer trouxera de Lisboa: "O Filósofo está profundamente hipocondríaco, falando constantemente na morte e, o que é mais desagradável, no suicídio, a exemplo do Antero, como a mais clara das soluções".

O grande problema de sabermos se Portugal tem viabilidade como país autônomo, problema também formulado por Antero de Quental, tem forte repercussão na ficção queiroziana, exprimindo-se claramente numa carta para o conde de Arnoso, onde Eça escreve: "Com o triunfo da revolução eu creio que Portugal acabou. Só escrever isto faz vir as lágrimas aos olhos

– mas para mim é quase certo que a desaparição do reino de Portugal há de ser a grande tragédia do fim do século" (carta de 10.8.1892). No prefácio do *Portugal Contemporâneo,* Oliveira Martins formula, de resto, claramente esta questão, a propósito da independência do Brasil em 1825, formulação que Eça deve ter absorvido integralmente: "Outra vez dobravam para Portugal os sinos de finados, e, pela segunda vez, se inquiria se Portugal, reduzido aos recursos próprios do seu território, tinha ou não recursos para subsistir como Nação independente".

É longa a história da literatura decadentista em Portugal, com um forte antecedente na personalidade de Alexandre Herculano, que Antero de Quental iria absorver. Não admira que essa desesperança levasse a sonhos cesaristas como solução pragmática dos problemas pátrios, ou a imaginar-se uma outra solução, esta redentora mas catastrófica: a invasão espanhola. Num artigo do 1º volume da *Revista de Portugal*, 1889, escrito sob o pseudônimo de João Gomes, atrás referido, Eça aventa também a hipótese de que uma ditadura à maneira de Bismarck pudesse ser "um bem", hipótese que virá a colocar em carta para Oliveira Martins de 7 de outubro de 1890: "Não vejo senão uma solução simplista – uma Tirania. É necessário um sabre tendo ao lado um pensamento. Tu és capaz de ser o homem que pensa – mas onde está o homem que acutila? Em antigas cavaqueiras falamos por vezes do Rei. Mas é ele um *homem*? Ou é ele simplesmente um *Cetro*?" Era este o tal *autoritarismo estatista* de que falava Antônio Sérgio.

Como sugere Joel Serrão no *Dicionário da História de Portugal*, no artigo dedicado a Oliveira Martins, "tal cesarismo veio a concretizar-se na pessoa e na política de João Franco, cuja atuação levou, afinal, à queda da Monarquia e ao triunfo do republicanismo".

O *Portugal Contemporâneo* foi a obra que mais impressionou Eça de Queiroz, a que entre todas as do historiador preferia. Di-lo em carta de 23 de julho de 1891, por ocasião da leitura de *Os Filhos de D. João I*: "Prado trouxe-me os *Filhos*. Esplêndida edição – nobre e séria como trabalho: é um belo cartapácio. O meu amor fica fiel ao *Portugal Contemporâneo*, mas os Filhos fazem honra ao Pai". Como faz notar Antônio Machado Pires, na *História de Portugal*, Oliveira Martins escolhe um vocabulário "carregado de conotações, eminentemente metafórico, do qual se desprende uma visão pessimista do processo histórico português. Desde logo, a partir do Livro v (*i.e.*, depois da viagem da Índia, inicia-se a trajetória de decadência), os títulos são reveladores: Livro v – 'A Catástrofe (1500-1580)'; Livro vi – 'A Decomposição (1580-1777)'; Livro vii – 'A Anarquia Espontânea (1777-1826)' " (Pires, 1980, p. 310).

Em *Eça Político*, João Medina observa que "certas ideias de Fradique Mendes sobre a desnacionalização do *Portugal português* saem em linha reta das páginas da *História de Portugal* e do *Portugal Contemporâneo* de Oliveira Martins. Nunca se tendo conformado com a derrocada do *Ancien Régime*, e a derrota de D. Miguel, no qual via a encarnação das loucuras do Portugal apostólico, da nação *decrépita e doida* que lobrigara no Infante caceteiro o seu Messias sebástico, com todos os defeitos e as virtudes concomitantes do velho *Portugal histórico*, Oliveira Martins culpava a revolução liberal de ter desnacionalizado o país, reduzindo-o a uma *vazia agitação política e condenando-o a uma decadência fatal, iniciada aliás com os nevoeiros venenosos do Oriente*" (Medina, 1974, p. 136). Numa carta ao conde de Ficalho, do Grande Hotel do Porto, 4 de setembro de 1884, raladíssimo com uma crise intestinal pertinaz, e em termos jocosos (o tema é a desnacionalização, precisamente), Eça escreve: "Sempre a França, sempre ela! Sempre os nossos males públicos ou privados resultando da chocha imitação, da reles tradução que nós fazemos da França, em tudo, desde as ideias até aos *potages*! E a culpa é sua! Está claro que é sua, e dos seus amigos os liberais, e do Sr. D. Pedro IV, e dos homens de 20, e do execrando Fernandes Tomás! Essa gente não compreendeu que este país para ter prosperidade e saúde não se devia afastar nunca da verdadeira tradição nacional, da legítima, da antiga, com um rei absoluto e paternal, frades, merendas nos adros, capote de cabeção, e o belo assado no espeto, e o delicioso arroz de forno... Mas qual! Quiseram ser humanitários, leram os Enciclopedistas, papaguearam os Direitos do Homem, fizeram-se liberais, filósofos, polidos, literários, *franceses*, e substituíram a nobre vaca cozida dos avós pelo abominável *boeuf à la mode* do jacobinismo. E aí tem V. as consequências: o país no lindo estado que V. sabe, e eu, aqui no Porto, com incômodos gástricos há oito dias, tomando bismuto! Belzebu confunda o liberalismo, e os molhos liberais!"

Mas também o historiador lucrou com a influência de Eça, ao procurar fazer uma história realista, como deixou expresso na *História de Portugal*, sendo sensível à intencionalidade e à estética do realismo queiroziano, ao adotar um ponto de vista crítico em relação à história nacionalista e otimista que no seu tempo dominava em Portugal. Daí a sua ideia de que "apresentar crua e realmente a verdade é o melhor modo de educar, se reconhecermos no homem uma fibra íntima de aspirações ideais e justas" (*Advertência à História de Portugal*, ed. crítica, p. XII). "O realismo, vencedor no romance que estuda os homens e os costumes, deve inspirar também a história – até agora vista de uma plateia, escrita para a cena, disposta entre os bastidores e bambolinas da ilusão sentimental. O leitor sabe que foi este o critério gerador da *História de Portugal*, e em suma, de toda a Biblioteca das Ciências Sociais" (O. M., "*A História de Portugal* e os Críticos", 1880, em *História de Portugal* (ed. crítica de Martim de Albuquerque e Isabel Faria e Albuquerque, pp. 225-226).

***

Acrescentemos, por fim, a este tema algo de aparentemente "explosivo", no que diz respeito às suas relações: uma referência de Oliveira Martins a Eça de Queiroz, escrita em circunstâncias que devemos ponderar. Numa carta de Joaquim de Araújo de meados de setembro de 1894, para Luís de Magalhães, organizador do *In Memoriam de Antero de Quental*, lê-se: "Na penúltima vez que eu estive com o Oliveira Martins, demorei-me mais do que das outras e abordamos muitas coisas. O Martins perguntou-me em definitivo quando o livro saía e pondo ao vivo o caso do Queiroz disse--me: é uma vergonha! *Se não pode escrever uma dissertação* (textual) *também ninguém lha pede. Escreva 30 linhas. Por causa destes figurões* (textual) *vou eu ler o livro no outro mundo!...* Ora eu achei que nada tinha a fazer senão comunicar ao Eça de Queiroz esta conversa, suprimindo a palavra figurões, e acentuando a palavra *vergonha*. Creio que a minha carta produziu o efeito desejado" (Almeida Martins, 2001, p. 232). Repare-se que estas expressões tão duras de Oliveira Martins resultam da sua impaciência em receber, já doente e antes de morrer, esse *In Memoriam*, para onde escrevera um texto sobre Antero, intitulado "O Mal do Século".

A publicação do *In Memoriam*, "que durará quase cinco anos" (diz-nos Ana Maria Almeida Martins, ao estudar a sua gênese), estava atrasadíssima, devido à ânsia de perfectibilidade de Eça. Quando Luís de Magalhães lhe encomenda este texto, Eça imediatamente vislumbrou ali, ao que se nos afigura, um motivo extraordinário, que lhe permitia exprimir com todos os recursos do seu engenho, uma peça de arte como nenhuma outra! Aí lhe seria permitido traçar as memórias estudantis da "fantástica" Coimbra do seu tempo, onde conhecera "Santo Antero" e onde poderia fazer o retrato, em cujo gênero era exímio, daquele seu amigo e mestre. Aí poderia tratar o tema aliciante do convívio de ambos, ao longo do tempo, relatando finalmente o seu último encontro, no solar de Santo Ovídio, no Porto (por alturas do *Ultimatum* inglês): "Como naquela noite de Coimbra em que o conheci, era também de primavera e de luar, a noite derradeira que passamos juntos em Santo Ovídio", escreverá por essa altura. Antero estava então muito ligado ao sexto conde de Resende, Manuel, cunhado de Eça, de cuja mulher (Carvalhal) era parente. Desta vez, à semelhança do tema da *Batalha do Caia*, que lhe parecera artisticamente extraordinário e sensacional, mas que lhe era proibido, pois envolvia a invasão de Portugal pela Espanha sendo ele funcionário público, as memórias de Antero não escapariam à sua ânsia de produzir arte!

Quanto aos insistentes pedidos de Luís de Magalhães, Joaquim de Araújo e tantos outros, isso não contava: "A Arte é tudo, todo o resto é nada"! Ninguém poderia perturbar o seu desígnio de produzir uma obra-prima, e fê-lo! Tal como há dezesseis anos atrás quando, zangadíssimo com Batalha Reis, vociferava de Newcastle por causa da publicação atrabiliária da 1ª edição do *Crime do Padre Amaro*, na *Revista Ocidental* e lhe dizia: "[...] pilham-me numa ocasião em que eu não penso nem cismo senão em arte, em estilo e em cor: estou portanto com a vaidade literária em brasa". Também agora fazia ouvidos de mercador aos que o atormentavam com as pressas, "estava com a vaidade literária em brasa" e iria produzir, em 41 páginas, o melhor dos vinte e nove textos do *In Memoriam*, de que Antônio Sérgio diria mais tarde: "artigo maravilhoso [...] das joias mais nobres e mais formosas que jamais se lavraram em língua alguma" (Sérgio, 1980, p. 80).

Atente-se, ainda, que antes de receber esta encomenda de Luís de Magalhães, Eça, após a morte do poeta dos *Sonetos*, decidira consagrar-lhe um número especial que lhe seria dedicado na *Revista de Portugal*, o que não fez pois essa revista não tardaria a extinguir-se, em maio de 1892. Deixou apenas uma espécie de "memória", não assinada, em nome de "A Redação", à cabeça do fascículo de dezembro de 1891, onde podemos ler: "As nossas primeiras palavras serão, hoje, para a memória imperecível e saudosíssima do Mestre". Eça recorda em seguida a honra que a revista tivera ao recolher "o magistral ensaio: 'Tendências Gerais da Filosofia na Segunda Metade do Século XIX' ", recordando: "Perdia a nossa geração um verdadeiro mestre, mestre pela vastidão incomensurável do pensamento e por esse conjunto de dotes e atributos de espírito que os antigos chamavam Sabedoria. Perdia enfim, o nosso tempo um dos mais raros, dos mais perfeitos, dos mais completos exemplares humanos – misto de heroísmo e santidade, alma sedenta de Justiça e apaixonado pelo Bem, razão atribulada na veemente ambição da Verdade, caráter de estoico, cuja vida fora um modelo de pureza e de elevação moral...".

Eis aqui algumas reflexões sobre um dos grandes textos da vida literária de Eça, cujo tempo de feitura e publicação iriam fazer perder a paciência de Luís de Magalhães e de Oliveira Martins, ambos seus amigos. O autor da *História de Portugal*, como previra, só no "no outro mundo" iria ler o livro de homenagem a um companheiro que tanto estimava e que tão estreitamente estivera ligado à sua vida durante cerca de vinte e cinco anos.

***

As dificuldades monetárias são uma das constantes da vida de Eça. Em 1883 a *Gazeta de Notícias* do Rio de Janeiro publica, por brincadeira, a falsa notícia de que um comendador português havia deixado, no testamento, dinheiro a escritores, entre os quais Eça de Queiroz. Ei-lo alvoroçado a exprimir o seu contentamento e espanto numa crônica, com o título "Testamento de Mecenas", que não chegaria a publicar: "Em Portugal foi-se sempre lamentavelmente mesquinho", diz ele, e enquanto Musset e Balzac recebiam das suas admiradoras bilhetes aromatizados e cabelos, que permitiram a Balzac encher uma bengala de vidro a que Eça chama um "chouriço de provas de afeto", ele, juntamente com Ramalho Ortigão, receberam apenas "promessas de bordoada", vindas do Brasil, pela sua escrita das *Farpas*...

Repare-se que o Raposão, no prefácio de três páginas com que antecede *A Relíquia*, começa por fazer uma alusão ao seu século, "tão consumido pelas incertezas da Inteligência e tão angustiado pelos tormentos do Dinheiro". Ora estes tormentos do dinheiro tão presentes estiveram sempre na vida de Eça que se transmitiram naturalmente também para o comportamento das suas personagens como preocupação maior. É na sua obra um tema constante. Juliana, no *Primo Basílio*, não pensa noutra coisa senão no dinheiro para assegurar a sua independência futura; Luísa vive tormentos desesperados por não alcançar a quantia suficiente para redimir as cartas que a comprometem; Teodoro, depois de milionário, vive os remorsos pela maneira como conseguiu a fortuna em que vive; para obter a fortuna da Titi o Raposão é capaz de tudo e tudo perderá; João da Ega vive também os "tormentos do dinheiro" e da sua dependência da mãe, carregado de dívidas, com letras a vencer, e só resolverá a situação monetária ao herdar por morte da mãe; também Gonçalo, o fidalgo da Torre, dá tratos de polé para obter a fortuna que só conseguirá consolidar pelo casamento...

C. VICTOR HUGO

A 22 de maio de 1885, morre Victor Hugo, mas só dois meses depois Eça escreve para a revista *A Ilustração*, publicada em Paris, um extenso artigo sobre o autor da *Légende des Siècles*, que ele tanto amou (artigo coligido nas

Notas Contemporâneas). Podemos ler aí: "Eu aprendi quase a ler nas obras de Hugo: e de tal modo cada uma delas me penetrou, que, como outros podem recordar épocas da vida ou estados de espírito por um aroma ou por uma melodia, eu revejo de repente, ao reler antigos versos de Hugo, todo um passado, paisagens, casas que habitei, ocupações e sentimentos mortos... Fui realmente criado dentro da obra do Mestre – como se pode ser criado numa floresta: recebi a minha educação do rumor das suas odes, dos largos sopros da sua cólera, do confuso terror do seu deísmo, da graça da sua piedade e das luminosas névoas do seu humanitarismo". Virá depois esta confissão importante: "Decerto educado por Hugo, eu creio piedosamente no messianismo da França. [...] Ninguém como ela deu ao mundo a grande lição de igualdade; e a igualdade é decerto a maior evidência da civilização". E constata então: "Foi este messianismo da França, sem cessar e esplendidamente cantado aos ouvidos dos franceses como um ato de esperança, que tornou Hugo tão prodigiosamente amado da França".

Esta visão "hugolatra" não o impediu, todavia, de ver criticamente este bardo: "Hugo não tem simplicidade, nem ironia. Divaga às vezes acerca de uma árvore, ou sobre o canto musgoso de um muro, com o clamor e o estonteamento de um profeta". E vaticina: "Daqui a quinhentos anos, apenas se saberá o nome de Hugo [...] mas a sua personalidade será sempre lembrada: e eternamente será visto, em infinita glória, como ele mais impressionou o seu século – não pacífico e ancestral, cercado da idolatria de Paris, mas longe, na sua ilha de Guernesey, sombrio e agitado, lançando inprecações contra os tiranos, defendendo todos os oprimidos, e por sobre o rumor do mar falando aos homens, esplendidamente, de Paz, de Fraternidade, de Liberdade e de Perdão". Veremos, mais por diante, como e por que este amor de Eça pela França foi sendo posto em causa.

Em dezembro de 1851, o autor de *Os Miseráveis* inicia o desempenho de um papel político como resistente ao regime ditatorial de Napoleão III que o irá projetar na História da França como símbolo da República e da liberdade democrática. Entre os 49 e os 68 anos o poeta viverá exilado, primeiro em Jersey, depois em Guernesey, na Hauteville-House, onde do terraço, por tempo claro, podia avistar a costa francesa. Em 1859 Napoleão III decreta uma anistia que Hugo recusa. Recusará uma segunda anistia dez anos mais tarde. Na *Correspondência de Fradique Mendes*, o narrador das "Memórias e Notas" que lhe servem de introdução dirá: "[Fradique] havia apenas meses que visitara Hugo no seu rochedo de Guernesey... Aqui recuei, com os olhos esbugalhados! Victor Hugo (todos ainda se lembram), desterrado então em Guernesey, tinha para nós, idealistas e democratas de 1867, as proporções sublimes e lendárias de um São João em Patmos. E recuei protestando, com os olhos esbugalhados, tanto se me afigurava fora das possibilidades que um português, um Mendes tivesse apertado nas suas a mão augusta que escrevera a *Lenda dos Séculos!*"

No início do exílio, Hugo começou por escrever a *Histoire d'un Crime*, que só publicará já depois da queda do Império, e *Napoléon le Petit*. Seguir-se-ão *Les Châtiments* (1853), mais de seis mil versos de acerada inspiração satírica contra Luís Napoleão. Seja dito que os historiadores atuais dão do imperador uma imagem que está longe de ser a que Victor Hugo compôs nessas catilinárias. Durante os anos de exílio ele fará ressoar, na sua obra, clamores proféticos em prol de uma humanidade liberta de tiranos, de guerras e de miséria social. Com a derrota de Napoleão III em Sedan, pelas tropas prussianas, e a queda do Império, Hugo regressa a França (5.9.1870). Uma multidão entusiástica aguarda-o na Gare du Nord. Nova edição dos *Châtiments* vende 22 000 exemplares em dois meses. Quando morre, com 83 anos, o seu caixão é exposto sob o Arco do Triunfo, partindo dali para o Panteão Nacional. Nenhum autor, em qualquer parte do mundo, alcançou jamais a fama atingida por Hugo. Jogos, nomes de ruas e avenidas, praças, hotéis, cartas de jogar, caixas de fósforos, monumentos, filmes etc. etc., tudo isto com o seu nome, ainda hoje invadem a França de lés a lés.

Em "Uma Carta" a Carlos Mayer (em *Prosas Bárbaras*), ao recordar os tempos de universitário em Coimbra, Eça escreve: "O nosso teatro – era Shakespeare e Hugo, e os cômicos espanhóis, sombrios e magníficos, do século XVI". Que teatro de Hugo? *Cromwell, Hernani, Marion Delorme, Le Roi s'Amuse, Lucrèce Borgia, Maria Tudor, Angelo Tyran de Padoue; Ruy Blas*? Não o sabemos. Na carta a Mariano Pina sobre Victor Hugo, Eça, além de exprimir sob forma literária magistral a sua enorme capacidade de admirar e amar, dá-nos uma excelente síntese da mensagem essencial de Hugo e do que nela há de perdurável: "Ele criou o verbo mais poderoso e mais belo que jamais, creio eu, encantou ouvidos humanos", daqui resultando esta confissão: "Suponho que a influência de Hugo, entre nós, se manifestou sobretudo na imitação daquilo que mais nos importa como meridionais – a forma, a imagem, a maneira luxuosa de enroupar a ideia...". Ao lermos *Napoléon le Petit*, logo nos damos conta de como esta influência se repercute no estilo das *Farpas*. Veja-se este passo: "Resumamos este governo. Quem está no Eliseu e nas Tulherias? O crime. Quem tem assento no Luxemburgo? A baixeza. Quem tem assento no

Palácio Bourbon? A imbecilidade. Quem tem assento no palácio d'Orsay? A corrupção. Quem tem assento no Palácio da Justiça? A prevaricação. E quem está nas prisões, nos fortes, nas células, nas casamatas, nas embarcações, em Lambessa, e Caiena, no exílio? A lei, a honra, a inteligência, a liberdade, o direito".

As variadas alusões de Eça a Napoleão III, ao longo da sua obra, são veiculadas por Hugo. Eça salienta na obra do poeta, sob forma épica, este tema central: "A luta do Homem e da fatalidade – fatalidade da Natureza, fatalidade da Religião, fatalidade da Sociedade". Poderemos dizer que, sob forma realista, os grandes romances de Eça assentam também neste tema.

D. EÇA VISITA ZOLA EM PARIS

Em 1885, a caminho de Bristol, Eça vai visitar Zola, a convite do jornalista Mariano Pina, que vivia em Paris e aí dirigia uma revista, *A Ilustração. Revista de Portugal e do Brasil* (ilustrada). Eça gostava de relembrar a expressão de Zola ao vê-lo: "Eh quoi, c'est vous! Mais vous êtes un enfant!" (carta de 22.1.1886 a sua mulher). Um mês após esta visita ele agradece a Mariano Pina dizendo-lhe: "Como Você apanhou bem as coisas características que ele disse e em que se pintou a si próprio, tal como ele é, largo, fecundo, luminoso e entusiasta!" (carta de 7.6.1885). Mariano Pina, em *A Ilustração* de 5 de junho de 1885, havia publicado um relato dessa entrevista, sob o título "Zola e Eça de Queiroz". Dois anos antes, Eça escrevera a novela fantasista *O Mandarim*, afastando-se deliberadamente da disciplina do realismo de escola, invocando os direitos da imaginação na criação literária. Segundo o testemunho do poeta Antônio Nobre, Eça só lera de Zola o *Germinal*, e duas vezes. Mas em carta ao seu editor, de 4.6.1878, pede-lhe o envio para Newcastle de *Une Page d'Amour*.

Émile Zola.

Sigamos todavia o relato do encontro de Eça com Zola, pela pena do jornalista Mariano Pina: "Uma coisa que deveras surpreende todo e qualquer francês, é encontrar-se diante de um estrangeiro que lhe fala com a maior facilidade a sua língua. Porque o francês, ainda o mais educado, ignora os idiomas; o estudo das línguas é-lhe essencialmente penoso; e quando por acaso chega a falar alguma, porque habitou alguns anos um outro país, nunca é com esta perfeição com que um português ou um russo fala o francês. [...] Zola não ocultou a sua surpresa a Eça de Queiroz, quando viu diante de si um lisboeta que mais parecia um filho do *boulevard*. Realmente Queiroz fala e escreve com imensa facilidade e elegância a língua francesa. O termo mais antigo, o termo clássico, como o termo mais moderno do *argot* mundano, do *argot* literário ou do *argot* artístico, ele não o ignora. E a sua frase tem por vezes a ligeireza e a vivacidade de um final de crônica à Scholl...". E Zola, perante a facilidade do francês de Eça, observa: "A verdade", dizia Zola, "é que nós somos muito ignorantes! [...] Da minha geração não conheço nenhum romancista que saiba mais do que a sua língua. Eu sei ler um pouco o italiano, porque meu pai era italiano. Mas Flaubert só sabia o francês; Daudet também; os Goncourt também; se olharmos mais para trás: Balzac só sabia o francês; e se Stendhal sabia o italiano, é porque tinha habitado a Itália por muito tempo... Queiroz explicou em rápidas palavras, com aquela precisão de crítica e brilhantismo de observação que nós todos lhe conhecemos, como Portugal que pensa, que estuda e que escreve, tem os olhos fitos em Paris". Eça pergunta-lhe depois a idade: "E o nosso querido Mestre quantos anos tem? Quarenta e cinco... Mas sinto-me já doente, fatigado, exausto. O *Germinal* deixou-me sem forças... [...] O que me assusta não é a morte; é a ideia de não poder completar a série de romances, a série dos *Rougon-Macquart*. Ainda me falta escrever seis. A tarefa só estará pronta daqui a seis anos. Mas se chego aos cinquenta e um anos, tendo escrito todos os volumes que me faltam, ainda me vou dedicar ao teatro, exclusivamente ao teatro. E tem confiança no gênero? – A maior, a mais absoluta. [...] Um romance, o comprador leu-o, e se gosta ou se não gosta é coisa que o romancista ignora. Enquanto que no teatro o autor está em luta franca e declarada com o público, vencendo-o ou ficando vencido! O Teatro tenta-me muito. [...] É muito mais agradável ser autor dramático do que ser romancista". Zola fala depois do seu próximo romance: "– O *Germinal* deixou-me realmente fatigado e doente... Portanto, vou escrever um romance de meia tinta, um romance que não exija um grande esforço, um romance no gênero da *Joie de Vivre*, e da *Page d'Amour* [...] A *Oeuvre* será o romance de um pintor, a vida dos artistas, que eu conheço bastante, ligada também à vida dos literatos. Representará o esforço empregado pelo talento para adquirir o sucesso, o esforço empregado pelo artista para dominar Paris, para ser celebridade parisiense. Haverá várias páginas pintando multidões ainda não observadas. Fazer este romance vai ser para mim coisa bastante agradável, porque o farei todo de recordações da mocidade, salpicado de paisagens cheias de sol, pedaços da minha Provença, e mesmo vou-me descrever num segundo plano, ao lado da ação, que será muito simples".

"O meu amigo falou-me na sua ideia de organizar uma biblioteca *naturalista* em francês... Essa ideia efetivamente sorri-me e desejo imenso levá-la a cabo. Escusado é dizer-lhe que conto com a sua colaboração. [...] Há, porém, uma coisa que há de ser o nosso escolho: é a tradução. O que uma obra perde de graça natural, de perfume, é incalculável. [...] Eu peço-lhe que me deixe a sua morada em Inglaterra e em Lisboa, para nos correspondermos sobre este assunto. Mas o que eu quero sobretudo, é que se não esqueça de me dar o prazer da sua visita, todas as vezes que passar por Paris". Mariano Pina vai depois almoçar com Eça num restaurante do *boulevard* des Capucines, assim rematando a visita a Zola: "E o nosso almoço foi dos mais tranquilos – o almoço de dois homens que já tinham ganho bem o seu dia!"

Como se sabe, é hábito dos escritores não revelarem muitas das suas leituras e Eça, mestre consumado da dissimulação, deve ter omitido a Antônio Nobre outras leituras que teria feito de Zola, entre elas, naturalmente, *La Faute de l'Abbé Mouret*. Aliás, no prefácio dos *Azulejos* do conde de Arnoso (1886) ele cita o "épico genial do *Germinal* e da *Oeuvre*", apelidando o *Assommoir* e a *Nana* de obras "vivas, rijas, fecundas, resplandescentes criações". Nas *Cartas Inéditas de Fradique Mendes*, Eça viria a escrever, mais tarde: "A glória de Zola vem sobretudo da universalidade e modernidade dos seus assuntos – a terra, o dinheiro, o comércio, a política, a guerra, a religião, as grandes indústrias, a ciência –, que são os fatos supremos que interessam o homem culto" (carta IV). Em recente artigo, Marie-Hélène Piwnik fez um estudo comparativo entre o romance de Zola *Paris* e *A Cidade e as Serras* (Piwnik, 1988) onde revelou preciosos segmentos comparativos entre estas duas obras.

E. EM BUSCA DE ESTABILIDADE. O CASAMENTO. RETRATO DE EMÍLIA DE CASTRO

Já em fins do seu terceiro posto consular, em Bristol, terminadas as viagens a Angers, Eça confessa a Ramalho Ortigão a carência de uma disciplina e de um regime que não pode alcançar senão com o casamento, e escreve: "Eu precisava de uma mulher serena, inteligente, com uma certa fortuna (não muita), de caráter firme sob um caráter meigo – que me adotasse como se adota uma criança; que me pagasse o grosso das minhas dívidas, me obrigasse a levantar a certas horas cristãs – e não quando os outros almoçam – que me alimentasse com simplicidade e higiene, que me impusesse um trabalho diurno e salutar, e que, quando eu começasse a chorar pela lua, ma prometesse – até eu a esquecer... Esta doce criatura salvaria um artista – e faria uma daquelas obras de caridade que outrora levava gente ao Calendário. Mas, ai! Onde está esta criatura ideal?" (carta de 8.4.1878).

Numa viagem de férias ao Norte de Portugal conviverá com a família dos Castro Pamplona (condes de Resende), família há muito sua conhecida, do Porto. Com Luís, conde de Resende, fora ele ao Oriente, alguns anos antes. A companhia mais permanente e estreita com Emília, irmã deste seu amigo, doze anos mais nova do que ele, transforma-se rapidamente num princípio de namoro. Palco desse convívio foi a Praia da Granja, onde os Resende costumam veranear, e em Canelas o que é hoje conhecido por "Solar dos Condes de Resende", velha casa apalaçada de excelente traça, com origens medievais, hoje centro cultural do município de Vila Nova de Gaia, que contém um núcleo de investigação arqueológico, os arquivos da nobre família e um conjunto de japoneiras várias vezes centenárias. Emília oferece

O grupo dos cinco: Eça, Oliveira Martins, Antero de Quental, Ramalho Ortigão e Guerra Junqueiro.

inicialmente resistência, dado encontrar-se ainda abalada por um namoro malsucedido com Luís Soveral, aliás companheiro de Eça, que virá a ser mais tarde brilhante diplomata em Londres e íntimo da família real inglesa. Manuel de Castro, seu irmão, irá quebrar as relutâncias de Emília. Há que cumprir todavia as formalidades da época. Eça escreve à mãe de Emília, a condessa de Resende, pedindo-lhe a mão de sua filha:

Bristol, 30 Ag. 1885
Minha senhora
O afável acolhimento que sempre encontrei em V. Excia., em relações que já contam bastantes anos – animam-me no momento em que procuro alcançar de V. Excia. o mais alto e mais precioso favor. Não surpreenderia talvez excessivamente V. Excia. dizendo-lhe que tenho por sua filha a Sr.ª D. Emília de Castro a mais séria e mais completa afeição. Possuo hoje algumas razões para crer que ela vê estes sentimentos sem desfavor e é apoiado nesta confiança que eu venho implorar de V. Excia. minha Senhora, a honra de me conceder a mão de sua filha. Seria para mim a maior satisfação e a maior felicidade – o ligar-me por estes laços mais estreitos e mais íntimos à família de V. Excia. – a que me prendiam já, tão carinhosamente, longos anos de leal amizade. Ponho respeitosamente aos seus pés, minha Senhora, a homenagem da minha alta consideração.
Eça de Queiroz

A condessa de Resende, por seu turno, envia-lhe esta carta:

Exmo. Snr.
Recebi ontem a carta de V. Excia. em que me pede a mão da m.a filha Emília; apesar desta carta ser já esperada não podia deixar de me impressionar m.to: casar uma filha é uma coisa tão séria que não admira me custe. Contudo reconhecendo as boas qualidades e merecimentos de V. Excia. vendo além disso a m.a filha m.to satisfeita com este casamento, não posso deixar de o aprovar: esperando que Deus os abençoará e fará muito felizes.
Sou com toda a consideração e amizade. De V. Excia.
7 de Setembro 1885
Condessa de Resende.

Depois de um breve noivado, casarão no Porto, na capela privada do solar da Quinta de Santo Ovídio, a 10 de fevereiro de 1886. Antes, porém, os pais de Eça fazem uma "Declaração Extravagante de Legitimação", assim redigida:

Emília, à direita, com a irmã Benedita.

Emília, noiva.

Declaramos nós abaixo assinados que José Maria, que foi batizado na igreja matriz de Vila do Conde, no dia 1º de dezembro de 1845 como filho natural do abaixo assinado, é filho da abaixo assinada e que para o legitimar contraímos matrimônio no dia 3 de setembro de 1849 na igreja do extinto Convento de Santo Antônio da cidade de Viana do Castelo.

Lisboa, 23 de dezembro de 1885.

D. Carolina Augusta Pereira d'Eça de Queiroz

José Maria d'Almeida Teixeira Queiroz

O casal chega a Bristol, depois de uma viagem por Madrid e Paris, onde se hospeda no n. 6 da rue St. Petersbourg. A 20 vai a Versailles, *chez le grand Roi*, como ele diz em carta a Mariano Pina.

Eça alugara nos arredores de Bristol uma moradia isolada, mobilada e imponente, no n. 38 de Stoke Hill. Hoje pode ler-se junto da entrada: *Eça de Queiroz, Portuguese Writer, Consul in Bristol, 1878-1888, Lived Here*, em placa inaugurada por Antônio Eça de Queiroz em 5 de abril de 1960. Uns meses antes de se casar Eça queixara-se à noiva que tinha a sua vida econômica tão atrapalhada que precisava de um ano para saldar as dívidas.

Eça e o cunhado Manoel de Castro.

Casa de Bristol em Stoke Hill.

Com uma família tão reduzida, perguntar-se-á: como justificar casa tão aparatosa? Só o seu gosto pelo "suntuoso", como diria mais tarde sua mulher, poderia originar este comportamento. Visitei esta casa em 1982. Aí tive uma agradável conversa com a proprietária, Mrs. Manders, que havia lido com enorme agrado algumas traduções inglesas da sua ficção, tendo ficado agradavelmente surpreendida com o *Crime do Padre Amaro*. Na parede do vestíbulo, encaixilhada, encontrava-se uma página autógrafa de *O Primo Basílio*. Surpreendeu-me a vastidão da moradia, a sua decoração interior de motivos indianos, as suas ricas madeiras. Vem assinalada no *The Oxford Literary Guide to the British Isles*, edição de 1977, onde se diz: "Sabia-se que ele vivia longe do consulado, que ficava na Queen Square, mas a casa exatamente, então denominada *Vashni*, só após longa busca pôde ser localizada a partir do esboço feito por um contemporâneo". O contemporâneo foi o conde de Ficalho, que aí esteve hospedado com o conde de Arnoso no ano do casamento de Eça.

Sobre este casamento muito se tem escrito e o seu principal biógrafo, João Gaspar Simões, considerou-o como de mera conveniência, ou seja, um "*mariage de raison*", como o apelida, apoiando-se nas cartas de sofisticado estilo que Eça escreveu a fazer a sua participação, onde procura evitar sentimentalismos, como, por exemplo, na carta que escreveu a Ramalho Ortigão, o único dos seus amigos que assistiu ao casamento, a quem o comunica nestes termos distantes: "Este casamento e a séria e grave afeição que o produz, é tão simples que não tem história. O único lado pitoresco para deleitar as nossas almas de artistas, querido Ruydsael, é que quando a Emília e eu estávamos constantemente juntos, na longa intimidade de três meses, falávamos de livros, de cozinha, do que dizia o *Ilustrado*, um pouco de religião, muito das senhoras da Granja, de arte, de cães, de cultura da beterraba, e uma outra vez, do Fontes. E foi quando nos separamos que, de repente, batendo cada um por sua vez na testa, exclamamos a toda esta distância: É verdade, esquecemo-nos dizer que devemos unir os nossos destinos!...". Esta carta contém afirmações de artificioso disfarce, e só um crítico atento e conhecedor do complicado temperamento de Eça a poderia plenamente interpretar.

Depois de publicada a biografia de João Gaspar Simões, em 1945, não se conheciam ainda as cartas íntimas dos noivos. Só seriam publicadas, mas parcialmente, quatro anos depois, em 1949, por sua filha Maria Eça de Queiroz, com o fim de desmentir as interpretações daquele biógrafo. Com certeza, Eça, escolhendo uma aristocrata com alguma coisa de seu – que não dinheiro, que naquela casa histórica não havia, mas sim propriedades – fazia um casamento de conveniência, mas só em parte. Precisava, como ele dizia, de uma disciplina e de um regime, de uma mulher que lhe proporcionasse um clima de estabilidade, favorável ao seu trabalho. As suas reflexões sobre este problema deveriam ter sido muito semelhantes às de José Ernesto, personagem do conto póstumo, "Um Dia de Chuva": "Decerto podia casar, tinha como todos os homens de casar. Mas com quem? Ele exigia tanto numa mulher – a beleza! A alegria! A saúde! A bondade! A simplicidade! E depois ainda uma raça antiga porque *no fundo é uma boa condição*. Onde estava por acaso, essa maravilha?" Casamento de conveniência, portanto, para ambas as partes, porque Emília arriscava-se a ficar, como as irmãs, solteira, condição indesejável naquela época, em que as mulheres do seu meio ou professavam ou se transformavam em preceptoras dos sobrinhos.

Mas a paixão esteve também presente nessa escolha e tal sentimento é bem visível na correspondência integral de Eça com a noiva, que só em 1983 Guilherme de Castilho publicaria em dois volumes dedicados à correspondência geral do escritor, na Imprensa Nacional. Quando ele chega a Lisboa, para se casar, não tarda em escrever à noiva, confessando: "Meu Deus, o que é que eu não amo em si? Qual é o bocadinho da sua pessoa e da sua alma, de que eu não gosto? Oh meu amor, queira-me um poucochinho de bem, porque eu quero-lhe, e quero-a infinitamente..." (carta de 3 de novembro de 1885).

Cerca de um ano antes, em carta de Londres, confessa-se "*a man of excitment and passion*", comparando o seu temperamento vibrátil com a serena quietude da noiva, mais afirmando, ao referir as qualidades de Emília: "Em quanto à beleza material... infelizmente para mim, eu parece-me que a minha noiva é uma das mais lindas mulheres que existe. Pelo menos, de todas as mulheres que tenho conhecido é a *mais mulher* – e todo o encanto feminino reside nisso". Mas interrogava-se, ao dizer-lhe ainda: "Que lhe posso eu dar, eu *half worn-out man of letters* em troca do seu coração que merece tanto cuidado e carinho?" (carta de 8.10.1885)

Vemo-la em todos os retratos com um ar de serenidade e reflexão, um porte distinto e uns grandes olhos, onde se pode descortinar o "ligeiro véu de melancolia" que Eça havia assinalado. A fronte é alta. Uma boca fina e rasgada dá um toque de personalidade e firmeza ao rosto arredondado, cuja modelação não apresenta atributos de fotogenia. Confirma-o esta passagem da filha de Jaime Batalha Reis, para Maria Eça de Queiroz: "É verdade que tua mãe (como a minha) não era fotogênica, um dos encantos pelo qual eram conhecidas, era os seus movimentos de rara *gracefulness*, o que, evidentemente, não aparece bem numa fotografia".

Folheiem-se as 622 cartas que o casal trocou e que publiquei em 1995 (*Eça de Queiroz–Emília de Castro, Correspondência Epistolar*). Pode daí concluir-se a perfeita harmonia que existiu entre eles durante os catorze anos de união. Eça conheceu Emília, no Porto, pelos dez anos, mas só mais tarde se viria a interessar por essa rapariga donairosa e de olhar melancólico, que falava fluentemente francês e inglês, gostava de ler e até de representar. Quando Eça chega a Portugal para se casar, era já um escritor célebre e noticiado. Na sua bagagem estavam provas de *Os Maias* e de *A Relíquia*.

Emília deu-lhe uma enorme ternura, suportando estoicamente os dramas econômicos que atormentaram sempre a vida do casal. Depois de conhecermos a sua correspondência tornou-se claro que Eça viveu sempre acima das suas possibilidades monetárias. Como vemos por essa correspondência, ele controlava todas as despesas, dando a Emília o dinheiro que ela solicitava à medida das necessidades do dia a dia. A vida social do casal era comedida, limitando-se aos portugueses que passavam por Paris e a uns poucos brasileiros de convívio íntimo. Emília era uma criatura simples. Simples era o seu viver. Um dia de 1889 que Eça vem a Lisboa e participa de um jantar dos Vencidos da Vida, ela observa-lhe: "Já te lançaste nos braços dos teus amigos os Vencidos? Por quem és, não lhes tomes os ares".

Quando tem de fazer em Paris uma visita à Rainha D. Amélia, enfada-se, e o seu espírito crítico não poupa a soberana. Chega mesmo a criticar o marido por considerá-lo demasiado "áulico". Considera-se ela própria pessoa de pouca cerimônia, quando, aos despedir-se dos Oliveira Martins, encontra na Gare d'Orléans (hoje Gare d'Austerlitz), Eduardo Prado, Mariano Pina e Miguel Dantas, ministro de Portugal em Londres, observando ao marido: "O pior é ele [Dantas] ser uma pessoa de tanta cerimônia e nós de tão pouca, sobretudo eu" (carta 158, *Eça de Queiroz–Emília de Castro, Correspondência Epistolar*). Numa ocasião em que João Franco se encontra em Paris e Eça lhe recomenda que o visite, responde-lhe nestes termos: "Ainda não sei se o Franco chegou, mas não tenciono procurá-lo sem que cá venham, não é *nada* preciso, não posso adivinhar aonde se alojam; também me parece excelente moço – *mais je suis misantrophe!* Não tenho pachorra para visitas que não sejam íntimas" (carta de 19 de abril de 1898). Quando Eça adoece gravemente na Suíça e Eduardo Prado lhe escreve aconselhando-a a juntar-se ao marido, para a convencer e decidir a empreender a viagem, diz-lhe: "Glion é um pouco janota e sei que não lhe agradaria. Eu e o Ramalho passamos ontem por uma aldeia perto de Interlaken que achamos ideal para o Queiroz e V. Excia." Sobre o artigo de Eça "Novos Factores da

Política Portuguesa", da *Revista de Portugal* (abril de 1890), Emília faz-lhe estas curiosas observações: "Gostei muito do teu artigo político, tens muita razão em tudo o que dizes; mas ri um pouco às tuas ideias ultramonárquicas; a tua monarquice é decerto por achares que no dia de hoje uma república era fatal para Portugal, *mais dans mon fort intérieur*, eu acho-te um quase nada áulico – de quem será a obra?" (carta de 5 de junho de 1890).

Era também ciumenta, na sua relação conjugal com o marido. Preferia sabê-lo, nas suas viagens a Portugal, entre os familiares dela, no Porto, no solar de Santo Ovídio, a imaginá-lo em Lisboa, onde Eça era muito solicitado pelo convívio social dos numerosos amigos. E assim se expressa: "[...] em te sabendo em Lisboa, redobrarei de saudades, não é falta de confiança na tua fidelidade, é que estando em Santo Ovídio, estás menos distraído de mim, hás de por lá encontrar vestígios meus, faz-me amizade saber-te lá, em Lisboa, parece-me que estás espalhado aos quatro ventos, amigos, *vencidos*, Marias Isabéis etc. etc., é outra atmosfera, muitíssimo pior" (carta de 20.4.1890). Oito dias depois diz-lhe: "*Mon volage époux*! Em que abismos te fariam cair as seduções de Lisboa? [...] prefiro saber-te no Porto, é outra atmosfera, outra seriedade, outra virtude". Às queixas, com certeza infundadas de "traição", ele responde, de Lisboa: "E em quanto à minha infidelidade, como durante o dia ando nos meus negócios, e as noites invariavelmente as passo com O.M. [Oliveira Martins], e Mayer (e casualmente um ou outro amigo), não sei como as poderia fazer, a não ser que entabulasse relações culpadas com os mesmos Srs. Mayer e O.M.! Do outro sexo quase que não tenho visto *specimens*, de perto. Jantei, é verdade, em casa da Maria Isabel, há dias com o O.M.; mas essa velha amiga, já quase pela sua respeitabilidade e aspecto geral, pertence, como o próprio O.M., ao sexo masculino. Eis tudo o que eu tenho visto do *mundo*" (carta de 12 de maio de 1890). Vejamos uma recolha concentrada de manifestações de ciúme de Emília, num período que vai de 26 de março de 1889, a 3 de dezembro de 1891:

> Em quanto aos teus divertimentos mundanos, quero crer que não flirtaste, mas não fico inteiramente certa, também não posso deixar de dizer que acho o teu *fácil gracejo* a respeito das senhoras dum gosto duvidoso. / Achei o teu bilhete de hoje muito magro depois de três dias de jejum, se não fosse o final no qual me mandas m.tos ternos e *fiéis* beijos, julgava que me estavas pregando alguma / eu tenho o juízo ou a ingenuidade de estar certíssima de ti como *esposo*, mas quem sabe? Em Lisboa as companhias são péssimas e reles, eu sei cá em que tu e os teus compa-

nheiros vencidos se empregavam a última vez que estivemos em Lisboa? / Devo dizer-te que fiquei com muitos ciúmes da rainha, confesso que detesto ouvir-te gabar tanto outra mulher, beleza, inteligência, simpatia. Jesus! o que por aí vai – e eu mísera mesquinha!!!! / estou a ver a tua cara de seca, "eu pândega? Tomara eu saúde, e tempo etc.,etc." Mas assim é que todos os maridos respondem – Olha que eu não estou a sério, estou mesmo a rir; (talvez erradamente) julgo-te o espelho dos maridos, estou apenas secada por não saber de ti.

A vida em Paris era cara, os empregados eram, por via de regra, dois ou três. Isto representava despesa. E nem as propriedades que viria a herdar por morte da mãe, em 1892, resolveram o problema de falta de pecúnia. Juntamente com as informações detalhadas sobre os filhos, que Eça não dispensava, sobre as suas pequenas graças e maleitas, a que ela chamava *bulletins*, Emília enviava-lhe longas e pormenorizadas listas das suas despesas. O drama do dinheiro que acompanha Eça desde sempre, espelha-se na correspondência de Emília de forma pungente, dolorosa. Há que fazer, uma vez mais, uma recolha concentrada, como amostragem dos queixumes, do que deixou nas suas cartas ao marido (entre 16 de abril de 1890 e 27 de maio de 1892), e porque se trata de um problema comum aos dois, desta vez com mais amplitude de transcrição:

É horrível ter por junto uns francos [...] com pouco, como temos, é difícil viver numa terra tão cara, eu caio em tristeza – mas mudemos de assunto, pois posso pegar-te a tristeza falando no reles dinheiro que tanto lugar ocupa na vida. / Oh! Josezinho! Vivo apoquentada com a falta de dinheiro, não tenho feito extravagâncias, mas não tenho nada, dei hoje os meus penúltimos francos à ama para sapatos, e tremo sempre de me ver numa atrapalhação / estou sem vintém, literalmente sem vintém, já não comemos peixe porque esse se compra no *marché, aonde não fiam* / Faz-me pena estar-te a secar com esta questão do dinheiro, mas que remédio tenho, *when she is staring me in the face* a cada momento / para evitar tomar fiacres, vamos quase sempre a pé, como não hei de eu ter tristeza? Este capítulo – dinheiro, *is always a sore place!* / temos tido a maior vontade de ir a Versailles, *mais quoi!* Pas de sou, tenho uns francos no *porte-monnaie* que guardo com avareza, para uma necessidade / estou numa situação sem nome, fui recorrer a Dâmaso, que também está *à sec*, deu-me 100 francos e só à Rosalie devo 390!! Ao Jean 140, ao carvoeiro, ao gás, à botica!! Não sei o que há de ser! / isto de dinheiro está horrível, as criadas vêm pedir-me dinheiro para as compras, e eu não lhes posso dar nada, já não é em fiacres que fazemos economias, nem em *omnibus* podemos andar, tenho ao todo dois sous! / queria pagar tudo com facilidade e que tu viesses depressa, essa é a única felicidade que espero com ansiedade / a culpa é da vida civilizada, e da muita gente que temos, creio que é difícil gastar menos, sem uma reforma geral, gostava que examinasses o livrinho cuidadosamente; talvez nos fosse bem mais barato viver em Asnière, como eu desejo, teríamos menos jantares, o que é sempre uma despesa, e penso que tudo seria menos caro, podíamos também resumir as criadas / Participo-te que mandei pedir 50 francos ao Dâmaso, já estou há dias sem vintém, e como corro o risco de ter de pagar algum fiacre a umas compatriotas, não tive remédio senão recorrer ao consulado / Estou sem vintém, mando-te uma relação de tudo o que gastei, para que vejas que não tenho culpa se o dinheiro se acabou / não sei como o dinheiro escorrega entre os dedos, mesmo tendo privações, eu tenho privações, não compro um vestido, e bem preciso, não mando buscar vinho – *n'en parlons plus*, esta contínua luta com o dinheiro dá cabo de mim, tomara ir viver para mais longe, aonde ninguém fosse, numa casa muito pequena aonde por força fizesse economias, mas diante de mim só vejo despesas / estou *sans le sou*; a Rosalie e Jean reclamam dinheiro, hoje não fizemos *maigre*, porque é preciso pagar *contant* ao peixeiro! É uma situação inverossímil, o que vale é que eu de nada me envergonho, mas criados franceses devem achar extraordinário que eu assim governe a casa.

É graças ao fato de o casal se cartear com frequência que podemos hoje dispor de preciosas informações sobre as circunstâncias da sua vida. Eça vinha a Portugal, por via de regra só, e permanecia em Paris quando a família ia de férias para as praias do norte de França: Val André, Saint-Aubin, Paris-Plage. Parte do tempo de Emília era dedicado à leitura, de autores como Thackeray, George Eliot, Thomas Hardy, Stendhal, Balzac, Maupassant, Pardo Bazán e Tolstoi. Eça, típico representante da época vitoriana e, ademais, discípulo de Proudhon, para quem os aspectos literários não constituem os atributos mais representativos das mulheres, não dá mostras de qualquer atenção aos comentários que Emília lhe vai transmitindo sobre as suas emoções literárias. Estranhamente, nunca lhe lemos quaisquer comentários às impressões literárias que a mulher experimenta e lhe comunica! Quando transita para o posto consular de Paris e funda a *Revista de Portugal* – de que ele pretende fazer um órgão de grande prestígio intelectual da cultura portuguesa –, Emília fará voluntariamente traduções de artigos americanos, ingleses e franceses, para o ajudar a vivificar esta revista, que Eça jamais publicou. É o caso do conto "Miggles" do americano Bret Harte. Eça chega a sugerir-lhe a tradução remunerada da edição inglesa do *Dicionário dos Milagres*, o que parece não ter jamais acontecido, o que a alvoroça: "Esposo da minha alma! Isso é o meu *desideratum*, ganhar uns vintenzinhos para a minha algibeira, para pagar uns fiacres sem me ver obrigada a pedir-te dois francos! Para esbanjar sem necessitar dar-te contas, para mandar vir um fatinho marujo para o Zézé!" Em férias com os filhos em Val André, estamos em julho de 1893, conta ao marido: "Eu estive no meu quarto, lendo uns contos mais ou menos desavergonhados de Guy de Maupassant". Dessa mesma praia, este excerto: "Estou lendo um livro de George Sand que me interessa muito, *M.elle (de) la Quintinie*, não sei se é tido por bom ou maçador, mas eu gosto muito, *il y a du prêtre là dedans* e muita controvérsia; o herói *le jeune Émile*, é perfeito demais, aproveitou em absoluto toda a educação filosófico-religiosa de seu pai, mas a heroína é extremamente simpática, e ainda que no momento atual, os dois se vejam *in great trouble*, graças à influência do padre, espero vê-los ainda felizmente unidos; o que saberei decerto logo à noite, em acabando o livro. Pois gostei de fazer conhecimento com a grande escritora e prometo-me comprar mais algum livro dela, edição barata, bem entendido".

De Neuilly para Lisboa informa o marido de uma outra leitura: "Não leio nada novo, porque não tenho, mas com a minha má memória, gozo *tout autant*, relendo livros velhos, estou relendo George Eliot, e ontem derramei bastantes mal empregadas lágrimas sobre os reveses de Mr. Tulliver do *Mill on the Floss*". Ainda de Neuilly, a 26 de abril de 1899, informa o marido: "Estou lendo, também em folhetim, um novo romance de Tolstoi, que me interessa imenso, quase choro, quando o jornal não traz folhetim, e quando não tenho que fazer, entrego-me a *rêveries* tolstoianas, creio que se fosse solteira empreenderia a peregrinação à Rússia para ver e ouvir o filósofo; – provavelmente tratava-me muito mal, pois creio que é *bourru*". Como habitualmente, Eça nada lhe diz sobre estas referências.

Em carta de 28 de maio de 1890, de Paris, Emília diz-lhe com severidade num momento de mais agudo tormento pelo silêncio epistolar de Eça em Lisboa e pelas dificuldades de dinheiro: "Nas mais simples coisas se vê o pouco que te importa a minha satisfação, aí está a *Revista* que ainda não recebi! Pois eu não sou tão analfabeta que não me interesse pelo jornal que tu fundas, e por o que nele se escreve – mas que importa? Governe o seu *ménage*, tome conta nos filhos, o resto não é da sua conta..." Eis um depoimento muito significativo que, juntamente com o fato de Eça não comentar nunca as reflexões que ela lhe faz sobre as suas variadas leituras, levam à conclusão que ele parece subscrever o dito provocatório e excessivo de João da Ega em *Os Maias*, não poucas vezes seu porta-voz: "Uma mulher com prendas, sobretudo com prendas literárias, sabendo dizer coisas sobre o sr. Thiers e sobre o sr. Zola é um monstro, um fenômeno que cumpria recolher a uma companhia de cavalinhos, como se soubesse trabalhar nas argolas". Como observa Maria do Rosário Cunha em obra de tese literária, "Eça andava muito próximo de Oliveira Martins que escreveu: *a mulher sábia é detestável*" (Cunha, 2004, p. 242). E é necessário ler os textos jornalísticos do historiador recolhidos por Antônio Sérgio, no volume II dos *Dispersos*, para se avaliar em extensão o ideário sobre a condição feminina, extremamente conservador, que o autor do *Portugal Contemporâneo* aí advoga (Martins, 1924, pp. 144-166). Oliveira Martins cita nesses textos de 1888 a *Carta de Guia de Casados* de D. Francisco Manuel de Melo e partilha com este autor do século XVII a opinião de que o lugar da mulher é a casa e a sua governação, competindo-lhe a ignorância, que está mais de acordo com a sua natureza frágil e com a necessidade que tem de ser comandada pelo marido! "*Do homem a praça, da mulher a casa*, dizia o rifão e diz a sabedoria" sentencia, entre outros ditames, Oliveira Martins, convicto. Em crônica de 1888, a propósito das mulheres doutoras: "[...] seduzem-nas os óculos professorais com o cabelo curto à homem, um vestuário pardo sem beleza, e botas grossas para andarem depressa, atarefadas, com o livro debaixo do braço, macaqueando os outros. Pobrezinhas! Elas que são o primor da natureza, tornadas o topo do grotesco" (p. 165).

Emília reflete na sua correspondência os sentimentos e as reações políticas de Eça aos acontecimentos fundamentais do seu tempo: antibritânica ao manifestar-se partidária dos *boers*, por ocasião da guerra que eles sustentam na África do Sul contra a Inglaterra; pró-espanhola, quando da guerra hispano-americana, e ardentemente partidária de Dreyfus por ocasião da condenação deste oficial judeu por um tribunal militar francês iníquo. Na prática religiosa as suas posições, todavia, discrepam. O anticlericalismo que Eça mantém inalterável ao longo da vida contrasta com a profunda religiosidade católica de Emília. Eça respeitou esses sentimentos, confiando-lhe a educação religiosa dos filhos. Mais tarde ela ocultar-lhes-ia a celebridade literária do pai, decerto por recear que as páginas de profunda irreverência herética para com o catolicismo institucional, particularmente em *O Crime do Padre Amaro* e em *A Relíquia*, e as de atrevido sensualismo erótico, pudessem subverter os fundamentos da sua educação e prejudicar a sua felicidade futura. "Nunca naquela casa se deixou suspeitar às crianças que tinham um

Emília, com o segundo filho, José Maria.

Emília, viúva.

pai conhecido, artista, ilustre... célebre! Do que tínhamos certo orgulho era de o saber cônsul!", escreve Maria em *Eça de Queiroz Entre os Seus* (1949), aos sessenta e um anos.

É deveras significativo o caso da oposição com que ela enfrentou a edição em livro da tradução francesa da *Relíquia* (que havia sido publicada entre 8.8.1921 e 8.8.1922, pelo semanário *Paris-Notícias*, com tradução de Philéas Lebesgue e Manuel Gahisto). A proibição desta edição, que o editor Albin Michel pretendia publicar, deveu-se à família do escritor, ou seja, a Emília Eça de Queiroz. Valéry Larbaud dá conta desta atitude em carta para Manuel Gahisto, de 20 de abril de 1930, ao escrever: "A extraordinária intransigência dos herdeiros do escritor não se explica, para mim, senão pela sua ignorância da história literária: eles não sabem com que lentidão nem através de quantos períodos de abandono e obscuridade se funda uma fama literária durável, mesmo quando se trata de um escritor ilustre e já clássico, no seu patrimônio linguístico de origem. Eles são assim capazes de esperar, de guardar o grande lote, o seu trabalho brilhante, até ao momento em que Eça, ao cair no domínio público, esse trabalho escapar-lhe-á definitivamente" (Larbaud, 1958, pp. 1270-1271). Mas também o projeto da edição ilustrada de *O Crime do Padre Amaro*, que a Lello haveria de fazer em 1927, com ilustrações de Alberto de Sousa, lhe havia de merecer séria oposição. Em carta de 28.4.1926, até agora inédita, assim escreve a esse editor:

Santa Cruz do Douro, Quinta de Vila Nova

Exmo. Sr.

Soube pelo meu filho que V.as Excias. desejam fazer uma edição ilustrada do *Crime do Padre Amaro*; fiquei sobressaltada com essa ideia tanto mais que quando confirmei a venda dos livros do meu marido, não pensei que se tratasse de fazer outra espécie de edições que não fossem aquelas que se têm imprimido. Em todo o caso tenho a convicção que o *Crime do Padre Amaro* não é um livro próprio para se publicar com gravuras! Por pouco que elas tenham uma intenção humorística, ferem-me dolorosamente, achando também que correm o risco de desvirtuar a intenção do livro. Estou certa que os Srs. Lellos, com quem tive durante tantos anos as melhores relações, nunca me quererão magoar! Porque não ilustram V. Excias. – *A Cidade e as Serras* por exemplo, ou outro qualquer volume que se preste tanto mais a ilustrações bonitas e interessantes, e não as estampas que poderão escandalizar? – Quem é o artista a quem tencionam encarregar da obra? – Entre nós não há muito gosto nesse sentido, e eu teria também grande pena se as obras do meu marido, em si tão artísticas, fossem toscamente ilustradas, por isso peço muito me digam a quem se dirigiram. Repito, *A Cidade e as Serras*, *A Ilustre Casa de Ramires* ou os *Santos* prestam-se bem mais que o *Crime do Padre Amaro* a fazer um volume artisticamente ilustrado e que decerto tanto mais agradaria ao público mais culto. Em todo o caso, Srs. Lellos, uma coisa lhes peço, é que não façam nenhuma inovação na obra de meu marido sem me consultarem, e este é um assunto que me toca mais que a ninguém, e de que nem me posso nem me devo alhear. – A escolha do *Crime do Padre Amaro* assusta-me, desgosta-me por achar que o assunto se presta a ilustrações mais ou menos escabrosas, e digo mais ou menos por estar convencida que o bom gosto dos Sr.s Lellos impedirá que sejam completamente escandalosas, mas acho a escolha quase inexplicável, tendo volumes que dariam uma obra tanto mais bonita e mais artística.

Tendo desabafado com V. Excias. fico à espera da sua resposta convencida que me atenderão e que mudarão a escolha do livro. Estou em casa de minha filha onde conto demorar-me algum tempo. De V. Excias. Muito Atenciosamente Ven.dora

Emília d'Eça de Queiroz

Seguros dos seus contratos, os Lellos não desistiram: em 1927, saíram as edições ilustradas de *O Crime do Padre Amaro*, *O Primo Basílio*, *Os Maias* e *O Mandarim*.

O brasileiro Brício de Abreu, no *Dom Casmurro* de maio de 1945, número inteiramente dedicado a Eça, revela que um escritor brasileiro seu amigo lhe contara que tendo falado com "o velho Lello", este lhe dissera que havia recebido uma intimação da família do escritor para não editar mais *O Crime do Padre Amaro*, *A Relíquia* e *O Primo Basílio*, "por serem ofensivos às ideias religiosas da família".

Isto concorre para explicar a cortina que Emília de Castro procurou estabelecer entre a fama literária do marido e o conhecimento de seus filhos. Numa entrevista televisiva de grande interesse que deu no próprio ano da morte (1970), com oitenta e três anos, que publiquei no Instituto Camões em 2000, sob forma de vídeo, com o título de *Eça de Queiroz, Realidade e Ficção*, Maria Eça de Queiroz, sua filha, conta-nos que em Portugal, depois da morte do pai, onde chega com treze anos, em conversa com um dos tios e com a sua mestra inglesa, veio à baila a questão de quem eram os maiores romancistas portuguesas da atualidade. Seu tio responde: "Sem ir mais longe, o pai da Maria". Surpreendida, pensou "o que é o amor de família"... "Tu não sabes quem é o teu pai?", pergunta-lhe o tio. "Não conheces em França um Bourget, um Anatole France, um Théophile Gautier? O teu pai está nessa *situação*, está nessa *série*", disse-lhe o tio. "Eu que tinha a maior confiança no meu tio acreditei, achei imensa graça", comenta a filha de Eça, nessa entrevista. Ora este tio teria sido, com toda a probabilidade, Manuel, o 6º conde de Resende, que morreu em 1907 (tinha Maria vinte anos), e que Antônio Nobre encontrou na Ilha da Madeira, dando dele um testemunho de cultura e boa conversação. Este diálogo passou-se alguns anos após a morte de Eça, entre os treze e os vinte anos de Maria. Nessa entrevista ela conta-nos também da admiração que, para seu grande espanto, causava na escola por ser filha de Eça de Queiroz. Já teria então assistido à inauguração do monumento ao pai, em Lisboa, em 1904, contava então dezessete anos. Aí ouvira os grandes elogios que os oradores haviam feito ao escritor e que sua mãe não pôde esconder. Confirmam e justificam esta ocultação efetuada por Emília do Eça-escritor a seus filhos as seguintes observações que ela faz ao marido quando este lhe comunica, de Lisboa, a hipocondria de Oliveira Martins e os seus pensamentos de suicídio: "As notícias do filósofo fizeram-me a maior pena, é então a isso que leva a filosofia! – Tu que dizes ter um espírito sereno, devias escrever-lhe, catequizá-lo, e ver se o trazes a ideias amenas; que horror se ele seguisse o exemplo do Antero! Mas não quero crer semelhante coisa: contudo compreendo bem o desespero de uma pessoa sem crença numa outra vida, e sem grande felicidade nesta; ele tem falhado em muito; em política nem falemos, como escritor, talvez ele se ache acima da sua obra; e a paz e o bem-estar que lhe dá a boa D. Vitória não são bastantes para lhe encher a vida; faltam-lhe os filhos, se os tivesse não sentia decerto a tentação de se matar, diante da obrigação de os educar – Oh! Horríveis e nocivas filosofias! Por isso, meu querido José eu quero educar os meus rapazes com religião, se tiverem a felicidade de a conservar, estão livres de muito mal e de muito desespero – pobre Oliveira Martins [...]" (carta de 30 de agosto de 1893).

Após a viuvez, Emília revelará a sua têmpera, ao esforçar-se por educar os filhos, que têm por essa altura treze, doze, dez e nove anos, tarefa nem sempre fácil a que se irá dedicar por inteiro. Da sua influência na obra e nas posições ideológicas de Eça de Queiroz muito se tem escrito. À cabeça dos que o consideram influenciado pelo aristocratismo católico de Emília está o seu biógrafo João Gaspar Simões, que não hesita em escrever: "O casamento tinha agido sobre ele, e não beneficamente, mas pelo contrário, ao arrepio da única coisa que era profundo, humano, pessoal, original no grande escritor: a sua verve caricatural, o seu espírito aceradamente crítico, o seu poder criador por contrastes flagrantes, o seu azedume de libertino" (*Liberdade de Espírito*, p. 142).

Teria sido assim? Supomos bem que não. Eça parece-nos ter sabido manter incólume a sua independência intelectual em face das posições religiosas de Emília. Um ano após a sua morte, ela fazia esta importante confissão a um amigo: "Saído do seu trabalho o José não gostava de falar sobre a sua obra, e agora que pena sinto de não lhe ter perguntado tanta coisa". Esta importante confissão autoriza-nos a supor que Eça pretendeu manter a sua independência intelectual de juízos que ele sabia não lhe serem favoráveis. Emília foi na sua vida, sem sombra de dúvidas, uma presença muito carinhosa e pacificadora, a quem ele teve razões de sobejo para oferecer "a afeição e dedicação de uma vida inteira", como logo na primeira carta lhe prometera. Não se me afigura, todavia, que tenha desempenhado qualquer papel, qualquer influência, na criação literária do marido. Até mesmo o aristocratismo do escritor nada lhe deve. Era nele ingênito.

Já em 1871, com 26 anos, por ocasião das Conferências do Casino, em Lisboa, Eça apresentara-se em público a fazer a sua palestra sobre a revolução literária em que se encontrava mergulhado com modos e traje de "fidalgo", como noticiaram os jornais da época. O poeta Antônio Feijó cedo se lhe refere como um homem "muito fino" e "muito distinto". O expressivo retrato que dele nos deixou Alberto de Oliveira dá-o como "em corpo e alma um Fradique", acentuando que "a palavra fino é que mais vezes acode para defini-lo".

Que poderemos pois ver da presença de Emília na vida e obra de Eça de Queiroz? Destaca-se, desde logo, o seu empenho na criação de um harmonioso ambiente familiar e a carinhosa atenção com que defendeu a sua tão precária saúde, muito particularmente a sua alimentação, ao vigiar-lhe a dieta e não o deixando comer o que sabia que lhe fazia mal. Através do casamento, Eça irá alargar o seu campo de observação, quer por novas relações e ambientes de convivência, quer através das propriedades que sua mulher herdou no Norte de Portugal, em Santa Cruz do Douro, onde hoje é a casa-museu e Fundação Eça de Queiroz, e cerca de Beja, a herdade de Corte-Condessa.

A Quinta de Santa Cruz do Douro virá a ser o palco da segunda parte de *A Cidade e as Serras*, uma das suas últimas obras. Na outra margem do Douro, a margem sul, fica a região que servirá de cenário à *Ilustre Casa de Ramires*. Nessa região, em Cárquere, ficam os túmulos medievais de descendentes do aio do primeiro rei de Portugal, um dos quais casará com uma Castro, antepassada do conde de Resende, título concedido pelo Rei D. José I. Esses túmulos figuram como túmulos de Ramires, nesse romance. O ambiente dos Ramires do século XIX traduzirá, aliás, em variadas situações, a decadência da ilustre Casa dos Resende, de sua mulher Emília. A correspondência de Eça para sua mulher revela essa conexão entre Ramires e Resende. Estes estavam na posse de um rico arquivo histórico, no solar de Santo Ovídio no Porto, com documentos assinados pelo Rei D. Sebastião, que, conta Eça, apodreciam numa cave, num completo desleixo e abandono. Gonçalo Mendes Ramires, personagem principal do romance, manda embrulhar um frasco de sais de frutos com um documento histórico da sua casa. As suas terras padeciam de uma orientação eficaz, tal como as propriedades dos Resende.

Quando Eça visita pela primeira vez a Quinta de Santa Cruz do Douro, em maio de 1892, para conhecer as terras recém-herdadas, onde sua mulher nunca fora, fá-lo "com o olho de dono subitamente aguçado", como observa o narrador Zé Fernandes na novela, durante a subida da serra, e essa circunstância ajuda-o a reencontrar o Portugal rural, o Portugal profundo que ele, homem das cidades, havia esquecido. E vê-lo-á com outros olhos, espantado pelo abissal contraste entre aquela atmosfera de tão puros ares e a Paris cada vez mais cinzenta e mais poluída pelo desenvolvimento industrial e a mecanização. Espantar-se-á também com a enorme fertilidade da terra. "Não posso compreender como este país é um país falido. Em toda a parte onde estive não vi um palmo de chão onde se pudesse assentar o pé sem perigo de esmagar uma semente. As flores silvestres, não tendo já onde florir, procuram refúgio nos telhados. A terra toda parece prenha de pão. E no ar é tudo vinha e azeitona em flor...", diz ele em carta de 28 de maio de 1892, ao seu amigo brasileiro Eduardo Prado.

Jacinto, personagem central de *A Cidades e as Serras*, contempla o céu luminoso de Santa Cruz nesse mês de maio e os seus sentimentos são, como ele diz, como "iniciações". Esta disposição de encontro com o transcendente fá-lo meditar em algo mais do que na crua realidade dos dias: "Entrevia uma outra vida, que não anda somente cheia do Homem e do tumulto da sua obra".

O que Eça vai ter ocasião de meditar em Santa Cruz do Douro, que representa uma nova viragem no sentido da pacificação e suavização da sua truculência e insurrecionismo, é também o resultado do *ultimatum* inglês de 1890, provocado pelo desejo de expansão colonial de Portugal em África, ao pretender ligar Angola a Moçambique, e dois anos anterior à sua visita a essa propriedade. Toda a sua geração foi então obrigada a reunir energias e a repensar a sua noção de pátria e de patriotismo ao som desse explosivo acontecimento que abalou profundamente o país e fez tremer o trono.

Enfim, no convívio de catorze anos com Emília, Eça soube guardar total liberdade intelectual, ao longo de uma trajetória literária nada linear, suscetível de interpretações por vezes díspares, que os seus comentadores nem sempre puderam compreender, não sabendo avaliar a permanência de valores essenciais que jamais se alteraram. A sua posição crítica contra a mediocridade e contra o atraso do país foi sempre uma constante que subjaz a todos os seus escritos. O catolicismo, como instituição burocratizada, constituiu sempre alvo do seu traço caricatural, o que não o impediu de pensar fazer uma revista, com apoio do seu amigo brasileiro Eduardo Prado, que defendesse o neocristianismo em literatura e, em política, o socialismo cristão. Estes princípios vinham expressos na crônica de 1893 "Positivismo e Idealismo", onde constata a tendência espiritualista desse fim de século, neocristã e "místico-socialista", de que ele pretende fazer o retrato como observador neutro, mas em que nós o sabemos também implicado, e de que a seu tempo falaremos mais pormenorizadamente.

Seria subestimar inteiramente a sua categoria e independência intelectual ver nas reflexões, escritos ideológicos e ficções da última fase a influência de Emília de Castro.

F. AS RELAÇÕES DE EÇA COM CAMILO

É tempo de falarmos nas relações entre Eça e Camilo, tão importantes não somente pela reafirmação que através dessas relações Eça faz dos seus parâmetros estéticos, mas também por dados importantes que elas acarretam para a compreensão da sua íntima maneira de ser. Daremos início a uma breve análise deste tema partindo de uma data: 12 de junho de 1886, que é a do prefácio que Eça escreveu para os *Azulejos* do conde de Arnoso, onde desfere um forte ataque a Camilo, sem no entanto lhe citar o nome. Esta data marca a maior tensão das suas relações polêmicas. Aos outros confrontos, polêmica não poderemos chamar. Para isso seria necessário ter havido sucessivamente ataque e resposta, o que não se verificou, pois Eça pôs fim a este dissídio através de uma carta de 1887, literariamente primorosa, que não lhe enviou. Guardou-a entre os seus inéditos para a posteridade e teve assim a última palavra. E no entanto Camilo, pendo a crer, teria preferido recebê-la, pois continha este elogio: "Porque eu, falando de V. Excia. considero sempre a sua imaginação, a sua maneira de ver o mundo, o seu sentimento vivo ou confuso da realidade, o seu gosto, a sua arte de composição, a fraqueza ou a força do seu traço, e, pelo menos, admiro sem reserva em V. Excia. o ardente satírico, neto de Quevedo, que põe ao serviço da sua apaixonada misantropia o mais quente e o mais rico sarcasmo peninsular".

Comecemos por esta questão simples: algum dia se encontraram estes confrades, supremos representantes da literatura no Portugal do seu tempo? Decerto que sim, uma vez pelo menos, segundo dois testemunhos, o de Ramalho Ortigão e o de Ricardo Jorge, e em São Miguel de Seide. Num artigo de *As Farpas* de 1874, ao recordar os tempos do Cenáculo de Lisboa, Ramalho relata: "Queiroz tinha, efetivamente, nessa época, uma grande carência de conhecimentos práticos. Um dia, no Minho, Camilo Castelo Branco havia-lhe dado mel. Ele ficou pasmado de que o mel existisse. Tinha sempre considerado o mel, que nunca provara senão nas odes do senhor Vidal, como uma imagem de retórica, criada por Lucrécio, e que Plínio adotara como mera ficção poética, curiosa para os naturalistas". Ricardo Jorge escreve mais objetivamente no seu livro sobre Camilo: "Eça de Queiroz

Camilo Castelo Branco.

num almoço em Seide, ao ver no prato este alambreado néctar da culinária antiga, exclamou: *Mas isto realmente é mel? Pensei que o mel não existia... uma imagem dos tempos arcaicos.* Toques de ignorância afetados dos artistas". Assim comenta Ricardo Jorge este episódio. Ressalta daqui, claramente, que Eça fizera uma *boutade*, nada mais. Resulta inteiramente compreensível este episódio à luz daquela observação de Fialho de Almeida, de 1882, sobre Eça: "Espírito adorável, bordado de infantilidades sabiamente premeditadas para os efeitos cênicos da sedução intelectiva..." Era impensável que em Verdemilho não tivesse visto nem abelhas nem colmeias e não tivesse comido o seu pão com mel!

Em 1871, escrevendo a Vieira de Castro, a propósito de uma carta publicada sobre as *Farpas*, assinado por um tal "Samuel", Camilo, comenta: "Aqui no Porto há muito quem te atribua as *Farpas*, quero dizer a carta. Acham-na boa. O Eça de Queiroz que está aqui, disse que lhe parecia tua". Este laconismo pode fazer supor que Camilo esteve então com Eça, no Porto. É muito possível que o tenha avistado na Póvoa de Varzim, praia muito frequentada por Camilo e pelo Eça estudante. Em casa de sua tia Carlota, no Porto, onde Eça passava férias durante os tempos do Colégio da Lapa, Camilo era leitura habitual dos serões, segundo testemunha um familiar descendente de Carlota. É mais do que plausível que tenha entrado ao conhecimento literário de Camilo por essa altura. A acreditar na carta que não chegou a enviar a Camilo, Eça teria "rido e chorado sobre os seus livros de paixão e de ironia".

Podemos afirmar que o autor de *Os Maias* não suportava no estilo de Camilo "o torneado relevo" e as "frases arrebicadas", sentimentalistas, de que o próprio Camilo tinha, aliás, consciência perfeita e de que troçava: "Aí vem o estilo ramalhudo!", exclama Antônio Joaquim (alter-ego do romancista) nas *Vinte Horas de Liteira*. E no prefácio à 5ª edição do *Amor de Perdição*, escreve acerca desta obra: "Vista à luz elétrica do criticismo moderno, é um romance romântico, declamatório, com bastantes aleijões líricos, e umas ideias celeradas que chegam a tocar no desaforo do sentimentalismo". Em *A Cidade e as Serras* Eça faz esta anotação significativa pela voz do Zé Fernandes, que anda à cata de noiva para Jacinto, ao referir-se a uma tal Beatriz Veloso: "Essa é bonita... Mas, menino, que horrivelmente bem-falante! Fala como as heroínas de Camilo. Tu nunca leste o Camilo. E depois, um tom de voz que te não sei descrever, o tom com que se fala em D. Maria, em peças de sentimento".

Em 1879, Camilo publica o *Eusébio Macário* e no ano seguinte *A Corja*, sua continuação, a que chama "romances facetos", de imitação da escola realista.

Por maior que seja a sua versatilidade, e tendo ainda em conta que se trata de uma intenção caricatural e polêmica, não lhe foi fácil o manuseamento dos novos moldes literários. As personagens destas obras são exageradamente devassas e reles e correspondem, pela deficiente efabulação e até pela forçada e cansativa adjetivação, a uma fase de decadência. Camilo, em carta a Silva Pinto, escreve: "O *Macário* foi uma disenteria de todo o meu *gênio*. Derramou-se-me o cérebro naquela dejeção e não sou capaz de dar nem melhor nem pior que aquilo" (carta de 14.4.1882). Nas posições críticas de Camilo hostis à nova literatura, que Eça produzia com fulgor, pesava decerto o sentimento de que essa novidade poderia pôr em causa a fidelidade da legião de leitoras, de todas as idades, que esgotavam as suas edições, de cuja venda ele dependia. E se essas leitoras viessem a preferir as Amélias, Luísas e Marias Eduardas? Aquelas "fezes amassadas", como chamou ao novo realismo, mostravam-se afinal de contas bem "atrativas", como escreveu. Com efeito, lemos em carta para Maria Amália Vaz de Carvalho (24.3.1878): "Essa escola que abriu o Eça de Queiroz vingará por dúzias de anos. Aquilo são fezes amassadas, mas a forma que ele lhes dá é atrativa. Tanto importa que a matéria-prima seja de alabastro como de guano: a estátua é bonita. Em cada 100 leitores há 99 Basílios que gostam de se ver retratados".

Eça reaje com energia às experiências "realistas" de Camilo, atacando-o, sem lhe citar o nome, como atrás dissemos, no prefácio dos *Azulejos* do conde de Arnoso: "Os discípulos do Idealismo, para não serem de todo esquecidos, agacham-se melancolicamente e, com lágrimas represas, besuntam-se também de lodo! Sim, amigo, estes homens puros, vestidos de linho puro, que tão indignadamente nos arguiam de chafurdarmos num lameiro, vêm agora, pé ante pé, enlambuzarem-se com a nossa lama! Depois erguendo bem alto as *capas* dos seus livros, onde escreveram em grossas letras este letreiro – *romance realista* – parece dizerem ao público, com um sorriso triste, na face mascarrada: 'Olhem também para nós, leiam-nos também a nós… Acreditem que também somos muitíssimo grosseiros, e que também somos muitíssimo sujos!?' "

Camilo replica vigorosamente: "Salvo seja. Ora aquilo é comigo. O sr. Eça de Queiroz desembestou aquela frecha apontada ao meu peito inocente; mas alvejou com o seu olho mais míope, ou sacrificou a verdade a umas pitorescas frases azedas e já bastante puídas que não valiam a pena do holocausto" (*Óbolo às Crianças*).

Eça escreve-lhe então a já referida primorosa carta que deixa na gaveta para a posteridade. Por quê? Por respeito para com a doença galopante que atormentava Camilo, a cegueira, que havia de o levar três anos depois ao suicídio? Por receio da reação de Camilo? Nunca o saberemos. De fonte certa sabemos apenas que as desculpas que deu a Luís de Magalhães por não lhe ter enviado essa missiva são de todo controversas. "Era muito longa, toda a lápis, tinha de ser copiada…", não tinha tido paciência para o fazer. Mais tarde verificou-se que o manuscrito fora cuidadosamente emendado e apurado! Na escaramuça de quase vinte anos que mantiveram, Camilo não excede nunca os limites da cortesia, manifestando abertamente a admiração que tinha por aquele seu jovem confrade, vinte anos mais novo! Na resposta ao ataque formulado no prefácio dos *Azulejos*, chega a fazer a afirmação pungente de que Eça apenas lê os "frontispícios" dos seus livros: "Eu é que vejo tudo quanto o insigne romancista imprime"! Uma circunstância, indubitavelmente, impediu a clava sempre pronta do autor do *Amor de Perdição* de destroçar Eça. E com que modos destemperados habitualmente o fazia! Aí estão as inúmeras polêmicas em que participou, e que Alexandre Cabral compilou e anotou para a editora Livros Horizonte, a prová-lo. Essa circunstância foi o fato de ser amigo do juiz Teixeira de Queiroz, pai de Eça, que foi seu conselheiro jurídico quando da prisão na Cadeia da Relação do Porto, por adultério. Este juiz chegou mesmo dar-se por suspeito para não ter que o julgar. Tal atitude foi sempre para Camilo motivo de grande gratidão e a prova disso são as numerosas referências que deixou na sua correspondência ao juiz Queiroz, chamando-lhe o "honrado Queiroz" e "boníssimo Queiroz". Numa carta ao visconde de Ouguela, de 15 de dezembro de 1872, Camilo deixa este expressivo comentário: "Abraça o nosso adorável Queiroz quando o vires. Isso é ouro de 24 quilates, e brilhante sem jaça".

Há que ter em conta – quando falamos de Camilo, das suas polêmicas e do seu vezo polemicante – que esses embates eram para ele estimulantes distrações, como claramente confessa ao seu amigo visconde de Ouguela, a propósito de Alexandre da Conceição: "A questão com o Conceição é uma tolice; mas distraiu-me algumas horas sem me impacientar. Tu não formas perfeita ideia da minha vida. Quando se acabarem estes estímulos, tenho de aplicar um ferro em brasa à epiderme para me distrair. A cruz que eu arrasto ninguém a suportava" (carta de 17 de abril de 1881).

É de 21 de fevereiro de 1887, ano de publicação de *A Relíquia*, a divertida blague que Eça faz a Camilo, anonimamente, num jornal do Porto, *A Província*, fundado por Oliveira Martins, num número de Carnaval. O inglês Mr. Cumberland, excepcional *mind reader*, viera ao Porto fazer sessões de adivinhação. Inspirado no acontecimento, Eça distingue nesse texto a figura do visconde Correia Botelho (título com que Camilo fora agraciado dois anos antes) da do escritor Camilo Castelo Branco. Mr. Cumberland pede ao visconde para esconder "o seu objeto mais odiado". Logo o visconde, sobraçando o autor do *Amor de Perdição*, foi procurar escondê-lo no saguão. O público impede-o, porém, de cumprir tal desígnio, pelo que o visconde deixa cair Camilo num tinteiro, donde logo escorrem "obras de todas as cores, feitios e tamanhos, já impressas e brochadas: romances, contos, biografias, dicionários, defesa da religião, ataques à mesma, fantasias, folhetins, tão copiosos, tão torrenciais, que de toda a parte se elevou um grito: Basta! Basta! Não nos afogue! Tire-o! Tire-o!" O visconde irá depois esconder Camilo no seio de D. Guiomar Torresão, a conhecida jornalista. Camilo esperneia e o visconde Correia Botelho acabará por engoli-lo. O adivinho Mr. Cumberland virá depois ao encontro do visconde, fazendo-o estalar pelo meio, mostrando de seguida à assistência, na ponta dos dedos, Camilo já transfigurado, sem *verve*, sem *sarcasmo* e sem *direitura de porte*. Camilo, "esvaído e diminuído", bradará: "Metam-me outra vez dentro do sr. visconde! Só lá dentro estou bem!"

Este texto foi revelado em 1922 por Luís de Magalhães nas páginas do *In Memoriam* de Eça, com o título "Uma Página Anónima de Eça de Queiroz". Camilo leu-o, com toda a probabilidade, mas não ripostou. Já em 1885, Rafael Bordalo Pinheiro, no *Antônio Maria*, fizera um desenho caricatural com as duas personagens, o escritor e o visconde, este a expulsar aquele, com estes dizeres: "Francisco! Põe-me com dono esse pintalegrete desse escrebinhador! Eu sou bisconde e num me intendo com os astrólogos da letra redonda!..." O título da página era "No Olho da Rua!" E *Os Maias*, que Camilo provavelmente não chegou a ler – não temos, pelo menos, qualquer prova disso –, Eça vai modelar o poeta e romancista Alencar com inúmeros, inconfundíveis traços do autor do *Amor de Perdição*. Esta personagem é, ao que se me afigura, metade Bulhão Pato e a outra metade Camilo Castelo Branco. Para o provar há que ler o que escreve Camilo no já referido prefácio, de 1879, da 5ª edição do *Amor de Perdição*: "Ai! Quem me dera ter antes desabrochado hoje com os punhos arregaçados para espremer o pus de muitas escrófulas à face do leitor". Lembremo-nos que o Alencar "arregaçava as calças para deixar passar o enxurro de cloaca". E Camilo continua: "Naquele tempo, explorava-se a pústula; agora, a carne com vareja pendura-se na escápula e vende-se bem, porque muita gente não desgosta de se narcisar num espelho fiel. Pois que estou a dobrar o cabo tormentório da morte, já não verei onde vai desaguar este enxurro que rola no bojo da Ideia Novíssima". Também este termo "enxurro" é usado por Alencar. Recorde-se, finalmente, que Alencar chamava "Ideia Nova" ao novo realismo, e que é dado não só como poeta mas também como romancista.

Enfim, irredutíveis divergências de mentalidade cultural e literária separararam estes romancistas maiores do século XIX. Isto não impediu que ambos se tivessem admirado, embora Camilo muito mais francamente o tivesse dito em várias circunstâncias. Os seus estilos não são tão radicalmente opostos como à primeira vista poderia parecer. Nem tudo em Camilo é exagero insuportavelmente romântico. João Gaspar Simões, por exemplo, mencionava o *Conde de Abranhos* como exemplo de um muito camiliano sarcasmo satírico. João Bigote Chorão, mais recentemente, exaltava o realismo camiliano opondo-o ao romantismo de Eça, num artigo do *Suplemento ao Dicionário de Eça de Queiroz*. Poderá o leitor interessado inteirar-se de outros pormenores desta contenda na monografia que publiquei em 2008, na parceria A. M. Pereira: *A Guerrilha Literária, Eça de Queiroz–Camilo Castelo Branco*.

Suponho que será elucidativo remate deste tema o juízo criterioso de Castelo Branco Chaves, grande conhecedor de Camilo e de Eça, que deixei no artigo do *Dicionário de Eça de Queiroz* dedicado a Camilo: este "[...] romancista é apresentado, ou como um convertido à estética nova, ou como seu rígido e persistente adversário. Em súmula, nem uma coisa nem outra, pois se através da obra e da correspondência camiliana não é difícil encontrar passagens, afirmações, ironias, críticas, serenas ou acerbas, que justifiquem qualquer das atitudes, o que é certo é que ele nunca se fixa numa opinião definitiva, nem possui ideias firmes sobre qualquer das maneiras opostas de realizar e interpretar a Arte". De acordo com este crítico, Camilo não possuía "nem a intenção social que anima todos os realistas e é a própria essência desse movimento estético, nem a objetividade, nem tampouco o escrúpulo na execução técnica que foi dos mais nobres apanágios do realismo" (*Seara Nova*, n. 403, 23.8.1934).

***

Em junho de 1887 é posto à venda *A Relíquia*, publicado também na *Gazeta de Notícias* do Rio de Janeiro. É nesta obra que as críticas ao catolicismo e às suas práticas e praticantes atingirão maior intensidade. Eça, como já referi, concorre com este romance a um prêmio literário instituído pela Academia Real das Ciências de Lisboa, mas não é para ele o prêmio. O acontecimento determina uma polêmica hilariante, com Pinheiro Chagas como seu permanente opositor. O romance, declarado pelo seu autor como uma farsa, é julgado, incompreensivelmente, pela sua falta de lógica e é preterido. Vimo-lo já anteriormente, ao tratarmos das relações de Eça com Pinheiro Chagas.

É deste ano de 1887, com toda a probabilidade, o importante artigo, "O Francesismo", texto póstumo, onde põe em causa a dependência em Portugal da cultura francesa e a influência avassaladora da França: "Mas é sobretudo na minha especialidade, na literatura, que esta cópia do francês é desoladora. Como aqueles patos que Zola tão comicamente descreve na *Terre*, aí vamos todos, em fila, lentos e vagos, através do caminho da poesia e da prosa, atrás do ganso francês. Quando ele embica para a relva, vamos bamboleando, pata aqui, pata acolá, em direitura à relva: se ele para, com o bico no ar, todos paramos, com o bico no ar. De repente ele abre as asas, saltita pesadamente, e eis a fila grotesca, e pesada, e saltitante, correndo confiadamente para o charco! Fomos sucessivamente, em imitação do ganso francês, românticos, góticos, satânicos, parnasianos, realistas. Toda a incoerência, toda a afetação, toda a extravagância duma literatura em decadência, ávida de originalidade, e desengonçando-se no esforço violento de encontrar uma atitude nova que espante o público – é imediatamente macaqueada a sério, com uma gravidade melancólica, que é o fundo do caráter nacional, por uma infinidade de moços honestos e simples".

Na *Revue Universelle Internationale* (1.4.1884) o historiador Oliveira Martins, ao escrever sobre as "Lettres Portugaises", corrobora esta dependência cultural: "À Lisbonne, à Porto, pour un magazin de librairie portugaise on en trouve cinq ou six français; le *Figaro*, le *Gil Blas*, le *Voltaire*, le *Rappel* se vendent le soir dans les théâtres et se trouvent traduits le matin suivant par les journaux nationaux. Au point de vue littéraire, le Portugal est la banlieu de Paris". Também no último capítulo da *História de Portugal* Martins exprime esta dependência, ao afirmar que o povo "não só ignora o sentimento espontâneo de respeito e amor pelas suas tradições, pelas suas instituições, pelos seus homens superiores; que não só vive de copiar, literária e politicamente, a França, de um modo servil e indiscreto; que não só não possui uma alma social, mas se compraz em escarnecer de si próprio, com os nomes mais ridículos e o desdém mais burlesco".

Mas não parece que este texto, "O Francesismo", tenha surgido inopinadamente no espírito de Eça. Ele parece indissociável de um outro texto escrito três anos antes: o prefácio em francês para a novela *O Mandarim*, onde podemos ler: "Car nous imitons ou nous faisons semblant d'imiter en tout la France, depuis l'esprit de nos lois jusqu'à la forme de nos chaussures; à un tel point que pour un oeil étranger, notre civilization, surtout à Lisbonne, a l'air d'être arrivée la veille de Bordeaux, dans des caisses par le paquebot des Messageries".

Em novembro desse ano já Eça se encontra em Londres à procura de casa. Por que esta mudança, embora mantendo o seu posto no consulado de Bristol? Sua filha Maria, em *Eça de Queiroz Entre os Seus*, informa-nos: "Não sei qual a razão que levou meu Pai, sempre cônsul em Bristol, a decidir mudar para Londres". Estranha afirmação, já que quando sua mãe morre, na Praia da Granja, ela tem cinquenta e sete anos. Não é plausível que sua mãe não soubesse das razões que haviam levado Eça a viver em Londres, embora pelo curto período de um ano. Plausível é, sim, que a vida do pai não fosse, depois da sua morte, motivo frequente de conversas evocadoras, antes pelo contrário, e daí este desconhecimento da filha. Nessa cidade, no 23 de Ladbroke Gardens, perto do mercado de Portobello Road, vai nascer o segundo filho, José Maria (26.2.1888), que mais tarde se ocupará da publicação de grande parte da obra póstuma do pai. Em julho, a sua obra-prima, *Os Maias*, é posta à venda, em dois volumes. Como habitualmente, Eça põe este romance em causa, junto dos amigos. Em carta a Oliveira Martins, de 12 de junho de 1888, queixa-se que aquilo saiu "uma coisa extensa e sobrecarregada". Recomenda-lhe as "100 primeiras páginas; certa ida a Sintra; as corridas; o desafio; a cena do jornal *A Tarde*; e, sobretudo, o sarau literário". Por estranho que pareça, é esta a última obra em livro que publicará em vida, e vai viver ainda doze anos...

Chegava ao fim a sua estada em Inglaterra, que durara catorze anos. Eça assume, relativamente a este país, posições extremadas. De um modo geral detesta-o. Intelectualmente admira-o: "Eu detesto a Inglaterra, mas isso não impede que ela seja, como nação pensante, talvez a primeira. Taine disse a segunda... mas Taine era francês" (carta de 7.6.1885). Quanto à mulher inglesa define-a em termos quase ferozes: "Nada iguala à *besta* que estes anjos têm dentro de si". Miss Sara, em *Os Maias*, exprimirá este sentimento. Não se pode deixar de observar, todavia, a sua anglomania (denunciada por Fialho), o culto que ele tem pelo *gentleman*, as referências favoráveis, sem fim, que faz em *Os Maias* à civilização, à educação, às instituições, à cultura inglesa. Recorde-se que Afonso da Maia tem ao seu serviço, para educação do neto, o preceptor inglês Brown.

É neste último ano em Inglaterra que começa a reunir-se com dez amigos seus, em Lisboa, em jantares regulares, um grupo intitulado de Vencidos da Vida. Era, ao fim e ao cabo, um cenáculo literário e mundano de diletantes, constituído por quatro áulicos da aristocracia de Lisboa, por um poeta, um médico, um orador, um historiador e um crítico de arte e de costumes, respectivamente: conde de Ficalho, conde de Sabugosa, conde de Arnoso, marquês de Soveral, Guerra Junqueiro, Carlos Mayer, Antônio Cândido, Oliveira Martins e Ramalho Ortigão. O nome do grupo provinha de uma referência aos "Battus de la Vie", grupo jantante de artistas referidos numa obra de Jules Claretie, *La Vie à Paris*. Este grupo iria manter-se durante seis anos. Fazem-se fotografar, encartolados, dão nas vistas e são alvo de várias notícias jocosas em periódicos. Eça, anonimamente, escreve em março de 1889, ano provável da sua participação no grupo, no jornal *O Tempo*: "Para um homem, o ser vencido ou derrotado na vida depende, não da realidade aparente a que chegou – mas do ideal íntimo a que aspirava. Se um sujeito largou pela existência fora com o ideal supremo de ser oficial de cabeleireiro, esse benemérito é um *vencedor*, um grande *vencedor*, desde que consegue ter nas mãos uma gaforina e a tesoura para a tosquiar, embora atravesse pelo Chiado cabisbaixo e de botas cambadas. Por outro lado, se um sujeito, aí pelos vinte anos, quando se escolhe uma carreira, decidiu ser um milionário, um poeta sublime, um general invencível, um dominador de homens (ou de mulheres, segundo as circunstâncias), e se, apesar de todos os esforços e empurrões para diante, fica a meio do caminho do milhão, do poema ou do penacho – ele é para todos os efeitos um vencido, um morto da vida, embora se pavoneie por essa Baixa amortalhado numa sobrecasaca do Poole e conservando no chapéu o lustre da resignação".

Era muito grande a heterogeneidade deste grupo, marcada pela presença do republicano e truculento Guerra Junqueiro ao lado de importantes homens da corte como o conde de Ficalho, o conde de Arnoso e o conde de Sabugosa. Uma carta de Ramalho para Eduardo Prado dá conta de profundas divergências entre os seus membros: "O laço de amizade dos Vencidos está-se acabando de dissolver tristemente. Entre Bernardo e O. M. hostil divergência proveniente do modo como Vicente foi demitido da legação de Haia. Ficalho e eu tentamos uma reconciliação, que com muita pena minha se não pôde obter. É medonho termos de acabar assim, como acaba o século,

Os Vencidos da Vida em casa do conde de Arnoso.

pelo desprezo uns dos outros!" (carta de 25 de fevereiro, 1890?). Por volta de 1894 o grupo dissolvia-se.

Em 1900, em *O Dia*, de 17 de setembro, o conde de Sabugosa, um dos eminentes do grupo dos Vencidos da Vida, revela-nos como por altura da finalização de *Os Maias* Eça lhe teria exposto e a alguns outros amigos o plano de uma obra intitulada a *Viagem do Sr. Fulano*, de que se não conhece rasto. Fulano, pacato proprietário de Alhandra, solteirão sedentário, por influência de uma leitura que fizera na História Universal, durante uma convalescença, sente o desejo súbito de viajar. O comboio leva-o até Espanha. Da fronteira seguirá por diligência até Madrid, onde entra ao mesmo tempo que o Rei José Bonaparte. "Que série de quadros à Goya! – dizia-nos Eça de Queiroz, seduzido pela própria improvisação". Fulano sente-se partidário do rei legítimo, sendo expulso pelo invasor. É conduzido a Paris, onde entra no dia da degolação do Capeto. Uma cabeça de princesa espetada num chuço suja de sangue o seu casaco. Foge ao terror e vai para a Roma de Heliogábalo. Daí parte para o Oriente a visitar

Jerusalém no tempo da Crucificação. Atravessa a Ásia e vai retrocedendo até aos tempos primitivos. Acordará em Alhandra, após difícil digestão de umas almôndegas e da leitura de um volume de *História Universal*. Esta ideia alguma coisa terá a ver com o projeto de João da Ega, que pretendia escrever as *Memórias de um Átomo*.

Mas é também neste último ano em Inglaterra que concretiza o velho sonho de fundar e dirigir uma revista, ideia que já vinha de há vinte anos atrás, dos seus primeiros anos de Lisboa, fazendo com que o primeiro número saia em julho de 1889. Ao seu amigo Oliveira Martins confessa que pretende fazer dela "uma verdadeira obra nacional, colaborada por tudo o que há de melhor, em todas as especialidades, e mostrando enfim que Portugal não é tão estúpido como por aqui se pensa. Demais a revista seria o órgão dos nossos interesses perante a Europa, porque uma parte destinada a essa função seria em francês, e por engenhoso sistema [...] penetraria em todas as chancelarias da Europa, e nos gabinetes de todos os homens importantes desde Bismarck até ao Papa!" (carta de 15.8.1888).

Eça pensara em Antero de Quental como apresentador da revista. Em carta datada de Vila do Conde, de 2 de novembro de 1888, Antero diz-lhe: "O desgosto e sentimento de miséria incurável desta terra pôs-me um selo ou antes mordaça na boca, e não a quero abrir para não vomitar amarguras, que, se me aliviarem, incomodariam os outros. O silêncio e o esquecimento é o que neste momento me convém. [...] Vivo como emigrado na minha terra e creio até que no meu século. Certamente que não é um tal sujeito que pode convenientemente e utilmente apresentar ao público a sua revista. [...] Você é muito poeta e muito psicólogo para estranhar esta minha atitude: para você creio ter dito o suficiente: *the rest is silence*, como diz Hamlet" (Quental, 2009, vol. III, pp. 196, 197).

A *Revista de Portugal* publicaria, entre julho de 1889 e maio de 1892, vinte e quatro números, que formam quatro volumes. Por dificuldades de colaboração regular, pela distância a que o seu diretor se encontrava do local de publicação, o Porto, pelo desinteresse do público que a considerava "pesada", pelo seu espaçamento, não tardou que esta publicação sucumbisse. Não lhe bastara a publicação de "Cartas de Fradique Mendes", nem o romance de aventuras *As Minas de Salomão*, de Rider Haggard, textos que interessaram grandemente o público. Dois anos mais tarde Eça fez ainda com Alberto de Oliveira uma tentativa de lançar uma outra revista, *O Serão*, desta vez em moldes mais ligeiros. O projeto viria a gorar-se com a saída de Portugal deste seu amigo, que iniciava uma carreira diplomática.

8. O QUARTO E ÚLTIMO POSTO CONSULAR. PARIS: 1888-1900

Entre 1880 e 1899 a república francesa é permanentemente ameaçada por uma série de escândalos. De 1886 a 1889, a crise provocada pelo General Boulanger, que acaba por se suicidar na Bélgica, sobre o túmulo da amante; de seguida o *affaire* do Panamá entre 1891 e 1893; os incidentes anarquistas entre 1892 e 1894, a que Eça irá dedicar crônicas soberbas; por fim o *affaire* Dreyfus, que incendiou a França e a dividiu em dois campos irredutíveis.

Não demonstrando grande simpatia pelos judeus na sua correspondência particular, Eça é todavia inteiramente pró-Dreyfus. A partir de 1880 o país parece entrar numa crise contínua que se resolverá apenas entre 1895 e 1900. Dominam as ideias republicanas anticlericais, a despeito da oposição católica. As conquistas coloniais asseguram fortes dividendos, a produção industrial cresce e a tecnologia desenvolve-se. Na pintura, Van Gogh e Gauguin anunciam pela vibração da cor e da forma a revolução estética do século XX. Diga-se de passagem que Eça passará à margem das correntes modernas da pintura, que não chega a descortinar. Parece não ter conseguido ultrapassar nunca o realismo social de Courbet. Nomes como Cézanne, Manet, Monet, Renoir, Toulouse-Lautrec jamais aparecem nos seus escritos. Em contrapartida, Rodin, que esculpe o *Pensador* em 1889, interessa-o particularmente, a ponto de o recomendar vivamente ao seu amigo Eduardo Prado. Na literatura, também os modernos parece não lhe interessarem muito, embora os deva ter lido. Anatole France e Maupassant jamais são citados e no entanto sua mulher lia este último autor que, com os seus preconceitos, considerava "desavergonhado"...

Começada em início de 1888 a Torre Eiffel, o mais alto monumento então erigido pelo homem será terminado em 31 de março de 1889. Consagra-se assim o triunfo da arquitetura do ferro.

No domínio intelectual, Renan e Taine levam a palma, arautos que são do criticismo histórico e do racionalismo. Mas outras tendências espiritualistas vêm pôr em causa a fé na ciência. Paul Bourget (cuja figura Eça vai caricaturar na primeira parte de *A Cidade e as Serras*) desenvolve a paixão pela análise psicológica, em *Essais de Psychologie Contemporaine*, onde figuram: Taine, Renan e Stendhal e onde se faz luz sobre a decadência dos mestres contemporâneos. O romance de Huysmans *À Rebours* (1883), cujo tema é a insatisfação de viver, através do tédio da personagem Des Esseintes, torna-se a cartilha dos decadentes. Todos eles vão aderir a uma filosofia espiritualista, que solicita o sobrenatural. Também aparece o *satanismo*, como reação à ordem moral e social, e não é gratuitamente que no conto "S. Cristóvão" (*Últimas Páginas*), apologia da revolta dos Jacques, Eça nos descreve de forma magistral uma missa negra como veículo de protesto dos deserdados.

A 15 de agosto de 1888, em carta para Oliveira Martins, Eça dá-lhe conta da possibilidade de vir a ocupar o lugar de cônsul em Paris, devido à situação pouco favorável do cônsul em exercício, visconde de Faria, correndo como quase certa a notícia da sua remoção. E nessa carta acrescenta: "Os motivos que me fazem desejar Paris são tão compreensíveis que nem a eles aludo. Os motivos que o Governo teria em me mandar para Paris – são também óbvios. O pouco que eu valho poderia ser de alguma utilidade para o país, estando eu em Paris: em Bristol é que lhe não sou de utilidade nenhuma – porque carimbar manifestos de carvão tanto o pode fazer um *garçon de bureau* como eu. Em Paris as minhas imediatas relações de literatura e de imprensa não seriam talvez de pequena valia. Mas entre os meus motivos para desejar Paris, avulta agora um. Tu perguntavas-me há tempo, qual era esse plano em que eu te destinava *un beau rôle*. É uma Revista – uma grande Revista, nas proporções da *Revista dos Dois Mundos*, uma obra de caráter nacional que possivelmente será lançada pela Casa Chardron, e que certas condições especiais de *imprimerie* nos obrigam a imprimir em Paris. Eu sou o diretor dessa *grosse machine* [...]".

É graças à intervenção do seu amigo Oliveira Martins que Eça realiza um sonho antigo – o de se transferir para Paris. Paris, cujo prestígio e fascínio tinham alcançado o seu esplendor entre o fim da Revolução e a Belle Époque, era então o modelo da modernidade e do progresso, e o centro cultural da Europa. Lugar onde "Dieu même a posé le centre du compas", segundo Vigny. "Paris é ainda um sítio em que bate mais largamente o coração da humanidade", diz Eça numa carta de 24 de maio de 1885 ao seu amigo conde de Arnoso. Recorde-se que um ano antes, a 10 de maio de 1884, já ele confessara ao historiador Oliveira Martins: "Os meus romances no fundo são franceses como eu sou em tudo um francês – exceto num certo fundo sincero de tristeza lírica, que é uma característica portuguesa, num gosto depravado pelo *fadinho* e no justo amor do bacalhau de cebolada. Em tudo o mais francês, de província. Nem podia ser de outro modo: já no pátio da Universidade, já no Largo do Rossio, eu fui educado, e eduquei-me a mim mesmo, com livros franceses, modos de dizer franceses, sentimentos franceses, e ideias francesas". É esta educação que o leva, sem dúvida, a apreciar, acima de tudo em França, a *clarté* e a *intelligence* de um país de *raison agile*, que analisa bem e pensa bem. Quando em 1908 surge a 3ª edição das *Cartas Familiares de Paris*, Philéas Lebesgue observa, a respeito deste livro, que nele "abundam os traços satíricos de elevado alcance humano, onde os acontecimentos, os homens e os costumes de França são particularmente postos em jogo. Oh! Esse espelho, embora muitas vezes elogioso, revela-nos menos belos e menos nobres do que temos o costume de nos crer, fazendo fé nos nossos próprios jornais; mas somos de tal modo apanhados ao vivo que não nos podemos recriar e somos, ainda por cima, forçados a rir... ou a sorrir, o que é ainda pior" (Lebesgue, 2007, p. 171).

Pela voz de um canídeo, Eça faz a exaltação da França numa crônica intitulada "A Inglaterra e a França Julgadas por um Inglês": "Aqui não há nevoeiro – e é esta a primeira superioridade da França sobre a nossa pátria gloriosa e fusca. Sob este céu desanuviado, as neblinas do espírito dissipam-se também. Aí as ideias (e as minhas não são difíceis) apareciam-me sempre tão vagas e indeterminadas como os nossos edifícios de tijolo através da névoa úmida: aqui tenho as ideias tão nítidas como estas casas caiadas que se recortam, com precisão e relevo, sobre o céu azul-ferrete" (*Notas Contemporâneas*).

A cultura francesa foi sempre para Eça alimento fundamental, que passará cada vez mais a fazer parte das crônicas jornalísticas, enviadas regularmente para a *Gazeta de Notícias* do Rio de Janeiro, onde colabora entre 1880 e 1897. Muitas das suas personagens exprimem, ora realisticamente, ora caricaturalmente, sentimentos íntimos do seu criador. Teodorico Raposo, o pícaro narrador de *A Relíquia*, por exemplo, ao ser inquirido durante um jantar sobre as suas aspirações de viajar, declara: "Corei: e Paris logo rebrilhou ao fundo do meu desejo, com as suas serpentinas de ouro, as suas condessas primas dos papas, as espumas do seu champanhe – fascinante, embriagante, e adormentando toda a dor..." Numa crônica sobre a "Europa", nas *Notas Contemporâneas*, de 1888, a França é referida como "a nossa mãe latina, segunda pátria de todo o espírito bem-nascido". É deveras elucidativo o depoimento de Alberto Eça de Queiroz, irmão de Eça, em *A Revolução de Setembro*, de 12 de janeiro de 1871, com o título de "Carta a Ramalho Ortigão": "Primeiro que tudo vou repetir o que tantas vezes lhe tenho dito nas nossas conversações, o meu amor pela França, que foi e há de ser sempre a nossa mãe, e a nossa educadora, que nos ensinava a vestir-nos, que nos iniciou com os seus livros em tudo quanto há de belo, grande e generoso" (*apud* Pires, 1980, p. 238).

Numa obra de tese dedicada à imagem da França em Eça de Queiroz, Henriqueta Gonçalves (Gonçalves, 1998), mostra-nos em pormenor insuspeitados e muito curiosos elementos da enorme presença deste país em obras como *O Conde de Abranhos*, *A Capital*, *Os Maias*, *A Correspondência de Fradique Mendes*, *A Cidade e as Serras* e nos textos jornalísticos. Por errado preconceito a autora pôs de lado *A Tragédia da Rua das Flores*, duvidando da sua "autenticidade", como afirma, sendo certo que este esboço de romance é riquíssimo em conotações francesas, com a França do segundo Império, de Napoleão III. As personagens imperialistas de *A Tragédia* são Genoveva, Meirinho e Padilhão; em *Os Maias* o sr. Guimarães e Maria Monforte; em *O Crime do Padre Amaro* o conde de Ribamar. Quando um dia for publicada a edição crítica de *A Tragédia*, aquela estudiosa verificará que não existirão, entre a primeira edição e a edição crítica, quaisquer diferenças impeditivas de analisar, do seu ponto de vista, esta obra.

O casal Queiroz e os seus dois filhos vão viver para o n. 5 da rue Crevaux, em Passy (XVIème), num prédio de andares, típico da era Haussmann. Pela primeira vez vão adquirir móveis quer na casa Vaillant et Nast, onde em setembro de 1889 foi comprada a mesa de escrever de pé, quer no Bon-Marché, local ideal para fazer essas compras, muito sujeitas ao gosto de Eça. Podemos hoje apreciar grande parte desse mobiliário "moderno" adquirido ao gosto da época na casa-museu de Tormes, no Douro, sede atual da Fundação Eça de Queiroz: parte da mobília da sala de estar, a mobília da sala de jantar, as camas do casal, o móvel-arquivo, com gavetas de cartão, do gabinete de trabalho do escritor, a sua mesa de escrever em pé, a sua mesa de escrever sentado, as estantes e a secretária de Emília.

Esta casa da rue Crevaux, onde permanece entre a primavera de 1889 e a primavera de 1891, cedo se transforma numa ilha, frequentada apenas por portugueses de passagem pela capital e por brasileiros. Em Paris vão nascer os últimos filhos: Antônio e Alberto. Frequentam, todos eles, escolas francesas e mal conhecem a sua língua, porque falam com os pais em francês. Amigos portugueses como o historiador Oliveira Martins criticam Eça por este fato. É em francês, um francês com alguns erros graves de sintaxe, diga-se de passagem, que o pai escreve invariavelmente aos filhos quando sai em viagem. Terão também uma preceptora inglesa. O casal procura, tardiamente, uma preceptora portuguesa para que eles se tornem fluentes em português. Essa fluência só virá depois do seu regresso a Portugal com a morte do pai. Maria, a mais velha, quando no fim da vida ouve a sua voz num programa televisivo fica surpreendida pelo seu forte sotaque ao carregar nos rr.

A transferência oficial de Eça para Paris é marcada pelo episódio grotesco da recepção que lhe faz a mulher do cônsul que o antecede, o visconde de Faria, de tal modo que é necessária a intervenção da polícia francesa para a entrega do consulado. Eça conta o caso em carta a Oliveira Martins: "Foi a viscondessa de Faria que me recebeu como sendo ela o cônsul. Não sei se a conheces. É uma espécie de virago, no gênero *potiche*, com uma voz grossa e arroucada, e o gesto tremendo. Fez-me uma pavorosa cena de berros, de protestos, de imprecações, de ganidos, de murros na mesa – que eu escutei varado, atônito, de chapéu na mão, ora recuando quando ela erguia o punho ameaçador, ora dando um passo para a porta, em movimentos de fuga, quando, por um instante, ela voltava as costas" (carta de 19.9.1888).

Rafael Bordalo Pinheiro, o célebre caricaturista, faz a história deste episódio em quadrinhos, em *A Berlinda* de junho de 1871. Mais tarde, por ocasião da exposição de Paris em 1900, cujo pavilhão português tem como comissário o visconde de Faria, Bordalo volta a caricaturá-lo impiedosamente, em retratos coloridos e numa cerâmica policromada, em corpo inteiro, de estupenda inspiração, como figura balançante, sob forma de paliteiro.

O consulado ficava na rue de Berri n. 35. A chancelaria na mesma rua, no número 23, como consta do guia Hachette da Exposição de Paris de 1900. É muito elucidativo o importante testemunho que o escritor Aquilino Ribeiro recolheu em Paris, decerto pouco tempo depois da morte de Eça, e que deixou escrito em *Por Obra e Graça* (1940): contou-lhe aí Constantino Domingos, que com ele trabalhava, como chanceler – "só ao fim, com a doença, é que fazia a sua gazeta. Quem o imagina dândi, de cravo na lapela em flaneios de conquistador pelos bulevares, está muito enganado. Verdade que já ia pela casa dos cinquenta dentro, mas nessa altura da idade reverdece-se. [...] Chegava tarde, em regra de nariz franzido; e havia de entrar a porta com pé direito. Fazia-o por superstição, não tenho dúvidas. Pendurava o chapéu e o seu primeiro gesto era dobrar-se para a mesa do expediente, o monóculo encastado no olho, quando não se punha a mirar pela luneta que segurava pelo aro. [...] Depois de pôr a papelada em ordem, abria a gazeta e repimpava-se para trás na leitura. Qual a gazeta?... Eu lhe digo... *Gil Blas*... e também o ronceiríssimo *Journal des Débats*. [...] Creia no que lhe digo, pôs o ramo como funcionário modelar e cumpridor... sem severidade para ninguém. Além do mais, muito delicado. Agora aquela meticulosidade que punha a arredondar uma frase nos livros punha-a no serviço. A literatura ficava lá fora. Quando lia a gazeta, às vezes ao dar uma ordem, também ao receber certa resposta que lhe agradasse, puxava do caderninho que trazia no bolso do lenço... este... e escrevia. Claro, tomava nota, o lábio levemente entreaberto, ar risonho, satisfeito com o achado. O que me pareceu sempre é que era pessoa assustadiça. Temia-se das correntes de ar – quem não tiver horror a semelhante calamidade que lhe atire a primeira pedra –, temia-se dos maus cheiros que geram pestilências, temia-se dos *apaches*... das *concierges*. Mas era uma joia de homem e, fora de certas horas, quando lhe doía a barriga, metia a gente no coração".

Este testemunho, além de corroborar a autocaricatura que Eça fez ao descrever o Teodoro de *O Mandarim*, vem coincidir com outras afirmações acerca dos hábitos supersticiosos de Eça, nomeadamente com o de Jaime Batalha Reis no prólogo de *Prosas Bárbaras* e o do jornalista José Sarmento, já no fim da vida (*Dicionário de Eça de Queiroz*, 2000, p. 585). O Teodoro que faz esta confissão cômica nas primeiras páginas da novela não é outro senão o próprio Eça: "Para me subtrair à tísica, à angina, à navalha de ponta, à febre que vem da sarjeta, à casca de laranja escorregadia onde se quebra a perna, a outros males públicos, necessito ter uma proteção extra-humana". Aqueles "querendo Deus", "Deus permita", "Deus queira que", "se Deus quiser", "Graças a Deus" e "esperemos em Deus", que povoam a correspondência de Eça para sua mulher, não são senão a expressão de um sentimento propiciatório, a tal "proteção extraterrestre" que Teodoro pedia e também pedia a fragilidade física do seu autor.

E é em meados de 1888, pouco antes da tomada de posse do consulado de Paris, que Eça vê finalmente publicados *Os Maias*, após uma lenta gestação de oito anos e depois de vicissitudes com a sua impressão que muito o ralaram. Salvo raras exceções, a recepção crítica da obra não foi boa, por se ter estranhado o seu desenvolvimento em dois volumes, com um total de 990 páginas! O maldicente Fialho faz uma crítica considerada por Eça como "um *enterrement* de primeira classe". E Fialho não se queixa só da extensão da obra, mas da falta de "nitidez da fatura"! Acrescenta ainda: "As figuras de *Os Maias*, além de guardarem entre si analogias, ares de família, que fariam dizer haverem elas sido feitas, como Eva, das costelas umas das outras, eram versões mais ou menos bem deduzidas, dos quatro ou cinco tipos fundamentais dos anteriores romances". Fialho acusa ainda o escritor deste modo: "Para o romancista, a Lisboa de *Os Maias* é ainda aquela Lisboa bisonha e suja dos primeiros fascículos das *Farpas*, em que todos os homens são grotescos, idiotas, insignificantes e velhacos; em que não há senão mulheres adúlteras – e toda esta gentalha vivendo em antros que cheiram a catinga, passa a vida a macaquear do estrangeiro, com uma desorientação estética e uma falta de senso, análoga à daqueles sobas que andam pelo sertão de tanga rota, chapéu de contra-almirante, e fardeta de lanceiros". Fialho exalta porém duas cenas "soberbas": a entrevista do brasileiro Castro Gomes com Carlos e a reconciliação de Carlos com Maria Eduarda, que vem a seguir, acabando por comparar Eça com o Thackeray das *Memórias de Barry-Lyndon* e da *Feira das Vaidades*, graças ao fato de ser um "fantasista prodigioso" e pelo seu poder de observação. Foram estas considerações recolhidas, depois, numa obra de 1890 intitulada *Pasquinadas*.

A resposta de Eça, com bonomia e humor, fá-lo dizer a Fialho: "Vê-lo de repente surgir no campo inimigo, com uma sobrecasaca séria de conselheiro de Estado gritando: – *Em Lisboa não se deve tocar! Tudo aqui é puro, belo e grande!* [...] Ó Fialho, foi V. eleito diretor-geral de um banco? É V. o inspirador de um sindicato? Recebeu V., das mãos do monarca, a Grã-Cruz de Santiago? Está V. diretor-geral de uma grande repartição do Estado? Que interesse supremo o faz aliar-se ao Conselheiro Acácio? Está V., por acaso, apaixonado pela mulher de Acácio, e finge-se assim pudico, ordeiro e patriota, para lisonjear o benemérito e cornudo homem?...". Esta resposta dá-lhe azo a definir o homem português, o homem que ele retrata: "Em Portugal há só *um homem* – que é sempre o mesmo ou sob a forma de *dandy*, ou de padre, ou de amanuense, ou de capitão: é um homem indeciso, débil. Sentimental, bondoso, palrador, *deixa-te ir*; sem mola de caráter ou de inteligência, que resista contra as circunstâncias: é o homem que eu pinto – sob os seus *costumes* diversos, casaca ou batina. E é o português verdadeiro. É o português que tem feito este Portugal que vemos".

Mais tarde, num artigo insidioso e malévolo, escrito pouco depois da morte de Eça na revista *Brasil-Portugal* de 16 de setembro de 1900, Fialho referia assim *Os Maias*: "A mais completa ausência de vida interior nas personagens, que quase todas falam, procedem, pensam, segundo alguma falha moral de irresponsáveis, com a vida da ironia literária do autor, e a força da negação que nos faz agradecer a Deus a providência de nunca a sua obra poder vir a tornar-se popular".

A. PRESENÇA DE EDUARDO PRADO

É na rue Crevaux que o seu grande amigo Eduardo Prado (1860-1901) se tornará íntimo do casal e quase presença diária na sua casa. Não se sabe ao certo quando e onde Eça entrou ao conhecimento deste brasileiro ilustre. Provavelmente em Londres quando Prado aí trabalhou na embaixada do seu país. Da roda dos brasileiros farão parte o seu sobrinho Paulo Prado, autor do célebre *Retrato do Brasil. Ensaio sobre a Tristeza Brasileira* (1928), Domício da Gama, Carlos Magalhães Azeredo, Joaquim Nabuco, Graça Aranha, Olavo Bilac, José Veríssimo, barão de Rio Branco e Martinho Carlos Arruda Botelho, fundador da *Revista Moderna* em Paris. Eduardo Prado, formado em Direito, homem rico, muito viajado e culto, tinha, como Fradique, um criado inglês. O seu apartamento, com dois pisos, na rue de Rivoli 194, em frente ao Jardim das Tulherias, tornou-se célebre na história do convívio em Paris de portugueses e brasileiros. Retenhamos este dado importante: em 1897, muito significativamente, Eça escreveu numa fotografia que lhe ofereceu: "Ao meu querido amigo Eduardo Prado, lembrança da nossa longa convivência, de tantas discussões, de tantas Filosofias erguidas e derrubadas, e sobretudo d'inalterada amizade". Teria grande interesse sabermos que *discussões* eram essas, de que *Filosofias* se tratava, mas, como tantas vezes acontece, são parcas as memórias dos grandes e não podemos mais do que conjecturar. Teria Eça perguntado a Prado, como nos tempos do Cenáculo de Lisboa perguntava a Antero e a Batalha Reis: "Ainda a metafísica, meninos?" Escreveram um sobre o outro, mas nenhum deles nos deu a essência das suas posições. Do artigo de Prado na *Revista Moderna* (de 20 de novembro de 1897) não podemos extrair mais do que este passo ligeiro: "Não

Fotografia de Eduardo Prado e a foto que Eça de Queiroz lhe dedicou.

há situação ou problema mesmo dos que possam parecer mais afastados das suas habituais preocupações de artista que ele não entenda e não esclareça, às vezes com admiração dos especialistas. Ele entendia o humanitarismo transcendente de Antero de Quental, os algarismos de Oliveira Martins, quando este Poeta se tornava Economista, e entende os processos industriais (e mesmo os Sistemas do Mundo!) do genial Carlos Mayer e as finuras e diplomacias da política prática dos amigos votados a esses exercícios. E a todos surpreende às vezes, com a clareza da sua opinião rápida e nitidamente feita e formulada".

Eduardo Prado, homem exuberante e imaginativo, senhor de grandes posses, provenientes do cultivo do café, católico e monarquista, quinze anos mais novo do que Eça, era muito viajado e culto e amante de belos livros e belas encadernações, sendo também grande apreciador de Chateaubriand e de Renan. Devia ser excelente a sua biblioteca a avaliar pelo *Catalogue de la Bibliothèque de Eduardo Prado*, publicado em São Paulo na tipografia Rothschild, em 1916, com prefácio em francês e espanhol. Neste acervo, os temas dominantes diziam respeito à História, logo seguidos pelos livros de Arte e Literatura. Entre as revistas o maior número de tomos era o da *Revue des Deux Mondes*, vendo-se aí, também, a *Revue Spirite* (1893), além da *Revue Scientifique*, entre 1894 e 1901. As revistas literárias de Paris, *La Nouvelle Revue* e a *Revue Bleu* também aí figuravam (cf. Ana Luiza Martins, 2001).

No artigo que lhe dedicou, depois recolhido em *Notas Contemporâneas*, Eça define a *qualité maîtresse* de Prado como a curiosidade, dando-o como grande viajante: "Toda a Europa, a Arábia, a Palestina, o Egito, a Índia, a Austrália, as duas Américas, as ilhas do Pacífico". De modo que Heitor Lyra, o melhor analista das relações de Eça com o Brasil, pôde escrever: "Não foi somente com relação ao Brasil que Eça sofreu a influência de Eduardo Prado: sofreu também em muitas outras coisas de ordem geral: na apreciação, por exemplo, da civilização humana, tanto do seu tempo como das eras passadas, sobretudo das eras passadas; na compreensão e interpretação do problema do *homem*, da sua razão de ser social, política e intelectual – de ser e de não ser; no julgamento do fator cultural sob os seus múltiplos aspectos, sobretudo para a expressão de um sentimento ou de um ideal de vida" (Lyra, 1965, p. 242). Unia Eça e Prado o sentimento de acerada crítica relativamente aos respectivos países. No livro *Fastos da Ditadura Militar no Brasil*, Prado criticaria o que lhe pareciam ser os desmandos do governo republicano.

Prado amava Portugal e a sua história, frequentando, nas suas idas a Lisboa, a tertúlia de Maria Amália Vaz de Carvalho, que ao fazer o seu elogio em *Páginas Escolhidas* escreveu: "Ao pé dele respirava-se um ar de alta intelectualidade, porque vivera sempre para as ideias e pelas ideias, sem contudo deixar de conhecer os homens e de os amar". Gilberto Freyre, em *Ordem e Progresso*, escreve: "Reinterpretando o passado brasileiro, Eduardo Prado foi um dos primeiros a pôr em relevo a importância da obra luso-católica da América Tropical". Prado privava também muito de perto com Oliveira Martins e com Ramalho Ortigão. "Alma superiormente sociável", e "o bom Prado", como Eça dizia, e também um divertido fantasista, povoou o pequeno jardim da casa da rue Charles Laffitte com um sem-número de bichos, para diversão dos filhos de Eça. Maria, por exemplo, testemunha, em *Eça Entre os Seus*: "Noutra época teve a escultura grande êxito como passatempo artístico. Logo Prado, com aquele generoso entusiasmo que o tornava tão simpático, trouxe largas blusas de linho grosso, montes de *terre glaise* e vários apetrechos para se trabalhar tecnicamente. Também trouxe modelos de artistas conhecidos, cães, gatos. Enquanto escrevo estas linhas, tenho aqui, ao pé de mim, um cão modelado pelo bom Prado, que num momento de inspiração lhe imprimiu uma forte dedada na cabeça! Tão entusiasmado ficou com a sua obra, que a mandou fundir em bronze e a deu a meu Pai".

Tanto Eça como sua mulher acalentaram a ideia de casar Eduardo Prado com Benedita, irmã mais nova de Emília. Do Porto, em carta de 31 de março de 1890, o escritor faz este comentário: "Lamento que a Benedita não se tenha mostrado ao Prado sob o seu aspecto simples e atraente – e que se tenha dado ares pessimistas e desiludidos. Esta rapariga necessitava palmatoadas. Todas as suas qualidades que são excelentes e sólidas, as inutiliza, tomando atitudes falsas, por uma deplorável e mórbida paixão de fazer efeito. Pois no Prado, perde, penso eu, a maior *chance* da sua vida". Benedita, que por essa altura tinha vinte e sete anos (Prado era dois anos mais velho), tivera educação idêntica à da irmã. Ambas dominavam bem, e desde cedo, o francês e o inglês. Benedita era, talvez, senhora de maior fulgor cultural e, segundo testemunhos da época, de maior vivacidade de espírito. Eça chegou a convidá-la para colaborar na *Revista de Portugal*. Numa das suas permanências em casa da irmã, em Paris, Benedita escreveu ao cunhado, então ausente em Lisboa, uma carta imitando na perfeição o fraseado habitual de Emília e até a sua caligrafia, pondo esta a referir os habituais problemas que a atormentavam: saudades, nostalgia, dificuldades monetárias, acusações de ingratidão e infidelidade etc. Só perto do final da carta se identifica, depois de citar, em francês, uma fábula de La Fontaine (C. Matos, 1996, pp. 259--260). Eça não gostou dessa brilhante peça de mimetismo e humor, replicando à mulher: "Que jeito essa moça tem para repreender maridos! E como fala logo, por aí além, de infidelidades!" (carta de 21.5.1890). Benedita viria a casar em 1900 com Luís Osório, poeta, deputado e abastado proprietário, ficando viúva um ano depois.

Sempre extremamente solícito para com o seu amigo Queiroz, não admira que tenha tido direito ao título de "benfeitor da casa", que lhe atribuiu a mulher de Eça, em carta para o marido, ao contar-lhe que Prado lhe havia mandado "um cesto muito engraçado com bombons" (cf. Campos Matos, 1996, p. 221).

Num certo dia em que Eça falou vagamente no gosto que teria em visitar o Brasil logo Prado engendrou o fabuloso projeto de o fazer ministro de Portugal no Rio, através de Sousa Rosa, ministro de Portugal em Paris, e do conde de Arnoso, secretário do rei D. Carlos. Eça não tardaria em recusar. Este episódio é descrito em pormenor na carta de Eça para o conde de Arnoso, de 1º de julho de 1898, onde acaba por exclamar: "Safa, que Prado! E ainda por cima tive de te mandar um telegrama que me custou mais de dois francos. Foi por quanto me ficou essa Legação". Prado morreria um ano depois da morte de Eça, no Brasil, vitimado pela febre amarela, sobre a qual escrevera, e que combatera, decerto por lhe ter levado já um irmão.

Além da casa da rue Charles Laffitte e da casa da avenue du Roule 38, onde Eça recebia os amigos em serões para todos inesquecíveis, havia outro centro de encontro: o 48 da rue de Laborde, sede da *Revista Moderna*. Heitor Lyra, na obra atrás citada, escreve: "Às vezes, porque a saúde era má ou mau o tempo ameaçando-o com as suas nevralgias que tanto o atormentavam, demorava-se pouco; ouvia isto ou aquilo e concordava com tudo. – *O Queiroz não discute hoje?* – perguntava Eduardo Prado da saleta contígua – *Então é que está com pressa*. Porque, de contrário o seu gênio vivaz achava sempre no que lhe diziam um ganchinho para disputa". Entre dezembro de 1889 e junho de 1890, Prado publicou na *Revista de Portugal* seis artigos atacando a República e o militarismo brasileiro (recolhidos depois com o título de *Fastos da Ditadura Militar no Brasil*), que Teófilo Braga fez sentir a Eça como erro da *Revista*, do ponto de vista político. (Prado receava que a República viesse a provocar a fragmentação do Brasil, acreditando na ação centralizadora da monarquia.) Na carta que Fradique escreveu a Prado lá vem esta mesma ideia. Fradique imaginava o futuro do Brasil como o de uma civilização agrária, tranquila e genuína, repugnando-lhe enormemente a sua industrialização, copiada do modelo europeu, receando que a América do Sul ficasse "toda coberta com os cacos de um grande Império!"

Na maior homenagem literária que em vida Eça recebeu, com a publicação de um número que lhe foi inteiramente dedicado da *Revista Moderna*, atrás referido, Prado, no mais extenso artigo desse número, dedica-lhe o texto intitulado "O Passado – o Presente". Por seu turno Eça fez o retrato de Eduardo Prado nessa mesma revista, de 20 de julho de 1898, recolhido postumamente em *Notas Contemporâneas*, de que dá conta a Emília, sua mulher: "Esta horrenda obra está enfim acabada, já em segundas provas – mas, apesar de todos os esforços e refazimentos horrenda ficou. Tenho pena, pelo gosto que o Prado fazia em que o artigo fosse brilhante. Mas o meu espírito crítico é grosso, só apanha as coisas de enorme relevo: e o relevo do Prado não é extremamente saliente. Demandaria crítico mais fino e sutil que eu" (14.8.1898). Eça, nesse artigo, exalta no amigo o gosto cultivado pelas viagens, o estudo apaixonado da história e do passado, o seu amor por Portugal, acerca do qual sustentava uma "teoria otimista" da sua imortalidade. Denuncia ao mesmo tempo o seu convicto antissemitismo. A caracterização que dele faz como escritor acentua o "panfletista", de que o considera um "mestre": "Todos os seus livros são guerras – e ele, intelectualmente um guerrilheiro".

Eça termina por exaltar a sua sociabilidade, "o seu mais cativante dom": "Pela inata alegria, pela vivacidade inventiva, pela veia ricamente cômica, pela abundância e delicioso humorismo da anedota, pela simplicidade que se pueriliza permanecendo fina, pelo elegante desdém da ostentação, pela bendita facilidade em se interessar, pela prontidão do entusisasmo, pela inteligente mansidão, pelo apego afetivo, não há mais desejável companheiro!" Ao analisar a possibilidade de Eça ter ido buscar em Prado algumas das características de Fradique, Heitor Lyra escreve: "Eça lançou o pseudônimo em 1869, quando fez publicar no *Primeiro de Janeiro*, do Porto, supostos artigos de Fradique Mendes – quer dizer, em ambos os casos muito antes de ter conhecido pessoalmente Eduardo Prado. O argumento pode parecer convincente. Mas não exclui a possibilidade – e talvez seja o certo – de Prado ter servido, não propriamente para a *criação* de Fradique, quer dizer, para idealizá-lo, mas sim para completá-lo, para humanizá-lo e apresentá-lo na sua feição definitiva" (Lyra, 1965, p. 243). As reformas que Prado introduzira na sua Fazenda Brejão, em terras paulistas, algo se pareciam com as que Jacinto introduzira em Tormes.

***

Quando a família se encontra em férias, Eça frequenta à noite o Café de la Paix, que menciona numa das cartas de Fradique Mendes como "centro catita do Snobismo internacional". São seus locais prediletos o Jardin d'Acclimatation, no Bois de Boulogne, o Jardin des Tuileries, onde, em frente ao apartamento de Eduardo Prado, se fez fotografar aos pés de uma esplêndida estátua de mulher, a *Primavera*, hoje desaparecida, e o Jardin du Luxembourg, para as brincadeiras no lago com os filhos. Mas a Exposição de Paris de 1889 está à porta. Os milhares de turistas que de toda a Europa invadem a cidade fazem disparar o custo de vida. Eça escreve ao seu ministro Barros Gomes, com um humor que revela intimidade com o superior: "Um dos mais claros e piores resultados da Exposição de Paris será o de fazer de mim um *pedinchão*. Aqui estou eu que em dezessete anos de carreira nunca pedi aos meus ministros mais que alguma fugitiva licença para ir a Lisboa – estendendo a mão à portaria do Convento!" Fala em números, apresenta razões e termina deste modo: "O nosso trabalho no consulado começa a ser excessivamente pesado: – e nós agora é que podemos com razão resmungar a velha frase – *c'est la faute à la Révolution!*" (carta de 2.7.1889). Não é difícil adivinhar porquê – a Exposição comemorava os cem anos da eclosão da Revolução Francesa.

O pavilhão português da Exposição, no Quai d'Orsay, à margem do Sena, é visitado pelo príncipe D. Carlos, que grava a sua voz num fonógrafo instalado pela Casa Edison. Eça está presente, na sua qualidade de cônsul de Portugal, e tudo observa e anota. Este episódio parece ter inspirado o escritor para, três anos depois, criar a cena do fonógrafo avariado no conto "Civilização" e pouco depois fazer a previsão da gravação de voz da célebre cantora Adelina Patti que surgirá em *A Cidade e as Serras*, no episódio da recepção que Jacinto dá no 202 dos Champs Elysées.

Eça sobe com o príncipe à Torre Eiffel e conta a Oliveira Martins: "*Sicut licet* exclamamos: – É esplêndido! A torre não dá para mais do que para uma exclamação – mas essa é de dever, e não lha regateamos". É por esta altura que visita a casa de Víctor Hugo (carta de 18.7.1889) com Batalha Reis, relatando a Oliveira Martins: "A propósito de papá Hugo – fomos hoje, o Batalha e eu, visitar a casa-templo onde ele habitou. Em holocausto ao mestre, rosnamos contra ti algumas injúrias acres. Há nesta casa, uma interessante particularidade: um dos guias, ou cicerones, vai levando a gente através das salas – de resto extremamente interessantes e inspiradoras de muita devoção – até um cubículo, onde, como uma aranha no seu buraco, está um sujeito risonho que solicita mansamente o forasteiro, ou antes o peregrino, a que assine a Édition Nationale das obras do Mestre. Não menciono isto – senão para que aprenda a admirar o grande espírito prático desta grande pátria francesa". Heitor Lyra afirma que esta visita se fez na casa de Hugo do 130 da avenue d' Eylau, onde o poeta residiu entre 1878 e 1885, data da sua morte. Esta avenida é hoje a avenue Victor Hugo e o prédio onde Hugo viveu foi demolido e substituído por edifício de andares.

No ano de 1890 Eça volta a Portugal para tratar de partilhas. A condessa de Resende, sua sogra, havia falecido a 28 de janeiro. De Lisboa escreve para Paris à mulher dando-lhe conta do sucesso das cartas de Fradique Mendes que publicara na *Revista de Portugal*: "Fradique é um sucesso; e ocupa parte de todas as conversações em Lisboa, a ponto de se ouvir esse grande nome por cafés, lojas de modas, peristilos de teatros, esquinas de ruas etc. O pior é que se crê geralmente que Fradique existiu e é ele, não eu, que recebe estas simpatias gerais". Ao que parece, a construção literária da sua verossimilhança tinha resultado.

A 3 de junho desse mesmo ano, Emília escreve-lhe para o Porto: "O Prado esteve cá ontem à noite, e deu-nos a notícia da morte do Camilo que ainda não sabíamos por não ter lido os jornais. Leu-nos um pequeno artigo que ele escreveu para os *Débats* sobre o Camilo e no qual fala de ti – aquele bom

Prado não perde uma ocasião de ser agradável". Eça, esse guardará silêncio perante o suicídio trágico daquele seu confrade, o único romancista, vinte anos mais velho, que podia com ele ombrear. Comentadores atuais, entre os quais Aquilino Ribeiro, não lhe perdoam o silêncio. Mas não fez ele o mesmo por ocasião da morte do seu amigo íntimo Oliveira Martins?

B. A CRISE POLÍTICA EM PORTUGAL, 1890-1892

Em 11 de janeiro de 1890, a Inglaterra dirige um *Memorando* ao governo português, posteriormente conhecido por *Ultimatum*, já referido, que irá abalar profundamente o país e evidenciar a sua fragilidade em todos os setores, despertando novas energias e uma nova vontade de regeneração. Essa ameaça obrigava Portugal a retirar as suas tropas dos territórios situados entre Angola e Moçambique, comprometendo assim a concretização do chamado "Mapa Cor-de-Rosa", que ligava as duas províncias ultramarinas. Esta situação abriu uma crise política que deu lugar a intensos protestos de rua contra a Inglaterra, aproveitados pelo Partido Republicano para atacar a monarquia constitucional, os políticos então no poder e o próprio rei, que se encontrava no começo do seu reinado. Coincidiu, por outro lado, com uma crise financeira relacionada com a quebra das remessas de dinheiro dos emigrantes no Brasil. Gerou-se, entretanto, um ambiente pré-revolucionário que antecedeu a primeira tentativa de derrube da monarquia em 31 de janeiro de 1891, no Porto. Eça seguiu atentamente esta crise de descrença nas possibilidades de regeneração do seu país. Pôde assim, sob o pseudônimo "Um Espectador", escrever com o título "Novos Fatores da Política Portuguesa", na *Revista de Portugal* (vol. II, abril de 1890), um dos textos mais lúcidos de reflexão social e política sobre o grave momento que se vivia. Conclui deste modo: "Uma *revolução feita de cima*, não seria compreendida pela nação irremediavelmente impregnada de liberalismo e que nessa concentração de força só veria uma restauração do absolutismo e do poder pessoal. [...] Não há exemplo na História dos séculos de que uma classe conservadora, por uma lenta evolução da consciência, a si mesmo se regenere, se depure e se moralize. Que resta pois? Resta, como esperança, o sabermos que as nações têm a vida dura, e que o nosso Portugal tem a vida durísssima".

Em carta ao seu amigo conde de Arnoso, encontrada mais tarde entre os papéis particulares do Rei, escreve, como anteriormente referimos: "Com o triunfo da revolução, eu creio que Portugal acabou. Só o escrever isto faz vir lágrimas aos olhos – mas para mim é quase certo que a desaparição do reino de Portugal há de ser a grande tragédia do fim do século" (10.8.1891). Antero de Quental parte de Vila do Conde, onde vivia, para assumir no Porto a presidência da Liga Patriótica do Norte, chegando a essa cidade a 6 de fevereiro de 1890. No *In Memoriam* do poeta Eça recorda este episódio chamando-lhe "o seu derradeiro Fantasma".

É desta altura o artigo "Expiação" que Antero escreve para um número extraordinário da *Província*, de 26 de janeiro:

> Portugal expia, com a amargura deste momento de humilhação e ansiedade, quarenta anos de egoísmo, de imprevidência e de relaxamento dos costumes políticos – quarenta anos de paz profunda, que uma sorte raríssima nos concedeu e que só soubemos malbaratar na intriga, na vaidade, no gozo material, em vez de os aproveitarmos no trabalho, na reforma das instituições e no progresso das ideias… […] O nosso maior inimigo não é o inglês, somos nós mesmos. Só um falso patriotismo, falso e criminosamente vaidoso, pode afirmar o contrário.
>
> Declamar contra a Inglaterra é fácil: emendarmos os defeitos gravíssimos da nossa vida nacional será mais difícil, mas só essa desforra será honrosa, só ela salvadora. Portugal ou se reformará política, intelectual e moralmente, ou deixará de existir. Mas a reforma, para ser efetiva e fecunda, deve partir de dentro e do mais fundo do nosso ser coletivo: deve ser, antes de tudo, uma reforma dos sentimentos e dos costumes.
>
> […] Não é com canhões que havemos de afirmar a nossa vitalidade nacional, mas com perseverantes esforços da inteligência e da vontade, com trabalho, estudo e retidão. Nem a nossa dignidade está dependente de um couraçado, ou de dez ou vinte couraçados, mas só exclusivamente da energia da nossa vida moral. […] Trabalho e pensamento: uma vida nacional sã não tem outras bases, e é disso que acima de tudo precisamos para a restauração deste organismo social tão enfermiço e depauperado. Semearíamos assim para o futuro, e o nobre entusiasmo deste momento, consolidado em fatos de indefinida fecundidade, seria aproveitado todo inteiro para a obra da reforma nacional. Essa reforma, tanto tempo adiada pela inércia e pelo egoísmo, impõe-se agora irresistivelmente. O futuro depende todo da direção que o movimento tomar no seu ponto de partida. Iniciado pela paixão, urge que o dirija e encaminhe a inteligência serena. E seja a sua orientação o levantamento da vida moral da nossa querida pátria (Quental, s/d, pp. 447, 448).

Dois dias depois da publicação deste artigo de Antero, Eça em carta para Oliveira Martins escreve: "O País parece-me agora, neste instante, um espírito que acorda estremunhado e que olha em redor, procurando um caminho:

é esse caminho, que alguém lhe deve indicar. O que tu me poderás dizer é que não há caminho nenhum aberto a mostrar-lhe, e que não há senão *des culs-de-sac*, onde há o esbarrar de ventas. Mas não creio. É impossível que Portugal agora não tenha melhor a fazer senão ir nomear uma *maioria regeneradora*, pelo costumado processo, e depois ficar à espera que chegue o momento de nomear pelo mesmo processo a *maioria progressista*. Ou a minha ingenuidade é grande – ou há decerto alguns milhares de homens em Portugal que desejam outra coisa – sem saberem o quê" (carta de 28.1.1890).

No 1º volume da *Revista de Portugal*, num artigo assinado por João Gomes, acerca do *Ultimatum*, na rubrica "Notas do Mês", Eça assume uma posição muito afim da de Antero no artigo que transcrevemos. Ele encontra-se no Porto desde o final de março de 1890 – viera a Portugal tratar de partilhas após a morte da sua sogra, a condessa de Resende, que ocorrera a 28 de janeiro deste ano – e convive intensamente com Antero, no solar de Santo Ovídio, pois o conde de Resende é um seu entusiástico apoiante na Liga Patriótica do Norte. Em fins de junho, antes do seu regresso a Paris, Eça verá o poeta dos *Sonetos* pela última vez.

C. ENCONTRO COM ANTÔNIO NOBRE

É em finais de 1890 que se dá o encontro de Eça com o poeta Antônio Nobre, que relata esse acontecimento em carta para o seu amigo Alberto de Oliveira, a 25 de novembro desse ano, peça que representa dos mais vivos e importantes documentos de um contemporâneo sobre o autor de *Os Maias*. O poeta, depois de desavenças e reprovações na Universidade de Coimbra, vai estudar para Paris, onde permanecerá por cinco anos. Necessita de documentos oficais para admissão à Faculdade de Direito e procura Eça no consulado. Essa carta extensa, de tão poético e original estilo, que tanto diz acerca de Eça como do seu autor, transcrevemo-la integralmente no *Dicionário de Eça de Queiroz*. Dificilmente se poderão selecionar os passos mais expressivos, tantos eles são. Antônio Nobre leva consigo uma carta de apresentação de Guerra Junqueiro, naturalmente desnecessária, ou talvez apenas necessária para informar Eça dos dotes poéticos do autor do *Só*, que viria a ser publicado em Paris dois anos depois, ou seja, em 1892. Nobre começa por ir à residência da rue Crevaux n. 5, mas o cônsul não está. Dirige-se depois para o consulado, na rue de Berri: "O consulado da terra onde Anto nasceu é, em verdade, muito pobrezinho: simples rés do chão com duas saletas; uma para o chanceler e a

Antônio Nobre no Funchal em 1899.

segunda, de estantezitas e sofá e poltronas, coiro verde, com duas mesas aqui e ali e o Mapa de Portugal (Oh, o mito) na parede: é o refúgio administrativo do Eça, em nosso caso o sacrário do Altíssimo. – O Sr. Eça de Queiroz? Perguntei assim ao chanceler, alto, para o 'Outro' ouvir, cuja mão branca e longa, reluzindo-lhe um rubi, eu havia surpreendido pela frincha da porta, a procurar uma brochura na estante. O chanceler nem sequer, talvez, chegou a responder, porque 'Padre Amaro' correu logo com as pernas esganiçadas, a dar a dar e de monóculo, com a careta arrepiada de engelhas muito pálido, de olhos pisados, e pareceu-me que assustado, como receando 'banquos'. Ou nós ou o 'Ega', não é assim Alberto? Não sei o que ele disse. Qualquer banalidade. Atrapalhar-se-ia como os mais? 'Sou eu', 'Estou aqui'. Eu, simplesmente, apresentei-lhe a carta do Junqueiro, que ele leu a andar e a guiar-me para o seu gabinete onde me indicou uma poltrona, em frente do sofá – que era para Ele. 'Mau', disse eu comigo, 'põe-me com luz na cara, e defronte: temos análise'. Leu a carta, sorriu de leve, ia a soltar um 'Estimo…', mas eu para evitar banalidades de parte a parte, desculpei-me de o não ter vindo cumprimentar mais cedo, mas que ele bem compreenderia que a minha instalação em Paris, o meu 'pouso' me tomava o tempo todo. 'E por isso…'. Mais cumprimentos: éramos duas lâminas de Toledo, curvando-se uma diante da outra."

Nobre dá-lhe depois os documentos: "*Perfeitamente*: nem leu, nem tratou de ver o que era. Tudo feito como em família. Ou ele não fosse o pai do Conselheiro Acácio. Não calculas (ou decerto tens a certeza) o seu imenso desprezo pela Pública-Administração: quando o Chanceler, ao longo da nossa palestra, lhe entregou qualquer papel para assinar – o Cônsul nem via o que assinava nem se assentava à mesa, como faria qualquer outro servente do Estado: punha o seu rabinho num braço do sofá, o papel sobre um bordo qualquer e gatafunhava o J. M. Eça de Queiroz, desordenado e todo torto. Abordamos palestra. Falei de Coimbra donde vinha e que para sempre havia deixado pela minha incompatibilidade com a Universidade e, tal como aconteceu a ele na entrevista com o Fradique Mendes, falei-lhe nas Camelas e no Luxemburgo e no Pedro Penedo. Isto incidentalmente, infantilmente até, e pareceu-me que ele ou para ensinar-me ou para 'pousar' de Fradique perguntou-me pelo Pais e pela taverna do Garrano, em frente do Teatro D. Luís. Mas notando que o seu desprendimento por Coimbra (ao contrário do que eu imaginava), era absoluto e sincero, notei-lhe que nos seus livros havia uma contínua sugestão de Coimbra, plena de saudade; murmurou um '*sim-da vida de rapaz*'. Isto de fugida. A verdade é que não se importa nada. Não admira: é a criatura mais cética que tenho encontrado".

"Falou-me do Penha como vais ver: 'Nos meus tempos havia lá um rapaz Penha. E que é feito dele? Conheceu-o? Eu nunca mais o vi desde então. Creio que está em Braga, burguês e rico...' Eu expliquei reminiscenciado do que nos disse o Junqueiro. Lembras-te? Falamos do seu livro. 'Impossível: aquilo não era poesia, era o *reclame* do presunto de Lamego. Eu nem o li... Felizmente' – terminou ele. Depois falei da minha geração, comparei-a à dele, ensinando-lhe a grande esperança da Atual, que me parecia era única depois da dele. Descrevi Luís de Magalhães e Companhia. Eça, discreto, murmurou uns 'sim, sim', apenas. Citei a questão da *Boêmia-Nova – Insubmissos* que ele me declarou ter ouvido nomear. Naturalmente, abordou o *Decadismo*. As últimas coisas deles. Que era uma literatura horrível, fazia-o doente. Citei Verlaine, como o único de talento. Concordou. 'Esse, sim. Até a sua vida é dum verdadeiro poeta: umas vezes vivia num nevoeiro místico, outras arrastando uma existência infamemente sensual. Havia tido processos. Vivia amancebado com a Irmã. [...]' Não me fez a menor pergunta sobre versos; apenas se informou das minhas impressões de Paris, se '*já estava instalado*', – e sempre frio, sério, triste, dando-me bem a impressão de não ser o homem da 'blague', o João da Ega airado, do 'Átomo' e da peliça, mas simplesmente um grande Artista, de uma descrença de bronze inteiriça, em cujo coração não há o fogo-fátuo de uma esperança. Nesta primeira visita nada mais houve que me ficasse. À despedida, curvou-se numa reverência de aço, convidando-me a aparecer no consulado, ou, às 8 na rua Crevaux, 'onde', disse, '*nos* reunimos para conversar'. Murmurei cumprimentos. Saí".

Numa segunda visita, dois dias depois, Nobre verifica que Eça, muito mais à vontade, estava encantador.

"[...] há dias, andava incomodado: tinha um dói-dói na mão direita! Enfim lá chegou, todo encolhido com a mão ao peito, muito amarelo, e, notando-me, levou-me para o seu gabinete, onde fazia um fogo que era mesmo um regalo. Obrigou-me a assentar. José Maria ficou de pé. Pegou na correspondência (obtido prévio consentimento de Anto), leu aqui, leu acolá, nos intervalos murmurava umas coisas e, depois, extinta a leitura postal, pôs-se a andar de um lado para o outro, parando diante do fogão, ou virando-lhe as costas a aquecer aquele grande 'cuzinho' por onde diariamente saem 'colunas Vendômes' de gênio. Eça, nesse dia, sem reverência e pondo-me à vontade, estava encantador de humanidade e simplicidade. Conversamos muito. Zola: que era um grande. Mas que não tinha lido todo o Zola: nesta época há muito que ler, que 'saber', não se pode ler uma obra inteira. E confessou-me que de Zola só lera completo o *Germinal* e duas vezes. Que era uma obra de gênio. Disse-lhe que o *Janeiro* noticiava a aparição da *Vida de S. Cristóvão* em que ele trabalhava; que não, agora, andava com o 'Fradique'. E depois ia fazer uma série de livros como *O Mandarim*: o público já não suportava os grossos volumes, como outrora, como nos tempos do amigo 'Víctor', em que se passava uma existência dentro da biblioteca a ler, a ler... Mas hoje...

"Eu lamentei que *Os Maias* ainda fossem tão curtos. Afirmou-me que esses se haviam vendido muito – a edição, imensa, estava quase ida certamente. Notei-lhe que ele era o mais trabalhador dos contemporâneos. 'Sim', que era; o Oliveira Martins, também. Todos os dias trabalhava e que o indignava, agora, aquela ferida do dedo que não o deixava escrever, em ampla vontade. Ah, o dói-dói...Mas que nunca mais se preocuparia com a forma: se não fosse isso, estava hoje com o dobro da obra. *A Relíquia*, por exemplo: *A Relíquia* representava três *Relíquias*; três vezes a refundiu, três vezes a emendou para, afinal, vir a dar uma só; não, não estava mais para isso. Foi o que aconteceu 'ao pobre Flaubert'. Efetivamente em Portugal só ele e o Martins trabalhavam. Que sim. Enfim, Junqueiro era um poeta e os poetas nem sempre podiam dispor da lira – a não ser Hugo, mas isso era Hugo, fazia a obra por empreitada –, 'mas nós não somos homens de gênio'.

Falamos ainda um pouco do Junqueiro, e Eça contou-me a apresentação do *D. João*, no Cenáculo de Lisboa, 'quando nós morávamos, na Travessa do Guarda-Mor' (coisa singular, fala sempre no plural) – onde, ao verem o Junqueiro, um pequenitates todo janota (que o Junqueiro, então, era um janota), com 'uma gravata azul-celeste' o mandaram deitar à água e afogar-se com o poema, como Camões... Fialho, que tinha muito talento: por vezes, chegava a ser poeta. Mas que tinha descaídas espantosas. E, depois, um ignorante: não sabia nada de nada. E passa uma vida criminosa: não trabalha, só cafés, dizendo mal de tudo, cheio de azedume – é pena, 'dizem-me que é uma existência perdida'. Confirmei o que ele disse de Fialho. E notei-lhe que uma das causas do seu azedume era a pobreza: vivia duns dinheiritos dos *Pontos nos ii* e de *Os Gatos*. Mas que trabalhasse, anotava o Eça: hoje, na imprensa de Lisboa, não existia um único cavalheiro que não exigisse cinquenta mil-réis, que trabalhasse – e era médico; porque não fazia clínica? – comentávamos juntos. Naturalmente comentamos outros inúteis que se vão arranjando. Por exemplo o Pina, citei eu. Oh 'mas esse é um videiro, berrou o Eça; veio, aqui para Paris, criou a *Ilustração*, foi vivendo e ei-lo agora em Lisboa com 200 mil-réis por mês, num jornal dos Mosers. Oh, esse, é um videiro!' Luís de Magalhães. A propósito deste Luís, contei das minhas impressões: que não o podia aturar nos seus versos. 'Sim', ele tem o defeito de não conhecer a sua vocação (ou de não se querer conformar com ela): 'O Luís não é um poeta nem é um artista'. Certamente, jurei eu. 'Mas é um teimoso: olhe aquele *D. Sebastião*', que poesia aquela! E que assunto tão belo... o que ele é, simplesmente, é um crítico... mesmo um historiador: tem-lhe os talentos e as virtudes, pois tem bastante erudição'. Eu, por minha banda, tentei a psicologia do Luís: sempre muito feliz, sem torturas, vivendo num amplo conforto não podia nem sentir os nervos. Confundiam-se-lhe com os músculos... O Eça: 'Sim, gosta de comer *muinto*, de dormir *muinto*, vive cheio de regalos e um artista não pode ser assim'. Olhando em roda, como verificando a sua instalação: é necessário 'sem tudo', arrepiar-se, ter tempestades de nervos para criar: 'Oh, isso é indispensável'.

"Mas chegou o chanceler com os meus papéis traduzidos e legalizados, [...] Adeus Sr. Eça de Queiroz. Obrigado. Saí. Dias depois, com a certidão traduzida (por fim só poupei dez francos), mas dessa vez sem *diplomatic*, com o fato cinzento que me cobria quando entrei em França. À vontade. Pouca demora. Lia as cartas e as gazetas. Deu-me destas para eu ler enquanto ele se entretinha nos seus afazeres postais. Terminada a leitura, enquanto o Chanceler punha a coroa de Portugal nos dois papéis, palestramos meia hora apressada (eu ainda tinha de ir à Universidade). Sobre o Leite, nosso comum mestre de Latim que ele recorda ainda muito, mas como sempre, sem saudade. Eça não tem nada esse endecassílabo de Garrett. Tocamos em Paris, novamente em Coimbra e em Oporto, sobre o qual tem a mesma opinião que eu, tal qual: *Jesus! Que terra! Verdadeiramente inabitável*. Mas eu tinha pressa, eram 4?, já lusco-fusco, horas de fechar-se o Consulado: por isso, despedi-me e corri a galope, como se levasse as pernas dele, à Universidade de Paris, onde entreguei os gloriosos papéis fac-similados de Fradique.

"Ora aí tens minuciosamente quanto pude a história do Eça, há tanto prometida e só hoje realizada. A tua enorme ansiedade fez-me ver que 'esperavas outra coisa', que eu te ia revelar um Eça extraordinário, simples e bom, membro da 'Nossa Família'. Não; hoje e passados já uns dias de reflexão sobre a gênese das minhas relações com *Primo Basílio* não o acho tão simpático, como a princípio. Junqueiro é-o bem mais, certamente. Eça está na lógica da sua filosofia. Não é 'outro' porque não pode ser. Não exigia dele que fosse, como nós, pertencente à Confraria de Nossa Senhora da Paz: entretanto estimaria vê-lo menos cético, menos preocupado de aristocracia, que o não deixa ser, por vezes, justo e humano como deveria. Alguns anos atrás, Eça seria o meu Deus. Junqueiro conhece-o bem, porque já havia dito que Eça era muito concentrado e não me serviria para camarada aqui. Assim, não tenciono procurá-lo, pois que é que nós havíamos de dizer, se ele é tão triste como eu, e eu mais esquisito do que ele! E mesmo não tenho pretexto: receio maçá-lo. Tu sabes dos meus escrúpulos. Enfim...Ó Alberto para que hei de ter a neurose de encher sempre uma folha de papel até ao fim? Se não fosse ela teria esta carta terminada na parte da entrevista Eça: não se estenderia em considerações sobre este bizarro e melancólico Artista e a tua impressão fora talvez mais agradável, mais própria da tua filosofia e de Leibniz. [...]" (Nobre, 1967, pp. 94-100).

Do relato da primeira visita pode concluir-se que Eça não guardava dos tempos de Coimbra qualquer saudade, assim o entendeu Antônio Nobre. Mas não era verdade. Essa afirmação de Eça não foi mais do que uma encenação, de um artificialismo, que viria a dissipar-se na segunda visita de Nobre. Desta carta ressalta, também, uma pequena informação de Nobre para o seu amigo Alberto de Oliveira, que esperava ansioso notícias sobre este encontro: "Não me fez a menor pergunta sobre versos", diz o poeta. Para quem tão intensa e tão constantemente vivia a poesia, isto deveria ter parecido pouco menos do que ofensivo. Aliás, recorde-se que havia entre eles uma diferença de 21 anos. Já depois de publicado o *Só*, cujo engenho e novidade Eça não compreendeu e a que não aderiu, em carta para Oliveira Martins o autor de *Os Maias* informa: "Também agora nos frequenta o Nobre, do *Só*, que é simpático e ultralangoroso, e um outro decadista, o Alberto de Oliveira, que já tem muitos livros, conhece muitas filosofias, está desiludido de tudo, e ainda não fez *vinte anos!* Tal é este deslizar do século" (carta de 14.9.1892).

Esta opinião coincide com a observação que Emília lhe fizera anteriormente, em carta de 26 de maio desse mesmo ano, ao escrever-lhe para Lisboa: "Prado, Paulo e Domício estiveram cá anteontem, Prado levou a terça parte da noite a ler-nos uma medonha poesia relativa à tísica moral dum jovem poeta Antônio Nobre que te mandou o seu livro – creio que no intuito de acompanhar a minha solidão, o livro chama-se *Só*". Mas se Eça não compreendeu a poesia daquele que tão bem cantou os pescadores da sua terra ("Georges! Anda ver o meu país de marinheiros, / O meu país das Naus, de esquadras e de frotas! Oh as lanchas dos poveiros / A saírem a barra, entre ondas e gaivotas!"), compreendeu-lhe poeticamente a alma, ao dizer um dia a Alberto de Oliveira: "E o Antônio Nobre? Sei que ele está em Paris: mas esse moço encantador, desta vez, nem me quis dar o gosto de saber onde instalara os seus lares. Da sua morada, onde quer que ela seja à minha, não haverá (dada a extensão de Paris) mais de meia hora de *fiacre*. Eu porém, que sou um fiel ledor de Homero, sei quanto custa aos Deuses descerem do Olimpo. Já o dizia Hermneias (vulgo Mercúrio) a Calipso, que, como sabe, morava burguesmente numa ilha do Arquipélago: – *Cuidas que não é uma grande maçada descer dos sólios estrelados para vir a estes tristes sítios mortais, onde nunca se respira um bocado de bom incenso, nem se bebe um trago de bom néctar?* – Mas nisso se engana o nosso amigo, porque, se eu o desejava ver, era justamente para lhe repetir quanto o estimo, e para bebermos juntos um pouco de Médoc, que é o desconsolado néctar destes tempos. Quando lhe escrever, ralhe com ele, docemente". E este final admirável dá com meridiana simplicidade a compreensão com que Eça entendeu o essencial de Antônio Nobre. Curiosamente é deste poeta uma das mais profundas observações sobre o autor de *Os Maias*, que usamos como epígrafe da sua *Correspondência* e que, graças à gentileza de um bibliófilo, pusemos à cabeça desta obra: "O Eça de Queiroz (que é tão grande) nunca teria feito a sua obra se não fora o seu destino que, desde menino e moço, o tem trazido errante por longes terras". Com estas palavras chãs, Nobre definia o âmago, não só do problema psicológico fundamental em Eça, que desde cedo vivera sem mãe, mas a abertura ao mundo que a sua literatura oferece, graças em grande parte ao exílio.

***

Em 1891, o casal Queiroz mudará para o n. 32 da rue Charles Laffitte, para uma casa de traça erudita, de três pisos, com entrada por um jardim, agora classificada pelo patrimônio arquitetônico, situada a dois passos do Bois de Boulogne. Hoje podemos lá ver uma lápide que assinala este fato, inaugurada em 25 de novembro de 1996.

Eça de Queiroz 1845-1900 écrivain portugais a vécu dans cette maison de 1891 à 1893. Plaque offerte par le Grémio Literário de Lisboa à l'occasion du 150ème anniversaire de sa naissance. Inaugurée par S. E. Jorge Sampaio Président de la République Portugaise le 25 Novembre 1996.

Aqui viverá cerca de três anos. O Bois era presença decisiva na escolha, para grande satisfação de Emília, que, dizia Eça, gostava de viver perto de

Eça com "Batuchinho", filho de sua irmã Henriqueta.

Casa da Rue Charles Laffitte.

Mesa dos espíritos na casa-museu de Tormes.

um jardim e de uma igreja. O bairro, elegante, é de um grande sossego e a casa dispõe de um pavilhão anexo onde o escritor arrumará a biblioteca, e onde irá trabalhar afastado do bulício das crianças. A cozinha desta casa, situada no primeiro piso, dispõe de um elevador para levar a comida até à sala de jantar, no andar de cima. Este dispositivo foi, muito provavelmente, fonte de inspiração para o episódio cômico da pesca do peixe, no elevador encalhado, que pouco depois iria fazer parte de uma das suas últimas obras, *A Cidade e as Serras*. As visitas de convívio intensificam-se aqui: Eduardo Prado e seu sobrinho Paulo Prado, Joaquim Nabuco, o poeta Olavo Bilac. Entre os portugueses, os pintores que estagiavam em Paris (Adolfo Benarus, José de Brito, Veloso Salgado) e os amigos de passagem. Pela correspondência de sua mulher verificamos que nesta casa os servem nada mais nada menos do que quatro criados, o que não poderia ter deixado de concorrer para as suas crônicas aflições de dinheiro.

É nesta casa que o vemos muito divertido fazendo sessões de espiritismo, com Oliveira Martins e o político Emídio Navarro. Em carta para o seu amigo Oliveira Martins escreve: "Com a tua ida, entramos numa vida mais higiênica – mas mais monótona. Os chapéus voltaram à sua ocupação de cobrir as cabeças. Ainda se fizeram algumas experiências –, e o Navarro que, agora, aparece cá muito, impressionado com uma previsão do chapéu que surdiu certa, trouxe-nos uma mesa, uma verdadeira *mesa de espiritismo*, com todas as comodidades para a manifestação dos espíritos. Mas esse móvel teima escandalosamente em permanecer imóvel – ou então nada mais faz que predizer catástrofes para a Nação; e, como para pessimista basta o Navarro, removemos essa mesa de profecia para a condição subalterna de mesa de chá". Era uma pequena mesa de tampo redondo, muito leve, hoje na casa-museu de Tormes.

Estas experiências vão levá-lo, com o seu amigo Prado, ao Centro Espírita de Paris, na rue Chabannais, para contratarem um médium. Daqui resultará a bela crônica "Espiritismo" (*Notas Contemporâneas*, 1909) onde Eça relata essa visita e o seu espanto em face da vasta biblioteca do Centro, que o leva a exclamar: "Tal é, neste século de papel, o nosso desalmado furor de escrevinhar, *scribendi sacra fames*" (fome sagrada de escrever). Prado fala com o secretário do Centro e este descobre um espírito protetor que acompanha este seu amigo, a irmã do pai! Prodigioso! Como pôde acontecer que aquele homem soubesse da existência dessa senhora brasileira, a tamanha distância, que deixara na família Prado uma imagem de paz e doçura? Eça quis então saber se também ele teria alguém que o protegesse... Não, o homem não descortinou ninguém. Eça comenta: "Senti uma tranquilidade misturada de humilhação. E gracejei com a temeridade de quem está fora do mistério, na alumiada e sólida região da realidade". Assim refletiu o nosso romancista antes de concluir deste modo: "A minha rica almazinha continuará cá dentro muito quieta. E o mais que farei, para a entreter, é carregar nas doses de Descartes e de Spinoza".

Mas no ano da mudança para a casa da rue Charles Laffitte cumpre uma tarefa oficial em Londres. Hospeda-se no Hotel Savoy, de onde escreve à mulher: "Continuo a achar Londres horrendo, as mulheres também já não são tão bonitas como no meu tempo, os homens já se não vestem tão bem, e os *cabs* já não são tão confortáveis. Creio todavia que as instituições permanecem admiráveis – e todo o mundo é muitíssimo bem-educado. É o que resta" (carta de 24 de novembro de 1891).

Talvez seja de finais de 1891 o encontro de Eça com um inventor seu compatriota, a que alude numa carta ao visconde de Pindela, e que vivia em Paris, Luís Serra, com o qual irá fazer uma sociedade e a quem chega a adiantar dinheiro. Além de muitos outros maquinismos, Serra é o autor de um projeto para a Exposição de Paris de 1900, *Le Voyage Aérien*, torre metálica de centenas de metros com, no alto, cestos voadores, cujo desenho chegou até nós e que publiquei em *Eça de Queiroz–Emília de Castro, Correspondência Epistolar*. Esta sociedade irá dar-lhe preocupações e uma inútil perda de tempo. O nome do inventor surge pela primeira vez numa carta para a mulher de 15 de julho de 1893. Aparecerá depois muito mais vezes, a provar a ingenuidade de um homem de letras possuidor de um valioso patrimônio de textos éditos e inéditos que poderia publicar: cartas, prefácios, crônicas jornalísticas, contos, novelas e até romances. Tudo isto faria mais de dezessete volumes depois da sua morte, mas preferiu entregar-se a um

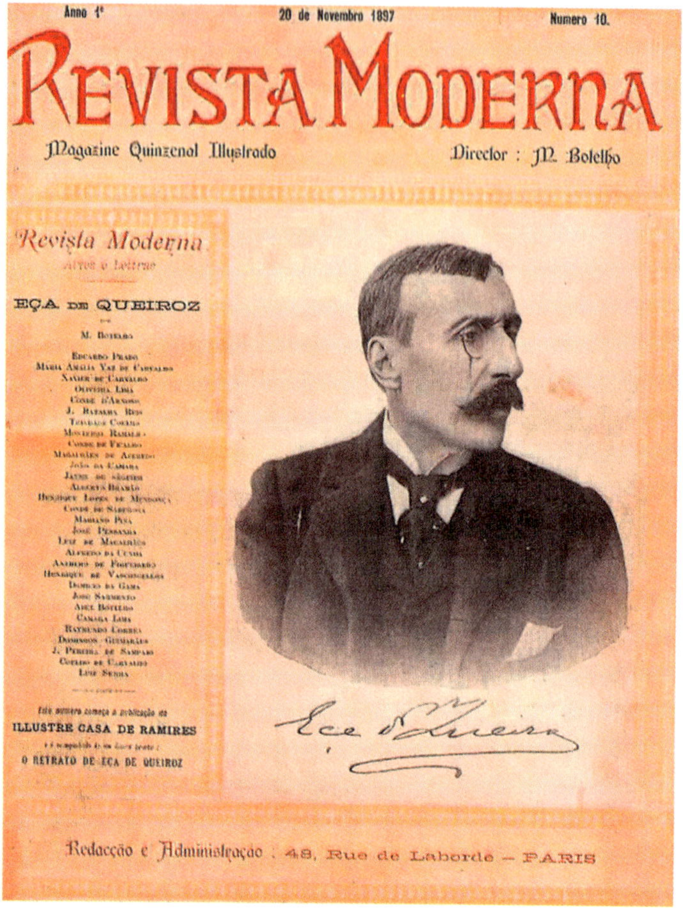

Capa da *Revista Moderna* dedicada a Eça de Queiroz.

projeto utópico com o qual nada lucrou. Eça, leitor de Júlio Verne, deve ter achado muita graça a este inventor singular e a empatia que com ele criou parece explicar o seu relacionamento.

Supomos que tudo o que Luís Serra conseguiu dar a Eça de Queiroz foi este agradecimento no número de homenagem que a *Revista Moderna* (n. 10), do brasileiro Martinho Arruda Botelho, lhe dedicou em 1897: "Se a voz da gratidão é – como diz o poeta – uma das mais raras e das mais belas, que ela não falte a este concerto de saudações ao Mestre. Na carreira inglória, em que venho trabalhando, tem-me sido único estímulo e poderoso auxílio a amizade de Eça de Queiroz. À deslumbrante claridade do seu espírito nunca em vão recorri nas horas de trabalho ou de luta e a bondade do seu coração, nunca, também, me desamparou nas horas de amargura. Tudo lhe devo. – Compreende-se, pois, com que alegria eu aproveito este ensejo de, publicamente, lhe testemunhar o meu reconhecimento e de lhe afirmar, mais uma vez, a minha perseverança naquelas ideias que ele, por vezes, tão afetuosamente chama *as nossas ilusões*".

Eça dá provas de ser um comentador muito inteligente e arguto dos principais acontecimentos do seu tempo. Artigos como "França e Sião" ou "Antigas Visitas" (*Notas Contemporâneas*), assim o demonstram, pressupondo uma atenção muito informada e arguta dos assuntos franceses. Eduardo Prado testemunha no número da *Revista Moderna* dedicado a Eça em 1897: "As leituras de Eça de Queiroz são rápidas e múltiplas. Às vezes são feitas em voz alta e de tal modo, que não há versos que pareçam maus, quando ele os lê com boa vontade; e prosas bem incolores tornam-se eloquentes. De vez em quando, faz dessas leituras, tendo em mão um volume de Víctor Hugo. É um delírio. Quando conta, a sua narração é a cena mesma que descreve. A voz, o gesto, a expressão dão a qualquer anedota um interesse, uma vida e um vigor que dificilmente se podem imaginar".

Eça vai enviar também, para a *Gazeta de Notícias* do Rio de Janeiro (onde colaborou entre 1880 e 1897), crônicas sobre o anarquismo em França. Ravachol e Vaillant são os heróis anarquistas desse período. Eça comenta: "O anarquismo parece ser secretamente assalariado pelo despotismo". A primeira crônica intitula-se "1º de Maio" e aqui Eça classifica o anarquismo como filho bastardo do socialismo. Ao tempo dos acontecimentos que ele descreve, isto é, na última década de Oitocentos, a ordem estabelecida parece não ter já a certeza absoluta da legitimidade dos seus direitos. As provações do proletariado, a miséria em que este se debatia, em gritante contradição com o esplendor produtivo e inventivo do fim do século, parece só encontrarem alívio, para o nosso autor, na revolução moral que esse mesmo século vai realizando através da revelação pública da clamorosa desigualdade social, denúncia que ele considera a obra do socialismo, "a mais fecunda, a mais prática, porque opera sobre o sentimento". E termina essa crônica primorosa "1º de Maio" deste modo: "Tão branda se tem tornado a ordem que, em vez de matar com simplicidade e alegria sete mil desordeiros numa só tarde, como o conde de Foix e os seus cavaleiros que eram a ordem no século XIV, se perturba quando atacada, e grita, e treme, e a si mesma ansiosamente pergunta se não deve desaparecer para dar lugar a outra ordem mais igual e mais justa. Que é tudo isto senão o mundo avançando seguramente para a Bondade, fim supremo do Ser?"

Eça empenha-se na denúncia das iniquidades sociais do seu tempo, até mesmo nas idílicas, fantasiosas páginas de *As Cidade e as Serras*, no discurso conhecido de Zé Fernandes sobre a Cidade: "Um povo chora de fome, e da fome dos seus pequeninos – para que os Jacintos, em janeiro, debiquem, bocejando, sobre pratos de Saxe, morangos gelados em champagne e avivados de um fio de éter!" Na conclusão da crônica "1º de Maio" vemos o escritor profundamente crente no evoluir do mundo para soluções cada vez mais humanas e de maior justiça social. Quatro anos antes da sua publicação escrevera: "[...] a sociedade progride cada dia pelas sucessivas acumulações do esforço, do trabalho, da virtude, do gênio, da poesia, da coragem de cada geração que passa. E se realmente não pensamos mais profundamente do que em Atenas, sob os plátanos da academia, nem combatemos mais heroicamente do que no desfiladeiro das Termópilas – temos decerto repartido entre nós mais justiça do que no tempo dos Gracos, e há mais saber divulgado entre nós do que no tempo de Aristóteles. E nesse século XX de que já nos ocupamos com tão paternal solicitude, haverá ainda mais saber espalhado, e haverá mais justiça realizada" ("A Europa", *Notas Contemporâneas*).

Eça vem no ano de 1892 novamente a Portugal, ainda por causa da herança que Emília tem a receber por morte da mãe. Depois de inúmeros problemas que surgem com seu cunhado Alexandre, ficará com a Quinta de Santa Cruz no Douro, com uma parte de Corte-Condessa, grande herdade no Alentejo, perto da cidade de Beja, e com algumas pratas e outros objetos do solar de Santo Ovídio. Por essa altura, traduz em Santo Ovídio *As Minas de Salomão* de Rider Haggard, um dos sucessos da *Revista de Portugal*, e escreve "Cartas de Fradique". A *Revista de Portugal* vai-se lentamente afundando, como projeto economicamente inviável, e ele procura agora vendê-la. Tanto tempo, tantas preocupações e tanta energia despendidas para pôr de pé este projeto de grande importância e para que não via solução. Quando pela primeira vez visita a Quinta de Santa Cruz, na margem direita do rio Douro, a "Tormes" de hoje, dirá à mulher, para Paris: "É extremamente bela. O caminho íngreme e alpestre da estação até à quinta é simplesmente maravilhoso. Vales lindíssimos, carvalheiras e soutos de castanheiros seculares, quedas de água, pomares, flores, tudo há naquele bendito monte. A quinta está situada num alto, num sítio soberbo, que abrange léguas de horizonte, e sempre interessante" (carta de 28.5.1892). Mais tarde, Eça iria fazer da subida desta serra uma das suas páginas antológicas em *A Cidade e as Serras*. Verdadeira Meca portuguesa dos lugares queirozianos, a presença literária e biográfica do escritor andam em Tormes de braço dado. Até os restos mortais do escritor iriam repousar, mais abaixo, no cemitério de Santa Cruz, nesse "solo eterno de eterna solidez", como podemos ler no último parágrafo de *A Cidade e as Serras*.

O solar, que era então um vasto celeiro, com uma ou duas janelas envidraçadas apenas, deveria assemelhar-se muito à descrição que, na novela, Zé Fernandes faz das suas salas: "Eram enormes duma sonoridade de casa capitular, com grossos muros enegrecidos pelo tempo e o abandono, e regelados, desoladamente nuas, conservando apenas aos cantos algum monte de canastras ou alguma enxada entre paus. Nos tetos remotos, de carvalho apainelado, luziam através dos rasgões manchas de céu. As janelas sem vidraças conservavam essas maciças portadas, com fechos para as trancas, que, quando se cerram espalham a treva. Sob os nossos passos, aqui e além, uma tábua podre rangia e cedia". Maria Eça de Queiroz, a filha do escritor, que casara, em 1916, com o primo coirmão José (Resende), veio para aqui viver cerca de 1920. Consigo viera também sua mãe Emília, esta por pouco tempo, e o filho Manuel. A casa pouca diferença fazia da descrição que dela nos deu Eça nas suas cartas. Foi então reunindo tudo o que dizia respeito ao Pai e que se encontrava disperso pelos descendentes. Quando faleceu, em 1970, com 83 anos, Tormes passaria para a posse de seu filho Manuel Benedito e de sua mulher Maria da Graça Salema de Castro, a atual presidente da Fundação Eça de Queiroz aí sediada.

Neste ano de 1892 morre Renan, que Eça lera atentamente. No artigo que lhe dedicou escreve com argúcia: "O autor da *Vida de Jesus* era, decerto, um grande homem: – ou antes continha em si uns poucos de homens (um heresiarca, um artista, um arqueólogo, um moralista, um metafísico e um sacerdote) todos eles distintos e mesmo superiores, que, prestando uns aos outros o auxílio de suas aptidões especiais, formavam exteriormente a aparência muito aceitável de um grande homem. O artista emprestava ao erudito a graça da sua arte; o erudito comunicava ao artista a suculência do seu saber. O sacerdote adoçava o heresiarca; o metafísico vivificava o arqueólogo. E todos assim concorriam para construir um admirável Renan. O homem todavia que, dentro de Renan, mais ajudou à glória de Renan – foi o artista. Ele tinha o dom inefável de cativar as multidões como Orfeu, só com tirar da lira uns sons doces e delicados. Não creio que com esse mero tanger, de melodia alada, ele edificasse, à maneira de Orfeu, cidades duradouras: mas, como Orfeu, fascinou, pela lira, muita pedra e muita alimária. Em resumo, porém, era um razoável grande homem. E como, além disso, foi um justo (alguns mesmo dizem um santo), largamente merece a sua canonização" ("Os Grandes Homens de França", *Notas Contemporâneas*).

***

Em março de 1893, Eça recebe em Paris uma carta de Ramalho Ortigão, que acabara de ser condecorado pelo governo espanhol, e com ela um retrato imponente do amigo, de capa e condecoração ao peito, muito semelhante àquele que figura no 1º andar do Grêmio Literário, em Lisboa, onde o vemos com a farda da Academia das Ciências, de espadim à ilharga e chapéu bicórnio, exibindo uma comenda espanhola, a grã-cruz de Isabel, com a face erguida e triunfal. Ramalho está por esta altura em Madrid. É comissário de Portugal às comemorações de Colombo. Guloso de condecorações, muitos anos antes, pedinchara a um amigo uma, antes de ir a Paris. E é ainda sob a emoção desse triunfo que escreve ao seu amigo Queiroz. Ramalho escreve com frequência à mulher, para Lisboa, depois de lhe ter recomendado que vá guardando todas as cartas que lhe poderão vir a dar apontamentos para memórias que jamais escreverá. Eça agradece-lhe e faz nessa carta um retrato do amigo absolutamente memorável. Perdeu-se, tal carta, não consta do espólio da "Ramalhal Figura". Felizmente para nós, Ramalho, envaidecido, transmite à mulher o elogio do seu amigo Queiroz que lhe diz assim:

> O Velásquez que V. me mandou (porque pela atitude, pela força nobre e viril do modelo, era um Velásquez) foi de grande alegria para nós todos, mesmo para os meninos que acharam que *l'oncle Ramalho était bien grand et bien fort et avait un beau manteau* mas não me bastou. Todavia estive sempre bem tranquilo acerca do seu bem-estar temporal e espiritual; – porque tendo ido V. por motivos de arte ser algum tempo espanhol em Espanha, estava assim exercendo a sua maior vocação na sua verdadeira pátria e não há maior felicidade do que esta para o corpo e para a alma. Porque, quer V. queira, quer não (e suponho que quer) V. foi sempre um espanhol. As suas próprias qualidades de escritor, de crítico e de artista, a sua intensa visão das realidades exteriores, o seu largo bom-senso que impele a sua lógica até os extremos, o seu humour são, – tudo isso são traços espanhóis dos bons tempos de Espanha. – V. pode ser filiado muito bem em Cervantes e Quevedo. E essa grã-cruz de Isabel com que V. – segundo leio nos jornais – acaba de ser presenteado – é bisneta da de Santiago que Filipe traçou a vermelho no peito de Velásquez. E aí está porque V. tanto está amando a Espanha! Eu também; e – ao contrário do tolo ditado, acho que dela só nos pode vir para nós portugueses *bom tempo e bom casamento* [...].

Ainda bem que esta filiação em Cervantes e Quevedo desvaneceu Ramalho, que não só transcreve a carta de Eça à mulher, como nesse mesmo ano de 1893 enviava a Emília Ortigão, dessa mesma Madrid, onde se encontrava tão ambientado, esta pérola: "O marquês de Barsanallana disse que na rota dos meus amigos de Madrid não era o tratamento de excelentíssimo o que me cabia, mas sim o de *adorable*. E é sempre *adorable* que ele me chama". Mas "D. Pepe", como Oliveira Martins se lhe refere, não se fica por aqui, e ao genro Antônio Ramos, ainda de Madrid, informa, embevecido:

> Note que esta boa amiga (a duquesa de Ossuna) tem sessenta anos e muito reumatismo. É porém, tão nobremente distinta e tão inteligente que eu tenho grande orgulho na sua estima, e quando no Real, ela me chama para me dar o braço, eu desvaneço-me mais do que se o nosso Soberano me chamasse para lhe formar ministério.

Podem encontrar-se estes interessantes documentos numa obra que a queirozianista brasileira Beatriz Berrini publicou na Biblioteca Nacional em 1983, intitulada *Ramalho Ortigão, Cartas a Emília*.

Tudo isto confere e dá continuidade ao retrato que dele fez Eça em 1878, publicado postumamente em *Notas Contemporâneas*, referindo-o como um janota e um "deslumbrado" por Paris: "O Paris do *chic*, das *cocottes*, das operetas, dos *boursiers*, dos *jockeys*, das dançarinas e dos pequenos tiranos – deixara-lhe no espírito um grande deslumbramento". Tratava-se da Paris dos tempos de Napoleão III. Deslumbrado por Paris era-o, sem dúvida, mas também pelas princesas, duquesas, marquesas e condessas, espanholas e italianas. Numa carta que ele escreveu ao conde de Arnoso, de 11 de novembro de 1901, em que lhe relata a sua visita ao papa Leão XIII, um dos momentos mais altos da sua vida, conta-lhe que O'Connor Martins, representante português na Santa Sé, lhe fizera conhecer "até à intimidade do chá das cinco horas, as mais predominantes e as mais lindas Princesas de Roma", e enumera: Pallaviccini, Bibesco, condessa Massimo, princesa Trabia, princesa Paterno, Raspigliosi etc.

Ramalho Ortigão.

De pé: Domício da Gama e Eça. *Sentados*: Emília, Maria e conde da Caparica.

Eça diz ainda: "É uma das personalidades eminentes do Portugal contemporâneo. Escrevendo a sua língua – é um mestre incomparável; satirizando o seu tempo – é um artista completo; vivendo a sua vida – é um homem de bem". Na monografia que recentemente sobre ele publiquei, acrescentei a esta transcrição uma anotação: "Levanta-se aqui um pequeno problema: o de se saber em definitivo, se a Ramalhal figura seria de fato um homem de bem... Temos razões de sobra para pensar que Eça talvez se tenha enganado nesta apreciação, ou que pelo menos ela mereça cuidadosos matizados".

Em julho de 1893, Eça envia para a *Gazeta de Notícias* do Rio de Janeiro uma importante crônica, postumamente publicada em *Notas Contemporâneas*, denominada "Positivismo e Idealismo", onde faz o balanço do que vai ocorrendo em Paris, no campo das letras, das artes e das ideias. Diz aí: o naturalismo e o positivismo são já doutrinas do passado, "o romance experimental, de observação positiva, todo estabelecido sobre documentos, findou (se é que jamais existiu, a não ser em teoria), e o próprio mestre do naturalismo, Zola, é cada dia mais épico, à velha maneira de Homero". O "livre-pensamento, vai atravessando realmente uma má crise!", "o telefone, o fonógrafo, os motores explosivos e a série dos éteres não bastam a calmar e dar felicidade a estes corações moços. [...] Em suma, esta geração nova tem necessidade do divino". A causa desta revolta "está toda no modo brutal e rigoroso com que o positivismo científico tratou a imaginação, que é uma tão inseparável e legítima companheira do homem, como a razão". Essa revolta é causada também pelo materialismo do século: pelo "estridente tumulto das cidades, a exageração da vida cerebral, a imensidade do esforço industrial, a brutalidade das democracias". Desta brutalidade não andavam decerto ausentes os imperialismos da Inglaterra e da França, que ele tão vigorosamente denunciara. E assim é que este movimento de espiritualidade religiosa dava, segundo ele, "interpretações modernas à ternura mística de São Francisco d'Assis".

Eça refere ainda: "É esta ação que nós estamos vendo, ainda vaga, mas já viva, operar sobre as questões sociais com o nome de socialismo cristão". O nome do *poverello* surgirá, significativamente, no final desta crônica: "Ninguém, tendo fixado sobre si o olho rutilante e irônico da ciência, ousará acreditar que, das feridas que o cilício abria sobre o corpo de São Francisco de Assis, brotavam rosas de divina fragrância. Mas também nunca mais ninguém, com medo da ciência e das representações da fisiologia, duvidará em ir respirar, pela imaginação, e se possível colher, as rosas brotadas do sangue do santo incomparável. E isto é para nós, fazedores de prosa ou de verso, um positivo lucro e um grande alívio".

Exprimia aqui a sua simpatia pela pura mensagem religiosa do franciscanismo, que ele opunha à suspeição que sempre teve em relação à Igreja. Comparemos este texto com aquele que escreverá alguns anos depois para o *In Memoriam de Antero* (1896), e em que terminará por nos revelar um diálogo muito significativo com o poeta dos *Sonetos*, o último que terá com este seu mentor e amigo: "Viemos a conversar desta materialidade dos tempos, e estridor das cidades, e exageração da atividade cerebral, e aspereza das democracias, que começam a empurrar tantos seres sensíveis ou mais imaginativos para a quietação religiosa e para o Deserto moral. Antero pensava que uma forte reação espititual e afetiva se seguiria à materialidade deste duro século utilitário e mercenário". Em conclusão: "Antero tendia para uma mistura do platonismo e do budismo. Eu preferia que os Mateiros (monges do idealismo imaginados por Antero), retomando a grande obra de cultura que fez a grande conversão do cristianismo católico em cristianismo histórico, a adiantassem, deslocassem o cristianismo da região da história para a região da psicologia, removessem toda a aluvião eclesiástica e teológica, e descobrissem, revelassem o ponto verdadeiramente divino – o estado da consciência de Cristo...".

No artigo "Positivismo e Idealismo", curiosamente, a meio do texto, Eça, dissimulando, parece querer pôr-se à margem do idealismo de tonalidade religiosa que está a descrever dizendo-nos: "Eu, por mim, registo os fatos". Mas não é verdade que assim seja porque, precisamente três meses antes da publicação desta crônica, em carta para o seu amigo Oliveira Martins, informava este historiador: "O nosso ram-ram lá se vai desenrolando, contínuo e calmo... De vez em quando, o meu santo, – outro santo, porque interrompi o São Frei Gil, para me devotar a Santo Onofre" (carta de 17.4.1893). Entre 1893, data de "Positivismo e Idealismo", e 1896, data de publicação do *In Memoriam de Antero*, não há senão natural e lógica evolução.

Em setembro de 1893, terá de abandonar a casa da rue Charles Laffitte, de que tanto gostava. O proprietário exigira a sua devolução. Começará a fastidiosa tarefa de descobrir outro alojamento, que acabará por encontrar por detrás de uma *maison de rapport*, entre as árvores seculares do que outrora fora um parque senhorial. Entrava-se pelo 38 da avenue du Roule e encontrava-se, poucos metros adiante, uma casa geminada, amansardada, com cave e mais três pisos, e um pequeno e acolhedor jardim. Na *maison de rapport*, facejando a avenue du Roule, vemos, desde setembro de 1950, uma lápide com dizeres demasiado breves e na verdade não exatos: "*Eça de Queiroz écrivain et critique portugais est mort dans cette maison le 16 août 1900*".

Seria a sua última morada, onde viria a falecer, vindo a ser demolida e substituída por nova construção habitacional na década de 1970. Eça escreve a Oliveira Martins em abril de 1894 e relata: "Nós continuamos na remota província de Neuilly. A nossa casa agora é metida dentro de um terreno, que por seu turno está metido dentro de um largo prédio de *rapport*. Tens decerto visto disposições iguais em caixinhas chinesas. Aí passamos uma vida provinciana e rotineira, como se estivéssemos em Carcassonne ou em Carpentras". Seguem-se queixas sobre a sua saúde e uma importante informação sobre o seu ímpeto criador: "Eu é que não tenho andado bem de saúde. No inverno tive influenza, ou uma série de pequenas influenzas. Fiquei fraco. Na minha qualidade de abdominal, essa fraqueza localizou-se sobretudo nos intestinos que se tornaram anárquicos. Além disso o sistema nervoso está desnutrido e acanaviado. É esta a meu respeito a notícia mais importante. De resto, faço uma vida, não direi de cenobita, porque esses, pela imaginação, viveram uma vida delirante e grandiosa, mas de *petit bourgeois retiré*. Faço também literatura, uma literatura complicada, porque, com

Casa da Av. du Roule, hoje desaparecida.

Eça no jardim da casa da Av. du Roule.

o vício de misturar trabalho, acho-me envolvido na composição, revisão e acepilhação geral de cinco livros".

Que obras seriam essas? Decerto *A Ilustre Casa de Ramires*, *A Correspondência de Fradique Mendes*, *A Cidade e as Serras*, *Frei Genebro*, alguns contos e o precioso texto, de tão demorada gestação e apuramento formal, sobre Antero de Quental, para o *In Memoriam* do poeta, "Um gênio que era um santo".

Quando se muda para a avenue du Roule, em Neuilly, diz ao seu amigo Eduardo Prado: "A nossa casa já não é a mesma, nem material nem moralmente: já não é aquela pitoresca e boêmia rua Charles Laffitte, de que tenho sempre saudades, para onde V. trazia carregações de rãs, e onde eu tinha de atravessar o jardim com neve pelos joelhos, para ir escrever uma frase. Aqui na avenue du Roule tudo é *very compact*, superburguês, e já não há noitadas, nem ceias, nem reformas definitivas do sistema do Mundo" (carta de 4.7.1894).

Atentemos, todavia, na informação anterior, a de que o escritor faz em Paris uma vida de *petit bourgeois retiré*. Exato. Eça em Paris foi sempre um expatriado, um exilado, com o pensamento sempre atento aos acontecimentos da sua pátria, ainda que igualmente atento a tudo o que se passava em Paris e no mundo, assíduo leitor de jornais que era. É pungente a carta que nos últimos anos escreve ao seu amigo Domício da Gama a pedir-lhe auxílio

Bouquinistes do rio Sena.

para a obtenção de uma soma equivalente a um ano de renda da casa que habitava. Não conhecia ninguém em Paris, onde, dizia ele, vivia "como um Estrangeiro que acabava de chegar ao hotel" (carta s/d, domingo, n. 889, Eça de Queiroz, *Correspondência*, 2008).

Mas os problemas de saúde são também uma constante na sua correspondência: "Um dos sintomas do mau ventre é uma casmurra indiferença pelos encantos do feminismo. E quando de novo se começa a sentir um risonho interesse por um feitio de cintura ou por um chapéu bem florido – é que a tripa está restabelecida. O nosso Rosa também teve tiflite. E pensarmos que há cem anos não existia a desventurada classe dos intestinais! Luís XIV, é verdade, sofria de gases, e depois Voltaire, de prisão de ventre... Mas, à parte esses casos grandiosos, a entranha ordinária era sólida. E agora, meu filho!..." (carta ao conde de Arnoso, 20.7.1899).

***

Sempre que pode, e lho permitem as suas magras posses, Eça flaneia pelos *bouquinistes* do rio Sena, em busca de gravuras portuguesas antigas e de livros clássicos. "No cais como Ulisses detido pelas sereias", como ele diz. Se grande parte dos seus livros se iria perder, depois da morte, em Lisboa, devido a um roubo, as gravuras, muito belas, figuram hoje na casa-museu de Tormes. Eduardo Prado testemunha: "As tardes dos seus domingos são consagradas a longos passeios pelos cais do Sena quer estejam eles sombreados pelas árvores verdes no verão, ou varridos pelo vento frio do inverno, soprando por baixo dos arcos das pontes e que o obriga a levantar a gola do seu grosso sobretudo. São longas as suas estações em frente aos alfarrabistas e nunca volta para Neuilly sem alguma estampa portuguesa ou alguns volumes de velhas coisas peninsulares, crônicas, sermões, vidas de santos, obras de místicas, portuguesas ou espanholas, que depois leva horas a consertar, a tapar os buracos dos bichos, a lavar, a polir com vernizes antissépticos, matadores de micróbios que colonizam, de preferência, naquela literatura" (*Revista Moderna*, 1897).

Alberto de Oliveira, que, na companhia de Antônio Nobre, o encontrou no cais do Sena, testemunha esta confissão do romancista: "Meus amigos, a gente em Portugal não estuda nada na idade de estudar, não sabe nada. Eis por que eu cheguei à velhice quase analfabeto e tenho agora de voltar à escola para conhecer os mestres da nossa língua e da nossa história. Ando aqui a formar-me em humanidades, bem fora do tempo, por estes melancólicos cais do Sena, onde ao fim de longas pesquisas, rivalizando de fleuma com tantos pescadores à linha, longos dias debruçados sobre o rio por esses mesmos cais fora, lá descubro um Fernão Lopes ou arremato um Damião de Góis ou um Antônio Vieira, encadernados para a eternidade em sólida carneira lusitana! Amigos, aprendam comigo a não recair nos mesmos erros, formem e cultivem a sua inteligência com fortes e lentas leituras, tudo o que se deixa de estudar a tempo e horas custa muito a aprender na minha idade!" (Oliveira, 1945, pp. 51-52). Repare-se que este encontro se deu, provavelmente, em 1892, pelos 47 anos de Eça, que se considerava então na "velhice", o que não surpreende pois a média de vida era então muito baixa.

Em 1895 Eça está de novo em Portugal, desta vez com toda a família, que não cabe em casa dos pais, no Rossio, e vai instalar-se em pleno Chiado, por cima da conhecida Ourivesaria Leitão, hoje a Casa Vista Alegre, de famosa porcelana. É aqui que, às voltas com o manuscrito de *A Cidade e as Serras* e o texto destinado ao *In Memoriam de Antero de Quental*, se vai dedicar ao *Almanaque Enciclopédico* da editora Antônio Maria Pereira. Esta tarefa inglória é determinada pela necessidade de dinheiro, pois esse almanaque para 1896 não tem apenas o prefácio com que Eça o abre, mas também as receitas que o preenchem e um sem-número de informações, desde o modo mais eficaz de matar moscas até a maneira de tirar nódoas, misturadas com considerações sobre o modo de formar uma biblioteca, o calendário perpétuo, noções de História, pequenas biografias de grandes homens, eclipses etc.

José Sarmento (pai da atriz Carmen Dolores), jovem jornalista que a editora A. M. Pereira destacou para com ele colaborar, recorda no *In Memoriam* de Eça: "Supersticioso como um árabe, nunca transpunha os umbrais de uma porta sem pôr primeiro o pé direito; e tinha por todos os perfumes uma idolatria pagã e sensual". Eça aluga uma casa em Sintra, na Quinta dos Castanhais, e Sarmento vai trabalhar aí com ele no *Almanaque*. Para o *Almanaque Enciclopédico de 1896* escreveu o prefácio "Almanaques". Para o volume do ano seguinte escreveu "Adão e Eva no Paraíso" segundo uma visão evolucionista. Estes textos dos almanaques seriam mais tarde recolhidos em *Notas Contemporâneas*. Da belíssima Sintra escreverá ao seu amigo conde de Arnoso, dizendo-lhe, desanimado com o clima que foi aí encontrar: "Como vais? Eu adoentado, com uma espécie de influenza e estado febril, que me dizem ser a aclimatação de Sintra! Oh esta Sintra! Não nego que seja uma linda vista. Mas por Deus! Ninguém se lembra de habitar uma vista!" (carta de 24.7.1895).

Eça lendo o *Figaro.*

"Grandes ares pequeno jardim" – legenda de Eça.

Dessa viagem data o convívio que os filhos de Eça fazem com os avós paternos. Maria recorda: "Foi durante essa estada em Portugal que fizemos verdadeiro conhecimento com os meus avós Queiroz. O avô, muito alto, muito magro, muito branco, quieto e grave, ensinava-me paciências, de que lhe ficava muito grata. A avó era muito viva e autoritária e fazia-nos rir com as suas respostas prontas. Muito janota e muito boa dona de casa; eu não me fartava de admirar a mesa onde a avó não dispensava dezesseis sobremesas!".

Durante estas férias em Portugal Eça reviu provas do seu texto para o *In Memoriam de Antero de Quental.* Luís de Magalhães, organizador da edição, impacienta-se pela sua demora. A obra sai a 20 de junho de 1896 (a elaboração deste *In Memoriam* precisara de quase cinco anos!), tendo a revisão de provas do artigo de Eça demorado cerca de oito meses! Luís de Magalhães acaba por confessar ser "esse artigo a melhor coisa do livro e das mais belas, mais comovidas e mais tocantes páginas que têm saído da sua pena" (carta a Alberto de Oliveira de 24 de novembro de 1895). Cerca de um ano antes da publicação desta obra Jaime Batalha Reis envia uma carta a Eça, extremamente seca, deste teor: "Com esta carta receberás as provas do meu artigo para o livro do Antero. Não me passa sequer pela cabeça que leias este meu escrito e não é para isso que to mando. Como porém nele falo várias vezes de ti, não quero fazê-lo sem que antes de publicado vejas o que digo. Peço-te pois que apenas passes os olhos às passagens em que vires o teu nome, rapidamente, dum dia para o outro, e que logo mo mandes acompanhado das reflexões que entenderes, com a máxima rapidez. Se desta vez me não responderes, pelo menos recambiando eu as provas, o mal será principalmente para o Luís de Magalhães e para a empresa de que ele trata" (Martins, Almeida, 2001, p. 231).

O regresso a Paris depois do reencontro com o clima suave e luminoso da pátria exige sempre uma readaptação. O contraste é grande, e num momento de pior disposição o escritor faz a uma amiga e parente de Lisboa, a condessa de Sabugosa, um retrato muito crítico da cidade: "Paris com efeito já não é aquela cidade que V. Excia. minha Prima, conheceu ligeira e luminosa. Agora está muito grosseira de aspectos, de modos e de ideias – e completamente negra! – Dizem os entendidos que é por causa do imenso número de fábricas – e porque Paris se vai tornando uma cidade cada dia menos intelectual e mais fabril. Não sei – o que é certo é a sua grosseria e o seu melancólico negrume. Até exteriormente perdeu toda a graça e elegância. Nas ruas não se veem senão homens de camisola de malha, e mulheres de calções pedalando furiosamente em velocípedes: as carruagens já não têm cavalos, são todas *automobiles*, fazem um barulho horrendo e deitam um cheiro abominável a petróleo: no chão uma lama medonha, que a República não limpa: no céu sempre o tal fumo negro, representando, ao que dizem, um dinheirão: e logo ao começo da tarde é necessário acender uma luz que agora há, de um brilho muito *criard*, e que ordinariamente mata quem a acende! Já parece o século XXIII! Deus nos dê paciência para aturar a Civilização" (carta de 24.1.1897).

A 5 de maio de 1897 sai o primeiro número da *Revista Moderna*, revista de excelente papel e apresentação gráfica, ilustrada, sob a administração do brasileiro Martinho Carlos Arruda Botelho, seu proprietário. Publicaria 30 números. A sua redação ficava no 48 da rue Laborde. Vai durar até abril de 1899 e pode dizer-se que a sua orientação literária se deve a Eça de Queiroz, que aí publicou, além do texto de abertura da revista, importantes textos: os contos "A Perfeição", "José Matias" e "Suave Milagre", "Cartas de Fradique Mendes" e várias crônicas, entre elas o artigo dedicado a Eduardo Prado e a crônica sobre o assassinato de Cánovas, "No Mesmo Hotel". O número 10, de 20 de novembro de 1897, foi integralmente dedicado a Eça de Queiroz, onde vemos pela primeira vez vários aspectos do interior e do exterior da casa da avenue du Roule que depois disso viriam a ser reproduzidos profu-

Postal de Compiègne para Emília.

Hotel de Plombières onde Eça se hospedou.

samente. Mas já em 21 de julho de 1897 ele escreve ao seu amigo conde de Arnoso, desolado com o rumo que essa revista está a tomar: "Agora, ultimamente, foi um jornal, uma *Revista Moderna* de que talvez te chegasse aí um número desgarrado, jornal em que fundamos aqui grandes e douradas esperanças, e que uma Direcção deliciosamente inepta já irreparavelmente estragou. Enfim, meu filho, a luta pela vida! Luta bem vã, quando se empreende com uma pena na mão, em língua portuguesa". E é no número 10 da *Revista Moderna* que irá publicar pela primeira vez os primeiros capítulos de um dos últimos romances: *A Ilustre Casa de Ramires*, que só verá a luz depois da sua morte. Romance de evocação histórica e de crítica de costumes, que não exclui um registo realista, aí ressuscita, em paralelo com a ação no Portugal do seu tempo, o mundo medieval, em páginas belíssimas que traduzem o seu amor pelas evocações históricas. Mas a consciência de que "reconstruir é sempre inventar", como considerou em carta ao conde de Ficalho, em 15.6.1885, a propósito de *A Relíquia*, fá-lo acrescentar ainda: "Debalde, amigo, se consultam in-fólios, mármores de museus, estampas, e coisas em línguas mortas: a História será sempre uma grande Fantasia".

Em agosto de 1897 Eça tenta uma cura de dezessete dias na estação termal de Plombières, a conselho do seu médico, o Dr. Melo Viana. Estas termas, nos Vosges, têm uma frequência histórica notável. Nela estiveram Montaigne, Saint-Simon, Voltaire, Musset, Delacroix, Renan, Maupassant, Gautier e Napoleão III, que está na origem da construção do edifício termal e do Grand Hotel, onde Eça se hospeda. O diplomata brasileiro Domício da Gama vai ao seu encontro e Eça escreve à mulher: "O Domício é bom companheiro para montanha porque tem o trepar fácil e condescendente. Infelizmente o clima tem uma inconstância que não parece desta Alsace tão grave e tão *sage*. Quase na mesma hora se abrasa e se gela. A sombra dos *sapins* é sempre úmida – e há uns ventinhos súbitos que não são amáveis". É durante essa vilegiatura que Cánovas del Castillo, o presidente do conselho espanhol, é assassinado. A crônica que escreveu pouco depois sobre este acontecimento trágico, intitulada "No Mesmo Hotel", é uma pequena obra-prima literária, postumamente publicada em *Notas Contemporâneas*.

Data de Plombières este passo de fino humor de uma carta de Eça ao seu amigo Eduardo Prado: "Eu, por exemplo, verifiquei hoje ter perdido um quilo. Em que, santo Deus? Não tenho feito, que eu saiba, dispêndio nenhum da minha substância. Nem arte, nem namoro, nem ambição, nem redemoinho social, nenhuma destas forças absorventes se apossou de mim para me chupar… e todavia lá vai o meu quilo! Atribuo talvez essa perda ao desespero que me tem dado a banalidade do único livro que tenho lido, por não possuir outro, dum certo Thomaz. Felizmente para me consolar deste atroz Thomaz, tem estado aqui o Domício. Como veio a Plombières, tam-

O casal de luto, possivelmente por Alexandre, irmão de Emília falecido em 1894.

bém se plombieriza. Mas esse, não sei como, ganhou um quilo. É decerto o meu. E aqui está a lealdade de um amigo! Quando hoje lhe lancei em rosto esta subtração ele ficou embaraçado" (carta de 20.8.1897).

É desse ano o fim da extensa colaboração que deu à *Gazeta de Notícias* do Rio de Janeiro, que começara em 1880. As crônicas que aí publicou seriam postumamente editadas nos *Ecos de Paris* (1905) e em *Cartas Familiares* e *Bilhetes Postais de Paris* (1907). Nesses textos falará do aniversário da Comuna e de Flaubert, dos jesuítas, do Imperador Guilherme da Alemanha, de Víctor Hugo, da França e Sião, do anarquismo e dos anarquistas, do assassinato de Carnot, da miséria do proletariado, de Joana d'Arc, de Monroe e o nativismo etc. etc.

O começo do ano de 1898 é marcado pelo célebre e corajoso panfleto de Zola *J'Accuse*, em defesa de Dreyfus. Neste e no ano seguinte vem a Portugal. Toma o comboio da linha do Douro, em Aregos (hoje Tormes-Aregos), via Salamanca de regresso a Paris. Será a última viagem à sua pátria.

No dia 14 de janeiro de 1899 será homenageado pela colônia portuguesa de Paris com um banquete, promovido pelo compositor Francisco de Lacerda. Esta importante figura da música encontrava-se desde 1895 em

Estatueta de Francisco da Silva Gouveia, 1900.

Paris e Eça recomenda-o com caloroso interesse ao conde de Arnoso (cartas de abril e maio de 1897 e de 20 de julho de 1899). Trata-se do primeiro chefe de orquestra português de renome internacional. Está presente nesse banquete o escultor Silva Gouveia, então com 26 anos, que frequentara a Escola de Belas Artes do Porto, tendo estudado em Paris. De baixa estatura e bigodoso, parece ter sido alvo de um dito de espírito de Eça, ao perguntar: "Quem é este gigante que parece ter engolido um boi e deixado os cornos de fora"? Nessa mesma noite nasceria em cera uma das peças mais notáveis da iconografia queiroziana, uma caricatura de Eça em corpo inteiro, dobrado sobre si próprio, no ato de observar. Esta pequena escultura, de apenas 40 cm de altura, foi apresentada à duquesa de Palmela, em Paris, escultora ela própria e parente da mulher de Eça, que logo subsidiou a sua passagem a bronze. Tomás de Sousa Rosa, ministro de Portugal em Paris e íntimo da casa do escritor, ao ver esse retrato-caricatura exclamou: "Eu vejo-o nessa atitude familiar, bem dele, só dele. Ele vive nesse retrato!" Fundiram-se 50 exemplares numerados. O primeiro foi dedicado ao Rei D. Carlos, que o tinha sobre a sua secretária no Palácio das Necessidades em Lisboa. Este exemplar veio depois a pertencer a Maria das Dores Eça de Queiroz, marquesa de Ficalho, neta de Eça de Queiroz, que o conservava no solar de Serpa.

Antônio Feijó, na correspondência com o seu grande amigo e companheiro de Coimbra, Luís de Magalhães, também amigo de Eça, escreve: "A estátua do Zé Maria está pronta. É um bronze. Ficou muito bonito e custa 150 francos" e ainda: "A estatueta não é uma caricatura. Representa o Queiroz de casaca, todo curvado na atitude de pôr o monóculo para *observar*, com a boca franzida por aquele sorriso de ironia tão seu peculiar. É o Queiroz da varanda de Cascais, das ceias de bacalhau, das discussões nas Águas Férreas elegante e desdenhoso. O artista quis fazer um retrato psicológico, e não uma caricatura. Parece à primeira vista que há qualquer coisa de *charge*, porque a gente tratando-se dum morto ilustre, imagina-o sempre na serenidade da glória. Mas o Queiroz era assim, no momento em que o escultor tentou reproduzi-lo. Só os amigos, os que o conheceram intimamente é que podem compreender esse retrato. Concordo que seria uma irreverência se fosse uma obra para pôr à venda. O público não podia compreender esse Queiroz. Mas para mim é uma obra admirável, porque é assim que eu o via no convívio íntimo. O escultor afligiu-se por saber que o Bernardo considerou a sua obra como uma caricatura. E como penitência ou desforra, fez um busto ou antes um medalhão representando o Zé Maria tal como os seus admiradores que o não conheceram o devem imaginar. Dizem-me maravilhas desse medalhão mas eu ainda o não vi" (Feijó, 2004, vol. II, pp. 27-28). Antônio Feijó diz-nos que o retrato da estatueta "é o Queiroz da varanda de Cascais".

Essa varanda pertence hoje à casa, incólume, onde se encontra a Secretaria da Marina de Cascais, à direita de quem desce, cerca da fortaleza. Quanto a "Águas Férreas", era a casa de Oliveira Martins, no Porto, não muito distante do Colégio da Lapa. Mariano Pina, diretor em Paris da revista *Ilustração*, que teve com Eça assídua convivência, também confirma a veracidade do retrato escultórico de Gouveia (no tal *momento* em que o artista o exprimiu), em carta para Rafael Bordalo Pinheiro de 9 de fevereiro de 1885, leiloada em Lisboa (catálogo de Luis Burnay para o leilão de 19.6.2010). Ao pedir a Bordalo "páginas para a *Ilustração* de retratos caricatura", Pina escreve: "As primeiras quatro poderiam ser por exemplo quatro escritores: – Ramalho, forte e áspero, de grandes sapatos, grande chapéu de abas largas e grande bengala. – Eça, de magreza por excelência, embrulhado na sobrecasaca, esguio e curvado como um caniço".

A 26 de setembro desse ano de 1899, indignado com o rumo que o caso Dreyfus está a tomar, Eça escreve ao seu amigo brasileiro Domício da Gama: "Também eu senti grande tristeza com a indecente recondenação do Dreyfus. Sobretudo, talvez, porque com ela morreram os últimos restos, ainda teimosos, do meu velho amor latino pela França. Os suíços, querido Domício, não se enganam generalizando – e atribuindo o julgamento de Rennes à própria essência do espírito nacional. Quatro quintos da França desejaram, aplaudiram a sentença. A França nunca foi, na realidade, uma exaltada da Justiça, nem mesmo uma amiga dos oprimidos. Esses sentimentos de alto humanitarismo pertenceram sempre e unicamente a uma elite que os tinha, parte por espírito jurídico, parte por um fundo inconsciente de idealismo evangélico. Não nego que, aí por 1848, essa elite conseguiu propagar o seu sentimento na larga burguesia, sensibilizada, amolecida desde 1830 pela educação Romântica. Mas logo, com o Império, a França se recuperou, regressou à sua natureza natural, e recomeçou a ser como sempre, a Nação videira, formigueira, egoísta, seca, cúpida. Devia talvez acrescentar cruel – porque de fato todas as grandes crueldades da História Moderna, desde a guerra dos albigenses até as Matanças de Setembro, têm sido cometidas pela França". Eça parece assim, aparentemente, libertar-se do peso enorme que a França sobre ele exercera. Já no artigo "O Francesismo", de 1887, haveria de concluir: "A literatura francesa sofre de um obscurantismo [...] um enfraquecimento [...] um enervamento – que de um lado leva à extravagância, e de outro à banalidade". Desta crítica, muito curiosamente, ficaram ausentes nomes importantes exteriores ao decadentismo que Eça bem conhecia, como Maupassant e Anatole France. A sua crítica incidia sobre o triunfo dos símbolo-decadentistas, partidários da arte pela arte. Mas por que permaneceu póstuma esta importante diatribe contra a França? Carlos Reis formula uma hipótese justificativa que a seu ver "depende evidentemente da data suposta da sua redação, 1887: acabando de fazer as diligências para a sua nomeação para Paris, o cônsul de Portugal punha em risco as suas aspirações se um texto como "O Francesismo" – indubitavelmente hostil à França – fosse publicado" (Reis, 1997, p. 25).

A estadia de quatorze anos na Inglaterra tinha-o ajudado a objetivar uma visão crítica da cultura francesa, o que Eduardo Prado constata no seu artigo da *Revista Moderna* de homenagem a Eça, de 1897: "A influência inglesa sobre Eça de Queiroz contribuíra apenas para desafrancesar o português". O século aproximava-se do fim, Eça queixa-se dos excessos da civilização industrial que se vai desenvolvendo a par da miséria social que via nascer em Paris, para a qual não encontrava solução, constatando em 1893 no artigo "Positivismo e Idealismo", não o desenvolvimento do materialismo científico mas o da reação "espiritualista, simbolista, neocristã e místico-socialista". Tudo isto o leva a esta reflexão atualíssima, na crônica "O Inverno em Paris", de 3 de abril de 1895: "Enganados pela ciência, embrulhados nas sutilezas balofas da economia política, maravilhados como crianças pelas habilidades da mecânica, durante setenta anos construímos freneticamente vapores, caminhos de ferro, máquinas, fábricas, telégrafos, uma imensa ferramentagem, imaginando que por ela realizaríamos a felicidade definitiva dos homens e mal antevendo que aos nossos pés, e por motivo mesmo dessa nova civilização utilitária, se estava criando uma massa imensa de miséria humana, e que, com cada pedaço de ferro que fundíamos e capitalizávamos, íamos criar mais um pobre! No fim destes setenta anos de martelar e de forjar, havia com efeito alguns sujeitos muito gordos e muito ricos – mas havia uma multidão de famintos, mais faminta e maior que nenhuma que o mundo vira desde o velho patriciado romano". ("Cartas Familiares de Paris", *Cartas de Paris*). Por altura da publicação desta crônica para a *Gazeta de Notícias* do Rio de Janeiro, já Eça tinha na gaveta uma novela sutil e primorosa, *A Cidade e as Serras*, em que este era um dos seus temas prioritários.

O sonho de regressar à pátria, no final da vida, seria por vezes aflorado na correspondência e referido por outros testemunhos, sem qualquer vislumbre de concretização. Em 28 de janeiro de 1890, a pouca distância da sua transferência para Paris, em carta a Oliveira Martins, receoso das intrigas que pudesse vir a fazer o visconde de Faria, seu antecessor no consulado, ao pedir a intervenção do historiador, acrescenta: "Isto não quer dizer que eu não tenha desejo de recolher à minha Pátria: mas isso é difícil, por questões orçamentais; e a ficar na carreira, então desejo ficar em Paris. Se Vocês todavia, homens poderosos, pudésseis arranjar aí um nicho ao vosso amigo há tantos anos exilado, teríeis feito obra amiga e santa! Era necessário primeiro descobrir o nicho! E depois arranjar do nosso bom amigo o Rei, que eu fosse plantado no nicho!"

Alguns meses depois, desenha-se a hipótese de alcançar o posto de inspetor dos consulados e Emília, sua mulher, observa-lhe: "parece-me não poderíamos viver em Lisboa, como vivemos aqui com o que temos – contudo talvez o gosto de viveres em Lisboa, te faça passar sobre isso, bom, deveras bom era o lugar de inspetor dos consulados [...]". Repare-se nesta frase: "o gosto de viveres em Lisboa", ou seja, o gosto que ele teria em viver numa cidade de que tanto gostava. Não nos esqueçamos da evocação feita por Ramalho Ortigão na inauguração da estátua de Eça (três anos após a sua morte) no Largo do Barão de Quintela, onde confessa ter permanecido sempre "nostalgicamente minhoto", enquanto Eça se tornara "ele próprio enraizadamente lisboeta, lisboeta até as mais íntimas moléculas do seu organismo [...]" (Ortigão, 1945, pp. 34-36). Não podemos omitir, também, esta reflexão de contentamento do Raposão, literariamente tão bela, ao regressar da viagem ao Oriente, que não hesito em atribuir ao seu criador, com a consciência de não abdicar de uma apreciação crítica o mais possível rigorosa: "Era decerto em mim o deleite de rever, sob aquele céu de janeiro, tão azul e tão fino, a minha Lisboa, com as suas quietas ruas cor de caliça suja, e aqui e além as tabuinhas verdes descidas nas janelas, como pálpebras pesadas de langor e de sono". Evoco, com o propósito de elucidar o tema, este desabafo de Eça à mulher, cerca de dois anos antes de morrer: "Lisboa desta vez não exerceu sobre mim o costumado *charme*"...

Testemunho crucial na temática do regresso de Eça a Portugal, é ainda o excerto retirado de um importante conjunto de cartas trocadas entre Emília e Ramalho Ortigão logo após a morte de Eça. Na carta em apreço, enviada de Penamacor, de casa da irmã Benedita, onde Emília se refugiara com os filhos, aludindo à *Cidade e as Serras* que acabara de ter a primeira edição, Emília escreve: "Quanto desejo irrealizado eu vejo naquele livro! Ele tanto apetecia viver no campo, em Portugal! Nestes bons ares de Penamacor, todos os dias eu penso como a sua saúde teria melhorado, se tivéssemos com efeito deixado a cidade e vindo para as serras viver a vida simples! Mas ele só pensava nisso como um fim de vida e esse fim ainda nos parecia longe!" (Matos, 1996, p. 686).

Mas o expatriado não terá nunca a oportunidade de regressar, como homem da carreira consular, à sua luminosa Ítaca, à sua amada Lisboa, ou à mirífica "Tormes", cansado que estava do céu cinzento de uma cidade onde triunfava um industrialismo desumano e feroz. Vejamos outros documentos: a quatro anos do fim diz, de Paris, a Alberto de Oliveira, depois do regresso de uma viagem a Portugal: "Esta aspereza do Norte, estes céus silenciosos e escuros –, estes dias que, mal aparecem, logo fogem, como se tivessem horror dos homens – tudo isto me desorganizou" (carta de 20.11.1897). Um amigo íntimo, Eduardo Prado, escreverá na *Revista Moderna*, um ano depois deste desabafo: "Hoje Eça de Queiroz parece ter, como sonho e última ambição, o viver no campo e em Portugal". Era o sonho utópico, bem o sabia, de ver os filhos (por essa altura, em boa verdade, mais franceses do que portugueses) crescer, saudáveis e felizes no seio da Natureza luminosa da sua pátria. De fato Eça não podia regressar definitivamente. Quanto mais não fosse, retinha-o a educação dos filhos. Viria por ele Jacinto, "para o Castelo da Grã-Ventura", em Santa Cruz do Douro (talvez o "Palácio da Ventura" que consta de um poema com esse título dos *Sonetos* de Antero), onde iria trilhar "um solo eterno de eterna solidez". Mal imaginava o criador de Jacinto e de Zé Fernandes que esse solo do Douro era o mesmo que haveria de receber um dia os seus restos mortais.

D. UM PÉRIPLO, EM BUSCA DE SAÚDE

A 12 de fevereiro de 1900, Eça, a conselho do seu médico assistente Melo Viana, dá início a uma viagem em direção ao sul de França. Faz uma primeira estação em Arcachon, à beira-mar. Escreve a Emília e diz-lhe: "Em dois

dias não esperaria ter mudança na minha *malária*; mas realmente graças a Deus, creio que estou melhor, ainda que muito fraco". O tempo está úmido e sombrio e ele espera que melhore. Ruma mais para sul, para Biarritz, onde chega com uma violenta tempestade. Diz a Emília que "a Foz, o valente mar da Costa Nova são tímidas lagoas em comparação deste ferocíssimo mar de Cantábria" (18 de fevereiro de 1900). Como confessa, lê "medíocres" romances ingleses enquanto cá fora a tormenta "é cada vez mais áspera". No hotel está o brasileiro Joaquim Nabuco, que lhe faz companhia e lhe lê as notícias da guerra dos ingleses com os bôeres em África. Eça toma partido pelos bôeres. Em busca de melhor clima decide partir para Pau, onde lhe dizem ser "mais doce e mais sereno". Informação importante sobre a sua maneira de ser, que ele fornece à mulher: "Se não fosse o encontro com o Nabuco também eu teria feito esta vilegiatura sem trocar um murmúrio com o meu semelhante" (carta de 23 de fevereiro). Quatro dias depois já lhe escreve de Pau, "descontentíssimo". O tempo está mau e os acréscimos (febres intermitentes) voltaram. Supõe então ter descoberto a origem do mal: "De resto eu agora compreendo o que tenho – não é malária, nem a intoxicação que eu sugeri ao Melo Viana. É simplesmente, creio eu, uma supressão de transpiração: e a cura é um banal e clássico suadouro". Podemos por aqui avaliar a total desorientação com que ele vive os problemas da sua doença, que os médicos são incapazes de diagnosticar. Desta vez parece-lhe não ser

Fotos do Hotel du Righi Vaudois em Glion-sur-Montreux (Suíça).

já malária mas uma supressão da transpiração... Vai ainda a Lourdes para visitar o santuário. Por influência de Zola, que havia publicado em 1894 um romance intitulado precisamente *Lourdes*? Para agradar à filha? Por mera curiosidade? A 2 de março, já preparado para partir para Paris, via Bordeaux, terá que aguardar ainda uns dias pois a criadagem em casa está doente e ele receia contágios. O périplo saldara-se por um fracasso total.

Cerca de um mês depois ruma para St. Germain, nos arredores de Paris. A tragédia que não tardará a abater-se sobre a família Queiroz, com a morte do escritor daí a quatro meses, terá início nesta altura com as graves doenças que atacam os rapazes mais novos, que adoecem com escarlatina; Maria adoece também com um mal nos olhos. Antônio melhora da escarlatina mas é afetado por violenta crise de albumina que o põe às portas da morte. José Maria sofre um grave ataque de coreia que se prolonga e o obriga a ir com a mãe para a floresta de Fontainebleau. A 24 de junho de 1900, de Neuilly, Eça escreve a Emília uma extensa carta, notável de racional bom senso, compreensão e inteligência, a propósito da doença de José Maria e da desorientação de Emília, desgastada pelos terríveis aspectos que a coreia provoca no filho predileto, com os seus esgares e movimentos inteiramente descoordenados: "Agora o ponto mais delicado deste caso – que és tu própria. O Melo Viana pensa que o mimo apaixonado e contínuo, o suplicar em vez de impor, a *attendance* muito constante, muito minuciosa, *quase intrusiva*, e exercida com uma espécie de ansiedade triste – são fatais ao pequeno. Ora esse, infelizmente, é, por instinto e amor, o teu sistema quando o Zézé reclama disciplina, firmeza exercida com doçura, por vezes mesmo autoridade séria. Depois tu estás *muito nervosa*".

E. A ÚLTIMA VIAGEM

A 28 de julho de 1900, ainda a conselho do Dr. Melo Viana, Eça parte para a Suíça para mais uma cura de ares! Acompanha-o Ramalho Ortigão, de passagem por Paris. Em Genebra, estão três dias, visitam o Monte Salève, a sul da cidade, onde sobem a 1400 metros, e a aldeia de Salève, onde habitaram Ruskin e Wagner. Tomam depois o comboio para Montreux e hospedam-se, a 1º de agosto, em Glion-sur-Montreux, num hotel, trezentos metros acima do lago Léman, num edifício isolado situado num promontório, rodeado de jardins, o Hôtel du Righi Vaudois, com uma soberba vista para o lago e para as montanhas, os Dents du Midi. O quarto de Eça, situado na fachada principal, dá para o Lago Léman. O casal Prado, a caminho de Itália, vem ter com eles a esse hotel. Conta então à mulher em carta do dia seguinte ao da chegada: "Eu desde que cheguei tenho piorado. Apesar de um regime tão simples, ou mais simples do que de casa (leite e ovos), o meu pobre estômago atingiu um grau de *délabrement* que me desanima; e o cansaço, o *épuisement*, a inchação dos pés, o sentimento de inércia são maiores. Estou receando que fosse um despautério a vinda para a Suíça. [...] Enquanto à Suíça – é a Suíça. A sua beleza está ainda acima de tudo quanto, antes de a ver, se conhece por tradição. O Lago de Genève é maravilhoso. Este sítio de Glion magnífico!". Ramalho recorda os acontecimentos que se seguiram ao dia da excursão ao Monte Salève, em Genève, em carta para o genro, Eduardo Burnay, destinada à posteridade:

> Como ele se resolvesse afinal a sair de Paris, abandonei o projeto da minha viagem à Bélgica para o acompanhar à Suíça, onde ele escolhera Glion em Montreux, perto de Genebra, para ali passar alguns dias. Partimos de Paris no dia 28 de julho, em lugares contíguos no expresso da noite para Genebra. Ele, muito enfraquecido, é certo, vinha alegre e dormiu bem. Em Genebra queixava-se apenas de alguma fadiga. Começou logo a comer com apetite. No dia imediato ao da nossa chegada fizemos uma pequena excursão ao Monte Salève. No dia seguinte partimos para Glion onde ele chegou tão abatido que me deu cuidado deixá-lo só, como ele queria e destinara ficar. Nisto falei à noite, no jardim, com o nosso amigo Eduardo Prado e com Madame Prado, que tinham vindo encontrar-se conosco em Glion.
>
> Nessa conferência de amizade resolvemos telegrafar para Paris no dia imediato, dado o caso de não ser mais animador o estado do nosso amigo. Mas ele deitou--se cedo, dormiu bem, acordou animado e bem disposto. O nosso telegrama se o houvéssemos expedido na véspera à noite, como por um momento pensamos

fazer, teria dado um falso rebate e produzido uma dolorosa comoção infundamentada e inútil. Fui nessa manhã a Lausanne, e ao voltar, de tarde, encontrei-o na larga varanda do seu quarto, confortavelmente instalado numa poltrona lendo um romance inglês, fumando um cigarro de papel e contemplando a paisagem encantadoramente risonha que tinha em frente de si, sobre jardins, escalonados quase a pique e transbordando de rosas e de jasmins, por entre pinheiros, até a beira da água, embaixo o doce espelhamento do Lago Léman, riscado pelo fumo dos vaporzinhos de recreio e pelas velas brancas dos barcos de pesca; e fechando o horizonte, ao longe, a linha ondulada da montanha, polvilhada de ouro pelo sol poente. Ele aplaudiu-se de ter escolhido este sítio. O seu filho, doente em Paris, entrava em plena convalescença, segundo as notícias que acabara de receber.

No seu quarto mobilado à inglesa, havia o perfume da *toilette*. Os seus livros, a sua pasta de escrita, as peças do seu estojo, os seus cadernos e os seus livros de viagem estavam devidamente ordenados na mesa de toucador e na mesa de escrita.

Disse-me ter passeado na floresta, ter almoçado com prazer trutas do lago cozidas *au court bouillon*, e ter lido os jornais de Paris e de Genebra. Tinha vestido um elegante costume de campo e posto uma gravata de Bretanha em listras azuis e brancas. Dou-lhe todos estes detalhes pela expressão psicológica que eles encerram. Enfim pareceu-me ser uma espécie de felicidade, na forma atenuada por que a felicidade pode sorrir a um convalescente habituado a viajar só, e amando, na sua qualidade de artista e de escritor, o prazer contemplativo da solidão. Tinha-lhe voltado a graça peculiar da sua conversação habitual. Falando de dois ingleses que tinham sido nossos companheiros de viagem e que eu opinava serem dois honestos comerciantes de Liverpool ou de Manchester, ele replicou-me: Não, pela polidez das suas maneiras eles devem pertencer às classes intelectuais – o que que não quer dizer que não possam igualmente provir das classes comerciais. Na manhã seguinte eu abraçava-o e partia, fazendo-me ele esperar que ainda no próximo outono nos veríamos em Lisboa e prometendo escrever-me para Gênova (Carta ao Dr. Eduardo Burnay, de Veneza, a 20 de agosto de 1900, *Ramalho Ortigão, Figuras e Questões Literárias*, II).

A 3 de agosto, ainda de Glion, Eça diz a Emília:

Recebi hoje as tuas cartas. No sábado deixei-te mil e tantos francos – e na terça-feira de manhã já me escreves dizendo que não tens um *sou*! Tudo, todavia, tinha ficado calculado para te equilibrares durante esta semana. Como posso eu ter sossego, e portanto um bocado de saúde, com estas constantes inquietações de dinheiro? [...] Em vista de tais despesas estou com ideia de findar eu a minha vilegiatura por medida de economia. Além disso não estou melhor. Ao contrário, Ramalho e Prado partiram hoje para a sua viagem até Itália. Fiquei em plena solidão.

No dia seguinte, 4 de agosto, ainda para Emília:

Continuo na mesma. Pouco bem. Além disso o tempo estragou-se. Enevoado e frio. E eu que não trouxe fato de inverno. E na Suíça o inverno está constantemente indo e voltando. Já aqui estou há quatro dias e acho bastante. [...] Que solidão a deste Hotel – apesar de estar cheio de gente. As noites são tristes – e por isso eu agora me deito às nove horas. Ao menos na cama há calor. Não estranhes a má letra – é frio nas mãos.

A 5 de agosto Eduardo Prado escreve para Paris esta carta, dirigida à mulher de Eça:

Minha senhora e Querida Amiga

Há dois dias que deixámos o Queiroz em Glion e aqui destas alturas de 2000 e mais metros acabamos de telefonar hoje para o hotel perguntando notícias dele. Respondeu-nos que vai na mesma. Achei-o muito desanimado no primeiro dia. Depois ficou mais alegre e estou convencido que o ar das alturas lhe fará muito bem. É mau entretanto ficar só e creio que o isolamento neutraliza algum tanto o bom efeito dos ares. Agora que o Zézé está melhor não seria mau que V. Excia. o viesse *retrouver* na Suíça, acompanhada do Zézé a quem faria muito bem o ar de montanha. Glion é um pouco janota e sei que não lhe agradaria. Eu e o Ramalho passamos ontem por uma aldeia perto de Interlaken que achamos ideal para o Queiroz e V. Excia. É Lauterbrunnen perto de Interlaken e melhor ainda do que Lauterbrunnen é Wengen onde há dezenas de pequenos hotéis e casas de pensão muito asseadinhas e muito limpinhas, todas a preços cômodos. Receio que o Queiroz comece a andar para a direita e para a esquerda o que não aconteceria se V. Excia. estivesse com ele. Ele precisa parar num lugar. Na nossa volta de Itália se o Queiroz ainda estiver na Suíça passaremos para vê-lo de novo. Para podermos fazer isso telegrafarei a V. Excia. pedindo-lhe o seu endereço.

De V. Excia. muito dedicado

E. Prado

A 6 de agosto, de Eça para Emília:

Continuo pouco bem. O tempo frio. Hoje tive crescimentos. Amanhã conto, se Deus quiser, partir para Lucerne – no caso do infernal Domingues me mandar o

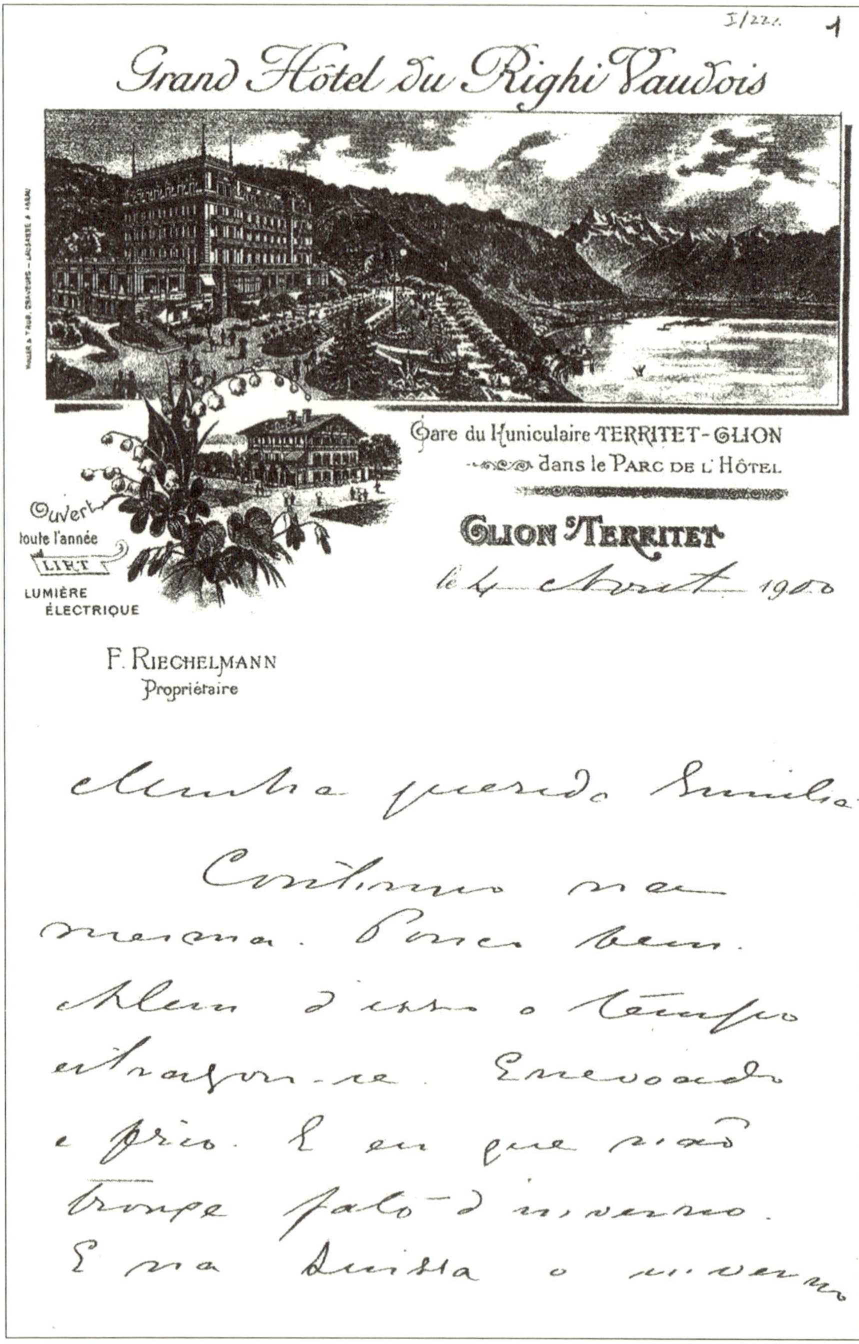

I/222. 1

Grand Hôtel du Righi Vaudois

Gare du Funiculaire TERRITET-GLION dans le PARC DE L'HÔTEL

Ouvert toute l'année

LIFT

LUMIÈRE ÉLECTRIQUE

GLION S/TERRITET

le 4 Avril 1900

F. RIECHELMANN
Propriétaire

Minha querida Emília

Continuamos na mesma. Passo bem. Além d'isso o tempo estragou-se. Enevoado e frio. E eu que não trouxe fato d'inverno. E na Suissa o inverno

Carta de Eça para Emília.

dinheiro. Logo que este recebas manda perguntar ao Melo Viana o nome do grande especialista de doenças de estômago de Heidelberg.

Como por aqui se vê, as febres intermitentes, a que ele chamava "crescimentos", haviam voltado. A 7 de agosto Eça decide abalar para Lucerna e partir daí para Heidelberg a consultar um sábio a que chama "oráculo". Chega a 8 a Lucerna, muito ralado por ter tido enorme dificuldade em conseguir alojamento. Persiste na ideia de ir a Heidelberg, via Basileia. A 9 escreverá à mulher, de Lucerna, a última carta antes do seu regresso a Paris, sem ter consultado o especialista. Chegará no dia 11. Restam-lhe cinco dias de vida.

Minha querida Emília

Cheguei ontem a Lucerne. Foi uma maçada, custou-me a encontrar quarto num hotel. E eu tão incomodado e fatigado, às 8 horas da noite! Decidi partir hoje para Bâle, apesar desta Lucerne ser um paraíso. Mas eu estou com o fito de consultar o especialista de Heidelberg, e por isso vou para Bâle que é a cidade vizinha de Heidelberg e o meu ponto de partida para Paris. Se o especialista não estiver em férias (como receio) então vou a Heidelberg, querendo Deus. Se estiver então sigo para Paris. A Suíça foi uma *failure*. Eu sempre o pensei. Nunca imaginei porém que ela me trouxesse de novo os crescimentos. Além disso viajar, fazer malas, estar em hotéis, tão incomodado como eu tenho estado é absurdo. E o meu estômago reclama atenção urgente de médico. Por isso recolho a Paris. Manda limpar tudo a fundo no meu quarto, escritório, corredor etc.

Se o especialista não estiver em Heidelberg é possível que eu parta logo no sábado para Paris se Deus quiser, Saudades, muitas ao Zézé. Beijos para ti mil do J.

F. A MORTE

Sobre o momento da sua chegada a Paris, a mulher testemunha, numa carta a Ramalho Ortigão: "Estou a vê-lo na *gare* onde o fui esperar, com a sua *valise* na mão e umas uvas que comprou no caminho! Enquanto o criado se ocupava das malas, ele contou-me, o que já me tinha escrito. O seu mal-estar crescente na Suíça, a volta dos crescimentos, o aumento do fastio. Coitadinho! Coitadinho! Como me viu chorar, disse-me, *não chores, eu não estou nada apreensivo, não morro disto* – e só durou mais sete dias! Quem me diria que tão cedo o perderia! Entrou em casa com tanto gosto e ainda teve

No jardim da casa da Avenue de Roule.

a alegria de ver o nosso Zézé tanto melhor, quase curado vir a correr ao seu encontro. Foi a nossa última felicidade!"

Que alívio a chegada à casa, mas que penosa não deve ter sido a subida dos dez degraus exteriores, até atingir a porta de entrada e depois mais dois andares, porque a sua cama fora preparada no piso onde tinha o gabinete de trabalho, ou seja, o último piso, de janelas amansardadas! Havia que arrumar as suas coisas. Primeiro, os papéis, as penas, os poucos livros que levara. Aquela viagem à Suíça em busca de bons ares fora um falhanço total. Via agora, mais uma vez, que aquele mal consuntivo que há tantos anos lhe corroía as entranhas, e lhe provocava febres intermitentes, os crescimentos, não sofria qualquer alteração com a mudança de ares que os médicos lhe prescreviam, antes se agravava. Ali estava, muito pior do que quando partira, sem vontade para nada e exausto. Iria procurar na cama algum alívio, depois de uma grande conversa com o filho Zézé, felizmente já livre daquela medonha coreia, que tanta perturbação causara em todos, muito particularmente na mãe!

Esse filho, José Maria, dez anos depois, testemunha: "Dois dias antes da sua morte me esteve ele contando a sua viagem, descrevendo os lagos, as montanhas, as neves, com um entusiasmo e num estilo que me deixou maravilhado. Nesse mesmo dia recolheu à cama para se não levantar mais". Já deitado e confortado com os carinhos de Emília, num quarto destinado às brincadeiras dos filhos, não deve ter tardado a entrar naquele estado de contornos fluidos entre a vigília e o sono. Voltava decerto a pensar nos seus projetos comprometidos. Três obras aguardavam publicação, uma já revista, *A Correspondência de Fradique Mendes*, duas outras por rever. À *Cidade e as Serras* faltavam trinta páginas por imprimir e rever em provas, à *Ilustre Casa de Ramires* faltava mais ainda – os três últimos capítulos. Lembrava-se bem: anotara cuidadosamente provas impressas até esse custosíssimo *Finis* com que Gonçalo terminara o romance de ressurreição dos seus avós bárbaros, *A Torre de D. Ramires* e em que deixara esse pusilânime herói com a alegria da sua nomeação para deputado por Vila-Clara. E agora?... Três obras que poderiam sair quase simultaneamente. Nunca se vira tal coisa! Como iria reagir o público? Havia doze anos que não publicava um livro, desde o aparecimento de *Os Maias*, cuja escrita se arrastara por oito anos e em que tanto empenho e energia gastara! Como fora possível tal hiato e agora esta acumulação de projetos, sem fim à vista? A organização das revistas, as revistas em que tanta energia despendera, tinha-lhe tomado grande parte do seu tempo. Era uma ideia que datava dos anos de Coimbra. Primeiro

A cama onde morreu Eça e a secretária de Emília, na casa-museu de Tormes.

fora a *Revista de Portugal*. Depois a *Revista Moderna*. Para trás ficava também um *Flos Sanctorum* começado há dez anos, onde havia um poema em prosa, o "São Cristóvão", que continha uma mensagem alegórica essencial, a sua esperança no triunfo da justiça e da igualdade social, uma tentativa de despertar a consciência coletiva através da revolução pelo santo. Como poderia dar uma última demão a tudo aquilo, para já não falar de textos mais pequenos ou de menor importância que quase faziam transbordar o baú de lata escura que repousava no seu gabinete de trabalho?

Esgotara-o a excitação intensa e apaixonada com que durante toda a vida escrevera e que, ao mesmo tempo, dera ao seu corpo tão frágil a energia suficiente para viver. Haviam-no irremissivelmente gasto aquelas "tempestades de nervos" necessárias à criação que ele referira um dia em conversa com Antônio Nobre e a que Mariano Pina assistira em 1887, em Paris, dizendo que o vira numa crise tremenda, "possuindo nevroses até no estômago", quando andava às voltas com *A Relíquia*.

Desta vez não era uma crise passageira, ainda que não tivesse dores senão episodicamente. A sua debilidade era tão grande que mal imaginava que pudesse algum dia recuperar forças e sair daquele leito estreito e daquele torpor comatoso. Que seria da sua mulher e dos seus filhos se morresse? Em que dificuldades ficariam? Ah! O seguro de vida inglês! Deve ter-lhe acudido à memória esse papel salvador, essa providência de 2100 libras que fizera em Bristol, em 1879, e de que logo se servira para conseguir um empréstimo de duzentas libras do seu bom amigo Richard Todd, vice-cônsul de Portugal em Cardiff. Ainda não lhe pagara esse empréstimo e já lá iam cerca de vinte anos!... Sempre o mesmo drama, o do dinheiro!...

À memória deve ter-lhe acudido também a imagem simpática de sua cunhada Benedita, que vivia em Penamacor, casara rica e não deixaria de acudir à irmã e aos sobrinhos... Na prostração em que caíra, em que algumas vezes viria ainda a cair, deve ter visto diante de si uma mulher alta, esquelética, envolta em umas roupas negras. Encontrara-a pela primeira vez, como um dia contou aos amigos, na rue Auber, vindo da Ópera, já de noite. Uma rua que nunca esquecera.

Entretanto em Paris-Plage continuavam os outros três filhos, de férias, entre eles Maria, já com treze anos, a quem ele mais carinho dava. Ia ser uma longa doença, já não duvidava. Receava pelo estado e pelo comportamento de Emília, que tanto sofrera com a prolongada doença do Zézé. Não sabia, não saberia nunca, que ela tivera forças ainda para, numa letra bem firme e bem desenhada, participar para Lisboa, com lucidez e empenho, a um dos seus grandes amigos, Bernardo (conde de Arnoso), secretário do Rei D. Carlos, o estado desesperado em que ele se encontrava:

Neuilly Seine [agosto, 1900],
38 Avenue du Roule

Meu querido Bernardo

Quanto me custa escrever-lhe esta carta! Custa-me por mim, e por si que se vai afligir tanto, pois bem sei a grande amizade que tem pelo meu querido José. – Ele está muito doente! muito gravemente doente, e parece-me obrigação avisar a família, não digo os pobres pais que estão tão velhos, mas a minha cunhada Aurora, quem sabe, talvez ela queira vir, para o José era uma alegria, estou certa. Ele está iludido. Eu tenho escrito pouco, mesmo à família, esperando sempre poder dar melhores notícias, mas não me posso iludir mais tempo, o médico não me esconde o seu cuidado.

A ida à Suíça só lhe fez mal, voltou muito pior, e desde que chegou só tem piorado! Deus se compadeça de mim, dos meus filhos, e dele do meu querido tão querido José! (Confidencial) Como pode imaginar a questão religiosa também me aflige, que devo fazer? Ele está tão iludido! e eu de modo nenhum lhe tirarei a sua ilusão. Lembrou-me se a Augusta Ornelas cá pudesse vir, como está numa ordem em que tratam doentes; eu escrevi-lhe hoje, mas talvez um empenho daí tivesse mais força, eu gostava tanto que ela cá viesse – estou tão só e tão aflita.

– Estou-lhe escrevendo como a um irmão, tem sido sempre tão nosso amigo, tão amigo do meu José!

Oh, Bernardo, o dó, a compaixão, o desgosto de o ver neste estado! Até agora, a não ser de fraqueza e abatimento não tem sofrido muito – mas ontem principiou a ter dores, calmaram contudo, e dormiu ou dormitou toda a noite, hoje também está calmo, mas desgraçadamente, não melhor. Diga à Matilde e à D. Ana que rezem por ele.

À Benedita e Maria Barbosa quase me não atrevo a dar tão más notícias, uma criando o filho, e a outra tão fraca! Os meus filhinhos não sabem, eu só cá tenho o Zézé, e disfarço tanto, que ele, apesar de andar triste, não percebe o estado do pai, tenho tanto medo que o desgosto e a impressão lhe façam mal! Ele está muito, muito melhor, quase bom, mas que medo tenho que recaia. – A Maria e pequenos mais novos estão numa praia, e escrevem tão alegres!! E eu não tenho coragem de mostrar à Maria o meu cuidado, ela adora o pai, e ele, coitadinho tem por ela uma tal ternura! Deus nos ajude, Deus nos ajude! Perdoe esta carta, custa-me tanto afligi-lo.

Adeus, creia-me sua muito amiga e muito infeliz

Emília.

Emília aludia aqui à delicada questão religiosa. Tratava-se, com toda a probabilidade, de dar ao seu fim um acompanhamento atinente ao rito católico a que Eça era naturalmente avesso, ou, pelo menos, indiferente.

Melo Viana, seu médico assistente, que passara a noite em Neuilly, levara o Dr. Jacques Bouchard a vê-lo. Chegará às oito horas do dia 16 de agosto, e o doente explicará, acamado, toda a sintomatologia da doença e o seu passado de tantos anos de crises e debilidades. Também o Dr. Landouzy, depois falecido em Paris em maio de 1917, diz o seu primeiro biógrafo Antônio Cabral, havia sido consultado. Bouchard, percebera bem pela sua expressão, não lhe prometera o remédio salvador. Um paliativo apenas, que deveria chegar do Instituto Pasteur, um soro reconstituinte, pois quase não se alimentava já. Só mais recentemente, já nos nossos dias, os médicos, com muito mais conhecimentos, em análises sintomatológicas sempre muito aleatórias, é certo, depois de consultadas todas as suas queixas epistolares, viriam a pôr a hipótese de amebíase (provocada pelas águas inquinadas bebidas no Egito e na Terra Santa, ou mesmo em Cuba), tumor no colo ou na cauda do pâncreas e, por último, doença de Crohn. O último dos estudos onde se aventa esta última hipótese e se faz o resumo dos diagnósticos anteriores é *O Caso Clínico de Eça de Queiroz*, do médico gastroenterologista Ireneu Cruz (Cruz, 2006).

Conde de Arnoso.

Sua prima Conceição, jornalista em Paris, vê-o puxar a roupa, "gesto inconsciente dos moribundos, como se sentissem fugir-lhes a vida e quisessem agarrar-se a qualquer coisa", como recorda mais tarde. Conceição não tinha já ilusões. Era necessário avisar Emília – "O José vai morrer, disse-lhe brutalmente, logo que saiu do quarto. Queres que vá buscar um padre? – Não me digas isso, soluçou ela – e os seus olhos tiveram uma expressão de desvairamento que me aterrorizou". Por esta altura já Emília, em boa verdade, estava consciente da gravidade da doença e da possibilidade de um mau desfecho, porque já ela escrevera desesperada e lúcida a Bernardo, mas era como se, naquele momento de desorientação, recusasse o destino e estivesse a considerar, pela primeira vez, a morte do seu José e a possibilidade dramática de ficar só com os quatro filhos, crianças ainda.

Pouco depois, já moribundo, com os olhos cerrados, entra a respirar serenamente. Muito quieto, sem dores, sem forças para exprimir na face esquálida os sentimentos intermitentes que o assaltavam e, decerto, consciente do fim, deve ter pensado que afinal a morte era qualquer coisa de suave e doce, mas que ninguém conhece, ninguém sabe, "nem o soube o divino Platão; nem o saberá o derradeiro filósofo na derradeira tarde do mundo", como havia escrito no final do conto "José Matias"... O padre missionário Lanfant, que Conceição fora chamar, ajoelhado ao seu lado, "lança-lhe a absolvição", muito provavelmente sem que ele o tivesse ouvido. Entre as mãos imóveis, a cruz de prata que Emília lhe pusera. Ao bom do missionário não passava pela cabeça que diante de si jazia o criador literário das mais belas e mais fundas heresias católicas da literatura portuguesa... Se o tivesse sabido talvez não tivesse resistido à tentação de lhe arrancar, *in extremis*, um qualquer sinal de arrependimento.

Pelas duas janelas abertas sobre o jardim, sobre as tílias e castanheiros que o ensombravam, entrava um sol forte de agosto e os sons suaves de um coro de vozes infantis de um orfanato vizinho, de irmãs religiosas, que ele decerto já não pôde ouvir. À semelhança de Fradique, que "como dizem os antigos, *tinha vivido*, não acaba mais docemente um dia de verão". Eram quatro horas da tarde de 16 de agosto de 1900. Como escreveu pouco depois a sua amiga Maria Amália Vaz de Carvalho, havia pertinentes razões para perguntar: "Quando se encontrarão de novo, num momento do tempo e num ponto do espaço as misteriosas energias que produziram uma individualidade tão singular!...".

Na mesma hora em que Eça se apagava, o seu amigo diplomata e poeta Antônio Feijó, com posto em Estocolmo, de passagem por Paris, resolve bater-lhe à porta para lhe participar o seu casamento. Sabia que Eça fora à Suíça, ignorando a data de regresso. No enorme prédio habitacional que antecede a entrada da casa, a *concierge* informa o diplomata que o sr. Queiroz acabava de falecer. Fulminado pela notícia, não teve o poeta coragem para entrar. Vai então procurar o ministro de Portugal em Paris, Sousa Rosa, e ajuda-o a determinar os detalhes do funeral. Maria, a filha predileta, chamada por um telegrama, viera, com os irmãos Antônio e Alberto, e com a preceptora Miss Hetty, de Paris-Plage, onde passavam férias. Chegara atrasada, e viria encontrar o pai já sem vida. Uma trintena de anos mais tarde, numa carta para sua mãe, escrita de Tormes, com a data de 15 de agosto de 1931, podemos ler: "Querida Mãe. Chego da missa, bem cansada, mas não quero que amanhã passes sem carta. É um dia que é sempre de tanta saudade e tristeza! Passam os anos, já 31, e parece-me que é d'ontem! Que recebi aquele telegrama, que fizemos aquela viagem, que tivemos aquela horrível chegada! Revejo a cara da prima Conceição vindo ao nosso encontro! Enfim, queridíssima Mãe, para que refazer este calvário! Mas há tristezas, mágoas que não passam, que nunca podem passar, e eu sou da raça que nunca esquece...". Era bem verdade o que ela viria a escrever em 1949, para o livro *Eça de Queiroz Entre os Seus*, a propósito da morte do pai: "Quarenta e seis anos mais tarde, ainda sinto a mesma falta, ainda choro as mesmas lágrimas!"

Jaime Cortesão, em *Eça de Queiroz e a Questão Social* (1949), publicou um documento de grande interesse, que considerava então como desconhecido, assinado pelo conde de Arnoso, uma carta com a data de 2 de setembro de 1900, dirigida ao Dr. José Carlos Rodrigues, diretor do *Jornal do Comércio* do Rio de Janeiro, que foi reenviada a 18 do mesmo mês visto o destinatário se encontrar no estrangeiro:

Ilmo. e Exmo. Sr.

Imaginando que V. Excia. estaria já de volta no Rio de Janeiro tive a honra de escrever para ali a V. Excia., em 2 do corrente mês. Ontem, pelo nosso comum amigo José Antônio de Freitas, soube que V. Excia. estava ainda em Londres. A carta a que acima me refiro dizia assim:

"Se é certo que apenas uma vez tive o grato ensejo de trocar duas palavras com V. Excia., é certo também que há muito sei o que vale o seu coração e a sua cabeça.

"Por isso não hesito em escrever-lhe. De antemão sei que será com a maior benevolência que V. Excia. lerá esta carta. A morte do querido José Maria Eça de Queiroz, tão grande morto para tão pequena terra, deixa na mais negra miséria (como isto é triste de escrever) não só a inconsolável viúva, mas quatro formosíssimas crianças que são seus filhos.

"Nós aqui, amigos e admiradores de tão grande morto, procuramos obter das Câmaras uma pensão para a viúva. E por subscrição aberta entre nós erigir-se num recanto dum jardim de Lisboa um singelo monumento: o seu busto assente num artístico pedestal. A pensão, porém, que alcançarmos, será sempre muito pequena, quase nada, que seguramente não chegará para se educar, como devem ser educados, os filhos de Eça de Queiroz.

"Assim foi minha ideia recorrermos ao Brasil, sempre generoso e sempre largo, pedindo a brasileiros e aos nossos compatriotas ali para acudirem a tamanha desventura. E porque Eça de Queiroz escreveu na mesma língua que o Brasil fala e porque deu sempre os primores do seu luminoso espírito a tão grande povo – me parece que não será em vão que semelhante apelo se fará.

"Tem autoridade para lançar, mesmo implorando, semelhante pregão. Escrevi ao meu amigo Ramalho. Por todos os motivos é a ele a quem de direito cabe tamanha honra. Estou certo que o Ramalho Ortigão abraçará com entusiasmo a minha ideia.

"Isto porém não é razão para que eu antes de mais nada me dirija a V. Excia., entregando a minha ideia à sua inteligência e generosa proteção e à do seu considerável jornal. Desta minha determinação não terei senão que aplaudir-me.

"Agradecendo reconhecidamente a V. Excia. a simpatia com que receberá esta minha carta, rogo a V. Excia. me creia, etc., etc.".

A esta carta escrita sob uma dolorosíssima impressão, ainda hoje a mesma, senão mais viva, nada tenho a acrescentar.

O meu coração diz-me que V. Excia. nos ajudará grandemente, e eu sinto uma íntima satisfação por lhe ter escrito, por me ter dirigido a V. Excia.

Creia-me V. Excelência adm. m.º grato e ob.º

Conde de Arnoso.

Observa Cortesão, muito justamente, que esta carta foi "escrita e reescrita, considerada e reconsiderada". Constitui, pendo a crer, um importante e estranho documento, pois não parece, em boa verdade, que a viúva de Eça tenha ficado na "mais negra miséria", quanto mais não seja porque se abrigou, logo que chegou a Portugal, em casa de sua irmã Benedita, rica proprietária de terras, que vivia em Penamacor, circunstância que Arnoso e Ramalho bem conheciam. Seria realmente justificável tão vergonhoso peditório público para um jornal brasileiro? Não podiam os amigos acudir à família de Eça, enquanto não se resolvia o caso da pensão estatal, se era assim tão catastrófica a sua situação?

A 28 de setembro de 1900, em carta para o *Jornal do Comércio* do Rio de Janeiro, o correspondente de Lisboa escrevia: "Os amigos de Eça de Queiroz estudam com interesse e com amor a melhor forma de adquirir o dinheiro bastante para educar os quatro filhos do romancista. Custa a escrever, mas é uma crua verdade: a viúva e os filhos de Eça de Queiroz ficam sem pão". Parecia de fato verdade, tanto assim que o conde de Arnoso e Ramalho Ortigão, entre outros, haviam encetado diligências nesse sentido que foram provavelmente abortadas pela viúva do escritor. A 15 de março de 1901 o Estado concedia à viúva e aos filhos de Eça de Queiroz uma pensão anual, graças às diligências do conde de Arnoso. Aos filhos até a maioridade. À viúva até a sua morte. Essa pensão iria durar até junho de 1912. Dois dos filhos de Eça de Queiroz, José Maria e Antônio, haviam participado em incursões monárquicas no Norte de Portugal e o governo da República retaliara, fazendo cessar a pensão de Estado. Com efeito, na sessão de 19 de junho de 1912, deputados republicanos votaram pelo fim da pensão. Antônio Granjo, que viria a ser assassinado durante a noite sangrenta (19.10.1921), ergueu-se em defesa da manutenção da pensão, mas inutilmente. Aprovaram a revogação da lei 65 deputados, contra 17 que a pretendiam manter.

A 10 de outubro de 1900, ou seja, cerca de dois meses após a morte do marido, Emília, já em Portugal, de casa de sua irmã Benedita, recorda a Ramalho Ortigão: "Eu estava tão cega, tão cega; apesar do meu cuidado não podia acreditar que o seu estado fosse desesperado. Agora admiro-me da minha cegueira, eu tinha talvez mais cuidado no meu pequeno do que nele, e ele já está com Deus e o meu pequeno está curado! Apesar de o não ter deixado um momento, de ele me ter morrido nos braços, tudo isto me parece um sonho, e mil vezes tenho a ideia que ele está em viagem e que há de voltar".

Emília pertencia àquele gênero de pessoas avessas a falar sobre os desgostos do passado. Preferia guardar silêncio. Após a morte do filho predileto,

José Maria, em 1928, com quarenta anos, que lhe causara profundo desgosto, as netas testemunham: raras vezes falava dele. Num livro de notas datado de 18 de setembro de 1900 podemos ler este apontamento: "Meu Deus! Quanto me castigaste! Que pequenas queixas, que lamentos sem razão! Toda essa vida passada foi a felicidade, foi o sol, foi a mocidade. Agora acabou tudo para mim!" Emília viria a falecer na Granja em 1934, com 77 anos.

***

Eduardo Prado e sua mulher, que faziam uma viagem de turismo na Sicília, ao saberem da morte do amigo regressaram imediatamente a Paris para acudir a Emília. Ramalho Ortigão, que soube desta notícia oito dias depois, em Veneza, em Veneza continuou, fumando charuto no fundo de uma gôndola, emocionado por aquela viagem de devoção e arte. Escreveu então várias cartas lacrimejantes: à mulher, a sua filha Berta, aos genros Antônio Ramos e Eduardo Burnay, com os olhos postos na posteridade.

Diz à mulher: "O meu primeiro movimento, ao saber da morte de Queiroz, foi de me vir embora imediatamente. Lembrei-me porém de que ele próprio me desaconselharia de que o fizesse". Ficava assim de consciência tranquila... podia continuar a sua viagem de peregrinação artística pela sua bem amada Itália. Quanto à família do amigo, quanto a Emília e aos seus afilhados, tão profundamente mergulhados em problemas, talvez tivesse pensado que lá haviam de se arranjar... Ramalho começava aqui a revelar o seu caráter. À sua filha Berta diz: "O meu grande prazer em viagem é ir ao som do meu capricho, sem esperar e sem que ninguém me espere. Em Veneza estou há sete dias e projeto partir amanhã, se todavia acordar com disposição para isso. Volto a Pádua, que é terra da minha grande predileção, dormirei provavelmente em Verona, velha cidade medieval, onde também há muito que ver, e depois de amanhã estarei naturalmente em Gênova, donde vou a Florença por uma semana, e em seguida a Roma, donde voltarei a Gênova, e de lá por mar, por Marselha, por Barcelona e provavelmente por Tânger, para Lisboa, onde estarei por todo o mês de setembro" (carta de 24 de agosto de 1900).

A 14 de setembro de 1900, já em Lisboa, em carta para a viúva de Eça, afirma: "Estou agora concluindo uma cura do meu reumatismo com os banhos de Santo Antônio do Estoril. Volto no fim desta semana para os Caetanos e lá me vou ocupar com todo o meu zelo de coordenar para a imprensa tudo o que resta da obra do que foi o mais amado, o mais fiel, o mais honrado companheiro da melhor parte da minha vida. Entretanto hoje mesmo escrevo ao editor Lello pedindo-lhe urgentemente notícias do estado em que se acha a publicação dos últimos livros do meu amigo e de todos os demais negócios que com este se relacionam. Vou ainda tratar de coligir todos os escritos dispersos em jornais e em revistas, dos quais se apurarão certamente dois ou três volumes de grande importância na obra completa de Eça de Queiroz".

A 20 de outubro desse mesmo ano de 1900, Ramalho diz à viúva de Eça: "Quanto à *Cidade e as Serras*, farei eu a revisão da parte que ainda não foi revista, e acrescentarei um prefácio meu a esse volume. Dos inéditos que encontrar e dos artigos dispersos em revistas e jornais coligirei e porei em via de publicação tantos volumes quantos se possam tomar em consagração literária do autor, pondo à grave e ponderada questão do interesse pecuniário, aliás sagrado, o limite a que nos obrigam sentimentos ainda mais sagrados que o próprio pão. Neste delicado ponto digo-lhe desde já e de uma vez para sempre que não tenha medo do meu zelo. Calculo perfeitamente todos os escrúpulos que a podem sobressaltar e repito-lhe que não tenha medo. Além da nobre amizade que me ligou ao seu marido e na qual nos criamos como literatos muito à parte de todos os da nossa geração, eu fui por mais de uma vez abençoado em pequeno pela sua avó em Santo Ovídio, fui desde a infância amigo dos seus irmãos, fui o confidente do Luís; conheço bem a sua raça, e apesar do afastamento em que temos vivido, eu leio na sua alma e na da sua irmã como num livro aberto".

Tocantes são todos estes sentimentos, mas inteiramente irrelevantes. Ramalho nada faria pela vasta obra inédita do seu amigo, que lhe havia sido confiada pela viúva.

Um ano depois, em carta para Luís de Magalhães (28.8.1901), onde se descarta da publicação de trabalhos póstumos de Eça, faz apenas a revisão de cerca de trinta páginas finais de *A Cidade e as Serras* (trabalho atrabiliário de abusiva intervenção), desculpando-se com o pretexto de que tem de regressar à Itália, mentindo, ao afirmar que no ano anterior à notícia da morte do amigo "quebrara" a sua viagem...

Uma vez em Paris, Prado não tardaria em levar a família Queiroz para a casa onde morava, na rue Pergolèse em Villa Said, perto da Avenue Foch, enquanto se desfazia o lar da avenue du Roule. Nas embalagens do espólio estava a biblioteca de Eça, que alguns anos depois viria a ser desfalcada, em Lisboa, devido ao roubo de grande parte da sua existência. Ficariam 385 obras, registadas no *Suplemento ao Dicionário de Eça de Queiroz*.

Numa carta de Antônio Eça de Queiroz para a mãe, existente no arquivo de Tormes, onde lamenta a falta de obras preciosas para os seus projetos de escritor, pudemos constatar ter sido 1915 o ano do roubo, que teve como preferência os autores portugueses, que pouquíssimos ficaram (de Eça nada se encontra). No que restou não constam as obras de Flaubert e de Renan. Ficou a obra completa de Chateaubriand, quase toda a de Víctor Hugo, Michelet e Taine. Escaparam ainda *O Germinal* de Zola, os *Iambes* de A. Barlier e as *Lettres de Ximénès Doudan* (citadas no cap. VIII do prólogo de *A Correspondência de Fradique Mendes*). De Emilia Pardo Bazán apenas uma obra, *Mi Romeria*. De registar ainda é a presença de dois célebres volumes de Proudhon, *De la Justice dans la Révolution et dans l'Église*, que pertenceram a Antero, com o seu nome escrito no rosto. Todos os dicionários se sumiram, assim como o *Dicionário Bibliográfico de Inocêncio* (Francisco da Silva), que Eça anotou, aumentando-o com as descobertas que ia gradualmente fazendo em Paris, que haviam escapado a esse bibliógrafo, algumas delas nos *bouquinistes* do rio Sena. É muito provável que esses livros roubados tenham aparecido posteriormente nos alfarrabistas lisboetas da primeira metade do século XX. A sua identificação nem sempre será fácil visto que Eça não costumava sublinhá-los ou anotá-los, deixando apenas a sua marca E.Q. nas lombadas de algumas encadernações, como no caso da obra de Taine (oito volumes) e na de Víctor Hugo, estas felizmente em Tormes. O curto fôlego das suas posses não permitiu certamente alargar essas encadernações a outros livros prediletos.

Três navios trouxeram de Paris para Lisboa o material que participara na Exposição de 1900. No navio Saint André, velho calhambeque que o visconde de Faria, comissário de Portugal a essa exposição, fretara, foi embarcado o belo retrato a óleo do escritor feito por Columbano. Possivelmente da carga constava também a inúmera e tão importante correspondência que Eça recebera ao longo da vida, intensificada pelo fato de ter dirigido duas revistas: a *Revista de Portugal* e a *Revista Moderna*. Na sua viagem para Portugal esse navio naufragou, assim se perdendo o retrato de Columbano e o acervo epistolar do escritor. As cartas que Eça escrevera a Emília, sua mulher, as cartas que recebera das jovens americanas com quem namorara, a correspondência que endereçara aos filhos e meia dúzia de cartas dispersas de amigos escaparam felizmente a esse embarque, salvando-se.

No catálogo de 549 páginas publicado pela Fundação Calouste Gulbenkian com o título *Portugal 1900*, por ocasião de uma exposição realizada na sua sede de Lisboa em 2000, surge o "Relatório do Capitão Folange sobre o Naufrágio do Navio Saint André" (pp. 523-525). Esse relatório permite-nos concluir que o barco, depois de sujeito a várias reparações no Havre, sofreu fortes avarias na sua viagem para Portugal. Um ciclone e um mar muito agitado provocam-lhe um rombo à proa, além de estragos no leme. O navio é abandonado a 17 de janeiro de 1901, perto da costa portuguesa, entre Aveiro e o Cabo Mondego (conclusão que se pode tirar depois de analisadas as latitude e longitude indicadas no "Relatório"). Socorrido pelo navio russo Nikolai, a tripulação de dezenove marinheiros e o seu capitão desembarcam depois em Gibraltar. Rafael Bordalo Pinheiro, nos desenhos satíricos de *A Paródia*, de fevereiro e de março de 1901, não pouparia o conselheiro Ressano Garcia e o Visconde de Faria, grandes responsáveis por esse desastre marítimo.

Eduardo Prado iria ainda a Londres, na qualidade de procurador de Emília de Castro, para receber o seguro que Eça fizera em 1879, no valor de 2100 libras. Desta soma havia que pagar duzentas libras a Richard Todd, cônsul de Portugal em Cardiff, ao qual Eça pedira nessa data um empréstimo. Como um dos documentos comprovativos das apólices tinha desaparecido, Prado teve de recorrer às assinaturas dos seus compatriotas José Graça Aranha e Joaquim Nabuco, que conviveram com Eça em Paris.

Entretanto, Emília, com prementes necessidades de dinheiro, não obstante o seguro de vida a receber, ou já recebido (1350 £), vende vários objetos valiosos da casa da avenue du Roule, entre os quais o gomil de prata, provavelmente do século XVIII, que podemos ver na fotografia da sala de jantar, à direita, na página 319 da *Revista Moderna* dedicada a Eça de Queiroz.

Foi a Igreja de St. Pierre de Neuilly que acolheu o corpo do escritor, acompanhado de muitas personalidades portuguesas. A 11 de setembro, o ataúde partiria do Havre para Lisboa.

Desembarcou o caixão no Cais das Colunas, no Terreiro do Paço, a 17 de setembro, envolto na bela bandeira nacional, azul e branca, seguindo para o cemitério do Alto de São João em cortejo fúnebre imponente, panos pretos no arco, nos candeeiros da rua Augusta e no Rossio, por onde passou. Uma orquestra num terraço exterior do Teatro Nacional tocava a marcha fúnebre de Chopin. Ao longo da avenida Almirante Reis, magotes de gente. Quem iria naquele carro fúnebre majestoso, tão carregado de flores? Alguém muito importante, decerto, pelo número de carruagens que atrás seguiam, mas que absolutamente nada dizia àquelas pessoas... No cemitério discursos e, em nome do Governo da Nação, a voz do Ministro da Marinha, conselheiro Teixeira de Sousa. Que estranho seria que não contivesse senão banalidades! O jazigo, onde a urna começara por não caber, pertencia ao seu cunhado Alexandre, que aí repousava junto da mãe, a condessa de Resende.

Um artigo de Fialho de Almeida publicado na revista *Portugal-Brasil*, de 16 de setembro de 1900, depois recolhido em *Figuras de Destaque*, com o seu costumado estilo amaneirado e fantasista, fez sensação pelo seu virulento e azedo ataque a Eça, não eram decorridos trinta dias da sua morte. Despeitado pela fama do confrade e pelo aparato do cortejo, que mereceu funerais nacionais, Fialho deu livre curso ao seu azedume, que roça o insulto, pintando o seu retrato a vitríolo e desancando a sua obra a ponto de afirmar: "Na história do português escrito muito vem talvez a contar-se a prosa de Ramalho; a de Eça nunca". Veja-se esta afirmação que dá a nota cabal do seu despeito: "A primeira coisa que salta é a pobreza estrutural do estilo, e a miséria profunda de vocabulário repisado". Depois esta "pérola" de estilo: "Tudo isto resulta do precoce esgoto mielastênico e cerebrastênio do romancista, que, sendo de nascença um fraco, criara desde moço necessidades sensuais que haviam de lhe desbaratar a força nêurica antes do tempo". Fialho prossegue: "Claro, que um estilo assim boêmio, de visão quase exclusivamente física e monótona, e vocábulos exíguos, poucos, pintando mal, orquestrando pior a música do período, estilo antigramatical, pouco desenvolvido no sistema ósseo, puído de cosmopolitismo, coa língua grossa de regurgitação francesa, indigerida, raro será apto a exprimir do homem mais que a besta obrante, a descrever-lhe os costumes, o passo, o porte, idas e voltas no ergástulo da vida, a sarabanda toda das modalidades exteriores [...]".

Fialho afirma ainda que Eça "estuda as trivialidades da vida à luz duma espécie de lógica sardônica de doido", referindo o seu "temperamento de garoto", chamando-lhe "pobre neurastênico" e "o maior desnacionalizador que teve Portugal modernamente". No meio da sua diatribe lá lhe vai chamando "a mais nervosa força literária modernamente vista em organização de artista português...", mas acrescenta: "Direi em conclusão que Eça de Queiroz é um gênio falhado pelo mau uso que de si próprio fez na traça de escritor, gênio que se amesquinhou por indisciplina filosófica, predomínio de instintos mundanais, falta de fé num ideal intenso e absorvente", e acrescenta: "Dos três ou quatro grandes livros que deixa, nenhum promete, na memória dos homens, vida longa, que a uma é duvidoso o português em que estão escritos, e à outra hão de matá-los qualidades de diletantismo, ainda sedutoras, e bem depressa fastidiosas, assim como a ironia iconoclasta, que em cinquenta anos passa, quando futuras gerações, mais cerebralmente definidas, começarem a rir de outra maneira".

Fialho termina o seu artigo com o elogio a Camilo. Feriram-no os louvores a Eça, pelo que interroga, por fim: "Como se explica esta apoteose ao escritor dissolvente, quando o verdadeiramente grande, o outro, o nosso, lá jaz no Porto esquecido, tratado como um cão?"

A 9 de novembro de 1903 inaugurava-se em Lisboa, por subscrição pública, o monumento ao escritor no Largo Barão de Quintela, um dos centros da geografia queiroziana da capital (onde Eça situara a morada do conde de Abranhos), um excelente mármore branco do escultor Teixeira Lopes, com Eça debruçado sobre a figura feminina da Verdade. Aos pés a epígrafe de *A Relíquia*: "Sobre a nudez forte da Verdade o manto diáfano da Fantasia". Era a primeira estátua que Lisboa via erguer a um artista das letras, depois da de Camões – que fora inaugurada 36 anos antes, a 9 de outubro de 1867, cerca de um ano depois da chegada de Eça a Lisboa –, situada alguns metros acima, no Chiado. Esta circunstância provocou escândalo. Os jornais fizeram dele eco abundante. Fez escândalo também a mulher seminua que representava a Verdade.

O *Correio Nacional* de 23 de novembro de 1903, a propósito da homenagem que perante a estátua haviam feito na véspera as academias de Lisboa, Coimbra e Porto, vinha contestar não só a estátua como o próprio escritor, ao considerar a sua literatura "uma literatura de acidente para nós", perguntando: "E erguem-lhe uma estátua! Por quê? Camilo e Herculano e Oliveira Martins têm estátuas algures? E Garrett?" Três dias depois este jornal reproduzia as impressões de um leitor que escrevia: "Achei aquela obra por tal forma provocadora e lasciva, que entendo ficar mal a uma cidade consenti-la numa das suas praças", acrescentando: "Uma mulher de peregrina beleza, quase nua e naquela postura de lascívia pode, se quiserem, representar a Verdade, mas essa Verdade é daquelas que nem o decoro nem a polícia permitem que se descubram e a seriedade exige que se tapem com pano mais denso que o véu diáfano da fantasia".

Ramalho Ortigão vem à liça num artigo da revista *Brasil-Portugal*, depois recolhido na obra *Folhas Soltas*. Após um arrazoado irônico a propósito das objeções que se punham ao monumento, levanta a questão do direito que têm certos mortos de serem celebrados antes de outros que os precederam, deste modo: "Têm o direito à saudade daqueles que os conheceram e os trataram – pela bondade do seu coração, pelo encanto do seu espírito, pela limpidez da sua honra e pela dignidade da sua vida. Se não foram satisfatoriamente ilustres, foram suficientemente amados. E isso basta". Não se podia ser mais desastroso! Pelos vistos Eça não era "suficientemente ilustre"! O conde de Arnoso, principal responsável pela construção do monumento, escandalizado, comentaria a Luís de Magalhães, em carta de 4 de dezembro de 1903: "O pobre Ramalho parece também querer desculpar-nos! Santo Deus. Santo Deus".

Ramalho a discursar na inauguração do monumento a Eça.

À inauguração estiveram presentes o seu principal promotor, o conde de Arnoso, o marquês de Ávila, Ramalho Ortigão, Luís de Magalhães, Antônio Cândido, Hintze Ribeiro (Presidente do Conselho), Aníbal Soares, a família de Eça (Emília, sua mulher, e os filhos, os cunhados Benedita e Manuel, conde de Resende) e também a mãe do escritor com sua filha Miló e outras figuras. Ramalho Ortigão deve ter sido o orador escutado com maior interesse. Não soube evitar, todavia, afirmações insólitas, levado pela sua habitual retórica floreada. A primeira a de que Eça havia sido um "simples escritor que, inteiramente recluso na religião da arte, se não entremeteu nunca nos conflitos seculares da sociedade a que pertenceu"! Como se a sua obra não tivesse, toda ela, um propósito crítico melhorista, inteiramente mergulhada nas realidades sociais e políticas do seu país! Como se ele não tivesse vivido intensamente os problemas e as crises da sua pátria, tão claramente refletidos nos seus textos ficcionais, nas suas crônicas e nos seus artigos! Então o que foram *As Farpas* senão um documento crítico interventor e empenhado, que teve em Ramalho o principal colaborador?! Estranhíssima também estoutra afirmação: "Viemos ao mundo e fomos criados na mesma região de Portugal. Embalaram-nos idênticas orações de nossas mães". De Eça nada se poderia dizer de mais falso e disparatado. Que orações? Que mãe teria embalado José Maria? E lá disse por fim esta coisa acertada: "Quei-

Campa de Eça em Tormes.

roz elevou a uma perfeição de relevo, de colorido e de luminosidade, que nunca antes dele se atingira, o que propriamente se chama a *arte de escrever*, dando ao giro da frase, independentemente do rebuscamento do vocábulo, temas melódicos, combinações de harmonia e efeitos orquestrais do mais dominativo e avassalante poder de sugestiva comoção".

Depois disto aquele belo e delicado mármore branco nunca mais deixaria de ser vandalizado: braços, mãos e dedos partidos, corpo da Verdade pintado. Já em 1902, o conde de Arnoso, em carta para o escultor Teixeira Lopes, se preocupava com o resguardo de ferro a montar em torno do monumento, "dado o país de canibais em que vivemos", como ele dizia. Em 1914 houve investidas de vandalização, tendo-se logo levantado a hipótese de transferência do monumento para outro local.

A 4 de março de 1915, o jornal *República* noticiava a mutilação que o monumento sofrera na véspera. Antônio José de Almeida, sexto presidente da República Portuguesa, atribui então a culpa a certos republicanos jacobinos que tornaram o nome de Eça antipático à população republicana. Lembrando que a República retirara a pensão que o estado monárquico atribuíra à viúva do escritor, com o fundamento que essa senhora era hostil à República e que seus filhos conspiravam na Galiza, este presidente comentava que tal procedimento fora "impolítico e representativo de uma notável ingratidão histórica: Eça de Queiroz foi um obreiro da República. [...] foi um demolidor formidável, que pela análise, pela ironia e pelo sarcasmo abalou o edifício monárquico. Os seus conselheiros ridículos, os seus políticos cheios de fatuidade e ignorância, os seus intrigantes minados pela perfídia das antecâmaras – todas essas personagens que uma inspiração vivíssima fez deslizar ao longo da sua

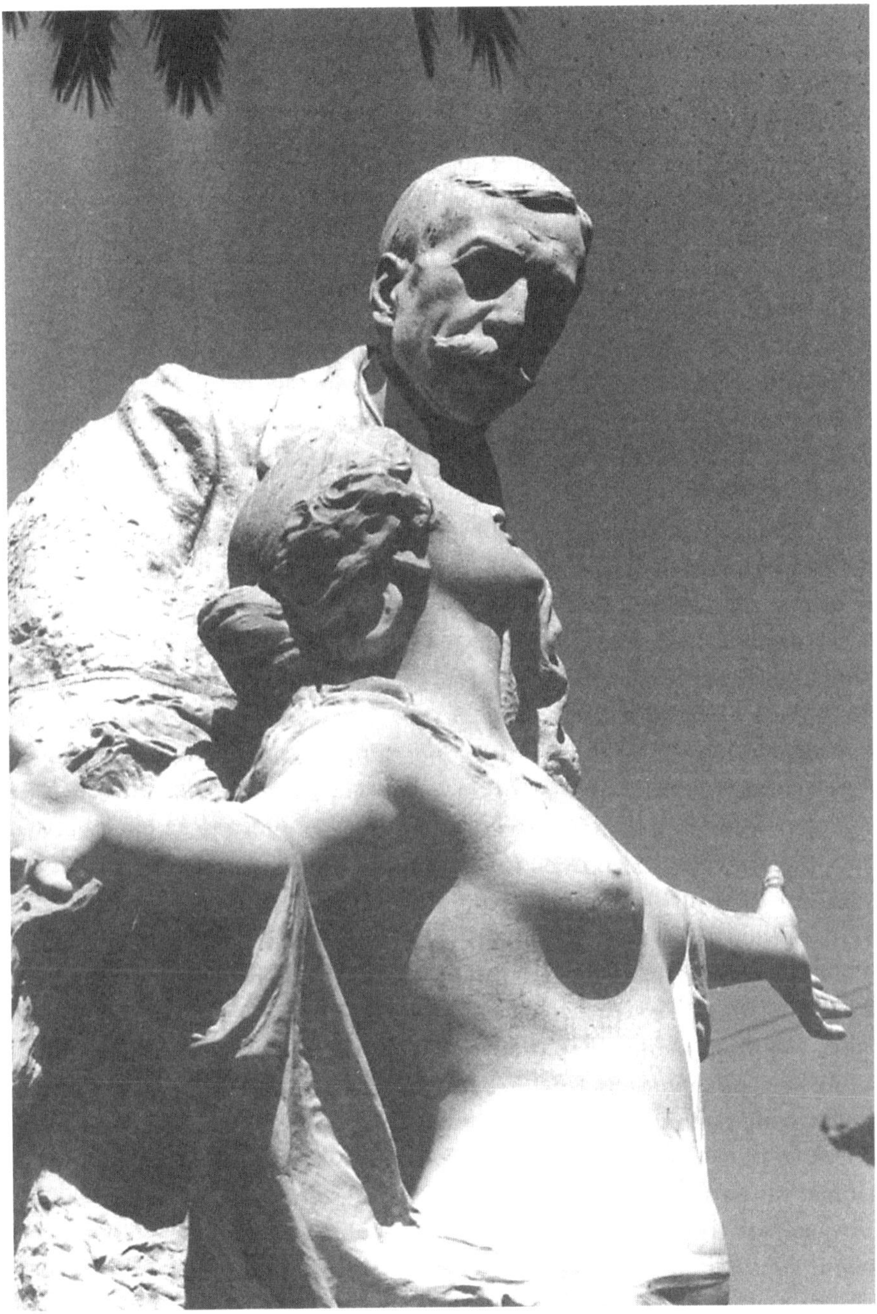

Estátua de Eça em Lisboa – por Teixeira Lopes. Foi deslocada para o jardim do museu da cidade ao Campo Grande, e substituída por uma réplica em bronze.

obra, são todo um exército que ele mobilizou contra a monarquia, golpeando-a cruelmente" (Almeida, 1934, pp. 193-197). Em 1923 repetem-se os protestos acerca dos estragos sofridos pela estátua da Verdade!

Chegaria, muitos anos depois, o momento em que o Município, em boa hora, cansado de gastar dinheiro no seu restauro, decidiu fazer uma cópia da estátua em bronze, em 2001. No bronze escuro, as sombras não se destacam apropriadamente, dissolvendo-se os volumes e a sua expressão, diminuindo as qualidades do modelado, mas não havia outra solução. O mármore recolhera ao jardim do Museu da Cidade, ao abrigo dos vândalos. Deveria ser montado numa sala interior para proteger o mármore magnífico, que é, além do mais, o melhor retrato escultórico de Eça. Aquela inauguração, em 1903, anunciava, pode dizer-se, a primeira ressurreição do escritor, que descera entretanto ao limbo do esquecimento, de onde muitos artistas jamais sairão e onde estagiam todos, depois da breve celebridade que lhes traz a morte.

Por iniciativa da presidente da Fundação Eça de Queiroz, a 15 de setembro de 1989, os restos mortais de Eça seriam trasladados do jazigo do cemitério do Alto de São João para o cemitério de Santa Cruz do Douro, perto da casa de Tormes, a quinta que sua mulher herdara, hoje sede da Fundação Eça de Queiroz. Junto de si ficaram também os seus quatro filhos, trasladados no mesmo dia que o pai. Os despojos de Emília, sua mulher, que morrera em 1934 na Granja, com 77 anos, e fora sepultada no Cemitério de Arcozelo, não puderam ser encontrados. Ficara abandonada anos a fio, até ao desaparecimento da referência que não chegara para a perpetuar, ela que tanto desejara um jazigo onde todos ficassem juntos.

A última vontade de Emília foi a de levar os despojos do marido para Verdemilho, não para o jazigo dos avós de Eça, que jazem no cemitério respectivo, mas para jazigo próprio. A 17 de dezembro de 1932 ela escreve a Luís de Magalhães: "Eu desejava muito reunir o meu marido e o meu filho, foi o que me fez pensar no jazigo já existente ao pé de Verdemilho, tendo só repugnância em que fossem para debaixo da terra por isso fiquei muito grata quando soube que algumas pessoas de Aveiro desejavam fazer um novo jazigo para meu marido… – família. Mas o meu desejo é que essa família fosse só a dele pessoalmente, mulher e filhos que são os únicos Eça de Queiroz" (*Eça–Emília de Castro. Correspondência Epistolar. Cartas Inéditas de Emília de Castro*, pp. 714-715). A vontade de Emília não pôde ser integralmente cumprida.

Eça repousava finalmente naquele "solo eterno e de eterna solidez", como diria daquela região, na última página de *A Cidade e as Serras*.

9. APÓS A SUA MORTE. AS OBRAS PÓSTUMAS

Além das três obras publicadas em 1900, no ano da sua morte, que já referimos, seguir-se-iam vários volumes com recolhas de dispersos, até 1912: *Contos*, *Prosas Bárbaras*, *Cartas de Inglaterra*, *Ecos de Paris*, *Cartas Familiares e Bilhetes de Paris*, *Notas Contemporâneas* e *Últimas Páginas*, todos eles revistos por Luís de Magalhães.

Só em 1925 se retomaria a publicação dos póstumos, pelo fato de os filhos de Eça se terem exilado depois da implantação da República em 1910. Foi no importante prefácio do romance *A Capital* que José Maria, responsável pela sua publicação, em 1925, esclarece: "Do Rio de Janeiro chegava-me um dia, datada de 11 de julho de 1924, uma carta extremamente interessante do Sr. José Vasco Ramalho Ortigão, em que o filho do grande escritor me dizia: Entre a enorme quantidade de papéis que recebi de Lisboa com a livraria de meu pai, encontro vários manuscritos d'Eça de Queiroz, algumas cartas de Fradique e provas corrigidas e originais de *A Capital*. Estas últimas muito difíceis de organizar [...]". E José Maria continua: "Era de fato uma segunda forma de *A Capital*, com cerca de cem páginas impressas, corrigidas, refundidas, aumentadas, com longas tiras coladas às páginas, cobertas de emendas e acrescentos a lápis; eram ainda cinco cartas de Fradique inéditas, e finalmente esse curiosíssimo *Conde de Abranhos*, o mais estranho dos manuscritos de meu Pai, todo escrito de um fôlego, de fio a pavio, quase sem uma emenda, numa letra vertiginosa de rascunho, completo, perfeito e... a lápis". Quer dizer, conclui-se deste importantíssimo testemunho que Ramalho retivera na sua posse manuscritos de grande importância que lhe haviam sido confiados pela viúva do escritor, que ele completamente desprezou e que viriam a ser herdados pelo filho, com risco de se virem a perder irremediavelmente.

José Maria publicou então os seguintes livros: *Correspondência*; *Alves & Cia*; *O Conde de Abranhos e a Catástrofe*; *A Capital*; *O Egito*; *Cartas Inéditas de Fradique Mendes e mais Páginas Esquecidas*. *A Tragédia da Rua das Flores*, romance ainda em fase inacabada de escrita, só em 1983 veria a luz. A morte prematura deste filho, em 1928, com quarenta anos, iria interromper a publicação dos póstumos.

Foi controversa a publicação destas obras. *O Egito*, por exemplo, apresenta no começo do capítulo III o nome de um escritor inglês de nome *Keapling*, inexistente, não se podendo concluir que seria Rudyard Kipling, por essa altura com seis anos, engano na transcrição que, desde logo, mereceu reparos. Alguns escritores de nomeada não aceitaram estas obras pacificamente, até porque José Maria, exímio imitador de Eça, fizera intervenções da sua lavra nos textos do pai por rever, no afã de os aperfeiçoar, com a autoridade acrescida que lhe dava o fato de ser proprietário desses textos. Aliás, não infringia o costume por via de regra aceito por todos aqueles que se encarregaram de editar inicialmente as obras do pai, que todos eles fizeram intervenções hoje consideradas como discutíveis. Seria muito difícil, para não dizer impossível, fazer então uma edição científica, como hoje é de regra, sendo-se fiel aos manuscritos. Os póstumos deveriam ser acima de tudo vendáveis e era necessário retocá-los. A propósito desta intervenção do filho convém recordar aqui uma observação de Guerra da Cal, ao tratar de *O Conde de Abranhos*, o texto, entre todos, mais intervencionado: "No se puede dejar de constatar que la fuerza de la

Eça e Ramalho por João Abel Manta.

creación queirociana es tal que resiste a todas essas interventiones ajenas a su pluma y a su genio" (da Cal, 1975, vol. 1, p. 385).

Na carta de 20 de outubro de 1900 para a viúva de Eça, Ramalho chega a desculpar-se com as dificuldades de leitura dos autógrafos de Eça, quando bem sabemos que só em casos excepcionais, como em *A Tragédia da Rua das Flores*, ou seja, na escrita criativa, feita ao correr da pena, e nas notas sobre o Egito, a sua caligrafia apresenta dificuldades de leitura. Além disso grande parte dos textos a recolher eram éditos impressos! Por isso é com pasmosa surpresa que se lê este excerto de uma carta de Ramalho para Luís de Magalhães, de 28 de agosto de 1901: "Já para a revisão e coordenação de *A Cidade e as Serras* a Senhora D. Emília me falara em Você considerando-o dentre os amigos do seu marido como o mais adequado a aliviar-me desse doce trabalho, que Você faria talvez melhor, mas de que eu procurei desempenhar-me o melhor que pude sobre um daqueles caudalosos e terríveis manuscritos de primeiro jorro, que Queiroz produzia quase estenograficamente, destinando-os a toda uma composição ulterior na revisão de consecutivas provas".

As páginas autógrafas dos últimos capítulos de *A Cidade e as Serras* apresentam uma perfeitíssima leitura e um elevado grau de acabamento. A esse "doce trabalho" se limitou a intervenção de Ramalho na obra póstuma de Eça de Queiroz. Poderia objetar-se que ele tinha a sua própria obra a fazer e não podia dedicar-se à que Eça deixara inédita. Todavia, durante os quinze anos que viveu ainda após a morte do amigo, que obra realizou? Antônio Sérgio, num texto escolar de 1937, onde publica o prefácio ao 1º capítulo de *A Holanda*, diz-nos que a partir de 1894 Ramalho "sobreviveu a si mesmo", tendo sepultado literariamente nessa data o crítico de *As Farpas*. Sérgio dava-o como morto seis anos antes da própria morte de Eça. Diz ainda o autor dos *Ensaios*: "Com o andar do tempo, foram-se esbatendo as suas veleidades de insurrecionista, que nunca aliás haviam sido profundamente autênticas e viscerais".

De fato, com a morte de Eça, o que restava de Ramalho Ortigão ia também a enterrar, mas ele estava longe de o saber... Num texto do 1º volume de *Por Terra Alheia*, com a data de 23 de maio de 1881, Ramalho escrevia: "Não sou a respeito de coisa nenhuma o que se chama em absoluto um crente. A fé não é a minha virtude, e, se há para a fé uma bossa craniana, no lugar dessa bossa devo mesmo ter eu no crânio um buraco. Se alguma vez me encontrarem caído no caminho de Damasco, creiam que foi para dormir que me deitei, e não porque me rendesse à revelação do alto". Em

1901 Ramalho prostrava-se aos pés do papa Leão XIII, no Vaticano, e enchia às mãos cheias o tal "buraco no crânio" com as suas bênçãos. Este comentário não pretende ser senão uma constatação da Ramalhal reviravolta, muito mais do que uma crítica. Não seria ele o primeiro a fazer uma tal viragem, e tal fato pouco atinge a sua dignidade humana ou a sua efemeridade ou solidez como literato. As suas relações com o espólio de Eça, muito pelo contrário, suscitam uma severa apreciação do comportamento que demonstrou, o que nos faz evocar a conhecida frase de Antero de Quental para o seu amigo Alberto Sampaio: "Misérias literárias que são as piores das misérias humanas!" (Quental, 2009, vol. I, p. 417).

A. PARA A HISTÓRIA SINGULAR DA EDIÇÃO DE *A TRAGÉDIA DA RUA DAS FLORES*

A circunstância de ter colaborado na transcrição e primeira edição deste romance, da editora Moraes, de Lisboa (1980), conjuntamente com o seu principal responsável, o professor João Medina, facilita-me traçar alguns comentários sobre a história da sua publicação. Devido ao inacabado do manuscrito e ao tema escaldante do seu conteúdo, o incesto involuntário entre mãe e filho, esta obra teve de aguardar oitenta anos após a morte de Eça para finalmente ver a luz do dia. Escrito em Newcastle em 1877-78, durante o período mais criativo da sua carreira, ficou o manuscrito na posse de Emília de Castro que, durante os 34 anos que sobreviveu a seu marido, repudiou a ideia de publicar este esboço de romance, tão agressivo para a sua sensibilidade religiosa. Quando em 1925 seu filho José Maria iniciou a publicação dos inéditos do pai com o romance *A Capital*, na editora Lello do Porto, esta empresa divulgou um pequeno opúsculo de propaganda intitulado *Novos Livros Inéditos de Eça de Queiroz e o que eles São (A Capital, O Conde de Abranhos, A Tragédia da Rua das Flores, Alves & Cia, Correspondência, Notas de Viagem e Páginas Esquecidas)*. Neste panfleto dava-se também a conhecer o conteúdo de *A Tragédia*: "Este formidável romance, do qual impropriamente se disse ser uma primeira forma de *Os Maias* – é, sem contestação possível, a obra mais intensa que jamais saiu da pena de Eça de Queiroz". A pequena notícia do opúsculo terminava assim: "*A Tragédia da Rua das Flores* não é pois, como *Os Maias*, a apreciação crítica dessa Sociedade, mas, pelo contrário, o estudo psicológico duma paixão mórbida, das suas causas remotas e das suas consequências trágicas". Ao consultar os arquivos da editora

Capa da 1ª edição do romance.

Lello, verificamos que esta empresa chegou a pagar, por este romance, em 28 de fevereiro de 1925, direitos de autor no valor de 9.375$00.

Entre 1925 e 1928, data da sua morte prematura, José Maria publicou seis obras inéditas do pai. *A Tragédia*, que como vimos constava do programa, ficara adiada por plausível oposição de Emília de Castro, ou, mais provavelmente, porque José Maria não tivera tempo de completar a transcrição apurada do difícil manuscrito, que já empreendera. Filho predileto de sua mãe, essa circunstância permitir-lhe-ia quebrar a sua resistência, tanto mais que tivera o importante aval de Luís de Magalhães, amigo do pai e o primeiro a encarregar-se da publicação dos póstumos. Em carta de 24 de janeiro de 1924, com efeito, Magalhães escreve-lhe: "Meu querido José, fiz-me ler ontem, enfim, o resumo do romance. É sobre o mesmo tema de *Os Maias*, uma obra inteiramente diversa com figuras e tipos muito diferentes. Fora o mais, como documento literário, para se analisar a forma de criação e os métodos de trabalho de teu Pai, parece-me isso de um valor inestimável e bem digno de ser publicado. Como se vê ali o seu amor da perfeição, o seu escrúpulo de artista, e ao mesmo tempo, a sua fecundidade imaginativa. Calculo que admiráveis cenas, não haverá nessas páginas inéditas. Estou bem morto por me deliciar com elas! Muitas saudades nossas para tua mãe, Matilde e mil carícias aos pequenos. Lembra-me também muito ao Alberto e recebe um bom abraço do teu muito amigo do coração Luís".

Já depois da morte de José Maria, caberá a seu irmão Alberto, o filho mais novo de Eça, dar continuidade a este projeto de publicação, como se verifica por esta carta, de 13 de fevereiro de 1929, que encontrei nos caóticos arquivos da editora Lello: "Quanto à *Tragédia da Rua das Flores*, tenho mais esperanças, pois com o tempo e uma sábia catequização, tenho pouco a pouco convencido a minha Mãe a deixá-la publicar, no que ao princípio tinha a maior relutância – penso que conseguirei caso virmos que o livro é publicável e depois de um minucioso estudo feito por nós e pessoa competente no assunto". Alberto viria a falecer nove anos depois, em 1938. Seu irmão Antônio faleceu em 1968. Maria, o último sobrevivente, devotada guardiã do espólio do pai, experimentou as mesmas reservas da mãe, tendo-lhe herdado a religiosidade, considerando melindroso o tema, cruel o seu realismo e rudimentar a expressão formal do manuscrito, com várias áreas de difícil leitura. Chegou ainda a consultar uma pessoa da sua confiança, o historiador João Ameal, com casa a poucos quilômetros de Tormes, que foi de opinião que a glória do pai nada ganhava com a publicação desta obra e que o mais interessante eram as personagens, sobretudo o turbulento pintor Camilo Serrão. Pensou então publicar apenas a caracterização destas figuras, chegando a fazer sobre elas algumas anotações, mas não concretizou este projeto, embora tivesse na sua posse um texto datilografado com a transcrição completa do romance, feita indubitavelente pelo irmão José Maria. Este texto, repleto de lacunas, interpretações erradas e acrescentos feitos por ignoradas pessoas, constituía, mesmo assim, preciosa "cábula" para quem viesse a empreender a dificultosa tarefa da sua correta transcrição, sendo, ao mesmo tempo, perigosa armadilha, indutora de inúmeros erros de leitura.

Após a morte de Maria Eça de Queiroz o problema passaria para as mãos de seu filho único, Manuel, e para sua mulher Maria da Graça Salema de Castro, hoje presidente da Fundação Eça de Queiroz. Entretanto, em 1975, Ernesto Guerra da Cal publicava a *Bibliografía Queirociana*, na Imprensa da Universidade de Coimbra, onde, no tomo 1, artigo 1419, dedicava quatro páginas à *Tragédia*, informando que em 1927 se haviam imprimido trezentos páginas do romance, de acordo com uma carta existente no arquivo de Tormes, de 27 de maio desse ano, da autoria da Editora Lello. Nessa carta pedia-se a José Maria, filho do escritor, a devolução das provas corrigidas. Curiosamente, a versão que Guerra da Cal faz do romance, transmitida por Maria Eça de Queiroz, é totalmente errada, o que pode significar que tenha lido desatentamente a versão que o irmão fizera e lhe daria uma perfeita, completa ideia da obra. Não precisava de ler o difícil manuscrito.

Não faltavam, entretanto, candidatos desejosos de assumir a responsabilidade da sua publicação. Entre eles encontrava-se Alberto Machado da Rosa, professor da Universidade de Wisconsin, nos Estados Unidos, autor de *Eça Discípulo de Machado?* (1963) e de *Eça de Queiroz, Prosas Esquecidas* (5 vols., 1965). Visita de Tormes e amigo da filha do escritor, esta prometera-lhe a organização da edição, se algum dia viesse a admitir que ela se fizesse. Tal não se verificou até à data da sua morte em Tormes, em 1970.

Tendo em conta os protestos de João Gaspar Simões, que pretendia a publicação de todos os manuscritos ainda na posse da família, foi o casal Manuel de Castro e sua mulher consultar o professor Ernesto Guerra da Cal, que havia mantido com Maria Eça de Queiroz excelentes relações e vivia então em Portugal. O parecer deste *scholar* foi no sentido de se publicar o fac-símile do manuscrito conjuntamente com a sua transcrição, em edição para estudiosos. Não se conseguiu porém editor para um tal projeto, tendo decidido Manuel de Castro e sua mulher fazer, tão somente, uma edição legível, fiel ao manuscrito, da responsabilidade de um especialista. O empreendimento, para ser viabilizado, teria de se submeter pois a certas regras. Manuel de Castro veio a Lisboa avistar-se com Guerra da Cal para concretizar o projeto. De regresso a Tormes, sua mulher recordou-lhe o compromisso que a mãe assumira com Machado da Rosa, não obstante este ter falecido em finais de 1974. Foi então consultada Aldegice Machado da Rosa, sua mulher, que informou ter o marido indicado para tal tarefa, no caso de não a poder executar, o professor João Medina, queirozianista por essa altura desconhecido em Tormes. Assim veio a acontecer. Esta notícia, como é natural, caiu como um raio inesperado entre aqueles que já se preparavam para participar na transcrição do texto de *A Tragédia*... Isto explica em parte a enorme hostilidade que a sua edição viria a provocar. Em março de 1980 a editora Moraes publicava a primeira edição da *Tragédia da Rua das Flores*, da responsabilidade deste professor que para o coadjuvar chamou o autor destas linhas.

Manuel de Castro havia começado por contatar a editora Livros do Brasil, que, por essa altura, pagava direitos pela publicação das obras de Eça. Para seu espanto esta empresa não quis assinar com ele qualquer contrato, pois sabia que a Assembleia da República faria cair no domínio público, a partir de julho de 1979, as obras do escritor. O manuscrito deste romance fora depositado na Biblioteca Nacional. Livros do Brasil entendera entregar a transcrição do manuscrito a um calígrafo, Mascarenhas Barreto, sem ter de pagar direitos de autor à família de Eça de Queiroz. Daqui resultaria o acordo que Manuel de Castro fez, de seguida, com a editora Moraes, que pouco depois publicava a primeira edição do romance, a que se seguiria a edição de Livros do Brasil, com um texto ilegível, repleto de erros de transcrição grosseiros. Na inevitável corrida editorial que se verificou, não foi possível fazer uma última revisão para a editora Moraes, depois das que havíamos já feito.

Na terceira edição da biografia de João Gaspar Simões, *Vida e Obra de Eça de Queiroz* (1980), este crítico queixava-se que *A Tragédia* continuava inédita, mas teve ainda o ensejo de acrescentar a essa edição um posfácio com a apreciação das duas edições (pp. 719-731). Em resposta a uma entrevista em que se lhe perguntava como explicar as duas edições quase em simultâneo, respondia: "Pela ânsia de lucro de um editor, os Livros do Brasil, a quem tinha sido oportunamente oferecido o texto de *A Tragédia*, estabelecido pelo filho do romancista, e que não o aceitou. Porque aqui é que está o escândalo desta edição –, a dos Livros do Brasil, a qual, elaborada sobre fotocópias dos manuscritos depositados na Biblioteca Nacional, por um calígrafo que possivelmente nunca lera uma linha do romancista – ignorante de tudo quanto diz respeito à literatura do Mestre e à época em que ele viveu, o século XIX –, resultou aquilo que qualquer pessoa pode verificar percorrendo o texto, ilegível, dessa edição. Só um especialista da obra queiroziana como era o filho do escritor, José Maria, a quem coube organizar, para a impressão, as obras póstumas manuscritas – *A Capital*, o *Alves & Cia*, o *Conde de Abranhos*, *O Egito* etc. –, só um especialista, dizia (e até mesmo um deles, o filho do escritor, cometeu erros, como o prova, pelo menos para *O Egito*, o professor francês Girodon), e mesmo um especialista com grande dificuldade conseguiria decifrar os manuscritos de obras lançadas ao papel *currente calamo*, no calor da inspiração, meros 'borrões' de um trabalho realizado para elaboração posterior. O que salva a edição Moraes – a outra edição da *Tragédia da Rua das Flores*, a única que merece crédito, e a única que pode ler-se – não é sequer ter sido preparada por um queirozianista conhecido, João Medina, e por um queirozianista desconhecido, o arquiteto Campos Matos, mas por ter sido estabelecida a partir do texto de José Maria".

A estrepitosa polêmica a que a versão da Livros do Brasil deu origem, pela sua ilegibilidade, não tardou a eclodir. Entre inúmeros outros atropelos, houve nesta versão a transcrição de um verso de Camões que o intérprete não reconheceu e uma frase portuguesa comicamente transformada num latinório risível, sem qualquer significado: *Ave Gens Minus*, em vez de "O nosso avô Egas Moniz" (p. 258). Com a intenção de "corrigir" essa desastrosa, inacreditável edição, ainda hoje indecorosamente comercializada, a Livros do Brasil publicou depois uma outra a que chamou "diplomática" e "paleográfica", pela mão do professor Borges Nunes, que a elaborou a partir da edição Moraes, ou seja a primeira, muito embora tivesse afirmado a independência de leitura do manuscrito. Uma "Nota Prévia" a esta edição, assinada por Palma Ferreira, eivada de furor polêmico que continuava o debate público, dá-nos curiosas observações, entre as quais a de que a segunda edição da Livros do Brasil era uma "interpretação caligráfica", "não uma leitura definitiva do texto, mas sim e apenas uma primeira abordagem do manuscrito", e ainda esta revelação surpreendente, a de que a editora Livros do Brasil possuía também a versão de *A Tragédia* da autoria de José Maria, evidente inverdade pois, se assim fosse, o calígrafo não cometeria os calamitosos erros que cometeu.

Feita a história sumária da edição do romance, há que comentar o manuscrito. Alguns segmentos apresentam uma leitura muito difícil pois são nitidamente produto de um primeiro jato rapidíssimo, como Eça inicialmente produzia e Jaime Batalha Reis testemunhou. Outros, nitidamente recopiados, tornam a leitura e transcrição mais fáceis. No primeiro caso, sobretudo, Eça faz frequentes hesitações no começo das palavras provocando sobreposições de letras, começando por vezes uma palavra com a letra inicial da seguinte: os *ii* carecem, por via de regra, de pontos, o que os faz confundir com *ss*; certas maiúsculas repetem-se com critérios gráficos diversos, sendo agravados pelos floreados da época; muitos vocábulos são grafados com maiúsculas, sem explicação aparente, surgindo, ao invés, topônimos grafados com iniciais minúsculas; os traços horizontais dos *tt* são igualmente omitidos, o que os transforma em *ll*, aparecendo por vezes deslocados, indo cortar, mais adiante, ou mais atrás, um *l* autêntico, fazendo dele um *t*. A duplicação de letras, característica da grafia do século XIX, vem por outro lado acrescentar novas dificuldades à transcrição. Estes problemas aumentam quando Eça fragmenta certos vocábulos em duas, três ou mesmo quatro partes, muito particularmente quando, grafando dois *ll*, o segundo *l* diminui em altura confundindo-se facilmente com uma vogal. Também os *yy* da época vêm provocar novas dificuldades, logo se confundindo com *pp*, sendo que os ditongos nasais raramente apresentam o "til". Com muita dificuldade se aborda este manuscrito sem a ajuda da transcrição inicial feita por José Maria, que, como já referimos, repleta de termos por decifrar e por interpretações erradas, com intervenções de outras pessoas, acrescenta armadilhas às já grandes dificuldades de leitura.

Fiz uma descrição mais circunstanciada deste tema, cuja extensão não teria aqui cabimento, numa recolha de textos: *Sobre Eça de Queiroz* (pp. 139-144), onde concluí com dizer que não pode haver *em rigor* uma edição indiscutível deste romance. Bastaria para tal, se outras razões não houvesse, a circunstância de alguns vocábulos no manuscrito serem suscetíveis de duas leituras dentro do mesmo rigor de análise de escrita e de análise de contexto. No entanto, tal como a versão de José Maria foi indispensável à edição Moraes de 1980, esta versão será igualmente imprescindível a uma futura edição mais apurada de um texto cujas virtualidades literárias, indiscutíveis, ainda que sob forma de "esboço", expusemos sumariamente no capítulo IV.

Que não se julgue, porém, que uma futura edição crítica deste romance, que mais tarde ou mais cedo terá de se fazer, virá substancialmente alterar o texto da sua primeira edição e o que dela conhecemos. Corrigirá quando muito, aqui e ali, certos termos erradamente transcritos, o que em absoluto nada alterará o significado da obra. A equipe que vier a trabalhar sobre o manuscrito há de ter a seu lado essa edição. Sem tão preciosa cábula correria o risco de repetir o fracasso das edições Livros do Brasil. Nenhum paleógrafo, por mais habilitado que fosse, lhe poderia acudir. Para a interpretação da escrita do século XIX, cuja ortografia era variável, não existem regras. O maior auxiliar da decifração é a intuição. Um indivíduo de cultura mediana pode oferecer grande ajuda nesta área. Um farmacêutico hábil será porventura grande colaborador mas não o pode ser integralmente, sem a ajuda de alguém muito dentro do mundo queiroziano capaz, por exemplo, de distinguir Vítor, nome do amante de Genoveva de *Vítor*, nome do hotel de Sintra situado acima do palácio da vila, referido no romance, cujo edifício se encontra hoje dividido em apartamentos residenciais.

Deverá fazer-se, ainda, esta constatação simples, bem conhecida dos leitores das edições dos manuscritos póstumos de Fernando Pessoa: a variabilidade das suas interpretações de edição para edição, tão difícil é a interpretação correta de termos escritos em inglês arcaico. Naturalmente só a sedimentação ao longo do tempo das transcrições publicadas permitirá a almejada perfectibilidade. Há que salientar nesta edição, igualmente, o prefácio de João Medina, um dos melhores exegetas de Eça, que, pela sua inteligência crítica, cultura e agilidade de escrita, deve colocar-se a par dos grandes ensaístas queirozianos: Antônio Sérgio, Castelo Branco Chaves, Mário Sacramento, Alberto Machado da Rosa, Coimbra Martins, Ernesto Guerra da Cal. Distingo aqui, como é óbvio, aqueles exegetas que mais ou menos corretamente dissecam, comparam e analisam um texto ou uma obra, com quem podemos eventualmente até concordar, daqueles outros que pela sua criatividade se erguem ao nível do autor que estudam, levantam voo e nos surpreendem, tornando a sua crítica inesquecível e indissociável dos textos sobre os quais se debruçam, que a uma nova luz iluminam e prolongam. É essa osmose e mais-valia que ergue estes críticos acima dos vulgares comentadores (a muitos dos quais Eça chamava “ressequidos”), que não conseguem alcançar a inteligência crítica dos que voam alto. São os primeiros, quantas vezes, dogmáticos e cerceados por teorias tão efêmeras como a sua escrita. Não usam os outros senão de pura inteligibilidade que dispensa quaisquer dogmas ou teorias à moda, para se afirmarem.

De João Medina podemos averbar uma enorme variedade de títulos, de fundamental interesse. Recorde-se, além do mais, que este prefácio é o primeiro ensaio crítico que se escreveu sobre *A Tragédia da Rua das Flores*.

B. A FAMA

Na ordem cultural moderna o favor público só consagrou a sério, e com persistência, duas revoluções do nosso olhar literário: a de Eça de Queiroz e a de Fernando Pessoa.

EDUARDO LOURENÇO, *Fernando Pessoa Rei da Nossa Baviera*, 1993.

Pode dizer-se que a fama de Eça se manteve estacionária até 1945, data do centenário do seu nascimento. No Brasil, a sua aura permanecera desde a publicação dos seus primeiros romances realistas: *O Crime do Padre Amaro* e *O Primo Basílio*. O primeiro estudo crítico em livro fora aí publicado em 1911, por Miguel Mello. Pouco depois iria desenvolver-se nesse país uma adoração, um fascínio a que se tem chamado "ecite". O seu filho mais novo, Alberto, que emigrara para o Brasil por volta de 1913, sendo aí jornalista, ficou surpreendido com as manifestações de simpatia que suscitou ao declarar-se filho do escritor. Só ali viria a descobrir com espanto a importância do pai, pouco lembrado, então, no seu país, e de modo algum exaltado por sua mãe, em família, como escritor, antes ocultado.

Não tardaria a sua celebridade a chegar aos países de língua espanhola da América Central e da América do Sul. Em 1927, Antônio Patrício, cônsul de Portugal em Caracas, na Venezuela, escrevia para o seu ministério uma carta em que informava ser Eça um "plenipotenciário póstumo" de Portugal na América do Sul, dada a "admiração, incontinente, fervorosa, obsessiva – ia quase dizer supersticiosa – que às primeiras palavras transborda, do ministro dos negócios estrangeiros como dos meus colegas sul-americanos: Colômbia, Equador, Chile etc., de jornalistas e mundanos em citações, interjeições, lugares-comuns de êxtase, pelo gênio e obra de Eça de Queiroz".

Durante o Estado Novo de Salazar, houve várias tentativas de apropriação ideológica de Eça, sobretudo daqueles textos de mais ambígua interpretação, os de *O Último Eça*, título de um ensaio de Miguel Real (Real, 2006) que nos dá como exemplo de interpretação "estadonovista" um texto de Luís

Gabinete de trabalho do Rei D. Carlos, no palácio das Necessidades, com a estatueta de Eça.

Forjaz Trigueiros que se refere a Eça deste modo: "Ele não foi apenas o espírito admirável que cauterizou os homens e os costumes do seu tempo; o autor de *Os Maias* não foi só o introdutor entre nós do realismo literário nem o comentador oportuníssimo dos nossos ridículos de então: Eça de Queiroz não foi só – e já era tanto! – o escultor insigne da nossa língua, porque foi mais do que isso, porque, e não pretendemos fazer paradoxo, soube ser, apesar do seu esplêndido ceticismo derrotista, um admirável construtor de ideias. E por muito que isso pese a certos doutrinadores baratos, temos de afirmá-lo peremptoriamente: Eça de Queiroz foi – em verdade o dizemos – um mestre do são nacionalismo" (Real, 2006, p. 85).

Uma verdadeira explosão de textos críticos, a publicação de uma edição especial das suas obras e de uma biografia monumental, a de João Gaspar Simões, iria consagrar definitivamente o escritor e projetá-lo para o patamar de Camões, em 1945, ano das comemorações do centenário do seu nascimento. Vale a pena debruçarmo-nos um pouco sobre essa biografia monumental.

C. A BIOGRAFIA DE JOÃO GASPAR SIMÕES

Quando Gaspar Simões publicou, em 1973, a segunda edição da biografia de Eça de Queiroz, que aparecera pela primeira vez vinte e sete anos antes, ou seja, em 1945, por ocasião das comemorações do centenário do nascimento do autor de *Os Maias*, confessou no prefácio que essa biografia fora feita "ofegantemente" para que pudesse sair a tempo das comemorações. E no entanto a sua elaboração durara dois anos e meio. Seja dito que já anteriormente este crítico e romancista publicara vários artigos sobre Eça de Queiroz, autor que era para ele matéria familiar. Refundiu então muitas páginas na nova edição, revelando ainda que fizera desaparecer a terminologia freudiana de *Eça de Queirós, o Homem e o Artista*. Manteve todavia, no essencial, as suas teses fundamentais, declarando mesmo que a refutação que entretanto saíra pela pena de Antônio e de Maria Eça de Queiroz, filhos do escritor (*Eça Entre os Seus, Apresentado pela sua Filha, Cartas Íntimas*, 1949), e a diatribe publicada por Antônio (*Desafronta à Memória de Eça de Queiroz*, 1950) não vinham alterar a interpretação que fizera do casamento do escritor, ou seja, a de um *mariage de raison*, ditado apenas por razões de conveniência e interesse. Gaspar Simões incorria aqui num equívoco, ao avaliar incorretamente os *mots d'esprit* que Eça usou nas cartas de participação do casamento a certos amigos, pretendendo que tal resolução – ele até ali solteirão inveterado – fora determinada apenas por casuais razões. Escapara à observação deste biógrafo a especial idiossincrasia de Eça e o seu pertinaz vezo dissimulatório, muito embora tivesse referido a complexidade da sua personalidade.

Uma leitura despreconceituada das cartas íntimas que os filhos haviam publicado para contestar as interpretações simonianas poderia tê-lo levado a uma retificação dessa sua tese. A matizá-la, pelo menos. Não o fez, porém. Ao fim e ao cabo demonstrava que, não obstante as suas incursões psicanalíticas pelo íntimo do escritor, não era muito profundo o conhecimento do seu psiquismo peculiar. Essa interpretação teve, no entanto, uma vantagem para os apreciadores de Eça: ter provocado, ainda que seletivamente, a publicação da sua correspondência íntima, pela mão dos filhos, que pretenderam assim "desagravar" a memória do pai, que ambos sentiam ultrajada, muito particularmente por Gaspar Simões.

Não era fácil para o biógrafo de Eça praticar uma maior maleabilidade e rigor intelectual perante o aparecimento de novos documentos. Essa teimosa persistência dos seus pontos de vista foi agravada pelo desentendimento

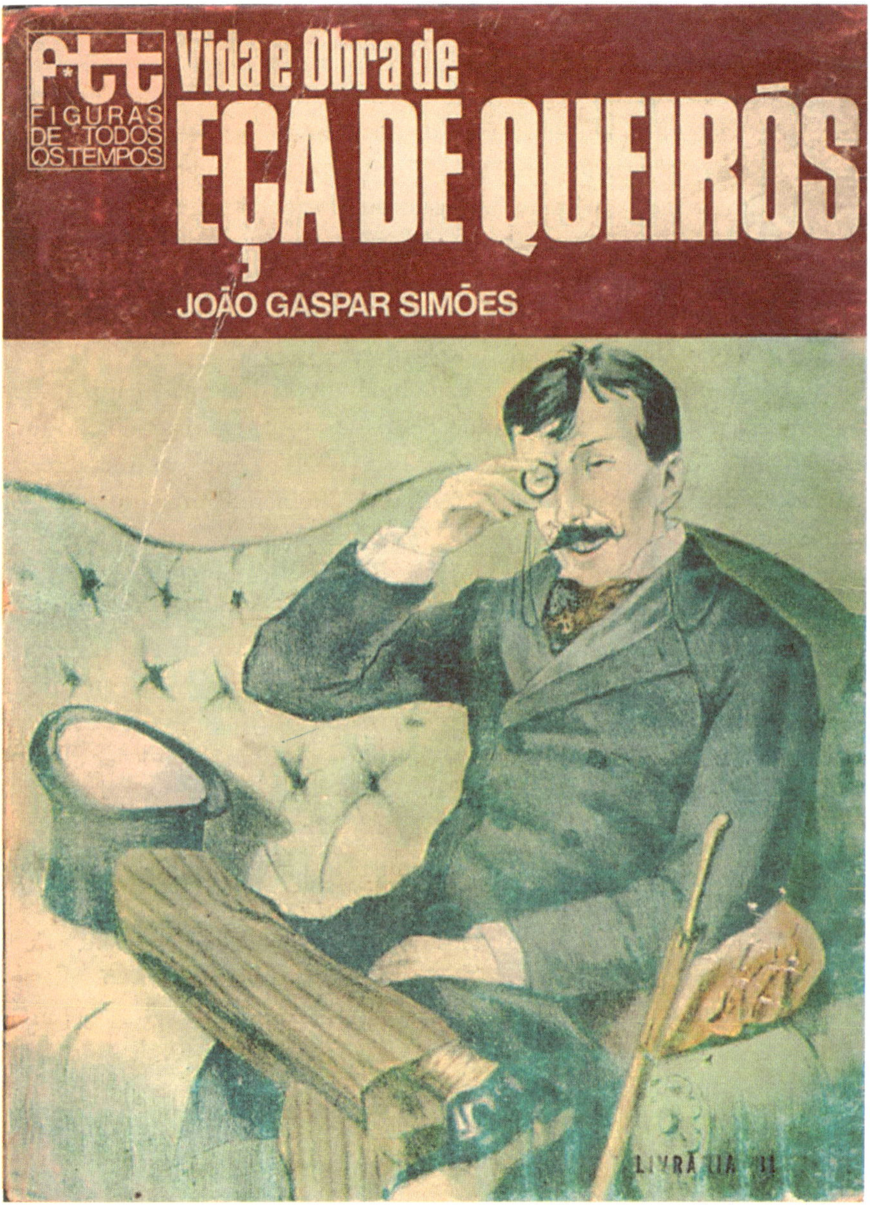

A última edição da biografia de João Gaspar Simões, de 1980.

que sempre manteve com os descendentes do escritor, que militavam em campo político oposto ao seu e que retinham em seu poder documentos e manuscritos literários inéditos, retenção que incomodava fortemente, e com razão, este crítico.

Não podemos deixar de referir aqui que a independência de Gaspar Simões relativamente à família de Eça, de certo modo louvável, não lhe foi de modo algum benéfica. Se tivesse entrado em contato com a filha do escritor tê-la-ia com certeza respeitado, talvez admirado até, e teria decerto evitado, deste modo, certas aleivosias falsas e de mau gosto que deixou ao longo da biografia. Poderia ter consultado preciosos documentos então ainda não depositados na Biblioteca Nacional, lucrando com informações e pistas que, de fato, só a familia lhe teria podido fornecer.

Gaspar Simões sabia bem que a sua biografia de Eça de Queiroz (a que podemos acrescentar a de Fernando Pessoa, de 1950) era um trabalho fundamental na sua vasta bibliografia. Por isso voltaria a publicar uma terceira edição, revista em 1980, ainda a tempo de lhe acrescentar um posfácio sobre a edição de *A Tragédia da Rua das Flores* que saíra entretanto. Também nesta derradeira edição da biografia de Eça, incompreensivelmente há muito esgotada, as retificações introduzidas não vinham alterar o essencial da sua interpretação crítica de 1945. Num pequeno livro de comentários a algumas biografias portuguesas e brasileiras dedicadas ao nosso romancista (*7 Biografias de Eça de Queiroz*, de 2004, Livros Horizonte), referi mais em pormenor os enormes méritos deste trabalho colossal e as enormes discordâncias que me suscitou.

É um verdadeiro tratado de setecentas páginas a biografia de João Gaspar Simões, que permitiu a este autor acumular um acervo impressionante de documentos e anotações que virão a servir, ao longo dos anos, para fazer palestras, construir pequenos ensaios de divulgação e prefácios para a obra do romancista. Com esse acervo produziu uma profusão de artigos queirozianos sob os mais diversos temas, que foi publicando em páginas literárias de Portugal e do Brasil, e organizou e prefaciou, até, uma "Obra Completa" de Eça, para a editora Aguilar do Rio de Janeiro, em 1970, que só publicaria dois volumes. Não lhe escapavam, entretanto, os estudos que iam saindo sobre Eça de Queiroz, de que foi fazendo atempadamente a recensão crítica. Não escapavam igualmente ao seu tribunal crítico as tropelias que certos editores cometiam com a publicação das obras do escritor, como no caso da Livros do Brasil, que incluíram na sua edição queiroziana, indevidamente, uma adaptação teatral de *A Capital!* Não deixava também de assinalar e comentar as traduções que se iam fazendo da obra do romancista. Esses textos deram-lhe azo, muitas vezes, a desenvolver as bases teóricas que fundamentavam os seus pontos de vista e que pressupunham, invariavelmente, a explicação da obra através do homem.

As modernas teorias literárias, elaboradas por aqueles a quem chamava "os discípulos de Barthes", eram por ele consideradas "indigestas" e "tóxicas", augurando-lhes curta duração, no que não se enganou, aliás. Recordava, a este propósito, a crítica "naturalista", que por volta de 1880 "deixaria atrás de si uma longa esteira de incongruências". Por isso exultou ao ler na obra de uma catedrática de prestígio, Maria de Lourdes Belchior, no prefácio de *Os Homens e os Livros II*, uma crítica acerba às "desvairadas terminologias", à "instauração da confusão de Babel", resultantes da voga linguística, ao "uso abusivo de uma terminologia caótica" e ao "novo-riquismo de certas amostras de vocabulário crítico". O gosto e a intuição eram para ele os instrumentos essenciais do crítico, dizendo que "sem a intervenção do gosto, ferramenta do crítico impressionista, nunca o crítico 'científico' saberia onde estão as obras a que aplicar a sua ciência" (*Crítica V*, p. 758).

O paradigma central que percorre a interpretação literária simoniana é de ordem psicológica. Baseia-se na análise "profunda" da personalidade do escritor, marcado pelo trauma do seu nascimento irregular, na medida em que esse trauma se reflete na sua obra. Tal psicologismo de cariz dogmático prejudicou fortemente, ao que se me afigura, as avaliações literárias deste crítico, contribuindo para a desvalorização que fez das obras fantasistas, como, por exemplo, *O Mandarim* e *A Relíquia*.

Gaspar Simões começou a escrever cedo sobre Eça de Queiroz (cerca de 1930), numa época em que a fortuna crítica do romancista se encontrava no ponto mais baixo, prolongando o seu interesse pela temática queiroziana até ao final dos seus dias, o que equivale a um período de produção crítica e literária que iria durar sessenta anos. Pode dizer-se, em suma, que foi entre nós um pioneiro do queirozianismo e, durante muitos anos, o seu mais importante cultor, o que não deve ser esquecido.

Certas considerações de interpretação literária parecem-nos, ainda hoje, inteiramente pertinentes. Outras surpreendem-nos negativamente, tendo em conta a sua vasta experiência crítica. Questões fatuais, como por exemplo a de que Eça na sua infância viveu divorciado da natureza: "Não sabe o nome das árvores, ignora o nome das plantas", escreve ele. Isto permite-nos afirmar que leu desatentamente a obra do autor de *A Relíquia*, riquíssima, de ponta a ponta, em referências e conotações simbólicas a árvores, plantas, flores e caracterização de paisagens naturais. Os anos que Eça passou em Verdemilho, em contato com o campo, devem ter sido fundamentais para o conhecimento e o gosto que os seus escritos sempre demonstraram pelo mundo natural.

Na tese *Eça Beyond Realism: a Study of the Language of Flowers in* Os Maias, Margaret Abel-Quintero contraria frontalmente esta ideia simoniana que não tem de fato qualquer fundamento (Quintero, 1991, pp. 22-23). Gaspar Simões acusa Eça, também, de não ter feito uma representação áurea da cidade de Lisboa como cidade de eleição da narrativa romanesca, o que está longe de corresponder à verdade. Com facilidade poderíamos fazer uma antologia dos textos em que Eça exalta Lisboa, a sua luz, o seu clima, a beleza da sua paisagem urbana, o caráter dos seus edifícios e dos seus arruamentos. Não é só com "ferocidade realista" – usando as suas próprias palavras – que Eça vê Lisboa, visão é certo predominante na fase realista, mas também com olhos de apaixonado enlevo. Isso está bem claro em *O Primo Basílio*, em *A Relíquia* (o Raposão é um apaixonado de Lisboa) e em *Os Maias*. Podemos por isso afoitamente dizer que, não obstante o estreito convívio que este crítico manteve com Eça de Queiroz ao longo dos anos, era deficiente e superficial o domínio que tinha da obra do escritor. Como afirmamos na introdução, o conhecimento em profundidade de um autor exige muito tempo de leitura e repetidas leituras. Atrevemo-nos também a afirmar que Gaspar Simões só superficialmente chegou a conhecer o especial psiquismo de Eça de Queiroz. Tão assoberbado esteve sempre este crítico pela escrita obrigatória diária que se lhe tornava escasso o tempo de reflexão aprofundada. Escaparam-lhe assim muitos pormenores significativos, esses pormenores que Nabokov recomendava aos seus alunos de literatura como essenciais para o conhecimento de um autor...

Em várias situações Gaspar Simões deixou-se levar pela imaginação de romancista, como, por exemplo, quando ao descrever a morte do escritor faz dele um convertido, a rezar com a mulher, que lhe assiste à morte, pormenor que não consta de nenhum testemunho presencial conhecido e denuncia a sua repetida tendência pejorativa relativamente a Eça, porque para este biógrafo tal "conversão" era uma última fraqueza e reprovável transigência. De igual modo a afirmação de que Eça teria caído de joelhos durante a missa a que assistiu em Jerusalém, no túmulo de Jesus, informação que colhera no primeiro volume, p. 47, das *Memórias* de Raúl Brandão, obra literariamente preciosa, mas pouco fiável do ponto de vista do rigor dos fatos. Se tivesse tido o cuidado de compulsar e meditar as notas de viagem publicadas pela filha do escritor em 1966 (*Folhas Soltas*), veria este apontamento acerca do local sagrado: "Diante do túmulo de Jesus, que se sente? – Nada, tudo é teatro, arranjado, postiço, artificial. [...] Nenhuma grandeza, nenhum pensamento". Em *A Relíquia*, Eça transmite-nos igualmente as impressões bastante negativas desse templo, num quadro muito realista, nada compatível com a atitude reverente que Simões pretende inculcar-nos. Teria pois alguma possibilidade lógica uma genuflexão reverente em quadro tão decepcionante, num autor desde cedo com inclinações anticlericais?

Ainda na biografia, ele dá-nos a entender que Eça foi ao Oriente à custa do conde de Resende: "A bolsa do conde de Resende não tinha fundo"! (p. 214). De fato tinha, e bem à vista. Os Resende, muito ricos de propriedades e prédios, eram pobres de dinheiro e isso constata-se a cada passo na correspondência do escritor e na de sua mulher. Simões, por outro lado, devia saber que Eça acabara de ser pago, e bem pago, pelo seu trabalho à frente do jornal *Distrito de Évora*.

Também a sua crítica relativamente às obras que não obedecem ao paradigma realista, como *A Relíquia* e *O Mandarim*, parece singularmente errada. Sobre *A Relíquia*, por exemplo, que ele considera "uma experiência malograda", a razão deste juízo é simples: "Parece que Eça procurava cobrir com a palavra fantasia descaradas violações do mais rudimentar bom senso literário". Terá porém qualquer sentido falar de "bom senso literário" de uma *farsa*? Terá qualquer sentido escrever: "Tanto a figura de Teodorico como o seu comportamento são, de fato, lamentavelmente inverossímeis"? E o mais curioso é que ele avalia corretamente a modalidade literária desta obra ao chamar-lhe uma "anedota pícara, sem responsabilidade de cultura nem verossimilhança de psicologia", reconhecendo mesmo que é "de pura farsa o tom com que o escritor leva Teodorico a falar da sua própria infância". Gaspar Simões seguia assim, acriticamente, a tradição nacional, desde Pinheiro Chagas e do célebre "Relatório" onde este justificou a recusa de dar o prêmio da Academia ao romance. Se Gaspar Simões tivesse lido com olhos de ler o prefácio de *O Mandarim*, entenderia que adotando a modalidade literária destas obras, "on est en pleine licence esthétique. On peut mettre dans le coeur de son concierge tout l'idéalisme d'Ophélie et faire parler les paysans de son village avec la majesté de Bossuet". É inteiramente incompreensível a avaliação simoniana destas obras, tanto mais que elas contêm elementos fortemente satíricos e um espírito crítico que ele considerava como os valores mais autenticamente intrínsecos da obra do autor de *Os Maias*. Mais ainda, para nosso espanto Simões elogia *O*

Mandarim, que ele considera "um regresso ao lirismo dos folhetins. [...] Sendo, porém, um regresso a tal lirismo, é, ao mesmo tempo, um regresso àquilo que de mais castiço existe no gênio português" (Simões, 1980, pp. 464, 465).

No entanto escreve: "*O Mandarim*, porém, é uma pequena peça literária, sem transcendência de tema, de estilo ou de composição. Pouco mais é que um desenfado, em que o romancista, cansado da análise e da impertinente tirania da realidade, procura debalde recuperar o brio, entre lírico e fantástico, dos folhetins de 1866 e 67" (Simões, 1980, p. 475).

Ao entender que o casamento de Eça o levara a adotar os valores de classe de sua mulher, tornando-o conformista, e prejudicando-o literariamente, escreve: "Efetivamente, Carlos Fradique Mendes entrara na decadência. Neuilly era o sepulcro onde começava a decompor-se a forte personalidade desse grande inovador das letras pátrias". Este biógrafo atirava assim para trás das costas, da maneira mais irrefletida, tudo o que saíra do que ele chamava o "sepulcro" de Neuilly – contos como "O Tesouro", "A Perfeição", "O Defunto" e "José Matias", o texto para o *In Memoriam de Antero de Quental*, o "S. Cristóvão" das *Últimas Páginas*, *A Ilustre Casa de Ramires*, *A Correspondência de Fradique Mendes*, *A Cidade e as Serras* e um bom punhado de belíssimas crônicas.

Concluímos o texto da crítica que fizemos a sua biografia, em *7 Biografias de Eça de Queiroz*, deste modo: "Não foram propriamente os princípios teóricos de que se serve – freudianos, intuicionistas, psicologistas ou biografistas – que comprometem as suas leituras. Contestamos sobretudo a incoerência crítica, tantas vezes irrefletida, com que utilizou tais princípios e a facilidade excessiva com que transitou das intuições, é certo que nem sempre erradas, para os juízos inabaláveis" (Matos, 2004, pp. 66-67).

Muito estranha é também a relação de amor-ódio desenvolvida por este biógrafo relativamente à personalidade humana e literária de Eça de Queiroz, que podemos frequentemente detectar ao longo da sua biografia, onde introduz situações de mau gosto e observações descabidas (que foram mais tarde repetidas por comentadores menores, imitadores insensatos e acríticos das suas opiniões). Como se o romancista inovador que Gaspar Simões em determinada altura da sua carreira literária pretendeu ser quisesse tirar desforço daquele gigante das letras a que dedicara tantas horas do seu trabalho. Na busca de minudências íntimas, este crítico parece seguir à risca a recomendação de Samuel Johnson, autor de *Lives of the Poets*, que dizia ser "o primeiro dever de um biógrafo não pesquisar as realizações e incidentes que produzem a grandeza vulgar mas levar as cogitações às privacidades domésticas, e mostrar o minucioso da vida diária" (Holroyd, 2002, p. 22).

Nada disto impede, contudo, que *Vida e Obra de Eça de Queirós*, tão injustamente esquecido do público que continua a ler Eça de Queiroz seja, ainda hoje, a mais fluente, informada e estimulante biografia até agora sobre ele publicada. Aí podemos encontrar, de fato, uma massa muito vasta de informação habilmente serzida, oferecendo-nos também muitos juízos críticos bem arquitetados, que mantiveram a pertinência ao longo dos anos. Um deles diz respeito à análise de *Os Maias*, sobre o qual, em *Liberdade de Espírito*, produziu um excelente ensaio, em torno de uma questão que Casais Monteiro foi o primeiro a referir, em 1928, na *Presença* (n. 17 de dezembro), em artigo breve mas rico de sugestões acerca do papel do tempo.

D. RELAÇÕES DOS DESCENDENTES DE EÇA DE QUEIROZ COM OS CRÍTICOS

Para avaliarmos as relações dos críticos com a família do escritor após a sua morte, em 1900, teremos que recuar até ao ano de 1910, data da primeira notícia que nos dá o filho José Maria sobre a personalidade do pai. Vem numa carta para o brasileiro Miguel Mello, que a publicou em *Eça de Queiroz* (1911), o primeiro estudo em livro sobre o autor de *Os Maias*. À data dessa carta (11.8.1910) José Maria tinha 22 anos. Faltavam dois meses para a proclamação da República em Portugal, que ele irá combater como guerrilheiro, na Galiza, em 1919, nas hostes de Paiva Couceiro. As suas recordações, de um grande interesse documental, associam a memória que lhe ficou da sua vida em Neuilly com as evocações posteriormente feitas pela mãe.

O livro de Miguel Mello é pacífico, respeitador, encomiástico. Nenhum problema, que se saiba, levantou no seio da família, que vivia então em Lisboa. O mesmo não aconteceria com Antônio Cabral, o primeiro biógrafo português do romancista. Católico, monarquista, aristocrata, conservador, antigo ministro e conselheiro, por mercê honorífica do Rei D. Carlos, admirador de Eça, que conhecera pessoalmente em Paris, em 1892, Antônio Cabral irá escrever a Emília de Castro, a viúva de Eça, em 1915. Solicita-lhe, cortesmente, autorização para publicar na biografia um acervo de 42 cartas inéditas do seu marido para os condes de Arnoso e Sabugosa, Oliveira Martins, Antônio Enes, Eugênio de Castro, Silva Gaio etc., as primeiras que se publicaram. A autorização, em boa verdade desnecessária, é-lhe concedida e, em 1916, Cabral publica *Eça de Queiroz. A Sua Vida e a Sua Obra. Cartas e Documentos Inéditos*.

Embora enaltecendo a glória do escritor, este palaciano aristarco não perdoa a Eça as cruezas do seu realismo, os seus "barbarismos" e "galicismos" de linguagem e aquilo a que ele chama os "plágios", que vai enumerar, um a um, com ferocidade, socorrendo-se dos melhores autores que os assinalaram. Tudo isto incluiu no que na vida literária gloriosa do autor de *Os Maias* denominava como "sombras". Convirá dizer, a este propósito, que num artigo excelente do *Livro do Centenário de Eça de Queiroz* (1945), "Linguagem e Estilo de Eça de Queiroz", Aurélio Buarque de Holanda denuncia com brilho os equívocos deste comentarista e de outros, como Agostinho de Campos. Aurélio refuta estes críticos com exemplos clássicos que abonam Eça.

Antônio Cabral enviará depois um exemplar a Emília de Castro, verificando com espanto que esta senhora se remete a um estranho silêncio, não acusando a recepção da obra. Cabral procura informar-se do que terá sucedido, escrevendo nova carta à viúva do escritor. A resposta virá, assinada pelos filhos, José Maria e Antônio, que dizem estranhar o envio da biografia à mãe. Nova carta de Cabral, desta vez endereçada aos filhos, a indagar os motivos de tal atitude. Responde Antônio, invocando razões julgadas por Cabral "sem fundamento", informando que ele e o irmão iriam proceder à crítica da biografia do pai e dá-la à publicidade. Cabral replica que responderá a essa crítica, reservando-se o direito de publicar a correspondência entretanto trocada com a família Queiroz, "se tal julgasse necessário". Antônio objeta que nesse caso desistiriam de publicar a prometida crítica. Cabral, para não fazer gorar a publicação de tal crítica, promete que não dará a conhecer a correspondência em causa. Os anos passam sem que a crítica dos Eça de Queiroz apareça. Deste modo é relatado, 34 anos mais tarde, o primeiro dissídio da família com os críticos, ou seja, com Antônio Cabral, num opúsculo deste autor intitulado *A Minha Dura Resposta ao Injusto Ataque do Sr. Antônio d'Eça de Queiroz* (1950). O "injusto ataque" figura no livro de Antônio, *Desafronta à Memória de Eça de Queiroz* (1950), onde, finalmente, o filho de Eça vem fazer a crítica da biografia de Cabral, cuja terceira edição saíra em 1945, ano do centenário do nascimento de Eça. A partir de então, Antônio Cabral, não obstante o seu nome de família e o fato de ter solar em Santa Cruz do Douro, ficará a ser *persona non grata* na vizinha Tormes, junto de Maria Eça de Queiroz, a filha do escritor.

Mas outro caso viria a provocar também a indignação de Antônio. Em 1925, seu irmão José Maria publicara, entre as obras inéditas do pai, um volume da sua correspondência. Fez parte das fontes de pesquisa de José Maria o rico acervo que o filho de Ramalho Ortigão, José Vasco, o Jeco, que Eça refere nas cartas, residente no Rio de Janeiro, herdara do pai. José Maria escolheu as missivas menos significativas. As constantes aflições de dinheiro que Eça confessava a Ramalho, e outros problemas, devem ter-lhe parecido comprometedoras do bom nome do pai. Pôs assim de parte todas as cartas de mais pessoal confessionalismo.

Em 1938, todavia, o jornal do Rio *Dom Casmurro*, de que era diretor Brício de Abreu, conseguiu de José Ortigão, neto de Ramalho e novo herdeiro desse conjunto precioso, autorização para publicar as cartas de Eça para Ramalho, na íntegra. Foi grande o sucesso da publicação, o que levou a editora Alba do Rio de Janeiro, em 1940, a recolhê-las sob o título de *Novas Cartas Inéditas de Eça de Queiroz*. Prefaciavam a obra Brício de Abreu e Lopes de Oliveira.

Um ano depois, um filho de Eça, presumivelmente Antônio (José Maria havia falecido em 1928), dava mostras de grande ira pela publicação dessas cartas, como se constata do testemunho de Brício de Abreu, publicado no jornal *Dom Casmurro*, no número inteiramente dedicado a Eça, de maio de 1945. No artigo intitulado "José Ortigão, *Dom Casmurro*, nas Cartas Inéditas, o Filho de Eça e a Nossa Edição de Hoje", Brício de Abreu escreve: "Um ano após a publicação do livro, aqui recebi uma carta de Lisboa de um filho de Eça de Queiroz, *queimadíssimo* coitado, a dizer-me desaforos não só pela publicação das cartas, que vinham revelar inteiramente a personalidade de Eça de Queiroz (o que, não sei bem por que não convinha à família) como ainda acusando-me de, indevidamente, procurar tirar lucros de um trabalho que me não pertencia, procurando, por um sistema vexatório e indigno, obter dinheiro com as cartas de seu pai, com revelações particulares que nunca deveriam ter sido publicadas pois *amesquinhavam* [*sic*] a figura respeitável de um grande escritor… etc. etc. etc., seguindo-se uma série de insultos grosseiros". "Devo ainda ressaltar", acrescenta Brício de Abreu, "que na minha opinião, Eça não pertence mais à família. É patrimônio da língua portuguesa. É de todos nós. Querer se arrogar direitos sobre ele é sumamente ridículo". Refere ainda o autor deste artigo que um conhecido escritor brasileiro seu amigo, "queridíssimo em Portugal", lhe fizera a seguinte confidência: "Quando há alguns anos, visitando eu o velho Lello, contou-me ele, que, pouco tempo após a morte de Eça, recebeu uma intimação da família do grande escritor para retirar do mercado e não mais reeditar – *O Crime do Padre Amaro, A Relíquia* e *O Primo Basílio* – por serem ofensivos às ideias religiosas da família, ao que ele respondera *ser impossível, uma vez que era dono dos direitos dessas obras, que comprara ao autor".*

A 16 de agosto de 1944, Bourbon e Meneses escrevia no *Diário de Notícias* acerca de Eça: "Era um tuberculoso. E da mórbida herança que o prostrou aos 55 anos incompletos e já lhe vitimara os irmãos vieram a ressentir-se também os filhos, alguns dos quais nem atingiram a idade, longe da velhice, aliás, a que ele penosamente chegou". Antônio veio protestar, nesse mesmo jornal, a 29 de outubro de 1944. Para provar a sua robustez física, desafiava Bourbon e Meneses para: "Uma prova hípica de corta-mato, três mil metros em terreno difícil, seguida duma prova de doze obstáculos, altura máxima 1,30 m (posso fornecer os cavalos). Proponho-lhe uma corrida pedestre escada acima, três andares, tomando-se os degraus dois a dois (mínimo). Proponho-lhe dois *round* de boxe – só dois, pois lhe confesso estar fora de treino. Proponho-lhe um curto assalto à espada francesa ou ao sabre. Não em tom de duelo, mas sim um encontro cortês, com máscara, luva e *plastron*. Proponho-lhe uma corrida de velocípede, em pista ou estrada à sua escolha". Antônio tinha por esta altura 55 anos.

Em 1945, ano do centenário do nascimento de Eça, vida e obra serão objeto de exposições, palestras radiofônicas, conferências. Publicam-se inúmeros estudos críticos e biografias, promovendo a editora Lello a edição em grande formato da *Obra Completa*, ou seja, a chamada *Edição do Centenário*, em quinze volumes. Um organismo do Estado salazarista, o SNI (Secretariado Nacional de Informação), onde Antônio Eça de Queiroz era funcionário superior, promove uma exposição sobre o escritor, apadrinhada por Antônio Ferro, e um concurso entre artistas para ilustração das suas obras de ficção.

Entre os muitos estudos publicados conta-se uma obra coletiva notável – *O Livro do Centenário de Eça de Queiroz*, onde colaboram brasileiros como Gilberto Freyre, Ribeiro Couto, Aurélio Buarque de Holanda, Lins do Rego, Antônio Candido, Álvaro Lins, Manuel Bandeira, Lúcia Miguel-Pereira etc. Entre os portugueses figuram Hernani Cidade, Antônio Sérgio, Castelo Branco Chaves, Fidelino de Figueiredo, Adolfo Casais Monteiro, João Gaspar Simões, João de Barros, Mário Sacramento etc. Como representantes de outros países: Aubrey Bell, Philéas Lebesgue, Gerardo Moser etc. Foram seus organizadores, em Portugal, Câmara Reis e Paulo Duarte. No Brasil, Lúcia Miguel-Pereira, a biógrafa de Machado de Assis.

Apressou-se a comissão portuguesa a convidar como colaborador Antônio Eça de Queiroz, que não respondeu ao amável convite. Em "Nota Final" dessa obra, Câmara Reis e Paulo Duarte publicam então a carta endereçada a Antônio que, como prócere do Estado Novo, não podia nutrir senão desconfiança relativamente a nomes que ele sabia pertencerem à oposição democrática a Salazar. Este episódio marcaria, sem dúvida, o distanciamento de alguns críticos perante a família de Eça. Entre estes figurava João Gaspar Simões, que, no prefácio da primeira edição da sua biografia, havia expressamente considerado esta obra como "a modesta contribuição de um homem livre para a homenagem a prestar a um mestre da liberdade intelectual", sinal evidente da oposição deste autor ao regime político vigente.

Será decerto honrosa a independência que este crítico manteve perante os descendentes do escritor, mas nada lucrou com ela. É significativo, por oposição, o caso de Dominique Sire e da sua consulta em Tormes dos manuscritos de uma primeira versão de *O Primo Basílio*, para não citar senão este caso, a que poderíamos juntar os de Ernesto Guerra da Cal, Machado da Rosa, Helena Cidade Moura, o autor destas linhas etc.

No referido prefácio da primeira edição (1945), Gaspar Simões exprimia também uma queixa, que voltaria posteriormente a formular: a de que muitos documentos de Eça continuavam cativos, "como se não fossem da Nação, mas pertença particular de qualquer". No prefácio da terceira edição (1980), volta a mencionar esta questão de modo mais explícito, ao escrever: "De lamentar é que continue inédito um dos romances que Eça deixou completo – *A Tragédia da Rua das Flores*". A verdade é que a retenção de documentos íntimos em poder da família, entre os quais se contava a correspondência trocada entre Eça e sua mulher, só divulgada integralmente em 1983, e a de Emília de Castro para Eça, apenas publicada em 1995, constitui mais um pomo de discórdia com os críticos que consideravam esses documentos patrimônio nacional.

Augusto da Costa Dias, em 1969, nas colunas da *Seara Nova* (n. 1486), punha a hipótese de haver entre os manuscritos na posse da família a *História de um Lindo Corpo e a Batalha do Caia*. Entre as obras publicadas por ocasião das comemorações do centenário, quatro, muito particularmente, iriam indignar os filhos de Eça ainda vivos, Maria e Antônio. Eram: a biografia de Gaspar Simões, *Eça de Queirós o Homem e o Artista* (1945); a biografia de António Cabral, na sua terceira edição, *Eça de Queiroz, a Sua Vida e a Sua Obra. Cartas e Documentos Inéditos* (1945); do Padre Alyrio de Mello, *Eça de Queiroz, o Exilado da Realidade* (1945) e de

Lopes de Oliveira, *Eça de Queiroz, História das Suas Obras Contada por ele Próprio. Páginas Desconhecidas* (1944). Pelo que sabemos da tradição oral de Tormes, onde vivia Maria Eça de Queiroz, a obra considerada mais ofensiva para a personalidade humana de Eça foi a de Gaspar Simões. A que mais punha em causa a sua personalidade literária, a do Padre Alyrio de Mello, logo seguida da do conselheiro Antônio Cabral. Vinha em último lugar a de Lopes de Oliveira, por comparação com as outras quase inócua.

Maria Eça de Queiroz, desvelada zeladora de tudo o que dissesse respeito à memória do pai, cuja morte jamais esqueceria como o acontecimento mais pungente da sua vida, manteve sempre estreito contato com seu irmão Antônio. Ambos comungavam da mesma indignação perante certos analistas do pai. E razoáveis razões tinham, seja dito. O primeiro documento de contestação aos críticos e biógrafos de Eça após as comemorações do centenário do seu nascimento surgiu com a conferência de Antônio no Ateneu de Madrid, a 28 de fevereiro de 1947, publicado na revista *Ocidente* (n. 109, vol. XXXII, 1947) com o título "Eça de Queiroz". Antônio manifesta aí a mágoa de que a "quase totalidade" desses críticos não tenha consultado a família do escritor, "única fonte limpa" onde poderiam ter bebido a verdade sobre a personalidade de Eça, que Antônio considera propriedade dos seus: "O Escritor, a sua Obra e tudo quanto a ela se liga é de todo o mundo. O Homem, fora da sua obra, o Marido, o Pai, pertencem unicamente aos seus, ao nosso amor e à nossa saudade". Eis o ponto de vista que constitui fundamento principal deste combativo e truculento filho, o que não quer dizer que alguns dos seus protestos não tenham sido pertinentes e justificados. Deverá aqui anotar-se que o mais apagado dos irmãos, Alberto, evidencia sobre este problema outra posição, expressa num notável depoimento publicado no Brasil, onde considerava secundária a existência da família perante tal glória, como se prova pelo documento que aqui se publica, no cap. III, alínea 23.

O principal visado na palestra de Madrid foi João Gaspar Simões, expressamente nomeado. A sua biografia foi referida como "monumento deplorável de ignorância e de incompreensão" (p. 8). Na recensão de dois estudos queirozianos publicada no *Sol* de 14.2.1948, Gaspar Simões aludia a este texto como "certos extravasamentos de bílis familiar que, em conferências públicas, fora do país, ofereceram ao estrangeiro o espetáculo edificante da maneira como entre nós degenera rapidamente nas famílias o talento dos pais".

D. Maria Eça de Queiroz em Tormes, 1970.

Surgirá depois o livro *Eça de Queiroz Entre os Seus Apresentado por Sua Filha. Cartas Íntimas* (1949), que teve a reduzida participação de Antônio, obra destinada a revelar a personalidade humana do escritor que, como diz a sua filha no prefácio, "não podia suspeitar que um dia a discussão se elevasse tão acérrima ao redor da sua personalidade, que a esquartejassem, a despissem de toda a verdade e a deixassem desfigurada, por vezes enlameada, caluniada, para assim ficar pelos anos fora". Tratava-se pois de uma obra de reparação, cujo alvo principal é, sem dúvida, Gaspar Simões e a sua biografia. Não tardaria que este crítico viesse fazer a recensão da obra de Maria Eça de Queiroz nas páginas do *Sol*, a 27.8.1949, onde corrobora todos os pontos de vista da sua biografia. O casamento de Eça não havia sido de amor mas simples *mariage de raison*. Quanto ao trabalho da filha, considerava que era um "livro precioso para o inteiro conhecimento da última fase da vida do escritor – a fase da sua vida de chefe de família". Por isso reafirmava a ideia bizarra e até malévola, já explanada na biografia, ao escrever: "Compreende-se perfeitamente que *Os Maias* tenham sido a sua última grande obra e que acabasse aí, em 1886, data do seu casamento, a época verdadeiramente criadora da sua vida de escritor".

Não era sem insidioso propósito que João Gaspar Simões iria terminar a sua recensão crítica ao livro da filha de Eça deste modo: "Livros como este apenas servem para reforçar – a ideia de que Eça de Queirós foi um superficial artista, porque foi um homem superficial, muito mais brilhante que profundo, muito mais mundano que humano".

Não admira que, dois anos depois, Antônio, ao escrever a já referida *Desafronta à Memória de Eça de Queiroz* (1950), tenha dado prioridade, neste seu pelourinho condenatório, à figura de João Gaspar Simões. Nessa obra, que este crítico classificou, com justa razão, de "atrabiliária", Antônio resumia assim o retrato que de seu pai haviam feito outros críticos além do "crítico-biógrafo liberalão e demagógico", ou seja, Gaspar Simões: "Fisicamente: uma lástima, esquelético e adunco de expressão e gesto, mórbido, corcovado, excessivamente tísico, excessivamente mesentérico. Preocupado de elegâncias, muitíssimo bem vestido e requintado, mas sempre e aflitivamente encalacrado. Moralmente: cínico, sarcástico, demolidor, iconoclástico, embora homem de excelente coração. Mentalmente: um gênio, mas incuravelmente supersticioso e afligido – coitado – por absurdos e lamentosos complexos de inferioridade. Politicamente: uma espécie de apóstolo do socialismo, da democracia, do liberalismo, e também do nacionalismo. Religiosamente: um ateu, um agnóstico, um acérrimo anticlerical com bentinhos ao pescoço. Literariamente: um prodígio, decerto, a mais pura glória literária portuguesa, mas – era inevitável – um torturado, um insatisfeito cheio de inquietações, muito afrancesado, escravo do galicismo e plagiador endurecido!"

Nove anos mais tarde, Antônio voltaria à liça nas páginas do *Diário Popular* (21.1.1960 e 11.2.1960), ao comentar um artigo de Gaspar Simões, desse mesmo jornal, intitulado "Um Conselheiro Acácio na Obra de Tolstói" (31.12.1959). Não era difícil, mesmo para o intempestivo Antônio, refutar a comparação, algo mirabolante, que aquele crítico vinha estabelecer entre o marido de Ana Karênina e o Conselheiro de *O Primo Basílio*. Gaspar Simões, na réplica a Antônio (*Diário Popular* de 28.1.1960), não toma o seu contendor a sério, tratando-o com gracejos fáceis, no último dos quais invoca a conhecida *boutade* que o historiador Alfredo Pimenta lançara contra Antônio para que "não continuasse a escrever… mal" (resultante de um encontro violento que haviam tido numa livraria de Lisboa). A polêmica acabaria com a réplica de Antônio citando um passo de uma carta que lhe havia endereçado o mesmo Alfredo Pimenta, a propósito da *Desafronta à Memória de Eça de Queiroz*: "O livro do Simões é uma abjeção, gorda e balofa como o autor!"

No prefácio à segunda edição da biografia de Eça, em 1972, Gaspar Simões declarava: "Nem o livro atrabiliário de Antônio Eça de Queiroz entretanto dado à estampa para refutar os dados do nosso trabalho, nem a obra publicada pela filha do escritor no desejo de provar que o casamento de seu pai não fora um *mariage de raison*, fizeram perder à nossa interpretação dos fatos da vida do autor de *O Primo Basílio* o seu caráter estritamente objetivo". Gaspar Simões jamais se dignou responder ao ataque frontal que Antônio lhe lançou na *Desafronta à Memória de Eça de Queiroz*. O mesmo não aconteceu com dois dos outros visados: Antônio Cabral e Alyrio de Mello. O primeiro, já com 87 anos, encontrou ainda forças para assinalar com pertinência os erros de sintaxe que contaminavam a diatribe do seu acusador, num opúsculo intitulado *A Minha Dura Resposta ao Injusto Ataque do Sr. Antônio de Eça de Queiroz* (1952).

O segundo acusado, o padre Alyrio de Mello, viria a terreiro com *A Minha Resposta ao Senhor Antônio de Eça de Queiroz* (1952). Não obstante todos os preconceitos e estreiteza de compreensão que eivam a sua visão crítica da obra eciana, o texto do sacerdote denota um conhecimento profundo dessa obra ao refutar com entono e agilidade o frágil e destemperado arrazoado de Antônio.

O último e menos atacado dos visados, Lopes de Oliveira, guardaria silêncio sobre as acusações de que fora alvo na *Desafronta*, aliás razoavelmente corteses, pois Antônio chega a considerar o seu estudo, *Eça de Queiroz, História das Suas Obras Contadas por Ele Próprio*, trabalho "concebido e escrito sob o signo da honestidade e de boa intenção".

Sempre alerta para tudo o que dizia respeito ao pai, em Portugal e no Brasil, Antônio Eça de Queiroz vigiava particularmente a imprensa diária que tinha à sua disposição no Secretariado Nacional de Informação, de que era funcionário superior. Vemos assim, por exemplo, uma intervenção sua no *Diário Popular* de 26.7.1945, no artigo "Carta Aberta aos Leitores do *Correio da Manhã* do Rio de Janeiro", de 11.1.1945, com a defesa de Salazar e do Estado Novo e um ataque a Tomás Ribeiro Colaço, por este criticar o regime salazarista a propósito das comemorações de Eça empreendidas pelo SNI (Secretariado Nacional da Informação). No *Diário Popular* de 18.1.1945, mais uma vez Antônio vem à liça em defesa do pai, desta vez contra um jornal de direita, no artigo intitulado "Antônio Eça de Queiroz Responde às *Novidades*". Este jornal católico, nos números de 12 e 13 de janeiro de 1945, criticara as comemorações queirozianas empreendidas pelo SNI, nomeadamente a abertura de um concurso literário para ilustrar o que esse jornal classificava como as obras "ímpias" de Eça.

No referido número do *Diário Popular* Antônio escrevia: "Tenho passado a vida não a concordar ou a discordar, com serena cortesia, de críticos literários mas quase sempre a corrigir malcriados e a defender a memória literária e pessoal de meu Pai, de mentiras grotescas, de oblíquas deturpações e de vergonhosos facciosismos". Ainda no *Diário Popular* (22.1.1945), volta a atacar o *Novidades* contra a acusação de que a obra de Eça é "nefasta, sarcástica, blasfema, sacrílega, injusta, imoral e desbragada, dissolvente, corrosiva, funesta e demolidora". Também a grafia do nome do pai o faz insurgir-se contra os que escrevem Queirós com s, no *Diário de Notícias* de 26 de outubro de 1959, "Queirós contra Queiroz" (a 31 desse mesmo mês, deixou o cargo de presidente da direção da Emissora Nacional de Radiodifusão, que exercera cerca de dez anos). Este artigo motiva depois longa explicação do *Boletim de Língua Portuguesa* (n. 3, vol. XIII, março 1962, pp. 105-106) em defesa da grafia *Queirós*.

No *Diário de Notícias* de 18 de dezembro de 1961 (dia da invasão dos territórios portugueses de Goa, Damão e Diu pela União Indiana) surge mais um protesto de Antônio, desta vez contra a edição ilustrada pornográfica publicada em São Paulo pela Editora Cleópatra Ltda. de *O Crime do Padre Amaro* e de *O Primo Basílio*, "uma monstruosidade truncada, guilhotinada, cortada de centenas e centenas de páginas cada uma; e, ainda por cima, achincalhada por ilustrações obscenas... Sim, uma monstruosidade". A polícia viria a retirar esta edição do mercado, razão pela qual parece ser muito rara, abrangendo também *O Mandarim* e *A Relíquia*.

Os vandalismos praticados na estátua de Eça, do Largo do Barão de Quintela, em Lisboa, motivam igualmente a sua indignação, que vemos expressa em carta a Augusto de Castro, diretor do *Diário de Notícias* (19.6.1965). Como sempre a destruição atingia os braços da figura da Verdade: "Uma mão quebrada, três ou quatro dedos partidos, pulsos lascados... uma verdadeira miséria". (Mais grave ainda era o estado da estátua em janeiro do ano 2000: dedos de ambas as mãos e o braço direito da figura da Verdade partidos e, aqui e ali, pinturas a tinta preta, tendo-se noticiado que o Município tencionava recolher o monumento a local resguardado e público, colocando no Largo do Barão de Quintela uma réplica em bronze.)

Em 1968, por altura da inauguração do monumento a Eça de Queiroz em Baião, Maria, então com 81 anos (seu irmão Antônio havia falecido em maio desse ano), iria sofrer, mais uma vez, o desgosto de se confrontar com nova inquirição à questão do nascimento de seu pai. Esta era uma questão inevitável em qualquer biografia, de onde partiam, por vezes, ilações que a deixavam profundamente magoada, como na biografia de Gaspar Simões em 1945. Desta vez o caso surgia sob forma de crônicas publicadas nas páginas do *Diário de Notícias*, em agosto de 1968, sob o título "À Sombra de Eça e Camilo". Era sua autora a jornalista Manuela Azevedo, que entrevistara Maria em Tormes, onde fora em busca dos elos que ligavam Eça a Camilo. Parte do drama de Fanny Owen, em que Camilo participou, dera-se a dois passos de Tormes, em Santa Cruz do Douro, na casa do Lodeiro, de José Augusto Pinto de Magalhães, marido de Fanny.

Manuela Azevedo, repórter-ficcionista, pois era também autora de romances e contos, de passagem pelo Porto, entrevistara também um parente de José Augusto. Já depois de publicada a primeira série de crônicas, visita Póvoa, Vila do Conde e Verdemilho. Em Vila do Conde constata que a casa onde Eça vivera os primeiros tempos de recém-nascido fica a dois passos da que Camilo habitara em férias. Fará depois uma "descoberta" sensacionalista, a de que Eça não nascera na Póvoa, conforme asseguravam os pais do romancista documentalmente, mas sim em Vila do Conde, no solar dos Carneiro Pizarro, primos de Carolina Pereira d'Eça. Essa casa situava-se na vizinhança daquela onde Eça fora entregue aos cuidados da ama Ana Joaquina Leal de Barros.

Três meses após esta viagem de investigação, a "sensacional" descoberta, de "base incontestável", segundo a autora, irá constar de uma segunda série de crônicas, publicadas entre 25 de novembro e 3 de dezembro de 1968, no *Diário de Notícias*, ainda. Aí se tece uma densa teia de relações familiares entre Carneiros Pizarros, Pereira d'Eças, Teixeiras de Queiroz etc. etc. A jornalista revela também a existência de cartas que provam o nascimento de Eça em Vila do Conde. E se até hoje tudo se ignora sobre este acontecimento é porque foi "selado por um pacto e com uma jura de silêncio este segredo de família!..." Porém, em 1995, os descendentes dos Carneiros Pizarros revelariam o mistério, como ela dizia. Esse segredo jamais seria revelado!

É a esta segunda série de crônicas que Maria Eça de Queiroz irá reagir em carta ao *Diário de Notícias*, que não a publicará, substituindo-a por uma notícia local da jornalista Manuela Azevedo: "Uma carta da filha de E. Q. a propósito de uma série de crônicas do *Diário de Notícias*" (7.1.1969). Nessa notícia local afirma-se que, afinal, as revelações publicadas "tiveram apenas a forma de uma homenagem", transcrevendo-se as passagens consideradas mais importantes da filha de Eça: "Que importância terá para a glória... ou sombra do romancista o sítio exato do seu nascimento? Eu não tenciono

Monumento na Póvoa de Varzim – estátua de Leopoldo de Almeida.

discutir o assunto, sobeja-me o sofrimento que me causaram tais escritos". Tudo isto viria a ser publicado em livro, por Manuela Azevedo, com o título *À Sombra de Eça e Camilo* (dezembro de 1969). Quanto às cartas reveladoras do mistério, essas permanecem, ao que parece, no segredo dos deuses.

Mas se alguns críticos e investigadores polemicaram ou suscitaram polêmicas com os filhos de Eça, outros houve que, pelo contrário, souberam estabelecer relações de amizade com Maria Eça de Queiroz, que sobreviveu dois anos à morte de seu irmão Antônio. Entre estes deverão destacar-se Alberto Machado da Rosa e Ernesto Guerra da Cal, ambos professores em universidades dos Estados Unidos. O primeiro dedicou-lhe *Prosas Esquecidas* (1965), o segundo a *Bibliografía Queirociana* (1975), onde na primeira página se lê: "À memória de D. Maria d'Eça de Queiroz de Castro, filha do grande romancista, humildemente dedico este trabalho, cujo desenvolvimento ela com tão desvanecedor interesse acompanhou – e que tanto lhe deve. Quero, nesta página votiva, evocar com profunda saudade, a fineza aristocrática da sua risonha inteligência, a macia tolerância do seu espírito e a cálida delicadeza da sua bondade – que eram um prolongamento da presença viva de seu Pai. O Eça que a filha me revelou – a bela alma íntima que outrora palpitou sob a imagem pública do artista – só na memória dela perdurava. As minhas passagens pela fidalga e hospitaleira 'Tormes' para sempre ficarão comigo, presididas pela lembrança do enriquecedor convívio com o alto espírito da inesquecível Amiga".

Também Helena Cidade Moura, que fixou e anotou os textos da *Obra Completa* de Eça para a edição Aguilar do Rio, em 1970, e vários títulos para a edição portuguesa de Livros do Brasil, manteve excelentes relações com a filha do escritor, de cuja finura de trato e inteligência conserva inesquecível memória. A sua colaboração foi-lhe grandemente útil. Com Maria Eça de Queiroz acabaria o sentimento de posse, biográfica e literária, que seus filhos haviam manifestado.

Os inúmeros descendentes do escritor foram-se distanciando cada vez mais daquele seu tão famoso antepassado, terminando os desentendimentos públicos com a crítica. Apenas um bisneto, Antônio Eça de Queiroz, jornalista, nascido em 1952, veio mais recentemente à liça defender o bisavô, em pugna contra as hipóteses formuladas num programa televisivo pelo popular professor José Hermano Saraiva, aliás já há muito levantadas por colegas seus, de que à luz de uma interpretação estritamente jurídica do documento anexo ao certificado de batismo de Eça (uma carta de seu pai), a mãe do escritor só poderia ser uma senhora casada. Antônio publicou uma obra intitulada *Eça de Queiroz e os Seus Clones* (Lisboa, Guerra & Paz, 2009) onde refuta, além do referido professor, outras personalidades literárias com a truculência, e até o arrazoado, porventura herdado do tio, seu antepassado próximo, que usou nome idêntico ao seu.

Em 2012, o autor desta biografia publicava um opúsculo intitulado *Um Caso Insensato da Cultura Nacional. Querela Inútil mas Inevitável.* Nele se acusava um administrador da Fundação Eça de Queiroz, descendente de Eça, de proibir a deslocação de qualquer objeto da casa-museu de Tormes, a São Paulo, destinado à Exposição do Museu da Língua Portuguesa dedicado a Eça de Queiroz, em atitude despótica e incompreensível.

O ano de 2000, ano do centenário da morte, assinalado por inúmeras publicações, ensaios, colóquios nacionais e internacionais e exposições, confirmaria a fama de Eça de Queiroz, pondo este autor a par de Fernando Pessoa, que nascera em junho de 1888, ano e mês de publicação de *Os Maias*. Dessa confirmação não se poderá omitir o aparecimento em 1975 da *Bibliografía Queirociana* de Ernesto Guerra da Cal, monumento em seis volumes com referências a tudo aquilo que diz respeito à vida e obra de Eça de Queiroz, cuja publicação terminaria em 1984.

E. A FUNDAÇÃO EÇA DE QUEIROZ

É na chamada "casa de Tormes", Quinta de Vila Nova, concelho de Baião, que se encontra a FEQ (Fundação Eça de Queiroz). Casa e quinta estão ligadas à gênese de *A Cidade e as Serras*, dado que a segunda parte da novela aí se passa. Não nos esqueçamos, como por diante se verá no Capítulo IV, que esta novela viu o seu estatuto muito diminuído pelo radicalismo ideológico dos anos 1940, tendo alcançado uma promoção fulgurante por parte dos críticos contemporâneos. A Fundação é também casa-museu pois contém o espólio de Eça: objetos pessoais (monóculo, lunetas, relógio); a célebre cabaia chinesa com que se fez fotografar; o retrato a óleo do avô paterno; fotografias de familiares e de amigos; a biblioteca do escritor, com os 385 livros que restaram, do roubo praticado em Lisboa em 1915; a paisagem a óleo oferecida pelo pintor Carlos Reis; um outro óleo assinado e oferecido pelo rei D. Carlos; a cama em que morreu; a mobília da sala de jantar e da sala de estar; a pequena mesa redonda "dos espíritos"; a secretária alta em que escrevia de pé; o móvel-arquivo de documentos e notas; as gravuras portuguesas antigas; o baú-cofre, de lata, que continha os manuscritos do escritor; alguns móveis que pertenciam ao mobiliário primitivo da casa; a estatueta-caricatura em bronze, do escritor, assinada por Francisco da Silva Gouveia, de 1901, com o n. 8 etc.

A Casa de Tormes, *alto-sítio* literário, é na região o local histórico-cultural mais eminente. Da sua eira, de onde se vê largo panorama das serras, avista-se também, além de uma nesga do rio Douro, a Igreja de Santa Cruz, em cujo cemitério estão os restos mortais do escritor. Não muito longe desta igreja está a tão camiliana Casa do Lodeiro, impregnada do drama de Fanny Owen (muitos lugares biográficos e literários de Camilo e de Eça andam ligados). Embora situada nas serras, a Tormes acedem anualmente uma média de nove mil visitantes. No ano do centenário (2000) esse número atingiu os dez mil. A Fundação foi criada em 9 de setembro de 1990, depois da doação feita por Maria da Graça Salema de Castro, atual presidente vitalícia (hoje com noventa anos), que a herdou de seu marido Manuel Benedito de Castro (1917–9 de outubro de 1978), neto de Eça e filho único de sua filha Maria. A quinta tem, no total, onze hectares, dos quais oito estão preenchidos com vinha, cuja produção (vinho branco), muito premiada, é comercializada com o rótulo Tormes. Em *A Cidade e as Serras*, Eça refere este vinho como "caindo do alto, da bojuda infusa verde – um vinho fresco, esperto, seivoso, e tendo mais alma, entrando mais na alma, que muito poema ou livro santo"... Na quinta vemos hoje duas pequenas casas recuperadas, destinadas a turismo rural, com um número reduzido de camas. Deve salientar-se que a Fundação, embora navegue em águas de escassos e difíceis recursos, é um organismo vivo e atuante, pelas ações culturais que desenvolve: a edição de livros e revistas (a *Queiroziana*, com vinte números, o primeiro de dezembro de 1991, o último de novembro de 2011); os colóquios nacionais e internacionais; os cursos; os encontros; o apoio à formação de professores na área literária do queirozianismo etc. Naquilo a que poderemos chamar o "catálogo" desta moradia-museu, destinado ao visitante, intitulado *A Casa de Tormes Inventário de um Património*, encontramos mais em pormenor notícias sobre a história e a caracterização arquitetural desta casa, que se confronta com uma primeira opinião negativa que Eça dela manifestou, e um registo ilustrado dos seus aspectos exteriores e interiores.

Uma última reflexão se impõe, e diz respeito à ação e doação de Maria da Graça Salema de Castro e seu marido: sem essa ação, muito provavelmente, não teríamos hoje nem casa, nem quinta, nem museu, nem arquivo, nem espólio.

III. 25 TEMAS ESPECÍFICOS

I. EDITORES E EDIÇÕES

Os principais editores de Eça foram franceses estabelecidos no Porto. O primeiro foi Ernest Chardron, que lhe editou os primeiros romances e a quem Eça chamava "o tigre". As edições de outros autores atingiram enormes proporções nesta empresa e nas que lhe sucederam em vida de Eça, de cujo catálogo constavam nomes como Garrett, Camilo, Junqueiro, Coelho Neto, Diderot, Lamartine, Chateaubriand, Balzac, Victor Hugo, Flaubert, Renan, A. Dumas etc.

Nem sempre foram pacíficas as suas relações. Numa carta que Eça escreve a Chardron, em fevereiro de 1879, podemos ler:

"Realmente meu prezado amigo, seria simplesmente jocoso o querer persuadir-me que a publicação dos meus livros tem sido para si causa de perdas e transtornos; e não é menos curiosa a insistência com que V. Excia. às vezes me reclama trabalho. Que eu esteja doente, ou tenha afazeres ou esteja sem verve – é-lhe perfeitamente indiferente; as minhas conveniências, ou as minhas condições de espírito não lhe merecem a menor consideração: o essencial é que eu produza tantas folhas de prosa por dia, como um negro deve cortar uma certa porção de cana-de-açúcar. Eu digo-lhe isto, meu prezado amigo, em perfeita harmonia e a rir; mesmo se V. Excia. relesse as cartas que às vezes me escreve riria também, a sangue frio, do despotismo com que me impõe tarefas – como se eu não fosse um homem livre num país livre. Quem me dera, meu bom amigo, que eu pudesse satisfazer os seus desejos! Quem me dera ter uma natureza de ferro que produzisse literatura [...]". Numa outra carta, do mesmo ano, fará esta queixa: "Devo dizer-lhe primeiro de tudo, que escrevendo-lhe eu sempre de uma maneira delicada e cortês tenho o direito a estranhar e a lamentar que V. Excia. não use da mesma cortesia para comigo". Desta vez estava em causa a publicação do romance *A Capital*, de que o editor chegou a imprimir cerca de oitenta páginas e de que viria a desistir, por razões ainda não completamente esclarecidas.

Grande parte destes desencontros devem ter derivado dos atrasos prolongados e constantes a que Eça submetia as suas revisões, e até a desistências, como no caso de *A Capital*, atrás referido, feitas sobretudo a partir das provas, que o editor lhe ia mandando e nas quais ele fazia acréscimos e alterações muito alargadas. Em 1887 Genelioux & Lugan publicam a terceira edição de *O Primo Basílio* à revelia do seu autor, que protesta,

Monumento de Eça na Avenida Charles de Gaulle em Paris. Ao fundo o Arco do Triunfo.

O editor Ernest Chardron, a quem Eça chamava "O tigre".

comunicando-lhe: "Ce n'est pas seulement pour des fautes d'orthographie. C'était bien une révision du style que je voulais faire..."

O "tigre" Chardron, da Livraria Internacional de Ernesto Chardron, faleceu em 1885, com 45 anos, sucedendo-lhe a firma Lugan & Genelioux. Pela morte de Lugan em 1893, a editora passa, em junho do ano seguinte, para a firma de José Pinto de Sousa Lello (1865-1925), sob cuja direção foi iniciada a publicação dos primeiros póstumos, e entre 1900 e 1925 sob a chancela Lello & Irmão. Estes póstumos vão de *A Correspondência de Fradique Mendes*, publicada em 1900, no mesmo ano da edição de *A Ilustre Casa de Ramires*, até às *Últimas Páginas* (com *Lendas de Santos e Artigos Diversos*), publicado em 1912, num total de dez títulos. Na introdução das *Últimas Páginas*, intitulada "Ao Leitor", verifica-se que os editores consideraram que "à parte qualquer artigo que tivesse escapado na compilação dos seus escritos dispersos, a obra literária de Eça de Queiroz fica, enfim completa"! Estava longe de o estar todavia. Treze anos depois, em 1925, José Maria d'Eça de Queiroz, filho do escritor, publicava mais sete títulos inéditos, o primeiro dos quais o romance *A Capital*, com uma importante introdução explicativa, onde prevê que "a muitos se afigurará decerto milagroso o aparecimento tão tardio destes sete volumes". Com a publicação de *Cartas Inéditas de Fradique Mendes e mais Páginas Esquecidas*, em 1929, José Maria interrompeu o trabalho de recolha e transcrição de manuscritos e de páginas já impressas, inéditas, surpreendido que foi pela morte aos quarenta anos, pouco tempo antes da saída deste último póstumo. A editora Lello ficava a dispor, a partir dessa data, não só dos dezessete póstumos que publicara mas da maior parte dos outros títulos editados em vida.

Na correspondência com Mathieu Lugan, Eça chega a aventar a hipótese da publicação da sua "obra completa", com inclusão dos dispersos por periódicos, ideia que nunca chegará a concretizar. Eis uma atitude incompreensível se tivermos em conta as suas constantes atrapalhações de dinheiro. E no entanto não lhe faltava um sentido reivindicativo junto dos editores, de modo a tornar mais vendáveis as suas obras, tornando apelativas as capas e exigindo maior e melhor *réclame*. A defesa dos direitos de autor ficou vincadamente expressa numa carta de 23 de junho de 1894 a Mathieu Lugan, onde menciona a previsão contratual de "uma edição definitiva" dos seus livros e onde, pretendendo garantir os respectivos direitos na transição de Lugan para Lello & Irmão, faz a história das edições e relata como inicialmente "abandonava" as condições do contrato aos editores do Porto: "As minhas transações com o velho Chardron tiveram sempre um caráter mal definido e vago. Os livros eram para mim, nesse tempo, uma questão de gloríola e de arte. Nunca considerei lucros e interesses – e muito menos os defendi", acrescentando: "Chardron, sem que eu protestasse seriamente, ia explorando como propriedade sua obras de que eu só na realidade lhe cedera uma primeira edição, e por preços irrisórios. Quando muito, por ocasião de edição nova, me mandava outra pequena soma, a título de revisão, ou como ele dizia, de *felicitação*". E mais uma vez surge nesta missiva, de grande interesse quanto a este tema, a ideia da publicação de uma edição completa das suas obras: "Todas estas minhas reservas se impõem, sobretudo, porque eu penso que há oportunidade em fazer uma edição geral das minhas obras publicadas e inéditas (isto é, espalhadas por jornais etc.). Seria esse o negócio lucrativo a fazer, relativamente aos meus trabalhos".

Tal empreendimento de uma edição completa viria a ser feito em 1946, por ocasião das comemorações do centenário do seu nascimento, então sob a chancela da editora Lello, que começou a publicar nessa data uma edição especial em quinze volumes terminada em 1948. A capa, que era graficamente a imitação da edição francesa das *Oeuvres Complètes Illustrées de Anatole France* (1928), até no seu dimensionamento (de 18 x 25cm), apresentava como título *Edição do Centenário, Obras de Eça de Queiroz*, contendo indicações bibliográficas muito úteis, acompanhadas de fac-símiles de manuscritos.

Um importante acervo da correspondência em francês de Eça para Genelioux, seu editor no Porto, foi publicada em 1960 por Marcello Caetano na revista *Panorama*. Acontecera o imprevisível: um funcionário superior português fora abordado em Paris por um descendente desse editor, que lhe entregou 26 cartas e um postal e que este se apressaria a depositar nas mãos desse político e catedrático de Direito, que sabia grande admirador de Eça. Marcello publicou essa correspondência sob forma de edição "diplomática" ou seja *ipsis verbis*, mantendo todas as faltas de ortografia e sintaxe que Eça cometera, que é a forma correta de fazer uma primeira edição dos manuscritos.

Entre 1958 e 1986, a editora Lello & Irmão, ainda, publicaria em quatro volumes e em papel bíblia, uma obra completa, com o título de *Obra de Eça de Queiroz*, sujeitando os dois primeiros volumes a uma revisão grotesca. Entre muitos outros, destacamos estes erros: *O Lírio do Vale*, de Balzac, transformou-se em "Lírico do vale"; o palácio do Eliseu passou a ser "palácio do Elísio"; os remadores de Oxford passaram a ser "remadores de Oxônia"; e as *Éclogas* de Virgílio transformaram-se em "Éclogas de Virgínia"! Em *Os Maias*, um diálogo onde se fala no periódico inglês *Punch* transformou-se nisto: "E o ponche? Não viu o ponche? Oh, delicioso!..." No primeiro volume dessa edição, na página 431, que diz respeito ao capítulo VI de *A Cidade e as Serras*, encontramos gralhas repetidas invariavelmente desde a primeira edição de 1901 desta novela. Dizem respeito à mitologia nórdica, as duas primeiras, e escaparam à revisão feita em 1945 para a Edição do Centenário, também da Lello & Irmão. Assim "Raganarock" deve ler-se *Raganarok*; "Normas" deve ler-se *Nornas* e "Montagna" será decerto o pintor da Renascença Italiana Andrea *Mantegna*, ainda que exista um outro pintor de nome Montagna. O quarto volume desta edição da Lello, da responsabilidade de Aníbal Pinto de Castro, apresenta todavia critérios de crítica textual muito mais fiáveis, tendo integrado neste volume as cartas da edição diplomática feita por Marcello Caetano, com a correção ortográfica do francês escrito por Eça, como cumpria a um critério de âmbito pedagógico.

A editora Livros do Brasil, em Lisboa, dera também início em 1969, às *Obras de Eça de Queiroz*, com a edição da n. 1, *O Crime do Padre Amaro*. Publicou 28 volumes com uma organização caótica, chegando a misturar textos jornalísticos juvenis, do *Distrito de Évora*, sob o título *Da Colaboração no Distrito de Évora*, em três volumes, com prosas dispersas, entre as quais cartas de Fradique, sem falar de gralhas grosseiras jamais corrigidas! Única virtude desta edição é o fato de ao longo dos anos, nas centenas de edições não assinaladas que foi fazendo, não alterar a paginação dos títulos, o que torna prática a sua utilização pelos estudiosos, para referenciar excertos e textos. Helena Cidade Moura chegou a depurar, para esta editora, os textos dos póstumos, tarefa que não viria a concluir.

Com a direção de Beatriz Berrini, a editora Nova Aguilar, do Rio de Janeiro, publicaria igualmente uma intitulada *Obra Completa*, em quatro volumes, papel bíblia, entre 1997 e 2000, que podemos considerar a mais integral das suas edições, até por ter atualizado o último volume dedicado à *Correspondência*. Este 4º volume apresenta uma organização discutível feita por separação em temas: "para os amigos, para os amigos brasileiros, correspondência familiar, correspondência consular, cartas aos editores e cartas para outros destinatários. Um opúsculo de 20 páginas intitulado "Eça de Queiroz (Errata)" torna-se indispensável como adendo a este volume.

Em 1992, a Imprensa Nacional–Casa da Moeda lançava com o romance *A Capital!*, o primeiro volume da "Edição Crítica", destinada a expurgar dos textos os seus elementos espúrios, acumulados por revisores, pelas inevitáveis gralhas e pelos interventores, empreendimento dirigido por Carlos Reis. As versões da edição crítica estão a ser publicadas atualmente, sob forma de edição corrente, pela Editorial Presença. Estão até agora publicados dez títulos em catorze volumes. A omissão em *O Crime do Padre Amaro* da sua primeira versão, a omissão do relevante prefácio de *A Capital*, publicado na primeira edição de 1925 pelo filho do escritor, a ausência de curtas notas esclarecedoras de nomes históricos, nos textos jornalísticos (que evitaria os erros existentes), torna discutível o critério desta edição, o que não obsta a que não possa ser corrigida num volume específico último, que nos dê conta das numerosas gralhas, omissões de textos etc. atrás referidas. O "Vale do Caos", por exemplo, que surge nos *Textos de Imprensa IV* (p. 56, linha 30), não existe. Será possivelmente o Vale de Hecho, na província de Huesca (tão ligada ao carlismo, região a que Fradique faz por duas vezes referência), termo que pode ter sido confundido com a grafia da época *Chaos*. O referido volume IV, por exemplo, apresenta "Lady Blenington", em vez de Lady Blessington (p. 143, linha 185); na página 610, linha 115, faltam três linhas de texto; no final de *Alves & Cia* (p. 136, linha 12) surge "carruagem de companhia", expressão em que o termo companhia deveria ter sido grafado com maiúscula, sob pena de vir a constituir sério escolho para os tradutores etc.

Seja dito por último que todos os editores publicam atualmente *Os Maias* juntando os dois volumes, o que constitui um erro. Eça sabia o que fazia quando estabeleceu a separação: o 1º volume termina com uma passagem, em diálogo, no final do capítulo 8, que dá uma forte formalidade pessimista à obra. Poderá justificar-se um só volume mas há que colocar uma página em branco separadora e numerar os capítulos de acordo com a divisão dos volumes.

2. PERCURSO IDEOLÓGICO

É bem conhecida uma afirmação de posicionamento ideológico, escrita para o retrato de Ramalho Ortigão, que Eça publicou sob forma de carta a Joaquim de Araújo, em 1878 (*Notas Contemporâneas*). Desmentindo aí que Ramalho seja republicano, Eça comenta: "Constitucionais, socialistas, miguelistas e jacobinos, de resto, para nós como romancista, são todos produtos sociais bons para a arte, quando são típicos, todos igualmente explicáveis, todos igualmente interessantes. O dever do artista é estudá-los, como o botânico estuda as plantas, sem se importar que seja a beladona ou a batata, que envenene ou nutre". Isto vai de par com o que anos mais tarde diria Fradique: "Em resumo adoro a Vida – de que são igualmente expressões uma rosa e uma chaga, uma constelação e (com horror o confesso) o Conselheiro Acácio".

Decerto que esta aparente neutralidade está longe de encerrar a questão de se saber em que águas ideológicas Eça navegou, nem exprime verdadeiramente o seu pensamento. Na juventude vemo-lo escrever a Ramalho, do Canadá, em 1873, confessando com o costumado humor: "Cuba, Nova Iorque e os americanos se têm combinado para acalmar, sossegar, o meu temperamento de conspirador: vejo capitalistas sem empalidecer – e cheguei a poder examinar uma serra ou um martelo – sem sentir a necessidade de exalar um hino". Cerca de seis anos antes, em Lisboa, no famoso Cenáculo, lia ele aplicadamente, sob a influência de Antero, o seu Proudhon. A guerra civil, durante a Comuna de Paris, que se seguirá à derrota de Sedan e ao cerco de Paris pelos prussianos, virá a coincidir com as Conferências do Cassino, e é relatada no final de *O Crime do Padre Amaro*. Sem que o tenha expressamente afirmado, é muito provável que Eça não tenha aderido às experiências da Comuna, à semelhança de grande parte dos intelectuais franceses que ele admirava, como Víctor Hugo, Gautier, Taine, Zola, Renan, os Goncourt, Flaubert etc.

Frequentemente encontramos na sua obra reflexões políticas radicais, a que hoje chamaríamos de esquerda, que se irão suavizar, mais tarde, já na idade madura, sendo certo que permaneceu toda a vida fiel aos ideais da sua formação coimbrã, liderada por Antero de Quental, e fiel às leituras de Proudhon, aprofundadas após a formatura, durante o convívio do Cenáculo de Lisboa, ainda sob a batuta de Antero. Que se não perca de vista que ele é antes de mais um artista, um romancista, não um ideólogo, sendo também um homem de aguda inteligência e cultura. Quando redator do *Distrito de Évora*, pouco depois da sua chegada a Lisboa acabado o curso em Coimbra, irá exprimir as alterações sociais e políticas do ano de 1867, caracterizadas pelos acontecimentos seguintes: aventuras expansionistas de Napoleão III, com a derrota das suas tropas no México, ao pretenderem impor a soberania de Maximiliano; a hegemonia da Rússia sobre a Polônia; a unificação da Itália; as lutas da Irlanda sob o domínio inglês e a unificação do Império Germânico. A situação interna de Portugal é um dos temas dominantes dos seus artigos. As palavras Justiça, Verdade e Liberdade surgem a cada passo, inspiradas pelo messianismo de Víctor Hugo, pelo idealismo revolucionário de Antero e pelo socialismo de Proudhon.

"O Ideal" é também uma expressão recorrente nos seus primeiros textos, os póstumos, publicados em *Prosas Bárbaras* e nas páginas de jornalismo de *O Distrito de Évora*. Antônio José Saraiva, numa obra premiada, em 1946, *As Ideias de Eça de Queiroz*, pergunta: "O que é ao certo este *Ideal* que ora está representado por Cristo ora por um saltimbanco?" O ensaísta responde: "o *Ideal* era para eles o racional", acrescentando depois: "Apenas desta geração e dos seus mestres assimilou um princípio, aliás fundamental: o da imanência – ou seja, o de que a explicação do Universo não pode ser transcendente ao mesmo universo" (p. 53). Sublinhe-se que Saraiva se referia, obviamente, ao Eça dos primeiros anos literários, pois o escritor viria a ter, como se sabe, relações com o transcendente mais matizadas e sutis, expressas nomeadamente, na parte final do *In Memoriam de Antero* e mesmo, se bem que ficcionalmente, nessa perspicaz, tão rica e tão engenhosa novela *A Cidade e as Serras*, igualmente no seu final.

E é em Antero, o mais importante dos seus mentores espirituais, que podemos encontrar um mais completo esclarecimento desta expressão "O Ideal", pela mão de um dos seus intérpretes de hoje, Óscar Lopes, que assim a resume, a partir de excertos do próprio Antero: "[...] a época era de transformação dolorosa. [...] Refundem-se as crenças antigas. Geram-se com esforço novas ideias. Desmoronam-se velhas religiões. [...] Há toda uma humanidade viva, sã, crente e formosa. [...] Todavia quem pensa e sabe hoje na Europa não é Portugal, não é Lisboa [...] é Paris, é Londres, é Berlim. O foliculário menciona então os seus mestres e novas disciplinas, *a filosofia alemã, a crítica francesa* [da religião], *o positivismo, o naturalismo, a* [filosofia da] *história e a metafísica*, cifrando tudo isto numa palavra que Castilho ridicularizara: o *Ideal*" (Lopes, 1983, p. 31).

Num texto de *As Farpas*, de junho de 1871, poucas semanas após a liquidação da Comuna de Paris pelas tropas de Versailles, escreve: "Queremos a revolução preparada na região das ideias e da ciência; espalhada pela influência pacífica duma opinião esclarecida; realizada pelas concessões sucessivas dos poderes conservadores; enfim uma revolução pelo governo, tal como ela se faz lentamente e fecundamente na sociedade inglesa. É assim que queremos a revolução. Detestamos o facho tradicional, o sentimental rebate a sinos; e parece-nos que um tiro é um argumento que penetra o adversário – um tanto de mais!" Eça manter-se-á fiel a este princípio de uma evolução pacífica. Um mês depois, ainda em *As Farpas*, ao condenar a proibição que o governo fez de um folheto anônimo publicado na Imprensa da Universidade de Coimbra sobre a Comuna, dava o significado deste folheto do seguinte modo: "Explicava a situação e as ideias dos partidos em França; verberava os Srs. Thiers e Jules Favre; defendia alguns atos da Comuna e alguns dos seus homens". Crivando o governo de pilhérias a propósito desta proibição, Eça desanca essas duas figuras do conservadorismo francês, terminando a sua diatribe por aconselhar o governo a que processe os autores de *As Farpas*, porque, como dizia, "nós admiramos os Graco, Spartacus salvador de escravos, Moisés que libertou um povo, Cristo que remiu uma raça!"

Ao convocar o seu amigo o professor Emídio Garcia para a propaganda de *As Farpas*, em carta de 1871, escreve: "*As Farpas* são um panfleto revolucionário, é a ironia e o espírito ao serviço da justiça. São o folhetim da Revolução. Compreendes logo o alcance desta publicação; o seu aparecimento é além disso importante: coincide com o aparecimento do espírito revolucionário em Lisboa. Aqui, meu caro Garcia, conspira-se, há clubes, projetam-se jornais, há muita excitação e bastante vontade. Não penses que é um movimento isolado de alguns espíritos mais esclarecidos: é uma intenção quase unânime e que se apoia no pequeno comércio e na classe operária. Temos esperanças. Eu mesmo que te falo sou membro da Internacional, mas compreendes que não fui filiado por esses supostos agentes que os jornais falaram que são alguns especuladores de Madrid que se harmonizaram com os *Penicheiros*". Decerto que estas intenções revolucionárias parecem corresponder mais a um entusiasmo juvenil e passageiro do que a um ativo empenhamento conspirador.

Nove anos após a "semana sangrenta" de Paris, Eça comenta as manifestações dessa cidade, que a 23 de maio desse ano de 1880 evocavam os milhares de mortos que os regimentos de Versailles tinham feito para liquidar a Comuna, numa crônica da *Gazeta de Notícias* do Rio de Janeiro, onde escreve: "[...] Os anos passaram, e os vencidos de então são hoje cidadãos formidáveis, armados não da espingarda revolucionária, mas de um legal boletim de voto, e que, em lugar de erguer barricadas nas ruas, fazem deputados socialistas nas eleições". Vê-se aqui claramente, além da crítica à sangrenta repressão exercida contra os *communards*, mais uma vez a sua simpatia pela revolução feita através de transformações políticas.

Em 1888, em carta a Oliveira Martins, de 6 de julho, a propósito do pagamento da sua colaboração jornalística, escrevia: "Nem por um ceitil menos das duas libras eu escreverei um primeiro artigo semanal para um jornal que é propriedade de banqueiros, capitalistas e outras espécies, que, se não me ilude o meu Proudhon (eu ainda vou em Proudhon) vivem do trabalho alheio, inclusive, neste caso, do teu próprio. E ainda penso fazer grande favor a essa *finançalha*". Ainda em 1899, um ano antes de morrer, chamará a Proudhon "um dos espíritos mais profundos e decerto o mais lógico da Revolução" (*Notas Contemporâneas*, Livros do Brasil, p. 474). Os termos em que este texto está redigido não deixam dúvidas sobre a sua concordância com o antijacobinismo de Proudhon.

Muito mais tarde, durante a crise política portuguesa de 1890-1892, e é em situações de crise que melhor avultam as posições ideológicas, vemos um Eça muito preocupado com a existência de Portugal como país independente, fortemente inclinado para o fortalecimento do poder real e partidário de uma governação cesarista (socialismo de Estado) capaz de criar reformas estruturais depois de arrredar do poder a estafada alternância de regeneradores e progressistas. Outra não era, aliás, a conclusão a que chegara o historiador Oliveira Martins, numa obra de profunda ressonância em Eça: o *Portugal*

Contemporâneo. Já em 1889, sob o pseudônimo de João Gomes, Eça escrevia um artigo para a *Revista de Portugal*, onde admitia na governação "um verdadeiro ditador" que poderia ser um bem se ele fosse um "magnífico Bismarck"... Eça oscila então entre um fundo pessimismo por não ver no Rei uma personalidade capaz de ultrapassar os enredos políticos, mas confiando, por outro lado, que "as nações têm a vida dura, e que o nosso Portugal tem a vida duríssima"... Em abril de 1890, no n. 10 da *Revista de Portugal*, com o pseudônimo de "Um espectador", acerca da crise grave que o país atravessa e que pede energia e remodelação, escreve: "Essa reorganização parece-nos, a nós conservadores, que poderia ser realizada dentro da monarquia. Mas os descontentes respondem que a monarquia se acha inevitavelmente, fatalmente vinculada e soldada a esse pessoal do constitucionalismo, cuja incompetência e corrupção eles julgam ter sido superabundantemente comprovadas em anos já longos de desgoverno: que resta portanto uma única solução, a República: e que o momento vem chegando de salvar por esse meio o país, que já não pode ser salvo pela monarquia". Acrescenta, mais adiante: "E sem desejar ser descortês para com personalidades – somos forçados a constatar que os atuais chefes republicanos, como tais, como chefes, fazem sorrir toda a parte séria da nação". Eça não crê na República, tal como o seu amigo Antero de Quental. E na terceira parte deste longo artigo escreve: "A República não pode deixar de inquietar o espírito de todos os patriotas. Ela seria a confusão, a anarquia, a bancarrota". Este parecer segue de muito perto o de Antero quando em carta a João Lobo de Moura escreve: "Creio que teremos a República em Portugal, mais ano menos ano: mas francamente não o desejo, a não ser num ponto todo pessoal, como espetáculo e ensino. Então é que haveremos de ver o que é atafulhar-se uma Nação em lama e asneira".

Alheio a qualquer tipo de filiação partidária, em política intrinsecamente cético e, muito certamente, como Fradique, "nutrindo pelos políticos todos os horrores, os mais injustificados: horror intelectual, julgando-os incultos, broncos, inaptos absolutamente para criar ou compreender ideias; horror mundano, pressupondo-os reles, de maneiras crassas, imprópriás para se misturar a naturezas de gosto; horror físico, imaginando que nunca se lavavam, rarissimamente mudavam de meias, e que deles provinha esse cheiro morno e mole, que tanto surpreende e enoja em São Bento aos que dele não têm o hábito profissional". Não admira, assim, que Eça seja o criador, na literatura portuguesa, da mais vasta galeria de personagens políticas da mais absoluta e ridícula nulidade, tão abundantemente citada na imprensa dos nossos dias.

Para os amantes de etiquetas, estou em crer que Eça poderia ter sido um "socialista cristão", como sugere, aliás, um texto curioso da sua correspondência para Oliveira Martins, sem data, mas do final da vida, assinado também por Eduardo Prado, a anunciar ao autor da *História de Portugal* uma nova revista, "neocristã em literatura" e preconizando em política o "socialismo cristão". Quando em 1898 escreve um artigo de acentuada cortesania sobre a Rainha de Portugal, D. Amélia (criticado aliás por sua mulher), faz a desalentada confissão: "Depois, a presença angustiosa das misérias humanas, tanto velho sem lar, tanta criancinha sem pão, e a incapacidade ou indiferença de monarquias e repúblicas para realizar a única obra urgente no mundo, *a casa para todos, o pão para todos*, lentamente me tem tornado um vago anarquista, entristecido, idealizador, humilde, inofensivo...".

Era ainda aqui um segundo Fradique: "Nos últimos tempos, preocupava--o sobretudo a miséria das classes – por sentir que nestas democracias industriais e materialistas, furiosamente empenhadas na luta pelo pão egoísta, as almas cada dia se tornam mais secas e menos capazes de piedade". Três meses depois do seu artigo sobre D. Amélia, confessava à mulher, de Lisboa: "Já estive também com a Rainha. O meu artigo sobre ela, creio que desagradou aqui soberanamente. Até mesmo cá em casa, têm mantido sobre esse fato, um silêncio pudico" (carta de 16.4.1898).

Supomos que o caricaturista Alfredo Cândido (1879-1960), no expressivo desenho que juntamos a este texto, com razão fez o fantasma de Eça de Queiroz inclinar-se para o grupo "das esquerdas" que por ele puxam, à saída do jazigo.

Distante de partidarismos, artista profundamente consciente do relativismo da verdade, como tão bem exprimiu no final de *A Relíquia*, autor de textos de análise política dos mais lúcidos que se produziram na sua época, Eça é facilmente apropriável do ponto de vista político. Seria abusivo colar-lhe rótulos que a radicalização dos anos 1940, ou da segunda Guerra Mundial, propiciou, por altura das comemorações do seu nascimento. Basta-lhe ter sido literariamente um insurrecionista e ter compreendido, decerto apoiado em Proudhon, que "as revoluções não são fatos que se aplaudam ou que se condenem. Havia nisso o mesmo absurdo que em aplaudir ou condenar as evoluções do Sol. São fatos fatais. Têm de vir. De cada vez que vêm é sinal de que o homem vai alcançar mais uma liberdade, mais um direito, mais uma felicidade. Decerto que os horrores da revolução são medonhos, decerto que tudo o que é vital nas sociedades, a família, o trabalho, a educação, sofre dolorosamente com a passagem dessa trovoada humana. Mas as misérias

Desenho de Alfredo Cândido.

que se sofrem com as opressões, com os maus regimes, com as tiranias, são maiores ainda. [...] As desgraças das revoluções são dolorosas fatalidades, as desgraças dos maus governos são dolorosas infâmias".

Isto escreveu ele aos 22 anos, quando jornalista e diretor do *Distrito de Évora*. A preocupação com o opróbrio de explorados e famintos, que ele viu à mostra na Paris do fim do século, leva-o finalmente à criação do conto "São Cristóvão", que contém uma das mais belas páginas da sua obra, onde se apela para as forças obscuras através de uma missa negra, o sabá das feiticeiras, incitando o oficiante à luta contra o Bispo, contra o Letrado e contra o Rico. É o apelo ao Diabo para a emancipação dos pobres. Por fim o sonho de Cristóvão, a terminar deste modo: "E sobre a terra só ficavam Jacques, que cantavam em triunfo na frescura da manhã clara". Este texto vai de par com a crônica "Um Inverno em Paris", de abril de 1895: "Outrora o Estado por meio da sua polícia, do exército, de todos os instrumentos do governo, defendeu sempre o milionário e o seu milhão. Ainda o defende, ou seja Monarquia, ou seja República, porque tem a sua base nas classes médias, possuidoras da riqueza. Mas hoje já se considera provável, talvez próxima, uma outra organização social em que o Estado tenha por base as grandes massas proletárias, e, em lugar de consolidar, desmanche o poder do capitalismo".

Eça de Queiroz. Ponta-seca de Abel Salazar. Publicada no 1º volume da Edição do Centenário (1945).

Mas também as suas crônicas enviadas para a *Gazeta de Notícias* do Rio de Janeiro, depois recolhidas com o título de *Cartas de Inglaterra*, escritas em plena época vitoriana, nos dão com inimitável criticismo e ironia a sua melhor expressão de cronista e a sua consciência social interveniente, ao denunciar a exploração dos grandes senhores de terras na Irlanda e o regime de propriedade, e as relações dos *land-lords* com os camponeses pobres ("A Irlanda e a Liga Agrária"), e ao dissecar o colonialismo inglês no Egito ("Os Ingleses no Egito"), de tão intensa atualidade. "A Inglaterra servindo-se capciosamente do clero católico da Irlanda e da religiosidade da plebe, para a manter na resignação da miséria – é um salutar espetáculo", denuncia ele com vigor! Também a visão crítica do colonialismo francês é objeto da sua pena de cronista num artigo da *Revista Moderna*, "França e Sião", de 1897. À sua atenção não escaparam os grandes acontecimentos europeus da segunda metade do século XIX. Através das suas crônicas pode bem aferir-se da fidelidade a um conjunto de ideias que hoje poderíamos chamar progressistas. Como escreveu Clóvis Ramalhete: "Do janota sarcástico das *Farpas* ao esteta das *Lendas de Santos* vai todo um longo espaço. Mas passa-se de um a outro sem um vácuo, sem quebra brusca. A ascensão foi lenta, segura e contínua" (Ramalhete, 1994, p. 44).

No final da vida Eça deve ter meditado na conclusão do texto célebre que pedira a Antero e que publicara na *Revista de Portugal*, "Tendências Gerais da Filosofia na Segunda Metade do Século XIX", onde Antero pressupõe a dissolução individual e a tendência para o Bem como fim último da vida, e a que Eça alude no *In Memoriam* do poeta dos *Sonetos*: "O Bem Supremo, fim verdadeiro de toda a vida, fim divino a que tende o Universo. Em resumo, a lei moral do homem é o constante aperfeiçoamento e a progressiva santidade".

Beatriz Berrini, num dos seus primeiros textos queirozianos, escreve: "A visão eciana é menos burguesa que a de outros contemporâneos seus e Eça, pode-se dizer, é um intelectual discrepante que não está ao serviço de uma classe, de um poder, de ideologias muito marcadas. Sem dúvida, neste aspecto, está ele muito à frente. Inserido no mundo burguês, entretanto o seu posicionamento revelará cicatrizes denunciadoras de influências às quais não conseguiu escapar. Intelectual discrepante, equilibra-se na corda bamba estendida entre o conservadorismo e a revolução" (Berrini, 1984, pp. 103, 104).

3. ANTICLERICALISMO

Carece de clarificação mais nítida, por falta de documentação e de testemunhos diretos, o importante período do internato no Colégio da Lapa do jovem José Maria, que foi submetido aí a uma severa disciplina, muito próxima, se não idêntica, à de um seminário. Os estatutos desse estabelecimento de ensino assim o indicam. Poucas dúvidas nos ficam de que adquiriu aí grande parte da cultura religiosa cristã, e temos como muito plausível que o seu criticismo relativamente às práticas do catolicismo tenha tido origem nesse colégio, numa idade em que as rebeldias explodem e se vão depois desenvolver. A sua passagem por Coimbra como estudante de Direito, onde se agitavam então fortes correntes materialistas de renovação cultural, e a influência de Antero de Quental, fizeram-no participar da luta daqueles que punham em causa a disciplina autoritária, fortemente católica e tradicionalista da Universidade, propiciando-lhe fortes motivos críticos que se iriam então enraizar. A recordação desses tempos, que nos deixou no *In Memoriam de Antero*, é significativa do estado de espírito que surgirá mais tarde em textos mais empenhadamente anticlericais: *As Farpas*, *O Crime do Padre Amaro*, *O Mandarim*, *A Relíquia*, *A Correspondência de Fradique Mendes* e em várias crônicas.

João Medina observa, relativamente às *Farpas*: "Eça não cessa de farpear a dimensão profanamente sociológica da fé, a sua realidade propriamente eclesial e sacerdotal, isto é, a transformação da relação viva com Deus num acervo de atitudes, costumes, hábitos, fórmulas e práticas sociais: o fenômeno cristão é agora um fenômeno social, um templo ocupando o seu lugar de domínio e condicionamento da vida dos homens numa dada sociedade – aquilo a que Romano Guardini chamou eclesialismo. É de fato o *eclesialismo* (e não o Cristianismo ou o próprio Jesus) que Eça farpeia quando discute a pastoral de D. Inácio Morais Cardoso, de 1871, sendo a pastoral do bispo do Algarve definida como *panfleto de sacristia, sem critério, sem lógica, sem ciência, sem ortodoxia*, quando ridiculariza o jornal católico-legitimista *A Nação*, mencionando as referências da conferência de Adolfo Coelho no Cassino, ou quando se diverte sobre as três hipóteses da revolução à escolha, sendo numa delas de prever que o clero exigisse o desterro de Herculano; numa outra o saque das igrejas; na última decretava-se a liberdade dos cultos. Eça verbera os missionários que andam vendendo, em Braga, *Cartas Inéditas da Virgem Maria*, deplora que os padres não aceitem cidadãos ímpios nos cemitérios [...]" (Medina, 2000, p. 64).

No texto memorialista sobre Antero, o autor de *A Relíquia* refere "a escura imagem da vida universitária há trinta anos, quando se impunha ao estudante, com a batina de padre, a regra canônica do *Gesu*. E era por nos sentirmos envolvidos numa opressão teocrática que, além de pendermos para o jacobinismo, tendíamos, por puro acinte de rebeldia, para o ateísmo. De sorte que a Universidade, ultraconservadora e ultracatólica, era não só uma escola de revolução política, mas uma escola de impiedade moral".

Terminado o curso, já em Lisboa, nos tempos do Cenáculo, é ainda a influência de Antero que dominará nessa tertúlia, que leva Eça à leitura de Proudhon, autor de *De la Justice dans la Révolution et dans l'Église* (1860), a que chamou "*traité de morale*", esse mesmo Proudhon que escreveu numa carta, em 1857: "Obrigado a vocês por terem compreendido que sob a minha rude casca, por debaixo das minhas polêmicas ardentes havia um pensamento de renovação moral mais do que uma teoria de economia política".

Do Cenáculo sairão as Conferências do Casino, como atrás dissemos, e a fundamental comunicação de Antero sobre a "Decadência dos Povos Peninsulares", que ele atribui, entre outras causas, ao catolicismo despótico do Concílio de Trento. O sentimento anticlerical das Conferências acentua-se com o ataque dos jornais católicos a Antero. Rafael Bordalo Pinheiro, na sua história desenhada das Conferências, caricatura o poeta dos *Sonetos* brandindo um garfo onde se vê espetado um sacerdote, o que dá o tônus crítico desses encontros. Pinheiro Chagas atacará as "ideias niilistas e ateístas" dos conferentes, que proferem os seus discursos enquanto a Comuna de Paris dá brado na Europa.

No número de *As Farpas* de abril de 1872 (que reproduz *ipsis verbis* dezoito anos depois em *Uma Campanha Alegre*), a propósito da Espanha e da guerra carlista, escreve: "São curas que comandam as guerrilhas. São eles que pregam, fanatizam, armam, guiam, atacam. E é singular como mãos imaculadas e costumadas à hóstia têm tanto vigor para a clavina. [...] O padre impele à guerra. As matanças de mouros, turcos, albigenses, luteranos, judeus, cristãos-novos, que encheram a história de sangue, foram pregadas, dirigidas, executadas por padres. A inquisição é eclesiástica. A Igreja pôs ali, na invenção dos tormentos, toda a sutil habilidade que tinha posto na argumentação da casuística. Os processos de feitiçaria deram aos padres ocasião de acender, durante dois séculos, uma fogueira por dia. Os cilícios, contas de pregos, disciplinas, são de origem devota. Depois do corpo a alma. Pela penitência, pelo confessionário, os padres gostam de fazer chorar, sofrer, amargurar, tremer de medo. Sobretudo às mulheres. Oprimir parece ser o instinto do sacerdote".

A redação de *O Crime do Padre Amaro* começa provavelmente em Leiria em 1870, o ano das Conferências. Este romance não é só uma intriga de clérigos, "tramada e murmurada à sombra de uma Sé de província", como Eça escreveu, mas o retrato da decadência e do materialismo do sacerdócio católico, fautor atrevido de manobras eleiçoeiras e responsável obscurantista. *A Relíquia* repetirá este tema em tom de farsa, retratando o sepulcro de Cristo em Jerusalém como um local insólito, dominado por sacerdotes de diversos credos, "todos cristãos, todos intolerantes, todos ferozes!", como Eça os descreve nesse romance e os viu, quando da sua viagem ao Oriente.

É depois desta viagem que começa a ler Renan e *La Vie de Jésus*, um dos acontecimentos literários do século, publicado em 1863, que tanto irá influenciar a sua visão evangélica. Gaspar Simões escreve: "Não foi no Evangelho de São Mateus que ele colheu os informes sobre a entrada de Jesus no Templo de Jerusalém. Não. Colheu-os diretamente no texto de Renan" (Simões, 1980, p. 233). Este crítico referia-se ao folhetim incompleto "A Morte de Jesus" que Eça publicara na *Revolução de Setembro*, entre abril e julho de 1870. No artigo "O Francesismo" (1887) Eça virá a considerar Renan "a mais alta figura literária da França e a mais francesa", pondo em evidência nela a relatividade da verdade. Em *A Capital*, Artur veicula as recordações de Eça em Coimbra: "Andava procurando um assunto, quando a leitura da *Vida de Jesus*, de Renan, o entusiasmou pela Judeia e pela legenda Messiânica. Veio-lhe a ideia, que julgou grandiosa, de refazer o Evangelho, pintar num poema social um Jesus pálido e louro, errando pelos vales nazarenos e junto dos lagos sírios, amado das mulheres e das crianças, ensinando a democracia às almas ternas". Em 1892 exaltará ainda o artista, acrescentando todavia que não acreditava que ele tivesse edificado "cidades duradoiras"... em *A Relíquia*, como em Renan, "Maria de Magdala, crente e apaixonada, irá gritar por Jerusalém – Ressuscitou, ressuscitou! E, assim, o amor de uma mulher muda a face do mundo e dá mais uma religião à humanidade".

O escritor viria a considerar sempre a Igreja como pervertedora dos ideais primitivos do cristianismo, pela sua aliança com os ricos e poderosos, pelo seu apoio a uma ordem social eminentemente anticristã, pelo seu comprazimento com superstições grosseiras e liturgias materializantes, pela burocratização destes processos, denunciados através da criação, profundamente anticlerical, da figura simbólica do padre Salgueiro, na carta XIV da *Correspondência de Fradique Mendes*. Eça ataca aqui o padre funcionário do Estado, o empregado público manobrador de eleições.

Em 1885, ao traçar o retrato de Víctor Hugo, postumamente recolhido em *Notas Contemporâneas* (de quem afirma: "Para mim o Mestre permanece excelso e augusto"), um passo muito significativo dá-nos a posição de Eça relativamente ao aparato teológico e burocrático com que a Igreja envolveu a doutrina de Cristo: "Sob a indignação ou sob a piedade, porém, palpita sempre fortemente a certeza da definitiva vitória do Homem: e ele vê-o enfim, em todo o esplendor de um Adão perfeito, desembaraçado das religiões, máscaras sufocantes e falsas do rosto de Deus, livre da realeza, forro de todas as servidões sociais, quase liberto das leis mesmas que fixam os seus pés à terra e remontando às nuvens nas invenções do século XX".

No capítulo III de *O Crime do Padre Amaro* põe a nu as relações de dominação política do clero a serviço do Estado, numa cena em casa da condessa de Ribamar. Mas vale a pena debruçarmo-nos um pouco sobre a carta V de Fradique, a Guerra Junqueiro, onde analisa o valor do ritual nas religiões, começando por declarar ao poeta que ele se engana se julga que farpeando com os seus versos "a Igreja, o padre, a liturgia, as sacristias, o jejum da sexta-feira e os ossos dos mártires se pode *desentulhar Deus da aluvião sacerdotal*, e levar o povo a uma compreensão toda pura e abstrata da religião [...]". Ora este desígnio de subtrair, "desentulhar" a mensagem evangélica da "aluvião" com que a Igreja a submergiu e a perverteu, vem já expresso no *In Memoriam de Antero*, nas páginas finais, quando Eça, ao referir a revolução religiosa que se tornava necessária, manifesta o seu desejo de que a "Ordem dos Mateiros", com que Antero sonhara, "removessem toda a aluvião eclesiástica e teológica, e descobrissem, revelassem o ponto verdadeiramente divino – o estado da consciência de Cristo...". E esta parece ser a sua mais lídima posição em matéria religiosa. Fradique pretende desenganar o poeta: "Meu bom amigo, uma religião a que se elimine o ritual desaparece – porque as religiões para os homens (com exceção dos raros metafísicos, moralistas e místicos) não passam de um conjunto de ritos através dos quais cada povo procura estabelecer uma comunicação íntima com o seu deus e obter dele favores. Este, só este, tem sido o fim de todos os cultos, desde o mais primitivo, do culto de Indra, até ao culto recente do Coração de Maria, que tanto o escandaliza na sua paróquia – oh incorrigível beato do idealismo!" E a lição continua: "O catolicismo está hoje resumido a uma curta série de observâncias materiais: – e todavia nunca houve religião dentro da qual a inteligência erguesse mais vasta e alta estrutura de conceitos teológicos e morais. [...] tudo se resume em propiciar Deus por meio de práticas que o cativem. Não há aqui teologia, nem moral. Há o ato do infinitamente fraco querendo agradar ao infinitamente forte. E se V., para purificar este catolicismo, eliminar o padre, a estola, as galhetas e a água-benta, todo o rito e toda a liturgia – o católico imediatamente abandonará uma religião que não tem Igreja visível, e que não lhe oferece os meios simples e tangíveis de comunicar com Deus [...]".

Na crônica que Eça dedicou a Joana d'Arc ("Cartas Familiares de Paris", em *Cartas de Paris*) escreve: "Creio que pela primeira vez se dá o caso singular da Igreja adorar, como santa, uma mulher que ainda não há muito queimara, como bruxa. E ambos os julgamentos, o que a queimou e o que a santificou foram dados em nome do Padre, do Filho e do Espírito Santo e sob a garantia da sua inspiração. Tal é a certeza e a infalibilidade da Igreja".

Um texto de vincado sabor anticlerical é o que dedicou em 4 de julho de 1877, nas *Cartas de Inglaterra*, à recensão do livro *Priest in Absolution* que ele traduz como *O Padre e a Confissão*, e que caracteriza como o gradual domínio do padre sobre a família: "Há anos que a mão do catolicismo romano, do catolicismo do *Syllabus* se estende lentamente sobre a Inglaterra, para se apoderar dela. Como um vírus venenoso que lenta e obscuramente se espalha nas veias e nos tecidos de um corpo são – o espírito ultramontano penetra surdamente toda a Inglaterra". E Eça conclui, ao descrever as recomendações do livro: "E é realmente inaudito que uma seita queira converter o país mais sensato, mais liberal, mais moderno, mais ativo – numa espécie de Espanha devota e lúgubre do tempo de Fernando VII!"

Outro texto de pendor também fortemente anticlerical é a crônica de 17 de agosto de 1880 da *Gazeta de Notícias* do Rio, intitulada "Os Duelos, a Anistia, Gambetta, Rochefort, os Jesuítas", coligida postumamente nos *Ecos de Paris*. Protestando, muito embora, contra a expulsão dos jesuítas em França, Eça identifica o catolicismo com o jesuitismo, traçando este quadro dos discípulos de Santo Inácio: "Deus sabe que eu não amo os jesuítas: tudo neles me é antipático – a sua face descaída e olho oblíquo, a roupeta lúgubre, a sua moral, a sua abominável *summa theologica*, a sua ciência seca e hierática, o seu frio estilo de arquitetura, a sua maneira de enriquecer, com contabilidade escrita em grego, a sua grosseira e equívoca idolatria pela Virgem Maria, a sua organização tenebrosa e conspiradora, que faz assemelhar a Companhia a um carbonarismo teocrático". Discordando da sua expulsão, Eça comenta então: "Se se pretende destruir a sua funesta influência na sociedade francesa – então é necessário expulsar o clero inteiro, pois ninguém ignora que a Igreja hoje está totalmente penetrada do espírito jesuítico. O catolicismo é o jesuitismo".

Na memória do autor de *As Farpas* não estaria decerto esquecido o texto de Antero, do tempo das Conferências do Casino, "Resposta aos Jornais Católicos", no qual Antero, ao censurar o anticristianismo da Igreja, considerava os papas como "instrumentos e agentes políticos" dos jesuítas.

No tomo 2 do *De la Justice dans la Révolution et dans l'Église*, de Proudhon, podemos encontrar este passo: "O segredo da Companhia de Jesus, disfarçado sob a sua famosa divisa *Ad majorem Dei gloriam*, pareceu-me sempre ser um pacto de tirania e de perversão, fundado sobre a superstição popular e o ateísmo sacerdotal" (Proudhon, 1988, pp. 821-822). Na mesma obra e no mesmo tomo, podemos ler ainda: "A que tende a Sociedade de Jesus? À escravidão da humanidade, pela combinação da ignorância, da superstição, da força, e da corrupção do coração. Antes de tudo, pensa a Sociedade de Jesus, é necessário que o homem obedeça, que o maior número sirva o mais pequeno; a religião, como o governo, não são feitos senão para isso" (Proudhon, 1988, p. 925). Decerto que não escapou também a Eça esta conclusão do filósofo: "O catolicismo, que se gaba de moralizar o homem, não consegue, pela dupla consciência que ele cria na sua alma, e pela educação fictícia que é a sua consequência, senão a fazer dele um caráter bisonho, hipócrita, cheio de fel, um inimigo da sociedade e do gênero humano" (Proudhon, 1988, p. 850).

Se recuarmos ao ano de 1867, encontraremos no *Distrito de Évora* n. 56, de 21 de julho, a propósito da Companhia de Jesus: "Hoje, que o sentimento e as noções de justiça se vão derramando pelos povos, já não é fácil entronizar nos corações a fé cega e o fanatismo. Já custa mais especular com a ignorância ou com o obscurantismo, elementos para os despotismos dos reis, política que a sociedade condena, em presença da renovação completa do espírito do homem e da reorganização geral da sociedade. Formem quantos concílios ecumênicos quiserem, chovam as encíclicas, preparem-se os raios nas forjas dos ciclopes do Sacro Colégio para fulminar as doutrinas liberais, que a sociedade jamais retrogradará no caminho que a civilização lhe abre e a ciência alumia". Eça enganou-se singularmente ao pensar que o espírito científico do século faria recuar o fanatismo religioso, como foi sempre a sua crença... Aí está nos nossos dias o recrudescimento fanático da religiosidade a desmenti-lo: a guerra entre católicos e prostestantes na Irlanda, o renascimento das matanças entre muçulmanos e cristãos, a explosão das seitas etc. etc.

Tão constante como a sua simpatia pela mensagem evangélica, pela figura do Cristo histórico, despido dos seus atributos divinos, aquele que proclama o reino da igualdade e da tolerância, é o seu sentimento de suspeição relativamente à instituição católica. Ao escrever a "Carta a Carlos Mayer", onde evoca os tempos de Coimbra e os "astros" que eles então admiravam, conclui: "Tendo sempre na alma, aquela ternura luminosa que vinha de uma aurora serena, clara, imensa, purificadora e consoladora – Jesus Cristo!" (Eça de Queiroz, *Prosas Bárbaras*).

Logo nas primeiras páginas do primeiro capítulo de *A Cidade e as Serras* lemos este conceito sobre a religião: "A religião é o desenvolvimento suntuoso de um instinto rudimentar, comum a todos os brutos, o terror. Um cão lambendo a mão do dono, de quem lhe vem o osso ou o chicote, já constitui toscamente um devoto, o consciente devoto, prostrado em rezas ante o Deus que distribui o Céu ou o Inferno!..." A santidade, como noção evangélica pura e original do cristianismo primitivo, como veículo de ação e transformação social, constitui a última mensagem e o último sentido da evolução de Eça, cujo começo podemos assinalar a partir do ano de 1884, quando numa carta de 10 de maio para Oliveira Martins manifesta a ideia de escrever a vida de grandes santos.

Como conclui Beatriz Berrini, "Eça mostrou-se duplamente revolucionário. Primeiro deu de Cristo uma versão profana, apresentando explicações naturais para os fatos evangélicos. Atingia desta forma a própria doutrina da Igreja. E, em segundo lugar, mostrou que os ensinamentos de Jesus Cristo, se levados a sério, se cumpridos, ocasionariam uma revolução social. Provou ter percebido, com toda a lucidez, a incompatibilidade entre a pregação de Cristo e os valores do mundo burguês. Assim este só podia dizer-se cristão à medida que se ocultava, que se revestia de mentira, tentando em vão e hipocritamente conciliar o irreconciliável" (Berrini, 1984, p. 239).

4. DISSIMULAÇÕES

Uma das personagens mais interessantes da ficção queiroziana, Fradique, até do ponto de vista autobiográfico, cita de Descartes, no prefácio de *A Correspondência de Fradique Mendes*, a máxima tão expressiva e prudente: *bene vixit qui bene latuit*, ou seja, *vive bem quem bem se esconde*. Em Descartes significava que nos tempos duros e perigosos da Inquisição, um pensador era obrigado a ser cauteloso e a esconder sabiamente o seu verdadeiro pensamento para não ir parar no cárcere da tenebrosa instituição. Em Fradique, "por motivos nobremente diferentes dos de Descartes", diz-nos ainda o narrador dessa obra que tal máxima andava ligada à preferência de Fradique por um altivo silêncio quanto à divulgação da sua produção intelectual. Fradique não acreditava no valor das suas ideias, faltando-lhe a energia e a vontade de as pôr em letra de fôrma. Daí o esconder-se e ocultar-se para melhor viver. E em Eça? Por que motivo poderia ter sido esta, com enorme propriedade, a sua máxima? Porque de fato o escritor foi sempre um pertinaz dissimulador, de onde derivam enigmáticas sombras que caracterizam algumas das suas atitudes literárias e humanas. E essa atitude parece-nos ter como origem a psicologia típica da criança "cedida", de que atrás falamos, que, sem lar, sem mãe protetora, anda de mão em mão e cria assim mecanismos de autodefesa, procurando agradar pela dissimulação.

Mário Sacramento, autor de um estudo pioneiro sobre a estética da ironia em Eça, aflorou este sentimento ao escrever: "Aprendera depressa a dissimular e a perspicácia em descobrir a falsidade sob as aparências da verdade viera-lhe precocemente, alimentado por um sentido que nele despertara aconselhando-o à defesa" (Sacramento, 1945, p. 21). Não se entenderá grande coisa dos seus comportamentos, ao que se me afigura, sem esta avaliação prévia. De fato, desde cedo, pensando levar a água ao seu moinho, entra num jogo de disfarces e inverdades que nem sempre resultam a seu contento. As polêmicas e confrontos com outros confrades aí estão para comprovar este jogo complexo. Primeiro com Antônio Enes, a propósito da publicação de *As Farpas*, a quem diz que está diante dele "na mais inteira falta de juízos"... quer dizer, não leu a crítica às *Farpas* deste conhecido publicista, não estava em Lisboa, "andava pelas províncias do Minho"... Depois a polêmica com Bulhão Pato, o poeta romântico que havia caricaturado em *Os Maias*. A tática foi a mesma. Eça não conhece o autor da *Paquita*, nada sabe da vida, dos costumes, das opiniões, de um poeta exuberante, íntimo de Antero de Quental, que toda a gente conhecia em Lisboa, que ele já havia criticado, e a quem oferecera, até, um exemplar de *O Mistério da Estrada de Sintra*! Mas

Retratos recuperados. Desenho de Henrique Medina.

nem mesmo com um dos seus amigos íntimos, Batalha Reis, ele se mostra mais verdadeiro: por estranhas razões não lhe comunica o seu casamento. Fingirá depois, com atrevimento, que o fez em Londres, num certo restaurante. Sucederá mais tarde, com este mesmo amigo, o caso complicado da Chambre Syndicale, em Paris, uma questão de competências oficiais, na qual ele lhe oculta certos acontecimentos. Este caso porá as suas relações à beira da ruptura. Numa carta para Batalha, de 18 de novembro de 1890, lemos esta conclusão: "Depois disto só me resta a acrescentar que as absurdas acusações que me fizeste hoje diante do d'Antas, serão motivo bastante, se persistires nelas depois desta narração de fatos, para eu considerar que a nossa intimidade de tão longos anos deve sofrer uma alteração".

Com o historiador e político Pinheiro Chagas, em hilariante polêmica, usa os mesmos processos. Finge ignorar que Chagas fosse autor de uma *História de Portugal*, obra popular que toda a gente conhecia... Na polêmica com o maior romancista do seu tempo, Camilo Castelo Branco, acaba por não lhe enviar uma carta sob o falso pretexto de não ter tido paciência para a aperfeiçoar... quando se provou mais tarde que o manuscrito fora cuidadosamente revisto. Em ocultos ataques a este escritor romântico, afirmou que não se queria referir a ele, quando na verdade não era outro o nome que lhe andava no espírito. Lúcia Miguel-Pereira, a biógrafa brasileira de Machado de Assis, escreveu no *Livro do Centenário de Eça de Queiroz* (1945) as palavras certeiras com que fecharemos este tópico:

"Como todo o artista autêntico Eça de Queiroz tem o seu mistério, alguma coisa de imponderável, que talvez possa ser vislumbrado pelo confronto entre os livros que escreveu e o homem que foi. Este é mais esquivo, não se entrega tão facilmente, tem seus refolhos, seus segredos, o monóculo, a flor à lapela, as frases rutilantes, a vivacidade brincalhona escondem muita coisa, parecem por vezes uma máscara, irritante precisamente porque é muito bem adaptada, porque há a impressão de ser a verdadeira fisionomia, porque se assemelha demais à personalidade literária de Eça de Queiroz". O não ter em conta esta característica essencial do seu caráter, ou pior ainda, desconhecê-la, tem levado muitos comentadores e biógrafos às mais erradas interpretações.

Em sondagem psicológica que hoje nos parece excessivamente esquemática e até dogmática, Abel Salazar, sob o pseudônimo Roderico Simplício (cf. Bibliografia), baseado nos princípios de Kretschmer, procura filiar Eça na classificação psicossomática deste autor (datada de 1920), na monografia *Eça de Queiroz Esquizotímico*. Esta monografia é considerada pelo próprio autor, Abel Salazar, "uma breve viagem em plena fantasia caracterológica". Nesta "viagem" interpretam-se as manifestações de Eça, quer biográficas quer artísticas, como resultado de causas constitucionais e "reflexo do seu tipo psicomorfológico: um leptossômico com o correspondente temperamento esquizotímico". Salazar daqui parte para várias conclusões, cujo interesse residirá porventura muito mais na inteligência arguta com que ele analisa um autor que admira e conhece (mesmo através dos seus exegetas), do que na teoria em que se baseia. É o caso das considerações que tece em torno da sua filiação ilegítima, "como influindo grandemente na sua atitude irônica perante a vida". Esta atitude merece este comentário ao analista: "Um leptossômico, e nomeadamente um impotente afetivo sensitivo (tal é, para nós, o caso de Eça) poderá ter a infância mais tranquila, dourada e propícia, e teremos sempre grandes probabilidades de lhe ver brotar a ironia, já que esta fundamentalmente não será mais que uma forma de defesa contra a sua hipersensibilidade [...]"(p. 8). Repare-se que esta designação de "impotente afetivo" coincide com a tese que João Gaspar Simões explanava na sua biografia de 1945, citada em vários passos, aliás, por Abel Salazar, que inclui Eça "no grande grupo dos esquizotímicos *tímidos, receosos, sensitivos, sensíveis, nervosos, agitados, amigos da natureza e dos livros*" (p. 9). E ainda quando refere "a falência total do realismo nos seus romances" (p. 11), Abel Salazar segue Gaspar Simões procurando para tal afirmação o apoio de Kretschmer. A suposta falta de intuição psicológica do autor de *Os Maias* tem como base a sua esquizotimia, e para o confirmar o analista convoca Álvaro Lins, Machado de Assis, Feliciano Ramos e Silva Gaio, sublinhando: "É claro que se disser que o escritor foi um realista *sui generis*, ou um realista irônico, em nada se modifica o fato da sua visceral inadaptação ao real e que é o que nos interessa aqui frisar" (p. 20). Abel Salazar acreditava que a biologia podia ajudar a compreender a estética literária, oscilando a sua monografia entre lampejos de superior entendimento, como no caso das transcrições que fizemos a propósito do romance *A Capital*, no capítulo IV *e*, e duvidosas conclusões baseadas no "forte complexo de inferioridade" que teria levado o Eça "leptossômico" e "esquizotímico" a fazer um juízo injusto do valor da sua obra. E muito embora Maranõn se tenha servido das teorias de Kretschmer em estudos biográficos, como salienta Abel Salazar (p. 31), não podemos deixar de salientar o esquematismo demasiado apressado deste notável cientista-artista, que parece ter tido a consciência da sua excessiva simpleza ao escolher para pseudônimo do seu trabalho o apelido "Simplício".

5. OS PROBLEMAS ECONÔMICOS

A vida de Eça de Queiroz foi um tormento constante, uma luta inglória, em busca de complementos monetários ao seu magro vencimento de cônsul, para se furtar a aflitivos apuros. Eles vão do pagamento de contas atrasadas ao alfaiate Catarro, de Lisboa, na idade juvenil, ao pungente queixume que manifesta à mulher alguns dias antes de morrer, de Glion-sur-Montreux, na Suíça, passando pelo desespero que tanto contribuiu para a chantagem que intentou fazer com o ministro Andrade Corvo (a troco de "um conto e quinhentos a dois contos de réis"), para não publicar o escandaloso texto *A Batalha do Caia*. É doloroso vermos o maior escritor da língua portuguesa do século XIX, já no fim da vida, desesperado, em Paris, à procura do seu amigo, o diplomata brasileiro Domício da Gama, para este lhe conseguir, "em dois ou três dias", um agiota benévolo que lhe emprestasse entre dois a três mil francos, quantia equivalente à renda anual da casa em que vivia.

Ramalho Ortigão é, por via de regra, o confidente dos seus problemas monetários, e auxiliar de muitos empréstimos. Quando lhe confessa a grande crise sentimental e intelectual por que passou em Newcastle, em abril de 1878, chega a admitir o casamento com uma mulher capaz de lhe restabelecer o equilíbrio e pagar "o grosso das suas dívidas". O seu caos financeiro irá retê-lo nessa cidade, como penhor das dívidas que contraiu, antes de assumir o posto de Bristol. Com apenas dois meses de noivado e já se queixa à noiva dos seus "negócios desarranjados", declarando que necessita de dez a doze meses para liquidar as dívidas (carta de 19.10.1885). O casamento realizar-se-á, todavia, quatro meses depois desta confissão. Duas cartas a Ramalho Ortigão, do Porto (de 3 e 7 de fevereiro de 1886), a poucos dias do casamento, refletem as suas atrapalhações monetárias. Mas isto não o impede de alugar nos arredores de Bristol uma quase suntuosa moradia mobilada, para onde vai morar com Emília.

Já em Paris, ainda a Ramalho: "Sem perda de uma hora, com urgência máxima, trate a questão Corazzi. Se é possível extrair-lhe alguma soma – extraia-lha. Eu estou *à court d'argent*, além de toda a expressão: e só me poderei equilibrar para o meado do mês que vem. Mas até lá, nem um magro *sou*. E todavia é necessário pagar ao tendeiro. Trate pois disso com fervor. Se não for Corazzi – o nosso velho Banco do Povo. Mas já, com instância e ímpeto" (carta de 19.12.1888). Ainda de Paris, noutra carta a Ramalho (4.7.1889) confessa estar "vivamente apurado", necessitando de oitenta libras desse mesmo Banco do Povo. As recomendações à mulher para que faça economias domésticas são constantes. Do Porto para Paris, em carta de 8.4.1890: "Muito desejaria, querida, que tivesses cuidado com as despesas porque a nossa situação de finanças é péssima". Dois dias depois, seguirá uma carta para Ramalho implorando a sua intervenção para o adiantamento de um banco. De Lisboa, estoutra recomendação à mulher: "Peço-te querida Emília não já que sejas econômica – mas que sejas forreta" (27.4.1890). Do Porto, dois anos depois: "Peço-te que sejas avara. Olha que mil francos que foi o que te deixei, gastos quase em quinze dias é enorme! E nós estamos pessimamente de fundos!"

Quando não conhecíamos ainda a correspondência de Emília de Castro com o marido, fácil se tornava atribuir-lhe os gastos comprometedores

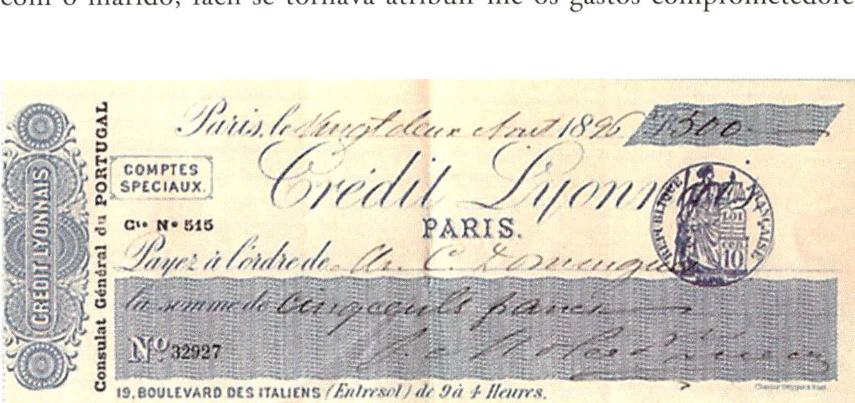

Um cheque assinado por Eça (no arquivo de Tormes).

que desequilibravam o orçamento do casal, mas retrato muito diferente se pôde construir depois que publiquei essa correspondência em 1995. Emília, a aristocrata, acusada de hábitos de vida rica, era ao fim e ao cabo uma criatura simples, que abominava luxos e cerimônias sociais e que, também ela, penava por não poder pagar a tempo e horas as suas contas de mercearia em Paris, e os ordenados dos empregados, sem, por vezes, uns magros trocos para pagar uma tipoia que a levasse a ver os pintores do Salon. Eça controlava todas as despesas, e ia-lhe fornecendo o dinheiro à medida das suas necessidades, mesmo quando fazia longas estadias em Portugal. Emília enviava-lhe extensos relatórios contabilísticos, ao mesmo tempo que o informava sobre o dia a dia dos filhos. E se nem sempre sabia controlar os gastos, as suas "dissipações" fora do orçamento estrito eram feitas na compra de bugigangas ou pequenos presentes para a sua *entourage*. Não era isso, positivamente, que desorganizava a contabilidade doméstica.

Entre os mais expressivos queixumes de Eça relativos às dificuldades econômicas conta-se aquele que fez ao costumado receptor destas maleitas, Ramalho Ortigão: "As dívidas serviram a Balzac para aprofundar o mundo bancário, agiota, notário, e forense: mas eu não tenho essa consolação, que as minhas dívidas me tragam a revelação de tipos essenciais: elas só servem para me envelhecer e bestificar"(carta de 17.1.1878). Nesta mesma missiva, onde pede ao amigo "o homem necessário", capaz de lhe conseguir um empréstimo premente de dinheiro, acrescenta este comentário: "Salvava-me duma situação que me arruína, me enterra cada dia mais, me preocupa a ponto de me tornar estúpido". Documento fundamental do capítulo que o leitor agora percorre, esta carta diz-nos ainda que para pagar as suas dívidas, "de 800 a um conto de réis", é necessário deixar, como esclarece, "a minha casa de Newcastle", cidade onde a vida é "estupidamente cara", e ir para a província, muito preferível economicamente, acrescentando: "para isso seria necessário que eu tivesse de contado de 800 a um conto de réis. [...] inútil dizer que não quero ir ao mercado da agiotagem pagar dinheiro a 40 ou 60 por cento. Portanto o que me convém é um homem compassivo – que me empreste essa soma, a um juro de 6 ou 7% – dinheiro pagável em prestações durante um ano, fiado na minha honestidade – e para o caso em que eu reentre na natureza mãe, um segurozinho de vida".

Devemos notar que Eça irá ter esta mesma preocupação de evitar o "mercado da agiotagem", e conseguir o empréstimo de um particular, cerca de vinte anos mais tarde na última fase da sua vida, ao apelar aflito, em Paris, ao seu amigo Domício da Gama, diplomata brasileiro, numa carta sem data

Eça com Domício da Gama.

(com apenas a anotação "Domingo"). Teremos que analisar de seguida a passagem que atrás transcrevemos, quando Eça refere o dinheiro que pretende "a 6 ou 7%" e que termina deste modo: "– e *para o caso em que eu reentre na natureza mãe*, um segurozinho de vida" (grifo nosso). Observe-se que a frase sublinhada é um suave eufemismo, talvez a única vez que, em textos epistolares ou memorialistas, Eça fala da sua própria morte. E não podemos deixar de interrogar, por fim: que "segurozinho de vida" é este? De fato, em 1879, cerca de um ano depois da carta de Newcastle que venho referindo, o escritor fizera, na época do consulado de Bristol em ocasiões distintas, quatro seguros de vida no valor total de 2100 libras (tema já aflorado por duas vezes no Capítulo II, alínea 8 f, "A Morte").

A apólice indica tratar-se da empresa The Caledonian Insurance Company, "London Branch", prova de ter sido feito em Londres, com a data de 10 de dezembro de 1879 (cerca de dez meses depois de ter assumido o consulado de Bristol). Estes documentos relativos ao seguro (que exigem atenta leitura e interpretação) encontram-se na Fundação Eça de Queiroz, em Tormes. Deles se pode deduzir que Eça teria feito provavelmente dois levantamentos durante o ano de 1899, e pedira por empréstimo, duzentas libras a Richard Todd, vice-consul de Portugal em Cardiff (cidade vizinha de Bristol). Estabelecera com este colega relações muito cordiais chegando a alojá-lo mais tarde na sua casa de Paris. A garantia de tal empréstimo era precisamente o seguro que lhe viria a ser pago vinte anos mais tarde, depois da morte de Eça, prescindindo Todd dos juros que lhe eram devidos. Emília, já viúva, viria a receber 1350 libras, como anteriormente já se referiu a propósito dos episódios sucedidos após a morte do escritor.

Eça compensava os seus problemas financeiros, sob forma catártica, através das descrições das enormes riquezas de personagens como Teodoro, Carlos da Maia, Jacinto e Fradique, ou atormentando outras, como Luísa, Juliana, Genoveva, Vítor, Artur, João da Ega e o Raposão. Com que íntimo prazer ele não deve ter escrito este *incipit* de *A Cidade e as Serras*: "O meu amigo Jacinto nasceu num palácio, com cento e nove contos de renda em terras de semeadura, de vinhedo, de cortiça e de olival. No Alentejo, pela Estremadura, através das duas Beiras, densas sebes ondulando por colina e vale, muros altos de boa pedra, ribeiras, estradas, delimitavam os campos desta velha família agrícola que já entulhava grão e plantava cepa em tempos de El-rei D. Dinis!...".

Das dificuldades de pecúnia provinha, em parte, a sua preferência pela carreira no estrangeiro, como afirma nesta passagem de uma carta para Oliveira Martins: "Isto não quer dizer que eu não tenha desejo de recolher à minha Pátria; mas isso é difícil, por questões orçamentais; e, a ficar na carreira, então desejo ficar em Paris. Se vocês, todavia, homens poderosos, pudessem arranjar aí um nicho ao vosso amigo há tantos anos exilado, teríeis feito obra amiga e santa! Era necessário porém descobrir o nicho! E dizer que, se eu tivesse nascido dos Pirineus para cá e dado romances ao *Petit Journal* possuiria talvez 60 000 francos de renda!" (carta de 28.1.1890).

Percorra-se o seu itinerário geográfico, não só como peregrinação literária sentimental, mas para disso tirar algumas conclusões, através das casas que habitou e dos hotéis que frequentou, em Inglaterra (Bristol, Torquay, Londres), França (Paris, Plombières, Biarritz, Pau), Áustria (Viena) e Suíça (Glion-sur-Montreux), e veremos confortáveis, por vezes luxuosos, hotéis e agradáveis moradias. Muito exigente quanto à salubridade, higiene e conforto dos estabelecimentos hoteleiros (até por razões de saúde e por receio dos "micróbios"), só em casos excepcionais se hospeda em hotéis de segunda categoria. É o caso do Hotel do Globo, em Cascais, de que só resta hoje esvaída memória. Ficava em frente à praia do pescado, onde se encontra hoje

Hôtel Continental
Biarritz
Façade sur la mer
B. Peyta
Propriétaire
Façade midi

Carta de Biarritz – 20.2.1900.

o Hotel Baía (ver o álbum de postais *O Passado Nunca Passa*, p. 70). Aí se aloja em 11 de maio de 1898, pois, como diz em carta dessa data a sua mulher, o Hotel Estoril Sol lhe é "denunciado como cheio de gente doente, e pouco asseado". Este Hotel Estoril não é o hotel de "1ª ordem" no Monte Estoril, onde se hospeda, em 14 de dezembro de 1899, Antônio Nobre, doente pulmonar, que em carta para o irmão refere que lhe custa 2$500 por dia, tão caro como no estrangeiro, acrescentando: "estando todos os demais hotéis fechados", nesse período. Diz o poeta que aí "o conforto é o mais que se pode esperar em Portugal" (Nobre, 1967, p. 324). O hotel de Antônio Nobre diz respeito ao Grand Hotel (mais conhecido por Grand Hotel Estrade) inaugurado a 1 de agosto de 1898, na Avenida Saboia.

O casamento, decerto ao invés do equilíbrio monetário que esperava, agravou-lhe as dificuldades. Havia que sustentar quatro filhos e prover ao pagamento de três ou quatro serviçais. Emília de Castro, oriunda da nobre Casa dos Resende, era, como os Ramires do século XIX, rica de patrimônio mas pobre de dinheiro. A família possuía casas e terras: do Alentejo às margens do rio Douro, do Porto a Canelas, em Vila Nova de Gaia (Solar dos Condes de Resende). Quando seu irmão Manuel, herdeiro do título de conde, foi obrigado a vender o Solar e Quinta de Santo Ovídio, no Porto, para abertura da rua Álvares Cabral, em 1895, deve ter respirado euforicamente de alívio. Afinal, a operação urbanística a que deu lugar na enorme quinta uma remodelação viária não lhe trouxe, por obscuras razões, os lucros que esperava. Quando Eça herda por essa altura a quinta de Vila Nova, a Tormes de hoje, patrimônio que lhe veio pela mulher, a primeira coisa que pensa é em hipotecar esses, nessa época, cerca de vinte hectares de terra, limitados hoje a onze hectares.

Sobre o fracasso da *Revista Moderna* em Paris (1897-1899), fundada pelo brasileiro Carlos Arruda Botelho, onde publicou textos de relevante importância, diz ao conde de Arnoso: "Ultimamente foi um jornal, uma *Revista*

Moderna de que talvez te chegasse aí um número desgarrado, jornal em que fundamos aqui grandes e douradas esperanças, e que uma Direção deliciosamente inepta já irreparavelmente estragou. Enfim meu filho, a luta pela vida! Luta bem vã, quando se empreende com uma pena na mão, em língua portuguesa. Todo o meu erro foi, quando era moço e forte, não estabelecer uma mercearia, para o que aliás tenho jeito e gosto. Estava agora gordo e sossegado com o toucinho que cobriria o meu balcão, e quando tu por lá aparecesses, eu diria com deliciosa superioridade: *Oh, Sr. Conde, temos agora aí um queijinho que é de se lhe arrebitar a orelha*. E seria o céu aberto" (carta de 21.7.1897).

De 25 de agosto de 1898, a dois anos da morte, é este queixume triste para a mulher: "Estas atrapalhações de dinheiro estão-me grandemente envelhecendo". Treze dias antes do fim, já gravemente doente, uma última queixa, de um hotel de Glion-sur-Montreux, para onde viera a conselho médico em busca desesperada de saúde: "No sábado deixei-te mil e tantos francos – e na terça-feira de manhã já me escreves dizendo que não tens um *sou!* Tudo, todavia, tinha ficado calculado para te equilibrares durante esta semana. Como posso eu ter sossego, e portanto um bocado de saúde, com estas constantes inquietações de dinheiro?"

Um mês decorrido sobre a morte, um dos seus mais dedicados amigos, o conde de Arnoso, escrevia ao diretor do *Jornal do Comércio*, do Rio de Janeiro, a implorar ajuda para a família do escritor, que, segundo ele, "havia ficado na mais negra miséria". Tratava-se certamente de um momento crítico fortemente emotivo e de uma precipitação. O Estado português viria pouco depois a estabelecer uma pensão à viúva, que entretanto começava gradualmente a receber os direitos de autor que cabiam ao marido. A pensão foi aprovada na Câmara dos Deputados em 21 de maio de 1901 e viria a ser anulada pelo governo da República, devido ao fato de dois filhos de Eça terem participado nas incursões monárquicas do Norte de Portugal em 1912, como já referimos, mais detalhadamente, no capítulo relativo à sua morte.

Para concluir, deverão deixar-se aqui alguns elementos informativos úteis: em Newcastle Eça auferia 230 000 réis mensais (51 libras). Em Paris 250 000 réis, o que equivalia a cerca de 1,8 vezes mais do que o vencimento de um diretor-geral na Administração Pública. O ministro de Portugal em Paris auferia cerca de três vezes o vencimento do cônsul, em 1888.

6. EÇA E A FOTOGRAFIA

Como se diz na "Introdução" de *Eça de Queirós, Fotobiografia* (Editora Leya, São Paulo, 2010), Eça "teve desde cedo o gosto da fotografia e de se fazer fotografar. Fê-lo pela vida fora em variadíssimas ocasiões, posando ora solene, de calças às riscas e encartolado, com os grandes, petulantes ares, que tomavam os Vencidos da Vida, ora em mangas de camisa, no jardim da casa de Neuilly da avenue du Roule, entre amigos, numa tarde de calor, ora em ar de paródia, envergando o traje mandarinesco, com a cabaia que o seu amigo conde de Arnoso lhe trouxera de Pequim, fingindo dar sábios conselhos ao diplomata brasileiro Domício da Gama, ora muito paternal, lendo uma obra ilustrada aos filhos". Fez-se fotografar, por via de regra, em estúdios, para satisfazer as exigências dos seus editores, que acompanharam as edições com vários retratos seus, e para cumprir o costume da época, oferecendo-os com dedicatória aos amigos.

Consciente do valor da sua arte, pretendeu, indubitavelmente, também, posar para a posteridade. Nos últimos anos de vida, em Paris, fez ele próprio fotografia, escrevendo nessas reproduções ora "Eça de Queiroz fotógrafo", ora junto da mulher, no jardim da casa da avenue du Roule: "Grandes ares pequeno jardim". Miguel Mello, autor da primeira biografia em livro de Eça (Rio de Janeiro, 1911), transcreve nessa obra uma carta de seu filho José Maria, com data de 11 de agosto de 1910, tinha então 22 anos, em que este

Eduardo Prado com Emília e seus filhos.

recorda: "Comprou uma máquina e andava pelo jardim fotografando tudo o que se lhe apresentava. Ele mesmo revelava as chapas com notável paciência numa câmara escura improvisada, onde só de vez em quando éramos admitidos por muito especial favor". Nunca pude comprovar a existência deste laboratório, que tem foros de verdadeiro.

Foi Alberto Frazão (visconde de Alcaide), um jovem amigo e admirador, que fez as melhores fotografias de Eça em Paris, com uma máquina de tripé e negativos em vidro, de 12 × 9 cm (hoje na posse do arquiteto Abel Manta), que chegaram até hoje em perfeito estado de conservação e que me permitiram fazer várias ampliações da sua cabeça de uma perfeita nitidez. Algumas dessas fotografias tiradas na fase final da vida mostram o seu envelhecimento precoce. Em postal inédito endereçado a M. Cardoso Marta, de 4 de maio de 1919, Frazão escreve: "O Eça pouco se dedicou à fotografia, tendo apenas feito alguns trabalhos, no gênero do retrato que me tirou; em todo o caso pode dizer-se que foi fotógrafo amador". De fato, às fotografias feitas pelo escritor, atrás assinaladas, cuja origem é indubitável, há que juntar a que fez no jardim da casa da avenue du Roule à sua prima direita Conceição Eça de Melo, jornalista em Paris, que lhe assistiu à morte, e que a publicou em 1924 no livrinho intitulado *Eça de Queiroz Revelado por uma Ilustre Senhora de sua Família*. Também o compositor Francisco de Lacerda fez fotografias em Neuilly, na última fase da vida de Eça.

7. EÇOLATRIA, OU UMA DOENÇA CHAMADA "ECITE", NO BRASIL E EM PORTUGAL

O termo "ecite" foi criado pelo escritor brasileiro Monteiro Lobato (1882--1948), na *Barca de Gleyre* (1944), tendo como desígnio exprimir o ato muito comum no Brasil de imitar o estilo de Eça. Este termo disseminou-se, desde logo, pelos seus comentadores, adquirindo um sentido mais amplo. Pode ser definido como um sentimento tão completo e absorvente de fascínio e simpatia pela escrita eciana que abrange não só a obra como o seu próprio autor e tudo aquilo que, de longe ou de perto, lhe diz respeito.

"Reinava a *ecite"* – diz Djacir Menezes – "discutíamos detalhes, particularidades, cacoetes: a *esquina sagrada* da Casa Havaneza, o Chiado, o Café Martinho, a estada em Cuba, o famoso banho do cônsul, os Vencidos da Vida, a cabaia de seda do Mandarim vestida pelo Eça (foto de Domício da Gama), o *Distrito de Évora*, onde fora redator-chefe, as lendas dos Santos, o bruxo São Frei Gil metido na floresta, o Consulado de Newcastle, os relatórios sobre o carvão, a amizade de Eduardo Prado, a crítica obtusa de Machado de Assis sobre o *Crime do Padre Amaro*, as aperturas de dinheiro, o casamento aristocrático – tudo sem ordem cronológica, mas que nos enriqueciam de conhecimentos sobre o homem e sobre a obra. Dessa maneira chegamos quase à ilusão de que privara conosco" (Menezes, 1962, p. 17).

Lê-se isto também, com atribuição errada e mal transcrita, em Heitor Lyra, autor do melhor e mais completo estudo das relações de Eça com o Brasil:

Eça de Queiroz e o Brasil (Lyra, 1965, p. 429). Um dos capítulos desta obra, o n. 37, intitula-se precisamente "Ecite". Aí se expõem as manifestações que caracterizam esta espécie de "doença", mais frequente no Brasil, onde Eça provocou uma afeição porventura superior à que conseguiu no seu próprio país.

Repare-se que o crítico brasileiro Álvaro Lins, na *História Literária de Eça de Queiroz* (Lins, 1959), se refere a Eça deste modo: "Quanto aos portugueses, que o estimam como escritor, como autor, como romancista somente em termos de literatura, ficam as mais das vezes surpresos, espantados e sem compreensão com a nossa perspectiva aberta para a visão da obra queiroziana e com o nosso tratamento, ainda que ou mesmo que póstumo em relação à figura humana do criador de *Os Maias* como se fora um contemporâneo ou um vivo entre nós" (p. 203).

Clóvis Ramalhete testemunha em 1942: "Vive ainda em Recife, alguém que, certa tarde, viu Eça de Queiroz. Foi rapidamente e uma vez apenas na rua. Álvaro Lins, que preparava a sua *História Literária de Eça de Queiroz*, soube disso e foi procurar o homem precioso. Tinha pouco a contar: Foi há muitos anos, em Lisboa. No Chiado, num fim de dia, levantou-se na calçada um murmúrio baixo e curioso, *Olha o Eça – Ali vai o Eça de Queiroz.* E olhando, ele viu o vulto lendário, a famosa silhueta magra, recurva, alta, sempre elegante, num ar de cansaço, e que passava observando lentamente as pessoas e as coisas – Álvaro Lins voltava sempre a exigir do amigo, que lhe contasse mais uma vez como fora. Queria saber mais, beber aquele minuto de Eça vivo. O homem sabia pouco e sempre repetia a mesma história: o murmúrio, o vulto magro e lento, o ar cansado...– Curiosidade desarrazoada do ensaísta? Era tudo a saudade impossível de Eça de Queiroz, que sentem os que chegaram depois para amá-lo, os que chegaram tarde e já não o encontram entre os vivos" (Ramalhete, 1994, pp. 31-32).

Álvaro Lins, que foi embaixador do Brasil em Lisboa (1956-1959), faz nessa obra alusão ao "sentido peculiar" com que os brasileiros abordam os textos queirozianos: "Sobretudo, descobrimos logo com agudeza aquelas notas a respeito de romances, intenções secretas e descobertas, em entrelinhas, de palavras, frases e diálogos, em que por vezes encontramos nós, os brasileiros, um sentido peculiar para a interpretação e um especial para rir – que não dizem nada ou nada significam para os portugueses, sejam os leitores mais ingênuos de alma aberta, sejam os críticos mais agudos, experientes e sensíveis" (Lins, 1959, p. 20).

É de Álvaro Lins, ainda, a menção daqueles que no Brasil sabem, de Eça, páginas de cor, e deste crítico, também, a expressiva descrição de uma visita que fez ao Cemitério dos Prazeres em Lisboa, num dia de finados, em 1957, com o fito exclusivo de aí procurar a sepultura de Luísa: "Dirigindo as vistas de preferência para os cantos e recantos em que houvesse alguma árvore, pois estava fazendo aquela procura imaginária sob a sugestão de um certo trecho com que o romancista transfigurou em emotividade o destino póstumo da rapariga desgraçada de *O Primo Basílio*, esta frase que de há muito conservo de cor, nem sei bem porquê: *o vento frio que varria as nuvens e agitava o gás dos candeeiros ia fazer ramalhar tristemente uma árvore sobre a sepultura de Luísa*" (Lins, 1959, p. 217).

Este episódio contado pelo crítico literário Álvaro Lins demonstra a enorme capacidade de Eça para fascinar e convencer os leitores da realidade da sua ficção. Criar a ilusão da realidade nos leitores foi um dos principais objetivos do realismo, segundo exprimiu Zola, ao escrever em *Do Romance*: "Fazer movimentar as personagens num meio real, dar ao leitor um retalho da vida humana, é o que caracteriza o romance naturalista". Para quem estiver familiarizado com o mestre do conto, Maupassant, de imediato constatará a verdade deste princípio, através dos constantes esforços e recursos para conseguir um atributo capital: a verossimilhança.

O romancista José Lins do Rego escreve por seu turno: "Nenhum escritor brasileiro foi mais mestre das gerações dos começos do século do que Eça. [...] Ele apareceu-nos como uma libertação, teve este caráter literário, de verdadeira revolução libertária. Nós vivíamos em cárceres privados, no cárcere camiliano, no cárcere de Herculano, nos pequenos suplícios de Castilho" (Rego, 1942, pp. 167-168). Este culto eciano atinge a sua máxima expressão com aquilo a que Clóvis Ramalhete chamou a *saudade impossível de Eça de Queiroz*, "a vontade íntima que, na imaginação do seu cultuador, o conserva vivo, alimenta-o pelo amor às coisas que foram dele, pela recordação dos seus hábitos, a admiração da sua arte, a curiosidade sobre tudo o que se refere à pessoa e à vida dele" (Ramalhete, 1960, p. 31).

Indagando das razões do grande sucesso que Eça desfrutava no Brasil, José Maria Belo, crítico brasileiro, achava que tal se devia, antes de tudo, "às audácias do seu estilo, investindo contra todas as normas clássicas de composição literária e dando aos velhos temas valores até então desconhecidos – o colorido, a leveza, a elegância, a ironia da sua prosa, a sua irreverência, seu desrespeito a todas as fórmulas e preconceitos estabelecidos", como escreve Heitor Lyra na obra já referida. Decerto que nesta empatia dos brasileiros com Eça de Queiroz não podemos excluir a crítica acerada que ele desenvolve contra Portugal e os portugueses, que sabe bem ao ressentimento de antigos colonizados experimentado por muitos brasileiros, mesmo alguns dos mais cultos. Viana Moog, autor de uma conseguida biografia de Eça em 1938, *Eça de Queiroz e o Século XIX*, escrevia quatro anos mais tarde: "Perdura em mim o apego que lhe tive durante os anos de maior exaltação literária, quando essa obra constituía a minha obsessão, como o seu autor o meu fantasma de cabeceira. Tentei um dia, como é sabido, liquidar esse fantasma escrevendo-lhe a biografia. Mas qual; ele continua a acompanhar-me, como o fantasma do Mandarim perseguia o pobre do Teodoro herdeiro dos seus milhões". E Moog acrescenta. "É uma perdição. Abrir, ainda que ao acaso, um livro do autor de *O Mandarim* em algumas de suas páginas culminantes, equivale a voltar ao tóxico de que nos sentíamos libertados. É um amor de perdição. Depois de começar a leitura não há colher as velas ao entusiasmo" (Moog, 1942, pp. 15-17).

É significativo que num inquérito realizado pela revista *A Semana*, do Rio de Janeiro, em setembro de 1893, sobre quais os seis melhores romances de língua portuguesa, o resultado fosse: 1º *Os Maias*; 2º *O Primo Basílio*; 3º *Memórias Póstumas de Brás Cubas*; 4º *A Relíquia*.

Em 28 de outubro de 1955, Carlos de Laet teve a ideia de criar no Rio de Janeiro o Club do Eça, para reunião dos ecistas. Daí resultou um álbum expressivo com desenhos de vinte personagens de *Os Maias*, feito pelo arquiteto Wladimiro Alves de Sousa. O clube funcionou ainda por cerca de uma dezena de anos. Temos também a notícia da existência no Rio, no ano 2000, do Círculo Eça de Queiroz de Cultura Luso-Brasileira, sob a presidência de Sílvio Lago.

Hoje em dia é no Recife que reside o mais entusiástico grupo de eçófilos, que formam a Sociedade Eça de Queiroz, fortemente motivada que foi por uma figura carismática dessa cidade, Paulo Cavalcanti, autor de um livro de grande interesse, *Eça de Queiroz Agitador no Brasil*. Cavalcanti analisa em pormenor a repercussão que teve em Pernanbuco a sátira de *As Farpas* ao brasileiro e ao Imperador do Brasil D. Pedro II, por ocasião da sua visita a Portugal. Cavalcanti e o jornalista Silvino Lopes haviam fundado em 16 de agosto de 1948 o Clube de Amigos de Eça de Queiroz, que veio depois dar origem à Sociedade Eça de Queiroz, presidida até 1995 por Cavalcanti. Dagoberto Carvalho Jr., médico pediatra, e ele próprio autor de várias obras queirozianas, é hoje o diretor desta hoste ativa, que promove colóquios, edita livros e reúne os seus sócios em expressivos jantares onde se louva o Mestre e a comezaina da sua predileção e onde não é raro alguém recitar alguns dos seus textos de cor.

Antônio Candido, em "Eça de Queiroz, Passado e Presente" (Candido, 2000, pp. 11, 22), refere Gilberto Freyre e o livro deste, *Ordem e Progresso*, onde Freyre nos dá conta de um inquérito realizado em 1930. Segundo Candido, "Uma das coisas que se destacam nos resultados da investigação é a voga impressionante de Eça, uma verdadeira rede nacional de apreço que, digo eu, estendeu-se até à minha geração e mesmo depois dela. Eça era tão lido e querido, que o sociólogo chega a incluí-lo entre os que contribuíram para a unidade intelectual do Brasil".

Quem em Portugal melhor exprimiu esta paixão de "culto" eciano foi o seu contemporâneo Alberto de Oliveira, em *Eça de Queiroz. Páginas de Memórias* (1919). Nessa obra, de grande interesse documental, ele exprime como a sua geração, a que pertenceu o poeta Antônio Nobre, tinha Eça como um dos seus lentes, em Coimbra, onde, escreve, "estudávamos Direito pelos *Maias* e onde comentávamos tão a fundo as páginas da *Relíquia* como ignorávamos com orgulho as do Código Civil e seus pares". Alberto de Oliveira relata nessa obra, expressivamente, a primeira vez que viu Eça no Porto, a caminho da livraria que o editava, e os encontros seguintes, continuados mais tarde em Paris e em Lisboa, o que lhe permitiu dezessete anos após a sua morte escrever nas já referidas *Páginas de Memórias*: "Nunca me foi dado encontrar nem homem mais inteligente, nem homem mais fino, atando as suas gravatas com tão seguro gosto como as suas frases, tendo a conversar o mesmo encanto que tinha a escrever, exalando de todo o seu corpo, das suas maneiras, das suas mãos, do arranjo do seu vestuário, da madeixa do seu cabelo, do cristal do seu monóculo, até da sua espontânea e perfeita letra, a mesma rítmica elegância que enchia o seu espírito" (Oliveira, 1919, p. 159).

Poderá dizer-se que raros escritores terão, como Eça de Queiroz, concitado culto tão intenso por parte dos seus leitores, para o que concorrerão também, possivelmente, fatores como o ter vivido quase que permanentemente no estrangeiro, preservando assim a sua imagem de uma presença mais ou menos banalizadora; a barreira de discrição que estabeleceu, pela sua própria natureza íntima, recatada, entre personalidade e obra, e até a sua morte prematura, no estrangeiro, aos 54 anos. Parece indubitável que tal culto foi mais expressivo e mais profundamente vivido no Brasil do que em Portugal e resulta, eminentemente, da originalidade e simplicidade do seu estilo, do seu peculiar humor, da sua graça, capazes de criar uma empatia *sui generis* e de fazer dele um espantoso *entertainer* da escrita.

Um dos elementos dessa empatia está decerto nessa espécie de "cumplicidade" que se estabelece entre autor e leitor nos passos de humor e ironia em que Eça faz determinadas afirmações cuja intenção é a de sustentar precisamente o contrário, processo que está na base da própria ironia. Como exemplificação apontaremos a passagem relativa à opinião do conde de Abranhos sobre a principal vantagem da Universidade como instituição. Referia-se ele a Coimbra, neste caso, que era a da "salutar" divisão de classes entre futricas e estudantes. Daqui promanava a conclusão do conde: "Assim educados nela, os que saem da Universidade não correm o perigo de ser contaminados pela ideia contrária – ideia absurda, ateia, destruidora da harmonia universal – de que o futrica pode saber tanto como sabe o bacharel. Não, não pode: logo as inteligências são desiguais, e assim fica destruído esse princípio pernicioso da igualdade das inteligências".

Destas observações não pode estar ausente o conflito que Eça provocou no Brasil ao escrever em *As Farpas* críticas a esse país e aos brasileiros, e igualmente ao seu imperador D. Pedro II, por ocasião da viagem deste a Portugal e a vários países da Europa, em 1871. Estes textos acirrariam em Goiana, Pernambuco, a cólera dos habitantes contra os comerciantes portugueses, que dominavam nessa localidade o comércio, de tal modo que foi necessário acabar com os tumultos pela força das armas. Mais tarde, ao reeditar estes textos sob o título de *Uma Campanha Alegre*, Eça faria correções que eliminaram a animosidade contra o brasileiro que passaria a ser o português retornado do Brasil. Pormenores curiosos dizem respeito às suas relações com o Brasil: o avô tinha sido ouvidor no Rio de Janeiro, no tempo de D. João VI; o pai nascera no Rio de Janeiro, a sua ama e o criado negro Mateus, da casa dos avós em Verdemilho, eram também brasileiros. No Colégio da Lapa, no Porto, e em Coimbra, teve decerto colegas brasileiros. Brasileiro era igualmente o mais íntimo amigo da última fase de Paris, Eduardo Prado.

Mas outra área, esta mais recente, que repercute nitidamente o fascínio da escrita queiroziana, são as numerosas obras de efabulação que se têm publicado baseadas em temas queirozianos. Na apresentação de uma das mais recentes, da autoria do professor José-Augusto França, o romance *A Bela Angevina*, perguntávamos: que razões, que motivos levam romancistas, ensaístas, eruditos e até simples leitores a produzirem textos de glosa, de efabulação, sobre a vida e a obra de Eça de Queiroz? Que secreto prazer os leva a praticar estes difíceis exercícios intertextuais? Se este gênero não é inédito na nossa literatura – nomeadamente com Garrett e com Camilo, para só falar no século XIX – e existe noutras literaturas europeias, ele adquire com Eça uma intensidade inusitada que não parece ter paralelo relativamente às sumidades literárias europeias do século XIX. *A Bela Angevina*, de José-Augusto França, por exemplo, se faço bem as contas, será a vigésima obra desta categoria, que começa em 1909 com João

Chagas, prolongando-se constantemente ao longo do tempo, através de nomes como Antônio Sardinha, Francisco Costa, Tomás Ribeiro Colaço, Artur Portela Filho, Gilberto Freyre, Frederico de Sá Parry Vidal, Mário Cláudio, José Eduardo Agualusa, Norberto Ávila, José Pedro Fernandes, Manuel Córrego, Fernando Venâncio, Vasco Pulido Valente, Miguel Real e o autor destas linhas. Que secreto prazer proporcionará ficcionar sobre a sua ficção ou sobre a sua vida? Que recônditas e fortes motivações inflamam tão intensamente estes efabuladores? Tento responder afirmando que Eça, como personalidade humana, contém em si próprio elementos provocatórios, de forte e irresistível sedução.

O primeiro motivo afigura-se-me que passa por aquela já citada máxima de Descartes *Bene vixit qui bene latuit*, ou seja, vive bem quem bem se esconde, que Fradique, como sabemos, também adotara como prudente regra de vida. Constatamos que Eça, em variadíssimas circunstâncias, também a adotou, até mesmo na sua correspondência com Ramalho Ortigão, entre todos os seus amigos aquele com quem mais se abriu, preservando, todavia, áreas e acontecimentos importantes da sua vida. Esta reserva aguça a nossa curiosidade, e torna-se provocatória. Não vamos mais longe: que glosas e especulações se não podem fazer sobre o misterioso espólio de Fradique?... Dos amores de Eça nos Estados Unidos, só sabemos o que nos contam as cartas das suas namoradas do período de Cuba. Do período de Angers, glosado por José-Augusto França, só temos quatro fotografias, onde aparece a "bela angevina", o endereço do fotógrafo e o edifício do hotel onde se hospedava e de onde redigiu várias cartas.

Um segundo elemento parece estimular os ficcionistas: são os *atomes crochus* que surgem na *Correspondência de Fradique Mendes*, "em forma de colchete ou anzol, que se enganham invisivelmente de coração a coração, e formam essas cadeias, resistentes como bronze de Samotrácia, que para sempre ligam e fundem os seres...". Como sabemos, poucos autores haverá por aí com tamanha capacidade de seduzir os leitores, com tamanha força de criar com eles tão profundas relações e afinidades de tão íntima "fusão". Poucos, como ele, sabem lançar-nos esses "anzóis" invisíveis de que não nos libertamos para o resto da vida. O complexo jogo de disfarces que ele pratica retratando-se e caricaturando-se na sua ficção é também um dos aliciantes da narrativa queiroziana.

Finalmente, podemos dizer ainda que a sua obra nos pode proporcionar particular abertura a efabulações literárias que se imiscuem precisamente em textos inacabados, sendo o exemplo mais expressivo *As Batalhas do Caia*, de Mário Cláudio. Não é por acaso que grande parte destas efabulações se inspiram em *A Correspondência de Fradique Mendes*, já que a edição epistolar é por excelência "inconclusa", permitindo assim uma mais fácil apropriação e complementaridade, para não falar do fascínio intrínseco que Fradique tem exercido ao longo do tempo. Tanto assim é que já deu origem a uma volumosa *Autobiografia de Carlos Fradique Mendes*, da autoria de um jurista, exímio imitador da escrita de Eça, o Dr. José Pedro Fernandes, autor de um estudo notável sobre o *Ulisses* de James Joyce.

Em 1940, Antônio Ferro, diretor do Secretariado Nacional de Informação, criava o *Círculo Eça de Queiroz*, associação com, em princípio, 202 sócios, por inspiração do 202, a casa de Jacinto nos Champs Elysées, em Paris, número que na realidade viria a ser ultrapassado. Com sede no Chiado, no Largo Bordalo Pinheiro, a dois passos do antigo Cassino Lisbonense e do Teatro da Trindade, dois lugares carismáticos da geografia queiroziana, grandes figuras da literatura têm passado por esta associação, que entre outras atividades promoveu um ciclo de conferências sobre os Vencidos da Vida, reunidas sob este título em 1989.

Em Portugal há que mencionar também a "Confraria Queiroziana", instituição muito ativa, fundada em junho de 2002, como fazendo parte da associação cultural Amigos do Solar Conde de Resende. Dois dias depois lançava a sua primeira edição, um livro-álbum sobre a viagem ao Egito de Eça de Queiroz e do conde de Resende, de Luís Manuel de Araújo. Neste solar faleceu em 1907 o 6º conde de Resende, Manuel, cunhado de Eça, que tanto contribuiu para o seu casamento, sendo o solar adquirido pelo município de Vila Nova de Gaia em 1982.

Concluiremos com dizer que a noção de "ecite" que aqui tentamos definir parece ter como principal origem a empatia que a escrita queiroziana provoca em grande número dos seus leitores. De muitos elementos é ela feita: ironia, humor, vivacidade, criticismo, harmonia e originalidade, ao serviço de uma ânsia permanente de melhorismo social e civilizacional, e talvez daquilo que Vergílio Ferreira, grande conhecedor da sua escrita, definiu como o "encantamento prodigioso da vibração sensível de Eça". Neste mesmo contexto, concluo com este excerto da *Conta-Corrente I*: "Ontem ao deitar-me, levei comigo um livro de Flaubert. E uma vez mais refleti como um Eça lhe era em arte bem superior. O descritivo: Flaubert compõe um quadro, indicando os elementos a frio, mecanicamente, como um cicerone; Eça orienta-nos logo a sensibilidade, adiantando significações que vitalizam esses elementos. Eça é uma alma; Flaubert é uma caixa registadora. Só em, duas coisas Flaubert lhe foi superior: em ter sido ele a começar e em ter sido francês" (Ferreira, 1980, p. 384).

A posição do Vergílio Ferreira da maturidade (de três anos antes da sua morte), acerca de Eça de Queiroz, encontra-se expressa na carta inédita que aquele escreveu a um seu antigo aluno do liceu Camões, em Lisboa, o comandante e bibliófilo Paulo Achmann. Este ex-aluno que despertou para a leitura de Eça motivado pelas charlas que V. Ferreira fazia para desanuviar o final das aulas de latim, surpreendido com certas restrições ao autor de *Os Maias* que lera no diário *Conta-Corrente*, solicitou amistosamente do seu antigo professor uma explicação que este lhe deu nos termos seguintes:

[Lisboa] 9 dz.-93

Meu prezado amigo:

Vivamente lhe agradeço a sua carta, a fotocópia do "Amaro" e o autógrafo do "brigadeiro". E sobretudo lhe agradeço a memória agradável das aulas de há 30 anos. A Helena Cidade Moura publicou há tempos num só vol. as três versões do "Padre Amaro", com as duas primeiras em nota. Não comprei ou perdi-o na confusão dos meus livros. De todo o modo, esta sua fotocópia dá-me o livro tal qual apareceu.

Sobre as minhas relações com o Eça, aconselho-o a ler o que a Isabel Pires de Lima recolheu para um seu artigo ("Eça Lido por V. F.") incluído na 2ª e belíssima edição do "Dicionário de Eça de Queiroz" (Ed. Caminho). A minha admiração pelo Grande Escritor não esmoreceu. Simplesmente alterou-se em graduação pela minha evolução natural. Mantém-se-me íntegra a fascinação pelos "Maias", "Cidade e as Serras" (2ª parte), "Contos", algumas das "Notas Contemporâneas" e largos trechos de outras obras. Mas naturalmente evolui-se, cultivei também o romance e desejando descobrir o meu próprio caminho, parece-me óbvio e consequente que outros valores se me tivessem imposto. Eça é, ou devia ser, para todo o aprendiz de escritor, o mestre incomparável da palavra escrita, de como é sobremaneira importante para se amar o bem escrever. Não pretendo ser seu "discípulo", escrever à sua maneira, mas à minha. Simplesmente ele é insubstituível para cada qual achar a sua. Mas a sua obra, adentro dos seus próprios cânones, escalona-se numa gradação em que, para a generalidade dos leitores, há o melhor e o menos bom. E curiosamente o melhor dele hoje, foi considerado o pior no seu tempo – ou seja "Os Maias". Expliquei-me bem?

Obrigadíssimo uma vez mais. Desejo-lhe Boas-Festas e envia-lhe um abraço amigo o

Vergílio Ferreira

8. DOIS TEXTOS BIOGRÁFICOS SOBRE EÇA DE QUEIROZ, POR ELE AUTORIZADOS

A biografia de Eça de Queiroz, para efeitos de publicidade dos editores, foi sempre para este autor motivo de grande preocupação e exigência, não fosse algum desses biógrafos remexer na história da ilegitimidade do seu nascimento… Por exemplo: a 12 de agosto de 1878, de Newcastle, diz ao seu editor: "Em quanto à biografia – a do Junqueiro no *Ocidente* não convém: nem é uma notícia da minha vida, nem um estudo sobre o livro; é uma brilhante página de prosa, a propósito da minha pessoa. Para acompanhar o retrato o que é necessário, segundo penso, é uma simples notícia biográfica, sem elogios nem vitupérios, dizendo de um modo claro, os principais traços da minha carreira literária. É inútil, creio, convidar nenhum homem ilustre para fazer isto. Escusa mesmo de levar assinatura. Se quer eu lha faço. Mas se julga que um estudo sobre a minha pessoa é útil para a venda do livro – então francamente não sei quem lhe aconselhe. Todos os que me lembra têm *estilo* demais e em lugar duma prosa simples hão de querer florear e fazer retórica. O Ramalho era o nosso homem – se não estivesse em Paris". Três meses depois diz a Ramalho: "Conhece Você, nos juncais do Porto um tigre por nome Chardron? Essa fera escreveu-me há tempos, dizendo *d'un ton paternel* que ia encomendar a minha biografia a um *literato da capital*. Fiquei azul de pavor. Vê Você, daí, Gervásio Lobato fazendo variações sobre o meu nascimento? Escrevi para os juncais do Porto, melifluamente, dizendo que seria inútil incomodar um gênio, com um assunto tão *terre-à-terre*; que verdadeiramente havia só um homem que com conhecimento, poderia escrever a minha história – e esse homem era… Como o sabia a Você seguro em Paris, citei-o a Você – porque tinha de citar um nome. O tigre reentrou na caverna. Eu respirei. Há duas semanas, vem-me do Porto um grande grito de júbilo, que se traduz assim – o homem chegou, Ramalho está, Ramalho vai escrever a Biografia, e Ramalho quer publicar o que escreveu nas *Farpas* sobre o *Padre Amaro* com mais alguma curiosidade biográfica, salpicada em intervalos. – Em presença deste fato – eu só tenho a dizer: Suspendei, senhor!" Umas linhas adiante fazia ao amigo este tão conhecido desabafo: "Eu não tenho história, sou como a República do Vale de Andorra"…

Mais tarde, de Bristol, a 30 de outubro de 1886, a Jules Genelioux, refere que A. de Tréverret, professor de literatura em Bordeaux, quer fazer um estudo sobre os seus romances e pretende, além das suas obras, uma biografia sua. Dentre as obras pede ao editor para lhe enviar *O Primo Basílio*, *O Crime do Padre Amaro* e *O Mandarim*, e acrescenta: "Quant à ma biographie je connais deux qui pourraient servir à Mr. de Tréverret: une de Madame Rattazzi publiée dans un des premiers números des *Matinées Espagnoles*. L'autre publiée par Mr. Teófilo Braga dans le journal *A Renascença* édité il y a quelques années par Mr. Joaquim d'Araújo (de Porto), il sera assez bon pour vous céder un exemplaire de la *Renascença*".

Eis, pois, dois artigos biográficos autorizados por Eça de Queiroz. O primeiro, de Madame Rattazzi, autora do célebre *Portugal à Vol d'Oiseau*, foi publicado em dez páginas de *Les Matinées Espagnoles. Nouvelle Revue Internationale* (1º vol. – 1º semestre), em 1883, com o título "Le Cousin Basile", sendo assinada com um dos nomes que usou: Maria Letizia de Rute. Esta revista, por ela dirigida, tinha colaboradores como Emile Castelar, Cánovas del Castillo, César Cantú, Champfleury, Paul Féval, Victor Hugo, Júlio César Machado, Petrucelli Della Gatina, Guiomar Torresão etc. O segundo, de Teófilo Braga, de 1878, viria a ser recolhido em *Eça de Queiroz Visto Pelos Seus Contemporâneos* (Porto, Lello, 1945).

Vejamos sucintamente estes dois textos. Madame Rattazzi, depois de sensatas considerações sobre a evolução das teorias no mundo da arte, afirma que o realismo tem hoje um mestre em Portugal, interrogando-se se ele é um realista ou um naturalista à maneira de Zola, ou se "não é ele muitas vezes um idealista, um realista refratário ao sistema, de quando em quando?" Rattazzi engana-se na data do seu nascimento, 1843, em vez de 1845, afirmando que ele é em Coimbra classificado como o número

124, numa turma de 125 alunos... "O que surpreende sobretudo os seus camaradas de escola, é esse modo de ser que os portugueses designam por *sarcástico*, palavra mordente e irônica, uma grande independência de juízo e uma aversão nativa pelo medíocre e pelo vulgar", assim escreve. Depois de algumas considerações sobre as Conferências do Casino, Proudhon e o sucesso de *As Farpas*, Rattazzi entra a apreciar *O Primo Basílio*, que ela considera, conjuntamente com *O Crime do Padre Amaro*, uma obra-prima. Descrevendo por inteiro a ação deste romance, Rattazzi conclui: "Não creio que haja, no mesmo gênero, um estudo mais bem feito, uma análise psicológica mais verdadeira, mais profunda, mais arrebatadora, mais intimamente perscrutada do que este romance de Eça de Queiroz. Nele encontramos caracteres e paixões, a pintura de costumes ignorados, um conjunto que pode sustentar a comparação com os melhores romances realistas contemporâneos".

Seja ainda dito que esta Rattazzi intentou fazer uma tradução de *O Primo Basílio* que chegou a publicar no jornal parisiense *La France*. Eça considerou tal tradução uma afronta, tendo conseguido abortar a sua publicação em livro, no editor Savine (cf. Xavier de Carvalho no *In Memoriam* de Eça).

Quanto à nota biográfica de Teófilo Braga, seu condiscípulo em Coimbra, com quem privou a partir do quarto ano, trata-se de dois artigos, o primeiro intitulado "Eça de Queiroz", o segundo "Eça de Queiroz e o Realismo Contemporâneo". Teófilo com as costumadas inexatidões, atribui-lhe costumes de cábula e uma reprovação no quinto ano que de fato não correspondem à verdade. A par disto, todavia, este autor dá-nos preciosas informações sobre o caráter de Eça, tal como lhe surgiu em Coimbra: "Parece uma alma que se achou desde muito cedo hostilizada, e que se refugiou em si mesma, como estas flores que fecham o cálix quando se sentem tocadas". É pertinente a alusão que faz à "violência pedagógica dos colégios de exploração", que atrás citamos a propósito do Colégio da Lapa, e que, segundo ele, "não destruíram na alma de Queiroz essa orientação contemplativa da criança nascida e criada à beira-mar, nessa encantadora terra da Póvoa de Varzim". Teófilo relata-nos também o clima universitário que se respirava em Coimbra e a participação de Eça no Teatro Acadêmico, representando a personagem principal de uma peça sua, *Correia Garção*, estreada em 29 de abril de 1865.

Teófilo atribui ao talento dramático do amigo a boa tessitura dos seus romances, a vivacidade do seu diálogo e a condução lógica das situações. Fez no entanto esta acusação de caráter ideológico: "Ficou naquele estado mental vago das entidades metafísicas do seu tempo de Coimbra, se conhecesse a filosofia positiva explicaria melhor a esterilidade da maior parte das inteligências que se insurgiram contra a pedantocracia portuguesa da escola de Coimbra". Teófilo elogia Ramalho Ortigão pela aplicação que este fez do Positivismo, esperando do "gênio intuitivo" de Eça um estudo "científico" da sociedade que o faça "tirar conclusões". Este apego ao Positivismo não lhe facilitaria depois a compreensão do Eça da fase fantasista e imaginativa. Eis, em suma, os dois retratos que Eça aceitou para informação de um professor francês que o admirava.

9. A LUTA PELA EXPRESSÃO. A SIMPLICIDADE, ELEMENTO FUNDAMENTAL DO ESTILO

Num texto brevíssimo sobre a atriz italiana Duse, escrito em 1898, Eça anotava um atributo da arte da escrita (que ele dizia ser "um dom dos deuses, como a beleza") deste modo: "Na Arte – quando forte, fina e superior – a *Simplicidade* resulta sempre dum violento, quase doloroso esforço. Não se coordena com clara elegância uma Concepção, não se atinge uma Expressão fácil, concisa e harmoniosa, sem longas, tumultuárias lutas em que arquejam juntos Espírito e Vontade. É assim na Natureza... O que ela nos oferece de mais simples, uma linha de horizonte bem unida e lisa, esconde um revolto infinito de forças e formas. E há mundos tenebrosos na água mais límpida".

Pendo a crer ser este um dos textos mais expressivos e elucidativos que Eça jamais escreveu sobre a sua arte, sobre a luta pela expressão, sobre esse extraordinário milagre da transformação da linguagem em escrita, a reinvenção do significado das palavras. E nestas breves linhas podemos descortinar um dos segredos do seu estilo e do fascínio que ele nos proporciona. Ramalho Ortigão, desde cedo seu companheiro de letras, que tão bem o conheceu, escreveu em 1892, num artigo que lhe dedicou, estas palavras bem elucidativas: "Superiormente instruído, versado em todas as coisas do espírito, equilibrado por uma alta cultura, de que ainda ninguém deu fé porque ele se empenha em ocultá-la sob uma superficialidade de *clubman* por um fino requinte de mundanismo e de bom tom...".

Não importa sob que disfarces Eça escondeu a sua cultura. O que importa é que este disfarce se encontra intimamente ligado a essa técnica de simplificação e depuramento, a um esforço de espírito e vontade, aquilo que ele confessava a um seu revisor e poeta (João Dinis) que lhe pedia um prefácio: "Infelizmente, para mim o trabalho não é um doce deslizar pela corrente serena do ideal – mas uma subida arquejante por uma dura montanha acima". Por isso mesmo, segundo testemunha o poeta Antônio Nobre, em carta de 25 de novembro de 1890, Eça confessara-lhe em Paris que teria escrito três vezes *A Relíquia*. Por isso mesmo atormentou editores e tipógrafos, com sucessivas, intermináveis emendas. Por isso, ainda, foi acumulando obras, no fim da vida, a que nunca conseguiu dar a demão definitiva e que ficaram inéditas, tendo deixado no seu espólio um baú de lata cheio de manuscritos, que fariam depois da sua morte mais de uma dezena de volumes. De fato assim foi: pelo caminho foi abandonando obras como *A Tragédia da Rua das Flores*, *A Capital*, *O Conde de Abranhos*, *Alves & Cia* e *A Batalha do Caia*, para não falarmos em textos de menor extensão, como por exemplo o conto póstumo "Um Dia de Chuva" e "O Francesismo".

Debrucemo-nos sobre um exemplo, entre muitos outros, que podemos comentar, o sutil depuramento com que Eça, na carta VII de *A Correspon-*

A mesa de trabalho de Eça, que se encontra na casa-museu de Tormes.

Tânagra.

dência de Fradique Mendes, construiu uma alegoria a que chamei "alegoria das faluas", sobre as dificuldades de conhecimento da realidade das coisas. Fradique vem do Porto para Lisboa, de comboio. É noite e chove. O comboio para, junto do rio Tejo, já perto de Lisboa. "Chegamos a uma estação que chamam de Sacavém – e tudo o que os meus olhos arregalados viram do meu país, através dos vidros úmidos do vagão, foi uma densa treva, onde mortiçamente surgiam aqui e ali luzinhas remotas e vagas. Eram centenas de faluas dormindo no rio: – e simbolizavam de um modo bem humilhante essas escassas e desmaiadas parcelas de verdade positiva que ao homem é dado descobrir no universal mistério do Ser. De modo que tornei a cerrar resignadamente os olhos". Eis apresentada com magistral simplificação e brevidade uma profunda alegoria, que passa despercebida ao leitor menos atento, embalado por um estilo encantatório como nenhum outro. Como dizia, com acuidade, o crítico Casais Monteiro, em 1928: "Para os que queiram – ou saibam – ver, a sua obra está cheia de perspectivas originais, de misteriosos recantos".

Vale a pena seguir Vergílio Ferreira, no que toca à observação relativa a este binômio fundamental: simplicidade de estilo/profundidade de conteúdo. Comparando-o com Camilo, ele escreve na *Conta-Corrente 3*: "[...] parecerá justificar-se a afirmação de que Camilo é mais profundo do que Eça. Ora não é. Eça reconverte em superfície tudo o que é de profundeza, e daí a aparência de que é superficial" (p. 449). Na *Conta-Corrente 4*, volta a este tema e escreve: "Toda a arte de Eça e a sua vida mental passa pelos sentidos, convertida assim em valores sensórios, imediatamente perceptíveis, quase táteis, condicionados sempre pelo equilíbrio. [...] Mas bastava a extraordinária inteligência dele para imediatamente sua cultura sensória se transfigurar em mil anotações e pormenores e reflexões que trespassam a superfície e apontam para o que não é" (p. 402). Isabel Pires de Lima fez no *Dicionário de Eça de Queiroz* uma recolha de comentários queirozianos muito útil, do autor de *Para Sempre*, com o título de "Eça Lido por Vergílio Ferreira", como o próprio refere na carta que dele se publica no cap. 7 acerca da "eçolatria".

E é esta meridiana simplicidade, esta tão conseguida aparência de uma escrita espontânea, tão clara e luminosa, que Eça exalta e analisa, ao escrever, em 1893, uma crônica sobre a coleção de arte Spitzer, em Paris, que seria leiloada em breve, onde havia toda a magnificência de inúmeros objetos da Renascença. Todavia, no final da exposição Eça recordava unicamente quinze ou vinte terracotas gregas, maravilhosas "tânagras", que representavam deusas e que ele comentava deste modo – "[...] não têm um palmo de altura e encerram um infinito de harmonia e de beleza. E esta beleza não deslumbra, nem sacode violentamente a imaginação. É na inteligência que se insinua, que produz uma emoção toda intelectual". E conclui deste modo: "Em arte, a copiosa, exuberante, luxuosa e florida fantasia cansa, esquece e passa – e só há eternidade para a beleza pura e simples" ("Uma Coleção de Arte", *Notas Contemporâneas*).

Ao lermos o atrás referido excerto da carta VII de Fradique, cuja importância a tantos leitores escapa, temos a sensação, efetivamente, de que a sua prosa "é na inteligência que se insinua, que produz uma emoção toda intelectual". Philéas Lebesgue viu este aspecto peculiar do escritor português ao escrever: "Eça de Queiroz quis arrancar a sua obra da realidade viva e fazer entrar a literatura do seu país na corrente moderna de análise e de experimentação. Num tal cérebro genial, a reação produziu um milagre: a união da Fantasia com a Ironia. Ninguém melhor do que ele, em consequência, é superior em suscitar a *emoção do pensamento*" (Lebesgue, 2007, p. 105). Este não pode deixar de ser um dos segredos fundamentais da perdurabilidade da sua arte. De fato, "só há eternidade para a beleza pura e simples", assim Eça termina a sua crônica sobre a coleção Spitzer. Ainda aqui, vemos a expressão simples como supremo ideal do seu ofício. E é esta vontade árdua e inquebrantável de perfeição que o faz escrever um dia, no prefácio dos *Azulejos* do conde de Arnoso, o conhecido ditame, de um profundo e talvez exagerado preconceito de artista e literato: "A Arte é tudo, todo o resto é nada. Só um livro é capaz de fazer a eternidade de um povo".

Encontramos a mesma árdua procura da perfeição em Flaubert, numa carta para Louise Colet (16.9.1853), que de imediato nos faz lembrar Eça: "Não será a vida de um artista, ou melhor de uma obra de Arte, como uma grande montanha a escalar? Viagem dura que implica uma vontade encarniçada! Começa-se por ver cá de baixo um alto cimo. Ele brilha de pureza nos céus e é aterrador de altura, solicitando-nos todavia, por isso mesmo. Parte-se, mas em cada planura da estrada, o cume fica maior, o horizonte recua, vai-se através de precipícios, vertigens e desencorajamentos. Faz frio e o eterno furacão das regiões altas leva-vos, passando pelo último farrapo das vossas vestes. A terra está para sempre perdida, e não se atingirá o fim". Ora, esta finalidade do esforço e da vontade encontra-se definida numa das cartas de Fradique: "A melhor prosa, a mais perfeita, a mais lúcida, a mais lógica, a que tem sido a grande educadora literária e tem civilizado o mundo é feita com meia dúzia de vocábulos que se podem contar pelos dedos", e "as palavras são, como se diz em pintura, *valores*; para produzir, pois, um certo efeito de força ou de graça, o caso não está em ter *muitos valores*, mas em saber agrupar bem os três ou quatro que são necessários". Mais ainda: "Termos complicados, são já um esforço de literatura – e quanto menos literatura se puser numa obra de arte, mais ela durará, por isso mesmo que a linguagem literária envelhece e só a humana perdura..." E é este princípio que o faz exclamar, ainda pela voz de Fradique, com veemência: "Bem-aventurados os pobres de léxico, porque deles é o reino da glória!" (*Cartas Inéditas de Fradique Mendes,* carta VI).

É com este esforço de depuração que ele consegue a essencialidade da sua prosa e dele poderíamos apropriadamente dizer o que Maupassant escreveu um dia de Flaubert: "Por isso a sua obra é absoluta, e não lhe poderíamos tirar uma parcela sem destruir a harmonia total; enquanto podemos cortar pedaços a Balzac, a Stendhal e a tantos outros e só com muita finura nos aperceberíamos disso" (Maupassant, 2008, p. 1187).

Eça foi um escritor de intervenção e, na fase realista, grandemente tributário do chamado realismo de escola, tributo que tem feito soçobrar não pequeno número de artistas. Os seus propósitos são claros, como vemos no excerto desta carta: "O que queremos nós com o Realismo? Fazer o quadro do mundo moderno, nas feições em que ele é mau, por persistir em se educar *segundo o passado*; queremos fazer a fotografia, ia quase a dizer a caricatura do velho mundo burguês, sentimental, devoto, católico, explorador, aristocrático etc. E apontando-o ao escárnio, à gargalhada, ao desprezo do mundo moderno e democrático – preparar a sua ruína. Uma arte que tem este fim – não é uma arte à Feuillet ou à Sandeau. É um auxiliar poderoso da ciência revolucionária" (carta de 30.3.1878). Só um supremo esforço de empenhamento estilístico o faria sobreviver, sendo pertinente evocar aqui a discussão do célebre jantar do Hotel Central, no capítulo VI de *Os Maias*, durante o qual Carlos afirma que "os caracteres só se podem manifestar pela ação", enquanto Craft observa: "E a obra de arte vive apenas pela forma...".

Mas não podemos esquecer um outro atributo que o crítico francês Jean Girodon soube com pertinência descortinar, ao escrever: "Mesmo nas áreas mais impessoais da sua obra sente-se sempre a sua presença, e é esta presença que faz o seu maior encanto. Ele está lá, entre livro e leitor, a uma esquina da sua alma, prestes a troçar de tudo e de todos – de si próprio, em primeiro lugar, como para ter o direito de mofa universal" (Girodon, 1949).

Teremos um quadro mais completo da arte queiroziana se atentarmos neste comentário de Castelo Branco Chaves: "Eça foi um temperamento cujas qualidades características foram análise e clareza, superação e equilíbrio, compreensão e objetividade, lucidez e precisão – conjunto este de qualidades que é especificamente francês. Espírito de análise, Eça foi um compreensivo e um lúcido" (Chaves, 1939).

Eça viveu no convencimento de que a sobrevivência da sua escrita deveria ser a perfeição da forma, a qualidade do estilo, e exprimiu este desígnio na perfeição ao fazer dizer a Fradique Mendes no capítulo VII do prefácio à sua *Correspondência* "que queria em prosa alguma coisa de cristalino, de aveludado, de ondeante, de marmóreo, que só por si, plasticamente, realizasse uma absoluta beleza – e que expressionalmente como verbo, tudo pudesse traduzir desde os mais fugidios tons de luz até os mais sutis estados de alma"... A sublime ambição de Fradique era a de "só produzir verdades absolutamente definitivas, por meio de formas absolutamente belas". Por isso escrevia ao seu amigo, crítico e poeta Luís de Magalhães, dizendo-lhe: "O sentimento mais artificial, posto num verso maravilhosamente feito, é uma obra de arte; o mais verdadeiro grito de paixão, num alexandrino desajeitado, é uma sensaboria. Só há Beleza onde há Ordem. Pula a sua forma!" (carta de 16.8.1884).

A identificação que Eça faz entre Razão e Estilo, em *Os Maias*, por intermédio de Carlos da Maia, que muitas vezes parece ser porta-voz do seu autor, surge num diálogo entre Carlos e o avô, a propósito das preocupações que os peninsulares dedicam à perfeição formal em prejuízo da ideia, o que leva Carlos a formular a tão importante questão "se o estilo não é uma disciplina do pensamento". E mais uma vez há que pensar em Flaubert e nas suas conhecidas frases sobre esta matéra: "Da forma nasce a ideia", e "o que é bela forma é bela ideia". Apetece aqui evocar também a frase clássica de Vauvenargues: "A clareza é o verniz dos mestres"...

A análise da estrutura do estilo de Eça de Queiroz, nesta área grande renovador da língua, avaliar-se-á em plenitude através da tese de Ernesto Guerra da Cal, *Língua e Estilo de Eça de Queiroz* (da Cal, 1981), que conclui observando: "O vocabulário e a sintaxe, a palavra, a frase e o período, ganharam em suas mãos um sentido novo, uma renovada realidade estética. Ao toque mágico da sua imaginativa sensibilidade idiomática, a matéria verbal e as suas combinações e permutações adquirem uma virtude inédita, inesperada, que teve o caráter de um redescobrimento". Antônio Sérgio observa: "Nunca conhecemos romancista com mais declarado temperamento crítico, e que empreendesse mais inteiramente – por vocação e por sistema – a análise crítica de uma sociedade" (Sérgio, 1980, p. 133). Ao procurar alcançar, dentro do realismo, uma estética própria, baseada na ironia, aquilo a que chamara a "santa ironia" (Sacramento, 1945), Eça conseguiu criar uma prosa pessoalíssima e inovadora na sua língua, a que o seu temperamento imprimiu uma orientação de inimitável personalidade, onde o traço caricatural surge com suprema mestria. Ele tinha, na verdade, inteira razão ao dizer, em carta para Alberto de Oliveira de 6 de agosto de 1894, que a escrita é "um dom dos deuses, como a beleza"...

Aurélio Buarque de Holanda acrescenta: "As qualidades dominantes do estilo de Eça parecem-me o resultado destes três fatores: uma requintadíssima percepção sensorial, que ia quase à volúpia; um agudo senso do pitoresco e a ironia" (Holanda, 1945, p. 86). Em "Linguagem e Estilo de Eça de Queiroz", do *Livro do Centenário de Eça de Queiroz*, tem este filólogo importantes achegas sobre as acusações de barbarismos e galicismos do escritor, observando: "A revolução operada por ele no idioma não constitui uma profunda subversão da sintaxe, como a tantos parece. O que prova que Eça não cometeu atentados mortais é que a língua se modificou tanto depois dele que muitas das suas páginas vão ficando clássicas. Os seus galicismos já parecem muito prudentes e muito puros diante do escândalo dos nossos" (Holanda, 1945, p. 61). Holanda chama a atenção para o convívio estreito de Eça com a cultura francesa, aliado ao que ele denomina "um espírito profundamente assimilador", rebatendo muitas das acusações de "filólogos improvidos". Sobre a sua luta pela expressão, o filólogo brasileiro põe em destaque este excerto de uma carta a Ramalho, escrita a propósito da nova edição de *As Farpas*, de 1890: "Das *Farpas* verá que fui forçado a limpar, catar, e endireitar muito o estilo. Você nasceu com um estilo feito e escrevia tão bem há vinte anos, como escreve hoje; daí o poder reimprimir os seus artigos sem lhes tocar. Eu tive de fazer o meu estilo à custa de esforços e de *tâtonnements*. No tempo das *Farpas* estava ainda no período bárbaro da forma" (carta de 7 de novembro de 1890). Pedro Mayer Garção, em "O Estilo de Eça de Queiroz", põe em destaque com exemplos muito significativos o "relevo, a cor, o som e o ritmo" (Garção, 1948, pp. 213, 231).

Como Fidelino de Figueiredo bem anotou: "Ter estilo não é possuir uma técnica de linguagem, é ter uma visão própria do mundo e dos seus problemas e ser forçado a dispor ou a procurar uma linguagem adequada à expressão dessa paisagem interior" (Lauro Escorel, "Eça de Queiroz Contista", *Livro do Centenário de Eça de Queiroz*, p. 159).

Mas essa forma superior de expressão não se alcança sem o que Eça chama o "amor da perfeição", expresso numa carta ao conde de Arnoso de 21 de julho de 1897: "O meu mal é o amor da perfeição – este absurdo afã de querer fazer as coisas mais corriqueiras sempre de modo mais completo e brilhante". Mas essa procura de perfeição deveria possuir como qualidade vital a sensualidade, como lembra, e bem, Antônio José Saraiva, ao fazer a transcrição de uma carta de Eça para Oliveira Martins: "Lembra-te que a sensualidade moderna, que é o fundo do gosto moderno, gosta sobretudo de qualidades de forma e de plástica!" Vinha isto a propósito do convite que lhe fizera o historiador para colaborar em *A Província*, em 1885 (Saraiva, 1990, p. 151).

Para concluir este tópico, da maior relevância em Eça, pondere o leitor as excelentes observações que, no capítulo que se segue, a especialista Ana Maria Vilela nos proporciona sobre o papel do *erotismo* na "sedução do texto" queiroziano. Pondere igualmente na técnica que o escritor usa do anticlímax, como ingrediente fundamental do humor queiroziano, ou seja, criando situações cômicas contrastantes, que esvaziam as tensões, como podemos ler no ensaio de João Medina, "O Anticlímax como Processo de Humor Queiroziano", onde este autor nos dá como exemplo o episódio do sujeito que pergunta insistentemente pelo chapéu, quando Artur Corvelo de *A Capital* pensa suicidar-se, junto ao Tejo, no Terreiro do Paço; ou a entrega da *grande relíquia* no oratório da Titi, ou seja, a camisa de dormir da rameira Mary; ou ainda o aparecimento de um menu de ervilhas que interrompe a grande discussão do jantar do Hotel Central, em *Os Maias*" (Medina, 2003).

Veja-se, finalmente, esta observação de Óscar Lopes: "O que mais impressiona, talvez, à primeira leitura de Eça de Queiroz, é a claridade intelectual que transparece da sua expressão. Uma análise mais atenta do seu estilo confirma, efetivamente, que uma aguda racionalidade desempenha um papel primacial na construção da sua prosa e que Eça passou todas as suas frases ao crivo da reflexão, eliminando a obscuridade resultante de sincretismos afetivos ou de noções trivializadas" (Lopes, 1999, p. 120).

10. ERÓTICA

Escreveu o ensaísta Eduardo Lourenço em "Eros e Eça" que a ficção queiroziana era "o mais preciso, minucioso, criativo inventário da vivência erótica, não apenas na língua portuguesa mas porventura da literatura universal" (Lourenço, 1993, pp. 247-248). Este ensaísta observara também o caráter *fetichista* de algumas personagens (D. Felicidade fixada na calva do Conselheiro Acácio, que a excitava enormemente; a exibição do pé de Juliana no Passeio Público; o pé de Luísa, como elemento decisivo na determinação de Basílio para a conquista da prima), acrescentando ainda: "O seu erotismo é estrutura, visão do mundo, que conscientemente orienta, determina e embebe toda a sua escrita". E mais adiante: "Poucos criadores terão ilustrado com tanto gênio o caráter intrinsecamente *fetichista*, idólatra, de todo o erótico como Eça de Queiroz. São célebres as fixações dos seus heróis ou heroínas, a absolutização de uma parte do corpo (pé, pescoço, ombro, o que então estava à vista) como *declic* para apropriação fantasmática do resto" (*idem*, p. 248).

Quem quiser penetrar no muito rico e complexo mundo das relações amorosas e do erotismo da ficção de Eça de Queiroz deve ler o ensaio de Coimbra Martins, "Eva e Eça", publicado no tomo 28/29 do *Bulletin des Études Portugaises*, 1967/68. Encontrará aí o "apelo de eros" como "indecoroso e rasteiro", para o autor de *Os Maias*, que "representa em símbolos demoníacos a indignidade e sedução do amor", podendo concluir, talvez, que "à aventura amorosa, dá Eça duas formas principais de desenlace: traição e morte". Neste ensaio o leitor percorrerá o vasto panorama das relações das personagens com Eros, através de símbolos, fetiches, sonhos, delírios, obsessões e heresias, de aliciante interpretação.

Um dos textos mais sugestivos do sensualismo queiroziano encontra-se em *O Mandarim*. É o discurso do Diabo, que pretende convencer Teodoro (esse *alter ego* do escritor) a matar o mandarim e herdar os seus milhões: "Existem seres que se chamam Mulheres – diferentes daquelas que conhece, e que se denominam Fêmeas. Estes seres, Teodoro, no meu tempo, a página 3 da Bíblia, apenas usavam exteriormente uma folha de vinha. Hoje, Teodoro, é toda uma sinfonia, todo um engenhoso e delicado poema de rendas, *baptistes*, cetins, flores, joias, caxemiras, gazes e veludos... Compreende a satisfação inenarrável que haverá para os cinco dedos de um cristão, em percorrer, palpar estas maravilhas macias; – mas também percebe que não é com o troco de uma placa honesta de cinco tostões que se pagam as contas destes querubins... Mas elas possuem melhor, Teodoro: são os cabelos cor do ouro ou cor da treva, tendo assim nas suas tranças a aparência emblemática das duas grandes tentações humanas – a fome do metal precioso e o conhecimento do absoluto transcendente. E ainda têm mais: são os braços cor de mármore, de uma frescura de lírio orvalhado; são os seios sobre os quais o grande Praxíteles modelou a sua Taça, que é a linha mais pura e mais ideal da Antiguidade... Os seios, outrora (na ideia desse ingênuo Ancião que os formou, que fabricou o mundo, e de quem uma inimizade secular me veda de pronunciar o nome), eram destinados à nutrição augusta da humanidade; sossegue porém, Teodoro; hoje nenhuma mamã racional os expõe a essa função deterioradora e severa; servem só para resplandecer aninhados em rendas, ao gás das *soirées* – e para outros usos secretos. As conveniências impedem-me de prosseguir nesta exposição radiosa das belezas que constituem o fatal feminino... De resto as suas pupilas já rebrilham... Ora todas estas coisas, Teodoro, estão para além, infinitamente para além dos seus vinte mil réis por mês... Confesse, ao menos, que estas palavras têm o venerável selo da verdade!... Eu murmurei, com as faces abrasadas: – Têm".

Além das cenas eróticas de *O Crime do Padre Amaro*, de *O Primo Basílio* e de *Os Maias*, Eça atinge um cúmulo, desta vez sacrílego, com a visão do Raposão de *A Relíquia*, no oratório da Titi, em face de um Cristo pregado na cruz: "A magreza de Messias triste, mostrando os ossos, arredondava-

-se em formas divinamente cheias e belas; por entre a coroa de espinhos, desenrolavam-se lascivos anéis de cabelos crespos e negros; no peito, sobre as duas chagas, levantavam-se, rijos, direitos, dois esplêndidos seios de mulher, com um botãozinho de rosa na ponta; – e era ela, a minha Adélia, que assim estava no alto da cruz, nua, soberba, risonha, vitoriosa, profanando o altar, com os braços abertos para mim!" (cap. I).

O tema da mulher, o papel da mulher na obra de Eça de Queiroz tem sido com frequência debatido, e parece que o verdadeiro amor ou é fugaz e cai imediatamente na desilusão e na desgraça, ou jamais existiu na relação homem-mulher. Leopoldina de *O Primo Basílio* parece o símbolo acabado da desilusão amorosa e sobressai entre as adúlteras. A Gouvarinho, Raquel Cohen, Miss Sara, Maria Monforte, Genoveva, a Concha, amante de Artur, como tantas outras, são seres travessos ou pouco fiáveis. As feias e idosas, também estas muito expressivas e vivas, constituem vasta galeria: beatas e coscuvilheiras como a Titi, as Gansosos, as Lousadas, ou lúbricas como a D. Felicidade de *O Primo Basílio*. Só se salvarão, como entes saudáveis, a Joaninha de *A Cidade e as Serras* ou a Rosinha Rio Manso da *Ilustre Casa*, mas estes seres angélicos são apenas tênues, irreais retratos, que não chegam a ter existência credível, criados quando Eça, ao que parece, já tinha resolvido e apaziguado definitivamente os seus traumas infantis.

Em tese de doutoramento Ana Luísa Vilela (Universidade de Évora) desenvolve a ideia de que em "*Os Maias* são basicamente corporais e eróticas as noções que presidem a infraestrutura figurativa e sintática da obra. A impressão de que tudo, ou quase tudo, o que conta e seduz neste romance, radica na sua espessa *organicidade*". A autora prossegue: "O percurso actancial da personagem central pode até resumir-se à brutal repressão da automotivação física. E esse mesmo trajeto exprime com clareza uma das questões maiores da obra: a questão da legitimidade moral e social do desejo. O desejo é, provavelmente, a *causa das causas* romanescas, a causa *virtualizante* da narrativa". Ana Vilela diz-nos ainda: "O caráter cronicamente transgressor do erotismo parece, em *Os Maias*, curiosamente, quase comicamente inflacionado. De várias maneiras, todas as personagens transgridem, instalando-se mais ou menos institucionalmente na transgressão erótica – pense-se em Eusebiozinho, Palma ou Taveira, na Gouvarinho, nos criados de Ega, no próprio Ega, em D. Diogo, em Cruges, no bom marquês, em Steinbroken, em Dâmaso.

"Estruturalmente intransitivo, Portugal parece um país degradado por um erotismo improdutivo. Em última análise, é por uma certa anomalia erótica que as personagens se caracterizam e interagem; todas amantes disfuncionais, cada uma à sua maneira, a sua tipologia de anormalidade alicerça-se numa generalizada relação conflitual com Eros". A autora conclui este texto deste modo: "E assim, *triunfal em surdina* – como diz o magnífico verso de Mourão-Ferreira – pode serpentear em Eça uma insidiosa gramática erótica" (Vilela, 2002-2003).

Num texto muito sugestivo: "Big Eça Is Watching You. Cenas ocultas e Espionagem na Ficção de Eça de Queirós", Ana Luísa Vilela, ainda, interroga: "Qual será, afinal de contas, a função da representação, tão insistente em Eça, das cenas de espionagem? Com que intuito tanto se espia nos romances queirosianos – seja para se informar, denunciar, condenar ou gozar? E por que parecem todos os espiões, e todos os pecadores, tão pouco capazes de aprender as lições que tais cenas, tão diligentemente, tão expressivamente, tão abundantemente lhes proporcionam? É caso, talvez, para colocar seriamente a questão da essencial perversidade da narrativa – sobretudo da narrativa realista. O que podemos concluir é que todas essas manobras intensificam a instalação de uma atmosfera de densa *expectativa narrativa*. Tais cenas podem corresponder, talvez, à representação do estudo de incerteza, carência e avidez, características da curiosidade erótica – um estado comum aos parceiros no jogo amoroso e às suas testemunhas espiantes (entre as quais a mais palpitante e protegida de todas – o leitor). Serão afinal, todas elas, técnicas maquiavélicas de construir a *sedução do texto* – uma sedução que é o traço inconfundível do estilo queirosiano?"

No corpo do seu texto a autora escreve: "O motivo da testemunha erótica oferece abundantes exemplos na ficção de Eça de Queiroz. Há sempre alguém *watching you*, mostra-nos Coimbra Martins, no ensaio "Eva e Eça" – em que nos lembra as particulares funções persecutórias dos olhinhos perfurantes de, por exemplo, as Lousadas, Juliana e o seu homônimo Julião, a avidez de D. Josefa Dias e da Totó, ou os olhos acusadores e fixos de Cristo, para Teodorico ou, para Amélia, os dos santos da igreja que tem de atravessar para se encontrar com Amaro, e que a enchem de terror. As testemunhas acusadoras parecem tender, como Totó e as imagens sacras, à passividade, à paralisia; como se a sua imobilidade e a fixidez do seu olhar clarividente lhes conferissem já o poder e a vocação das figuras espectrais – tal como aquela estátua de pedra que acusa Don Juan". Ana Vilela diz-nos ainda, e vale a pena segui-la: "A cena *voyeurista* queirosiana é concebida como uma micronarrativa completa – mas em que a suspensão, o prolongamento do não-preenchido, a margem de indeterminação é paradoxalmente eternizada pela intensidade do tempo vivido e pela estreiteza do espaço focado. O desfecho esperado, por seu lado, raramente se consuma: pelo contrário, a cena ou é abruptamente interrompida (pelos pontapés do marido, pelo despertar do sonhador, pela impaciência do espião), ou se prolonga pela suspeita larvar continuada (caso de Godofredo, por exemplo), ou se desvanece no magma de outras cenas (caso de Miss Sara), ou o seu mistério falsamente se dissipa, absorvido pelo despontar de outras suspeitas (como será que Cohen terá descoberto a verdade?... Terá espiado?, ...). A incerteza sempre, o descanso da verdade, nunca" (Vilela, 2008, pp. 19-37).

Em *Sexo e Sensualidade em Eça de Queiroz*, ensaio que publicamos em 2012, pode ler-se: "Concluiremos com dizer, a propósito das relações amorosas da narrativa queiroziana, onde Eça se nos apresenta na sua melhor e mais original forma, que sexo e sensualidade atravessam a sua obra estruturalmente, com a mesma intensidade com que a invade o tema obsessivo da comida e da bebida. Aliás, sexo e comezaina têm inúmeros pontos de contato, dado que ela se relaciona estreitamente com a sensualidade".

II. PERFUMES E CHEIROS NA NARRATIVA

Um dos primeiros críticos literários a ocupar-se da obra de Eça, Moniz Barreto, que com ele conviveu em Paris, escreveu: "Há nele um poeta pagão, ébrio de entusiasmo pela magnificência da matéria, pelo encanto da Beleza, pelo prestígio da Força, pelas seduções do luxo". E mais adiante: "Adora os perfumes como um elefante". O jornalista José Sarmento, que com ele privou em Lisboa, no fim da vida, diz-nos que Eça lhe confessara que adorava todos os perfumes. Ao arrancar algumas folhas de um arbusto, comentou: "Engano-me sempre com estas folhas, parecem-se muito com as de lúcia-lima. É um dos perfumes de que mais gosto". Esta sensibilidade às impressões olfativas encontramo-la amiúde na sua ficção. Por exemplo no que poderíamos chamar *teoria dos sulcos*, expressa no capítulo III de *A Cidade e as Serras*. Trata-se dos efeitos dolorosos que a multidão de Paris provoca no sensível Jacinto, que lhe deixa marcas profundas e desagradáveis a que ele chama *sulcos*. À cabeça está "um perfume muito agudo e penetrante que uma mulher larga ao passar, e se instala no olfato, e estraga para todo o dia o ar irrespirável". Aliás Eça refere que o seu herói "só pelo nariz, afilado, com narinas quase transparentes, de uma mobilidade inquieta, como se andasse fariscando perfumes, pertencia às delicadezas do século XIX". No seu suntuoso 202 dos Champs Elysées, Jacinto, personagem de tão ricos cabedais, possui lenhas aromáticas nas suas lareiras.

Em *Os Maias*, quando do aparecimento da condessa de Gouvarinho, que é apresentada a Carlos num camarote do Teatro de São Carlos, sabemos que "em torno dela errava, no calor do gás e da enchente, um aroma exagerado de verbena". Mais tarde, quando pela primeira vez ela se entrega a Carlos, este sente de novo "o seu aroma de verbena", com "o calor que subia do seu seio arfando com força". Quando volta a possuí-la num passeio de *coupé* pela estrada de Queluz, aquela alcova de amor estava perfumada de verbena. Pouco depois, saberemos que "havia três semanas apenas que aqueles braços perfumados de verbena se tinham atirado ao seu pescoço e já a saciedade se apoderava de Carlos" – "A senhora condessa com a sua verbena, os seus cabelos cor de brasa, e o seu pranto, era apenas um trambolho!" A rejeição da Gouvarinho ficará para sempre associada a este perfume.

Maria Eduarda, a deusa, ao aparecer pela primeira vez, deixará também "um aroma no ar". Quando a conhece, Carlos sente "um perfume indefinido e forte de jasmim, de marechala, de *tanglewood*". Depois de a possuir, sabendo já que é sua irmã, "todo aquele aroma dela, que tão bem conhecia, esparso na sombra tépida, o envolvia, lhe entrava na alma com uma sedução inesperada de carícia nova, que o perturbava estranhamente". Carlos virá a encharcar-se em água-de-colônia para dissipar esse cheiro que depois o repugna.

Genoveva, de *A Tragédia da Rua das Flores*, usava *tanglewood* e opóponax. O seu banho era perfumado com *Eau de Lubin*. Em *A Relíquia* a amante de Teodorico Raposo, Adélia, fá-lo comentar: "O cheiro dos pós de arroz excedia em doçura o olor dos junquilhos místicos, e estava no céu, eu era São Teodorico". A soberba inglesa que Teodorico Raposo vai espreitar pela fechadura num hotel de Jerusalém estava "coroada por uma massa ardente de cabelo ondeado e castanho; presa num vestido de sarja azul que os seios rijos quase faziam estalar – ela entrou, derramando um fresco cheiro de sabão Windsor e de água-de-colônia, e logo alumiou todo o refeitório com o esplendor da sua carne e da sua mocidade".

Mas também a beata Titi é caracterizada pelos cheiros que emana, estes deveras estranhos: "Cheiro acre e adocicado a rapé e a formiga". Estranho odor este, o de formiga! Terá alguma conotação com formol e com morte? Esta promiscuidade de odores sugere naturalmente ambientes fechados de beatério, propícios à sua intensidade e fixação. Por seu turno, Luísa de *O Primo Basílio* perfuma o banho com *Eau de Lubin*.

Eis como os perfumes e os cheiros desempenham na narrativa queiroziana o papel de ingredientes eróticos e, mais tarde, também, o de elementos repulsivos, quando a saciedade se instala e as relações amorosas estão prestes a terminar, e eis como podem também caracterizar personagens hediondas, como a "Titi" de *A Relíquia*.

12. PRESENÇA DA MÚSICA NA NARRATIVA

Da importância da música na construção da narrativa queiroziana, "onde preenche função específica, ponderada, de efeito sabiamente calculado", nos dá conta o artigo sobre tal matéria no *Dicionário de Eça de Queiroz* (1993, pp. 633-644), da autoria de Luís dos Santos Ferro. A função do elemento musical em Eça deverá entender-se também, há que acrescentar, como mais um agente, e não dos menores, de credibilidade da ficção. Extraímos desse artigo alguns tópicos significativos. Além de músico profissional, o maestro Cruges, de *Os Maias* (que parece ter sido o retrato do cunhado de Eça, Alfredo Kruss, casado com sua irmã Henriqueta, ou o compositor Augusto Machado, como se tem afirmado?), muitas personagens são executantes de piano, instrumento de época predominante entre a burguesia. Vemos a tocá-lo Amélia (interpretando uma *habanera*, contradanças e antigas árias de velhos compositores), Genoveva (*Chaque Femme a Sa Toquade*, a sua canção preferida, que Vítor repete), Luísa (*Ai Adeus Acabaram-se os Dias*, de Soares de Passos), Maria Eduarda (Chopin e Mendelssohn, com elogios do maestro Cruges), Miss Sarah (*Dead Leaves! Dead Leaves!*), Basílio (ária do 3º ato do *Fausto*: *Al pallido chiarore/ Dei Astri d'Oro*).

Violão, harpa e rabeca são tocados pelos pais do Raposão. Acácio é também tocador de rabeca. O órgão era o instrumento do tio Cegonha, no *Crime do Padre Amaro*, quando organista em Évora, depois professor de piano de Amélia, em Leiria. Cruges, para quem a Alemanha era a "pátria sagrada dos seus deuses, de Beethoven, de Mozart, de Wagner..." e a Itália terra de "contradanças", faz a sua aparição em vários episódios do romance e destaca-se sobretudo no sarau do Trindade, onde executa atabalhoadamente a *Sonata Patética* de Beethoven. Devemos salientar que, em *As Farpas*, Eça, ao criticar o Teatro de São Carlos, escreve: "Se alguma coisa debilita o caráter e enfraquece o espírito – é a influência da música italiana, sentimental, amorosa, langorosa, mórbida", e esta observação encontra-se na origem das opiniões de Cruges...

A ópera, no São Carlos e no Trindade, desempenha importante papel na narrativa. *A Tragédia da Rua das Flores* abre com uma opereta de Offenbach, deste modo: "Era no teatro da Trindade, representava-se o *Barba Azul.* Tinha começado o segundo ato e o Coro dos Cortesãos saía, recuando em semicírculo, com os espinhaços vergados – quando num camarote, sobre o balcão, à esquerda o ranger ferrugento de uma fechadura perra, uma cadeira arrastada, fizeram erguer, aqui, além, alguns olhares distraídos". A narrativa prossegue com alusões à representação desta ópera. Note-se que Offenbach é introduzido em Lisboa em 1868, com grande sucesso. João da Ega faz a sua defesa em *Os Maias*, e Eça a sua apologia nas *Farpas*, como acerado crítico da sociedade, perguntando aos dramaturgos do seu tempo: "Quem, como ele, fez a caricatura rutilante da decadência e da mediocridade? Vós,

Teatro de São Carlos em Lisboa.

com a vossa severidade, não tendes feito um único serviço ao bom senso, à justiça, à moral. Tendes só feito sono! E ele? O militarismo, o despotismo, a intriga, o sacerdócio venal, a baixeza cortesã, a vaidade burguesa, tudo feriu, tudo revolveu, tudo abalou num *couplet* fulgurante!" Juliana canta, muito apropriadamente, a *Carta Adorada* (*A Grã-Duquesa de Gerolstein*, de Offenbach), que vemos também cantada por Fontes Pereira de Melo, numa caricatura do *Antônio Maria* (24.8.1882), de Bordalo Pinheiro:

Oh carta adorada
Por mim decorada
Vais ser conservada
Qual mimo de amor

E, de igual modo, o *couplet*:

Além d'amanhã termina a campanha
P-o-o-or aqui se diz...
Se tal for verdade, se não for patranha...
Se-e-rei bem feliz!

Quando o Artur de *A Capital!* entra pela primeira vez, emocionado, no São Carlos, canta-se *A Africana*, de Meyerbeer. Ainda em *A Capital!*, na cena cômica passada no Largo do Carmo, em que Artur, chegado da província, procura literatos, ouvem-se acordes do 1º ato de *A Grã-Duquesa de Gerolstein*: "Aceita o sabre de meu pai!" Luísa e Jorge vão ao São Carlos ver o *Fausto* de Gounod, enquanto Sebastião procura arrancar de Juliana as cartas que comprometem Luísa. No final da tragédia Jorge cantarola o *Dies irae* do *Requiem* de Mozart.

Carlos e a Gouvarinho começam o seu relacionamento sob os auspícios da música de Meyerbeer, *Os Huguenotes*. O conde de Gouvarinho, sentencioso, como sempre, tece comentários sobre o *Coro dos Punhais*. Na *Tragédia* e em *A Capital*, o baixo Sarrotini, personagem muito viva, vem trazer uma nota alegre e cômica à narrativa. Há que lembrar que a sua presença junto de Meirinho doente, na cama, é dos mais conseguidos episódios de *A Tragédia da Rua das Flores* (pp. 283-287, ed. Morais). Dizia-se, fundamentadamente, que Eça chegara a escrever o libreto de uma "ópera bufa", intitulada *A Morte do Diabo*, por volta de 1868, com Augusto Machado, dada até agora como perdida. No *In Memoriam de Antero de Quental*, Eça escreve: "Sob a influência de Antero, logo dois de nós, que andávamos a compor uma ópera bufa, contendo um novo sistema do Universo, abandonamos essa obra de escandaloso delírio – e começamos à noite a estudar Proudhon". Em 2009 a investigadora Irene Fialho descobriu fragmentos de música e letra desta peça. Só a parte musical foi tocada no Teatro da Trindade, em 1870.

O realejo, instrumento das ruas, aparece com frequência a sublinhar situações, ora através da *Casta Diva* (Bellini), da *Lucia* (Donizzetti) e da *Traviata* (Verdi). Em *Os Maias*, ouve-se no realejo a *Valsa de Madame Angot* quando Carlos visita Maria Eduarda na Rua de São Francisco (hoje Rua Ivens), como médico. Em *A Tragédia da Rua das Flores* são inúmeras também as notações musicais. Os amores de Luísa e de Basílio desenvolvem-se ao som da melodia sensual da *Médjé* de Gounod. No *Crime do Padre Amaro* é a *habanera* de Iradier a que mais frequentemente ocorre sob o título de *La Paloma*. Jorge, em *O Primo Basílio*, canta árias do *Fausto* de Gounod, tal como Basílio, que se serve dos seus dotes de barítono para seduzir a prima.

Mas também os relógios, que marcam o tempo e decoram os ambientes das casas, tocam melodias. No *Ramalhete* temos minuetes, em casa de Fradique Mendes: Haydn, Cimarosa ou Glück.

Sebastião e Cruges são autores de *meditações*. Cruges produziu a *Meditação de Outono*.

Nesta amostragem de registos musicais podemos intuir mais este elemento vivificante de enriquecimento da narrativa, de que se podem inferir conotações simbólicas expressivas, em que, como diz o texto aqui seguido, mencionado na abertura: "A música tanto aparece ligada a situações de amor e morte – comentando-as noutro registo, ou anunciando-as sutilmente por alusões premonitórias [...]".

Também Daniel-Henri Pageaux, em "*Os Maias*, Eça et la Musique" (Pageaux, 1988), detecta significativas notações de caráter musical que enriquecem o realismo desta obra: "A música – uma certa música – atravessa de ponta a ponta *Os Maias*, ou, para melhor dizer, *Os Maias* é atravessado por uma música, por músicas, em diversos fragmentos, ecos de gostos populares ou nacionais ou de sucessos que, da França ou da Itália, passaram a Portugal e a toda a Europa. Presença episódica pois, mas contínua, da música, que permite colher um aspecto, entre os mais seguros, da estética dita *realista* de Eça de Queiroz".

13. OS SONHOS

Os sonhos, no entendimento da Antiguidade, anunciavam os destinos humanos e tinham origem em forças sobrenaturais e divinas. Daí a importância que lhes atribuíam, em momentos decisivos, sacerdotes e sábios, procurando descobrir o seu significado. Contamos e descrevemos 31 sonhos na sua ficção, como regista o *Suplemento do Dicionário de Eça de Queiroz*. Como escreveu Coimbra Martins em "Eva e Eça": "Uma espantosa invenção de Eça numa daquelas descrições de sonhos que fazem dele um precursor do surrealismo, entre Hieronymus Bosch e Salvador Dalí". É de 1900, ano da morte de Eça, a publicação da *Interpretação dos Sonhos*, de Freud, onde o sábio de Viena pretende explicar as ligações existentes entre a vida consciente e a vida do inconsciente, ao analisar o seu significado como válvulas reguladoras do equilíbrio psíquico.

Um dos mais expressivos sonhos surge em *Os Maias* e tem como protagonista João da Ega, despeitado por ter sido abandonado por Raquel Cohen: "Toda a noite sonhou com Raquel e com Dâmaso. Via-os rolando por uma estrada sem fim, entre pomares e vinhedos, deitados numa carroça de bois, sobre uma enxerga onde se desdobrava lasciva e rica, a sua colcha de cetim preto da vila Balzac; os dois beijavam-se, enroscados sem pudor, sob a fresca sombra que caía dos ramos, ao chiar lento das rodas. E por um requinte de sonho cruel, ele, Ega, sem perder a consciência e o orgulho de homem,

João da Ega sonha que puxa um carro de bois onde se encontra o Dâmaso a fazer amor com Raquel. Ilustração de Rui Campos Matos.

era um dos bois que puxam o carro! Os moscardos picavam-no, a canga pesava-lhe; e, a cada beijo mais cantado que atrás soava no carro, ele erguia o focinho a escorrer de baba, sacudia os cornos, mugia lamentavelmente para os céus!" Um outro sonho, em *A Cidade e as Serras*, diz respeito a Zé Fernandes, companheiro de Jacinto em Paris, que o sonha depois de mergulhar no leito do Grand-Hotel, em Paris. É assim descrito: "Que em Tormes se construíra uma torre Eiffel, que em volta dela as senhoras da Serra, as mais respeitáveis, até a tia Albergaria, dançavam, nuas, agitando no ar saca-rolhas imensos". Esta torre Eiffel não pode ser entendida, psicanaliticamente, senão como um gigantesco símbolo fálico.

Alberto Machado da Rosa observa: "Que saibamos, antes de 1880 nenhum romancista explorou as vivências oníricas das suas personagens com a versatilidade que se comprova nos exemplos apresentados, especialmente de *O Crime do Padre Amaro*. Talvez que a sua maior originalidade resida na integração do subconsciente com a consciência da personagem, feita sobre um plano em que as fronteiras da realidade externa se enredam no mundo da fantasia, sem contudo perderem as suas linhas prosaicas. As incongruências (o desaparafusamento da calva do conselheiro, as pernas de Amélia e a atitude dos santos etc.) e o choque das vozes sardônicas com um ambiente dissonante dão-lhes um caráter diferente das visões de Flaubert, das fantasias dos românticos, tão abundantes, e de tudo quanto através dos séculos as precedem desde o genial Homero. No fundo, a sua originalidade, em 1878 e 1879, resulta da ironia fundida com a fantasia, então como sempre. A conhecidíssima epígrafe de *A Relíquia* é talvez imprecisa: em vez de 'sobre a nudez forte da verdade, o manto diáfano da fantasia', o artista devia ter escrito *sobre a força da imaginação, o manto diáfano da ironia*" (Rosa, 1964, p. 263).

A obra de Eça encontra-se pejada de sonhos da mais variada espécie. Será, possivelmente, em *O Primo Basílio* e em *O Crime do Padre Amaro* que a riqueza da sua elaboração e o seu entrosamento com o desenrolar da ação são mais notáveis, para não falar na parte central de *A Relíquia*, onde a Crucificação é talvez mais uma visão do que propriamente um sonho. A sua riqueza e sentido simbólico revelam uma intuição que só os grandes autores possuem. Óscar Lopes sustenta que *O Primo Basílio* é o romance onde os sonhos e devaneios desempenham um papel mais notável e salienta particularmente "o grande sonho da récita teatral, desencadeada por Juliana que regressa finalmente e sem explicação do teatro e dá a Luísa um momento de descanso, em que ela adormece. Desenrola-se então um sonho complexo, riquíssimo, que termina com Ernestinho chamado ao palco, aos saltos, para não pisar o sangue de Luísa, enquanto se ouve a voz de Jorge, que chega do Alentejo" (Lopes, 1997, pp. 19-29).

No artigo do *Dicionário de Eça de Queiroz* – "Sonhos", do psicanalista Pedro Luzes, os sonhos são classificados nestas categorias: *Sonhos de voar*, com o significado de excitação sexual (Amaro levando Amélia para o Céu); *Sonhos de nudez embaraçosa* (a velha Josefa Dias em *O Crime do Padre Amaro* assediada por visões e sonhos de santos nus); *Sonhos de observação e de espetáculos teatrais ou de cenas insólitas* (Luísa a repetir a sua aventura com Basílio num grande teatro em presença do Rei e o sonho de Teodorico Raposo em *A Relíquia*, quando, a caminho de Jafa, sonha com o Diabo); *Sonhos de castigo* (Amélia em *O Crime do Padre Amaro*, sonhando que dá à luz um monstro); *Sonhos de repetição* (acerca de exames difíceis, sobre traumatismos, sobre épocas felizes da infância) etc.; *Sonhos traumáticos* (sonho de Amaro imaginando volver aos tempos da Inquisição); *Sonhos de salvamento da água* (como no capítulo 18 de *A Tragédia da Rua das Flores,* Vítor sonhando com seus pais e com Genoveva).

Fora deste elenco o autor refere ainda o sonho de Gonçalo, em *A Ilustre Casa*, intitulado "morte", em que esta personagem, visitada pelos seus antepassados heroicos, confessa a sua fraqueza de alma e de ânimo. Pedro Luzes refere ainda o "sonho" muito conhecido (ou visão) de Teodorico Raposo em *A Relíquia*, em que se faz a reconstituição histórica da morte de Jesus, repleta de atmosfera onírica.

Diz-nos Óscar Lopes, ainda: "Como acontecerá depois em *O Primo Basílio*, os sonhos não funcionam como simples revelação ou catarse expressionista dos seus conflitos, esperanças, angústias: eles extravasam do horizonte de consciência possível (mesmo onírica) das personagens e constituem como que duplicados ludicamente fantasistas e irônicos do próprio narrador. Saliente-se o sonho em que Amaro, com Amélia abrigada e abraçada sob o capote, voa em direção ao Céu, perseguida por um Diabo com a fisionomia de João Eduardo e onde surgem episódios como o de um santo saturado da '*monotonia do Céu*', saudoso das '*torpezas diferentes da Terra*' e até das '*variedades da dor*' no Purgatório, preludiando o tema do conto 'Perfeição', que será escrito em 1896" (Lopes, 1999, pp. 94-95).

14. O ESPAÇO

"A atmosfera e o meio físico, em Eça de Queiroz, participam estreitamente na ação, constituem, à sua maneira, personagens ativas desta ação." Assim escreveu Pierre Hourcade (Hourcade, 1946). Vai no mesmo sentido esta reflexão do crítico brasileiro Álvaro Lins: "A geografia dos romances de Eça de Queiroz revela-se tão sugestiva quanto a fisionomia e a psicologia de suas personagens. Há tanto caráter próprio e tanta vida independente em alguns ambientes físicos desses romances e novelas, quanto nas figuras humanas que nelas habitam, transitam e se movimentam, como em seu pequeno e correspondente universo" (Lins, 1959, p. 209).

Um dos elementos constitutivos da sua narrativa, e não o menos importante, é, de fato, a descrição do espaço onde se situa a ação romanesca, seja ele interior ou exterior. Essa descrição é vitalizadora da imaginação do leitor, na sua natural apetência para tomar como real o mundo fictício que o escritor lhe apresenta. As descrições, por vezes fotográficas, seguem uma geografia precisa, predominantemente em Lisboa, porque Lisboa foi o palco principal da sua ficção, em arruamentos, jardins, praças, nos locais onde mora grande parte das personagens de primeiro plano. Todos os elementos que caracterizam e identificam o meio geográfico citadino personalizam a ação e as personagens, fazendo parte de uma estratégia de credibilidade. No prefácio de *Pierre et Jean*, Maupassant escreveu: "O escritor não tem outra

Largo do Pelourinho – atual Largo do Município.

O Hotel Bragança – último edifício no topo.

A Praça de Camões em Lisboa.

missão senão a de reproduzir fielmente esta ilusão com todos os meios de arte que aprendeu e de que pôde dispor".

A naturalidade do diálogo e a descrição dos espaços urbanos onde decorre a ação são ingredientes de que Eça se serve para provocar no leitor o sentimento de autenticidade. Os cenários urbanos literariamente recriados compartimentam e dinamizam a ação, ajudando a caracterizar as personagens. Assim acontece no *Primo Basílio*, no passeio do Conselheiro Acácio com Luísa, entre o jardim de São Pedro de Alcântara e o Rossio, com passagem pelo Chiado. O mesmo se dá quando Carlos da Maia, no fim de *Os Maias*, retorna a Lisboa e enceta um passeio a pé entre o Hotel Bragança e o começo da Avenida da Liberdade, com o seu amigo João da Ega. Os cenários urbanos refletem também uma visão decadentista da cidade, ou seja, o sentimento de decrepitude do país. E verificamos então a consonância entre a mediocridade das personagens e a degradação dos cenários urbanos em que elas se movem.

Sabemos do fascínio que Lisboa exercia sobre o escritor, que, no entanto, deu predomínio na sua obra ficcional aos aspectos negativos da cidade. Mesmo o desdenhoso Fradique amava Lisboa, considerando que, "com três fortes retoques, com arvoredos e pinheiros mansos plantados nas colinas calvas da Outra Banda; com azulejos lustrosos e alegres revestindo as fachadas sujas do casario; com uma varridela definitiva por essas benditas ruas – Lisboa seria uma dessas belezas da Natureza criadas pelo Homem, que se tornam um motivo de sonho, de arte e de peregrinação".

Porém, a exaltação da fisionomia urbana da capital surge até nos romances realistas, por vezes em descrições de grande intensidade poética. Damos um só exemplo, da penúltima página de *O Primo Basílio*, quando Basílio e Reinaldo descem a Rua do Alecrim em direção ao rio: "O dia estava glorioso; um friozinho sutil errava; no ar luminoso, leve, trespassado de sol, as casas, os galhos das árvores, os mastros das faluas, as mastreações dos navios tinham uma nitidez muito desenhada; os sons sobressaíam com uma tonalidade cantada e alegre; o rio reluzia como um metal azul; o vapor de Cacilhas ia soltando rolos de fumo que tomavam a cor do leite; e ao fundo as colinas faziam na pulverização da luz uma sombra azulada, onde as casarias caiadas rebrilhavam". Mas é sobretudo através do narrador de *A Relíquia*, o pícaro Teodorico, seu porta-voz, que Eça exalta a cidade e lhe confere a merecida aura. Duas semanas depois de chegar da Terra Santa, ao rolar triunfante na tipoia do "Pingalho", diz o narrador de si próprio: "Resplandecia mais que um gordo César, coroado de folhagens de ouro, sobre o seu vasto carro, voltando de domar povos e deuses. Era decerto em mim o deleite de rever, sob aquele céu de janeiro, tão azul e tão fino, a minha Lisboa, com as suas quietas ruas cor de caliça suja, e aqui e além as tabuinhas verdes descidas nas janelas, como pálpebras pesadas de langor e de sono".

O rio Tejo é uma presença frequente na narrativa, cuja cor descreve, servindo-se das fugas panorâmicas que os arruamentos proporcionam. Como vários comentadores têm salientado, a ficção de Eça é feita de uma complexa tessitura de sutis pormenores e ingredientes, urdidos com mestria e perfeita visão do conjunto. A recriação dos espaços reais é parte fundamental da sua estratégia de credibilidade, uma das mais significativas características do realismo. A participação predominante de Lisboa neste processo tem como fundamento o grande amor que Eça nutria por esta cidade, onde viveu os primeiros anos agitados de uma procura de rumo, após a sua formatura.

Com razão Ramalho Ortigão disse na inauguração do seu monumento, no Largo do Barão de Quintela: "Lisboa foi desde então o seu laboratório de arte, o seu material de estudo, a sua preocupação de crítico, o seu mundo de escritor, o seu romance dele – iria dizer o seu vício – a sua fatalidade, o seu destino. E pela razão de que profundamente se ama o que profundamente se estuda, ele amou profundamente Lisboa, e a pouco e pouco se tornou ele próprio enraizadamente lisboeta, lisboeta até às mais íntimas moléculas do seu organismo, até às mais profundas criptas da sua alma" (Ramalho, *A Eça de Queiroz*, 1904, p. 25).

Mas também a descrição pormenorizada dos espaços interiores das habitações, onde se desenvolve grande parte da ação, constituem elementos poderosos de credibilidade e também de caracterização das personagens que lá habitam. (No prefácio de *Imagens do Portugal Queiroziano* anotei oito qualidades de tecido em cortinas, sem preocupação exaustiva.) Vejamos três exemplos significativos: em *O Crime do Padre Amaro* a casa da condessa de Ribamar, a Buenos Aires, onde Amaro vai pedir uma paróquia mais confortável: "Era uma sala forrada de papel branco acetinado, com móveis estofados de casimira clara. Nos vãos das janelas, entre as cortinas de pregas largas de uma fazenda adamascada cor de leite, apanhadas quase junto do chão por faixas de seda, arbustos delgados sem flor, erguiam em vasos brancos a sua folhagem fina. Uma meia luz fresca dava a todas aquelas alvuras um tom delicado de nuvem. Nas costas de uma cadeira uma arara empoleirada, firme num só pé negro coçava vigorosamente, com contrações aduncas, a sua cabeça verde" (Cap. III).

Em *O Primo Basílio*, logo na primeira página, a casa de Jorge e de Luísa: "A sala esteirada alegrava, com o seu teto de madeira pintado a branco, o seu papel claro de ramagens verdes. [...] nas duas gaiolas, entre as bambinelas de cretone azulado, os canários dormiam; um zumbido monótono de moscas arrastava-se por cima da mesa". Em *A Relíquia*: "Mas, aos domingos, o chá era servido nas pratas do comendador G. Godinho. Eu via-as, maciças e resplandecentes, diante de mim: o grande bule, terminado em bico de pato; o açucareiro, cuja asa tinha a forma de uma cobra assanhada; e o paliteiro gentil, em figura de macho trotando sob os seus alforjes". A "Toca", o *cottage* dos Olivais que Carlos compra para instalar a sua amante, merece ao narrador nove páginas de descrição, que nos fornecem em pormenor todos os requintes da decoração e do conforto. Repare-se também como, por vezes, elementos insólitos ou bizarros acentuam e animam os ambientes: a arara empoleirada num sofá em casa da condessa de Ribamar; o paliteiro em forma de macho com alforjes, em casa da Titi; e na "Toca", sobre uma coluna de carvalho, "uma enorme coruja empalhada que fixava no leito de amor, com um ar de meditação sinistra, os seus dois olhos redondos e agoirentos...". Todos os elementos da decoração interior: pinturas, gravuras, móveis, *bibelots*, cortinados, papéis de parede e tecidos, são, com efeito, objetos de descrição pormenorizada, que ajudam a credibilizar e caracterizar as personagens.

15. OS PRAZERES DA MESA. AS MALEITAS GÁSTRICAS. O CAMINHADOR

Num dos mais argutos e interessantes ensaios do *Dicionário de Eça de Queiroz*, Andrée Crabbé Rocha analisa o obsediante tema que é a comida e a bebida na narrativa queiroziana, admitindo que esta exorbitante manipulação gastronômica tenha sido provocada por manifesto gosto pessoal do seu autor. Esta estudiosa contou 2650 itens destas referências!

Em *Os Maias* há quinze refeições completas. Em *A Cidade e as Serras* mais do que seis, e assim por diante. Tudo isto ajuda a caracterizar os ambientes e as personagens. Neste universo, até nos sonhos se come, observa Crabbé Rocha! Mesmo nas alcunhas de muitas personagens há referências alimentares: "Castanha pilada", "Pão e queijo", "Fava torrada", "Isca seca" e "Tripa velha". "A matéria literária está literalmente atafulhada de canja, caldos, pargo, sável, pescada, bacalhau, linguado, cabrito, frango, peru, vitela, macarrão, arroz, creme queimado, quadradinhos de marmelada ou, com proveniência estrangeira, *jambon de York*, *foie-gras*, laranjas em éter, *choucroute*, queijo manchego, ou ainda, de paragens mais longínquas, salmão da Dalmácia, gafanhotos fritos, figos de Bephtagé, barbatanas de tubarão, olhos de carneiro e nenúfares em calda de açúcar…". Mais ainda: "Existe nos textos queirozianos uma espantosa profusão de complementos de tempo relacionados com o antes, o durante e o depois da refeição. Na realidade, o tempo narrativo é pautado quase exclusivamente por almoços, jantares, chás, ou ceias, sem que, em muitos casos, seja absolutamente necessário".

Nenhum biógrafo que se preze pode deixar de analisar o gosto que Eça sempre manifestou pela comezaina, que tantos distúrbios gástricos lhe causou, e que se liga estreitamente a esta obsessão gastronômica. Parece que as suas maleitas, que o deviam afastar da mesa, muito pelo contrário o levam a um gosto exagerado pela boa cozinha, a que se seguem queixas amargas, de que a sua correspondência está repleta. Transfere então para as personagens o gozo profundo de saborear a comidinha e a bebidinha, sem que tenha de sofrer as consequências por se ter sentado à mesa com elas. E este é um dos aspectos marcantes da sua idiossincrasia, que mereceram a Dário Castro Alves, em 1992, dois volumes de um dicionário gastronômico com centenas de entradas, obra intitulada *Era Tormes e Amanhecia*. Em 1995 este autor, antigo embaixador do Brasil em Portugal, publicava *Era Porto e Entardecia. Dicionário de Vinhos e Bebidas Alcoólicas em Geral na Obra de Eça de Queiroz* e, em 2001, uma resenha intitulada "Roteiro de *Os Maias* de Eça de Queiroz e de Todas as Comidas e Bebidas no Romance".

Lucette Petit, que se debruçou também sobre este tema, escreve: "Vestimentas, moradas, equipagens, animais familiares... conotam desde logo a pertença a este ou àquele grupo. A alimentação e os comportamentos alimentares, individuais ou por ocasião de reuniões, enriquecem por seu turno o horizonte de expectativa realista dos dados dramáticos, motor da narrativa" (Petit, 1995, pp. 259, 269).

Mas na narrativa queiroziana também se morre pela boca. Vejamos a abertura de *O Crime do Padre Amaro*, que começa precisamente pela morte do padre da Sé, José Miguéis, tido pelo "comilão dos comilões", que morre com uma apoplexia depois de uma ceia de peixe. Numa carta que escreveu em 1899 ao seu amigo Bernardo, conde de Arnoso, ao relatar-lhe a viagem que fizera a caminho de Espanha, pela linha da estrada de ferro do Douro, Eça conta-lhe: "Depois parei nas cercanias do Douro, em Santa Cruz, onde fiquei dois dias a descansar (quase devia dizer a convalescer), do tremendíssimo almoço com que o meu rendeiro me honrou, logo na manhã da chegada, às dez horas de uma doce manhã! O prato mais ligeiro era um anho assado. Na cabidela entrava toda uma capoeira. Sobre a mesa, em vez de garrafa, pousava um pipo! Honrei o festim: depois foram os dois dias, os dois lentos dias de cansaço e digestão, sentado numa pedra, debaixo de um castanheiro. Quando ao cabo de dois dias senti que já não havia dentro de mim quase nenhum anho e quase nenhuma cabidela – tomei enfim o caminho de Salamanca". Eis em poucas palavras o prazer e as moléstias da comezaina! Mesmo a alguns dias do falecimento, doentíssimo, em Glion--sur-Montreux, segundo o testemunho de Ramalho, Eça saboreia com prazer trutas do Lago Léman, cozidas au *court bouillon*... Não é pois de estranhar que, para festejar o aniversário de Carlos Valbom, nos versos do conde de Sabugosa que caracterizam os Vencidos da Vida, Eça tenha dado motivo a esta quadra: "E o Queiroz, a meiga fada, Oh Carlos! Tirano! Bacalhau de cebolada, Tró-la-ró, laró, laró". Efetivamente o bacalhau de cebolada era um dos seus pratos favoritos.

Leia-se a Carta XII da *Correspondência de Fradique Mendes*, onde Eça fala na "Quinta de Refaldes". O seu modelo é a Quinta do Mosteiro, na antiga estrada Porto-Póvoa de Varzim, em Moreira da Maia, bem assinalada por enorme e conventual igreja de duas torres, que pertencia ao seu amigo Luís de Magalhães e se encontra, ainda hoje, na posse dos descendentes. Visita habitual dessa casa, muito frequentada também por Antero de Quental, Eça passou ali bons momentos que o fizeram depois escrever nessa Carta XII: "Como se Refaldes fosse a ilha dos Lotofágios, e eu tivesse comido em vez de couve-flor da horta a flor do loto, por aqui me quedei, olvidado do mundo e de mim, na doçura destes ares, destes prados, de toda esta rural serenidade que me afaga e me adormece". E porque a cozinha de Luís de Magalhães era farta e excelente, logo lhe acudiu fixar esta recordação de impenitente *gourmet*: "Quem nunca provou este arroz de caçoula, este anho pascal assado no espeto, estas cabidelas de frango coevas da monarquia que enchem a alma, não pode realmente conhecer o que seja a especial bem-aventurança tão grosseira e tão divina, que no tempo dos frades se chamava a *comezaina*".

E é com o prazer inefável com que sempre gozou os prazeres da comezaina que escreveu em 1893, para a *Gazeta de Notícias* do Rio, um pequeno ensaio intitulado "Cozinha Arqueológica", postumamente publicado em *Notas Contemporâneas*. Este texto parte da leitura de *Deipnosophistae*, vulgarmente traduzido por "Filósofos Jantando", do grego Ateneu de Naucrátis, escrito em Roma no século III d. C., que é o relato de uma série de banquetes onde se estabelece uma conversação protagonizada por Ulpiano, sobre temas literários e históricos, que implica a citação de cerca de setecentos autores gregos. Os assuntos são comida, vinho, música, costumes sexuais, temas literários etc. Eça fixa-se apenas na comida e respectivas receitas, desenvolvendo uma descrição da cozinha da Antiguidade e das virtudes sociais da arte de comer, concluindo o seu ensaio pelo louvor dos estudos arqueológicos da culinária da Antiguidade clássica, lembrando que "o sabor de um pitéu nos dá uma ideia mais completa do povo que o prefere do que a forma de uma lança ou de um jarro. O homem põe tanto do seu caráter e da sua individualidade nas invenções da cozinha, como nas da arte". E é evidente o gosto profundo com que Eça nos descreve as requintadas receitas da Antiguidade, parecendo saboreá-las enquanto constrói o seu texto: da sobremesa grega feita de maçãs cozidas com mel à *empada de rosas*, prato dileto de Pompeu, passando pelo *moretum*, um guisado de galinha, feito com peixe, queijo, frutas, legumes e carne migada, a que Eça chama "uma moxinifada genial!" até ao modo requintado por que se deve cozinhar a tainha...

Este gosto, que foi decerto acompanhado por um paladar excepcionalmente apurado (deverão os clínicos debruçar-se um dia sobre as prováveis relações da sua doença gástrica com o seu apurado e voraz apetite), leva-o a perturbações da entranha que duram dias e que ele reprime a bismuto, sobretudo quando não está presente a mulher, Emília, que exerce atenta vigilância sobre a sua alimentação. Um dia, em Sintra, onde alugara casa, e em que lhe proíbe um guisado, Eça, amuado, levanta-se da mesa e vai fumar um cigarro, como testemunha José Sarmento, que com ele colaborou na elaboração do *Almanaque Enciclopédico*, da Editora Antônio Maria Pereira (1896 e 1897). Mas que fazer? "A mesa constituiu sempre um dos fortes, se não o mais forte alicerce da sociedade humana. Já os gregos diziam, na sua linguagem pitoresca e livre, que a *mesa é a alcoviteira da amizade!*", como ele escreve nesse ensaio sobre a cozinha antiga. Eça pertencia à plêiade imensa dos *dediti ventri*, ou seja, dos incorrigíveis escravos do ventre. Não há senão que seguir o seu conselho final: "Que os estudiosos pois fechem os livros – e preparem as caçarolas"...

Será decerto pertinente transcrever aqui, a propósito das suas maleitas gástricas, o que escrevi na "Nota Preambular" de *Imagens do Portugal Queiroziano* (p. 25): "A três anos apenas da morte e não obstante a doença e a debilidade física, faz ainda dez quilômetros a pé na estação termal de Plombières, nos Vosges, com o seu amigo e diplomata brasileiro Domício da Gama, a quem gaba o *trepar fácil e condescendente* (carta de 18.8.1897). Um ano depois, em Cascais, em busca do pinhal da Guia, palmilha cerca de catorze quilômetros. De Santa Cruz do Douro, a Tormes de *A Cidade e as Serras* dizia, ao escrever à mulher, os passeios que lá fizera: *andar agarrado às fragas é frequente nestes passeios de prazer. Eu gosto. Tu gostarias?*"(carta de 2.6.1898). Acrescente-se que o caso da caminhada no pinhal da Guia deve ter implicado um percurso entre o antigo Hotel do Globo e esse pinhal. O Hotel do Globo ficava onde é hoje o Hotel Baía, em face da praia central de

Cascais, e nesse ano de 1898 nele se hospedou. Depois de se declarar "ainda bronquítico", confessa a este propósito: "por equívoco e más informações, dei um passeio tremendo sob um sol ardente e uma nortada furiosa à busca do pinhal da Guia! Cheguei derreado. E estou ainda hoje amarfanhado. O tempo resplandescente como sol – mas desesperado como vento. Cascais é a caverna do velho Éolo, rei dos Aquilões" (carta de 18.8.1897). Esta comparação sugere-nos comentar que a mitologia grega, a mitologia romana, e até a mitologia nórdica são, desde muito cedo aliás, uma constante nas suas referências.

Para que fique convenientemente definida a excepcional capacidade de caminhador que Eça demonstrava, motivada sem dúvida pelo gosto de descobrir e gozar novas paisagens, há que evocar o testemunho de Ramalho Ortigão registado no estudo de introdução de Augusto de Castro para a "Edição integral" dos textos ramalhianos. Este escritor, jornalista e antigo diretor do *Diário de Notícias*, reproduz assim a conversa de Ramalho, na qual participou com Antero de Figueiredo, "numas termas do Norte", com toda a probabilidade o Gerês. O autor da *Holanda*, grande andarilheiro, perorava diante daqueles jovens literatos sobre as virtudes do caminhar a pé: "O português não sabe andar. Daí lhe provêm quase todos os seus defeitos de consciência e de corpo. O andar não é apenas um exercício. É uma escola. A andar educa-se a espinha, enrijecem-se os rins, tempera-se a alma. O português corcova e arrasta-se". Mais por diante, depois de uma exibição de Ramalho sobre a prática da marcha, Augusto de Castro obtempera: – "O que admiro é que, sendo o Sr. Ramalho tão amigo de Eça de Queiroz, nunca o ensinasse a andar... A Ramalhal figura, como disse Fradique Mendes, parou, concentrou-se um momento, gravemente, e respondeu: – Efetivamente, o Queiroz não andava. Trotava..." (Ortigão, 1944, vol. I, pp. XXVII, XXVIII). Este "trotava" é, sem dúvida, uma designação documental muito significativa para a caracterização do temperamento de Eça e para a sua representação visual de caminheiro muito magro, pálido e encurvado, ainda que enérgico.

16. O MUNDO VEGETAL

A obra de Eça de Queiroz tem suscitado ao longo do tempo aturada investigação, patente nesse monumento bibliográfico de Ernesto Guerra da Cal intitulado *Bibliografía Queirociana*, em seis volumes, publicada entre 1975 e 1984 na Universidade de Coimbra, em castelhano. Vemos aí registadas 13 946 fichas da mais variada natureza: das edições à história das obras, da iconografia à epistolografia e um sem-número de ensaios sobre a complexa tessitura do seu mundo romanesco, nos aspectos estilísticos e estruturais, relativos ao imbricado do tempo e ação das personagens no meio natural e urbano em que vivem, com os seus *bibelots*, objetos, mobílias e plantas, e também sobre o significado intrínseco de todo este mundo de referências.

A riqueza surpreendente de todos estes pormenores ficou bem patente no minucioso estudo a que procedeu Lucette Petit em *Le Champ du Signe dans le Roman Queirosien*, onde se demonstra a importância dessas aparentes minudências no enriquecimento das personagens e da narrativa (Petit, 1987). Os mais variados temas, incluindo a música, percorrem a sua bibliografia passiva. Repare-se que a música ocupa, no *Dicionário de Eça de Queiroz*, onze páginas. E todavia o mundo vegetal, de tão grande importância na narrativa, parece-nos dos mais descurados. Já nas suas primeiras crônicas de 1866, depois recolhidas sob o título de *Prosas Bárbaras* (1902), em que o escritor se encontra ainda muito distanciado do mundo da realidade objetiva, a presença de árvores e flores alcança significativa importância. Nas "Memórias de uma Forca", por exemplo, o narrador refere os "Apontamentos de uma raiz de cipreste"! A natureza é divinizada: é nela que se deve procurar a religião: "Não é nas hóstias místicas que anda o corpo de Jesus – é nas flores das laranjeiras". Mas é em "A Morte de Jesus", publicado em 1870 e escrito por ocasião da viagem ao Oriente, que se sentem na sua prosa os primeiros dons de observação, em contato com a novidade de exóticas paisagens. Em *O Egito* já a observação é exata e objetiva, ainda que o mundo vegetal lhe não dê aí motivos para grandes voos: "A água, uma linha de terra, o céu: eis toda a paisagem egípcia". Aqui e além reminiscências do panteísmo romântico das *Prosas Bárbaras*, como neste excerto do capítulo IX: "O corpo do morto será abraçado por aquelas raízes? As rosas vermelhas serão os seus lábios? Aqueles ciprestes, que crescem melancólicos e doces, serão a provisão de suspiros que havia no seu peito? Aqueles troncos nodosos serão os seus olhos?" Este panteísmo reaparecerá na fase realista, no último capítulo de *A Capital!*, na cena final do romance, quando Artur visita o túmulo da tia Sabina. Ciprestes, chorões, alfazemas, roseiras, heras e clavelinas constituem aqui o mundo vegetal, juntamente com as ervas tumulares, onde já havia "alguma coisa da doce velhinha".

Em *O Crime do Padre Amaro* e em *O Primo Basílio* uma profusão de plantas de interior acompanham a narrativa dando-nos a conhecer o gosto das personagens. No exterior aragens vegetais e árvores variadas. Mas a temática arbórea também participa do riquíssimo mundo onírico queiroziano: no sonho do cap. IX de *O Primo Basílio*, Luísa vê-se atriz num palco, representando o drama escrito por Ernestinho. O cenário é uma floresta onde ela nota "um carvalho secular, de uma arrogância heroica – cujo tronco tinha a vaga configuração duma fisionomia, e se parecia com Sebastião". Outros sonhos da sua obra implicam também o mundo vegetal. Em *Os Maias* surgem sutis referências e conotações a esse mundo: "Os artistas só amam na Natureza os efeitos de linha e cor", observa Carlos. Duas árvores surgem com relevo e simbolismo no jardim do "Ramalhete", referidos no princípio e no fim do romance: um cedro e um cipreste. Aos pés do primeiro morrerá Afonso da Maia. As árvores são também referidas como elementos de verossimilhança na narrativa, podendo ter significados sutis no universo dos signos e das representações.

A Cidade e as Serras é, naturalmente, a obra mais rica de implicações do mundo vegetal queiroziano. Um tema recorrente são as alamedas ou avenidas de determinadas espécies arbóreas, como personalizadoras de locais ou elementos do seu embelezamento perspéctico e importância social. As flores, por seu turno, servem para caracterizar sensualmente as carnações femininas: ora é um "pescoço de uma brancura de camélia úmida", ou uns "braços de uma frescura de lírio orvalhado", ou uma "carnação de camélia muito fresca". O uso de uma flor na lapela é uma constante de época nas personagens aristocráticas ou elegantes e o próprio escritor a usava. Surgem aí a rosa, o cravo e as camélias de várias cores. Não podemos deixar de mencionar o belo texto intitulado "As Rosas" (1893), coligido depois em *Notas Contemporâneas*, onde Eça estuda pormenorizadamente a evolução desta flor ao longo dos tempos e o significado que desde a Grécia lhe foi atribuído: "Não pertence à grande aristocracia floral, como a acuçena ou o lótus", assim começa a trajetória da rosa. Helênica, pagã, imperial, feudal, católica, mística, por todos estes períodos ela evoluiu, preparando-se para ser modernamente, diz-nos Eça, "a flor do socialismo".

Margaret Abel-Quintero, ao estudar, num trabalho de tese, o simbolismo das flores em *Os Maias*, verifica: "É somente através de repetições destas *valências silenciosas* em manifestações paralelas que podemos observar a emergência de um símbolo: camélias para o amor decepcionante, superficial e impuro, contra a rosa que significa o amor genuíno e puro" (Abel-Quintero, 1991, p. 114).

Tendo-se afirmado "homem das cidades" (carta de 5.8.1897, à mulher), Eça parece ter alimentado o sonho de viver no campo, na sua última fase de Paris, sonho que ele bem sabia ser utópico. Em outra carta para sua mulher observa: "Com efeito, não há senão o campo! Este campo da cidade, árvores entre ruas, não vale nada. É também no campo, mas no verdadeiro, que eu desejaria viver. Era bom para todos" (carta de 5.7.1889). Eduardo Prado, nas páginas de homenagem que o número 10 da *Revista Moderna* dedicou a Eça, em 1897, testemunha o seu gosto pelas flores, que sempre ornamentavam a mesa onde escrevia: "Quer sobre a mesa haja lilases de abril, rosas de julho, crisântemos de outubro ou violetas de janeiro – às mesmas horas, à mesma mesa, com a mesma pena o escritor começa a escrever". Procuramos desenvolver este tema no *Dicionário de Eça de Queiroz* (1993, pp. 627, 633).

No atrás referido estudo de tese sobre o papel das flores em *Os Maias*, Margaret Abel-Quintero escreve: "Verificamos que desde os primeiros escritos (*Prosas Bárbaras*) até a trabalhos da maturidade (*Os Maias*), e mais tarde (*A Cidade e as Serras*), o nosso autor desenvolve uma atitude quase religiosa da natureza. Repetidamente o seu amor pelo mundo natural e a visão panteísta do universo, que nos fala silenciosamente através de símbolos naturais, permanece como agudo contraste com a esterilidade e aborrecimento da civilização" (Abel-Quintero, 1991, p. 9).

17. EÇA EPISTOLÓGRAFO

A última edição da obra *Eça de Queiroz, Correspondência*, posterior à edição brasileira, que publicamos em novembro de 2008 na Editorial Caminho, apresenta 897 cartas e ocupa dois volumes, num total de 1 314 páginas. Da "Nota Preliminar" consta: "Como tantas vezes se tem salientado, viceja aí o humor, a graça, o espírito crítico e a inteligência de um epistológrafo excepcional, que inúmeras vezes nos surpreende pela modernidade da sua linguagem, dando-nos preciosas informações quanto à sua tão especial idiossincrasia, quanto à evolução dos seus projetos e da sua arte, quanto aos episódios da sua vida sentimental, quanto à gênese das suas obras e ainda quanto àquela área, não menos importante, das suas relações com os editores e as edições". Diz-nos Andrée Crabbé Rocha que "nenhum outro escritor português dá, como Eça, a quem lhe lê as cartas, a impressão de estar a ler um romance. Dir-se-ia que continuam a falar pela sua boca o Raposão, Ega, Jacinto, quando não S. Frei Gil". A autora conclui: "É impossível ficar-se insensível à graça malandra e à inimitável verve de tantas páginas que prolongam, com as suas virtudes e defeitos, as obras do grande romancista" (Rocha, 1965). Guilherme de Castilho, que editou a sua correspondência em 1983, observou no seu prefácio: "O fino humor, a elegância, a originalidade, a fantasia estilística de Eça de Queiroz são tônicas que, sob o ponto de vista formal, mais valorizam esta extensa e variada correspondência".

Tenha-se em conta, ainda, que, como disse Eça no prólogo de *A Correspondência de Fradique Mendes*, "uma correspondência revela melhor que uma obra a individualidade, o homem" e que "as cartas de um homem sendo o produto quente e vibrante da sua vida contêm mais ensino que a sua filosofia – que é apenas a criação impessoal do seu espírito".

Devemos a publicação das primeiras cartas de Eça de Queiroz (em número de 42) ao seu biógrafo Antônio Cabral, no seu livro *Eça de Queiroz, A Sua Vida e a sua Obra. Cartas e Documentos Inéditos* (1916). Seguiram-se, em 1925, 84 cartas coligidas pelo filho do escritor, José Maria. Depois destas muitas outras edições se sucederam, de que fizemos o elenco cronológico na "Nota Preliminar" da *Correspondência*, em 2008, na edição da Caminho. Como observamos nessa edição, constata-se que sempre que confrontamos as cartas já publicadas, nas diversas edições, com os autógrafos das mesmas, descobrimos divergências: supressões, acrescentos, más interpretações, muito embora a caligrafia epistolar de Eça seja, por via de regra, muito bem desenhada. Aqui salientamos as que consideramos serem, na referida edição de 2008 (Lisboa, Caminho), as missivas de mais aliciante estilo e interesse, citando o seu número de referência: 1, 28, 71, 97, 137, 141, 162, 281, 314, 327, 353, 366, 564, 808.

Como exemplificação do alcance enorme que assume esta documentação epistolográfica, destacamos a carta n. 28, de 20 de julho de 1873, endereçada a Ramalho Ortigão, sobre as impressões colhidas por Eça nos Estados Unidos, particularmente em Nova Iorque. Ora a crítica acerada que vemos nesta carta à civilização industrial muito lucrará em ser confrontada com as considerações sobre a civilização moderna, estrepitosa e desumana que Eça irá fazer no fim da vida em *A Cidade e as Serras*. De Nova Iorque diz, por exemplo: "Uma sociedade podre de rica, afogada em luxo, exagerando as modas, inventando muitas – e querendo enriquecer mais e ter mais luxo ainda". E profeticamente continua: "V. deve ter lido o que se tem passado aqui com o Crédit Mobilier e com outras poderosas associações bancárias, ligadas ao sistema de administração. Ladrões por toda a parte, eis a crítica do comércio. Ladrões por toda a parte, eis a crítica das ruas. Ladrões: Nova Iorque transborda de ladrões, veste-os, exporta-os, vende-os – e quantos mais enforca, mais lhe nascem"... Excetuada a referência da forca, não pode esta crítica ser mais atual.

Mas já em dezembro de 1866, num folhetim das *Prosas Bárbaras* intitulado *O Miantonomah*, Eça traçava o quadro da atmosfera americana, que mais uma vez não deixa de nos evocar um dos temas fundamentais de *A*

Cidade e as Serras, o tédio da civilização do dinheiro, o barbarismo dos tempos modernos: "Nós entrevemos a América como uma oficina sombria e resplendescente, perdida ao longe nos mares, cheia de vozes, de coloridos, de forças, de cintilações. Entrevemo-la assim: movimentos imensos de capital; adoração exclusiva e única do deus Dólar; superabundância de vida; exageração de meios; violenta predominação do individualismo; grande senso prático; atmosfera pesada de positivismos estéreis; uma febre quase dolorosa de movimento industrial; aproveitamento avaro de todas as forças; extremo desprezo pelos territórios; preocupação exclusiva do útil e do econômico; doutrinas de uma filosofia e uma moral egoísta e mercantil; todo o pensamento repassado dessa influência; uma fria liberdade de costumes; uma seriedade artificial e brusca; dominação terrível da burguesia; movimentos, construções, maquinismos, fábricas, colonizações, exportações colossais, forças extremas, acumulação imensa de indústrias, esquadras terríveis, uma estranha derramação de jornais, de panfletos, de gazetas, de revistas, um luxo excessivo: e por fim um profundo tédio pelo vazio que deixou na alma as adorações do deus Dólar". Eis as lucubrações que dão a Eça a presença no Tejo de um navio de guerra poderoso, norte-americano, o Miantonomah, e nos permitem estabelecer um paralelo com o que cerca de trinta anos mais tarde ele iria metaforizar em *A Cidade e as Serras*.

O valor literário das suas cartas depende eminentemente da categoria social e literária do destinatário. Não é de estranhar que as suas melhores e mais apuradas missivas sejam endereçadas a Oliveira Martins, Fialho de Almeida, conde de Ficalho, conde de Arnoso e Eduardo Prado, ainda que com graus diferentes de à vontade e intimidade. Como bem exprimiu André Maurois: "Nós moldamo-nos por um involuntário mimetismo, sobre o que o interlocutor espera de nós" (Maurois, 1928, p. 80). Exemplo cabal disto é a confirmação que Eça faz a Arnoso, no final do prefácio sob forma epistolar que escreveu para os *Azulejos* deste seu amigo: "Os teus contos são flores de arte, modestos e simples: contenta-te que, como flores, eles durem uma manhã de verão. Feliz serão! As minhas obras, essas, não contam mesmo para viver com esse *espaço de uma manhã* que Malherbe garante às rosas". Não há aqui apenas adulação, mas aquilo que o interlocutor mais poderia esperar de tão categorizado amigo!

Andrée Crabbé Rocha em *A Epistolografia em Portugal* (1965) observa: "O fato de Eça ter recorrido com frequência à forma epistolar, em correspondências de índole jornalística ou romanesca (*Cartas de Inglaterra*, *Cartas Familiares e Bilhetes de Paris*, *A Correspondência de Fradique Mendes*, *Cartas*

Inéditas de Fradique Mendes) ou em prefácios de obras alheias já nos diz qualquer coisa acerca da profusão do autor para tal gênero; por outro lado, a inclusão de cartas dele nas *Prosas Bárbaras*, nas *Últimas Páginas* e nas *Notas Contemporâneas* mostra que não passou despercebida aos compiladores a qualidade literária dessas epístolas" (p. 328).

18. EÇA JORNALISTA

A atividade do Eça-jornalista, do Eça-cronista, do Eça-folhetinista, de suma importância na sua obra, esteve sempre ligada à necessidade imperiosa de equilibrar monetariamente o seu magro orçamento, ou mesmo dela viver exclusivamente, como aconteceu no início da sua carreira quando, com 21 anos, assumiu a direção e redação do *Distrito de Évora*, entre 6 de janeiro de 1867 e 28 de agosto desse mesmo ano. Aníbal Pinto de Castro definiu esta primeira atividade jornalística como "o laboratório do estilo", onde pela primeira vez Eça experimenta a sua veia criativa, com o moço da tipografia à porta a pedir os textos para o dia seguinte. A "crônica", gênero que teve o maior número de praticantes no século XIX, alcançou com Eça e com Ramalho Ortigão o maior desenvolvimento, através do "folhetim", espaço reservado normalmente no fundo da primeira página do jornal, receptor de um vasto leque de temas, desde o pequeno conto ao comentário de acontecimentos diários, apreciações literárias e políticas, crítica de costumes etc. Numa página célebre do *Distrito de Évora* (n. 1 de 6 de janeiro) Eça define este gênero "crônica" do seguinte e expressivo modo: "A crônica é como que a conversa íntima, indolente, desleixada, do jornal com os que o leem: conta mil coisas, sem sistema nem nexo, espalha-se livremente pela natureza, pela vida, pela literatura, pela cidade; fala de festas, dos bailes, dos teatros, das modas, dos enfeites, fala em tudo baixinho, como quando se faz um serão ao braseiro, ou como no verão, no campo, quando o ar está triste. Ela sabe anedotas, segredos, histórias de amor, crimes terríveis; espreita, porque não lhe fica mal espreitar. Olha para tudo, umas vezes melancolicamente, como faz a Lua, outras vezes alegre e robustamente, como faz o Sol; a crônica tem uma doidice jovial, tem um estouvamento delicioso: confunde tudo, tristezas e facécias, enterros e atores ambulantes, um poema moderno e o pé da imperatriz da China; ela conta tudo o que pode interessar pelo espírito, pela beleza, pela mocidade; ela não tem opiniões, não sabe do resto do jornal; está nas suas colunas cantando, rindo, palrando; não tem a voz grossa da política, nem a voz indolente do poeta, nem a voz doutoral do crítico; tem uma pequena voz serena, leve e clara, com que conta aos seus amigos tudo o que andou ouvindo, perguntando, esmiuçando. A crônica é como esses rapazes que não têm morada sua e que vivem no quarto dos amigos, que entram com um cheiro de primavera, alegres, folgazões, dançando, que nos abraçam, que nos empurram, que nos falam de tudo, que se apropriam do nosso papel, do nosso colarinho, da nossa navalha de barba, que nos maçam, que nos fatigam... e que, quando se vão embora, nos deixam cheios de saudades".

Contudo, já neste jornal, as suas crônicas, pela insistência com que nos falam de Democracia, Justiça e Verdade, estão longe de apresentar esta quase leviandade que Eça aqui apregoa em voo lírico.

Tanto assim que no n. 47 de 20 de junho, nesse mesmo *Distrito d'Évora* podemos ler esta crítica tão atual e tão objetiva: "Um dos maiores males de Portugal, e digamos o maior, é a ignorância. A completa, a perfeita, a absoluta ignorância. Nunca houve em Portugal um ministério que propriamente se dedicasse a dotar o país com um completo sistemas de estudos populares. Hoje, que a política e a vida assentam sobre as ideias; hoje, que todo o trabalho é inspirado por um pensamento; hoje, que a indústria, a agricultura, o comércio, são ciências com princípios, sistemas, ideias; hoje, que se vive pelos atos do mundo espiritual; hoje, que toda a liberdade provém da inteligência, toda a felicidade do trabalho moral; hoje, que domina o princípio espiritual como outrora dominava o princípio guerreiro; hoje, que a concorrência é moral, por isso que os homens se elevam pelo talento; Portugal é um país ignorante, mergulhado no obscurantismo da alma, e apenas guiado pelas perfeições do instinto. O mal desaparecerá com a instrução".

Entre 1871 e 1872, em colaboração com Ramalho Ortigão, Eça dedica-se à redação de *As Farpas, Crônica Mensal da Política, das Letras e dos Costumes*, subtítulo expressivo que nos dá de imediato a abrangência social destes panfletos que constituíram uma enorme novidade no panorama literário português, que Eça haveria de reeditar dezenove anos mais tarde, eliminando certos textos e depurando todos os outros, sob o título de *Uma Campanha Alegre*, em dois volumes. Em carta a Emídio Garcia de 1871, ele escreve: "*As Farpas* são um panfleto revolucionário, é a ironia e o espírito a serviço da justiça. São os folhetins da Revolução". A partida para Havana iria interromper a colaboração, que logo no primeiro número faz um impiedoso diagnóstico do estado do país, sob o signo da galhofa: "Vamos rir pois. O riso é um castigo; o riso é uma filosofia. Muitas vezes o riso é uma salvação. Na política constitucional o riso é uma opinião". Esta opinião pelo riso e pela ironia iria ser mantida pela vida fora, em toda a sua ficção e nas melhores páginas do jornalismo. *As Farpas* apresentavam já grande parte dos temas com que mais tarde construiria o seu realismo militante em prol da reforma do país, que então definia deste modo: "É uma nação talhada para a conquista, para a tirania, para a ditadura, e para os domínios clericais".

Depois da transferência para Newcastle, Eça dará início mais sistematicamente à sua atividade jornalística, com envios regulares, para o jornal do Porto *A Actualidade*, das "Crônicas de Londres", que vão durar até 1878. Na última destas crônicas, ao referir-se às greves dos tecelões do Lancashire, comenta: "É muito bonito realmente falar na ordem, no respeito à propriedade, no sentimento de obediência à lei etc., mas, quando milhares de homens veem as suas famílias sem lume na lareira, sem um pedaço de pão, os filhos a morrer de miséria e ao mesmo tempo os patrões, prósperos e fartos, comprando propriedades, quadros, apostando nas corridas e dando bailes que custam centos de libras, bom Deus, é difícil ir falar aos desgraçados de regras de economia política, e convencê-los de que, em virtude dos melhores autores da ciência econômica, eles devem continuar por alguns meses mais a comer vento e aquecer-se à cal das paredes!"

É no final deste período que numa carta para Ramalho Ortigão de 10 de julho de 1879 ele justifica a necessidade mental dessa atividade, a propósito da possibilidade de colaborar num jornal brasileiro: "Eu necessito fazer correspondência, por higiene intelectual. Tenho-me posto no mau hábito de ler todas as manhãs montões de jornais: e essa grossa massa de política cai-me no cérebro, não é digerida, e pela sua presença impede o jogo regular das faculdades artísticas. Às vezes a trabalhar sinto subitamente que uma ideia não se pode abrir caminho: observo-me e reconheço que é por exemplo um pesado argumento sobre a utilidade das Leis Ferry que obstrui a passagem. Preciso purgar a inteligência destas fezes. Quero um vaso". É na intensa colaboração que ele vai dar para a *Gazeta de Notícias* do Rio de Janeiro que podemos encontrar o melhor da sua prosa jornalística, entre 1880 e 1897, como resultado da sua fina e aguda consciência social. Podemos encontrá-la reunida na edição crítica sob o título *Textos de Imprensa IV* (*da Gazeta de Notícias*).

Encontramos nestes textos jornalísticos não só a denúncia dos malefícios do capitalismo agrário na Inglaterra do seu tempo mas também a análise crítica do saque imperialista das grandes potências, no Afeganistão, no Egito, na Indochina. O seu escalpelo não esquece o retrato premonitório de um déspota como o Imperador Guilherme II da Alemanha e também esse precioso retrato de um literato e político, Lord Beaconsfield. Os títulos das primeiras edições que contêm essas crônicas são, por ordem cronológica da sua publicação: *Cartas de Inglaterra e Ecos de Paris* (1905); *Cartas Familiares e Bilhetes de Paris* (1907); *Notas Contemporâneas* (1909); *Crônicas de Londres* (1944).

A posição muito crítica de Eça relativamente a jornais e jornalistas, que persiste ao longo da sua ficção, tem como paradigma o episódio do jornal *A Tarde*, em *Os Maias* (capítulo XV das edições correntes), que ele recomendava como leitura a Oliveira Martins, onde podemos ler: "O silêncio dos jornais para com os livros provém sobretudo de eles terem abdicado todas as funções elevadas de estudo e de crítica, de se terem tornado folhas rasteiras de informação caseira, e de sentirem por isso a sua incompetência..." Esta crítica seria mais tarde complementada em *A Correspondência de Fradique Mendes*, através da carta XV, escrita a propósito da fundação de um novo jornal. Fradique acusa aí os nossos hábitos de leviandade, que atribui ao jornal: "É com impressões fluidas que formamos as nossas maciças conclusões. Para julgar em política o fato mais complexo, largamente nos contentamos com um boato, mal escutado a uma esquina, numa manhã de vento. Para apreciar em literatura o livro mais profundo, atulhado de ideias novas, que o amor de extensos anos fortemente encadeou – apenas nos basta folhear aqui e além uma página, através do fumo escurecedor do charuto". E é o jornal o culpado dessas ligeirezas de julgamento: o jornal, "que oferece cada manhã, desde a crônica até aos anúncios, uma massa espumante de juízos ligeiros, improvisados na véspera, à meia-noite, entre o silvar do gás e o fervilhar das chalaças, por excelentes rapazes que rompem pela redação, agarram uma tira de papel e, sem tirar mesmo o chapéu, decidem com dois rabiscos da pena sobre todas as coisas da Terra e do Céu. Que se trate de um revolução do Estado, da solidez de um banco, de uma mágica, ou de um descarrilamento, o rabisco da pena, com um traço, esparrinha e julga.

Nenhum estudo, nenhum documento, nenhuma certeza". Apesar de tudo Fradique conclui que tem pressa de findar esta carta, para, segundo escreve, "ler os meus jornais, com delícia".

Ainda aqui Eça assemelha-se de certo modo a Flaubert que numa carta de 10 de agosto de 1876 a Maupassant escreve: "Nunca nenhum jornal me prestou o mais pequeno serviço. Nada disseram sobre os romances que recomendei, nem inseriram o menor dos reclames solicitados por amigos; e os artigos que me eram favoráveis passaram, a despeito da direção dessas folhas. – Entre estes senhores e a minha pessoa há uma profunda antipatia de raça. Eles não sabem mas eu bem o sinto. E sobre estes miseráveis já basta!" (Flaubert, 1993, p. 104).

Elza Miné, da Universidade de São Paulo, fez uma expressiva montagem de textos sobre os jornalistas extraídos de *Os Maias*, com o seguinte resultado: "Umas bestas, uns burros, uns incompetentes, uns pulhas! Movidos pelo interesse e pela perversidade! Foliculários. Metidos em seus covis da notícia. São jornalistas? Ou a escória da sociedade? Não há jornais. Há papeluchos volantes. Há o enxurro chulo dos mexericos, pingando fetidamente à maneira de sebo. Há o entulho retórico das imagens floridas. Da venalidade do artigo pago, sob encomenda, à venalidade das alianças políticas. Trapos sebáceos e imundos ou então folhas rasteiras de informação caseira. Quando muito, colunas graves e ocas como as do *Diário do Governo*. E a crítica, então? Sempre a babar; que poder de imaginação! que influência de estilo!... era esta a maneira nacional de falar de obras de arte... É isto Jornalismo? Ou o produto de uma sociedade em decomposição?" (Miné, 2000, p. 88).

Este tema deve concluir-se com uma frase expressiva da carta de Fradique atrás citada: "O jornal exerce hoje todas as funções malignas do defunto Satanás, de quem herdou a ubiquidade; e é não só o Pai da Mentira, mas o Pai da Discórdia".

Quanto à tonalidade literária de muitos dos textos jornalísticos queirozianos é oportuno transcrever o que nos diz o ensaísta brasileiro Antonio Candido ao referir o seu inconformismo e espírito crítico: "beneficiados na obra de Eça por uma espécie de estética do exagero, tanto na caracterização quanto no pormenor da escrita, gerando frequentemente a hipérbole cômica, que vai até o pitoresco mais arbitrário, dando a impressão de uma divertida má-fé metafórica de grande efeito satírico"(Candido, 2000, p. 15).

19. AUTOCRÍTICA

A crítica que um autor faz a si próprio deve ser vista com a isenção com que lemos o parecer de qualquer outro comentador e afigura-se-me errado tomar as suas posições ao pé da letra. Como qualquer outro crítico, um autor pode equivocar-se e não saber o que de fato os seus textos revelam. Quantas vezes ignoram até o que indubitavelmente lá puseram! As numerosas autocríticas que Eça deixou na sua correspondência refletem quer a manifestação exacerbada de um sentimento de inferiorização e modéstia – como que uma espécie de adulação perante os amigos, também eles escritores (para a eles se igualar) –, quer as dúvidas que a sua ânsia de perfeição lhe provocavam. Refletem também uma autoironia muito específica.

No prefácio dos contos do conde de Arnoso, intitulados *Azulejos*, escreveu em 1886: "As minhas obras não contam mesmo para viver com *esse espaço de uma manhã* que Malherbe garante às rosas. Não sei como é: dou-lhes a minha vida toda e elas nascem mortas, e quando as vejo diante de mim, pasmo que depois de tão duro esforço, depois de tão ardente, laboriosa insuflação de alma, saia aquela coisa fria, inerte, sem voz, sem palpitação, amortalhada numa capa de cor!" O acadêmico contemporâneo, Costa Pimpão, observou com justeza: "Em seus juízos sobre a própria obra, Eça adota uma tática de autodestruição que não é senão um meio de provocar a sinceridade alheia sobre o mérito ou desmérito reais" (Pimpão, 1945, p. 524).

Retrato de Eça de Queiroz publicado na *Ilustração* de 1.1.1926.

Sobre *O Primo Basílio*, em carta a Ramalho Ortigão de 3 de novembro de 1877: "*Ce n'est pas ça. Ce n'est pas ça, du tout.* O estilo tem limpidez, fibra, transparência, precisão, *netteté.* Mas a vida não vive. Falta a *poigne.* Os personagens – e Você verá – não têm a vida que nós temos: não são inteiramente *des images découpées* – mas têm uma musculatura gelatinosa. Oscilam, fazem beiço como os queijos da serra, empapam, derretem. Há inquestionavelmente algumas cenas, alguns traços corretos e há maravilhas de habilidade: mas de pequena habilidade, de habilidade de *métier*, enfim sou uma besta. E o que é triste é que me desespero por isso. Nunca hei de fazer nada como o *Père Goriot*: e Você conhece a melancolia em tal caso da palavra *nunca!* Não falo naturalmente do P.º Basílio – isso é uma ninharia, abaixo da crítica dum crítico de Penafiel: mas mesmo esse novo romance – de que estou tão contente – *não dá, não sai.* Faço mundos de cartão... não sei fazer *carne nem alma.* Como é? Como será?"

Estes sentimentos depreciativos vão de par com a consciência da originalidade do seu estilo, pois prossegue, nessa mesma carta: "Não me falta o processo, tenho-o superior a Balzac, a Zola, e *tutti quanti.* Falta a *coisinha* dentro: a pequena vibração cerebral: sou uma irremissível besta!"

Acerca das dúvidas que o assaltam como artista, nada mais elucidativo do que esta passagem de uma carta de 7.11.1876, onde, ao mesmo amigo, pede com veemência para criticar a 1ª edição de *O Crime do Padre Amaro* em livro: "Isolado no meu quarto, produzindo sem cessar, sem crítica externa, sem o critério alheio, abismado na contemplação de mim mesmo, pasmado às vezes do meu gênio, sucumbindo outras sobre a certeza da minha imbecilidade – arrisco-me a *faire fausse route.* É necessário que uma voz de fora me diga: – Olhe que o estilo que Você imagina admirável é simplesmente tolo; olhe que essa concepção do bem, do mal, das responsabilidades, são falsas: olhe que esses processos levam à vulgaridade etc. etc. Preciso conselhos, direções, preciso *conhecer-me a mim mesmo* – para perseverar e desenvolver o bom, evitar o mau, ou modificá-lo e disfarçá-lo: mas há lá coisa mais difícil!" Sobre *O Primo Basílio*, decerto o seu romance realista literariamente mais perfeito, escreve, ainda a Ramalho Ortigão, na carta já citada de 3 de novembro de 1877: "Acabei o *Primo Basílio* – uma obra falsa, ridícula, afetada, disforme, piegas e *papoilosa* – isto é: tendo a propriedade da papoula: *sonolificente.* De resto Você lerá – isto é: dormirá. Seria longo explicar – como eu – que sou tudo menos insípido – pude fazer uma obra insípida".

Guilherme de Castilho, na judiciosa observação que deixou na "Introdução" da sua edição da *Correspondência* (Imprensa Nacional-Casa da Moeda,

1983), escreveu: "Não é apenas um comum caso de falsa modéstia, mas antes a resultante de o romancista ter no seu espírito um modelo de obra *ideal* demasiado distante do modelo real que os seus livros iam consubstanciando". A autodemolição deste romance continuará numa carta a Teófilo Braga de 12.3.1878: "Eu acho no *Primo Basílio* uma superabundância de detalhes, que obstruem e abafam um pouco a ação: o meu processo precisa simplificar-se, condensar-se – e estudo isso. O essencial é dar a *nota justa*: um traço justo e sóbrio cria mais que a acumulação de tons e de valores – como se diz em pintura. Mas isto é querer muito. Pobre de mim – nunca poderei dar a sublime nota da realidade eterna, como o divino Balzac – ou a nota justa da realidade transitória, como o grande Flaubert! Estes deuses e semideuses da arte estão nas alturas – e eu, desgraçadinho, rabeio nas ervas ínfimas".

Em 1878, de Newcastle, mais uma vez ao seu amigo Ramalho Ortigão, exprime a preocupação de que não pode escrever sobre Portugal em Newcastle: "Para escrever qualquer página, qualquer linha, tenho de fazer dois violentos esforços: desprender-me inteiramente da impressão que me dá a sociedade que me cerca e evocar, por um retesamento da reminiscência, a sociedade que está longe. Isto faz que os meus personagens sejam cada vez menos portugueses – sem por isso serem mais ingleses: começam a ser convencionais; vão-se tornando *uma maneira*. Longe do grande solo de observação, em lugar de passar para os livros, pelos meios experimentais, um perfeito resumo social, vou descrevendo por processos puramente literários e *a priori*, uma sociedade de convenção, talhada de memória. De modo que estou nesta crise intelectual: ou tenho de me recolher ao meio onde posso produzir, por processo experimental – isto é, ir para Portugal – ou tenho de me entregar à literatura puramente fantástica e humorística".

Dois anos depois publicava *O Mandarim*, pequena peça de cânone fantasista, ainda que a matriz realista aí figure com assinalável força. Da sua obra-prima *Os Maias* dirá a Ramalho Ortigão, seis anos antes da sua publicação: "Eu não estou contente com o romance: é vago, difuso, fora dos gonzos da realidade, seco, e estando para a bela obra de arte, como o gesso está para o mármore. Não importa. Tem aqui e além uma página viva – e é uma espécie de exercício, de prática para eu depois fazer melhor" (carta de 3.7.1882). Eis uma amostragem das suas autocríticas literárias. A autovisão crítica da sua figura humana, com a sua magreza, temores, superstições e azares, foi impiedosamente feita através das figuras de Teodoro de *O Mandarim*, do Artur de *A Capital!* e do João da Ega, em *Os Maias*.

Muitas das situações cômicas e dos ridículos que a algumas delas inflige constituem por vezes uma autoflagelação, protegida pela impunidade do disfarce ficcional, sendo este também um dos aspectos mais peculiares da sua personalidade de artista. É flagrante como exemplificação deste caso uma parte das reflexões do Teodoro de *O Mandarim*: "Céu e Inferno são concepções sociais para uso da plebe – e eu pertenço à classe média. Rezo, é verdade, a Nossa Senhora das Dores: porque assim como pedi o favor do senhor doutor para passar no meu ato; assim como, para obter os meus vinte mil-réis, implorei a benevolência do senhor deputado; igualmente para me subtrair à tísica, à angina, à navalha de ponta, à febre que vem da sarjeta, à casca de laranja escorregadia onde se quebra a perna, a outros males públicos, necessito ter uma proteção extra-humana. Ou pelo rapapé ou pelo incensador, o homem prudente deve ir fazendo assim uma série de sábias adulações, desde a Arcada até o Paraíso. Com um compadre no bairro, e uma comadre mística nas alturas – o destino do bacharel está seguro" (p. 30).

Retomemos, todavia, o tema da autocrítica. Quando Eça se queixa a Teófilo Braga, como vimos anteriormente, acerca das dúvidas que o assaltam ao escrever isolado, na longínqua Newcastle, sem o que ele chama a *crítica externa*, assim se expressa: "Eu tenho a paixão de ser lecionado: e basta darem-me a entender o bom caminho para eu me atirar para ele. Mas a crítica, ou o que em Portugal se chama a crítica, conserva sobre mim um silêncio desdenhoso" (carta de 12.3.1878). Nove anos depois, a Luís de Magalhães, diz: "Um artigo de crítica é hoje uma coisa tão rara em Portugal, que, quando me aparece um, sinto-me penetrado de reconhecimento como cidadão e como português. É a impressão de um homem ordeiro e honesto, que, no meio de uma suja desordem de taberna, veja, de repente aparecer à porta um *gendarme*. Com efeito a crítica não é só a consciência escrita de uma literatura, é também a polícia da literatura" (carta de 2.7.1887).

20. ANTECIPAÇÕES OU PROFECIAS

Ao longo da obra ficcional ou jornalística podemos encontrar antecipações ou profecias de surpreendente acuidade, que passam muitas vezes desapercebidas, como pormenores rapidamente referidos na narrativa, com humor e ironia. Mas qual o grande escritor, ou cientista, de Kafka e Júlio Verne a Einstein, que não fez profecias, sem esquecer a grande ficção científica que profecia é também?

Comecemos pelas reflexões provocatórias de João da Ega acerca de uma previsão relativa à urbanização do território rural, numa conversa de serão no "Ramalhete", depois do jantar em que se festejara o aniversário de Afonso da Maia. Tinha vindo à colação um projeto de viagem à Quinta de Santa Olávia, no Douro, a que Ega se recusava dizendo: "O homem à maneira que se civiliza, afasta-se da natureza". Segue-se depois esta antecipação de sabor irônico, muito ao modo desta personagem, infelizmente demasiado atual e verdadeira: "A realização do progresso, o Paraíso na Terra, que pressagiam os idealistas, concebia-o ele como uma vasta cidade ocupando totalmente o globo, toda de casas, toda de pedra, e tendo apenas aqui e além um bosquezinho sagrado de roseiras, onde se possam colher os ramalhetes para perfumar o altar da justiça..." (cap. XIII).

Esta catastrófica tendência para a urbanização indiscriminada do território está hoje à vista de todos e tal força possui que foi constatado o fato de,

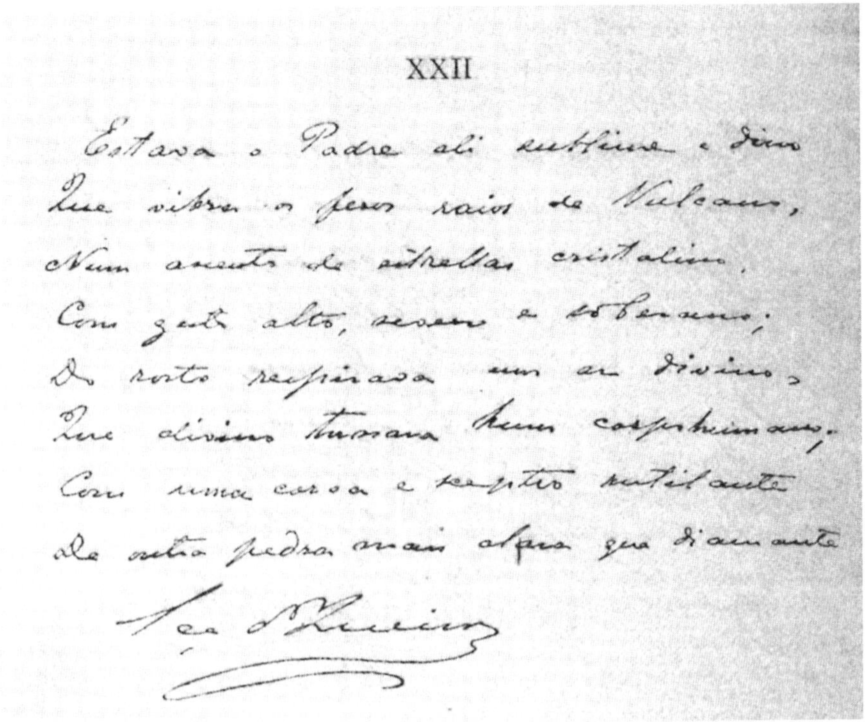

XXII

Estava o Padre ali sublime e dino
Que vibra os feros raios de Vulcano,
Num assento de estrellas cristalino,
Com gesto alto, severo e soberano;
Do rosto respirava um ar divino,
Que divino tornara hum corpo humano;
Com uma coroa e sceptro rutilante
De outra pedra mais clara que diamante

Eça de Queiroz

Estrofe dos *Lusíadas* escrita por Eça.

dez anos após a paragem do crescimento populacional, ainda as construções proliferam, e continua a espalhar-se a "vasta camada de caliça e telha", como refere o discurso da cidade feito pelo Zé Fernandes à vista do panorama de Paris visto de Montmartre, na primeira parte de *A Cidade e as Serras*.

Uma outra antecipação, esta sinistra, tem como autor o pícaro Raposão, no capítulo II de *A Relíquia*, que, ao deixar o Egito, a caminho da Terra Santa, não tarda em recolher-se ao seu beliche, acabrunhado, a braços com a dolorosa saudade da sua Mary. Aparece-lhe então o Diabo. Lúcifer confessa-se entristecido com o aparecimento de Jesus, que fizera acabar com os rituais pagãos, o que leva o Diabo a considerar: "Mais outro deus! Mais outra religião! E esta vai espalhar em Terra e Céu um inenarrável tédio". Raposão tenta então consolar o Diabo dizendo-lhe: "Deixe estar, ainda há de haver no mundo muito orgulho, muita prostituição, muito sangue, muito furor! Não lamente as fogueiras de Moloch. Há de ter fogueiras de judeus..."

Eça estava longe de imaginar a invenção dos fornos crematórios nazis, meio século depois de escrita *A Relíquia*! E ainda, na simples amostragem deste tema, a mais mencionada das suas previsões na excelente crônica, de 1891, dos *Ecos de Paris*, "O Imperador Guilherme", onde Eça faz o perspicaz retrato das diversas faces histriônicas do truculento imperador, e chama a atenção para o perigo que representa para a Europa o poder militar deste homem, prevendo, à distância de uma vintena de anos, o seu destino final de derrotado e exilado. "Guilherme II é o mais perigoso dos reis, porque falta ainda ao seu diletantismo experimentar a forma de Ação mais sedutora para um rei – a guerra e as suas glórias".

A guerra virá, de fato, poucos anos depois, em 1914. Eça imagina Guilherme II no seu *Schloss* de Berlim, gerindo os destinos da Europa, ou "no Hotel Metrópole de Londres, desempacotando da maleta do exílio a dupla coroa amolgada da Alemanha e da Prússia". A derrota austro-alemã de 1918 leva ao fim do império alemão e à abdicação de Guilherme, que se refugia na Holanda, não muito distante do lugar que Eça previa... Este artigo profético foi refeito no *New York Times* de 3 de janeiro de 1915. E não teremos de procurar muito mais se dissermos que *A Cidade e as Serras*, como libelo contra a desordenada e selvática sede de lucro do capitalismo dos nossos dias e a proliferação de milhares de objetos aparentemente inúteis, mas que fazem a atual sede consumista e contra a excessiva crença na ciência, é em si mesmo o mais profético dos textos queirozianos.

Outra profecia, que tem talvez escapado à atenção dos comentadores, é a que ele deixou em "Almanaques" (prefácio do *Almanaque* para 1896), da editora A. M. Pereira, ao descrever a derrota do exército francês em Sedan e de como as tropas prussianas cantavam em uníssono o *Coral* de Lutero. "Este Coral cantado em Sedan por um exército, numa tarde de batalha, explica, melhor que todos os Relatórios do Estado Maior, as vitórias da Alemanha – as que passaram e as que virão".

A Philéas Lebesgue não escapou este aspecto profético, ao observar: "Datadas de Londres, de Paris, ou de qualquer outro lugar, as suas cartas e as suas crônicas denunciam uma singular penetração crítica, que atinge por vezes a adivinhação. Ele sabe ver e bater com acerto" (Lebesgue, 1947, pp. 413-414).

21. FONTES DE INSPIRAÇÃO

A arte da discrição que Eça praticou relativamente a elementos autobiográficos não impediu que tenha referido frequentes vezes, com invulgar sinceridade, as influências literárias fundamentais que o orientaram. Demonstrando grande capacidade de admirar, reduzindo por vezes a sua personalidade a um papel secundário (cf. o texto para o *In Memoriam de Antero*), duvidando de si próprio, como artista, outras tantas, Eça jamais alterou a sua fidelidade e o seu amor às grandes personalidades literárias que o motivaram. Inúmeras confissões suas dão-nos também a origem das suas fontes, a sua filiação literária.

Alinhemos cronologicamente as essenciais: em carta a João Penha, seu camarada de Coimbra, ao anunciar-lhe as *Farpas* em que estava empenhado, escreveu: "São as *Guêpes* de Karr, tratadas ao modo peninsular: mais fogo, mais vigor, mais violência e mais instrução" (carta de junho de 1871). Sete anos depois, no retrato biográfico que dedicou a Ramalho Ortigão (*Notas Contemporâneas*), atribuirá a origem das *Farpas* à *Lanterne* de Rochefort, observando todavia: "Mas a intenção, cabe-me dizer a pretensão das *Farpas*, era mais larga, bem mais crítica". Em carta a Oliveira Martins, de 10.5.1884, ao queixar-se da influência dominadora da França, esta confissão: "Eu mesmo não mereço ser excetuado da legião melancólica e servil dos imitadores. Os meus romances, no fundo, são franceses, como eu sou, em quase tudo, um francês...". De Victor Hugo disse em 1885 (*Notas Contemporâneas*): "Eu aprendi quase a ler nas obras de Hugo: e de tal modo cada uma delas me penetrou, que, como outros podem recordar épocas de vida ou estados de espírito ou por um aroma ou por uma melodia, eu revejo de repente, ao reler antigos versos de Hugo, todo um passado, paisagens, casas que habitei, ocupações e sentimentos mortos...".

Em 1877, em carta a Silva Pinto, declara: "Eu procuro filiar-me nestes dois grandes artistas: Balzac e Flaubert... Isto bastará para fazer compreender as minhas intenções e a minha estética...". Em "O Francesismo", que se supõe escrito em 1887 (*Últimas Páginas*), escreve: "Mas é sobretudo na minha especialidade, na literatura, que esta cópia do francês é desoladora. Como aqueles patos que Zola tão comicamente descreve na *Terre*, aí vamos todos, em fila, lentos e vagos, através do caminho da poesia e da prosa, atrás do ganso francês".

Não admira que um sem-número de textos queirozianos de caráter jornalístico e ficcional demonstrem reminiscências, mais ou menos diretas, mais ou menos extensas, das leituras que fez de Balzac, Victor Hugo, Gautier, Dumas Filho, Flaubert, Renan, Zola, Dickens, Huysmans, Ximénès Doudan e outros escritores como Alphonse Karr e Jules Verne, por forma a dar origem a acusações de "plágio", ora feitas com espírito condenatório e segundo critérios de compreensão literária usualmente limitados, ora com uma visão mais tolerante pondo em destaque a originalidade do processo queiroziano e reduzindo os símiles comprometedores a um plano verdadeiramente secundário.

Uma das obras mais intensamente impregnada por um outro autor, neste caso Flaubert, é decerto *O Primo Basílio*, caso estudado por Dominique Sire (cf. Bibliografia) em tese comparatista implicando este romance e *Madame Bovary*. Diz a autora que "pela sua construção teatral" o romance de Eça é totalmente diferente de *Madame Bovary*, muito embora Eça se inspire em Flaubert para a construção de alguns quadros realistas que apresentam, efetivamente, elementos comuns. Os desígnios dos dois autores são também totalmente divergentes: meramente estéticos em Flaubert e de empenhada militância social em Eça. Segundo aquela autora, este foi buscar a Flaubert "certas técnicas, certos quadros, mas adaptou-os à sua própria visão das coisas". Por isso surgiram acusações de imitação de que Madame Bovary não escapou também, pois este romance foi por diversas vezes acusado de ser uma imitação de Balzac. Dominique Sire conclui: "Eça, profundamente impregnado por Flaubert, que todavia deformou, pede-lhe emprestado técnicas literárias, modos estilísticos talvez, mas nunca ideias".

Vêm de longe tais acusações. Começaram no tempo em que Eça redigia o *Distrito de Évora*. A *Folha do Sul*, jornal adversário, acusou-o então de

RAÍZES CULTURAIS E LITERÁRIAS

decalcar Victor Hugo. Virá depois Antônio Enes, ao atacar os autores de *As Farpas* como imitadores das *Guêpes* de Karr. Esse trecho, que se referia ao ministério Ávila, havia sido escrito por Eça. Seguir-se-á Machado de Assis que, ao criticar *O Primo Basílio*, apontou *O Crime do Padre Amaro* como imitação de *La Faute de l'Abbée Mouret* de Zola. Camilo, à margem do seu exemplar de *A Relíquia*, anotou entre outras coisas: "Os plagiatos são frequentes". Antônio Cabral em *E. Q., a Sua Vida e a Sua Obra, Cartas e Documentos Inéditos*; em *Camilo e E. Q.* e ainda em *Glória e Sombras de E. Q.*, elabora extenso libelo acusatório sobre esta matéria. Cláudio Basto, em *Foi E. Q. Um Plagiador?*, desenvolve minuciosa defesa do autor de *Os Maias*. O problema das influências de autores franceses sobre Eça e a respectiva análise comparativa de textos voltaria a ser feita, mais recentemente, por Jean Girodon, em: *Eça de Queiroz et Flaubert; Eça de Queiroz et Madame Bovary; Eça de Queiroz et Balzac; L'Egypte d'Eça de Queiroz; Eça de Queiroz et Courbet; Fiches Queirósiennes.*

Mas já Sampaio Bruno, na *Geração Nova* (1885) escrevia: "Quando apareceu *O Mandarim*, recordou-se uma narrativa com o mesmo nome, de Augusto Vitu, numa coleção detestável, ingenuamente justificando o título de *Contes à Dormir Debout*; também se falou que, pelo menos, Eça de Queiroz copiara de Jules Verne, nas *Tribulations d'un Chinois en Chine*, a sua descrição de Pequim, como se o literato português não tivesse de proceder sobre o relato de alguém, na pintura de uma localidade onde nunca pôs os pés. Uma e outra acusação são de tal modo absurdas que não chegam a adquirir foros de que se discutam. O conto de Vitu não passa de uma sensaboria e a descrição de Jules Verne fornece os informes de qualquer artigo de dicionário geográfico; é, literariamente, insignificante".

De igual modo o romancista espanhol Clarín, num texto escrito por ocasião da morte de Eça, observa: "Sí, era Eça de Queiroz un novelista muy notable, que se acercaba mucho a los grandes maestros. No los copiaba, como se ha dicho. Ya él se defendió com energía y gracia de acusación semejante. Es claro que recibió influencias de algunos grandes autores de la misma tendencia que él seguía; pero *El Primo Basílio*, si recuerda a *Madame Bovary* no la imita; tiene la originalidad en las entrãnas: *El Crimen del Padre Amaro* trae a la memoria varios libros de Zola y de Balzac, pero es original y nació de la observación directa de su autor" (*apud* Lourenço Apolinário, 2005, p. 369).

Também Antônio Sérgio abordaria este problema, com o costumado brilho, ao comentar o conto "O Tesouro" (*Ocidente*, n. 387, julho de 1970). Diga-se, aliás, que este conto não costuma constar do rol habitual das "imitações" queirozianas, certamente por não ser desdouro, como é sabido, imitar os antigos, mas tão somente os autores de localização mais próxima no tempo. Ao assinalar a origem do seu enredo, já usado por Chaucer, Sérgio observa: "O fecundo e justiceiro, é apontar – para além das semelhanças, que são inevitáveis – as diferenças características, as originalidades, o que é próprio do gênio de cada autor. Digo isto porque podereis achar quem vos afirme que o esqueleto do enredo do conto que vamos ler foi tomado por Eça de Queiroz do mais antigo dos grandes poetas ingleses, Chaucer, que, como sabeis, viveu no século XIV e é autor dos *Contos de Cantuária*. Mas só o esqueleto, o que artisticamente nada vale. E sabe-se lá de onde Chaucer o teria ido tomar! Duas pessoas podem ter esqueletos iguais e serem diferentíssimas uma da outra. Tudo que representa valor artístico, criação estética, conteúdo vital e humano, é inteiramente diverso nos dois contos. O de Chaucer é um apólogo abstrato (e sabe-se lá onde teria ele ido buscar o enredo!) e o de Queiroz é um drama vivíssimo. O que sai da comparação dos dois, apesar da igualdade dos esqueletos, é a extrema originalidade do nosso autor". E Sérgio termina a sua análise deste modo: "Que concluir? Que estamos na presença de uma obra-prima, creio eu, de pequena dimensão mas de grande arte, de um grande artista. Na mina e na loja de ourives (escreveu D. Francisco Manuel de Melo) até as varreduras são de 24 quilates". Numa nota ao texto que nos deixou em *Ensaios VI*, Antônio Sérgio escreveu: "Dado um pedaço, um elemento, um aspecto, da obra de um autor qualquer, é sempre possível encontrar nas dos outros, se não estou em erro, pedaços semelhantes ao pedaço em questão: mas uma obra de arte, quando o é de verdade, não consiste numa mera acumulação de pedaços, tal como um edifício não é uma acumulação de pedras. No psíquico, o todo precede sempre as partes, domina as partes, determina as partes. O que em suma caracteriza uma obra de arte é o espírito que anima o todo: e o espírito que anima o todo é em Eça de Queiroz pessoalíssimo" (Sérgio, 1980, p. 118).

O esqueleto do conto queiroziano "O Tesouro", encontra-se, efetivamente, na história muito antiga da tradição oral medieva "Os Quatro Ladrões", que Eça decerto conhecia e que assim começa: "Contam as estórias antigas que em Roma eram quatro ladrões. E andando hua nocte a furtar, sintirom a justiça e fugirom e esconderom-se em hua cova"...(Lapa, 1976, pp. 82-84).

Como é bem sabido, o mais eminente inventor de almas humanas de toda a literatura – Shakespeare – que fez senão inspirar-se nas histórias de outros autores para criar as suas peças, por ele transfiguradas?

Mas também a Dickens Eça foi buscar certas características da sua narrativa, como se pode avaliar no capítulo X de *Eça Discípulo de Machado de Assis?*, de Alberto Machado da Rosa. Este autor aponta as leituras que Eça fez de Dickens: os *Pickwick Papers*, *Martin Chuzzlewit* e sobretudo *David Copperfield*. Machado da Rosa comenta: "Dickens e Eça conseguem efeitos surpreendentes e semelhantes com a técnica iterativa não só na área extensíssima do cômico, mas até numa zona mais limitada e inefável, entre sarcástica e lírica, de tantas páginas suas. Considere-se um exemplo de *David Copperfield* e um de *A Cidade e as Serras*, referente a certa Madame Colombe: *Lovers have loved before, and lovers would love again; but no lover had ever loved, might, could, would or should ever love, as I loved Dora*. "Amei aquela criatura, Amei aquela criatura com Amor, com todos os Amores que estão no Amor, o Amor divino, o Amor humano, o Amor bestial, como Santo Antônio amava a Virgem, como Romeu amava Julieta, como um bode ama uma cabra". Dickens é também um inovador, e um mestre talvez nunca superado, na habilidade com que consegue identificar um dito, ou uma frase, geralmente num contexto de associações humorísticas, com determinada personagem. Quem leu *David Copperfield* e não se lembra de *Barkis is willing, something will turn up, the dearest girl* etc.? E quem esqueceu os ditos de Acácio e de tantos e tantos outros até ao "secado" Jacinto? É em Dickens, muito provavelmente, que Eça colheu a sugestão.

Machado da Rosa faz notar ainda o seguinte: "A concepção de *O Primo Basílio* e do *Crime* de 1880 reporta-se a Dickens, circunstância que Castelo Branco Chaves, crítico penetrante e sagaz, intuiu num ensaio dos seus *Estudos Críticos* (Coimbra, 1932, p. 89). Depois de afirmar que os dois romances mais dramáticos de Eça são *O Crime do Padre Amaro* e *O Primo Basílio*, Castelo Branco Chaves, com muita inteligência, nota que esse dramático se obtém pelo processo de Dickens, ou seja, por um mecanismo psicológico que contrapõe o Bem ao Mal e enfrenta, em contraste, os maus com os bons". Pedro Mayer Garção comenta, citando Álvaro Lins: "Na Inglaterra, o que lhe fez impressão foi a *nobre e rica literatura inglesa*, sobretudo Dickens – *o muito adorável Dickens* – que foi para ele uma revelação.

Os Maias estão cheios desta influência e destas impressões (*História Literária de Eça de Queiroz*, p. 202). E Viana Moog, em *Eça de Queiroz e o Século XIX*, p. 253, desce à minúcia de confrontar cenas de *Os Maias* com as do *Pickwick*: assim como no *Mistério da Estrada de Sintra* se inspirou em Balzac, nos *Maias* as suas fontes de inspiração são *L'Éducation Sentimentale*, de Flaubert, e os *Pickwick*, de Dickens. *L'Éducation Sentimentale* dá-lhe o plano geral da obra, *Pickwick* uma série de pequenos incidentes humorísticos de admirável efeito, como o duelo não realizado entre Dâmaso e Carlos Eduardo. Encontram-se ali todos os pormenores da cena: o Dâmaso a apelar para o Ega e para o Cruges; a carta que escreve ao Carlos Eduardo, "a written apology, as an excuse", com a confissão de estar embriagado, "intoxicated", escrita pelo seu próprio punho, "to be penned by you", mas em realidade ditada por João da Ega, "from my dictation". O conflito entre

Alencar e João da Ega, ao cabo do qual Alencar faz questão de que reconheçam que agiu como um *gentleman*, encontramo-lo em Dickens até o desfecho da geral reconciliação: "And everybody said that the whole dispute had been conducted in a manner which was highly honourable to both parties concerned" (Garção, 1948, p. 246).

Numa carta de março de 1875 a Ramalho Ortigão, a propósito de um parlamentar extremamente ridículo chamado Assunção, Eça escreve: "Sobretudo o discurso do Assunção: como é extraordinário! Como é imenso! Peço-lhe que mo mande todo! Que me mande dois! Que me mande o retrato do homem! Não é uma invenção sua? Sua? Você tem lá gênio para isso! Não é uma invenção de Dickens? Não será uma obra inédita de Molière? Passou-se tal sessão, fez-se tal fala? Mas então somos extraordinários! Mas então somos um grande povo. Possuímos real, vivo, um tipo igual, senão superior, aos grandes tipos funambulescos que os outros países só possuem na idealidade estética da arte. A Espanha tem Sancho Pança, a França Prudhomme, a Inglaterra Pecksniff (nas transcrições habituais, erradamente, Perknif) e tantos outros, sem esquecer o imortal Pickwick – mas têm-nos no romance, no teatro, no poema: nós, temos o nosso Assunção, vivo, de carne, com um belo esqueleto movediço e engonçado, no Chiado, no Grêmio!"

Machado da Rosa acrescenta ainda: "Eça coincide com Dickens na sua inquebrantável e militante intenção de crítica social, e talvez por isso o chamou *divino*. Também ele iria dedicar-se a perseguir, com fúria irônica, tudo o que fosse vacuidade, opressão, injustiça e má-fé. O seu patriotismo, embora muito afetado no período de Newcastle pelo ódio à burlesca estupidez que via na burguesia aliteratada e afadistada de Lisboa e à ponderosa acefalia dos chamados grandes homens do reino, é de natureza dickensoniana. A sua definição do amor à pátria, válida para o seu tempo e ainda mais para o nosso, podia ter saído da pena do romancista inglês" (Rosa, 1964, pp. 143-145, 149-150).

O crítico brasileiro Wilson Martins, em *Pontos de Vista 2* (1991), comenta: "No caso de *O Mandarim*, Eça teria feito com Balzac o que Balzac fez com Chateaubriand e, talvez, um pouco mais: é que o romancista do *Père Goriot* se limitou a repetir, em forma de diálogo, o que o ensaísta do *Gênio do Cristianismo* tinha escrito em forma de apóstrofe, enquanto o romancista português dramatizou a ideia, fazendo-a viver na vida dos personagens. Em suma, ele *enriqueceu o tema*, o que não foi feito por Balzac: na história literária e no que se refere a esse pequeno episódio, a sua contribuição parece mais positiva que a do grande romancista francês" (p. 418). Ora aqui está o que é confirmado por Paul Teyssier, a propósito das fontes de *Os Maias*: "É até preciso encontrar novas [fontes]. Mas os materiais assim iluminados devem ser utilizados segundo um método muito diferente do que se usou no passado. Eles devem servir para estabelecer a sua originalidade. Assim é o olhar novo que, cem anos depois, nós lançamos sobre a obra de Eça, e em particular sobre *Os Maias*" (Teyssier, 1988). Este tema das fontes e influências não parece esgotado. Coimbra Martins retoma-o, em novos termos, nos *Ensaios Queirosianos* (1967), ao estudar as fontes de *O Mandarim* e sobretudo ao analisar *A Capital*, que tem por "imitação capital", construída sobre as *Ilusões Perdidas* de Balzac. Considerando *A Capital* um "estranho prodígio" de reconversão, Coimbra Martins comenta: "Eminentemente portuguesa, eminentemente queirosiana, atravessam-na mesmo aqueles temas que, de um ponto de vista psicológico, constituem a unidade secreta da obra de Eça". Citaremos ainda Vasco Graça Moura, ao mencionar Eça, mais recentemente, como "o grande *pasticheur*" e a sua "zombaria" como "feita de importações estilísticas" (*Colóquio-Letras*, n. 69, setembro de 1982, p. 40).

Mas não foi também Flaubert acusado de plagiar Balzac? Também Ximénès Doudan, obscura personalidade, aliás, autor de *Mélanges et Lettres* (1876) e outras obras, todas elas póstumas, está confessadamente na origem de *A Correspondência de Fradique Mendes*, onde surge com o nome de Xavier Doudan. O narrador, na abertura do capítulo 8, conta-nos que transmitira a Fradique as impressões sobre um livro "que me acompanhara e me encantara, a *correspondência de Xavier Doudan* – um desses espíritos recolhidos que vivem para se aperfeiçoar na verdade e não para se glorificar no mundo, e que, como Fradique, só deixou vestígios da sua intensa vida intelectual na sua Correspondência, coligida depois com reverência pelos confidentes do seu pensamento". Este autor francês apresenta enormes semelhanças com Fradique, e a sua correspondência, muito embora estilisticamente vulgar, permite estabelecer curiosos paralelos com as opiniões de Fradique. Graça, bom gosto, distinção de maneiras, suscetibilidade de espírito, de coração, de cultura, são traços comuns a Doudan e a Fradique. Até a preocupação de emitir "pontos de vista novos sobre todas as coisas" o aproxima de Fradique. Como Eça diz desta personagem: "A rosa da sua botoeira é sempre a mais fresca, como a ideia do seu espírito é sempre a mais original". Até na memória, prodigiosa em ambos, se assemelham. E mesmo quanto às suas opiniões literárias facilmente descobriríamos similitudes. Contudo, o estilo de Fradique, onde não falta a crítica social, política, religiosa e de costumes, segue o

Eça e seus personagens por Abel Manta.

brilho de escrita do seu criador e aponta literariamente para o futuro, para novos modelos literários, muito ao contrário dos escritos de Doudan. O que fica por saber é a razão pela qual Eça lhe deturpa o nome, deturpação que, à primeira vista, não parece gralha dos tipógrafos, chamando-lhe Xavier e não Ximénès (Matos, 2002, pp. 89-92).

Mais recentemente, Marie-Hélène Piwnik, em "Uma Loura Singular", recolhido em *Eça de Queiroz Revisitado* (2012), faz uma aproximação muito pertinente e curiosa entre o conto de Balzac "La Bourse" e as "Singularidades", constatando "uma indubitável convergência de situações, contudo com divergências suficientes para permitir a observação de afastamentos e de evoluções particularmente significativas, que mostram com vigor a passagem do romantismo matizado de Balzac ao realismo militante de Eça de Queiroz". Diz esta exegeta ainda: "O conto de Balzac e o de Eça apresentam um esquema semelhante: duas mulheres, mãe e filha em condições de vida precária, um jovem pretendente ao casamento, uma mesa de jogo, e o desaparecimento de uma moeda, além de pontos comuns sobre os quais me detive. Não chegarei ao ponto de afirmar que 'La Bourse' é o hipotexto de 'Singularidades', e acrescentarei que, na verdade, esse não é o meu propósito. Com efeito, o que mais me interessou nesta questão é a conclusão, radicalmente diferente nas duas narrativas, o que permite comentários diacrônicos sugestivos. Com efeito 'La Bourse' conhece o que modernamente chamamos um *happy end* inesperado. A jovem Adelaide não tinha feito desaparecer a bolsa de Hipólito, gasta e usada, senão para lhe bordar uma nova. Diante deste 'amável embuste', o jovem comove-se, toma Adelaide nos braços, aperta-a contra o coração, e pede-a insistentemente em casamento a Mme Rouville".

Fontes, reminiscências, recriações, *pastiches*, plágios e, mais modernamente, intertextualidade, eis as expressões em causa nesta delicada matéria, aqui apenas aflorada. Na arquitetura, na pintura, na literatura, não têm fim os exemplos de geniais imitações: o Parthenon não é o supremo resultado estilístico de inúmeros templos de igual feição e gramática que o antecederam? Não é o *Déjeuner sur l'Herbe*, de Manet (1863), uma versão realista do *Concerto Campestre* de Ticiano? Picasso não decalcou com o seu peculiar estilo Velásquez? Imitar em arte poderá dar sentido, porventura, a uma conhecida passagem de Aragon, no prefácio de *Les Yeux d'Elsa*: "Porque eu imito. Muita gente escandaliza-se com isto. A pretensão de não imitar anda associada a uma certa hipocrisia e esconde mal o mau trabalhador. Toda a gente imita mas ninguém o diz".

A determinação intertextual de uma obra é hoje concebida em termos de avaliação da sua própria originalidade. Que tipo de inovação, que pessoal estilo, que profundo sentir, que qualidade intrínseca e específica pertence, de fato, a um artista? Esta parece ser a questão fundamental neste controverso tema.

Cabe neste capítulo, ainda, o processo de inspiração e enriquecimento da narrativa com o "documento", ou seja, elementos extraídos de acontecimentos ou situações reais, tal como a montagem de personagens construídas por via de regra a partir de personalidades verdadeiras, que já exemplificamos no caso do poeta Alencar de *Os Maias*, construído, em partes iguais, de Bulhão Pato e de Camilo Castelo Branco. Recorde-se o testemunho prestado pelo chanceler do consulado de Paris a Aquilino Ribeiro sobre o contentamento com que Eça apontava num caderninho de bolso informações que ia colher aos periódicos. No capítulo II de *A Cidade e as Serras*, por exemplo, faz-se referência a uma certa fragata russa Azoff, que entrara no porto de Marselha com avaria e que o telégrafo de Jacinto noticiava. Pois essa fragata existiu na realidade e é muito possível que tenha entrado então avariada, nessa data, nesse porto.

O mesmo se passa com o curioso *Julgamento de Libuska*, título de um poema eslavo mencionado em *A Correspondência de Fradique Mendes*, no final da sua introdução intitulada "Memórias e Notas". Fradique interessou-se, na fase final da sua vida, pelas literaturas eslavas, tendo-se ocupado com paixão, como relata o narrador da sua vida, "do mais antigo e nobre dos seus poemas, o *Julgamento de Libuska*, casualmente encontrado em 1818 nos arquivos do Castelo de Zelene-Hora". Conhecendo em Paris uma certa Madame Lobrinska, "da velha família russa dos Príncipes de Palidoff", personagem que virá a herdar o seu espólio, Fradique constatou que esta dama era parente dos senhores de Zelene-Hora, condes de Coloredo, e possuía uma reprodução das duas folhas de pergaminho que contêm a velha epopeia bárbara, ou seja, o referido poema *Julgamento de Libuska*. Ora, aquilo que parece à primeira vista uma pura invenção, como quase sempre acontece, possui um suporte verídico, o que prova, uma vez mais, que Eça trabalhava a sua ficção e também as suas páginas de jornalismo e de ensaio com uma vastíssima massa de informação que ia buscar nas mais diversas fontes. Mesmo nos textos de mais livre fantasia é constante o seu realismo.

Com efeito, se consultarmos a "Histoire des Littératures", da *Encyclopédie de la Pléiade* (vol. II, Gallimard, 1968, p. 1322), encontraremos no capítulo dedicado à literatura tchecoslovaca menção desse poema, falsificado por um nacionalista tcheco, com intenções pan-eslávicas, em 1818, precisamente a data indicada por Eça de Queiroz, o que deu origem à famosa questão dos manuscritos. Para melhor esclarecimento transcrevem-se alguns passos da obra citada: "Václav Hanka, filólogo e poeta [...] atreve-se a fabricar fragmentos de uma antiga epopeia tcheca cuja descoberta ele anuncia em 1817. Estimulado pelo entusiasmo que provoca o *Manuscrito de Kálové Dvûr*, prossegue a sua obra de falsificação piedosa e o ano seguinte vê a aparição do *Manuscrito de Zená Hora*, conhecido igualmente com o nome de *Julgamento de Lùbusa*". Como aqui se constata, o *Julgamento de Libuska*, embora poema falsificado, teve uma existência real, tão real como o Castelo de Zelene-Hora. A imprensa da época deve ter noticiado largamente o episódio da falsificação do poema que não tardaria a figurar na narrativa da *Correspondência de Fradique Mendes* do nosso romancista.

22. EÇA VISTO PELOS SEUS CONTEMPORÂNEOS

Jaime Batalha Reis, em 1866: "Vi na *Gazeta de Portugal* uma figura muito magra, muito esguia, muito encurvada, de pescoço muito alto, cabeça pequena e aguda que se me mostrava inteiramente desenhada a preto intenso e amarelo desmaiado. Cobria-o uma sobrecasaca preta abotoada até à barba, uma gravata alta e preta, umas calças pretas. Tinha as faces lívidas e magríssimas, o cabelo corredio muito preto, de que se destacava uma madeixa triangular, ondulante, na testa pálida que parecia estreita, sobre uns olhos cobertos por lunetas fumadas, de aros muito grossos e muito negros. Um bigode farto, e também muito preto, caía aos lados da boca grande e entreaberta onde brilhavam dentes brancos. As mãos longas, de dedos finíssimos e cor de marfim velho, na extremidade de dois magros e longuíssimos braços, faziam gestos desusados com uma badine muito delgada e um chapéu de copa alta e cônica, mas de feltro baço, como os chapéus do século XVI nos retratos do Duque de Alba, de Filipe II de Espanha, ou Henrique III de França. Era Eça de Queiroz. Contava o quer que fosse a um tempo trágico e cômico, nervosamente, dando a espaços gargalhadas – *ricanements*, como se diria em francês – curtas e sinistras".

Jaime Batalha Reis em 1869, depois da viagem ao Oriente: "Trajava uma longa sobrecasaca aberta, de cuja botoeira saía, com coloridos, um enorme ramo de flores; cobria-lhe o peito, em relevo, um *plastron* que nos pareceu imenso, sobre o qual se erguia um colarinho altíssimo, onde a custo a cabeça se movia. Os punhos, que os botões uniam pelo centro com uma corrente de ouro, encobriam grande parte das mãos, metidas em luvas cor de palha. Vestia calças claras, arregaçadas alto, mostrando meias de seda preta com largas pintas amarelas e sapatos muito compridos, ingleses, de polimento. Tinha na cabeça um chapéu alto, de pelo de seda brilhantíssimo. E olhava-nos com um monóculo que lhe estava sempre a cair e que ele, por isso, abrindo a boca em esgares sarcásticos, amiúde reentalava junto ao lacrimal do olho direito. Ficará para sempre o prazer delicado de ler os livros de Eça de Queiroz; mas perdeu-se o prazer, ainda talvez maior de o ouvir, quando ele conversava, quando ele contava, quando ele representava alguma personagem que quisesse imitar ou a que quisesse dar vida. Parecia, com o seu forte e inesperado poder de expressão, de imagem, de réplica, de graça, o representante de uma raça especial diversa da portuguesa ou de qualquer outra, falando em Portugal, uma língua nova" (Introdução a *Prosas Bárbaras*).

Ramalho Ortigão, em As Farpas, *em 1874:* "Eça de Queiroz tem a viva imaginação de um fantasista, a meiga sensibilidade terna de um poeta e a fria análise implacável de um grande crítico. Desta tríplice disposição, deste triplo poder resulta a sua extraordinária aptidão de humorista. O estilo de Eça de Queiroz não mostra somente dispor de todas as cores; parece também usar os ingredientes. Há trechos dele que diríamos feitos com sangue, com lágrimas, com pérolas líquidas, com enxurro, com ouro, com lama e com pó de brilhantes. É o processo humorístico".

Ramalho Ortigão num texto do Diário Ilustrado *de 1874:* "Eça de Queiroz é um dos artistas em cuja obra mais claramente se patenteia a influência do seu meio. Taine adorá-lo-ia como a demonstração viva da primeira lei da crítica moderna. Narrar a história das suas relações, das suas convivências, das suas amizades, equivale a assinalar perfeitamente a índole artística e o caráter literário do seu talento".

Guerra Junqueiro, em 1878: "Eça de Queiroz pertence à ordem elevada dos artistas criadores. [...] O Conselheiro Acácio e a criada Juliana de *O Primo Basílio*, conquanto não possuam a latitude, a quase universalidade de alguns tipos de Balzac, no entanto como poder de criação, como força de gênio, colocam Eça a par do autor de *Cousine Bête*, do *Père Goriot* e da *Eugénie*

Grandet. Eça de Queiroz é um grande romancista porque é ao mesmo tempo um grande poeta. Tem a análise e tem a intuição. A análise é um bisturi, mas a intuição é um raio. A impressionabilidade imaginativa do autor de *O Primo Basílio* é tão delicada, tão viva, tão profunda, chega a sentir com uma tal nitidez e uma tal sutileza magnética os sentimentos mais vaporosos e incoercíveis, que às vezes faz lembrar os aparelhos da física moderna escrevendo com uma precisão inalterável as vibrações dos sons ou as ondulações da luz, e recorda ao mesmo tempo as pequenas balanças trabalhando na aresta de um diamante de uma suscetibilidade nervosíssima, e que servem para pesar as gotas de essências mais preciosas ou dos venenos mais enérgicos" (*O Ocidente* de 1 de abril).

Luís de Magalhães, 12 de maio de 1881: "Estive anteontem à noite, e ontem todo o dia com o Eça de Queiroz. Conversamos bastante e fiquei simpatizando com ele. Não digo que seja o meu ideal de homem. O que tem é uma linha exterior agradável e distinta e um grande e poderoso talento". Carta à mãe (Magalhães, 2010, p. 11).

Ramalho Ortigão em As Farpas, *em outubro de 1881:* "O meu companheiro e grande amigo Eça de Queiroz escreve os seus admiráveis livros, de uma limpidez tão cristalina, e de um processo tão rigorosamente metódico, no meio de verdadeiras crises de todo o seu sistema nervoso, numa agitação sibilina, gesticulando, bracejando, passeando no quarto, falando só, chupando cigarros que não acende e acendendo cigarros que não fuma. Consome tanta força escrevendo um capítulo como se desse murros sucessivos sobre um dinamômetro pelo mesmo espaço de tempo. A uma ou duas horas da noite, quando despega da escrita e sai para a rua, a face descarnada, de uma palidez glacial, denotando uma nutrição comprometida, ele traz uma expressão fisionômica de sonâmbulo e uma fome de lobo hibernado" (Ortigão, 1969, pp. 272-273).

Fialho de Almeida, cerca de 1882: "Conheci-o há pouco mais de um ano, num gabinete de *restaurant* onde ele ia cear todas as noites, com rapazes. Espírito adorável, bordado de infantilidades sabiamente premeditadas para os efeitos cênicos da sedução intelectiva, mordacidades de alto e polido estilo, e sobretudo esse privilégio sagaz de não perder um milímetro de estatura, pela intimidade e pela franqueza, prodigalizadas em volta. É verdadeiramente um homem de raça, com a impressionabilidade multíplice requerida pela literatura que faz, e uma paciência e probidade admiráveis que lhe permitem transformar, refazer e destruir mil vezes uma página, sempre que pressinta não traduzir ela, nitidamente, a ideia a fixar ou a desenvolver. Tudo nessa figura de cartilagem, franzina e pálida, trai o espírito depurado em requintes sutis, à custa de uma espécie de tortura física que o rala, ao mesmo tempo que o transfigura. Olhem bem essa *masque* de face cavada e nariz astuto com olhos de míope alternadamente coriscantes e doces, boca fina, que sob as asas do bigode, aos cantos, se atormenta numa ironia que faz na sua conversa e na sua prosa, um cintilar de espadas em duelo. Ao premir na órbita o monóculo, as sobrancelhas negras estranhamente arqueadas aproximam-se e palpitam, como remiges em asas de corvo, pondo na fisionomia o que seja de um cunho mefistofélico. Voz grave, ora de morosidades mórbidas ora em catadupa febril. [...] De ano a ano, Eça de Queiroz vem a Lisboa, observar de quantos séculos Portugal retrogradou, desde a última visita que lhe fez. Traz sempre a lente do mesmo grau, a fim de não se atribuir a efeitos do vidro, a mesquinhez da imagem obtida. E das suas janelas do Rossio, vê arrastar-se, em baixo, a miserável gente, amarela e morna, que vai para o emprego público, ou vem da casa de penhores. A fealdade das caras amedronta-o e desconsola-o" (Eça de Queiroz, *Figuras de Destaque*).

Antônio Feijó, em 1885: "Espantou-me a notícia do casamento da Emília Resende com o Eça de Queiroz. Na verdade o Queiroz tem qualidades extremamente apreciáveis e até sedutoras para uma mulher superior. É muito *fino*, é muito distinto, é imensamente talentoso e espirituoso, mas não me parece que a escolha fosse acertada. O Eça de Queiroz já não tem nada de ingênuo e de puro que possa dar-lhe. Está mirrado como um pergaminho antigo. Há de ser-lhe com certeza um ótimo preceptor, mas um péssimo marido. Mas agora pergunto eu: como foi isso? Tinhas surpreendido alguma coisa desse segredo?" (Carta para Luís de Magalhães, 9.10.1885, Eça tinha por essa altura quarenta anos).

Mariano Pina, em 1887: "Completamente arruinada a sua constituição, possuindo nevroses até no estômago, eu creio que Queiroz teria morrido há muito se não fosse o romancista que é, se nele o artista não fosse mais forte do que o homem. Uma noite, num hotel de Paris, torturado por nevralgias horrorosas que lhe corriam todo o corpo fazendo-lhe ranger e estalar os ossos, julguei-o perdido. Um outro homem teria sucumbido, inevitavelmente. Todos os remédios que o médico prescrevera foram ineficazes; e a única coisa que o calmou, que lhe fez esquecer a doença, foi passar toda a noite falando, falando, falando literatura. Logo de manhã muito cedo, ei-lo à banca, trabalhando febrilmente em *A Relíquia*, romance que há de sair ao mesmo tempo que *Os Maias*; e quando entrei para o acompanhar ao almoço, já ele tinha enegrecido várias dezenas de papel Whatman. A literatura, para Eça de Queiroz, é uma necessidade, mesmo um remédio – para não se extinguir aquele organismo tão deteriorado. Mas não lhe peçam crônicas para jornais, críticas de belas-artes, críticas de teatro, ou críticas literárias, porque nada disto o atrai, nada o interessa. Dizia-me ele: *As abelhas só sabem fazer mel, e eu só sei fazer romances!*" (*A Ilustração*, 5.5.1887). Este depoimento é evocador do seguinte escrito de Nietzsche: "É necessário muito caos interior para poder parir uma estrela que dança". A estrela, neste caso, era *A Relíquia*. Ele remete-nos ainda para o testemunho que Eça deu a Antônio Nobre em Paris ao dizer-lhe: "É necessário sem tudo, arrepiar-se, ter tempestades de nervos para criar: oh, isso é indispensável!"

Emilia Pardo Bazán, em 1889: "Havia muito que eu desejava conhecer este português que vale por mil... espanhóis e consegui-o agora em Paris, onde ele reside desempenhando o cargo de cônsul-geral do seu país. O retrato que adorna a edição de *O Primo Basílio* representa um homem de trinta e quatro a trinta e cinco anos de idade, de aspecto elegante e estrangeiriço, mais parecendo um *clubman* que um literato, e mais feito para manter o florete que a pena. Desde que se gravou aquele retrato terão passado dois lustros: os quarenta imprimiram um cunho reflexivo e um tanto severo nas feições secas e pálidas do insigne escritor; a natureza, que vulgariza ainda mais as fisionomias vulgares, espiritualizou a de Eça de Queiroz; o calor da arte macerou as suas fontes e cavou as suas olheiras; o humor bilioso, próprio de quem tão magistralmente emprega a ironia e a sátira, rançou-lhe a pele, que parece dum santo de marfim; e ao mesmo tempo a enérgica negrura do cabelo, liso, que se conserva virgem de cãs, e a do bigode que é juvenil e militar acentuaram uma cabeça notável, montada num corpo débil alongado e distinto. A aparência de Eça é atualmente a de um indivíduo gasto, anêmico, e nervosíssimo, duplamente sensível às influências exteriores. Tínhamos tanto que dizer sobre as letras hispano-lusitanas, tanta pergunta que formular, tanta curiosidade atrasada que saciar, que logo desde o primeiro momento tiramos as palavras da boca e o nosso diálogo fazia lembrar o contato de dois fios que faziam saltar reiteradamente a faísca elétrica. Houve, todavia, momentos em que por egoísmo fiz compasso de espera e escutei encantada aquele que é um dos meus autores favoritos na Península, tão favorito que nem estrangeiro o considero. Não sei se *A Relíquia* é, como alguns afirmam, a melhor obra de Eça, mas para mim é a mais estranha e a mais *sua* ao mesmo tempo. Este grande artista português seria muito maior, quase perfeito, se tivesse brotado da própria entranha da sua nação; se fosse castiço, puro, lusitano ou peninsular até à medula, filho e continuador da tradição literária do seu país"(*Jornal de Notícias* de 16.12.1889).

Alberto de Oliveira, em 1889: "Escuso, pois, de acentuar o que foi o meu alvoroço louco, quando uma tarde, subindo a Rua das Carmelitas, no Porto, eu vi surgir diante de mim, como uma aparição, a figura viva desse semideus que Eça de Queiroz era para mim. Supunha-o em Inglaterra, no seu *cottage* florido de Bristol, de onde só comunicava pontificalmente conosco através das suas obras-primas. Nenhum jornal me dera rebate da sua vinda a Portugal, da sua chegada ao Porto. E, contudo, era Ele em carne e osso, imediatamente reconhecido pela semelhança com os seus retratos, que eu estava vendo descer a rua como que ao meu encontro, entre a indiferença absurda dos outros transeuntes, sem que ninguém e nada, além de mim, parecesse tomado de assombro. Era ele! Alto, esguio, vestido de luto pesado, com um chapéu alto de grande copa que ainda lhe prolongava a estatura, umas lunetas fumadas (em vez do esperado monóculo) velando-lhe os olhos, no rosto uma palidez de marfim velho, uma harmonia acabada no seu vestuário como nas linhas e movimentos do seu corpo, e um porte ao mesmo tempo olímpico e vencido, desdenhoso e resignado, irônico e melancólico, que na ocasião me fez pensar na frieza e altiva tristeza dos ciprestes. Tal qual a prosa sonhada por Fradique Mendes, aquele homem, tão diverso da humanidade vulgar, pareceu-me um homem *como ainda não havia!* [...] Arrepiei caminho e pus-me a seguir Eça de Queiroz. Pouco tive que andar. No termo da Rua das Carmelitas ficava a velha livraria Chardron, editora das principais obras do grande romancista. Foi para lá que ele entrou e foi para lá também que eu entrei, faminto de prolongar, sequioso de que nunca mais acabasse, o nosso encontro. Regulando pelos seus os meus movimentos, procurando conservar-me o mais possível na sua vizinhança, para melhor o ver, e sobretudo para o ouvir, fiz menção de consultar uns livros. O semideus humanizou-se levemente, tirou as lunetas, incrustou o monóculo, entabulou conversa com um dos gerentes da livraria. A sua voz aguda, um pouco de cana rachada, pronunciou algumas palavras para mim indistintas. Ouvi-lhe um riso seco. Foi tudo. Nesse momento um empregado aproximava-se de mim, estranhando porventura a minha agitação, e perguntava-me ao que vinha. Reunindo toda a minha audácia, querendo ser atrevido sem parecer grosseiro aos olhos daquele grande homem tão fino, arrebitei a voz e disse: – Dê-me *O Mandarim!* Eça de Queiroz não ouviu ou não reparou, longe de supor o mundo de emoções ardentes que enchia aquelas minhas palavras. Logo depois sumiu-se para dentro da loja, acompanhado pelo gerente. E não voltou" (Oliveira, 1945, pp. 27-30).

Alberto de Oliveira, em 1892: "Eça de Queiroz acolheu-nos com a cortesia sóbria, requintada, que era um dos seus dotes. Cada gesto seu, cada palavra, era naturalmente e sem intenção nem esforço uma obra de arte. A sua ironia ao falar, longe de ser contundente ou corrosiva, era sem maldade e, por vezes, quase infantil. Parecia incapaz de impor uma opinião ou de exaltar-se por uma ideia. Conversando tateava à procura da tendência dos seus interlocutores e logo se lhe adaptava polidamente, com a fadiga velada e sutil de quem tinha por vã qualquer discussão. [...] Quando pude olhar para ele mais desembaraçadamente, tudo na sua figura me pareceu inimitável. A observação vulgar veria em Eça de Queiroz um homem feio, esgrouviado, de feições incorretas, olhos piscos, cor de pouca saúde, corcova incipiente. A todas estas notas sem agudeza teria uma análise perspicaz de opor grandes erratas. Se aquilo era fealdade, nunca a encontrei mais invejável. O criador de Fradique Mendes era, em corpo e alma, um Fradique. Os seus movimentos eram música, como os seus períodos. É natural que a coerência total da sua pessoa resultasse também duma longa série de correções e pacientes aperfeiçoamentos através da vida, como por vezes as páginas dos seus livros: é possível que em si próprio, como na sua obra, ele tenha *emendado muito*. Mas desse esforço, se chegou a havê-lo, não restava vestígio. Eça de Queiroz era um homem *fino*, elegante, exalando civilização e pessoal encanto, como nas nossas mais severas exigências poderíamos concebê-lo. A palavra fino é a que mais vezes acode para defini-lo, é a que nos sugere a mecha negra do seu penteado sobre a vasta fronte pálida; o monóculo não automático, mas vivo, falante, que lhe sublinhava e aguçava o olhar; a boca excessiva, onde no entanto se formavam sorrisos sempre cheios de proporção; as extremidades aristocráticas, mãos quase femininas e tão ricas de expressão e movimento; enfim, a sua grande estatura, que tanto se nos impunha sem ter nada de imponente, e o arranjo infalível do seu vestuário, em que todos os pormenores tinham uma graça própria, como se Deus houvesse posto aquele homem sobre a terra, em vez de nu em pelo como todos os outros, já calçado e vestido por sua divina mão. E – coisa estranha! – desta harmonia e equilíbrio nascia, quase sem transição, quando era oportuno, o exagero da caricatura. Eça de Queiroz tinha o dom da mímica, com que fazia viver as mais simples anedotas; e até as crianças se riam, irreprimivelmente, quando a sua cara se mudava em careta, a sua voz em guincho, e os seus braços e pernas se agitavam em movimentos quase truanescos, indo do singelo cômico até ao macabro. Era assim a sua companhia quando familiarmente a pude gozar, um motivo contínuo de emoções, sensações e surpresas" (Oliveira, 1945, pp. 42, 44, 46).

A. de Tréverret, hispanista e professor da Universidade de Bordeaux, em 1892: "Bastante alto, magro, nervoso e pálido, gostando de pôr o seu espírito em contato com as nações estrangeiras mais avançadas do que a sua, segundo ele, felicita-se por ter dito aos seus compatriotas o que ele crê ser para ele a verdade. Aliás fala modestamente da sua obra, e parece antes desejoso de escrever bem do que de escrever muito [...]" (*Le Correspondant*, 25.8.1892).

Ramalho Ortigão, em 1892: "Como é que o meu amigo compreende o lavor da escrita? Lançando ao papel o primeiro jorro de tinta, que ninguém tem mais fácil, mais abundante, mais caudaloso e mais rápido; fazendo imprimir tudo; e em seguida, sobre os granéis, na letra impressa, com um zelo de penitente, estimulado até o mais agudo paroxismo da dor, remanipulando frase por frase, vírgula por vírgula, palavra por palavra, sílaba por sílaba, até que a escrita se converta no espelho límpido e fiel da emoção assimilada pelo seu temperamento, de vibratilidade mais rara, da sonoridade mais prodigiosa [...]. Superiormente instruído, versado em todas as coisas do espírito, equilibrado por uma alta cultura, de que ainda ninguém deu fé porque ele se empenha em ocultá-la sob uma superficialidade de *clubman*, por um fino requinte de mundanismo e de bom tom, Eça de Queiroz reúne todas as capacidades da inteligência ao incomparável poder de expressão literária e de análise psicológica, que fez dele no mundo um dos primeiros romancistas do século" (Carta a D. Guiomar Torresão, *Almanaque das Senhoras para 1893*).

Maria Amália Vaz de Carvalho, cerca de 1893, em Paris: "Eu preferia aos divertimentos que a engenhosa amabilidade do meu querido hospedeiro me proporcionava, e às excursões artísticas em que ele era um *cicerone* incomparável, instruidíssimo, *raffiné*, cheio de ideias originais e sugestivas, as tranquilas e doces noites passadas em Neuilly, na luz discreta da lâmpada Carcel, que um quebra-luz cor-de-rosa fazia mais acariciadora e mais suave, e onde a família adoravelmente inteligente, e inolvidável para mim, de um escritor português, que é um artista da mais pura raça intelectual e da mais ampla envergadura de engenho, me fazia uma espécie de pequenina pátria. [...]*reaprendi* a gozar Paris, não já o meu Paris ideal, espécie de babilônia construída em nuvens, mas o Paris verdadeiro, o Paris real, tal como ele lentamente me foi sendo revelado pelo inteligente *cicerone* que eu tive a fortuna de ter no meu divagar de *touriste*.

"Fiz, acompanhada do meu amável cicerone o trajeto longo que leva ao ateliê de Rodin. Caminhamos pela rua da Universidade, através de longos *boulevards* e das largas avenidas que se entrecruzam ou correm paralelamente nas proximidades dos Inválidos. [...] Entramos no n. 182. Transposta a grande porta, que lembra o portão de uma das nossas quintas, achamo-nos dentro de um cerrado bastante vasto. [...] Infelizmente, foi traída a minha ansiosa expectativa. O mestre não estava, e o discípulo, que trabalha com ele – um rapaz do Norte, de imensa distinção de aspecto –, nem sequer pôde mostrar-nos a esplêndida *Porta*, que estava no compartimento fechado contíguo àquele em que nós entramos, para admirar alguns grupos de mármore, em que a poderosa *griffe* do grande escultor se imprimira profundamente. [...] O escritor a que me estou referindo considera esta multidão de estátuas um agrupamento humano tão significativo, tão eloquente, tão expressivo em cada uma das suas mil atitudes, que só o apreciará quem o estudar indivíduo por indivíduo, como se folheia um livro página por página, como se lê uma partitura nota por nota, como se analisa um corpo fibra por fibra... É a Porta do Inferno" [...] (Carvalho, 1896, pp. 18-20, 48, 49, 51, 54, 559).

Moniz Barreto, em 1897: "Há nele um poeta pagão, ébrio de entusiasmo pela magnificência da Matéria, pelo encanto da Beleza, pelo prestígio da força, pelas seduções do luxo. A maneira por que ele fala da perfeição dos contornos e do esplendor das cores é digna de um homem da Renascença sensual e pitoresca. Diante de uns ombros ou de uns olhos ele tem gritos de estatuário e de joalheiro. A Formosura, onde quer que esteja, chama-o e ele vai para ela de olhos fitos e mãos ávidas. A finura e a riqueza dos tecidos o comovem até à eloquência. As sensações de um banho excitam nele os reptos da ode. A música o embriaga e apunhala. Gosta de perfumes como um elefante" (Barreto, 1963, p. 31).

Eduardo Prado, em 1897: "As tardes dos seus domingos são consagradas a longos passeios pelos cais do Sena quer estejam eles sombreados pelas árvores verdes, no verão, ou varridos pelo vento frio do inverno, soprando por baixo dos arcos das pontes e que o obriga a levantar a gola do seu grosso sobretudo. São longas as suas estações em frente aos alfarrabistas e nunca volta ele para Neuilly sem alguma estampa portuguesa ou alguns volumes de velhas cousas peninsulares, crônicas, sermões, vidas de santos, obras de mística, portuguesas ou espanholas, que depois leva horas a concertar, a tapar os buracos dos bichos, a lavar, a polir com vernizes antissépticos, matadores dos micróbios que colonizam, de preferência naquela literatura. Um dia fez vir de Portugal o *Dicionário Bibliográfico* de Inocêncio. O que diria Camilo Castelo Branco se soubesse? Perguntaria, decerto, notícias daquele escritor em quem sempre reconheceu talento mas em quem sempre viu ou fingiu ver um estrangeirado, antiportuguês. E a maior ponto subiria a sua admiração sabendo que aqueles volumes do Inocêncio estão acrescentados, anotados, corrigidos. É para Eça de Queiroz mais alegre o domingo em que traz para casa algum livro português, não citado pelo bibliógrafo. – Não está no Inocêncio! Diz ele triunfante, mostrando o volume descoberto nos parapeitos dos cais" ("Eça de Queiroz", *Revista Moderna*, 20.11.1897).

Jaime Batalha Reis, em 1897: "Há mais de trinta anos já, com efeito, vi eu uma noite, na redação da *Gazeta de Portugal*, em Lisboa, um vulto alto e esguio, magro como um índio esfomeado, lívido como um marfim antigo. A cara, fundamente cavada a claro-escuro, era ladeada de melenas corredias de cabelo muito preto, e manchada por um bigode muito preto, por duas sobrancelhas muito pretas, por dois olhos muito pretos, luzindo entre os grossos aros, muito pretos também, de grandes lunetas escuras. Este vulto estava completamente vestido de preto e coberto por um chapéu alto, de feltro mate, um pouco cônico, como se usou nos fins do século XVI, e se vê nos retratos de Filipe II de Espanha. Esta lúgubre pessoa era o Eça de Queiroz. [...] Do Eça de Queiroz deve dizer-se, julgo eu, em resumo, o que se não pode dizer de mais ninguém em nenhuma outra nação: que ele é essencialmente único – absolutamente único – na Literatura do seu país. [...] O que ele é, entre os primeiros Escritores de todas as nações e de todos os tempos, é um dos que mais poderosamente têm possuído, no mundo, *o dom de criar vida*" (Paris, *Revista Moderna*, 20.11.1897).

Carlos Magalhães de Azeredo, em 1898: "Magro como um D. Quixote, pálido e exangue, um pouco curvado e, contudo, elegante, com o monóculo encravado na órbita, a voz gutural, os gestos angulosos e as caretas vagantes que faz, mas principalmente com a graça e o humorismo que despende sem contar – a sua conversação é um dos prazeres mais originais que podem desejar-se. É bem o homem dos seus livros. Grande *blagueur* sem dúvida; mas não tanto como as anedotas do Bilac sobre ele fazem crer. A história do *Portugal existe?* que conta o Bilac, é absurda; creio mais na do *secretário como o defunto Flaubert*. Assim o descrevia eu numa carta a Mário Alencar (21 de maio de 1897). A impressão inicial, ainda recentíssima, fora menos brilhante; vê-se que novos encontros a tinham modificado um pouco. Lembra-me como de ontem o nosso primeiro encontro, por uma tarde invernosa e grisalha, no consulado da Rue de Berri, aonde o nosso comum amigo Domício da Gama me acompanhara; lá o vi, magro como sempre e de aspecto doentio, agasalhado em um sobretudo castanho, queixando-se da atmosfera parisiense, e tremendo de frio ao pé da pequena estufa acesa. À primeira vista não me pareceu o homem elegante, esbelto e desempenado que os romances, e referências dos íntimos, me faziam esperar. Estava envelhecido e como nublado; também a idade e as moléstias não passam em vão! [...] a admirável esposa do grande escritor, acabava uma noite ou outra por virar-se para Domício da Gama, e lhe sussurrar baixinho: 'Veja se decide o Eduardo Prado a ir dormir!', porque costumávamos voltar juntos os três para a cidade, e era Eduardo Prado, o opulento alugador do fiacre, quem dava o sinal de partida" (Azeredo, 2003, pp. 259, 260, 262).

Antônio Feijó e Thomás de Mello Breyner (num postal enviado de Leiria para Paris, das raras missivas que escaparam ao desaparecimento de quase toda a correspondência recebida por Eça): "Leiria, 3 de outubro de 1898, Vimos da casa da Sanjoaneira. Estavam lá as Gansosos. Convidaram-nos para jogar o loto, mas não pudemos aceitar por falta de tempo. Mandam-lhe lembranças e nós muitas saudades. Antônio Feijó / Th. Mello Breyner".

Olavo Bilac, em 1900: "Foi numa noite fria de dezembro de 1890 que o escritor desta 'Crônica' teve pela primeira vez a ventura de apertar a mão de Eça de Queiroz. Deram-lhe essa ventura Domício da Gama e Eduardo Pra-

Uma das poucas missivas existentes dirigidas a Eça de Queiroz (Arquivo da Fundação Eça de Queiroz).

do. [...] Com o esguio corpo dançando dentro da vasta sobrecasaca inglesa, Eça, nas deliciosas noitadas de conversa íntima, ficava encostado ao para-fogo de seda chinesa, junto da lareira em que um lume alegre crepitava. Era ele, quase sempre, que falava. Não que tivesse a preocupação de se tornar saliente – porque nunca falava de si, e tinha, por assim dizer, um recatado e melindroso pudor de virgem, um retraimento envergonhado, sempre que, ao acaso da palestra, um de nós se referia ao seu alto mérito de escritor... Eça falava quase sempre, porque era um conversador inimitável, porque gostava de conversar, porque se deixava levar pelo curso das próprias ideias. Quem se atreveria a embaraçar, com uma palavra importuna, a correnteza daquele caudal? E que conversador! Os seus gestos tinham a expressão das mais cálidas palavras: a mão escorçava, desenhava, coloria, no ar, o objeto, a pessoa, a paisagem que a frase descrevia. Cenas da morrinhenta vida das aldeias portuguesas, da Palestina, das Canárias, das grandes capitais da Europa iam passando, vivas e palpitantes, pela teia daquele animatógrafo surpreendente. E, mais clara, mais viva, do que o talento do artista, avultava a bondade do homem, naquelas horas de liberdade de espírito e de meias confidências veladas... Alto e magro, com o olhar ardente nas órbitas encovadas, sobre o forte nariz aquilino; com o queixo saliente entalado no alto do colarinho; de uma sóbria e fina elegância de gentilhomem, sem uma nota espalhafatosa no vestuário, sem uma afetação no dizer – o criador de *Os Maias* já não era, naquele tempo, o leão da moda, célebre pelas suas gravatas e o *blagueur* impertinente, célebre pelos seus paradoxos" (Bilac, 1996, pp. 65-67).

Maria Amália Vaz de Carvalho, em 1900: "Há quantos anos nós o víamos ir morrendo aos bocados, a ponto de parecer já quase um cadáver aquele corpo anguloso e estranho, todo em gestos rápidos e convulsivos, aquele corpo em que se abrigava um dos mais geniais espíritos que a raça portuguesa ainda produziu. Em cada nova visita que ele fazia a Lisboa, a esta Lisboa que conhecia tão a fundo, de que soube dar com tão raro poder de sugestão os aspectos mais característicos, e que ele amava até nas suas *verrugas* grotescas, até nos seus arremedos de civilização superiores, até na sua impostura e nos seus *ares* – em cada nova visita, nós, os que lhe queríamos muito, o víamos mais transparente na magreza do seu corpo esquelético; mais pálido, da térrea palidez mórbida que denuncia graves lesões internas; víamos mais saliente aquele nariz de palpitantes narinas expressivas; mais fundos na sua arcada sombria, aqueles olhos de *míope*, de uma penetração tão extraordinária, de uma visão psicológica tão aguda e fina; mais cansada e fraca aquela voz dele, simpática, bem articulada e em que as *nuances* da ironia, da graça, da doçura melancólica, do desdém ou da meiguice afetuosa, se distinguiam com uma nitidez tão perfeita.

"Pouco ou nada falava da sua saúde perdida, e infelizmente pouco cuidado tinha nela. Aquele organismo delicado e sutil gastara-se aos poucos, no trabalho intensivo do cérebro, na cintilante e pródiga conversação em que despendia tesouros de talento e *verve*, na usura imposta por estranhos e contrários climas ao seu temperamento de peninsular, amigo do sol e do calor... Corroía-o um mal visível a que só ele não prestava atenção. E, no entanto, passado o primeiro instante em que ao vê-lo, a gente se quedava assustada e triste, era tal o encanto daquela palavra colorida, imprevista, cáustica sem maldade, pitoresca e vária, que os ouvintes, fascinados, não podiam mais lembrar-se de que era um doente que os estava deslumbrando assim. Esqueciam tudo no deleite incomparável de o admirar. Não imaginem os que nunca tiveram o raro prazer de ouvi-lo, que Eça de Queiroz fosse um destes conversadores de ofício implacáveis e tremendos que entram, sentam-se, começam a falar, a ouvir-se, a saborear-se, sem deixarem mais ninguém dizer palavra. Não. Eça ouvia com maravilhosa e insinuante graça; dele, a conversa nunca foi um monólogo. Era na réplica principalmente que o seu espírito incisivo e ágil seduzia e encantava. Não havia aparência mais modesta; não havia ninguém que menos gostasse de impor-se. Numa sala a gente via logo que estava ali um entendimento de primeira grandeza, um espírito rápido e brilhante, um humorista penetrante e fino, uma destas verves que não se encontram senão muito raramente em talentos portugueses, mas o que não via, se primeiro o não soubesse, é que estava ali um homem de letras" (*Eça de Queiroz Visto pelos Seus Contemporâneos*, pp. 290-292).

Fialho de Almeida, em 1900: "Eça de Queiroz foi sempre uma organização debilitada, um poste de osso suspendendo fios elétricos de nervos, esse predomínio nevrótico explicando as sensibilidades de esteta que lhe fizeram na vida literária o temperamento intenso de humorista assim como na material, em coisas de mesa, vestuário, amor, arte e conforto, um desses tipos de aristo, cuja degenerescência recorda, pelas predileções sensuais, ceticismo delicado, inconstância de diletantismo, raridades frustes de elegância, perversos da Renascença" ("Eça de Queiroz, II", *Figuras de Destaque*).

Antônio Feijó, em 1907: "Numa estação de água próxima de Estocolmo, fiz conhecimento no verão passado com um antigo cônsul da Suécia, Conde Banckow, que a um conhecido comum tinha mostrado o mais vivo empenho de me falar, para me pedir notícias dum português de quem há muito não recebia notícias. Esse português era o Queiroz. O conde tinha sido colega dele em Newcastle. Viam-se todos os dias, comiam no mesmo restaurante, frequentavam as mesmas casas, davam juntos algumas fugidas a Londres e a Paris, tudo isto durante anos e sempre na maior intimidade. Pois meu amigo, esse conde sueco, que tinha pelo Queiroz tanta ternura que quase chorou ao saber que tinha morrido – ignorava completamente a sua qualidade de escritor! E não queria acreditar-me, quando eu insistia. *Talvez amador*, dizia ele – não! Um grande escritor europeu. – E não havia meio de convencê-lo. O homem não vinha a si do seu pasmo; achava o Queiroz encantador, *pêtri d'esprit*, alegre, bondoso, condescendente, sempre de bom humor, e duma inteligência aguda, reverberante, mas um grande homem, um escritor de gênio... *celle-là. Vraiment c'est incroyable!* E só se convenceu quando um compatriota nosso que estava ali em tratamento lhe mostrou um bilhete-postal com a fotografia do monumento do Largo do Quintela" (*Correspondência Literária e Política com João Chagas*, 1957).

Xavier de Carvalho, em 1918: "Foi, se bem me recordo, o Mariano Pina quem nos pusera em contato, num almoço íntimo dos *boulevards*. Depois estreitamos, mais de perto, mais íntimas relações, no seu *bureau* modesto da rue d'Artois, o *rez de chaussée*, esquina da rue de Berri, onde estava instalado o luso consulado. Eça, de monóculo, rabona curta, chapéu de coco, um pouco curvado, sorriso levemente irónico à flor dos lábios, surgia todas as tardes, por volta da uma e meia para as duas, no *bureau* – com alguns livros debaixo do braço, um maço de provas de imprensa e os seus dois inseparáveis *Figaro* e *Times*. E deixando cair o monóculo, estendia-nos a mão sempre tão cuidada, perguntando novas de Portugal, que todo o interessava, com uma religiosa saudade. [...] Não conhecia, para assim dizer, meia dúzia de homens de letras em Paris, não frequentava os cafés literários, nunca pusera os pés no Tortoni, onde pontificava todas as tardes o cronista Aurélien Scholl, ou no Napolitano, onde imperava olimpicamente Catulle Mendès. Eça de Queiroz vivia apenas com os seus livros – e para a sua família, numa roda íntima de amigos, como Eduardo Prado e o Batalha Reis. Mais tarde, o Arruda Botelho, que fundara a *Revista Moderna* onde o romancista tanto colaborou e onde publicou *A*

Ilustre Casa de Ramires, foi um assíduo da casa de Neuilly sur Seine" (Eça de Queiroz, *In Memoriam*, pp. 100-103).

Emília de Castro, sua mulher, em 1901: "Saído do seu trabalho, o José não gostava de falar sobre a sua obra, e agora que pena sinto de lhe não ter perguntado tanta coisa! De não saber a sua opinião sobre tanto assunto! Tanta coisa dele que fiquei sem saber, ele era naturalmente reservado, e eu pensava que o teria sempre! Em que ilusão se vive" (carta a Luís de Magalhães, 11.12.1901).

Conceição d'Eça de Melo, em 1924: "Eça de Queiroz era na vida íntima verdadeiramente encantador. Só aqueles que viveram com ele podem bem dizer o conjunto de delicadeza, graça e bondade que o seu trato íntimo revelava a todos os momentos. É que nele as qualidades do coração estavam a par das da inteligência. No seu espírito havia um sentimento inato de justiça, e uma bondade que nunca se desmentia. O pobre, o desvalido, tinha a certeza de encontrar nele um protetor" (*Eça de Queiroz Revelado por Uma Ilustre Senhora de sua Família*, p. 24).

23. DESCENDÊNCIA. OS FILHOS

Eça de Queiroz teve quatro filhos. O primeiro, Maria, nasceu no Porto, no Solar de Santo Ovídio (16.1.1887), onde os pais haviam casado (10.2.1886). Faleceu na Quinta de Vila Nova (a Tormes de hoje), Santa Cruz do Douro (7.1.1970), hoje casa-museu e sede da Fundação Eça de Queiroz. Foi a única filha do casal e a preferida do pai. Só tardiamente se começou a interessar pela obra deste, depois de alguns anos passados em Angola, onde acompanhou o filho único, que não deixou descendência. Com a colaboração do irmão Antônio, publicou em 1949, parcialmente, as cartas íntimas trocadas pelos seus pais, na editora Lello & Irmão do Porto, em *Eça de Queiroz Entre os seus Apresentado por Sua Filha*, como resposta a infundamentadas conclusões a que o seu principal biógrafo, João Gaspar Simões, havia chegado em 1945, sobre as relações do casal Queiroz, em *Eça de Queirós, o Homem e o Artista*. Maria tinha então 62 anos. Foi por essa altura que começou a reunir na hoje casa-museu de Tormes tudo aquilo que pertencera ao espólio do pai, disperso por vários membros da família, inclusive os manuscritos. Publicou então *Folhas Soltas*, *Palestina*, *Alta Síria*, *Sir Galahad*, *Os Santos*, na editora Lello & Irmão do Porto, em 1966. Também ela não resistiu a alterar nessa edição certos termos que lhe desagradaram nos textos do pai, alguns dos quais ofendiam os seus sentimentos.

Emília em Londres. À direita a filha Maria e à esquerda a sobrinha-nora Matilde.

José Maria, editor de grande parte da obra póstuma de Eça.

José Maria, o segundo filho, nasceu em Londres (26.2.1888) e faleceu na Granja prematuramente (2.6.1928). Veio para Portugal com cerca de doze anos e meio, depois do falecimento do pai. Fez o curso superior de Letras e preparava-se para seguir a carreira diplomática quando a implantação da República, em outubro de 1910, veio alterar os seus planos. Fez parte das incursões monárquicas do Norte entre 1911 e 1912, com seu irmão Antônio, tendo emigrado para o Brasil, onde viveu quatro anos. De regresso ao seu país, entregou-se à transcrição e publicação dos manuscritos inéditos do pai. Possuindo qualidades miméticas notáveis, aperfeiçoou esses textos, introduzindo-lhes por vezes pequenas alterações de caráter ideológico. Começou por publicar o romance *A Capital* (1925), acrescentando-lhe um muito importante prefácio onde conta os motivos e as circunstâncias do seu trabalho. Quando começou a observar o material respeitante a este romance, pensara que nada mais havia a publicar, pois todos esses inéditos (*A Capital* e vários outros) tinham sido vistos por Ramalho Ortigão. Se ele os pusera de lado é porque não tinham interesse, assim julgava. Resultou este empreendimento de ter recebido do Rio de Janeiro, a 11 de julho de 1924, a parte do espólio de Ramalho que tinha importantes inéditos de Eça, que aquele negligenciara e que o filho de Ramalho, que os herdara, agora lhe oferecia. José Maria publicou então: em 1925, *A Capital*; *O Conde de Abranhos e a Catástrofe*; *Alves & Cia* e *Correspondência*; em 1926 *O Egito, Notas de Viagem*; em 1929, *Cartas Inéditas de Fradique Mendes e mais Páginas Esque-*

cidas. É também de grande importância o prefácio a esta última obra, escrito no ano da sua morte, onde José Maria se mostra partidário da cultura francesa mais reacionária, elogiando a "imensa obra de Maurras", a *Action Française*, e considerando o sufrágio universal "como uma caturrice arcaica e bizantina". Numa carta ao editor Lello, datada da Granja, de 16.3.1924, podemos ler, acerca do atraso da publicação dos póstumos do pai: "Não falarei da circunstância de sermos nós apenas crianças quando meu Pai morreu, nem mesmo na vida agitada que desde então levamos, cortada de bruscos exílios, longos anos passados em Espanha, em Inglaterra, no Brasil, época aventurosa, pouco própria ao estudo aturado de manuscritos ou à compilação conscienciosa de documentos. No entanto seria decerto uma explicação suficiente, se ela acaso fosse necessária mas, acima de tudo, este longo período de silêncio obedeceu a uma condição: a oportunidade". Tendo casado com sua prima direita Matilde (1890-1964), José Maria teve cinco filhos, todos eles com descendência. Deste casal, e apenas deste, derivam os inúmeros descendentes de Eça de Queiroz.

Antônio, o terceiro filho. Nasceu em Paris (31.12.1889), falecendo em Lisboa (16.5.1968). Foi funcionário superior do Secretariado da Propaganda Nacional e Diretor da Emissora Nacional. Muito nacionalista e partidário do Estado-Novo, foi diretor de um periódico de vida efêmera, a *Revista Antibolchevista*, em 1927. Sempre atento ao que a imprensa publicava sobre o Pai, foi seu estrênuo defensor. Tomou parte muito ativa na organização de exposições oficiais sobre Eça de Queiroz, na data de comemoração do centenário do seu nascimento, em 1945. Em 1950 publicou *Desafronta à Memória de Eça de Queiroz*, onde o principal alvo das suas críticas foi o biógrafo João Gaspar Simões. Atacou nessa obra, também, Antônio Cabral, o Padre Alyrio de Mello e Lopes de Oliveira. Em determinada altura pensou ser um grande romancista e chegou a publicar obras de ficção, além das suas memórias das incursões monárquicas a partir do norte da Espanha.

Alberto, o quarto e último dos filhos. Nasceu em Paris (16.4.1891), tendo falecido em Lisboa (1938). Foi o mais obscuro dos irmãos. Esteve num colégio da Suíça entre 1909 e 1910. Exilou-se após a proclamação da República, tendo emigrado para o Brasil. Na data de inauguração do monumento do pai, no Rio de Janeiro (25.2.1923), Alberto encontrava-se nessa cidade, sendo jornalista no jornal *O País*. Por essa ocasião já vivia no Brasil há dez anos. Tendo-se recusado a participar na inauguração do monumento ao pai, escreveu por essa altura a esse jornal a carta seguinte, documento notavelmente expressivo onde, ao contrário dos irmãos considerava a figura de Eça como alguém que, pela sua envergadura, pertencia muito mais à posteridade do que à família:

Meu amigo e secretário – Perdoa o não ter eu atendido à recomendação que me fez de assistir, também pelo *O Pais*, à inauguração do mármore de arte que a encantadora cidade do Rio de Janeiro acaba de levantar em homenagem a... Eça de Queiroz. Ia escrever – meu pai, mas senti logo que o momento augusto dessa solenidade não me permitiria intimidades. Mas, exatamente pelo meu insistente desejo de viver modesto, sempre medroso da responsabilidade de trazer um nome que o Brasil glorificou e Portugal chorou, odiou, amou e detestou a ponto de ainda mal conter despeitos incoercíveis – não seria possível que eu oferecesse a minha presença à preclara comissão que, certamente pelo enlevo de estar em contato espiritual com o grande ironista, olvidara involuntariamente a obra menos elevada e mais imperfeita do escritor louvado, e que é o seu filho mais novo. Tenho atravessado a existência um pouco atribuladamente, desde que desapareceu aquele que tanto amei sem suspeitar da superioridade tamanha que mo havia de arrancar à solidariedade afetiva imposta pelo sangue. Mas, foi no Brasil, através destes dez anos que lhe devo de carinho, que me comovi diante da emoção que a minha presença despertava nas criaturas mais simples do campo e nas cidades do interior ou nos homens que formam a esplêndida elite mental dos centros cultos. Só aqui comecei a julgar dos efeitos éticos e da alegria sugestiva de uma literatura outrora malsinada. Só aqui comecei a medir a grandeza da obra de... Eça de Queiroz. Compreendo, porém, que, se na Europa eu o via menos fulgurante pela inexperiência dos meus verdes anos, e só agora o vejo culminando magnificamente nesse apogeu perene, é que me devo consolar de ter perdido o pai para a Glória que mo roubou para a posteridade. Eis por que não reclamo o suposto direito de ser lembrado – apenas por meu nome, pois quando um grande homem entra no coração e no cérebro dos mentores do povo perde a sua contingência mortal e com ela as relações com as coisas vulgares da vida – e a família é uma delas. Não poderia, por isso, estar presente à inauguração do monumento a Eça de Queiroz, porque minha presença humilde e constrangida poderia constituir a única face sem brilho da imponente e ilustre comemoração. Aceite, assim, a explicação de uma falta que lhe manda com um abraço o

A. Eça de Queiroz.

Quando regressou a Portugal, e depois de, na Granja, ter ajudado o irmão José Maria a transcrever textos do pai, graças ao irmão Antônio conseguiu um lugar de funcionário no Secretariado Nacional de Propaganda.

24. PERSONAGENS DO FORO

Já atrás referimos as duas malogradas experiências que Eça, recém-formado, teve na prática da advocacia, uma em Évora, a outra em Lisboa, depois de ter praticado num escritório, de acordo com o testemunho de Batalha Reis. As personagens relacionadas com o foro assumem na sua galeria importância de monta, mas uma patente incompatibilidade pessoal com o mundo forense manifesta-se claramente num dos lances mais expressivos de *A Tragédia da Rua das Flores* (cap. 22 da edição Moraes), como ficou expresso no capítulo inicial relativo aos "Anos de Lisboa". Não será de modo algum exorbitante reconhecer em Vítor uma visão deste mundo jurídico muito próxima da que o seu criador deve ter experimentado em Lisboa, pelos vinte e dois anos, quando, sentindo já o apelo forte da vocação das letras, vivia intensamente as primeiras empresas literárias, na companhia dos seus amigos do Cenáculo, Antero de Quental, Batalha Reis, Oliveira Martins, Lobo de Moura etc. O mesmo poderíamos dizer quanto à aversão que Gonçalo Mendes Ramires sentiu por esse mundo jurídico.

Mas outras personagens forenses povoam o universo da ficção queiroziana, algumas delas incisivas caricaturas, que retratam impiedosamente uma profissão a que podemos juntar outras classes: políticos, jornalistas, poetas e autores ultrarromânticos, beatas, fidalgos, padres e militares. Todos eles estão no topo de um elenco inserido no "velho mundo burguês", que o seu programa realista queria expressamente "apontar ao escárnio, à gargalhada, ao desprezo do mundo moderno e democrático". Ninguém é poupado à sua sátira demolidora que, no caso dos homens de leis, não é atenuada pelo fato de ele ser filho e neto de magistrados: o pai foi delegado do procurador régio em Famalicão e Ponte do Lima, juiz de direito no Porto, onde lhe coube julgar o processo do conde de Bolhão e o de Ana Plácido. É nomeado depois para Vila Franca de Xira e termina a sua carreira em Lisboa como Presidente do Tribunal do Comércio e juiz da Relação e do Supremo Tribunal. O avô, figura eminente do Liberalismo, foi desembargador no Rio de Janeiro. Deputado, conselheiro, é nomeado Ministro e Secretário de Estado da Justiça em 1847. Um tio de Eça parece ter desempenhado, igualmente, funções de juiz em Évora.

De igual modo, o seu convívio e amizade com eminentes aristocratas (a própria mulher era filha dos condes de Resende) não lhe embaciaram a visão crítica na construção de personagens dessa esfera, como Carlos da Maia, Gonçalo Ramires, André Cavaleiro, Gouvarinho, Ribamar e até, por que não?, o duriense Zé Fernandes de Noronha e Sande, ainda que se possa descortinar em Eça uma certa simpatia e complacência pelos defeitos destas personagens. Entre os homens de leis a mais pesada sátira vai para o desembargador Amado, sogro do futuro conde de Abranhos, nessa hilariante novela inacabada, *O Conde de Abranhos*. Senhor de uma poltrona de damasco vermelho no Tribunal da Relação de Lisboa, Amado tinha um ventre descomunal. Como nos conta o narrador dessa novela, Z. Zagalo, "fazia, ao comer a sopa, um glou-glou nojento e repugnante, e atirava para o soalho os escarros que merecia na face. Tal era esta besta obesa". É ele o protagonista de um episódio cômico: o de um prego que lhe penetra nas nádegas, quando se senta na cadeira inviolável do Dr. Pimentel que Alípio Abranhos, estagiário no escritório do Dr. Vaz Correia, lhe arranca com servil carinho, depois de lhe baixar com desvelo as calças. Este será o primeiro passo para a sua carreira triunfante que o levará a Primeiro Ministro, pois o episódio do prego abrir-lhe-á as portas da fortuna ao conseguir casar com Virgínia, filha do desembargador. Quando este corpulento magistrado morre de uma doença da bexiga, verifica-se, durante o seu embalsamamento, que o cérebro "não era mais volumoso do que o de um bacorinho recém-nascido". Diz-nos o narrador: "Amortalharam-no na sua beca de cetim – que não cobre agora um desembargador mais morto e mais pútrido do que tinha coberto nos dias de sessão da Relação de Lisboa".

Digno de nota, como homem de leis, é também o Dr. Margaride, aliás figura simpática, que vivia a sua reforma pacata de juiz na Praça da Figueira, em Lisboa. Era dos convivas mais constantes da roda da Titi de *A Relíquia*, na casa do Campo de Santana n. 47, de onde o Raposão acabaria por ser expulso depois do episódio picaresco do desembrulhar da camisa de dormir da Mary no oratório da terrível senhora. É do Dr. Margaride a frase pitoresca: "Ninguém como eu saboreia o grandioso!" Compusera duas tragédias na juventude e ficara-lhe o gosto das notícias retumbantes, "o gosto mórbido de exagerar e de impressionar". Ainda que fosse campeão da fé e pretendesse dar "cacheiradas mortais" no ateísmo e na anarquia, Margaride foi sempre amigo do herético Raposão e com ele jantava todos os domingos, já depois da expulsão e do casamento rico daquele seu pícaro amigo.

Outra personagem, nesta área de gente do foro, de perfeito recorte psicológico, é o advogado Dr. Godinho, que é referido logo na primeira página de *O Crime do Padre Amaro*, por ocasião da morte do pároco da Sé, José Miguéis, "à hora em que defronte, na casa do Dr. Godinho que fazia anos se polcava com alarido". Político oportunista e até cínico, profundamente anticlerical, mas afirmando a necessidade da existência dos sacerdotes como esteios da ordem, é dele este princípio: "Em tudo o que cheire a padre, para baixo! Havendo escândalo conta-se. Não havendo inventa-se!". Quanto a Gonçalo Ramires, também ele formado em Direito por Coimbra, embora muitas fossem as suas dificuldades econômicas, nunca lhe passara pela cabeça advogar: "Não podia, com aquele seu horror ingênito, quase fisiológico, a autos e papelada forense", diz-nos o narrador… Um advogado falhado figura, ainda, em *A Ilustre Casa*, o Dr. Gouveia. Começara em Mértola a sua carreira mas acabara administrador do Concelho em Vila Clara. Amigo de Gonçalo é dele a opinião de que as nossas colônias de África só eram boas para vender. No final do romance compara as qualidades e defeitos de Gonçalo Ramires com Portugal.

Falemos por último nos conselheiros, categoria que povoa o elenco das personagens secundárias. Há que destrinçar, porém, o conselheiro figura de topo da carreira da magistratura, ou seja, juiz do Supremo Tribunal de Lisboa, do "conselheiro" título honorífico, que durante o regime monárquico o soberano concedia a funcionários superiores da função pública, como recompensa do bom desempenho dessas funções. Nem sempre é possível distinguir estas duas categorias na narrativa queiroziana. Afigura-se-nos, todavia, que são desta última natureza os conselheiros que Eça geralmente fulmina com a sua sátira, ao fazer deles seres ignaros e incompetentes, símbolos do conformismo e de uma administração rotineira, empedernida. Compreende-se que Eça deles se sirva como alvo das suas frechas, pois são indivíduos honorificados, ou seja, escolhidos e distinguidos como escol da administração pública, assim melhor evidenciando o atraso da sociedade em que se inserem e o atraso da mentalidade corrente dessa sociedade. Nesta categoria avulta a mais completa, célebre e tipificada das suas caricaturas, o Conselheiro Acácio, expressamente referido como conselheiro honorífico. Com efeito, num dos episódios mais conhecidos do romance, o jantar que ele oferece aos amigos para festejar a Ordem de Santiago, com que fora agraciado pelo Rei (cap. XI), lá vem a indicação: "Encaixilhada na parede pendia a carta régia que o nomeara conselheiro". Ex-diretor-geral do Ministério do Reino, uma das suas ocupações era a economia política. Eça dá-o como integrado no grupo dos "formidáveis empecilhos" do seu país, fazendo exibir, ao longo de *O Primo Basílio*, a gravidade balofa e retórica que havia de o imortalizar.

Em *O Conde de Abranhos* sobressai também o conselheiro Gama Torres, figura política, patrono e diretor do jornal *Bandeira Nacional*, muito conhecido pela frase amiúde repetida: "Ele há muitas questões! Questões terríveis: o pauperismo, a prostituição! São grandes questões! Questões terríveis!"... A propósito da vacuidade abúlica desta personagem, Z. Zagalo, secretário do conde de Abranhos, prefaciador e narrador da novela, faz este pertinente comentário: "É curioso observar quantos homens públicos do nosso país têm esta aparência apagada, vazia, vaga, abstrata, sonâmbula", que atribuía ao fato de pertencermos à raça árabe.

Caricatura igualmente severa é, em *Os Maias*, o conselheiro Sousa Neto, oficial superior da Instrução Pública, "alto, escaveirado, grave, com uma barba rala e a comenda da Conceição". No jantar dos Gouvarinhos (cap. XII), pergunta a Carlos se na Inglaterra há "literatura amena, como entre nós, folhetinistas, poetas de pulso?" Perante a resposta negativa e irônica de Carlos, Sousa Neto responde: "Logo vi, tudo gente de negócio"... No decorrer do diálogo que prosseguirá e em que intervém João da Ega, que o provoca, Sousa Neto reforça o seu perfil conselheiral característico da paleta queiroziana ao considerar o ministro do reino um "talento robusto" (Acácio chamar-lhe-ia um "formoso talento").

No conto "José Matias" o conselheiro é Matos Miranda, marido da bela Elisa Miranda, 37 anos mais nova do que ele. Diretor da Assembleia do Carmo, é diabético, "sempre de *cache-nez* de lã escura, com as suas suíças grisalhas, os seus ponderosos óculos de ouro". Morre de pneumonia e tem "um enterro numeroso, rico, com Ministros, porque o Miranda pertencia às Instituições". Eça salienta a sua decrepitude física, de preferência à sua mediocridade, mais não lhe cabendo fazer no curto espaço deste conto, um dos mais perfeitos da literatura portuguesa.

Outro conselheiro desta espécie circula em *A Ilustre Casa de Ramires*: Sanches Lucena, também ele casado com uma belíssima mulher, muito mais nova do que ele. Gonçalo Ramires classifica-o como "estupidíssimo" e "mudo", o que significa que se assemelha ao célebre Pacheco de *A Correspondência de Fradique Mendes*, que se exprimia apenas por gestos e silêncios. Gonçalo, por ele adulado, incluía-o entre a "gente pedante e sabuja", já que exibia uma enorme "gula" pelo convívio com aristocratas de Lisboa. Deputado pelos Históricos e por Vila Clara, mandara incrustar no portão da Quinta da Feitosa as suas iniciais entrelaçadas sob uma coroa de conde, ainda que o avô fosse linheiro na Rua das Hortas, no Porto. Curiosamente, Acácio é enganado pela criada Adelaide, com quem vive amancebado. Enganado é também Sanches Lucena, pela mulher, a bela D. Ana, que Gonçalo Ramires cobiçou, até saber dos seus amantes. Quanto a Matos Miranda, cala-te boca!, se não chega a ser traído pela "divina Elisa" é apenas porque José Matias recusava a consumação do amor que ela lhe oferecia... Há pois que juntar os conselheiros à longa galeria dos maridos enganados, tais como Jorge, Pedro da Maia, o conde de Gouvarinho, o banqueiro Cohen, Dâmaso Salcede, Godofredo Alves etc.

Já o referido Pacheco, da carta VIII de *A Correspondência de Fradique Mendes*, apresenta a qualificação especial de "Conselheiro de Estado". Formado em Direito por Coimbra, a fama do seu "imenso talento" nascera na aula de Direito Natural, quando fez a afirmação retumbante de que "o século XIX era um século de progresso e de luz". Foi deputado, diretor-geral, ministro, governador de bancos e Presidente de Conselho. Caracterizava-o uma enorme testa e o uso do silêncio e do gesto para exprimir a sua absoluta nulidade.

É tempo de concluir este percurso pelas personagens forenses e voltar às razões que levaram Eça a caricaturá-las. Decerto porque esta elite, estreitamente ligada também à governação, evidenciava, significativamente, mais do que qualquer outra, como classe burocrática influente, o atraso cultural do seu país. Essa classe incluía os políticos ignaros, videiros, ávidos de poder que no prefácio dos *Azulejos*, do conde de Arnoso, Eça refere como "politiquetes e politicões enflorados, emplumados, atordoadores, cacarejando infernalmente, de crista alta" (tão atuais, justos céus!). Eles mereciam bem aquilo que o romancista preconizara um dia, em termos de programa literário – "a bengalada do homem de bem".

25. EÇA E FERNANDO PESSOA

Quarenta e três anos separam na idade estes vultos maiores da literatura portuguesa, pois Pessoa nasceu no ano de 1888, e em junho, ano e mês em que foram publicados *Os Maias*. De diversos ângulos se podem analisar as relações entre eles, tendo em conta, também, as referências que Pessoa deixou de Eça e das leituras que dele fez, confessadas ou inconfessadas. Há que dizer, desde já, que da sua biblioteca, que se encontra na Casa Fernando Pessoa em Lisboa, não consta um único livro de Eça de Queiroz, o que nos impede de ver quaisquer anotações ou sublinhados que porventura tenha feito.

Vergílio Ferreira terá sido dos primeiros autores a estabelecer paralelos entre ambos. No seu diário, *Conta-Corrente I*, com data de 15 de dezembro de 1969, esta anotação: "Seria interessante um confronto sistemático de Pessoa com Eça, de quem ele disse muito mal e em cujos bolsos meteu às vezes a mão. Por exemplo, é citada até à náusea a frase de Pessoa "a minha pátria é a língua portuguesa". Mas isto está na carta IV do Fradique: "Na língua verdadeiramente reside a nacionalidade". Vergílio Ferreira anota ainda, no artigo "Eça, Pessoa e Nós", do *Espaço do Invisível III* (1977), escrito presumivelmente em 1967, "que não seria muito difícil encontrar restos queirozianos na obra de Pessoa" e acrescenta: "Foi, aliás a propósito de ironia que Pessoa ironizou sobre Eça, ridicularizando-o num escrito escandalosamente provinciano. Mas vale a pena frisar que o que repugna em Eça a Pessoa é ele querer ser *civilizado* – ou seja, exibir a dominante burguesa de que falamos e tonaliza toda a sua arte até na ironia". De fato, no artigo "O Provincianismo Português" (*Páginas de Doutrina Estética*), Pessoa escreve: "O exemplo mais flagrante do provincianismo português é Eça de Queiroz. É o exemplo mais flagrante porque foi o escritor português que mais se preocupou (como todos os provincianos) em ser civilizado. As suas tentativas de ironia aterram não só pelo grau de falência, senão também pela inconsciência dela. Neste capítulo, *A Relíquia*, Paio Pires a falar francês, é um documento doloroso. As próprias páginas sobre Pacheco, quase civilizadas, são estragadas por vários lapsos verbais, quebradores da imperturbabilidade que a ironia exige, e arruinadas por inteiro na introdução do desgraçado episódio da viúva de Pacheco. Compare-se Eça de Queiroz, não direi já com Swift, mas, por exemplo, com Anatole France. Ver-se-á a diferença entre um jornalista, embora brilhante, de província, e um verdadeiro, se bem que limitado, artista". Se tivermos em conta o que Pessoa disse de Camões não surpreende esta tão equivocada opinião sobre a ironia queiroziana, elemento estrutural da sua ficção, nem da eficácia dessa ironia como crítica social. Nem surpreende tão pouco o que ele disse de *A Relíquia*...

Ao chamar a Eça "provinciano" Pessoa parece ter sido injusto porque, no que toca ao entendimento que o romancista teve do estrangeiro, mostrou sempre uma notável independência de juízos, nunca se tendo deixado deslumbrar pelas civilizações europeias superiores onde residiu. Soube criticar a sociedade inglesa no seio da qual viveu catorze anos, que detestava, embora exaltasse a sua cultura. Ficaram bem expressos, quanto à França, através da formação literária francesa, os seus sentimentos sobre este país, que veio a criticar já no fim da vida, ao declarar a sua decepção provocada pelo caso Dreyfus. Como caracteriza Pessoa aquilo a que chama o "síndrome provinciano", no início do seu artigo? Define-lhe os seguintes sintomas: "O entusiasmo e admiração pelos grandes meios e pelas grandes cidades; o entusiasmo e admiração pelo progresso e pela modernidade; e, na esfera mental superior, a incapacidade de ironia". Ora, como seria fácil expor, os dois primeiros sintomas não cabem em Eça, e quanto à ironia nada há a dizer para além do que já comentamos. Vergílio Ferreira, ainda, no artigo já citado do *Espaço do Invisível*, escreve com pertinência: "Pessoa diz detestar bastante Eça. Não o devemos tomar muito a sério. Também disse detestar os *pseudoclássicos* do século XVIII e foi de lá que trouxe o Ricardo Reis: como disse admirar muito o Camões épico – e foi com o lírico (sobretudo o dos sonetos) que ele afinal se entendeu".

Beatriz Berrini, em *Eça e Pessoa*, chama a atenção para o símile existente entre certos passos de *A Cidade e as Serras* e o poema "Tabacaria". No cap. VI da novela de Eça, Zé Fernandes fala na plebe oprimida dizendo: "Os séculos rolam; e sempre imutáveis farrapos lhe cobrem o corpo, e sempre debaixo deles, através do longo dia, os homens labutarão e as mulheres chorarão". Pessoa, na "Tabacaria", escreve a propósito de sempre haver gente "vivendo por debaixo de coisas como tabuletas / Sempre uma coisa defronte da outra" – tabuletas, aliás, que também estão presentes na novela de Eça: "Neste instante outros Jacintos, outros Zés Fernandes, sentados às janelas d'outras Tormes, contemplam o céu noturno, e nele um pequenininho ponto de luz que é a nossa possante Terra por nós tanto sublimada". Mais adiante Eça escreve: "Mas da rua aos telhados, em cada varanda, por toda a fachada, eram tabuletas encimando tabuletas, que outras tabuletas apertavam: – e mais me cansava o perceber a tenaz incessância do trabalho latente, a devorante canseira do lucro, arquejante por trás das frontarias decorosas e mudas". Esta indiferença do universo perante as míseras criaturas humanas, sejam elas Jacintos ou Zés Fernandes, a fraternidade que as une a todas, em sua insignificância, bem como a ideia do incessante e inútil trabalho, que jamais alcançará criar a felicidade ou então obter a perene sobrevivência – nós a temos ainda nos versos da "Tabacaria":

Em quantas mansardas e não-mansardas do mundo
Não estão nesta hora gênios-para-si mesmo sonhando?
Quantas aspirações altas e nobres e lúcidas
....
Nunca verão a luz do sol real nem acharão ouvidos de gente?
....
Mas o dono da tabacaria chegou à porta e ficou à porta.
....
Ele morrerá e eu morrerei.
Ele deixará a tabuleta, e eu deixarei versos.
A certa altura morrerá a tabuleta também, e os versos também
....
Sempre uma coisa de fronte da outra,
Sempre uma coisa tão inútil como a outra.

Uma nova convergência detecta Beatriz Berrini ao confrontar as palavras do Diabo em *A Relíquia*, quando, sob forma de visão, este aparece a Teodorico Raposo, a bordo do barco Caimão: "Mais outro deus! Mais outra religião! E esta vai espalhar em Terra e Céu um inenarrável tédio". Fernando Pessoa, no poema "Natal":

Nasce um Deus. Outros morrem. A verdade
Nem veio nem se foi: o Erro mudou.

Ricardo Reis:

Não matou outros deuses o triste deus cristão.
Cristo é um deus a mais,
Talvez um que faltava.

Outro símile em que a autora aproxima Alberto Caeiro, no *Guardador de Rebanhos*, de uma frase de *A Cidade e as Serras*:

Não me importo com as rimas. Raras vezes
Há duas árvores iguais, uma ao lado da outra.

E em Eça: "Na Natureza nunca eu descobriria um contorno feio ou repetido! Nunca duas folhas de hera; que na verdura ou recorte se assemelhassem!" Noutro passo, as coisas da Natureza (pedras, arroios, ramagens e ventos) parecem rir-se "alegremente do meu Príncipe". Caeiro, este coloca-se ao pé do rio da sua aldeia e diz, refletindo sobre os homens:

Rio como um regato que soa fresco numa pedra.

No prefácio aos *Azulejos* do conde de Arnoso, Eça interroga: "Mas concebes tu a possibilidade de que daqui a cinquenta anos, quando se estiverem erguendo estátuas a Zola, alguém se lembre dos Ferry, dos Clemenceau, dos Cánovas, dos Bright?" E Antônio Apolinário Lourenço, no seu estudo *Eça de Queiroz e o Naturalismo na Península Ibérica*, comenta: "É difícil ler esta passagem sem nos lembrarmos de um poema, "Gazetilha", que Fernando Pessoa viria a publicar na revista *Presença*, em janeiro de 1928 atribuindo-o a Álvaro de Campos:

Dos Lloyd Georges da Babilônia
Não reza a história nada
Dos Briands da Assíria ou do Egito

Carlos Mayer e Eça de Queiroz.

Busto de Eça por Teixeira Lopes em tamanho reduzido.

Dos Trotskis de qualquer colônia
Grega ou romana já passada,
O nome é morto, inda que escrito
Só o parvo dum poeta, ou um louco
Que fazia filosofia,
Ou um geômetra maduro,
Sobrevive a esse tanto pouco

Que está lá para trás no escuro
E nem a história já historia.
(Lourenço, A. Apolinário, 2005, p. 398).

Outro exegeta, Carlos Reis, em "Fradique Mendes: Origem e Modernidade de um Projeto Heteronímico", refere que "Fradique Mendes, poeta inédito e epistológrafo postumamente revelado, encontra-se no limiar desta época, definindo-se como estádio de certa forma inaugural de um processo cultural que desemboca exatamente na plena e genial consumação da heteronímia pessoana – ela própria coeva de Zelig, o protagonista das patológicas vivências de alteridade. Mais do que projeto falhado, Fradique será, pois, uma solução antecipada, um precursor de estratégias literárias em amadurecimento e em conflito surdo com antecedentes em vias de superação" (Reis, 1999, p. 150).

No *Dicionário de Fernando Pessoa e do Modernismo Português* (Martins, 2008, pp. 695-699), Ana Nascimento Piedade estuda também as relações Eça–Pessoa, através da figura de Fradique Mendes, que considera uma "antecipação queiroziana do Modernismo pessoano". Esta autora não deixa de observar todavia que "a análise da produção literária eciana, em especial na última fase, indica que a consciência que Eça teve do fenômeno do desdobramento estético-literário terá sido apenas substancialmente difusa, até pelo caráter totalmente inovador desta sua experiência, ao inaugurar uma prática cujas tradições não eram bem conhecidas no específico contexto temporal em que o autor de *A Perfeição* (Eça) viveu e escreveu". E acrescenta: "Enquanto em Pessoa a criação de entidades complementares outras, quer dizer, inteiramente *distintas e independentes* relativamente ao criador ortônimo, exige um grau de esvaziamento máximo da sua identidade estético-literária, em Eça trata-se de uma forma de dispersão ou, se se preferir, de um esboço de individualização de que resulta uma espécie de 'um outro ele próprio' que é *ainda* uma projeção do 'eu' donde provém". Com razão esta autora alude a qualidades idênticas: "Viveram em comum, sabe-se, uma lucidez, ironia e contundência expressivas invulgarmente finas e certeiras". Outros tópicos secundários permitem estabelecer mais similitudes entre estes dois vultos maiores das nossas letras, aqui apenas aflorados. Quanto aos declarados desacertos com que Pessoa brindou Eça, não os devemos estranhar. São frequentes estes desentendimentos entre os grandes, por razões nem sempre óbvias.

IV. ENTRECHOS E RECENSÕES CRÍTICAS DE ROMANCES, NOVELAS, CONTOS E ENSAIOS

A Eça de Queiroz dói-lhe Portugal. Quando faz troça dele, ouve-se o queixume. Toda a sua arte europeia, uma arte tão elegantemente europeia, não consegue encobrir o seu ímpeto ibérico. Ouve-se-lhe o soluço debaixo da gargalhada.

MIGUEL DE UNAMUNO, "El sarcasmo ibérico de Eça de Queiroz", em *Eça de Queiroz, In Memoriam*

E é necessário dizer bem alto e bem firme que em toda a História da literatura portuguesa, Eça realiza com "a palavra" o mais espantoso milagre de sutileza, de graça, de sensibilidade.

VERGÍLIO FERREIRA, *Espaço do Invisível III*

A. *O MISTÉRIO DA ESTRADA DE SINTRA*

Trata-se de um romance-folhetim, sob forma epistolar, feito em parceria com Ramalho Ortigão, com propósitos mistificadores, em 31 cartas anônimas dirigidas ao *Diário de Notícias*, entre 24 de julho e 27 de setembro de 1870. Os seus autores só se identificariam na última carta. A primeira edição em livro, dado o sucesso que o folhetim obteve, é impressa no mesmo ano, por Antônio Maria Pereira, o editor mais importante de Lisboa. Nesta edição o nome de Ramalho vem em primeiro lugar. Quinze anos depois, em 1885, sai uma segunda edição no mesmo editor, com revisão e prefácio de Eça (de dezembro de 1884). Contém a assinatura dos dois autores, porém, significativamente, a assinatura de Eça surge, agora, em primeiro lugar. Na carta de 20 de julho de 1883, em que, do Porto, Eça comunica a Ramalho o envio dessa revisão, lemos: "Remeto-lhe amanhã *Mistérios da Estrada de Sintra* emendado, *quase refeito. Je me suis tenu à quatre pour ne pas faire un nouveau roman*. Fatal tendência para refazer livros velhos. Também lhe mando um prólogo – a que V. ajuntará o que a sua veia lhe inspire". O ensaísta José Sampaio Bruno (1857-1915), em *A Geração Nova* (*Ensaios Críticos*), *1885*, identificou os textos, atribuindo a Ramalho, apenas, a autoria de "As Cartas de F... ao Médico"; "As Revelações de A.M.C." e a parte em que "Concluem as Revelações de A.M.C.". Esta contribuição de Sampaio

Bruno foi publicada pela editora Lello, a partir da sexta edição de 1945, quando as edições da Antônio Maria Pereira haviam já cessado (a última, 5ª ed., é de 1913). Note-se ainda a observação esclarecedora deste ensaísta: [...]"quando apareceu em volume essa novela, ninguém viu, no rótulo do livro, senão o nome do Sr. Ramalho Ortigão, seu colaborador acidental. Ele era, ao tempo em que o seu amigo não passava de um ignorado, já um homem ilustre. [...] "do Porto partira para Lisboa, com a responsabilidade de livros ruidosos e da colaboração efetiva num periódico então notado" (Bruno, 1984, pp. 139-140, 132).

Em 1902, na quarta edição do romance, Ramalho, já depois da morte do amigo, viria a praticar nos textos as mais incompreensíveis e, por vezes, disparatadas diabruras, sem qualquer critério possível de descortinar, referidas no capítulo II 4 b, p. 80 de *Eça de Queiroz. Uma Biografia*, 2009 (edição portuguesa desta obra), e analisadas pormenorizadamente no prefácio que escrevi, para a primeira edição ilustrada deste romance, da renascida editora Parceria A. M. Pereira (2005), que deu assim continuidade às edições que dessa obra publicou até 1913.

No prefácio da edição de *O Mistério*, de 1885, Eça esclarece que a obra resultara do trabalho dos dois amigos, não sabendo um o que o outro escrevia, até porque ele Eça se encontrava em Leiria como administrador do Concelho, e Ramalho em Lisboa. Quem ler esse prefácio do autor de *Os Maias*, que explica a história da elaboração da obra, sem a curiosidade de confrontar datas e entrosar acontecimentos, ficará, talvez, com a impressão de que aqueles amigos estavam em cima da hora da publicação, a enviar para as oficinas do jornal os seus textos, que, uma vez publicados, esperavam a continuidade da prosa redigida pelo outro. Tal não seria possível, é claro, dado o espaço de tempo de um, dois dias, que decorria, entre o aparecimento dos folhetins. Mais curioso de observar, é que Eça chega a Leiria, apenas três dias antes da saída do primeiro folhetim (se acreditarmos que a sua chegada coincide com a data da nomeação para o cargo que vai desempenhar). Portanto aquele "desfechamos a improvisar este livro, um em Leiria, outro em Lisboa", do referido prefácio, não tem qualquer razão de ser, sendo apenas explicável pela fantasia galopante do ficcionista, que muito bem se lembrava que toda aquela massa de prosa já estaria há muito redigida e pronta. Literatura é literatura (Nabokov *dixit*) e não se pode esperar dos ficcionistas rigor na verdade dos fatos, assim continuamente o tenho constatado.

ENTRECHO. É uma história rocambolesca (assaz confusa e mesmo contraditória), sensacionalista e provocatória, de feição antirromântica, embora ainda muito devedora do romantismo, mesmo por anttífrase ou paródia, considerada o primeiro romance policial português. Sampaio Bruno, no ensaio atrás citado, o confirma: "[...] a obra toda não passa de um absurdo; a escabrosa história de um adultério [...]". Socorramo-nos, desde já, da descrição do próprio autor, escrita cerca de dois anos depois da publicação dos folhetins, que pergunta em *As Farpas*, num artigo de enorme interesse biográfico começado por "A valia de uma geração depende da educação que recebeu das mães" (março de 1872, pp. 43-84, 85), depois reeditado *ipsis verbis* em *Uma Campanha Alegre* (1890-91): "O que é esse livro? A idealização da catástrofe, o encanto terrível das desgraças de amor. Sobretudo do amor ilegítimo e culpado. Aí o perigo, o final trágico, atraem como um abismo delicioso. O marido que mata a mulher, pensando dar um castigo justo ao pecado, dá um relevo poético à paixão [...]". Como assim? Em *O Mistério* não vemos nenhum marido que mate a mulher, pelo contrário, é Luísa, condessa de W., que mata involuntariamente Rytmel.

É claro que Eça está a prolongar aqui a sua paródia e a crítica que fez ao espírito romântico (quase obsessiva na fase realista), e está também a acicatar os leitores com este lance conjugal sanguinolento e *farpista*, escrito dois anos depois dos folhetins. Não está interessado na precisão dos fatos... Era desígnio essencial dos provocadores, um dos princípios fundamentais do Naturalismo, na visão de Zola (prefácio de *Thérèse Raquin*, 1868) e de Maupassant (prefácio de *Pierre et Jean*, 1887): conseguir a credibilidade do leitor, relativamente aos acontecimentos narrados, o que parece ter sido alcançado pois houve quem receasse passar na estrada de Sintra...

Sampaio Bruno, ainda, na obra já citada, escreve: "o governador civil de Lisboa oficiou ao seu subordinado, administrador do Concelho de Sintra, mandando-o proceder a averiguações". Este propósito de credibilidade (que virá a ser uma das estratégias fundamentais da narrativa queiroziana) seria apoiado pelo fato de, na véspera, o jornal ter referido, à última hora, uma carta anônima sobre acontecimentos terríveis sucedidos nessa via. Um pormenor muito visível, no decorrer da narrativa, que concorre também para acentuar a sua veracidade, é a não identificação das personagens (Z. / F. / A.M.C. / conde de W. / condessa de W.), de modo a sugerir que são personagens reais, cujo nome não convém conhecer.

Um saboroso prospecto de propaganda, da editora A.M. Pereira, anunciava a "nova edição" do romance, sem dúvida a de 1885, nestes termos: "Um volume, edição nítida, 600 réis. Elegantemente encadernado à inglesa (próprio para brindes), 900 réis" e indicava ainda: "A ação, que começa em Lisboa, desenvolve-se a bordo de um paquete, e depois em Gibraltar, em Malta, na Índia, em Paris, e por fim novamente em Lisboa". Há que recordar o fato de, em *A Tragédia da Rua das Flores*, haver também alusões à Índia, e à caça ao tigre (o Tio Timóteo tinha embarcado para esse país). Também o *Diário de Notícias* da época publicou um anúncio do romance, muito criativo, constituído essencialmente por dois retratos dos seus autores. À esquerda Eça, à direita Ramalho. A unir os retratos a palavra "Contra". Por debaixo da figura de Eça esta designação: "O Estiloso". Por debaixo da figura de Ramalho: "O Mete-Farpas". O anúncio termina com estes termos: "Assista ao duelo que mais tinta fez correr no século XIX".

O drama começa pelo rapto de um médico e de um escritor seu amigo por quatro mascarados, na estrada de Sintra. Os sequestrados são conduzidos a uma casa misteriosa onde jaz Rytmel. Como um dos sequestrados é médico, os raptores pretendem saber se Rytmel está, ou não, verdadeiramente morto. Saberemos depois que é um oficial e súdito da rainha Vitória, involuntariamente assassinado por Luísa, condessa W., mulher casada e sua amante, ao pretender adormecê-lo para descobrir entre os seus papéis a prova de que iria casar com uma irlandesa. Este crime virá a ser o centro da ação. Na casa misteriosa surge A.M.C., estudante de medicina, confidente da condessa e seu protetor, que estabelece, mais tarde, a conclusão da história.

Luísa conhecera Rytmel num paquete da rota da Índia, em viagem para Malta, acompanhada do marido e do narrador do romance, ficando aqui bem patentes as recordações de viagem ao Oriente que Eça empreendera cerca de sete meses antes da saída do primeiro folhetim. Entra então em cena Carmen (espanhola ou cubana), mulher esplêndida, com uma descrição tipicamente queiroziana, a que irão suceder mais tarde personagens como a Concha de *A Capital*, a Adélia e a Cibele, de *A Relíquia*, a Vladimira de *O Mandarim*, a "divina Elisa" do conto "José Matias" e até a Maria Eduarda de *Os Maias*, todas elas expoentes de uma sensualidade explosiva. Carmen, ex-amante de Rytmel, "era alta, de formas magníficas, com uma carnação que fazia lembrar um mármore pálido, uns olhos pretos que pareciam cetim negro coberto de água e cabelos anelados, abundantes, desses a que Baudelaire chamava *tenebrosos*". Repare-se que aquele "cetim negro" que define os olhos de Carmen corresponde à observação de Moniz Barreto, no retrato que fez de Eça (cap. III, 22 desta biografia) ao escrever: "a finura e riqueza dos tecidos o comovem". Quanto aos cabelos, eles são para Eça um verdadeiro fetiche erótico. Mulher de uma personalidade espalhafatosa, Carmen disputa Rytmel à condessa, "que, sendo loura, discreta, suave, contrastava poderosamente com aquela trigueira e ruidosa espanhola". Carmen acabará por morrer de amor não correspondido, à vista de Malta, a bordo de um iate em rota para Cádiz (de onde Eça partirá para Havana, a ocupar o primeiro posto). Comentadores abalizados (João Gaspar Simões é um deles) dizem que, com a agonia de Carmen, Eça de Queiroz pretendeu parodiar o drama romântico da morte de Mariana, no *Amor de Perdição* de Camilo. Se assim é, e se não me equivoco, será este o primeiro disparo encoberto, como muitos outros por diante, que ele desfecha sobre este seu êmulo, que por altura do aparecimento do *Mistério*, deambula entre Lisboa e Vila do Conde, e dá início a essa saga de quinze anos que foi a obtenção do viscondado. A condessa irá por fim, com remorsos do seu passado, recolher-se a um convento do Minho, descrito com pormenores que evidenciam tratar-se do colossal convento de franciscanas de Santa Clara, em Vila do Conde, cujo volume domina o centro histórico da vila, fundado por um filho bastardo do rei D. Dinis.

Os dois parágrafos finais do romance inseridos no último capítulo normalmente atribuído a Ramalho ("Concluem as revelações de A.M.C."), parecem-me, indubitavelmente, da mão de Eça, não só por invocarem a figura de Carlos Fradique Mendes, mas sobretudo por concluírem com esta máxima: "Mais do que nunca se reconhece que o ser humano só pode ter a felicidade no dever cumprido". O sentido ambiguamente moralizante desta última frase da obra, de forte sabor queiroziano, está presente, também, nos finais de *O Mandarim*, de *A Relíquia* e de *Os Maias.* Se assim for, temos aqui um exemplo da osmose textual praticada no romance pelos dois amigos, osmose que representa o mais interessante dos problemas literários que suscita esta delirante paródia. Não devemos esquecer, todavia, a opinião de Sampaio Bruno, no ensaio atrás citado: [Ramalho] "não tem no trabalho dito senão uma parte secundária e subalterna" (p. 136).

Há que salientar, ainda, que a narrativa contém uma descrição de perfeito e vivo realismo: uma parada militar em Longchamp, tema único, parece-me, em toda a obra de Eça, muito bem representada, por uma bela gravura, na primeira edição ilustrada do romance (pp. 204-205) da Parceria A. M. Pereira, atrás referida. Essa parada assinala a presença do enigmático Napoleão III, que, da sua tribuna engalanada, faz um sinal de calma e espera, aos oficiais, chauvinistas exaltados, que clamam, entre a poeira e o tropel de uma poderosa cavalgada, pela ida a Berlim! A declaração de guerra à Prússia dá-se cinco dias antes da publicação do primeiro folhetim. Daí que nele surja este episódio da parada militar, que prenuncia a guerra franco-prussiana. Esta guerra dá origem à invasão fulgurante da França por três exércitos prussianos, altamente organizados e treinados; ao cerco e capitulação em Sedan do Imperador derrotado e doente (2.9.1870); ao seu exílio na Inglaterra, e à eclosão da República e da Comuna de Paris.

RECENSÕES CRÍTICAS: Num texto de 3 de março de 1871, publicado cerca de dois meses depois do aparecimento do romance em livro, Ramalho escreve: "Conquanto este romance tivesse tido em Lisboa as honras de um sucesso literário, os autores consideram-no muito abaixo de uma obra importante. Não obstante isso, a imprensa do Porto não consagrou ao aparecimento de *O Mistério da Estrada de Sintra* nem uma linha, acolhendo assim esse devaneio literário de dois rapazes obscuros com a mesma distinção com que honrara *Uma Família de Ingleses*, de Júlio Dinis, todos os livros de Arnaldo Gama e a maior parte de Camilo Castelo Branco" (Ortigão, 1948, vol. II, p. 153).

Sampaio Bruno, em 1885, escreve ainda: "[...] uma diferença, íntima e profunda, existe entre este artista [Ramalho] e Eça de Queiroz. Ela ressalta no estilo da obra feita em companhia. Em Ramalho Ortigão tudo é regular, harmônico, concordante; em Eça de Queiroz, tudo rola por saltos, por bruscas passagens, não só de período a período, mas de linha a linha" (p. 138). Na "Advertência" da *Campanha Alegre*, escrita muito mais tarde, em outubro de 1890, para reedição de *As Farpas*, Eça, já crítico de *O Mistério da Estrada de Sintra*, começa por fazer uma reflexão de capital importância: "Quem era eu, que força ou razão recebera dos deuses, para assim me estabelecer na minha terra, em justiceiro destruidor de monstros?... A mocidade tem destas esplêndidas confianças; só por amar a Verdade imagina que a possui [...]". Este passo, escrito dois anos depois da primeira edição das "Cartas de Fradique", dá-nos um Eça que começa a distanciar-se do período "realista", constituindo assim precioso documento dessa transição, que abrange também *O Mistério da Estrada de Sintra* e os seus propósitos críticos.

Em 1886, Camilo dizia em carta para o seu amigo e editor A.M. Pereira: "Já lhe agradecia e li *O Mistério da Estrada de Sintra*. Achei-o admirável pelas brilhantes audácias de linguagem. Foi esse livro que iniciou a reforma das milícias literárias indígenas, a tropa fandanga de que eu fui cabo de esquadra. A evolução do estilo data daí [...]".

João Gaspar Simões, com base na identificação de Bruno, dá na sua biografia a primazia do romance a Eça: "se ponderarmos que apenas três capítulos de *O Mistério da Estrada de Sintra* são do punho de Ramalho, temos de concluir que Eça não só imaginou toda a intriga da mistificação, como forneceu ao camarada os pormenores da sua própria intervenção" (Simões, 1980, p. 247).

Ofélia Paiva Monteiro, no verbete da segunda edição do *Dicionário de Eça de Queiroz,* (2ª ed., pp. 600-602), conclui: "Não é possível determinar com exatidão total quais as partes do romance que cabem a Eça ou a Ramalho". Pode dizer-se, assim me parece, que há capítulos com nítida autoria da mão de um ou de outro, como atrás ficou demonstrado, não devendo excluir-se a intervenção de Ramalho na prosa eciana, por ocasião dos encontros (indubitáveis) que ambos tiveram, anteriores à edição. Repare-se ainda que, quando Eça reviu totalmente o romance e confessa que teve de se conter para não fazer um romance novo, sabemos lá com que profundidade e extensão interveio na parte atribuída a Ramalho? A italiana Amina di Muno por sua vez diz: "Talvez seja esta uma das obras mais estrita e paradigmaticamente relacionadas com a prática do jornalismo crítico e o vínculo de E. de Q. com a imprensa periódica" (*Queirosiana*, n. 3, dezembro de 1992).

Concluiremos com observar algumas repercussões posteriores de *O Mistério da Estrada de Sintra.* O poeta da Ribeira-Lima Antônio Feijó (1859-1917), por evidente influência de Eça, de quem era admirador e amigo, viria a publicar "O Mistério da Estrada de Ponte do Lima" ou "História dos Carecas", no jornal de Ponte do Lima *O Comércio do Minho* (1, 8, 15 e 22 de setembro, de 1880). É também uma mistificação muito bem urdida e divertida, que, à semelhança do texto de Eça-Ramalho, e até mais intensamente, assustou muita gente na vila (que chegou a não sair de casa à noite). A pequenez da terra, o seu fechamento geográfico e o tecido urbano muito concentrado faziam com que as notícias corressem velozmente, de boca em boca, por todos os habitantes. Conheci nessa vila quem ainda convivera com gente da época e o confirmou. Esta história dos carecas, que consegui recuperar na biblioteca de Ponte do Lima, onde existe um exemplar raríssimo do jornal, é posterior apenas dez anos aos folhetins de Eça-Ramalho. Tratava-se de mascarados que assaltavam as pessoas, em Faldejães, lugar na margem direita do Lima, muito perto da vila. Esta mistificação deu origem à circulação de folhetos do gênero "literatura de cordel", glosando o tema. O jornal *O Porto Cômico* (entre 11.9.1880 e 1.1.1881) publicou depois desenhos com o título "A Quadrilha dos Carecas. Aventuras Sinistras na Estrada de Ponte do Lima". Feijó dá-nos conta, ainda de uma adaptação teatral no Porto (Matos, 2001).

No campo musical há que referir Carlos Augusto Pereira Brandão (1835--1874), autor de uma partitura intitulada *As Duas Irmãs!!!: Duas Polcas para Piano* que reúne as danças: *O Mistério da Estrada de Sintra* e *Os Salteadores do Pinhal d'Azambuja*. Esta obra musical foi publicada em Lisboa por Lence & Viúva Canongia [1873] (cota C.N. 43A. da Biblioteca Nacional). No cinema destacamos o filme de Jorge Paixão da Costa (2007).

B. *O CRIME DO PADRE AMARO. CENAS DA VIDA DEVOTA*

A primeira edição deste romance, o primeiro que Eça escreveu e com o qual dá início à sua inquirição crítica à sociedade portuguesa, foi publicado entre fevereiro e maio de 1875 na *Revista Ocidental*, revista luso-espanhola dirigida por dois amigos seus: Antero de Quental e Jaime Batalha Reis. O romance foi aí publicado também em espanhol, sendo a primeira tradução de uma obra sua. Foi uma edição muito acidentada pois o seu autor contava rever as provas que lhe iriam enviando para Newcastle, corrigindo assim a forma incipiente com que fora redigido. Tal não viria a acontecer, o que o enfureceu, exigindo uma declaração da revista mencionando o fato. Eça não perdeu tempo em produzir uma versão em livro, compensatória daquele desastre editorial que faz com que se possa considerar tal versão como não autorizada pelo seu autor. A primeira edição em livro sai em 1876, no Porto. A segunda edição, de 1880, é quase o dobro da anterior, tendo sido revista em Bristol. É uma nova versão, com diferenças importantes relativamente à anterior, onde Eça, no prefácio, se defende da acusação que lhe fizera o escritor Machado de Assis de ter copiado *La Faute de l'Abbé Mouret*, de Zola. Quer isto dizer que este romance teve três versões no período curto de cinco anos. José-Augusto França comenta: "Caso raro na produção romanesca universal, as três versões de *O Crime do Padre Amaro* exprimem, sem dúvida, uma posição pessoal extremamente curiosa e traduzem uma consciência profissional única no quadro da literatura portuguesa, que é preciso sublinhar" (França, 1999, p. 486).

ENTRECHO: O próprio autor, no referido prefácio, fará a sua síntese, ao afirmar que este romance "é apenas, no fundo, uma intriga de clérigos e de beatas tramada e murmurada à sombra de uma velha Sé de província portuguesa". Um padre sem vocação, de condição humilde, é colocado numa paróquia remota numa serra do norte de Portugal. Graças a influências políticas (o sacerdócio era então comandado pela Secretaria dos Assuntos Eclesiásticos do Ministério da Justiça) esse padre é transferido para a pequena cidade de Leiria, onde se vai apaixonar por uma jovem paroquiana, cuja mãe é, ela própria, concubina dum padre. O meio beato da povoação é magistralmente descrito pelo autor, que põe em cena inúmeras personagens de intenso recorte. A jovem Amélia engravida. O filho morre. Morre também a mãe. O padre Amaro vai continuar impávido a sua carreira, agora em Lisboa, e como ele diz, cinicamente, apenas com mulheres casadas, enquanto por essa altura se dá em França a derrocada do Segundo Império e a catástrofe da Comuna de Paris.

Várias personagens complementam e vivificam o perfeito realismo desta obra: João Eduardo, o namorado de Amélia, pobre e sentimental rapaz que viria a odiar os padres e a debater-se em vão contra o seu poder avassalador (Amaro pretende convencer Amélia que é pecado namorar João Eduardo por este ser republicano); o Dr. Godinho, proprietário de um jornal, político oportunista, muito anticlerical mas que acaba por admitir o sacerdócio como garante da ordem social; o médico Dr. Gouveia, racionalista, agnóstico, que alguns comentadores consideram o porta-voz de Eça, cuja conversa no lugar da Ricoça com o abade Ferrão revela o seu ateísmo e a sua crença na ciência; Totó, filha do sineiro, uma ácida e revoltada entrevada; Libaninho, um homossexual; o cônego Dias, antigo professor de Amaro; o feroz padre Natário; o Dr. Gouveia Ledesma, administrador do Concelho de Leiria; o impagável Carlos da botica, cheio de opiniões, que considera a religião a base da sociedade... Os padres vivem inteiramente os prazeres da mesa e da concubinagem. A Sanjoaneira, mãe de Amélia, vai da cama do marido para a do chantre Carvalhosa e depois para a cama do cônego Dias. O magnífico almoço preparado pelo abade de Cortegaça, no capítulo VII, é o exemplo acabado da gula alimentar generalizada e tudo isto se passa no seio da enorme pobreza dos camponeses da região.

RECENSÕES CRÍTICAS: Camilo Castelo Branco, ao ler a primeira edição da *Revista*, escreve: "Este rapaz vem tomar a vanguarda de todos os romancistas. É um admirável observador e, conquanto faça pouco uso das imunidades da língua, tem arte de fazer admiráveis defeitos". Ao ler a edição em livro diria: "Admirável obra-prima que há de resistir como um bronze a todas as evoluções destruidoras das escolas e da moda". Assim foi, realmente. *O Crime do Padre Amaro* mantém ainda hoje o interesse e a frescura com que apareceu faz agora 137 anos. Ramalho Ortigão escreveu: "Nunca artista português desenvolveu na sua obra maior poder de execução. O diálogo, transbordante de verdade, é de um rigor psicológico, de um colorido flagrante e de uma energia de naturalidade que os primeiros retratistas franceses não conseguiram ainda igualar".

Antero de Quental, ao publicar a primeira edição desta obra na *Revista Ocidental*, diz a Oliveira Martins: "Eu receio muito mais do Padre Amaro (que é Pigault-Lebrun forrado de Flaubert, como Você irá vendo e pasmando) do que do Socialismo; mas o Batalha tem ideias fixas, e algumas bem singulares: diz que o Padre Amaro é *uma revolução*, e não sai daqui" (Quental, 2009, vol. II, p. 404). Mais tarde, a propósito da segunda edição em livro, diz a Eça: "Há muito tempo que não leio coisa que me dê tanto gosto e o que é melhor, que me fizesse pensar. O seu livro é o melhor exemplar de psicologia social portuguesa contemporânea, e para lhe dizer todas as reflexões que me sugeriu tinha de lhe escrever várias folhas de papel. Fica para quando Você vier a Lisboa, se quiser arrostar com estas ladeiras, onde habito. Dir-lhe-ei somente que Você adquiriu finalmente a segurança, a facilidade e aquela espécie de bonomia superior, que é própria dos mestres. Está já acima das escolas; aquilo não é realismo, nem naturalismo, nem Balzac, nem Zola: aquilo é a verdade, a natureza humana, que é o que faz as obras sólidas, não os sistemas, as escolas. O outro *Amaro* está muito longe disto: além das tendências literárias visíveis, havia as tendências voltairianas, uma espécie de hostilidade do autor contra as personagens, que ele descrevia com intenções extra-artísticas; para concluir, para provar teses. Havia não sei que azedume misantropo. Agora é outra coisa. Agora está Você na região serena da contemplação pura das coisas, cheio de longanimidade, imparcial, vendo só os homens e os corações dos homens, pelo interesse que neles há, pela verdade natural, e não como argumentos para teses. Isto, quanto a mim, é que é o verdadeiro realismo, verdadeiro naturalismo, isto é que é a grande Arte. Assim fizeram Molière e Shakespeare, Balzac e Goldsmith. O seu livro deixou de ser uma obra de tendência para ser uma obra humana". E mais por diante: "O seu estilo, à parte alguma incorreção e uma certa pobreza de vocabulários (Você nunca quis ler os clássicos!) é admirável. Já há muito que eu tinha notado que é Você, entre nós, o único que nunca é banal. Nos seus períodos não há nunca uma palavra para encher, para arredondar, mandada pôr ali pelo ouvido e não pela imaginação. Ali, cada palavra está porque deve estar: pinta, descreve, explica. É isso o ideal do estilo. O seu é vivo, tem, deixe-me assim dizer, o magnetismo da vida, *empoigne*. A gente vê" (Quental, 2009, vol. II, pp. 172, 173). Em 1891, Antero, em carta para Goran Bjorkman, diria: "J'oubliais les romanciers. Outre Camilo Castelo Branco, qui appartient à la génération passée (son meilleur ouvrage est *Amor de Perdição*), il n'y a parmi les contemporains que Eça de Queiroz qui soit vraiment remarquable: il est en même temps réaliste et phantaisiste" (Quental, 2009, vol. III, p. 369).

Outro escritor contemporâneo de Eça, de vezo maldicente, Fialho de Almeida, por seu turno confessa ao referir a primeira versão do romance:

"A forma literária desse esboço era de um desleixo como nunca vi, mas tão pitoresca e tão musical, que palavra de honra, embriagava quem lia. Guardo preciosamente esse texto, a quem devo um reviramento mental tão intenso que bem poderia ser comparado a um desabamento", considerando a edição definitiva do romance como "uma obra-prima, igual às melhores que a admiração universal tem consagrado, porque ninguém como Eça de Queiroz compreendeu melhor, com a sua prodigiosa sagacidade de artista, como o romance moderno aspira a ser a fotografia da sociedade, surpreendida no seu labutar incessante ou na sua atonia de decadência – manifestações de arte das mais complicadas e esplêndidas". Há que considerar ainda a recensão de Ramalho Ortigão, muito reticente quanto à primeira versão da *Revista Ocidental*, e referindo-se à primeira edição em livro, de 1876, deste modo: "A razão da condenação silenciosa, do escândalo branco, que envolveu a aparição de *O Crime do Padre Amaro* está no simples fato de que ele é um *romance de caracteres*. Esta simples designação explica tudo. O gênero é novo e sem precedentes. Os livros do Sr. Camilo Castelo Branco são romances de sentimento. A obra de Júlio Dinis pertence à literatura de *tricot* cultivada com ardor na Inglaterra pelas velhas *miss*. Apesar das suas qualidades de paisagista, do seu mimo descritivo, da sua feminilidade ingênua e pitoresca, as novelas de Júlio Dinis não têm alcance social, são meras narrativas de salão. O livro do Sr. Eça de Queiroz oferece-nos o primeiro exemplo de uma obra de arte sugerida pela consideração de um problema social. E todavia *O Crime do Padre Amaro* não é de nenhum modo um livro de crítica, é um livro de pura arte na mais alta acepção desta palavra. [...] Nunca artista português desenvolveu na sua obra maior poder de execução. O diálogo, transbordante de verdade, é de um rigor psicológico, de um colorido flagrante e de uma energia de naturalidade que os primeiros estilistas franceses não conseguiram ainda igualar. [...] O diálogo do Sr. Eça de Queiroz, não porque o trabalhasse a preocupação do purismo, mas em resultado do escrúpulo com que foi arrancado da índole e da natureza das personagens, é de tal modo genuíno e tão acentuadamente português, que o temos por intraduzível" (*Eça de Queiroz Visto pelos Seus Contemporâneos*, pp. 7-8).

Alexandre da Conceição, referindo-se à terceira edição da obra, põe em destaque uma nova personagem: "Das novas figuras introduzidas nesta última edição a do Dr. Gouveia é de uma beleza e de uma correção rafaelesca. O Dr. Gouveia representa o espírito científico moderno, com toda a sua profunda compreensão positiva da vida e do universo, com toda a sua implacável e graciosa ironia proudhoniana perante a beatice feminina, que é uma forma patológica de histerismo, com toda a sua radical rejeição de toda a metafísica, tanto da autoridade e católica, como da revolucionária e materialista. O diálogo no gabinete de consultas do Dr. Gouveia, entre este e João Eduardo, o infeliz noivo de Amélia, o revolucionário sentimental e desordenado, o deísta incongruente e platônico, é um modelo de elegância, de bom senso e de alta compreensão positivista" (*Eça de Queiroz Visto pelos Seus Contemporâneos*, pp. 75-76).

Para o crítico brasileiro Álvaro Lins, já nos nossos dias: "Este livro não inovou, apenas, a carreira literária de Eça de Queiroz. Foi a própria literatura portuguesa que ele revolucionou, com espantosa violência, iniciando o realismo português – do qual o seu autor se tornou, de repente, o profeta, o pregador e o mestre".

Em 1939, Miguel Torga, de passagem por Leiria, escreve no primeiro volume do seu *Diário*: "À noite, três da manhã, um passeio pelos becos da cidade. A Sé, a botica do Carlos, a Rua da Misericórdia, a casa da Sanjoaneira. Grande Eça! Arrancar desta terra um tal romance, parece obra de um deus".

Eça guardou especial afeição a esta obra, na qual trabalhou arduamente. Ao seu editor escreveu a 12 de dezembro de 1878, ao preparar a segunda edição em livro: "*O Padre Amaro* é um romance novo. Pode sem receio anunciá-lo como tal: mais, é um romance *bien autrement* interessante que *O Primo Basílio*". Muito mais tarde, a Oliveira Martins, ao referir as traduções de *O Primo Basílio*, escreveu: "Que atroz injustiça para o pobre *Padre Amaro*!" Ao dizer isto Eça considerava que este romance era qualquer coisa de especial e de específico, relativamente a uma dada sociedade portuguesa, tacanha e atrasada, mas que se podia encontrar por todas as províncias portuguesas, enquanto *O Primo Basílio* retratava um aspecto da burguesia portuguesa igual a outras sociedades burguesas do estrangeiro. Ernesto Guerra da Cal, no *Dicionário de Literatura* (Porto, Figueirinhas, 1969), escreve: "A literatura era para Eça, naquela fase, *um auxiliar poderoso da ciência revolucionária*, e este romance o seu primeiro ataque *ao mundo burguês*, com o fim em vista *de preparar a sua ruína*. Mas tal mundo aparece muito parcialmente representado, de fato restrito à convivência dum grupo de padres e velhas beatas – rodeados de algumas figuras marginais, quer decorativas – o farmacêutico Carlos, o Dr. Godinho etc. – quer necessárias para provar a tese prévia, tais João Eduardo, o Dr. Gouveia ou o abade Ferrão. O poder da obra reside no movimento subjetivo e objetivo das personagens, na lógica dos incidentes, na viva descrição do ambiente, no conhecimento profundo dos recursos do diálogo".

O final da obra, soberbo, tem como quadro o alto do Chiado, onde é pintada a decadência do país, mais ainda a degenerescência de uma raça: "Pares de senhoras passavam, de cuia cheia e tacão alto, com os movimentos derreados, a palidez clorótica de uma degeneração de raça; nalguma magra pileca, ia trotando algum moço de nome histórico, com a face esverdeada da noitada de vinho; pelos bancos da praça gente estirava-se num torpor de vadiagem [...]", enquanto o conde de Ribamar ia dizendo as suas bacoquices ao padre Amaro e ao cônego Dias, aos pés da estátua de Camões "e dos poetas heroicos da antiga pátria – pátria para sempre passada, memória quase perdida!" No dizer de um invetigador da história de hoje, "este aforismo extremamente expressivo condensava de um modo patético nesta expressão, mais do que o drama da sua geração e de uma sociedade incapaz de se regenerar. Era a consciência de que a própria memória nacional irremediavelmente se perdia *sob o olhar de bronze do velho poeta ereto e nobre*, no próprio coração da cidade" (Matos, Sérgio, 1990, p. 22).

Ana Nascimento Piedade, citando Eduardo Lourenço, escreve: "Na realidade, desde *O Crime do Padre Amaro* que Eça se empenha na tarefa da desconstrução *pela ironia, às vezes bem pesada da sátira*, não só de diversos tabus religiosos e sociais da sociedade lusa, mas ainda, de qualquer coisa mais profunda e então, na opinião pública, *sacralizada*, a saber, os efeitos da onipresente influência da *centenária* [...] *cultura e sensibilidade cristãs* no modo-de-ser português seu contemporâneo. Traçar um quadro assim *tão grotesco e conscientemente anticlerical* da nossa sociedade constituiu, evidentemente, uma *incrível audácia*, só comparável a certas ulteriores posições mentais a Fernando Pessoa. Sendo como foi um retrato devastador não só dos *hábitos patriarcais, conservadores, do nosso povo*, mas mais profundamente *da crença mesma que alicerçava ainda – mesmo se já atenuada pelo liberalismo – séculos de cultura portuguesa*, não admira que a crítica de Eça tenha representado uma *blessure* insanável no âmago da mentalidade nacional e tenha modificado a imagem cultural dos portugueses" (Piedade, 2009, p. 135).

C. *O PRIMO BASÍLIO. EPISÓDIO DOMÉSTICO*

Escrita em Newcastle, a primeira edição deste romance foi publicada no Porto em 1878, tendo esgotado rapidamente três mil exemplares, o que deu lugar a uma nova edição revista, nesse mesmo ano.

ENTRECHO: Luísa, burguesinha da baixa de Lisboa, caráter banal e leitora de romances sentimentais por assinatura, casa com Jorge, engenheiro de minas, cidadão pacato e metódico. A banalidade e monotonia da vida do casal, magistralmente dadas logo nas primeiras páginas do romance, irão ser abaladas com o aparecimento de um primo de Luísa, Basílio, seu antigo namorado, que regressa rico do Brasil e vive em Paris, na rue Saint Florentin. Quando ele chega a Lisboa, Jorge está em comissão de serviço no Alentejo e Basílio vê imediatamente a oportunidade de ter uma aventura grátis. Ele é o típico conquistador experiente. Não tardará a seduzir a capitosa prima, aproveitando a debilidade do seu caráter, de jovem sonhadora e romântica, a sua desocupação e o seu tédio.

O processo gradual da conquista, com avanços recuos e uma lábia experiente e calculada, é desde logo uma obra-prima literária. O convívio de Luísa com Leopoldina, antiga amiga de colégio, mulher malcasada, que salta de amante em amante, insaciavelmente, vai contribuir para a criação de um clima propício à queda de Luísa. A presença da criada Juliana, pivô fulcral no desenvolvimento da ação, é uma das maiores criações da ficção queiroziana. Dela disse Antônio Sérgio: "Uma criada excepcionalíssima, com tal capacidade e eficácia de ódio que constitui um caráter dos de maior relevo de toda a literatura de ficção do Mundo, capaz de por si só imortalizar um autor" (Sérgio, 1980, p. 74).

Revoltada e ressentida pela sua condição de serva, Juliana irá apanhar cartas de Luísa a Basílio, fazendo com a patroa uma crudelíssima chantagem. Basílio, que alugara para os seus encontros de amor um quarto sórdido em Arroios, o "Paraíso", saciado por fim e irritado com esse drama reles da chantagem, regressa a Paris deixando Luísa a braços com Juliana. A situação agrava-se com a chegada de Jorge. Luísa pede ajuda a um amigo do casal, o bom Sebastião, que engendra maneira de arrancar as cartas à perversa criada. Juliana morre durante um ataque de raiva, vítima de um coração doente. Uma carta de Basílio, muito comprometedora, é lida por Jorge quando Luísa se encontra a braços com uma febre, que a fará sucumbir, vitimizando-a também. Mais tarde, Basílio, de regresso a Lisboa, vindo de Paris, inteira-se do drama e cinicamente continua a sua carreira de D. Juan.

Uma riquíssima galeria de personagens secundárias, entre as quais figura o imortal Conselheiro Acácio, símbolo da gravidade balofa e da respeitabilidade burguesa convencional, a mais conhecida e citada das personagens de Eça, de onde derivam termos como "acacianismo" e "acacianizar", faz deste romance uma construção habilmente conduzida, coesa, sem digressões desnecessárias, onde avulta ainda Ernestinho, um pobre diabo de dramaturgo, autor de um drama cujo tema está conotado com o drama vivido por Luísa; Julião, médico ressabiado em permanente revolta contra a sociedade; D. Felicidade, uma idosa lúbrica; e Sebastião, o fiel amigo do casal. José-Augusto França observa que Acácio "é o segundo tipo criado pelo realismo: depois do *Zé-Povinho* de Bordalo, vem o *Conselheiro Acácio*, de Eça – as duas únicas caricaturas que têm uma importância nacional" (França, 1999, p. 490). Um revoltado de nítido recorte, o Paula dos móveis, expressiva personagem, classifica a casa de Luísa de prostíbulo, invectivando a sociedade, bradando com ódio: "Fidalgos! Canalha!" Leopoldina é outra rebelde. Mulher casada, tem hábitos sexuais livres, fuma e usa uma linguagem desinibida. Desempenhará um papel de relevo na criação de um clima propício à queda de Luísa.

Ema Tarracha Ferreira observa com pertinência: "A originalidade lisboeta de *O Primo Basílio*, reconhecida por Rodrigues de Freitas numa das suas primeiras críticas ao romance, é confirmada por Eça de Queiroz na carta de agradecimento, datada de Newcastle, 30 de março de 1878: *A verdade é que eu procurei que os meus personagens pensassem, decidissem, falassem e actuassem como 'puros lisboetas', educados entre o Cais do Sodré e o alto da Estrela; não lhes daria nem a mesma mentalidade, nem a mesma ação, se eles fossem do Porto ou de Viseu; as individualidades morais variam de província em província; – mas no meio lisboeta que escolhi, creio que elas são lógicas, exatamente derivadas e perfeitamente correspondentes*" (Tarracha Ferreira, 2002, p. 87).

RECENSÕES CRÍTICAS: Foi grande o sucesso desta obra, que no mesmo ano em que foi publicada mereceu uma segunda edição. Teófilo Braga escreveu: "Como processo artístico *O Primo Basílio* é inexcedível, não haverá nas literaturas europeias romance que se lhe avantaje. Há ali a construção segura de Balzac, o acabado artístico de Flaubert, a crueza real mas imponente de Zola, os quadros completos como em Daudet. Os tipos e as situações rivalizam entre si".

Ramalho Ortigão, na extensa recensão que dedicou a este romance, põe em destaque a caracterização do meio "mesquinho e reles" em que Luísa foi educada como determinante do drama em que se vê envolvida: "As casas do centro de Lisboa, de uma uniformidade celular monótona, parada como um olhar idiota, sem pátio, sem uma árvore, sem uma folha de verdura fresca e palpitante, tendo por âmago o saguão sombrio e infecto, com a ultrajante pia no interior da cozinha, ao lado do fogão, por baixo das caçarolas, com alcovas sem luz, enodoadas pelas manchas dos canos rotos, infeccionadas pelo cheiro nauseabundo do petróleo e da alfazema queimada, são os sepulcros da saúde e da alegria. É nessa série de prateleiras, de gavetões de famílias, chamadas os *Arruamentos da Baixa*, que é educada a lisboeta". Ramalho considera a moral desta obra "pouco acessível à maior parte das compreensões", observando, quanto a Luísa, que "o ser castigada por meio de uma morte aflitiva é um fato acessório, que não conteria senão esta moral negativa, se dele se quisesse extrair uma moral, – que para evitar a morte por desgosto se deve atender no adultério a que se queimem as cartas", aproximando-se aqui, curiosamente, da crítica que fez Machado de Assis (*Eça Visto pelos Seus Contemporâneos*, pp. 16, 24).

Em carta de 4 de março de 1878, Eça escreve: "Que me diz de *O Primo Basílio*? Alberto diz-me que V. corou. Corou, inocente? E não cora então regalando-se do *Assomoir* e da *Curée* – e não corou outrora quando leu o *Rafael* de Lamartine, essa infame obscenidade (dois namorados que se não podem engalfinhar, porque no momento da luxúria pode rebentar o aneurisma da senhora) e não cora quando lê Shakespeare? E não cora quando lê a *D. Branca* de Garrett, esse livro de colégio? Ah você cora! Ora bem – já sei que quando lê um livro de medecina, tem de ter ao lado *cold-cream* para refrescar o fulgor da face".

José Régio, crítico eminente, escreveu: "*O Primo Basílio* é o melhor romance de Eça – não já só o mais *humano*, mas simplesmente o *melhor* – decerto me não esqueceria das palavras magistrais que a seu respeito escreveu Moniz Barreto; das razões que magistralmente ele deu: *Pela coerência interna, pela abundância e convergência dos pormenores úteis, pela lógica veloz que conduz a ação sem desvio, da primeira à última página, pelo talento da narração e do diálogo, e sobretudo pela perspicácia aguda com que esmiúça os escaninhos de uma alma, e a habilidade dramática com que expõe a influência de uma alma sobre a outra, este livro ficará sendo o exemplar culminante do romance português, comparável às obras-primas do romance estrangeiro. Há mesmo certas passagens dele, como o retrato da criada Juliana, que um simples homem de talento nunca escreveria. É aí visível a intervenção de alguma coisa de inteiramente superior*" (Régio, 2002, pp. 138-139).

Antônio José Saraiva, ao referir que Eça acentua mais fortemente do que Proudhon a luta de classes, e de que Proudhon não assistiu como Eça ao eclodir da Comuna de Paris, escreve: "*O Primo Basílio* oferece-nos o episódio mais intenso desta luta e Eça descreve-o minuciosamente" [a luta entre Luísa e Juliana] (Saraiva, 1967, p. 69).

Casais Monteiro (*Seara Nova*, n. 806) observa que em "*O Primo Basílio*, cada um dos personagens está tão perfeitamente caracterizado, que

O Conselheiro Acácio visto por Bernardo Marques.

eles tomam naturalmente o aspecto de tipos, de símbolos: o conselheiro [Acácio], a criada biliosa [Juliana], o bom rapaz [Sebastião], o falhado etc.... para não falar em Luísa e Basílio, a burguesinha leviana e o D. Juan, o *rastaquouère*. O estranho é que, sendo assim, nos consigam interessar, e interessar como criações romanescas. É característico do Eça que os seus personagens não se confundam, quando os evocamos, uns com os outros; um tique, uma atitude, uma pose característica, descritos por ele bastam para nos dar uma imagem tão viva que jamais se esquece. Tudo se explica se repararmos que, embora fazendo-os típicos e simbólicos, Eça caracteriza fisicamente os seus personagens com uma riqueza de traços *pessoais* que equilibra o esquemático do retrato moral. E não é só isso, pois esquemático não é a expressão justa: Eça vai a figuras muito comuns e extrai delas tudo quanto as identifica, de modo que o retrato não é um esquema mas uma síntese".

Dominique Sire, investigadora francesa, num estudo comparativo entre *Madame Bovary* e *O Primo Basílio* (Sire, 1971), observa que pela concentração do elemento dramático e pela frequência do diálogo *O Primo Basílio* tem a estrutura de uma peça de teatro. Nada falta aí, já o vimos: as personagens com os traços um pouco ampliados para melhor atingir o público, os confidentes, os monólogos, a cortina que cai no momento próprio, como no fim do capítulo 7, quando Luísa desmaia, ou então sobre uma pequena frase pronunciada por uma personagem, como no fim do capítulo 6, quando Juliana diz "E eu ao leme!" A autora prossegue: "Quando Luísa se entrega à sua imaginação vê 'outros destinos que se desenrolavam como panos de teatro' e quando sonha encontra-se 'num teatro imenso dourado como uma igreja'" (p. 81). E a autora acrescenta ainda, como conclusão: "As semelhanças que pudemos detectar entre os dois romances não podem ser senão superficiais. Eça profundamente impregnado de Flaubert, que todavia deformou, pede-lhe emprestadas técnicas literárias, recursos estilísticos, talvez, mas nunca ideias" (p. 143). A autora chama neste trabalho a atenção para a presença de Dickens em Eça, que Alberto Machado da Rosa foi o primeiro a analisar. Essa presença dá-se sobretudo através de *David Cop-*

perfield, do estabelecimento do contraste entre bons e maus e da repetição sistemática de gestos peculiares às personagens, como Micawber, apresentando o Conselheiro Acácio, igualmente, uma série de gestos característicos e até a pomposidade de certas personagens de Dickens.

Jean Girodon comenta: "É precisamente o sangue português que circula em todo *O Primo Basílio* que dá a esta obra a sua profunda originalidade" (Girodon, 1949).

Crítica importante, se bem que muito discutível, ao *Primo Basílio* foi feita pelo escritor brasileiro Machado de Assis, que relatamos no capítulo II 6 a, sem que Eça, como vimos, lhe tenha dado resposta imediata.

Das comparações que têm sido feitas entre Ema da *Madame Bovary* e Luísa, destacamos esta de Antônio Sérgio, nos *Ensaios VI*: "A sede de aventura é nela [Ema] intrínseca, absorvente, viva, e Ema assoma na sua vida adulta com todos os ressortes já bem tendidos para a busca do romanesco e da volúpia. Pois a essa fantasiosa, tão sensual e enérgica, dá a sorte por marido um abalizado imbecil – patego e ridículo, provinciano e obtuso, não só inferioríssimo nos ideais que ela sonha, mas ainda muito abaixo do que ela própria é. A Luísa, bem ao contrário, é uma alma vazia, sem vetores definidos: uma passividade em síntese – ocorrendo para mais que no casal lisboeta o superior era o marido, incontestavelmente. Superior à mulher, superior ao amante. Não se vislumbra, pois, para o adultério dela, nenhuma das determinantes perfeitamente nítidas de que surgiu o adultério da Bovary. [...] A madame Bovary é construída de *dentro*, e produto da *fantasia* de um autor psicólogo. No destino de Luísa, inteiramente ao inverso, não sombreia um ápice de necessidade interna; no seu caso, tudo resulta de um vazio de alma, a que se agrega o vazio da desocupação mental. Todas as determinantes são exteriores a ela. [...] A Bovary do Eça, bem feitas as contas, não é a Luísa, mas a Leopoldina", conclui Sérgio.

Sobre Acácio, a personagem secundária de maior relevo no romance, Guerra da Cal escreveu: "É talvez o tipo satírico mais bem logrado de toda a obra queiroziana e revela a singular acuidade do Autor para dar forma artística *ao sentimento cômico da via*. Em Acácio, Eça concretizou uma espécie psicossocial preexistente como conteúdo de consciência comum, mas nunca antes plasmada num tipo literário: o da imbecilidade grave e solene, o da vacuidade mental categorizada e respeitável. [...] A sua função no mecanismo estrutural do romance é criar com a sua presença um substrato cômico, deixando uma esteira de frases lapidares de fútil e pomposa retórica" (*Grande Dicionário da Literatura Portuguesa*).

João Medina considera este romance "um dos mais ricos em personagens secundárias: Ernesto Ledesma, Julião Zuzarte, Sebastião, Leopoldina (*a Pão e Queijo*), o banqueiro Castro, Acácio etc., salientado entre estas o Paula dos móveis, 'uma admirável caricatura de faccioso político'", que assim define: "A característica fundamental de Paula é o ódio, expresso num facciosismo extremo [...]. Detestando reis e padres, o Paula dos Móveis vive em estado de exasperação constante por causa do alegado descalabro da coisa pública". E como conclusão de um texto exclusivamente dedicado a esta personagem: "Grande parte do pensamento – e da ação – da I República foram, assim, cópias reais, ampliadas, de atitudes ou comportamentos facciosos e ridículos que Eça anteviu ao desenhar o seu Paula dos Móveis, padrão premonitório de muito adepto de Afonso Costa [...]" (Medina, 2000, p. 94).

É conhecido também o parecer entusiástico de Leopoldo Alas "Clarín", autor do romance *La Regenta*, em carta para Galdós: "Yo voy a concluir una novela de E. de Q. que me tiene assustado. No creía yo que en Portugal se escribían novelas tan buenas. Me refiero al *Primo Basílio* que recomendo a Vd. si no lo conoce" (carta de 24.6.1883). Em recensão crítica este romancista diz ainda: "bien puede decirse que no hay escritor español que avantaje ni iguale acaso a E. de Q., hecho excepción de Pérez Galdós en su *Deshedada*, que le iguala en este punto, aunque no lo supera" (Apolinário Lourenço, 2005, pp. 362, 363).

A 13 de julho de 1899, o jornal *The Academy* publicava um artigo de Oswald Crawfurd (1860-1909), que foi cônsul inglês no Porto por ocasião da Liga Patriótica do Norte (1890), sobre a tradução de *O Primo Basílio*, "A Portuguese novel", feita por Mary Jane Serrano. Dessa tradução disse Eça em carta para Oliveira Martins, de 28 de junho de 1890: "Cortou-lhe todas as cenas em que os amantes se encontram, em geral, suprimiu o adultério! Deu-lhe além disso o nome de *Dragon's Teeth*! E o livro teve em Inglaterra e na América *une bonne presse*". Crawfurd, o comentador do romance, é, no referido artigo, encomiástico. "Eça de Queiroz é presentemente não somente o mais eminente romancista de Portugal mas de toda a Península [...] é um estudante íntimo da literatura inglesa e francesa; e é tão direto e intenso como um bom escritor inglês, e lógico e mordaz e elegante como um francês. Na força, virilidade e encanto literário, Maupassant anda perto de Eça de Queiroz". Crawfurd critica o espírito puritano da tradutora e aponta o final da obra em que Basílio exclama, ao saber da morte da prima: "Que ferro! Podia ter trazido a Alphonsine" e que a tradutora suprimiu: "Melhor seria nada ter traduzido!" Crawfurd não poupa elogios a Eça, terminando por dizer: "Eça de Queiroz [...] tem diante de si um futuro promissor. Foi bem aconselhado, talvez, a alistar-se como recruta nas hostes de Zola. Mas as grandes qualidades que mencionamos acima, mostram que não tem necessidade de um mentor, e, quando a essas qualidades vier acrescentar algum pequeno entusiasmo pelo que é alto e nobre, abandonará completamente o Realismo e combaterá como em literatura qualquer homem forte deve fazer, pela sua própria mão".

A 27 de julho a *Saturday Review* noticiava também esta tradução com as seguintes palavras: "É refrescante encontrar um livro, ainda que através do espelho embaciado da tradução, da autoria de um homem de gênio. [...] É uma história social trágica da Lisboa de hoje, cheia de cor, rica em pormenores pitorescos, e desenvolvendo um poder de realização, com humor ao mesmo tempo cheio de aspereza cênica, os incidentes desiguais da vida moderna, que Guy de Maupassant não ultrapassou, escritor este com quem parece mais natural comparar Eça de Queiroz". E mais uma vez Maupassant serve aqui de ponto de comparação. Em carta a sua mulher Eça escreve, a 30 de julho de 1889: "*O Primo Basílio* continua tendo sucesso em Inglaterra. E lá veio outro artigo na *Saturday Review*". Sobre a referência a Maupassant, no entanto, nem uma palavra...

D. *A TRAGÉDIA DA RUA DAS FLORES*

Este esboço de romance, que só foi possível publicar em 1980 por reservas da família, que o considerava inacabado do ponto de vista formal e com uma temática escaldante, o incesto entre mãe e filho, foi concebido entre 1877 e 1878, em Newcastle, pouco antes da transferência de Eça para o posto de Bristol. Num folheto do editor Chardron de 1925, onde se anunciava a publicação desta obra, podemos ler: "*A Tragédia da Rua das Flores* não é, pois, como *Os Maias* a apreciação crítica de uma sociedade, mas, pelo contrário, o estudo psicológico de uma paixão mórbida, das suas causas remotas e das suas consequências trágicas". Numa carta ao editor Eça dizia: "Trata-se de um incesto involuntário. Alguns amigos a quem comuniquei a ideia dele e parte da execução ficaram impressionados, ainda que um pouco escandalizados. – Não quer dizer que seja imoral. É cruel..." (carta de 5.10.1877).

ENTRECHO: Joaquina casa-se com Pedro da Ega. Vêm viver em Lisboa, dois meses após o nascimento do filho, que abandona ao fugir para Espanha com um emigrado espanhol, tornando-se depois cortesã. Pedro da Ega morre em

Angola. O filho, Vítor, vai viver com um tio. Joaquina casara em Paris, já depois de viúva, com um velho senador do Segundo Império, M. de Molineux. A derrota de Sedan e a queda de Napoleão III trá-la a Portugal pela mão do brasileiro Gomes. Não tarda a seduzir Dâmaso Mavião, ricaço ridículo e femeeiro que ela irá sistematicamente explorar. Em torno deles vagueia um sem-número de personagens da burguesia de Lisboa, advogados, juízes reformados, aristocratas, artistas, meretrizes espanholas, jornalistas medíocres, um pintor extravagante, pletórico de ideias, Camilo Serrão. Algumas destas personagens, abandonada a ideia da publicação da obra, irão transitar para os romances *A Capital* e *Os Maias*, razão suficiente para que Eça não volte a retomá-la. Joaquina, agora com o nome de Genoveva (surgirá também com vários apelidos: Molinard, Héronville e Molineux), encontra Vítor, um jovem bacharel em Direito, que vive com seu tio Timóteo. Ignora o fato de ele ser seu filho. Planeja fugir para Paris com Vítor. O tio deste visita-a e comunica-lhe que o jovem advogado era de fato seu filho. Genoveva virá a lançar-se, pouco depois, de um quarto andar para a Rua das Flores, ao saber que aquele jovem, pelo qual se apaixonara e com quem fizera amor, é seu filho. Vítor, ser efeminado e fraco, muito dado à literatura, estagiário num escritório de advogado, mas que abomina aquela profissão, não chega a saber que a sua amante fora a própria mãe e virá a casar-se com a mulher do pintor extravagante, Camilo Serrão, depois deste ter partido para o Brasil. É neste texto ficcional que a presença do segundo império francês, de Napoleão III, se encontra com mais intensidade presente, nos acontecimentos e na caracterização das personagens de acordo com as suas inclinações políticas. Mais de cem anos esperará o manuscrito-rascunho deste romance até à sua publicação em 1980. Em 3 de novembro de 1877 Eça refere o projeto da *Tragédia* a Ramalho Ortigão, de Newcastle, nestes termos: "Estou-lhe a preparar uma! Esfrego daqui as mãos, com um jubilozinho perverso. Espero que será publicado logo depois do *Primo Basílio*". Nessa mesma data, ao editor Ernest Chardron afirmava: "*O Primo Basílio* é mais para o público literário, mas este é uma *verdadeira bomba literária e moral*".

RECENSÕES CRÍTICAS: João Gaspar Simões, na terceira edição da sua monumental biografia, registra: "Malgrado os lapsos do texto, a imperfeição da sua arquitetura, o inacabado de muitas das suas frases, há nele não só páginas admiráveis como, na sua concepção e no arrojo do seu tema, algo de muito importante para a compreensão do que na obra do mestre de *Os Maias* é bem mais fundo do que o seu *humorismo*, como dizia Oliveira Martins, ou a sua mera *crítica de costumes*, como ele próprio considerava muitos dos seus romances". E acrescenta ainda: "O problema do incesto, que em *Os Maias* é timidamente proposto entre irmãos, aqui, em *A Tragédia*, comparece em termos francamente propostos: o incesto entre mãe e filho, que se desconhecem. Este, aliás, o fundamento daquilo que atormentava o escritor desde o seu primeiro romance, *O Crime do Padre Amaro* – a interdição do amor entre o homem e a mulher, aquele cativo da angústia infantil que lhe não dava a conhecer a mãe, vendo a mãe em todas as mulheres e vendo em todas as mulheres a mãe que o abandonara". Terminará por afirmar que "*A Tragédia da Rua das Flores* –, com todas as suas imperfeições e todas as suas imprecisões é o documento que faltava na história literária do grande romancista, a pedra do *puzzle* até agora incompleto" (Simões, 1980, pp. 724-725).

O romancista e ensaísta Vergílio Ferreira escreveu: "É bem um livro particularmente ligado ao *Basílio* – e não à *Capital* ou aos *Maias*, por mais que, sobretudo a este, sejamos sugestionados a uni-lo. Mas tal aproximação penso-a sobretudo em função da sua escrita, ou seja, da sua realização estética. É ela uma escrita de uma dimensão breve, realizada em breves anotações, rapidez de ritmo, um certo esquematismo sintático e de ação, aqui naturalmente muito mais precipitada que noutros livros, decerto também pelo seu caráter de *rascunho*". E ainda: "A figura de Genoveva é analisada numa sutileza de reações e comportamento como dificilmente outra poderemos encontrar na obra queiroziana, como se a excepcionalidade da sua situação levasse o autor a uma excepcionalidade de tratamento...". E finalmente: "*A Tragédia da Rua das Flores* é um esboço que, além do mais, nos permite assistir a uma criação literária. Não será isto bastante para lhe aplaudirmos a publicação?" (Ferreira, 1987, pp. 226, 228).

Na *Colóquio-Letras* n. 63, por seu turno, escreve Margarida Vieira Mendes: "Genoveva é o centro estrutural e a força organizadora, desde que aparece à janela dum camarote de teatro até que desaparece pela janela da sua casa, ou seja, do começo ao final do romance". Ao considerar Maria (Monforte) e Maria Eduarda de *Os Maias* não mais do que "pálidas e desbotadas herdeiras" de Genoveva, esta ensaísta afirma: "Só esta criação queiroziana bastaria para justificar plenamente a publicação do manuscrito, pois nada de semelhante encontramos nas outras obras e já nos tínhamos conformado com as deficiências de Eça nas figurações femininas".

Destas figurações femininas deve destacar-se, também, Luísa e Juliana, em *O Primo Basílio*, e a Concha de *A Capital*, como personagens de um recorte psicológico muito vincado e decerto das mais importantes personagens femininas da sua galeria.

Do prefácio à primeira edição desta obra, de João Medina, exaramos: "Ao lado das obras acabadas como *A Relíquia* ou *Os Maias*, este romance faz figura de borrão informe, desalinhado, de escrita selvagem, sem os necessários cautérios gramaticais ou estilísticos, espécie de esqueleto à espera de ser vestido com as carnes, os tendões, as dermes e os humores últimos que transformam os rascunhos inspirados em obras-primas de formoso acabamento e harmonia solidamente carpinteiradas. *A Tragédia* não passa assim dum rascunho – mas um rascunho de Eça é sempre uma festa para os seus admiradores [...]".

Ao confrontar Maria Eduarda com Genoveva, João Medina observa: "Maria Eduarda, mulher superior e, apesar disso, educação espúria em ambiente de libertinagem patrícia, sem as taras e as máculas que aviltam o caráter de Genoveva, rameira calculista, angustiada pelo começo do envelhecimento. Em contrapartida, em *A Tragédia*, a heroína é mais autêntica, mais complexa, tem a garra realista do seu criador, não resvala para a idealização um pouco falsa e até complacente da Mulher representada por Maria Eduarda, autêntica visão angelical ou deusa trazida de Paris para a modorrenta Lisboa". E Medina conclui: "A obsessão original de Eça parece ter sido a mesma – e parece ser essa uma das mais estranhas intenções do nosso maior romancista de Oitocentos: construir uma história de amor alicerçada na impossibilidade moral e no asco físico do incesto".

E. *A CAPITAL! COMEÇOS DE UMA CARREIRA*

Romance póstumo, publicado em 1925 pelo filho do romancista José Maria. É citado pela primeira vez na correspondência do escritor, em 1877, numa carta ao editor Chardron, de Newcastle, como integrado numa série de pequenos romances intitulada *Cenas da Vida Portuguesa*, à maneira da *Comédia Humana de Balzac*. Um ano depois, em carta a Ramalho Ortigão, Eça, já absorvido por outros projetos, afirma: os personagens desta obra "são todos *empalhados* – e tenho-lhes tanto ódio que se eles tivessem algum sangue nas veias, bebia-lho". Em 1881 a elaboração de *Os Maias* fará interromper *A Capital*. Em 1884 chamará a esta obra "uma massa informe de prosa, um grosso bloco de greda, de onde levaria muito tempo a extrair uma obra viva". Já dissera também que receava que ela provocasse "escândalo político" e "escândalo moral". Todas estas reservas, porém, não chegam para explicar cabalmente por que razão não chegou a fazer a sua revisão definitiva. Afinal de contas, além de um manuscrito em estado adiantado de perfeição, este romance tinha já oitenta páginas impressas, repletas de correções.

ENTRECHO: Artur, personagem efeminada e sensível, vem de Oliveira de Azeméis, povoação do litoral nortenho, para Lisboa, à procura de glória literária. Poeta romântico, sente em si uma forte vocação literária. É tocado pela *Vida de Jesus* de Renan, pelas *Orientais* de Victor Hugo, pelo Heine do *Intermezzo* e por Proudhon. Faz estudos de Direito na universidade de Coimbra, que virá a abandonar e, sob a influência da *Comédie Humaine* de Balzac, apodera-se dele a ideia de triunfar literariamente em Lisboa, depois de recebida a herança de um parente. Na capital do reino irá acumular vexames e insucessos no seio de gente sem escrúpulos, que o faz esgotar o pequeno pecúlio que herdara. Por recomendação do Rabecaz, um republicano radical, é apresentado ao medíocre jornalista Melchior que logo aproveita o ensejo para descaradamente o explorar. Um outro oportunista, Meirinho, o introduz na sociedade burguesa de Lisboa onde tudo lhe correrá sob o signo de um permanente *desaire*. Conhece entretanto um tal Nazareno, outro republicano radical com quem vai acamaradar, como desforra dos vexames sofridos na sociedade burguesa. Publica então um livro de versos românticos e delambidos intitulado *Esmaltes e Joias* (alusão aos *Émaux et Camées*, de Gautier), que ninguém lê e ninguém compra.

Frequenta um clube republicano de onde acaba por ser expulso acusado de simpatias monárquicas. O seu livro de versos fora dedicado a El-rei! Quase arruinado, vai viver com uma meretriz andaluza que virá a trocá-lo por um compatriota, o que proporciona a Eça páginas do mais vivo realismo. Depois de um baile de Carnaval no Cassino de Lisboa, soberbamente descrito, que o faz acordar no dia seguinte ao lado de uma criatura repulsiva e estranha, Artur regressa arruinado a Oliveira de Azeméis, conformado com o seu destino, depois da morte da tia Sabina, encantadora criatura, o único ser que verdadeiramente o amou e que ele vai encontrar já sepultada.

RECENSÕES CRÍTICAS: Um ensaísta contemporâneo, João Medina, em *Eça de Queiroz e o seu Tempo*, a propósito do ano de 1878, a que chamou ano magno do escritor, faz esta referência à *Capital*: "Compôs aqui Eça uma das suas obras mais sombrias, penetrantes e autobiográficas, fato que a maioria dos estudiosos do escritor displicentemente desdenha ou ignora. Mas um espírito atento observou: a insatisfação perante a vida citadina, que Eça certamente também experimentou, pô-lo ele de modo magistral na sua personagem mais autobiográfica – Artur Corvelo". De fato Lopes de Oliveira chama a nossa atenção para o "retrato psicológico de Eça" traçado através de Artur, protagonista deste romance, nos seus tempos de Coimbra: "Torturava-o então o desejo permanente de reproduzir as imagens de que estes entusiasmos e as suas leituras lhe enchiam vagamente o cérebro: mas não sabia ainda que Arte empregaria. Às vezes os seus ideais eram tão indefinidos, que lhe parecia que só árias e melodias os poderiam exprimir; pensava então em estudar música, e nenhum gênio humano lhe parecia superior a Mozart ou a Beethoven, que nunca ouvira; ambicionava compor sinfonias sobre assuntos que amava e para os quais a poesia lhe parecia insuficiente, como a Morte no Calvário ou o cavaleiro Sir Galaad procurando pela terra e pelos mares o vaso do Santo Graal. Outras vezes era a cor, a beleza das linhas que o interessava: desejava então ser pintor, lançar na tela o rico esplendor dos estofos, as decorações luminosas dum céu de Oriente, cenas de Shakespeare ou episódios grandiosos da História, e nenhum destino humano lhe parecia igual ao dum Miguelangelo, compondo o *Julgamento Final* [...]" (Oliveira, 1968, p. 45).

Num estudo caracteriológico baseado nas teorias de Kretschmer, que referimos em III, 4, "Dissimulações", Abel Salazar procura enquadrar Eça numa determinada categoria temperamental, o que nos parece hoje por demais dogmático, observando contudo com pertinência: "Artur Corvelo é profundamente *vivo* quando o toca a introspecção do autor. *A Capital*, de resto, é um vasto campo onde vemos a cada passo a reação nitidamente astênica dum esquizotímico hipersensível e tímido, em face dos *calejados* jornalistas e literatos que o rodeiam. E até algumas ideias de autorreferência manifestadas em Artur Corvelo, podemos julgá-las também (e quase seguramente as julgamos) no sensitivo Eça, quando nos folhetins da *Gazeta* [*de Portugal*] procurava avidamente o êxito literário" (Salazar, 1946, p. 23).

Em extenso capítulo dos *Ensaios Queirozianos*, Coimbra Martins fez o estudo comparativo das *Ilusões Perdidas* de Balzac com *A Capital*, considerando este romance a "imitação capital queirosiana", pela "correspondência de personagens, semelhança de temas, de peripécias e, aparentemente, de caracteres". E no entanto, como salienta Coimbra Martins, Valéry Larbaud leu esta obra a golpes de dicionário e por ela se deixou entusiasmar (Larbaud, 1958, p. 949). Não se deu conta da base balzaquiana que lhe subjaz, observando mesmo que a obra de Eça, a avaliar por este romance, deve ser "um quadro admiravelmente nítido e completo da sociedade portuguesa dos trinta últimos anos do século XIX", pelo que conclui: "Quanto mais o comparamos a Balzac, mais nacional e pessoal nos parece o autor de *Os*

Maias". Escreve Larbaud: "Acabava de se publicar em Lisboa, precisamente, uma sua obra póstuma: *A Capital*; comprei-a; decidi lê-la a golpes de dicionário, de dez a vinte páginas cada dia; terminei-a no fim de quatro dias: 573 páginas de texto, absorvidas vorazmente, sem uma pausa, sem um segundo de desencorajamento. Já sabia ler português! E acabava de ler a obra de um mestre, de um dos grandes romancistas europeus do século XIX".

A este respeito, Pierre Hourcade comenta: "Ficou feita a prova de que um homem de gosto e de cultura, desconhecedor da literatura portuguesa, pode ser atraído pela obra de Eça de Queiroz tal como ela é, sem o incentivo de qualquer glosa e sem nenhuma iniciação prévia; que um grande romance de Eça, como todas as obras-primas de ficção em qualquer língua, pode perfeitamente dispensar introdutor, impor-se pelo mérito da sua própria evidência, ascender de algum modo e por qualidade intrínseca à universalidade" (Hourcade, 1978, p. 88).

Jean Girodon, ao buscar similitudes entre *A Educação Sentimental* de Flaubert e *A Capital*, comenta: "A crítica tinha sido quase unânime em considerar *A Educação Sentimental* como uma obra falhada, longa e aborrecida, bem inferior a *Madame Bovary*. Mas Eça de Queiroz compreendeu imediatamente que estava em presença de uma obra-prima e que essa obra-prima continha uma ideia de gênio, a de pintar não as descobertas de uma personagem tão risível como Frederico, mas, através dele, o falhanço de toda uma geração" (Girodon, 1959).

Quanto a nós, já escrevi algures que *A Capital* é uma obra extremamente viva e aliciante, com episódios de primeira água, nomeadamente no capítulo IX os segmentos que se passam antes e depois da tentativa de suicídio de Artur, no Terreiro do Paço, junto ao rio, e esse soberbo capítulo final, o baile das cancanistas, no Cassino de Lisboa, que é uma das melhores páginas do realismo queiroziano. Nunca entendemos por que razão Eça considerou as personagens dessa obra como "empalhadas". Como assim? Empalhado o realíssimo Albuquerquezinho, que se julga almirante, tem uma sentinela à porta do quarto recortada em papel e comanda aos berros, da janela, a sua fragata de guerra? Empalhado o Rabecaz, formidável figura de provinciano truculento? Empalhada a Concha, vivíssima figura de meretriz andaluza? E essa humaníssima tia Sabina? E o sórdido Meirinho? E o pungente, realíssimo, Artur? Entre os mistérios de Eça difíceis de descortinar, temos colocado o do abandono deste romance, que ele receou que escandalizasse. Mas não foram muito mais escandalosos *Os Maias*? *O Primo Basílio*? *A Relíquia*?...

Dominique Sire, num ensaio que não chegou a completar sobre este romance, ao referir as causas do seu abandono comenta: "Em 1945, quando Gaspar Simões publicou a sua notável obra para o centenário do grande escritor português, propôs uma teoria muito mais atrevida. Pensa que Eça tinha duas boas razões para não publicar este romance – em primeiro lugar este traça de si próprio um retrato demasiado cruel: 'Em toda a sua obra é este o único livro em que ele tenta um retrato de si mesmo sem complacências de elegância nem pretensões a máscara literária'. Depois, este gosto pela caricatura atingirá mesmo os seus amigos: 'A pintura do meio político e literário da capital era tão crua, tão viva, tão direita, tão *à clef* que, se publicasse *A Capital* todos os amigos o condenariam'. Coimbra Martins vê o problema de um modo totalmente diferente e num minucioso ensaio demonstra que Eça de Queiroz não deixou publicar esse livro porque não se tinha afastado suficientemente do seu modelo: *Illusions Perdues* de Balzac". Eça por seu turno dá uma razão para o abandono deste romance: a sua interrupção, provocada por um pedido do seu amigo o Engenheiro Lourenço Malheiro de um romance para o *Diário de Portugal*. Descobrira um assunto de grande interesse (*Os Maias*) e tal interrupção fizera-o perder "o fio da veia e de sentimento em que ela (*A Capital*) ia tratada" (carta a Ramalho Ortigão de 20.2.1881).

Mas quem saberá jamais, ao certo, os motivos do abandono desta obra que, mesmo falha de apurammento final, permanecerá como um dos grandes romances realistas de Eça?

F. *ALVES & CIA*

Novela póstuma, foi publicada em 1925 pelo filho do escritor José Maria. Muito pouco ou nada se sabe sobre a escrita e a gênese deste manuscrito, que o autor deixou já numa forma bastante acabada. O responsável pela edição crítica deste texto diz-nos que não deve ter sido escrito antes de 1883.

ENTRECHO: Trata-se de uma história de adultério, rápida e objetivamente contada, na qual Eça assume uma posição muito despreconceituada em relação a este problema, e onde brilha o humor e o realismo das cenas. Godofredo Alves, comerciante burguês da baixa de Lisboa, surpreende a mulher, Ludovina, nos braços do sócio, na sua própria casa, num dia em que para festejar o quarto aniversário do casamento chega inesperadamente mais cedo com um presente ternamente comprado: uma pulseira de ouro e rubis em forma de serpente, símbolo do amor eterno. Godofredo expulsa Ludovina do lar e tenta recorrer ao duelo como forma de vingança e superação da sua dor. As conversações prévias das testemunhas, que acabam por concluir que não há verdadeiramente matéria de delito, e que vão gozando enormemente os detalhes dos episódios adulterinos, constituem páginas do mais hilariante humor. O duelo não se faz. Porém, a solidão e as saudades que Godofredo sente de Ludovina fazem com que se venha a reconciliar com ela e, do mesmo passo, a reconciliar-se com o seu sócio, para bem de todos e também da firma comercial que prospera. "Que coisa prudente é a prudência", eis a conclusão desta novela que se inscreve no programa das *Cenas da Vida Portuguesa*, ou seja, textos breves que se leem num dia, ficando-se com uma impressão para uma semana, como Eça os definiu.

RECENSÕES CRÍTICAS: João Gaspar Simões considera que "*Alves & Cia* representa na obra do autor de *Os Maias* uma criação de índole psicológica excepcional. Há que aguardar o 'José Matias' ou regressar ao Macário das 'Singularidades de uma Rapariga Loura' para se lhe encontrar parceiro, em toda a sua vasta obra. José Matias e Alves são duas personagens fortemente individualizadas; únicas". João Medina comenta por seu turno: "Godofredo reagiu como devia, isto é *perdoando*, ou seja, transigindo. E o que é negociar senão transigir, acomodar-se? E o que é a burguesia senão o princípio da adaptação calculada?" (Medina, 1980). Maria Lúcia Lepecki, no *Grande Dicionário da Literatura Portuguesa*, escreve: "Dentro do ambiente apresentado, as personagens são planas, *tipos* que representam a média de uma classe dada numa época determinada: o marido romântico e ingênuo (mas também ávido de estabilidade), que é traído; a mulher que, entre leviana e interesseira, não sabe e não pode arcar dignamente com a responsabilidade dos próprios atos, mesmo porque é levada a eles, entre outros fatores, por problemas de temperamento e educação (o que se sugere através das figuras do pai e da irmã); finalmente, o amigo, conquistador irresponsável, ladino, aproveitador de uma situação. Envolvendo tudo isto, uma amarga ironia, no plano do Autor, sublinha o processo irreversível de decadência de uma instituição, em classe social que coloca, como valor máximo, a manutenção de um *status* social e econômico". O conceito geralmente formulado por Eça, desde *As Farpas*, relativamente à mulher, é claramente vitoriano e conservador, expressando-se em grande parte das personagens femininas que criou. Vão neste sentido os comentários que fiz às suas relações com Emília sua mulher, deduzível de alguns passos da correspondência que trocaram entre si. Pois bem. *O Alves & Cia*, além de constituir literariamente um primoroso texto, é neste aspecto uma notável exceção.

G. *O CONDE DE ABRANHOS*

Redigida em 1879, na cidade francesa de Dinan (Côtes-du-Nord), esta narrativa de construção muito original foi apresentada ao editor Chardron, que sugeriu publicá-la sem o nome do seu autor. Eça rebela-se e vem a desistir da obra, talvez sem coragem para arrostar com o seu tema escaldante. Possuía correta consciência de que se tratava de um texto ficcional inovador: "O livro é verdadeiramente um pequeno romance, apresentado sob uma forma nova, que creio não ter precedentes em literatura", diz ao seu editor em 23 de junho de 1879. Só seria publicada em 1925, por seu filho José Maria, que, perante o inacabado da obra, fez uma intervenção muito densa, que não altera, todavia, o seu sentido essencial.

ENTRECHO: Trata-se do retrato de um político e estadista nulo, mas, como o classifica João Medina, "é sobretudo um *gangster*, um corsário político integrado nesse sistema de pilhagem legal que era o constitucionalismo monárquico". O seu secretário particular, Z. Zagalo, redige-lhe as memórias depois da morte, mas Zagalo é ainda mais imbecil que o conde e quando julga enaltecê-lo mais denuncia a sua nulidade e o compromete. Eça deixará um manuscrito feito de um jato, e portanto imperfeito, o que não diminui a força desta soberba peça de ironia e humor, tremendo e muito atual libelo aos dirigentes políticos e aos costumes do seu país.

RECENSÕES CRÍTICAS: Diz-nos o seu biógrafo João Gaspar Simões, à página 423 da biografia, que "o gênio nacional avulta aqui muito mais que em qualquer outra das suas obras. Em certas páginas sente-se mesmo vibrar aquele *sarcasmo peninsular* que ele considerava um dos traços peculiares ao gênio de Camilo Castelo Branco". João Medina afirma: "Escrito ao mesmo tempo que esse pequeno conto filosófico (no sentido que o século XVIII deu a este termo) que era *A Catástrofe*, a novela sobre a irresistível ascensão de Alípio Severo de Noronha Abranhos constitui, a seu modo, um livro infelizmente profético, dotado de inquietas premonições que a aparente serenidade da ironia queiroziana não logra esconder. Abranhos constitui também uma excelente caricatura da filosofia social de reação ultramontana do século XIX (e das suas consequências e sequelas contemporâneas). É aqui que o romancezinho de Eça ganha a estatura dum panfleto brilhante e aceradíssimo, para não dizer *genial*. As baboseiras do conde sobre a maneira de eliminar a livre crítica ("o livre exame é o princípio da revolução", garantia Abranhos), sobre as virtudes do clero e as vantagens do ensino religioso, sobre os efeitos nefastos das leituras democráticas, sobre as vantagens da Sebenta como princípio de acatamento da ordem, sobre a necessidade de manter as classes nos seus *limites providenciais*, consagrando a divisão da cidade em duas castas irredutíveis ("há duas classes – uma que sabe, outra que produz. A primeira, naturalmente, sendo o cérebro, governa; a segunda, sendo a mão, opera, e veste, calça, nutre e paga a primeira"), sobre a necessidade de respeito servil das autoridades ("o sentimento excessivo da dignidade pessoal leva ao amor exagerado da independência civil. Cada um se torna por este modo o seu próprio dono, o seu chefe, o seu rei, o seu Deus. É a anarquia!"), sobre a maneira de promover a felicidade das classes operárias ("Não podemos dar ao operário o pão na Terra, mas obrigando-o a cultivar a Fé, preparamos-lhe no Céu banquetes de luz e Bem-Aventurança") – *slogan* perfeitamente corporativista –, sobre a extinção do pauperismo através de um sistema engenhoso (*i.e.,* policíaco) de isolamento social dos mendigos, transformados numa espécie de escravos da Câmara Municipal, corretamente doutrinados dentro da salutar tradição cristã de recato e obediência, trazem já consigo, embora algumas vezes torcidos por uma excessiva intenção caricatural, aliás compreensível no período que sucedera ao fracasso e repressão da revolta de 1871 (Comuna de Paris), todos os mitos maiores e menores (e mesmo a fraseologia) dum regime antidemocrático que Portugal não tardaria em conhecer, uma vez destroçado o parlamentarismo e banida a pluralidade partidária. Transformação do combate ideológico (de fundo proudhoniano) de *As Farpas* em romance e obra de artista, *O Conde de Abranhos* merece ser relido, e sobretudo lido a sério, malgrado o parecer injusto de alguns eçófilos" (Medina, 1974, pp. 30-31).

H. *O MANDARIM*

Esta novela vem introduzir, pela primeira vez, na ficção do autor um paradigma fantasista que surpreendeu os críticos e veio quebrar o código realista que ele tão intensamente professara. A sua primeira edição data de 1880, mas só a partir da quinta edição, de 1907, se incluirá o prefácio em francês que Eça escreveu para a edição da *Revue Universelle Internationale* de Paris, de 1884. Este prefácio é de grande importância dado que aborda o problema do romance português e analisa a criação literária queiroziana. Farto de constrangimentos de escola – "l'incommode soumission à la vérité, la torture de l'analyse, l'impertinente tyrannie de la réalité" – Eça abraça a "pleine licence esthétique" anunciando a mudança da sua singradura literária em direção a um outro rumo mais livre. Intitula-se esse prefácio "À Propos du Mandarin. Lettre qui Aurait du Être une Préface". Dissemos anteriormente que este texto é anterior três anos ao importante artigo "O Francesismo" e nele já se enuncia a dependência cultural de Portugal relativamente à França. Mas a importância desse prefácio está na definição que Eça procura dar dos seus próprios princípios estéticos. Muito embora caricaturalmente, ele define "la tendance la plus naturelle, la plus spontanée de l'esprit portugais" como o sonho e não a realidade, o idealismo e o lirismo, não o racionalismo, esquecendo-se, todavia, do realismo de um Camilo e do racionalismo de Camões. Quanto à novela propriamente dita, Teodoro, personagem principal, é a mais feroz caricatura que Eça algum dia fez de si próprio. O realismo com que abre esta farsa é um contraponto nítido dos seus voos fantasistas que pretendem dar ao leitor uma lição moral. A presença do Diabo, muito frequentemente presente na obra de Eça de Queiroz (em *O Crime do Padre Amaro* e *A Relíquia*, por exemplo), é aqui fundamental.

ENTRECHO*:* O narrador da novela é o bacharel em direito Teodoro, amanuense do Ministério do Reino. Vive no centro de Lisboa, numa modesta pensão, uma vida de funcionário público, monótona e medíocre, que o faz sonhar com aventuras galantes, bons repastos em bons hotéis, mas que se vê cerceado pelo seu magro vencimento. Teodoro diz expressamente que não acredita em Deus nem no Diabo mas é supersticioso e reza a Nossa Senhora das Dores... "Céu e inferno são concepções sociais para uso da plebe e eu pertenço à classe média", como confessa. Analisado em pormenor, logo nos apercebemos que ele representa, de fato, uma caricatura do próprio Eça, mental e fisicamente, com os seus medos e as suas superstições. Este símile faz-nos remeter a uma observação sua que podemos ler no prefácio de Batalha Reis das *Prosas Bárbaras*: "É preciso obedecer com fé e sem exame às leis sutis das coisas. Ninguém sabe exatamente, menino, de que possa depender o curso dos acontecimentos; e o mistério complicado dos fados". Sobre os hábitos de Eça, o testemunho de Batalha Reis: "Havia de entrar no meu quarto com o pé direito, suspendendo-se por isso, no último momento, recuando o agourento pé esquerdo, quando já este inoportunamente se adiantasse e fazendo hesitante e confuso, ao passar enfim a soleira da porta, um ruído de inexplicável trepidação. Aterravam-no correntes de ar, andava continuamente a fechar a janela, ou as portas, a mudar de posição da cadeira onde se sentava, murmurando em voz cava: – É a pneumonia, a congestão pulmonar fulminante – a morte, menino!"

Cena de *O Mandarim* por Rui Campos Matos.

Um dia, Teodoro descobre na Feira da Ladra um livro com a fábula do mandarim, cuja enorme riqueza ele poderá obter se tocar uma campainha que o matará nos confins da China. Uma visão do Diabo, que o visita na pensão onde vive, irá decidi-lo. Teodoro toca a campainha, mata o mandarim e torna-se assim fabulosamente rico. Dá então início a uma vida de luxúria e dissipação. As mulheres são a sua perdição. Entrega-se a orgias, monta um serralho e desde logo é traído por uma Cândida loura e pequenina, que o engana com um alferes. Cedo todavia é assolado pela visão do Mandarim que assassinara. Debalde viaja pela Europa e pelo Oriente para afastar essa visão. Em Paris entrega-se de novo à orgia, acabando por partir para a China procurando compensar aí a família deserdada pelo seu toque de campainha. Tudo lhe corre mal, não conseguindo o seu intento mas ape-

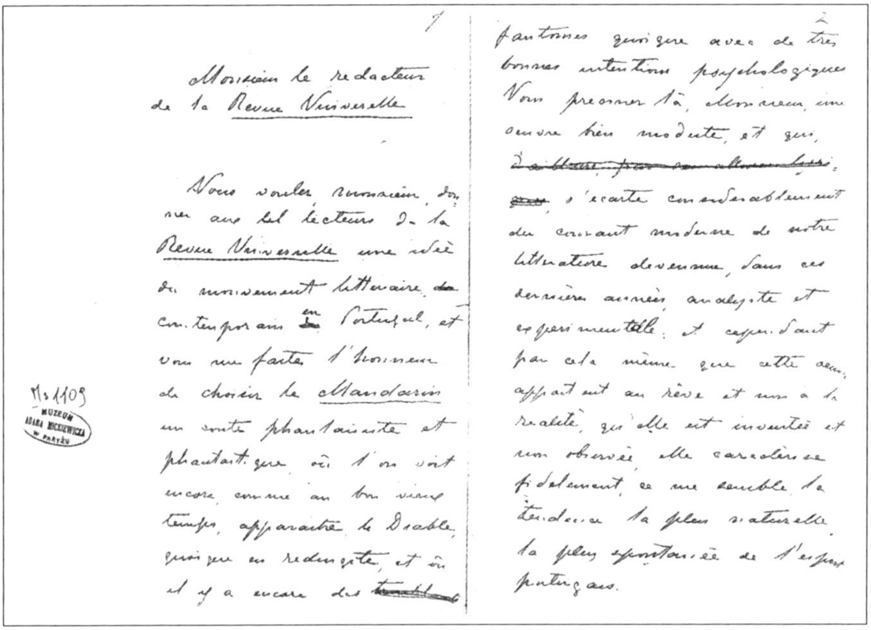
1

Monsieur le rédacteur
de la Revue Universelle

Vous voulez, monsieur, donner aux lecteurs de la Revue Universelle une idée du mouvement littéraire contemporain en Portugal, et vous me faites l'honneur de choisir le Mandarin un conte phantaisiste et phantastique où l'on voit encore comme au bon vieux temps, apparaître le Diable, quoique un peu redingoté, et où il y a encore des

2

fantômes quoique avec de très bonnes intentions psychologiques. Vous prenez là, monsieur, une oeuvre bien modeste, et qui, s'écarte considérablement du courant moderne de notre littérature devenue, dans ces dernières années, analytique et expérimentale. Et cependant par cela même que cette oeuvre, appartient au rêve et non à la réalité, qu'elle est inventée et non observée, elle caractérise fidèlement, ce me semble, la tendance la plus naturelle, la plus spontanée de l'esprit portugais.

Rascunho do prefácio de *O Mandarim.*

nas mais uma aventura com uma generala, mulher dum embaixador russo. Teodoro em vão pretende fugir do seu remorso. De regresso a Lisboa verá, ao desembarcar no Terreiro do Paço, a figura do mandarim que enche todo o arco da Rua Augusta.

Teodoro acaba por pedir ao Diabo que ressuscite o mandarim e o livre da sua fortuna. Viverá uma vida de aborrecimento acabando por fazer o Diabo seu testamenteiro, concluindo que "só sabe bem o pão que dia a dia ganham as nossas mãos". A descrição inicial do ambiente burguês em que vive Teodoro é feita através de uma escrita realista típica, onde sátira e ironia revestem a realidade comezinha das coisas.

RECENSÕES CRÍTICAS: Moniz Barreto escreve, a propósito desta novela, em 1888: "Quem pintou como ele as glórias do amor carnal, as atrações e os empurrões do instinto, o fluxo e o refluxo da maré sanguínea, o preia-‑mar do cio, o alarido áspero dos desejos, o grito estridente da posse? Quem disse como ele as cóleras do ciúme, as suas raízes animais, as suas torturas orgânicas, o impudor da sua curiosidade física, a perspicácia e a extravagância da sua lógica? Quem contou melhor as voluptuosidades do orgulho, o gáudio da ira, os júbilos concentrados do ódio, o gosto de abater e dominar, os regozijos da caça e da guerra? Quem mostrou melhor os deslumbramentos da riqueza, o relampejar capitoso do ouro, a embriaguez do milhão, os requintes da sociedade, os mornos deleites da ociosidade? A constelação do pecado faz brilhar nessa obra as suas maiores estrelas e o poeta as deixa resplandescer sem véu. Mas é melhor ouvi-lo, abandonando as análises pelas confidências. E destas nenhuma é tão instrutiva como *O Mandarim*" (Barreto, 1963, p. 31). João Gaspar Simões comenta: "Teodoro amanuense do Ministério do Reino é uma figura tão observada como o Julião, o Ernestinho, o Conde de Abranhos ou o Castro". Para Antônio Sérgio, a questão do remoroso de *O Mandarim* não nasce de maneira imediata no ex-amanuense do Ministério do Reino, mas brota do tédio da Ociosidade (tese que ele considera como o problema fundamental da ficção queiroziana). E cita: "Encostado à bengala, arrastando as pernas moles abria bocejos de fera saciada..." (*Ensaios VI*, p. 78). Coimbra Martins dedica a esta novela um estudo exaustivo nos *Ensaios Queirozianos*, procurando as múltiplas fontes em que Eça se baseia. Diz ele: "A farsa queiroziana prende duplamente pela sua qualidade enquanto farsa e pela sua verdade enquanto caricatura. [...] Ninguém como o autor de *Os Maias* soube dar o encanto dúbio do medíocre, enquanto justamente faz troça do medíocre".

Para Guerra da Cal (artigo "O Mandarim" do *Dicionário de Literatura*, Porto, 1969): "A estrutura de *O Mandarim* anuncia um processo de composição que o autor desenvolveria na sua obra posterior: a confrontação antitética de dois mundos. Dum lado o Portugal do Constitucionalismo, satiricamente desvalorizado e, do outro, cosmos de evasão estética, geográficos ou históricos, liricamente estilizados, com sutil ironia poética. Aqui é o exotismo asiático da China – velho tema português; em *A Relíquia* será a Judeia bíblica, e, na *Casa de Ramires*, a Idade Média lusitana. A dinâmica de *O Mandarim* apoia-se na mecânica da viagem – outro recurso favorito da arte eciana".

David G. Frier, mais recentemente, estabelece novas relações simbólicas atribuindo a Teodoro a representação do Portugal em declínio da época desta personagem, ao chamar a atenção para a existência na novela de "inúmeras observações astutas da natureza humana e da realidade da vida portuguesa novecentista". Frier anota com pertinência o fato de *O Mandarim* ter sido publicado no ano da versão definitiva de *O Crime do Padre Amaro* e também, no mesmo ano, de um texto de significativa expressão, publicado na *Gazeta de Notícias* do Rio, "Um Artigo do *Times* sobre o Brasil" (*Notas*

Contemporâneas), provocado pelo artigo do *Times*, de 21 de setembro de 1880, "The Description of the Vast Empire of Brasil" (Frier, 2010), e que viria a dar origem a uma enorme polêmica com Manuel Pinheiro Chagas.

1. *A RELÍQUIA*

Este romance foi pela primeira vez publicado na *Gazeta de Notícias* do Rio de Janeiro entre 24.4.1887 e 10.6.1887. A edição em livro é do editor Chardron, do Porto, nesse mesmo ano. Escrito em Bristol, segundo o testemunho do poeta Antônio Nobre, foi uma obra reescrita três vezes. Isso teria acontecido quando *Os Maias* estavam praticamente concluídos. Trata-se, provavelmente, da sátira mais profundamente anticlerical que Eça jamais escreveu. Também aqui, bastantes elementos autobiográficos se podem detectar na construção do "Raposão", narrador e personagem principal. A anunciar os seus parâmetros estéticos, Eça escolheu como epígrafe deste romance: "Sobre a nudez forte da verdade o manto diáfano da fantasia".

ENTRECHO: Trata-se de uma história narrada pelo pícaro "Raposão", de seu nome Teodorico Raposo, e dela ressalta um episódio capital na sua vida – a viagem ao Egito e à Terra Santa, onde sonhou ou teve a visão da Crucificação de Cristo. A narrativa destina-se a proporcionar "uma lição lúcida e forte", como se lê no primeiro parágrafo da sua introdução, que nos dá também uma informação muito valiosa e indispensável para a interpretação desta obra: a de que a Realidade nela vive "ora embaraçada e tropeçando nas pesadas roupagens da História, ora mais livre e saltando sob a caraça vistosa da Farsa".

Órfão de pai e mãe, aos sete anos, Teodorico Raposo, neto de um padre, irá das margens do rio Lima em Viana do Castelo, onde nascera, para casa de uma tia materna de avultadas posses, uma velha católica terrivelmente fanática que vive em Lisboa, ao Campo de Sant'Ana, rodeada de padres que a adulam e exploram. Teodoro será internado num colégio de Lisboa seguindo depois para Coimbra, onde, com facilidade, fará o seu curso de Direito, entregando-se aí a uma forte boêmia estudantil mas adulando sempre a tia para sobreviver. Em Lisboa, em férias, dá largas à sua lubricidade e à sua hipocrisia, tão dementada quanto o fanatismo religioso da tia. Para ela tudo o que se relaciona com o amor é tratado como "relaxação", considerando a natureza "obscena", por ter criado dois sexos. Teodorico leva o seu falso fervor religioso, para lhe agradar e apanhar a fortuna, a um paroxismo de pura farsa, percorrendo esfalfadamente igrejas e novenas. Acabado o curso, como prêmio, a tia oferece-lhe uma viagem à Terra Santa que logo o fará sonhar com aventuras de amor com as orientais, porque ele vive na obsessão do sexo, na obsessão de "refocilar" e "regalar a carne". Promete então à "Titi" uma relíquia, uma coroa de espinhos, por sugestão de Topsius, grande acadêmico alemão, seu companheiro de viagem que conhecerá em Malta, tirada da árvore de onde se extraiu o instrumento que martirizou Jesus. Esta relíquia destinava-se a curar a Titi de todos os seus padecimentos e maleitas.

A narrativa da Crucificação que Teodorico descreve, literariamente belíssima, ocupa no romance a parte central, de centena e meia de páginas, fazendo da sua estrutura um tríptico. Teodorico regressa a Lisboa com a sua preciosa "relíquia", mas, por uma troca de pacotes, ao desembrulhá-la no altar da tia, verifica ser a camisa de dormir de uma tal Mary, luveira inglesa de coxas hospitaleiras, com que ele fizera amor em Alexandria. Teodorico é imediatamente expulso da casa da tia, perdendo assim a herança a que tanto aspirava. D. Patrocínio das Neves deixa, ao morrer, a sua fortuna ao Senhor dos Passos da Graça, aos padres Casimiro Pinheiro e Negrão, e ao Dr. Margaride. Ao sobrinho deixa um óculo para ele ver ao longe a sua fortuna...

Para sobreviver, Teodorico passará a vender num pequeno hotel do centro de Lisboa água e relíquias supostas da Terra Santa, que fabrica em tais quantidades que acaba por comprometer o negócio. Transforma-se pois em vendedor do que havia consumado a sua perda. Hipócrita despudorado, Teodorico acaba por compreender a inutilidade da hipocrisia na sequência de uma outra visão de Cristo e arrepende-se. Encontra depois, casualmente, um antigo companheiro de colégio que lhe arranja emprego. Acabará por casar com a irmã deste providencial protetor e parece regenerado da inveterada falsidade em que sempre viveu. Todavia, já pai, comendador e proprietário, ao saber que o padre Negrão, um dos clérigos da roda da "Titi", recebera como herança a quinta onde ele nascera em Viana do Castelo e que além disso tinha como amante uma tal Adélia que o traíra, eis que o vemos repentinamente, num súbito volta-face, chegar à conclusão de que perdera a herança da tia apenas por lhe ter faltado a "coragem de afirmar". Isto é, se na cena do oratório da Titi ele tivesse afoitamente declarado que aquela era a camisa de dormir de Santa Maria Madalena, herdaria a fortuna que tanto cobiçara, seria célebre e considerado pela Ciência e pela Igreja. Considera então: "E tudo perdera! Por quê? Porque houve um momento em que me faltou *esse descarado heroísmo de afirmar*, que, batendo na terra com pé forte, ou palidamente elevando os olhos ao Céu – cria, através da universal ilusão, ciências e religiões". A inserção de uma narrativa histórica no seio de uma narrativa burlesca é, em suma, o cerne da construção desta obra.

RECENSÕES CRÍTICAS: Como habitualmente, Eça fez deste romance uma autocrítica demolidora, que tem servido aos comentadores nacionais para fundamentarem os seus pontos de vista negativos. Diz ele que "falta a esta obra ser atravessada por um sopro naturalista de ironia forte, que daria unidade a todo o livro. D. Raposo, em lugar de se deixar assombrar pela solenidade histórica, devia rir-se dos judeus e troçar dos rabis. O único valor do livreco está no realismo *fantasista da Farsa*". Não será a primeira nem a última vez que um autor não tem perfeita noção sobre aquilo que produz e de que muita coisa que exprime lhe escapa. Para os que persistem em separar o autor da obra, advogando que o conhecimento do autor em nada facilita o seu entendimento, podem aqui encontrar um caso em que o autor é tão dispensável que chega a subverter os dados da sua própria clarificação! A tradição crítica nacional, na sua maioria, é-lhe desfavorável, enquanto a crítica estrangeira a enaltece como verdadeira obra-prima.

No mesmo ano da sua publicação o seu autor apresenta-a a um concurso da Academia Real das Ciências de Lisboa. O romance não é classificado e o relator, Pinheiro Chagas, seu opositor desde os tempos das Conferências do Casino de Lisboa, apoia o seu parecer na inverossimilhança do sonho do "Raposão" que, como devasso reles, não podia sonhar o que sonhou, e nos termos literários soberbos com que o fez. Pois se ele chega a fumar um cigarro no templo de Jesus! O relator escreve: "Quem adormece é Teodorico e quem sonha é o autor". Tratava-se de rejeitar a estrutura fundamental do romance, qual seja a introdução nele de uma visão histórica através dos olhos de um pícaro. Camilo Castelo Branco, o grande romancista contemporâneo de Eça, por seu turno anota: "Este livro tem duas partes: primeira porcaria, segunda maçada. É uma *pochade* à Paulo de Kock; chalaças hiperbolicamente inverossímeis – uma vontade despótica de fazer rir à custa de tudo; mas não é isso que o torna um mau livro; é a falta absoluta de bom senso e de bom gosto".

Oliveira Martins, historiador e amigo íntimo de Eça, mais lucidamente escreveu: "*A Relíquia* é o pandemônio mais incongruente, mais extravagante, mais inconcebível que se pode imaginar. Desde a farsa até a epopeia; desde a gargalhada, pelo sorriso, até o patético mais puro; desde a aventura picaresca, até os episódios sublimes; desde a anedota de bacharel em viagem, até o quadro nobremente sereno da vida antiga; desde a troça desenfreada, até a história severa, desde a *pochade* grotesca, até a paisagem larga e monumental: desde a blasfêmia, até o hino – há de tudo neste livro, que é a obra acabada de um fantasista de raça" (Martins, 1959, vol. IV).

Luís de Magalhães, conservador e católico, referindo-se em 1890 à *Relíquia* e ao *Mandarim*, observa que Eça "retoma, com um pleno sucesso, esse antigo filão, erradamente abandonado", observando: "A realidade transfigurada pela incoerência do sonho – eis o que constitui o fundo, a urdidura dessas obras" (*Eça de Queiroz Visto pelos Seus Contemporâneos*, p. 227).

Mariano Pina, diretor da revista *A Ilustração*, em Paris, exaltando a parte central da obra, a visão de Teodorico, escreve: "É um dos mais belos esforços de inteligência e de erudição que se conhece na língua portuguesa, não só pela riqueza, pela propriedade, pelo brilho do estilo, mas também pelo escrúpulo histórico e pela impressão de verdade flagrante que se evola de cada uma dessas páginas. Em pintura lembra Rembrandt, lembra o Cristo de Vélasquez; lembra pela exatidão histórica da *mise en scène* e dos costumes, os quadros de Alma-Tadema. Em literatura, são páginas que, dum salto, se colocam ao lado das melhores de Renan, que escreveu a *Vie de Jésus*" (*A Ilustração*, 20.7.1887).

Moniz Barreto observa, em 1888, num artigo que Domício da Gama enviou para a *Revista Brasileira*: "Em parte nenhuma o sentimento católico se apresenta mais forte do que na *Relíquia*. O seu violento ódio pela grosseira idolatria, pelo fetichismo ininteligente, pela ingênua impiedade da devoção interesseira são outros tantos indícios significativos. Um indiferente não tem destas cóleras. Nem, sobretudo, destes acentos de amor. Porque através dos lábios dos personagens imaginários soa fortemente a voz dos sentimentos pessoais. Jamais a adoração do Crucificado encontrou iguais expressões de piedade apaixonada!" (Barreto, 1963, p. 44).

João Gaspar Simões refere este romance como "uma experiência malograda". Acusa a personagem principal de ser "concebida sem a mais pequena preocupação psicológica", acusando Eça de cobrir com a palavra fantasia "descaradas violações do mais rudimentar bom senso literário". E no entanto, no prefácio da novela *O Mandarim* (1884) Eça afirmara que na ficção fantástica "se goza de plena licença estética. Pode pôr-se no coração de uma porteira todo o idealismo de Ofélia, e fazer falar os camponeses de uma aldeola com a majestade de Bossuet". É a desatenção a esta advertência, que implica também *A Relíquia*, que tem provocado os mais absurdos equívocos da crítica nacional. Valéry Larbaud, todavia, já em 1941, no prefácio da tradução francesa (Paris, Ed. Fernand Sorlot), associou *A Relíquia* ao romance picaresco espanhol, o que veio abrir uma nova e importante perspectiva para a compreensão da sua estrutura e do seu significado: "A obra apresenta a bela ordenação de um tríptico cujas duas portadas exteriores pertencem, pela técnica e o conteúdo, ao gênero picaresco, atenuado e enriquecido, menos exteriormente cômico e mais penetrado de consciência, que é a forma na qual Eça aparece a exprimir-se com maior à vontade, de amplitude e de arte. A portada do meio é muito diferente, é uma *viagem no passado*, uma das grandes reconstituições históricas – neste caso evangélica – que os progressos da arqueologia inspiraram aos melhores romancistas do século XIX". Oliveira Martins, muito antes, ao apreciar esta obra, já observava: "Tem muito de espanhol, de Quevedo, principalmente...".

Machado da Rosa, em *Eça Discípulo de Machado?*, capítulo XX, sustenta que a sua classificação parece simples: "Excluindo o sonho, *A Relíquia* é uma novela picaresca do século XIX, influenciada pela tradição espanhola de cujo gênero o Lazarillo de Tormes, 1554, é o modelo". Machado diz ainda: "Na novela picaresca espanhola, como em *A Relíquia*, o essencial é a ação, animada e vertiginosa. As personagens são definidas com um ou dois traços: sejam elas o cego, o escudeiro, o cínico Negrão ou o sábio Topsius", e acrescenta: "Na *Relíquia*, a maior deformação cômica tem algo que recorda os *Caprichos* de Goya, na fúria mordente do corte e no exagero do desenho" (Machado, 1964, cap. XX).

Guerra da Cal, em *A Relíquia, Romance Picaresco e Cervantesco* (1971), afirma ser a tese capital deste romance "o problema da incerteza de todo o conhecimento humano, ora seja ele fornecido pelos demorados caminhos da Razão analítica e científica, ora pelos diretos e imediatos da crença e da fé". Aponta ainda este autor ser *A Relíquia* a obra de Eça que mais número de edições e traduções apresenta, salientando a divergência de opiniões que sobre ele tem havido sempre entre a crítica luso-brasileira e a crítica estrangeira, considerando-o como "uma das mais altas criações do romancista luso – e uma das obras mais originais da ficção moderna" (Cal, 1978). A comentadora brasileira Beatriz Berrini, no *Portugal de Eça de Queiroz* (1984), escreve: "É em *A Relíquia*, justamente nas páginas em que se procede à humanização de Cristo, à negação da sua divindade, à contestação e interpretação novas dos fatos evangélicos, que são postos em evidência elementos revolucionários do cristianismo. O simples procedimento de desmistificação é em si revolucionário. Libertar a nação dos mitos em que jazia mergulhada há séculos foi uma das tarefas executadas por Eça de Queiroz, inclusive livrá-la do peso das suas tradições religiosas".

Óscar Lopes oferece-nos o seguinte comentário, depois de referir "um conjunto de impulsos em conflito": "Um desses impulsos narrativamente dominante, é uma versão laica do sacrifício do rabi nazareno, de acordo com a crítica bíblica de David Strauss, Renan e discípulos, e plausivelmente legível como sendo a lição do sábio Dr. Topsius, lição friamente desenvolvida em vários momentos culminantes: Jesus é concebido nos termos explícitos de Pôncio Pilatos, como *um visionário*, por sinal irrefletidamente injusto quanto aos mais pobres vendedores do templo, um dos quais vendedores é envergonhadamente indenizado por Teodorico; nega-se a tortura bárbara da coroa de espinhos, o que afinal ainda torna mais hipócrita a oferta dessa *relíquia* à tia Patrocínio (sob garantia de autenticidade do próprio Dr. Topsius); nega-se a ressurreição, e Topsius explica-a como lenda inicial do cristianismo, propagada pelo amor obsecado de Maria de Magdala, pois Jesus é especialmente adorado pelas mulheres, coisa que agrada a Teodorico" (Lopes, 1994, p. 70).

Alguns anos antes, no *Álbum de Família*, este crítico escrevera: "Trata-se da mais complexa construção da ironia de Eça, e a sua leitura atenta produz o efeito da perspectiva *en abîme*: a de um espelho sucessivamente refletido em outro espelho, até onde a sensibilidade se disponha a discernir os sucessivos reflexos. Não admira que seja uma das obras mais traduzidas do autor, uma das primeiras que Máximo Gorki escolheu para a sua coleção de clássicos universais em russo, e que (segundo informação que devo a Konstantin Simonov) tenha exercido influência num típico recurso de Bulgakov, sobretudo em *O Mestre e a Margarida*: a construção em contraponto entre o real e o sonho da personagem central". Óscar Lopes lembra ainda que Eça foi "[...] o primeiro escritor português a compreender e a assimilar as audácias da imaginação, em Hoffmann como em Edgar Poe, em Heine como em Nerval e Baudelaire" (Lopes, 1984, p. 86).

Por seu turno, Carlos Reis observa: "Note-se, entretanto, que ao substituir a *coragem de afirmar pelo descarado heroísmo de afirmar* (afirmar, recorde-se, a autenticidade de uma falsa relíquia) Teodorico reinstaura de forma mais hábil e maduramente astuta a hipocrisia e a mentira, que aparentemente renegara. É essa, em última instância, a 'lição lúcida e forte' anunciada no prólogo; porque é ela que, ajustando-se às conveniências, aos jogos de aparências e aos procedimentos sociais e religiosos da Burguesia liberal, convém a concidadãos por certo inseridos nas convenções e modos de vida dessa Burguesia liberal" (Reis, 1999, p. 123).

João Medina observa que *A Relíquia* "é essencialmente um livro de contrastes dialéticos, de oposições binárias, de antíteses que começam no seu subtítulo, ao distinguir-se entre a Realidade e a Fantasia: dualidade ou oposição entre a Jerusalém miserável do presente e a magnífica Sião do passado, entre a teatral Paixão da Igreja e a autêntica Paixão trágica de Cristo, entre os evangelhos canônicos e o *verdadeiro* evangelho presenciado por Teodorico e Topsius, entre a Palestina do sonho e a sórdida Palestina muçulmana do século XIX, entre a relíquia *religiosa* (coroa de espinhos) e a relíquia profana, entre a religião eclesial e a espiritualidade religiosa, entre a Mulher mítica sonhada pela imaginação romântica e a Mulher real, fonte de iniquidade e desgraças. Assim, também, temos de um lado o princípio do *prazer* sustentado por um jovem que quer gozar a vida e entregar-se ao gozo sensual da sua idade, e, do lado oposto, o princípio da *realidade* que é a repressão, a censura ou recalcamento da sexualidade, os cilícios do dia a dia, a mortificação de toda a carne e de todos os sentidos através de uma devoção sempre castradora, derivada da *pia fraus*, toda hipócrita e exterior".

Consumada a expulsão de casa da Titi, Teodorico invectiva Cristo que logo a seguir lhe fala como a própria voz da Consciência universal. Para Medina este "é o ponto fundamental do livro, de certa maneira o seu *clímax* e *anagnórise*, a um tempo desenlace e apoteose, já que neste lance encontramos as chaves que tudo explicam e tudo resolvem" (Medina, 2001, pp. 13, 23).

Acerca da tão repetida afirmação de que Teodorico Raposo, pícaro ignaro e leitor do *Homem dos Três Calções*, não ter condições para sonhar o que sonhou na Terra Santa, por mais de uma vez chamei a atenção para o fato de a sua educação religiosa, quer no Colégio dos Isidoros, quer em Coimbra, na Universidade, aliados à sua grande memória, serem fatores que, analisados em pormenor, nos podem levar à conclusão que, pelo contrário, tal seria possível. Francisco Maciel Silveira, com uma outra perspectiva, apoia tal tese, ao escrever: "Eça não descura em pintar Teodorico como um indivíduo que tem condições para um tal sonho. Os indícios são vários. Apontemo-los. Teodorico é marcado por datas religiosas: nasce quando Cristo morre, a mãe morre quando Cristo ressuscita: 'Eu nasci numa tarde de sexta-feira de Paixão; e a mamã morreu, ao estalarem, na manhã alegre, os foguetes de aleluia' ". Já aqui Eça configura a tese do livro: a hipocrisia religiosa nasce com a morte de Cristo, cuja ressurreição – uma farsa, segundo o Autor – foi responsável pelo estabelecimento do Cristianismo. Não nos esqueçamos de que Teodorico tem antes do sonho referente à Paixão de Cristo dois outros ainda ligados à Religião e reveladores quer da essência da personagem, quer da tese laboriosamente engendrada por Eça.

O primeiro, aos sete anos de idade, em que Cristo o acompanha ("e ao meu lado ia andando um homem nu, com duas chagas nos pés, e duas chagas nas mãos, que era Jesus, Nosso Senhor"), prefiguração do que ocorrerá a Teodorico vida fora: Cristo estará a seu lado sempre, ora sob a forma da Religião a que empresta o seu nome, ora sob a sinédoque das relíquias, quer sob a alcunha de Consciência – sombra presente até mesmo no matrimônio de Teodorico com Jesuína...

O segundo sonho formula criticamente o legado da religião estatuída por Cristo: "o Diabo revela a Teodorico e a Adélia que o Pecado e a Mortificação nascem do Cristianismo através da repressão do prazer e castração dos instintos vitais. [...] a religiosidade, mesmo na forma espúria do beatismo, é-lhe intrínseca, gruda-se à pele de Teodorico como o cheiro do incenso, a cujo aroma purificador ele se expunha, após as visitas à alcova de Adélia". Este comentador conclui deste modo: "Afinal a intenção de Eça parece ter sido não só desmistificar a religião como também a Ciência. Se o Cristianismo, tratado quase como tema, é desmistificado no corpo da obra, a Ciência sê-lo-á no modo como o Autor edifica a sua tese, contradizendo-a ao final" (Silveira, 1982, pp. 7-8 e 11).

Acerca de Teodorico, essa fabulosa personagem, Alexander Coleman diz-nos: "O protagonista desfruta uma moral ambígua, nunca concedida a qualquer outra personagem. Teodorico não é só licencioso, é, ainda por cima, um fervoroso eremita: e não é incrédulo, unicamente, é um parasita mulherengo, mas é também, pelo menos aos olhos da tia rica, a imagem da piedade e da castidade. Dizer que ele vive duas vidas seria minimizar extremamente o delírio da hipocrisia e arrivismo que exemplifica a sua campanha desesperada no sentido da ganhar os favores financeiros da tia. A sua vida e andanças, constituem um plano organizado, a organização da desorganização. Neste sentido, torna-se um dos mais sedutores protagonistas queirozianos". Coleman conclui ainda: "*A Relíquia* não representa apenas uma amplificação valiosa das possibilidades estilísticas de Eça, mas dá-nos uma galeria de vozes que elaboram este complexo sistema de antíteses em direção a uma existência muito original, simbiótica, entre autor e herói, entre criador e personagem, entre autor e *homo duplex*" (Coleman, 1980, pp. 163, 167).

Harold Bloom, o conhecido crítico norte-americano, depois de ter feito a exposição deste romance, diz, relativamente ao seu autor, que "o devemos louvar chamando-lhe pelo nome verdadeiro, como um mestre que, em *A Relíquia*, realizou o improvável. Reuniu Voltaire e Robert Louis Stevenson em um só corpo, propiciando-nos um romance genial e, ao mesmo tempo, uma sátira extraordinária, um triunfo literário singular". Diz mais: "*A Relíquia* é uma obra-prima, tão atual em 2001 quanto o foi em 1887" (Bloom, 2003, pp. 676, 685).

Nesta obra, como em *O Mandarim*, Eça renunciou aos princípios do realismo-naturalismo. Tivera a inteligência de considerar, como Flaubert, numa carta a M.elle Leroyer de Chantepie, em 1863: "*A arte não deve servir de alimento a nenhuma doutrina sob pena de se enfraquecer*". Frank Sousa, num artigo do *Suplemento ao Dicionário de Eça de Queiroz*, escreve: "A validação exuberante da heterogeneidade sobre a unidade, este menosprezo pela velha distinção entre arte maior e menor (ao servir-se deste alegre pícaro como protagonista), e este ceticismo frente às verdades metafísicas assim como às grandes narrativas fundadoras, coloca *A Relíquia*, decididamente, na proximidade de uma sensibilidade pós-modernista".

Este comentador diz ainda: "*A Relíquia* constitui uma histórica mutação de sensibilidade na maneira de se fazer ficção, antecipando o romance modernista. Em 1887, dado o horizonte de expectativa estabelecido pelos seus livros anteriores e pelas convenções literárias da época, poucos leitores poderiam apreciar esta estética e as suas implicações filosófico-literárias. Houve no entanto dois amigos de Eça, Oliveira Martins e Luís de Magalhães, que se aperceberam do alcance de *A Relíquia* como expoente de uma nova estética em nada inferior à do período realista/naturalista. Para um leitor de hoje usufruindo de um distanciamento de mais de cem anos desses dois textos, e consciente das aquisições teóricas e críticas que entretanto vieram a lume, essas duas críticas são, como se verá, de uma presciência notável". Frank Sousa sublinha que "as reuniões críticas no mundo anglo-americano em relação a este romance foram, desde a esplêndida tradução de Aubrey Bell publicada em 1925, em geral, bem diferentes" do que disse a crítica de língua portuguesa. E conclui: "Não é, pois, surpreendente, à luz do que ficou exposto, que esta obra-prima de Eça fosse, durante tanto tempo, encarada de uma perspectiva negativa" (Frank Sousa, 1996, pp. 561-570).

Anotação curiosa é a que consta das *Memórias* de Carlos Magalhães de Azeredo: *A Relíquia* "figura na biblioteca dos sem-Deus bolchevistas, segundo a revelação de monsenhor d'Herbigny na *Revue des Deux Mondes*, 'La Propagande Soviétique Antireligieuse', 1er et 15 février, 1933" (Azeredo, 2003, p. 271).

PARA CONCLUIR: Vasco Teixeira de Queiroz, leitor atento, a partir da análise das explorações arqueológicas no Egito e na Palestina no século XIX, encontrou o modo como Eça, ao criar o apelido da personagem Topsius, associou os nomes dos dois mais célebres arqueólogos do seu tempo, responsáveis pelas atividades arqueológicas das duas regiões, juntando metade do nome de *Tobler* (Titus) com metade do nome de *Lepsius* (Carl Richard). Este, nascido na imperial Alemanha, tornara-se célebre pelas suas explorações no Egito e publicara os seus trabalhos em doze grossos volumes com novecentas ilustrações; aquele, médico nascido na Suíça alemã, celebrizara-se na identificação dos lugares bíblicos e publicara copiosa bibliografia ligada tanto à medicina como à arqueologia na Palestina. Teixeira de Queiroz sugere que Eça talvez tivesse consultado Tobler, pois o nome Teodorico, do *Raposão*, pode ter sido obtido a partir do nome do monge godo que Titus Tobler divulgara com a publicação, em 1865, do livro *Theoderich Libellus de locis sanctis* (Paris, ed. St. Gall). Esta obra foi editada em latim e alemão, e traduzida para inglês, por Aubrey Stewart, em 1897, com o título *Theoderich Guide to the Holy Land*.

Eça, cerca de dez anos antes da primeira versão do romance (1882), que seria publicado em 1887, pusera em prática processo semelhante do jogo de nomes, em carta endereçada de Leiria para Batalha Reis e Antero de Quental iniciada por: "Queridos amigos Srs. Batal e Quentalha", carta com a data [verão de 1870] (Do verbete a publicar na 3. ed. do *Dicionário de Eça de Queiroz*).

J. *OS MAIAS. EPISÓDIOS DA VIDA ROMÂNTICA*

Publicado em 1888, em dois volumes, depois de uma gestação que durou cerca de oito anos, com vicissitudes editoriais que atormentaram o seu autor, este romance é considerado a sua obra-prima e um dos notáveis romances universais do século XIX. De salientar que este livro ocupa a parte central do percurso literário de Eça de Queiroz, que pôs nele, segundo a sua própria expressão, "tudo o que tinha no saco". Será o seu último romance publicado em vida. Em 1882 diz numa carta a Ramalho Ortigão: "Eu não estou contente com o romance: é vago, difuso, fora dos gonzos da realidade, seco, e estando para a bela obra de arte, como o gesso está para o mármore. Não importa. Tem aqui e além uma página viva – e é uma espécie de exercício, de prática, para eu depois fazer melhor".

A primeira edição, de cinco mil exemplares, só seria esgotada em 1903, data da segunda edição, o que prova as dificuldades que teve a sua recepção pelo público.

Associado ao projeto deste romance ficou um dos companheiros do tempo do Cenáculo de Lisboa, o engenheiro Lourenço Malheiro, que lhe pedira uma obra para o jornal que dirigia, o *Diário de Portugal*. Eça escreve a Ramalho em 20.2.1881: "Para o satisfazer, interrompi *A Capital*, estragando-a para sempre, creio eu, porque vejo agora que não poderei recuperar o fio de veia e de sentimento em que ela ia tratada; e faltei aos meus compromissos com o Chardron". Eça encontrara um tema que iria desenvolver em *Os Maias*, presenteando Malheiro, entretanto, com *O Mandarim*.

ENTRECHO: Carlos da Maia, descendente de uma família nobre da Beira, chega a Lisboa em 1875 e vai habitar com seu avô Afonso uma velha mansão de família, o "Ramalhete", depois de ter vivido com ele durante a infância na Quinta de Santa Olávia, na margem sul do rio Douro. Formado em medicina por Coimbra, está decidido a montar um laboratório de investigação científica e abre consultório na praça central de Lisboa, no Rossio. Carlos era criança quando seu pai se suicidou porque sua mulher, Maria Monforte, mãe de Carlos, fugira com um napolitano, levando consigo a filha, Maria Eduarda. Carlos ficara com o avô. É de destacar o fato de o pai deste avô, Afonso, Caetano da Maia, ser um fidalgo beato, doente e miguelista, e de a mulher de Afonso, Maria Eduarda Runa, ser uma devota beata, que gera um filho de personalidade fraca e pusilânime.

O tempo passa e Maria Eduarda é dada como morta e, assim, esquecida. A ação do romance irá decorrer em pouco mais de um ano. Carlos, juntamente com o seu inseparável amigo João da Ega, espirituoso autor de súbitos e provocatórios paradoxos, seu companheiro em Coimbra, defensor estrênuo do realismo em arte, soçobram lentamente em diletantismo e ociosidade na sociedade medíocre da capital, onde se dissolvem os seus projetos ambiciosos: literários em João da Ega, científicos em Carlos. Ambos têm amantes: Carlos, a condessa de Gouvarinho e João da Ega, Raquel, mulher do banqueiro Cohen. Carlos encontra um dia à porta do Hotel Central, ao Cais do Sodré, o melhor hotel de Lisboa, uma mulher deslumbrante, maravilhosamente bem feita, nada mais nada menos do que Maria Eduarda, amante de um brasileiro rico que em viagem para o Brasil a deixara em Lisboa. Irá entrar ao seu conhecimento na sua qualidade de médico, para tratar a filha. Não tardará a apaixonar-se por aquela mulher loura, com andar de deusa, acabando por lhe proporcionar uma casa nos Olivais, nos arredores da capital. Avisado destes amores por uma carta anônima de um rival de Carlos, um tal Dâmaso Salcede (que Eça vai buscar em *A Tragédia da Rua das Flores*), o brasileiro Castro Gomes, de passagem por Lisboa, avista-se com Carlos e declara-lhe que aquela mulher é apenas uma mulher que ele paga. Este choque dramático, em tão idílico e idealizado amor, acaba por solidificar as relações entre os dois amantes, a ponto de Carlos propor casamento a Maria Eduarda.

Entretanto aparece em Lisboa um medíocre jornalista português, o Sr. Guimarães, que vivia em Paris e fora aí íntimo de Maria Monforte, mãe de Maria Eduarda, a quem aquela confiara papéis confidenciais que provavam que Maria Eduarda era uma Maia. Esta revelação vai desencadear a tragédia do incesto. Carlos, a par de tudo, por intermédio de João da Ega, que recebera do Sr. Guimarães os papéis reveladores, revoltado, faz amor com a irmã, ato de que imediatamente se arrepende. E, no entanto, ele tem ainda a lucidez de pensar a sua paixão nestes termos: "A sua paixão absurda de romântico pusera-lhe logo, entre os olhos e as coisas flagrantes e reveladoras, uma dessas névoas douradas que dão às montanhas mais rugosas e negras um brilho polido de pedra preciosa!"

O avô Afonso da Maia, personalidade reta e austera, de tudo informado, não resiste ao desgosto e morre. Maria Eduarda, reconhecidos os seus direitos como herdeira daquela velha casa, regressa à França, para mais tarde refazer a sua vida e casar. Carlos empreende uma viagem com o seu amigo João da Ega, só regressando a Lisboa dez anos depois. Partirá daqui para Paris, onde vai fazer uma vida de ocioso rico. Quando chega da sua viagem e passeia ao lado de Ega pelo coração de Lisboa, para no coração do Chiado: "Nada mudara. A mesma sentinela sonolenta rondava em torno da estátua triste de Camões. Os mesmos reposteiros vermelhos, com brasões eclesiásticos, pendiam nas portas das duas igrejas. O Hotel Aliança conservava o mesmo ar mudo e deserto". Era um país parado e mazorro, perdido num canto da Europa.

Eça dá nesta obra suprema expressão ao conflito que sempre o opôs à sua pátria, ao seu atraso endêmico em todos os setores, à mediocridade da sua classe dirigente, à sua incapacidade de o fazer progredir. É o pessoal da Regeneração o alvo das suas bengaladas, incapaz de *regenerar* socialmente o país, alfabetizá-lo, fazendo-o progredir na agricultura e na indústria. Eça faz movimentar magistralmente aristocratas, ministros ignaros, jornalistas de baixo gabarito, diplomatas ridículos, poetas românticos e retrógrados, como Alencar, que põe em conflito literário com João da Ega, o grande revolucionário do romance, irreverente, agitado, partidário do realismo, ele também, no fundo, um parasita ocioso, ainda que porta-voz, muitas vezes, do seu criador. Alencar, esse é, como pertinentemente observa Carlos Reis, "a presença humana mais duradoura neste longo romance que recobre o trajeto de três gerações de uma família. [...] Assim, ao longo de cerca de décadas, Alencar aparece, desaparece e reaparece como se a sua presença, juntamente com tudo o que ele sugere, fosse a única certeza deste romance em que nada é seguro ou consistente" (Reis, 1999, p. 23).

A ação espraia-se por dois volumes e 990 páginas, permitindo que o tempo corra e envelheça as personagens, provocando nelas uma real mudança, como por exemplo em Ega, já no fim do romance, com uma calva que "alastrara, já reluzia no alto". Mas a conclusão, pela voz desse mesmo Ega, era simples: tinham falhado na vida porque, no fundo, eram românticos, ou seja, gente que se governava de acordo com os sentimentos e não com a razão. E é ainda Ega a traçar esta conclusão negativíssima, no final do romance: "Não sabe a gente para onde se há de voltar... E se nos voltarmos para nós mesmos, ainda pior!"

Há que destacar neste romance a atualidade que contém a crítica à mediocridade da classe política da Regeneração. Na cena do jornal *A Tarde*, cuja leitura Eça recomendava a Oliveira Martins, um tal Gonçalo exclama: "Há aí umas questões de sindicatos, de banqueiros, de concessões em Moçambique... Dinheiro, menino, o onipotente dinheiro! O bago! A *massa*! A rica *massinha* da nossa alma, menino! O divino dinheiro!" Tratava-se, é claro, de pacatos, insignificantes cordeiros, comparados com os lobos vorazes deste século XXI, que roubam impunemente milhões e têm as suas fortunas bem a recato em paraísos fiscais, mas a ferida já Eça a previra e a escalpelizara 123 anos antes.

RECENSÕES CRÍTICAS: Não foi inteiramente compreendida no seu tempo esta obra, cuja extensão causou alguma perplexidade. Fialho de Almeida destacou "a permanência do escritor no ponto de vista maldizente dos outros seus volumes", verificando todavia a existência de duas cenas soberbas, a entrevista do brasileiro Castro Gomes, amante de Maria Eduarda, com Carlos da Maia e a subsequente cena de amor dos dois amantes. Um outro crítico, Pinheiro Chagas, denunciou na personagem do romântico Alencar o retrato de um poeta vivo, Bulhão Pato, dando origem a grande celeuma entre este e Eça de Queiroz, que teve de sofrer duas sátiras em verso desse poeta, muito ofensivas. Mariano Pina destacou como principal defeito da obra ter a sua ação 990 páginas, em vez das trezentos a que se poderia reduzir, nela se vendo "quadros e mais quadros e onde raramente aparece o drama". Outro defeito apontado por este crítico é o autor "ver apenas ridículos, sempre ridículos, só ridículos, na sociedade de Lisboa; ver apenas personagens de caricatura, que o autor se compraz a mostrar e a flagelar com a sua terrível ironia". No entanto, dois contemporâneos republicanos, autores, em 1901, da *História da Revolta do Porto de 31 de Janeiro de 1891*, três anos posterior à publicação de *Os Maias*, viram com inteligência arguta o alcance deste romance ao escreverem no prefácio da sua obra: "É num romance português, *Os Maias*, que encontramos prevista, legitimada e sagazmente estudada nos seus efeitos, a revolta do Porto". Os autores citam então as palavras do banqueiro Cohen no capítulo célebre do jantar do Hotel Central, onde este alude à inevitabilidade da bancarrota do país a que se seguiria a revolução, acontecimento que de fato sucedeu.

Fialho de Almeida considerou a Lisboa de *Os Maias* "a Lisboa bisonha e suja dos primeiros fascículos de *As Farpas*, em que todos os homens são grotescos, idiotas, insignificantes e velhacos; em que não há senão mulheres adúlteras – e toda esta gentalha vivendo em antros que cheiram a catinga, passa a vida a macaquear o estrangeiro, com uma desorientação estética e uma falta de senso, análogas à daqueles sobas que andam pelo sertão de tanga rota, chapéu de contra-almirante, e fardeta de lanceiros". Fialho passa à análise das personagens considerando-as "versões mais ou menos bem deduzidas, dos quatro ou cinco tipos fundamentais dos anteriores romances". Terminará a sua diatribe, todavia, considerando *Os Maias* "um dos mais surpreendentes trabalhos de *humour* de que possa orgulhar-se uma literatura".

Silva Gaio, que foi primeiro secretário da *Revista de Portugal*, revelou o profundo interesse e valor deste romance, num extenso artigo datado do mesmo ano da sua publicação, transcrito e comentado por Antônio Apolinário Lourenço que interroga: "Algum dos críticos teve consciência do verdadeiro valor de *Os Maias* e da sua relevância dentro da obra de Eça? Provavelmente só Silva Gaio" (Lourenço, 2000). João Gaspar Simões salienta que quase todos os contemporâneos de Eça só viram neste romance o plano da crítica de costumes e que Silva Gaio foi o primeiro a ver o plano psicológico, observando na sua *Biografia* que "o fundo de *Os Maias* passou desapercebido à generalidade dos críticos". Há que contrapor a esta afirmação que, três meses antes do artigo de Silva Gaio, já Luís de Magalhães pusera em evidência que nesta obra "o psicológico aparece escavando até ao fundo da alma". Publicou isto em *A Província* de 21 de agosto de 1888, onde sai em defesa do romance, considerando-o uma "fidelíssima fotografia", louvando o seu estilo, "um estilo que tira partido dos seus próprios defeitos, português impuro, mestiço e corrupto se quiserem, mas de uma maleabilidade de expressão, duma harmonia de contorno, dum pitoresco de frase, duma tal riqueza de colorido, de *nuances* quase inatingíveis, de esbatidos suaves, de meias-tintas crepusculares – que a gente deixa ir nele o espírito como um barco abandonado [...]".

Moniz Barreto, por seu turno, em *O Repórter* de 25 de julho de 1888, encomiástico, igualmente, termina a sua exposição louvando o estilo de Eça, "o mais vibrante, o mais expressivo, de toda a nossa literatura contemporânea".

Relativamente às interpretações contemporâneas destacaremos a do crítico Adolfo Casais Monteiro, o primeiro a ver, em 1928, na revista *Presença*, o papel do tempo nesta obra: "Eça teve ao mais alto ponto o sentido da vida, do seu escoamento perpétuo, da sua irregularidade, do *changement* (da última vez que li *Os Maias* lembrei-me de Proust, que como ninguém fixou as variações de certas personagens no Tempo)".

Pierre Hourcade observa: "Descobre-se no tratamento muito peculiar que a ficção queiroziana faz sofrer ao tempo, os primeiros indícios de uma das revoluções mais fecundas que se operaram na técnica romanesca e que a geração posterior havia de levar às suas extremas consequências. A importância de Eça, sob esta perspectiva, iguala a de Flaubert e a dos grandes romancistas ingleses do final do século – ou talvez as ultrapasse. De qualquer modo, os grandes romances do escritor devem a esse tratamento do tempo uma das suas características mais significativas e mais atraentes" (Hourcade, 1978, p. 90).

A propósito de uma das personagens mais características, Antônio Sérgio comenta: "Existe na galeria do autor de *A Relíquia* uma personagem de verdade e de relevo intensíssimos, típica e representativa no mais alto grau, com que topamos na vida continuamente, a todos os momentos, em toda a parte. É a do Dâmaso Salcede. Se me não engano, de todos os modelos queirozianos é o que vemos reproduzido na nossa terra em maior número de exemplares – em número, se não estou em erro, muitíssimo maior que qualquer dos outros. E no entanto, não se fala dele. E por que se não fala? Pelo motivo que na casa do enforcado se não deve nunca falar em cordas" (*O Diabo*, n. 325, 14.12.1940).

João Gaspar Simões, biógrafo de Eça, considera este romance "a mais perfeita obra de arte literária que ainda se escreveu em Portugal depois de *Os Lusíadas*". Jorge de Sena, poeta e crítico, em registro semelhante, escreveu: "*Os Maias* são por certo uma das maiores obras-primas do romance universal em certa fase da sua história [...] é mesmo superior às duas únicas obras que podem, no mesmo ciclo do naturalismo, superando-se a si próprio, comparar-se-lhe: *I Malavoglia*, de Giovanni Varga, e *Die Buddenbrook*, de Thomas Mann". Acrescenta ainda este crítico: "Na literatura de língua portuguesa, [*Os Maias*] são a única obra de arte que, pela grandeza da concepção e pelo primor da criação, pode aspirar ao *status* de *Os Lusíadas*" (Sena, 1982, pp. 148-149).

Antônio Sérgio considera que a "nota psíquica fundamental neste romance é a "decomposição da vontade, putrefação na inércia, – idêntica à que domina nos demais romances" (*Ensaios* VI).

Coimbra Martins, em "O Incesto de *Os Maias*" (*Ensaios Queirozianos*), integra-o em dois temas recorrentes no escritor: o tema do sacrilégio e o tema do ludíbrio amoroso. Como exemplo do primeiro apresenta este exegeta os seguintes: "Amaro vestindo a Amélia a túnica de Nossa Senhora, a combinação da Mary desdobrada sobre o oratório da tia Patrocínio das Neves, Carlos da Maia encontrando-se com a condessa de Gouvarinho num quarto atulhado de exemplares do Novo Testamento". Do segundo tema abundam os exemplos: "Assim, o Raposo de *A Relíquia*, enganado pela Adélia, a quem estragava com mimos; o Artur Corvelo de *A Capital*, traído pela Concha, meretriz andaluza; o Zé Fernandes de *A Cidade e as Serras*, abandonado, sem tuge nem muge, por Madame Colombe, da Rue du Helder em Paris. Até o Teodoro de *O Mandarim*, cheio embora de milhões de Ti-Chin-Fu, se deixa lograr por certa Cândida, afinal muito sabida, que lhe chama seu anjo Tótó, mas que prefere um alferes da vizinhança".

Machado da Rosa, em *Eça Discípulo de Machado?*, aponta os três aspectos salientes da sua concepção: "o histórico, o simbólico e o trágico", destacando "a extraordinária riqueza da técnica de *Os Maias* em matéria simbólica". Escreve Machado da Rosa: "A dimensão mais forte e transcendente da concepção de *Os Maias* é a própria tragédia, uma tragédia clássica, visualizada externa e internamente de maneira clássica, e sobreposta à sub-humanidade que gesticula através da vasta comédia de costumes que lhe serve de pano de fundo".

Mário Sacramento observa que "a tragédia ocorre sempre às mãos de um pequeno acaso: no *Primo Basílio*, às mãos da *infame*, de Juliana, que se apossara dos bilhetes amorosos que Luísa escrevera; nos *Maias*, vem numa caixa de charutos que um senhor traz, displicentemente, de Paris; na *Relíquia*, ocasiona-a uma troca de embrulhos. A consciência irônica troça do destino e atribuindo ao homem a posse de um arbítrio, mostra-lhe, paradoxalmente, a inanidade do seu uso. Por isso os seus personagens não conhecem a irresponsabilidade das grandes criações dramáticas" (Sacramento, 1945, pp. 190-191).

Jacinto do Prado Coelho afirma que "na óptica de *Os Maias*, o Romantismo, enquanto forma de sensibilidade e estilo de vida, e até como retórica, prolonga-se pelo último quartel do século XIX: referindo-se ao sarau a favor das vítimas das inundações do Ribatejo, sarau em que o próprio Alencar declamará com êxito retumbante, dizia o Ega a Maria Eduarda: *Tinha Vossa Excelência ocasião* (se lá fosse) *de ver todo o Portugal romântico e liberal* à la besogne, *engravatado de branco, dando tudo que tem na alma!* Lá estará como Ega prevê, *todo o pessoal canoro e sentimental do constitucionalismo*". Prado Coelho conclui deste modo o seu ensaio: "Neste romance, o que domina como objeto de reflexão é Portugal, personagem oculta por detrás das personagens visíveis. Um país aparentemente sem remédio, um país que as elites não são capazes de salvar" (Coelho, 1976, pp. 170, 188).

Américo Guerreiro de Sousa, que estudou em pormenor este romance (diríamos à maneira de Nabokov, que recomendava aos seus alunos *carressez les détails*), constatou que as inúmeras referências e conotações francesas que aí encontramos se equilibram, referindo uma crônica de 24 de julho de 1880 dos *Ecos de Paris*, onde Eça observa: "O mundo vai-se tornando uma contrafação universal do Boulevard e da Regent Street" (Sousa, 2002, p. 33). Refere ainda este autor que as duas empregadas de Maria Eduarda, Sara e Mélanie, uma inglesa, a outra francesa, coexistem significativamente sob o mesmo teto.

Isabel Pires de Lima, por seu turno, propõe o entendimento da estrutura desta obra "como sendo a de um percurso de desistência feito de desencanto e de ambiguidade". A autora lê esta obra como "expressão estética excepcional da consciência desistente da geração intelectual a que Eça pertenceu" (Lima, 1987, p. 354).

João Medina observa: "*Os Maias* são o dobre a finados de uma nação retratada com vitriólica ironia e vingativa sátira. Depois de ter vergastado o mundo provinciano e eclesiático em *O Crime do Padre Amaro* e em *A Relíquia*, de ter feito a biópsia da vida familiar burguesa de Lisboa em *O Primo Basílio*, depois de ter resumido a inanidade mental do nosso constitucionalismo na figura de Acácio, depois de ter mostrado a mediocridade, a insinceridade e os descaminhos da literatura e do jornalismo em *A Capital*, depois de ter desmontado a sórdida e pomposa maquinaria política em *O Conde de Abranhos*, depois de ter sonhado por um instante num grande resgate coletivo através da afronta suprema duma ocupação estrangeira (*A Batalha do Caia*, projeto do qual resta apenas o conto "A Catástrofe"), depois de ter posto a nu a inconsistência e a miopia dos revolucionários republicanos em

A Capital, depois de ter crivado cada vício e instituição nacionais com uma especial e aguda farpa, que ainda hoje continua vibrando e faiscando (*Uma Campanha Alegre*), depois de ter acreditado (e, mais tarde, deixado de crer) na Revolução, essa tarefa ingente a que estaria votada a sua geração, depois de ter vivido na expatriação o espetáculo cada vez mais fantasmagórico dum Portugal à deriva" (Medina, 1980, p. 79). E este mesmo exegeta no *Eça Político*: "À exceção das obras de Oliveira Martins, este livro não tem rival na literatura da Miséria Portuguesa, sobretudo se nos ativermos às obras produzidas entre a data da Conferência do Casino e o trauma do *Ultimatum*, isto é, as duas décadas 70-90. Só depois dessas balizas cronológicas – e, sobretudo, perto do cabo do século – iremos encontrar outras grandes obras sobre a crise, queda e decomposição da nacionalidade (Sampaio Bruno, Laranjeira, Raul Brandão etc.)" (Medina, 1974, p. 43).

Mais recentemente, a tese de Margaret Abel-Quintero, *Eça Beyond Realism: A Study of the Language of Flowers in "Os Maias"*, vem chamar a nossa atenção para o papel dos elementos naturais nesta obra e na forma como a narrativa entretece habilmente uma soma notável de elementos muito significativos. No capítulo II, alínea 6a, deixamos uma recensão do crítico brasileiro Wilson Martins, que propõe um paralelo de *Os Maias* com o romance de Machado de Assis, *Helena*.

Álvaro Manuel Machado, por sua vez, estabelece uma pertinente conjectura ao imaginar o Eça maduro, de 1890, a encontrar-se com Proust, no Café de la Paix, que o nosso autor frequentava em dado período, sendo aquele "jovem dândi e escritor estreante", tendo ambos um modelo comum: Flaubert. Este ensaísta coloca *Os Maias* "no âmago da comparação" que estabelece, depois de salientar as afinidades da personagem Lepré na novela de Proust *L'Indifférent*, que é muito anterior à la *Recherche du Temps Perdu*, com o Fradique da *Correspondência*. E o comentador que vimos seguindo interroga-se se no grande romance de Eça, "obra bem diversa a vários níveis" da de Proust, "se encontra já em germe uma estrutura" semelhante à obra capital do autor francês, que *Os Maias* anunciam (Machado, 1995, pp. 13, 22).

Uma interpretação gráfica deste romance, agora publicada – *Os Maias, Uma Antologia Ilustrada* (Matos, Rui, 2009) – vem estabelecer um complemento de leitura de notável acuidade para a compreensão do romance ao pôr em evidência, em termos de superior qualidade artística, a coexistência, em paralelo, do pessimismo intrínseco da mensagem romanesca com o humor satírico que a percorre de ponta a ponta. A partir deste álbum,

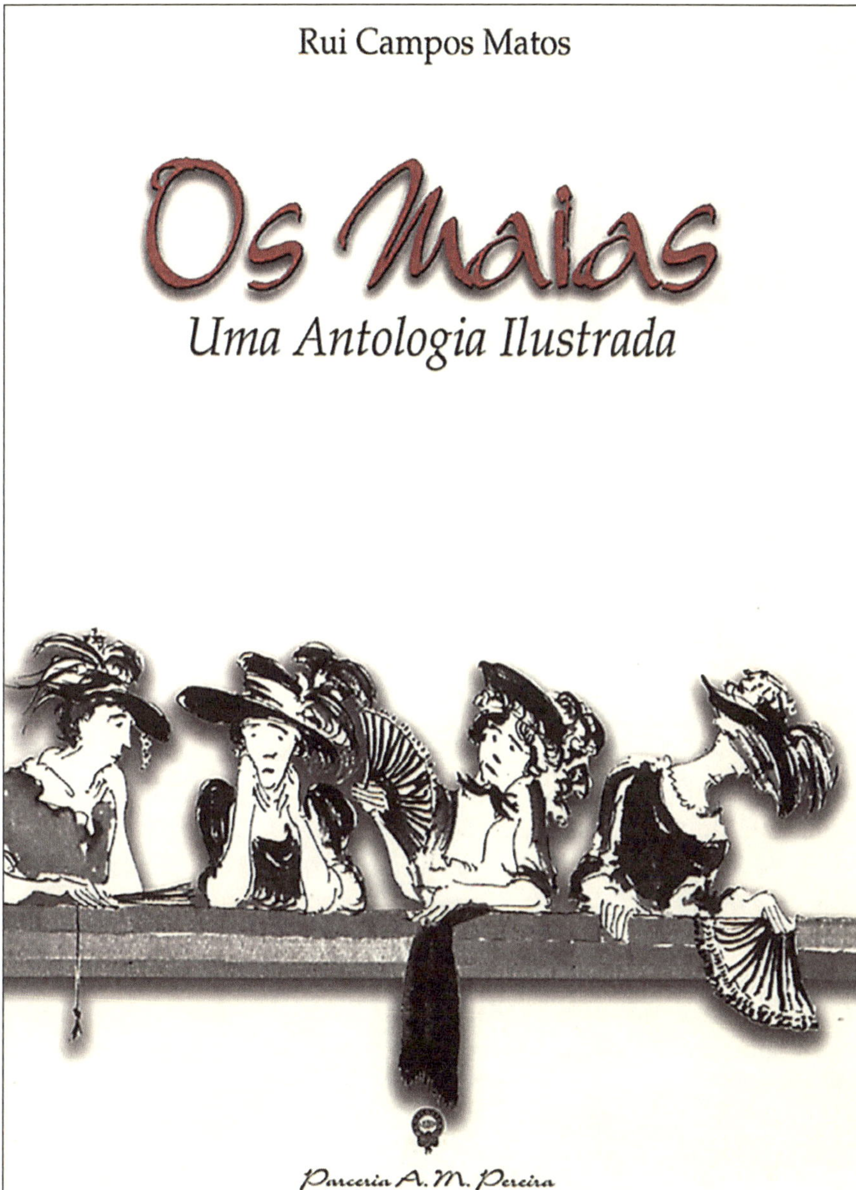

Capa do álbum de ilustrações de *Os Maias*.

Os Gouvarinhos em São Carlos – por Rui Campos Matos.

Carlos e Maria Eduarda vistos por Rui Campos Matos.

podemos mais nitidamente evocar muitas das personagens de segundo e terceiro planos da sua galeria: os Craben, Sousa Neto, o Sr. Guimarães, Eusebiozinho e tantos outros. E quem não souber recriar o "canteirinho de camélias meladas" de que falava o Ega, no campo hípico de Belém, ou seja, as senhoras do *high-life* de Lisboa, exibindo sob os largos chapéus à Gainsborough da moda o seu tédio e a sua melancolia, logo topará esse friso na capa e contracapa do álbum. Como se diz no prefácio, é acrescentada "à obra queiroziana uma nova possibilidade interpretativa, ou seja, o prolongamento, noutros termos, do próprio texto, de que só os virtuosos são capazes". Eis pois como uma expressão gráfica se pode assemelhar a uma recensão literária, ou até ultrapassá-la em eficácia.

Este álbum torna clara a atualidade do romance e de algumas das suas propostas, entre as quais a excelente receita do Sr. Vicente, que pretendia mandar pela borda fora "o rei, a família real, a cambada dos ministros, dos políticos, dos deputados, dos intrigantes" etc. etc. (incluindo este etc. etc., obviamente, os ladrões-parasitas). Eis o que se encontra soberbamente ilustrado nas páginas 37 e 38.

K. *A CIDADE E AS SERRAS*

É de 1901, ou seja, um ano após a morte do escritor, a primeira edição desta novela que resultou do desenvolvimento do conto "Civilização", publicado na *Gazeta de Notícias* do Rio de Janeiro entre outubro e novembro de 1892. À data da morte de Eça, cerca de 65% da novela havia já recebido a revisão final do autor. A revisão do que faltava seria feita postumamente pelo seu amigo Ramalho Ortigão, que se limitou a correções superficiais, aliás abusivas e atrabiliárias, que em nada alteraram o sentido da obra. Na sua origem este texto foi inspirado pelas vivas impressões que deixaram ao romancista a descoberta de uma quinta no Douro herdada por sua mulher em 1892, e que ele irá transformar numa espécie de paraíso apaziguador, quando a saúde reclamava uma atmosfera soalheira e pura, diferente daquela que tinha em Paris, e quando acalentava o sonho de regressar à pátria, sonho então irrealizável, e que por ser irrealizável mais exaltante se tornará e por conseguinte mais suscetível de se transformar em literatura.

ENTRECHO: Jacinto, senhor de grandes propriedades em Portugal, vive em Paris no 202 dos Champs Elysées rodeado de todo o conforto do século e dos mais modernos maquinismos inventados pela Ciência: o fonógrafo, o telégrafo, o teatrofone etc. Chega mesmo a ter um aparelho para lhe abotoar as ceroulas... Dispõe de um biblioteca de trinta mil volumes, tem uma vida social intensa, mas enfastia-se, todavia. Está farto de todos os ismos: falismo, tolstoísmo, renanismo, nietzschinismo, ibsenismo, luciferismo etc. etc. Pior do que isso, começa a corcovar e a definhar.

Jacinto manifesta uma sensibilidade doentia e desenvolve a "teoria dos sulcos" (ou rugas), que lhe provoca o "horror pela multidão". O seu reencontro em Paris com um antigo colega das escolas do Quartier Latin, fidalgo rural do norte de Portugal, José Fernandes de Noronha e Sande, vem desencadear toda a problemática do seu viver citadino. A primeira parte da novela, cerca de metade do total do texto, é passada em Paris. A necessidade de fazer obras numa capela onde jazem os seus antepassados, no solar que possui em Tormes, no norte de Portugal, na margem direita do rio Douro, faz com que tenha de o visitar, o que acontecerá pela primeira vez, aos trinta e quatro anos.

Virá de comboio, com Zé Fernandes e o seu criado negro, o Grilo, entrando em Portugal pela linha do Douro. As malas perdem-se, o solar encontra-se num descalabro medonho e serve de celeiro, há muitos anos, aos caseiros. Jacinto, que começa por se atormentar, vai-se porém adaptando à

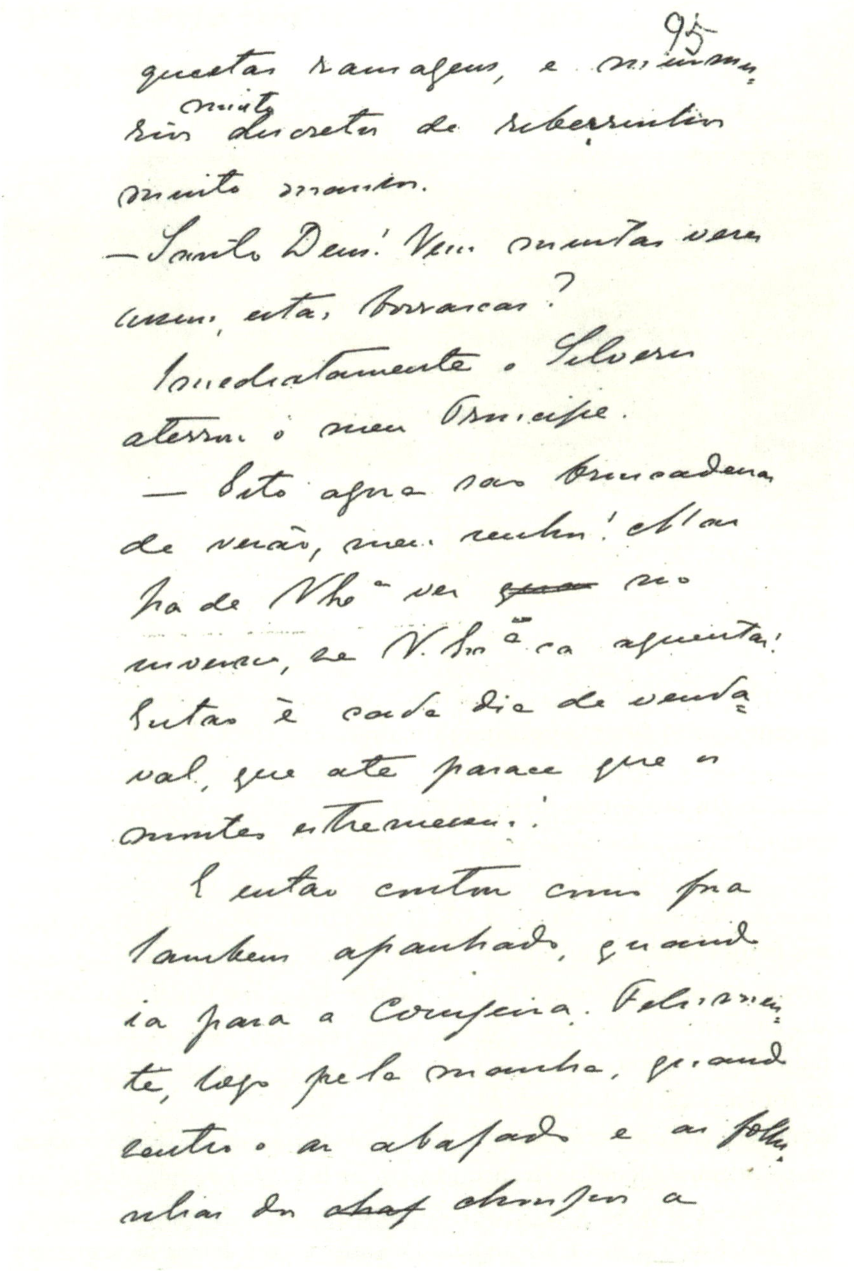

Manuscrito do livro *A Cidade e as Serras*.

A casa de Tormes. A eira.

vida simples e pura das serras, à sua beleza apaziguadora e à sua cozinha de tão grande e puro sabor, adquirindo uma razão de viver, de ser útil e de se interessar pelo seu semelhante. Deixa de ser ocioso ocupando o tempo com a resolução dos problemas rurais do dia a dia.

Começa então a descobrir a Natureza, encontrando na contemplação de montes, vales e estrelas uma lição de transcendência que o reconcilia consigo mesmo. Nas suas estantes, em vez de trinta mil volumes brilham agora apenas livros essenciais: um Plutarco, um Virgílio, a *Odisseia*, o *Manual de Epiteto*, as *Crônicas* de Froissart, o *D. Quixote*. Um dia o seu amigo Zé Fernandes encontra-o a dar "uma rija, larga, sadia e genuína risada. Era Jacinto, estirado numa cadeira, que lia o *D. Quixote!* [...] Recuperara o dom divino de rir com as facécias de Sancho!"

Jacinto acabará por permanecer definitivamente na pátria dos seus antepassados, constituindo família e reencontrando a felicidade que julgava perdida.

RECENSÕES CRÍTICAS: Equivocou-se grandemente a crítica que começou por ver nesta novela um texto ingênuo e simples com laivos de regresso a valores tradicionalistas e conformistas. Álvaro Lins, reputado crítico brasileiro, e João Gaspar Simões teceram sobre esta obra críticas muito reticentes. Antônio Sérgio, todavia, escreve em 1945, no volume VI: "A antítese queiroziana da Cidade-Serras (ou da Civilização-Simpleza) foi uma falsa aparência com que a imaginação o iludiu (ao autor), e a verdadeira antítese em que se esteia o livro é a antítese Ociosidade-Ocupação. E a contraprova disto é que chegado à Serra começou logo o Jacinto a ser ativo – e daí proveio o desvanecer-se o tédio, e daí a redenção da personagem. Mas repare-se: não foi por culpa da própria Cidade que o Jacinto na Cidade escurejou em ócio, que nunca sentiu nela um *saboroso interesse*, que se achou nela infeliz. [...] O bem verdadeiro não está na Serra, nem tampouco é incompatível com qualquer Cidade, porque não depende do sítio. *Intus est.* O trabalho que nos interessa é que nos faz felizes; é na ação criadora que se encontra o bem". Esta é uma tese que se inscreve numa interpretação global do problema psicológico-moral, proposta por este ensaísta, fundamental em Eça, qual seja o tédio do ócio.

Maria Lúcia Lepecki, em "O Sentido de *A Cidade e as Serras*" (*Eça na Ambiguidade*), interroga: "Não terá o texto maiores potencialidades significativas do que a crítica até aqui tem visto?" E afirma de seguida: "De todos os romances de Eça é este o que mais trabalha com indícios, portanto será o texto que mais exige *decifração*, presença ativa do leitor". De fato este é um dos mais sutis textos de Eça, todo feito de afirmações, negações e simbolismos que põem à prova a inteligência e a atenção do leitor. Alexandre Pinheiro Torres, em "Os Falsos Códigos Étnicos de *A Cidade e as Serras*", sustenta que há razões para duvidar que este romance seja prova de "senilidade" do seu autor, como tem sido interpretado, e que o que "o autor quer mostrar-nos é que tanto Jacinto como Zé Fernandes possuem uma noção falsa da Cidade. O primeiro porque a converteu erradamente num Éden, depois descaído e apeado do pedestal, o segundo porque sempre a considerou uma forma eufemística do Hades, disfarçada de coisas superficialmente atraentes. Ambas as visões são caricaturais. Falta especular se neste romance póstumo de Eça não era também encarada ironicamente a genuinidade das mezinhas proudhonianas para os males da sociedade" (*Colóquio-Letras* n. 31).

Ernesto Guerra da Cal deixou no *Dicionário de Literatura* (Porto, Figueirinhas, 1969) este comentário: "Nas dualidades 'Zé Fernandes – Jacinto' e 'Arcádia serrana – palacete do 202' haveria uma ironização amorosa dos dois pendores contraditórios da alma do escritor: um centrífugo, cosmopolita (Fradique), outro centrípeto, ruralista ('pobre homem da Póvoa de Varzim') – símbolos de duas facetas fundamentais do espírito lusitano: bucolismo e exotismo. O sentido último deste romance seria o intuito de resolver esse conflito interno à maneira cervantesca – produzindo a síntese". O crítico comparatista Daniel-Henri Pageaux, por seu turno, escreve: "O paralelo entre Des Esseintes (do *À Rebours*, de Huysmans) e o Jacinto de *Civilização*, impõe-se igualmente. Ambos são leitores assíduos de Schopenhauer, ambos mergulham no pessimismo agressivo contra uma certa modernidade, ambos são prisioneiros admirativos das suas bibliotecas, ambos estão *saturés* de cultura e prisioneiros também de *artifices*. A diferença essencial é que não há solução para Des Esseintes, enquanto que para Jacinto ela existe: uma regeneração possível através do regresso à natureza" (Pageaux, 1994).

Marie-Hélène Piwnik, no seu artigo do *Dicionário de Eça de Queiroz*, faz uma leitura nova desta obra, salientando que "a primeira parte, toda ela passada em Paris, ao contrário do que dizia João Gaspar Simões sobre o convencionalismo dessa parte inicial, é realista à sua maneira: a intriga de *A Cidade e as Serras* beneficia de uma inserção perfeitamente atualizada na Paris da época", acrescentando esta comentadora que "Eça é, nesta obra, de uma exemplar fidelidade consigo próprio e com as suas concepções da literatura. Como era de esperar, Eça não se interessa, de fato, senão pela *Classe Dominante*, expressão que ele mesmo usa, esquiçando alguns tipos caricaturais cuja maioria tem um traço comum: serem perfeitos *decadentes*". Nesta análise nova, minuciosa e perfeita da primeira parte da novela, onde segundo a autora os menores elementos se integram perfeitamente num conjunto de uma coerência impecável, "não compreenderemos o sentido da estratégia queiroziana se não atentarmos na estreita aliança que na época se fazia entre simbolismo e decadentismo". Comenta ainda esta autora, em "Eça de Queiroz au Seuil du XXe Siècle", que "a primeira parte desta novela, passada em Paris, é uma sátira vitriólica do símbolo-decadentismo ambiente".

Há que destacar ainda uma observação pertinente que faz esta exegeta em "*A Cidade e as Serras* de Eça de Queiroz", ao pôr em evidência uma declaração de Jacinto: "Eu sou socialista, minha senhora", que Zé Fernandes explicita junto da interlocutora da maneira seguinte: *ser socialista é ser pelos pobres*. "A expressão *ser pelos pobres* não deixa de evocar o franciscanismo ligado à transformação do herói" (Piwnik, 1994, p. 83). Conclui então a autora neste artigo: "Hoje, por uma ironia do destino que não escapou ao sarcástico Eça, é o princípio do romance que aparece verdadeiramente como uma utopia: a de um mundo onde ciência, progresso e técnica fariam a felicidade da humanidade". Já em 1988 ela rematava deste modo um texto comparatista com o *Paris* de Zola: "Eça não tem fé senão no homem, não vê salvação senão no homem, apresentando em vésperas do século XX, os crescentes riscos que fazem correr ao planeta o progresso de uma ciência posta ao serviço quase exclusivo do poder e do lucro. *A Cidade e as Serras*, acusada de testemunhar o esgotamento do escritor, deve pois segundo me parece ser tido como um livro avançado sobre o seu tempo, um grande livro profético" (Piwnik, 1988, p. 119).

Frank F. Sousa, autor da mais ampla e recente tese sobre este romance, conclui que o narrador Zé Fernandes "exemplifica o dilema do homem contemporâneo de Eça de Queiroz, quantas vezes dividido, como o mostram inúmeras obras literárias deste período, entre a atração pela cidade e a aspiração a uma felicidade idílica na tranquilidade campestre. [...] Eça retoma um tema (um lugar-comum, pode dizer-se) da tradição literária, que é o conflito entre a civilização e a natureza. [...] Esta personagem (Jacinto) não renuncia à civilização, mas apenas ao excesso de civilização que lhe era nocivo e o impedia de viver". Acentua este *scholar*, ainda, que, segundo Eça, "a tecnologia pode tornar-se num brinquedo perigoso, que não torna o homem forçosamente mais feliz" (Sousa, 1996, pp. 203, 205-206). António José Saraiva, o crítico que em *As Ideias de Eça de Queiroz*, em 1945, tão reticente foi relativamente a esta obra, confessaria mais tarde, em *A Tertúlia Ocidental*, que se tratava de uma verdadeira obra-prima (Saraiva, 1990).

Para Antônio Machado Pires, *A Cidade e as Serras* contém uma tese sobre a decadência na medida em que significa que o excesso de civilização é uma causa de decadência do Homem e da Humanidade, menos feliz e mais degenerada. Jacinto é, afinal, o exemplo do homem decaído por causa dos excessos e requintes da civilização" (Pires, 1980, p. 150). Em *Eça de Queiroz Revisitado* (2012), "Do *Jasmineiro* ao *202*, Paris de Zola", Marie-Hélène Piwnik estabelece um paralelo muito curioso e pertinente entre *A Cidade e as Serras* e o romance *Paris* de Zola, aproximando de modo estreito Pierre e Jacinto, considerando-se surpresa, como confessa, pela "impregnação" latente de Eça por esta obra de Zola. Uma outra interpretação de assinalável interesse, pela sua originalidade, é feita por João Furtado Coelho, ao afirmar que Eça "utiliza e trabalha magistralmente um dos mitos mais poderosos e universais que existem, a saber o da *Colina*, ou *Montanha Primordial*", exemplificando: "Facilmente se verifica que, no decurso do romance, Jacinto efetua três ascensões, três, às quais Eça dá particular relevo. *Três* – número simbolicamente importante, e tantas vezes mencionado na narração, que se pode dizer que ela decorre sob o signo do três. A primeira decorre logo na página 17, quando Jacinto prega a Zé Fernandes o que este comentador chama o Sermão do Telescópio. A segunda é narrada por Zé Fernandes no capítulo VI, no qual os dois amigos sobem à colina de Montmartre, a visitar a Basílica do Sacré Coeur. A terceira, "a maior, a definitiva ascensão, ocorre pouco após a chegada dos dois amigos à estaçãozinha ferroviária de Tormes" (*A Cidade e as Serras*, *Suplemento ao Dicionário de Eça de Queiroz*, pp. 93, 97, versão corrigida na revista *Mealibra*, n. 10, julho de 2002).

Em *A Cidade e as Serras*, *Uma Revisão*, obra organizada por Abel Barros Baptista, publicam-se nove textos sobre esta novela de grande riqueza conceptual que seria difícil aqui expor, mesmo abreviadamente (Baptista, 2001). É curioso ainda anotar que nas "Observações" da Reforma Carneiro Pacheco, durante o "Estado Novo", aconselhava-se a leitura desta novela "em férias"... (Sérgio C. Matos, 1990, p. 36).

Observemos finalmente que a primeira parte desta novela, passada no Paris "fim de século", corresponde na sua atmosfera ao Paris geográfico de Proust. Se fizermos num mapa da cidade a demarcação de 35 lugares queirozianos da biografia e da ficção (que incluem também a Paris de Fradique), constataremos que apenas nove dizem respeito à chamada *rive gauche* (em função do rio Sena). Os restantes 26 lugares ficam situados na *rive droite*, prolongam-se para oeste, coincidindo com as áreas proustianas, onde residiam as classes dominantes, aquelas em que Eça denuncia, em *A Cidade e as Serras*, a petulância luxuosa do viver, a sua futilidade, enquanto os famintos e as crianças dormem debaixo das pontes.

L. *A ILUSTRE CASA DE RAMIRES*

Romance de caráter histórico, começou a ser editado em Paris na *Revista Moderna*, no número inteiramente dedicado a Eça de Queiroz, em 1897 (n. 10), ficando nessa revista inconcluso. A primeira edição em livro é do editor Chardron, do Porto, no próprio ano da morte do seu autor, que não chegou a vê-la, e não a pôde rever a partir da 6ª página do capítulo X, ou seja, quase três capítulos.

ENTRECHO: O romance, onde toda a história de Portugal perpassa, conta-nos a vida de um fidalgo de província, do norte de Portugal, Gonçalo Mendes Ramires, bacharel em Direito por Coimbra, descendente de uma família anterior ao reino de Portugal, iniciado no século XII. O problema central da sua vida é a falta de pecúnia e a desorganização da sua casa e das suas vastas propriedades. Este problema fá-lo passar por decepcionantes, humilhantes peripécias. Por influência de um antigo colega de Coimbra, exaltado de patriotismo, Gonçalo entrega-se à produção de uma novela histórica sobre os feitos heroicos e ferozes dos seus antepassados medievais, "A Torre de D. Ramires", criando assim uma história dentro da história. A literatura, pensa ele, pode ajudá-lo a fazer em Lisboa uma carreira política. Gonçalo quer ser deputado. Consegui-lo-á através de concessões que afetam os seus brios de família e a sua consciência. De fato será deputado por ter pactuado com o amante de sua irmã. Gonçalo é um covarde, traindo a sua palavra, mas é também generoso, bondoso e arrependido. Quando começa a ser conhecido em Lisboa, resolve abalar para África, sob sugestão da leitura das *Minas de Salomão*, de Rider Haggard (1885). Nesse continente fará empreendimentos agrícolas que não soube desenvolver nas suas próprias terras, em Portugal. Realiza assim a sua regeneração, como se Eça acreditasse nas virtudes da aristocracia do seu país e no papel que lhe poderia caber como elite dirigente. Na última página do romance, através de uma outra personagem, Eça compara Gonçalo a Portugal, nas suas virtudes e defeitos, fazendo-o regressar à sua terra antiquíssima, ao Portugal impoluto dos campos, onde casa com uma mulher de "dote tremendo" que irá consolidar em definitivo a sua fortuna. O dinheiro, o sagrado dinheiro, é, como hoje, o valor supremo. As suas terras de Moçambique ficarão a cargo de um administrador, à boa maneira dos absentistas proprietários de terras portugueses.

RECENSÕES CRÍTICAS. Na *História Literária de Eça de Queiroz*, Álvaro Lins escreve: "Essa parte do romance (a da novela que o Fidalgo da Torre vai escrevendo), que tinha a intenção de ser uma sátira, foi, no entanto, uma reabilitação do romance histórico. Ficou sendo uma pequena obra-prima da história portuguesa". Sobre a sua personagem principal Lins comenta: "Mais do que em João da Ega, é em Gonçalo Ramires que Eça pode ser encontrado. João da Ega será uma imagem da sua mocidade, dos seus projetos, das suas *blagues*, do seu tipo exterior e convencional – de tudo o que ele seria se houvesse falhado. Mas em Gonçalo, a mais analisada e a mais *conhecida* das suas personagens, é onde Eça está. Onde estão, pelo menos, alguns dos seus sentimentos mais fortes, da sua maneira de ser, da sua posição em face da vida. E é curioso que Gonçalo, ao contrário de Fradique, sendo Portugal, sendo Eça, sendo o homem-português, permaneça ainda Gonçalo Ramires. Nem o sectarismo, nem o sentimento, nem o patriotismo, em Eça de Queiroz – nada, nem ele mesmo – perturba a criação artística. Levantando a figura e o caráter de Gonçalo, pode pensar em modelos os mais diversos, mas manterá uma invariável fidelidade ao que é individual na sua personagem. É a sua antiga luta contra o aleijão literário, contra a personagem que se quer empastar no modelo e confundir-se com ele. Quase sempre vence a batalha. Os que são simbólicos, à maneira de Gonçalo Ramires, suscitam e sugerem apenas a imagem representativa. O real e vivo é a sua personalidade humana. Por isso, sente-se logo a intrusão daquele trecho final em que o João Gouveia explica que Gonçalo é imagem de Portugal – trecho inútil e que fica no romance como um corpo estranho que pede processo operatório. Em romance nada se defende nem se explica. A defesa e a explicação bem que são uma fraqueza na vida. E o romance é nada mais – nada menos que uma vida" (Lins, 1959, p. 102).

Ao analisar esta obra, João Medina destaca uma passagem na qual "os vizinhos e amigos do fidalgo, sabendo do rasgo de Gonçalo ao castigar o valentão que o desrespeitara, sorriem para a velha Torre, escura e rígida, na doce claridade da tarde de setembro, como saudando, depois do herói, o secular fundamento do seu heroísmo". Para este comentador, "todo o romance se condensa nesta frase simbólica: para Gonçalo, confesso retrato-símbolo do País, a questão é, como para Hamlet no palácio pestilencial de Elsenor, a do resgate da comunidade: como agir? Como quebrar o círculo do mal e nele inserir uma ação justa e libertadora? Como salvar-se e, ao fazê-lo, salvar a Dinamarca inteira? A resposta parece ser só uma: pelo recurso aos fundamentos mesmos da nacionalidade, ou seja, reacordando as forças de uma nação prostrada mas ainda capaz de grandeza e vida" (*Colóquio-Letras*, n. 14).

Lemos em Ernesto Guerra da Cal: "[...] dois elementos em contraste, como no *Dom Quixote*, referem-se ao devir histórico dentro da órbita portuguesa: o mundo épico, belamente bárbaro, da Idade Média – e o mundo prosaicamente contemporâneo do Constitucionalismo, visto através das pequenas intrigas da vida provinciana. Desse violento choque tira o autor eficazes efeitos satíricos. Por um lado continua a implacável caricatura da realidade social portuguesa do seu tempo, presente ao longo de toda a sua obra, e pelo outro ironiza sutilmente o romance histórico romântico à Herculano" (*Dicionário de Literatura*, Porto, Figueirinhas, 1969).

Marie-Hélène Piwnik, em percuciente artigo publicado em *Eça e os Maias* (1990), chama a atenção para o fato de Gonçalo, sua personagem central, ser um degenerado, sendo o próprio título da obra, no epíteto "Ilustre", uma interrogação, uma dúvida, digamos uma antífrase, em que se insinua já a ironia. Acrescenta esta autora que "o desenvolvimento paralelo das duas intrigas, a que traça através da pena de Gonçalo o passado glorioso dos Mendes Ramires e a que conta, por intermédio do *scripteur*, a caminhada deste mesmo Gonçalo no sentido daquilo que deveria ser o futuro igualmente glorioso da sua linhagem, permite depois instaurar um desnivelamento entre os valores antigos da nobreza portuguesa e a traição desses valores por Gonçalo, o qual, aliás, é tão incapaz de os reproduzir que, mesmo quando se propõe narrá-los, se vê obrigado a plagiar o poema do seu tio Duarte", o que representa uma degradação significativa. Esta autora comenta: "A perversão da oligarquia, as manipulações do caciquismo e a farsa do rotativismo são pois um dos eixos fundamentais de *A Ilustre Casa de Ramires*" (Piwnik, 1990, p. 221). A autora profere, ainda, esta sentença final sobre Gonçalo: "Contrariamente ao que pensaram durante muito tempo os comentadores, nada resgata Gonçalo Mendes Ramires, símbolo de uma oligarquia votada ao oportunismo e à irresponsabilidade, não deixando de ser uma grande criação queiroziana, a versão demasiado real do seu outro duplo, o utópico Jacinto" (Piwnik, 1997, p. 280).

Visão crítica integral desta obra deu-a Antônio Cirurgião na revista *Ocidente* (vol. LXXVI, 1969), denunciando aqueles que veem nela apenas uma mensagem social ou política ou ambas as coisas. Cirurgião opõe-se à classificação que João Gaspar Simões faz de Gonçalo chamando-lhe "títere": "Gonçalo é uma personagem muito humana, cheia de defeitos e ornada de algumas virtudes. É mentiroso, é desleal, é covarde, é ambicioso, é vil, ao mesmo tempo que é generoso e caridoso. É apenas uma personagem que vive uma vida intensa, angustiada, debatendo-se constantemente entre o passado histórico que o seu nome postula dele e a ambição de realizar aspirações políticas que a pobreza lhe nega. Se repararmos bem, Gonçalo é a única personagem que se estuda, que se analisa". Mais, este comentador opõe-se aos que consideram o romance como exaltador de nacionalismo: "Como Herculano, Oliveira Martins e Antero de Quental, também Eça de Queiroz formula a sua crença na decadência de Portugal". Em conclusão, Cirurgião observa: "*A Ilustre Casa de Ramires* não é um livro de exaltação patriótica nem de canonização das virtudes de um povo nem é um livro de evasão. Com a maturidade que os anos e a larga experiência da vida dos homens e dos fatos dão aos estudiosos e pensadores; com um estilo que, desde *Prosas Bárbaras* até *Últimas Páginas*, se moveu num crescendo contínuo, com uma técnica romanesca perfeita, com uma ironia fina, serena e artisticamente fecunda, Eça de Queiroz conseguiu fazer de *A Ilustre Casa de Ramires* um romance tão bem estruturado e tão cheio de sutilezas e ambiguidades, que tem desafiado – e continuará desafiando –, para prazer nosso e glória de Eça, a perícia e agudeza dos leitores e dos críticos".

Haveremos que ter ainda em consideração as pertinentes observações do poeta e diplomata brasileiro Alberto Costa e Silva (*Eça de Queiroz, A Ilustre Casa de Ramires, Cem Anos*, 2000) sobre o prazo arrendado por Gonçalo na Zambézia. Diz ele: "Se o fidalgo da torre enriqueceu em tão minguado tempo, terá sido por muita sorte, abuso e manha, ou porque oprimiu as aldeias que existiam em seu prazo e delas retirou tudo o que lhe podiam dar e um pouco mais. Ou ainda porque – fique a hipótese pouco provável – tenha imitado o seu ancestral Tructesindo, que mandava, de alma limpa, como se fosse seu direito, assaltar os viajantes e mercadores de passagem". E este comentador observa ainda: "Também nisto, se tinha razão o seu amigo João Gouveia, lembrava Portugal, repetia Portugal. Repetia o Portugal oitocentista, a entrecortar um colonialismo raquítico e acabrunhado com as expedições afirmativas de Serpa Pinto, Hermenegildo Capelo, Roberto Ivens etc.". E conclui: "Não sou o único a estar convencido que *A Ilustre Casa* foi a resposta pessoal de Eça de Queiroz ao ultimato britânico".

Alberto Machado da Rosa, a propósito dos sonhos, comenta: "A partir do *Mandarim*, passando pela *Relíquia* e pelas *Vidas de Santos*, o sonho constitui um elemento definitivo da estética queiroziana, especialmente no seu último grande romance, *A Ilustre Casa de Ramires*. Nesta obra-prima, ao lado do sonho propriamente dito, a fantasia onírica do artista cria um *romance moderno, de um realismo épico*, sob a forma de *A Torre de D. Ramires*, em que Gonçalo conta o grande feito de Tructesindo Mendes Ramires. Trata-se, no fundo, de um sonho plástico" (Rosa, 1964, p. 267).

Teresa Pinto Coelho, ao analisar o *Ultimatum* e a mitologia da pátria, dedica extenso capítulo a este romance, relacionando os textos queirozianos sobre o *Ultimatum* com o desfecho controverso de Gonçalo. A África não é, no seu entendimento, um espaço concreto mas sim puramente mítico. Ao contrário da maior parte dos comentadores, cujas divergências analisa, ela não aceita que Eça esteja a defender uma política colonialista (Coelho, 1996, pp. 195-264).

No *Suplemento do Dicionário de Eça de Queiroz* (2000), Fátima Morna ("*A Ilustre Casa de Ramires e a Balada Romântica*"), ao referir-se às *fontes* desta obra, conclui deste modo: "De todas estas fontes em conjunto se tece, mais e para além da sua novela, e em parábola em que se revê a literatura no final do século XIX perguntando a si mesmo, como Gonçalo indagando a memória dos seus antepassados: *como cheguei aqui? Como irei deste passado fazer futuro? Como é, afinal, que se recomeça sempre a história?* E não será esta, porventura, a menos estimulante das linhas de leitura que a *Ilustre Casa de Ramires* propõe ao seu leitor" (p. 342).

Concluiremos com uma observação que nos parece relevante, feita pela mulher de Eça de Queiroz, ao ler este romance em livro, logo de seguida à morte do marido, em carta para um amigo: "Tenho estado lendo a *Casa de Ramires*, que já conhecia, e que tanto me impressiona; com efeito, quanto de si próprio o José pôs naquele livro! Eu estou lá sempre reconhecendo ditos, graças, gostos, versos, tanta coisa que me põe o José vivo diante de mim, e me faz parecer que o vou ouvir!" (carta de 3.11.1900).

M. *A CORRESPONDÊNCIA DE FRADIQUE MENDES*

A primeira edição em livro desta obra é póstuma, tendo sido publicada no mesmo ano da morte do seu autor, pelo editor Chardron do Porto. As cartas de Fradique começaram por ser publicadas em 1888 na *Gazeta de Notícias* do Rio de Janeiro e no jornal de Lisboa *O Repórter*. *A Revista de Portugal* publicou também, no n. 3, de 1889, "Cartas de Fradique". Em 1929 seriam publicadas em livro *Cartas Inéditas de Fradique Mendes e Mais Páginas Esquecidas*. Podem considerar-se três personagens com o nome de Fradique: a primeira é um heterônimo coletivo criado entre 1868 e 1869 por Antero de Quental, Jaime Batalha Reis e Eça de Queiroz, no tempo do Cenáculo de Lisboa, para fazer sensação através do seu caráter modernista e "satânico"; a segunda surge episodicamente num romance policial, *O Mistério da Estrada de Sintra*, de Eça e Ramalho Ortigão; a terceira é retomada por Eça com a publicação da correspondência de Fradique, entre 1888 e 1900.

ENTRECHO: Carlos Fradique Mendes é um aristocrata descendente de antigos navegadores de uma velha e rica família dos Açores, nome que Eça retoma em 1888, ano em que publica *Os Maias*, sob forma da biografia imaginária duma personagem que se corresponde com intelectuais e escritores verdadeiros seus contemporâneos e até com o seu próprio criador. É a figura mais parisiense da sua ficção. Morre em Paris na sua casa da rue de Varenne e jaz a alguns metros da sepultura de Balzac, no Père Lachaise. Fez os seus estudos de Direito em Coimbra e em Paris, tendo acompanhado Garibaldi na conquista das Duas Sicílias. Faz parte do Estado-Maior de Napier, na campanha da Abissínia, e visita Victor Hugo em Guernesey, aos 34 anos. Eça retrata-o como tendo "curiosas parecenças com Descartes", de quem possuía "a mesma singular mistura de instintos romanescos e de razão exata, de fantasia e de geometria", embora lhe faltasse na vida "um fim sério e supremo". Ele próprio se considerava "um homem que passa, infinitamente curioso e atento", sendo no entanto um "*touriste* da inteligência". Era sua qualidade relevante "uma percepção extraordinária da realidade".

Viajante incansável, poliglota que chegava a ler Sófocles no original, Fradique não demonstra capacidade para produzir uma obra literária, muito embora tivesse publicado poemas num jornal de Lisboa, com o título de *Lapidárias*. Diz o narrador: "Não lhe faltaram decerto as ideias, mas faltou-lhe ainda a arte paciente, ou o querer forte, para produzir aquela forma que ele concebera em abstrato como a única digna, por belezas especiais e raras, de encarnar as suas ideias". Morrerá com "uma forma raríssima de pleuris", tão serenamente que durante algum tempo o seu criado Smith o julgou adormecido: "*inopinatem atque repentinam*", como comenta o narrador. O cofre de ferro que Fradique denominava "vala comum" seria confiado depois da sua morte a madame Lobrinska, assim desaparecendo para sempre o seu conteúdo. Farsa, mistificação, paródia, exercício de humor e de verve, representação de um ideal coletivo de grupo, e de um ideal de época, retrato em parte do seu autor e também de vários dos seus amigos, protótipo "da graça, da viva invenção, de transcendente ironia, de fantasia, de humorismo e de gosto", assim o definiu o narrador. Através de Fradique, Eça exprimiu um amargo ceticismo perante angústias sociais para o que não via saída. Há um nítido Fradique-Eça, mas Fradique ele próprio, que o seu criador nos apresenta através de cem páginas que servem de introdução à sua correspondência, faz-nos supor que o romancista não conseguiu superar o obstáculo embaraçoso e muito difícil que é o de conseguir uma personagem superior a si próprio, em originalidade de pensamento ("homem de original pensar", lhe chama Eça) e em termos da forma em que se exprime.

Fradique parece dar voz à incontida admiração de Eça pela figura do *gentleman* (muito patente em *Os Maias*), personificação simbólica de uma elite intelectual que se opunha à vulgaridade e à chateza de um país decadente. Essa oposição é a de um dândi, rebelde, antiburguês, satírico, que critica na sua correspondência a pátria decrépita, afirmando na carta II a Madame de Jouarre que em Portugal "tudo tende à ruína num país de ruínas"; analisa as liturgias e os rituais que contaminam fundamente o puro espírito cristão (pureza essa com que as religiões se deviam exprimir), e explica a existência de Deus pela necessidade de benesses que ele pode propiciar (carta V, a Guerra Junqueiro); critica o atraso de seu país através de episódios picarescos que lhe acontecem na Estação de Santa Apolônia (carta VII); critica a vacuidade de certos políticos do parlamentarismo (carta VIII), onde retrata o nulíssimo Pacheco, apenas ilustre "porque tinha um imenso talento"; disseca um certo tipo de capitalista (carta X) onde ergue a figura do Comendador

Pinho, que vive "do pagamento do cupão" e é uma "excrescência sebácea"; e critica, ainda, a classe eclesiástica portuguesa, vinculada ao Estado e dele dependente, personificada pelo padre Salgueiro, retrato vivo do clero português da época, "oriundo da plebe agrícola", para quem a sua função não é espiritual mas a de um simples funcionário da Igreja, aliado das classes dominantes e dependente da Secretaria da Justiça e dos Negócios Eclesiásticos. "À doutrina de Jesus é tão alheio como à filosofia de Hegel", assevera Fradique (carta XIV).

Um outro tema é desenvolvido nas quatro belas cartas "A Clara", cartas de amor, onde se põe o problema da sua efemeridade e degradação e o modo de as evitar, pelo afastamento e separação, a tempo, logo que se sintam "os primeiros desfalecimentos". Estabelecem-se também, nessas cartas, curiosas comparações entre Buda e Jesus, que podem remeter-nos a Antero de Quental.

RECENSÕES CRÍTICAS: Como acontece com vários dos textos de Eça, os comentadores oscilam muito na apreciação desta obra, que ora anuncia a modernidade ora faz da figura de Fradique um "absurdo psicológico", como pretende Antônio Sérgio, ao considerá-lo uma "personalidade falsa, radicalmente absurda", demonstrando "que não era devoto de religião alguma, partidário de nenhum partido, discípulo de nenhuma filosofia mas um vazio mistificador, um presunçoso inerte" (Sérgio, 1980, pp. 70, 104).

Parece que desprezando o enorme sentido paródico desta criação muitos críticos esquecem também o evidente tom de farsa que ela exprime, e sinal evidente disso é a forma como o narrador refere Fradique através da ditirâmbica caricatura do seu retrato intelectual, excessivamente carregado de qualidades e atributos, o que se assemelha muito à maneira que Eça usa no *Conde de Abranhos* para fazer a biografia do conde, sua personagem principal. Assim, ao procurar tornar real esta figura fictícia de Fradique, Eça constrói e desconstrói sem cessar a sua verossimilhança.

Guerra da Cal, no artigo do *Dicionário de Literatura* (1969), chama a esta obra um "documento histórico-espiritual inestimável. É a Bíblia do exotismo estético-cultural português do século XIX". (Nós acrescentaríamos que é a essência do queirozianismo.) Considera Fradique "mais um *vencido da vida*. É portanto um paradigma, um sonho poético, o arquétipo dos sonhos juvenis de Eça, desenhado com amoroso exagero irônico na idade madura. Aliás, representa um dos dois polos da dicotomia espiritual queiroziana: o cosmopolitismo lusíada, desvendador de horizontes – em luta com o apego ao torrão natal".

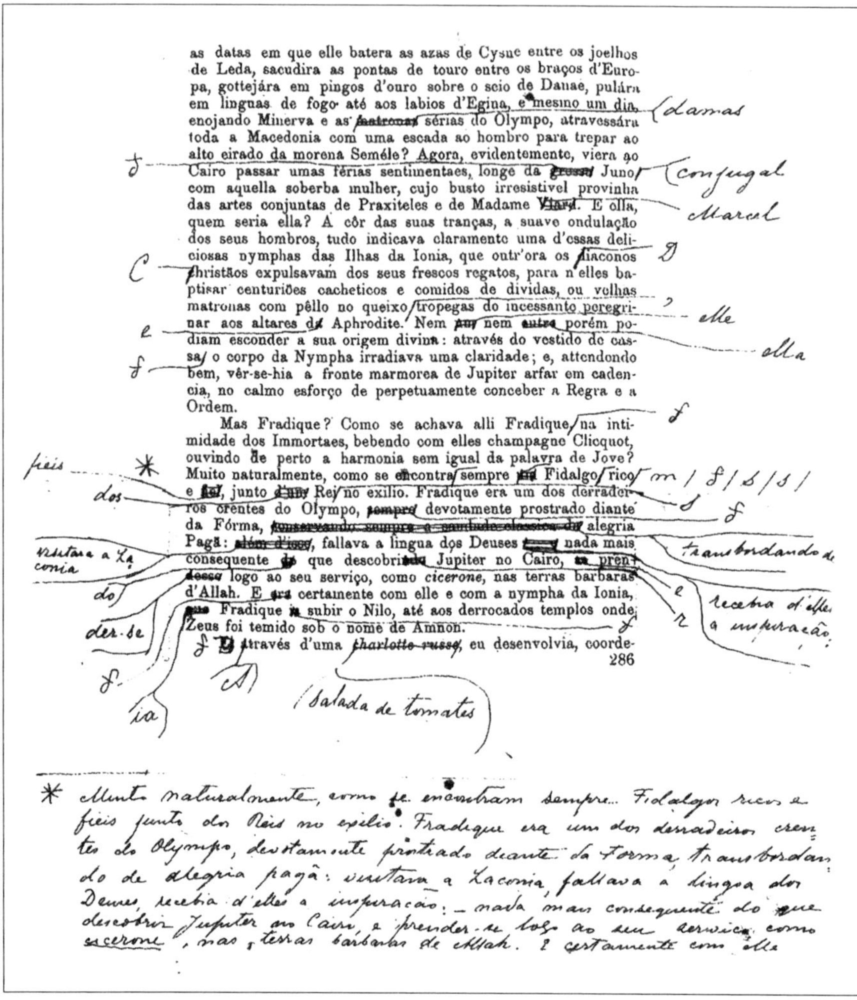
as datas em que elle batera as azas de Cysne entre os joelhos de Leda, sacudira as pontas de touro entre os braços d'Europa, gottejára em pingos d'ouro sobre o seio de Danae, pulára em linguas de fogo até aos labios d'Egina, e mesmo um dia, enojando Minerva e as matronas sérias do Olympo, atravessára toda a Macedonia com uma escada ao hombro para trepar ao alto eirado da morena Seméle? Agora, evidentemente, viera ao Cairo passar umas férias sentimentaes, longe da Juno, com aquella soberba mulher, cujo busto irresistivel provinha das artes conjuntas de Praxiteles e de Madame Viard. E ella, quem seria ella? A côr das suas tranças, a suave ondulação dos seus hombros, tudo indicava claramente uma d'essas deliciosas nymphas das Ilhas da Ionia, que outr'ora os diaconos christãos expulsavam dos seus frescos regatos, para n'elles baptisar centuriões cacheticos e comidos de dividas, ou velhas matronas com pêllo no queixo, tropegas do incessante peregrinar aos altares de Aphrodite. Nem nem porém podiam esconder a sua origem divina: através do vestido de cassa, o corpo da Nympha irradiava uma claridade; e, attendendo bem, vêr-se-hia a fronte marmorea de Jupiter arfar em cadencia, no calmo esforço de perpetuamente conceber a Regra e a Ordem.

Mas Fradique? Como se achava alli Fradique, na intimidade dos Immortaes, bebendo com elles champagne Clicquot, ouvindo de perto a harmonia sem igual da palavra de Jove? Muito naturalmente, como se encontra sempre um Fidalgo rico e fiel, junto d'um Rei no exilio. Fradique era um dos derradeiros crentes do Olympo, sempre devotamente prostrado diante da Fórma, conservando sempre a saudade classica da alegria Pagã: além d'isso, fallava a lingua dos Deuses e nada mais consequente do que descobril-o Jupiter no Cairo, e prendel-o logo ao seu serviço, como *cicerone*, nas terras barbaras d'Allah. E era certamente com elle e com a nympha da Ionia, que Fradique ia subir o Nilo, até aos derrocados templos onde Zeus foi temido sob o nome de Ammon.

Através d'uma *charlotte russe*, eu desenvolvia, coorde-
286

Provas corrigidas da *Correspondência de Fradique Mendes*.

Isabel Pires de Lima, no *Suplemento do Dicionário de Eça de Queiroz* ("Fradique e o Dandismo"), escreve: "A consciência infeliz do presente, que o dândi tem, a descrença em relação a qualquer tipo de salvação – Fradique é de opinião que o *Oriente está tão medíocre como o Ocidente* e que a vinda de nenhum Cristo mudará a face da terra, o que leva a designar-se cético – fazem do dândi um nostálgico do passado. De Fradique sabemos o gosto das viagens arqueológicas que o levam quatro vezes ao Oriente e o seu reiterado amor pelo velho Portugal". Diz ainda esta comentadora: "A ironia é para Fradique, e para o dândi que ele é, a única forma possível de continuar sendo um genuíno Português, mesmo consciente de que *tudo tende à ruína num país em ruínas.* Como é, na sua própria expressão, Portugal".

Ana Nascimento Piedade, em *Fradiquismo* e *Modernidade no Último Eça* (2003), refere com pertinência que dois reputados críticos "ignoram o *puzzle* mistificante e irônico que orienta a concepção e a difusão de Fradique, não tendo tido em conta, por outro lado, a ambiguidade que subjaz à sua problemática concepção" (p. 115). Defende também que "o Fradiquismo deve ser interpretado de uma forma ampla e estrutural que sobretudo realce o estatuto de *consciência dialogante e problematizadora* que o próprio estilo fradiquiano consubstancia. Neste sentido, um dos principais vetores que lhe confere importância reside no fato de o alterego Fradique poder ser entendido como um símbolo expressivo do surgimento, na obra eciana, de uma *fundamental dimensão da alteridade*, a qual, não obstante a natureza algo problemática que configura este eu-próprio-o-outro, denota a existência de uma necessidade de duplicação da consciência intuída pelo escritor ou, se se preferir, indicia a sua rejeição, enquanto autor, de uma identidade homogênea" (p. 296). "De resto – acrescenta a autora – nesta muito provável consciência da impermanência do eu literário – tópico proeminente da poética modernista, como se sabe – Eça parece obedecer ao outro Fradique que resistia a considerar-se um *autor*, ao mesmo tempo que proclamava a *inutilidade da escrita*, invocando, como justificação desta paradoxal e aparentemente injustificável 'abstenção', várias e pertinentes razões, de ordem estética e até existencial, sob as quais, não obstante certa excentricidade da sua formulação, se pode vislumbrar a presciência dessa crise da referencialidade através da qual se exibe a incapacidade de figuração do real que inibe a palavra escrita. Nesta ordem de ideias, a renúncia de Fradique, pela qual permanecerá 'para sempre inédito e mudo', pode considerar-se como uma espécie de equivalente expressivo dessa *literatura que reflete sobre si mesma*, imensamente praticada por Eça a partir de meados dos anos 80 e entendida como um decisivo sinal da modernidade queiroziana" (pp. 293-294). "Por tudo isto, Fradique Mendes surge sobretudo como um paradigma da transitoriedade caótica do seu tempo, refletindo já o sincretismo inquieto e a impossível unidade da consciência moderna. Neste sentido, a dispersão que anima Fradique faz-nos antever a posterior desilusão modernista, face ao inevitável 'malogro de uma busca ontológica' e a 'insustentável leveza' da sua ironia é a expressão do desencanto que anuncia esse longo desencontro com o Ser" (p. 292).

Por seu turno Carlos Reis conclui deste modo um ensaio sobre Fradique: "Apreciar (ou depreciar...) Fradique tendo em vista apenas a superfície dos seus gestos diletantes e dos seus discursos um tanto empolados corresponderia a sonegar a modernidade que ele anuncia: reaparecido no mesmo ano (1888) em que nasce Fernando Pessoa (e, por uma quase coincidência, 'explicado' a Oliveira Martins na carta de 12.6.1888, véspera do nascimento do criador dos heterônimos), Fradique, mesmo limitando-se a ser um esboço heteronímico, é bem um percurso de modernidade que está para vir" (Reis, 1999, p. 155).

Ofélia Paiva Monteiro, no ensaio "Sobre a Excentricidade Humorística de Fradique", entende que "o romance parece, todavia, aproximá-lo sobretudo do próprio Eça, tornado tão confundível com o Narrador e coincidente com tantos traços do próprio Fradique (até o estilo do autor e do seu dândi são idênticos). Não julgo, porém – prossegue esta exegeta – à luz do que fica dito, que à personagem do hiperdândi possa ser dado o cariz de 'esboço heteronímico'. A heteronimia, enquanto manifestação de um 'eu' que se vê cindido em identidades que adquirem autonomia biográfica, subjetiva, ideológico-cultural e discursiva, não se compadece com a paródia que subjaz à construção de Fradique, com o jogo humorístico que articula a personagem e o Narrador, ou ainda com a abrangência geracional apesar de tudo conferida à sedução que o dândi emana" (pp. 222-223).

Pierre Hourcade, a propósito de o indivíduo transparecer nitidamente através do escritor em *A Cidade e as Serras*, diz que isso se revela "principalmente nessa assombrosa *Correspondência de Fradique Mendes*, com a sua tão curiosa Introdução, inesgotável mina de informações para todo aquele que se interessa pela atraente figura do autor" (Hourcade, 1978, p. 60).

Num pequeno mas belo ensaio: "A Morte de Fradique Mendes", Joaquim Francisco Coelho sustenta que a morte e os funerais de Fradique, que não excedem página e meia de texto impresso, constituem "uma autêntica obra-prima de literatura necrológica". Diz este autor ainda: "Pode-se até afirmar que na 'farsa' filosófica da *Correspondência* – protagonizada por um dândi viril e saudável, belo de corpo e de espírito, mas não menos dirigida pela morte ubíqua e polimorfa – Eça exprime e refina mais do que nunca a sua visceral convicção de todas as finitudes dos sentimentos: a finitude dos homens, a finitude das civilizações, a finitude dos deuses e das crenças, a finitude dos sentimentos, a finitude inclusive da própria linguagem, fato que a *Correspondência* sublinha mediante citações de línguas mortas ou caducas" (Coelho, 2006, pp. 7, 16-17). Um tema eminentemente pessoano, como vemos.

Retenhamos, por último, esta informação do poeta da Ribeira Lima, Antônio Feijó, em carta para o seu amigo Luís de Magalhães: "Em Paris várias vezes surpreendi o nosso excelente Queiroz nessa tarefa ingrata de passar a limpo pela terceira vez a *Correspondência de Fradique Mendes*" (carta de 28.7.1891, Matos, 2001, p. 13).

N. *OS CONTOS*

A primeira edição de *Os Contos* surgiu, postumamente, em 1903, organizada por Luís de Magalhães, com um critério considerado hoje como discutível. Abre com o conto "Singularidades de uma Rapariga Loura", publicado em 1873, seguindo-se "Um Poeta Lírico", "No Moinho", "Civilização", "O Tesouro", "Frei Genebro", "Adão e Eva no Paraíso", "A Aia", "O Defunto", "José Matias", "A Perfeição" e terminando com o "Suave Milagre", publicado na *Revista Moderna* em 1898, ao todo doze contos. Assim tem aparecido esta seleção nas edições correntes, adotada com um novo critério, por Luís Fagundes Duarte, em 1989 (Eça de Queiroz, *Contos*, Publicações D. Quixote), apresentando esta edição catorze contos. A edição crítica, mais recentemente, amplia esta escolha para 22 títulos, distribuídos por dois volumes, pela mão de Marie-Hélène Piwnik.

Para alguns críticos é nos *Contos*, gênero literário que Eça cultivou entre 1873 e 1898, ou seja, durante 25 anos (não considero outros textos anteriores a 1873, menos importantes), que se encontra, literariamente, a mais perfeita forma da sua ficção, já que nela se liberta de ditames de escola e mais livremente exprime o melhor das suas qualidades intrínsecas de imaginativo fantasista e de grande observador do real e das realidades psicológicas. Eça iniciou este gênero aos 29 anos com uma obra-prima, considerada o primeiro conto realista da literatura portuguesa: "Singularidades de uma Rapariga Loura". Na *Revista Moderna*, publicada em Paris entre maio de 1897 e abril de 1899, terminaria este gênero, deixando-nos aí "A Perfeição", "José Matias" (considerado por muitos a sua obra-prima) e o "Suave Milagre". Mas enquanto nas "Singularidades" Eça estabelece desvios na intriga, ainda que muito saborosos, no "José Matias" há um discurso linear de cujo fio jamais se desvia. Sobre o conto "Singularidades" escreve João Gaspar Simões: "Alexandre Herculano, chamando-lhe *uma tradução pior do francês péssimo*, prestava-lhe ao mesmo tempo a homenagem da sua brônzea incompreensão e definia-lhe o caráter originalíssimo" (Simões, 1980, p. 340).

O próprio Eça definiu o gênero deste modo: "No conto tudo precisa ser apontado num risco leve e sóbrio: das figuras deve-se ver apenas a linha flagrante e definidora que revela e fixa uma personalidade; dos sentimentos apenas o que caiba num olhar, ou numa dessas palavras que escapa dos lábios e traz todo o ser; da paisagem somente os longes, numa cor unida" (*Notas Contemporâneas*, "Prefácio dos *Azulejos* do Conde de Arnoso", Livros do Brasil, p. 107). A sua arte, feita de uma procura esforçada de simplificação, encontra no conto excelente campo para se expressar, ora através de temas realistas, ora de temas fantásticos e tradicionais, abordando estranhas psicologias como o caso da cleptomania no primeiro conto, "Singularidades"; ou da inibição sexual do alcoolizado José Matias; ou da propensão ninfomaníaca de Maria da Piedade, do conto "No Moinho"; do patológico ciúme de D. Alonso de Lara, do conto "O Defunto"; do extraordinário poeta lírico Korriscoso, onde segundo Marie-Hélène Piwnik "o humor se afirma com força, apresentando um final hilariante digno dos primeiros filmes de Charlie Chaplin"; ou da descabelada cupidez pelo dinheiro, expressa magistralmente em "O Tesouro". Conclui esta comentadora, no prefácio da edição brasileira dos *Contos* (Rio de Janeiro, Nova Aguilar, vol. II, 1997): "Com efeito, se a ironia nas suas distintas modalidades, do simples humor ao feroz sarcasmo, está presente em todos os romances sem excluir nenhum e os estrutura, nos contos julgamos (embora a autoirisão não deixe de aflorar) que a argamassa que os liga e unifica é de outra natureza, e reenvia para a escrita realista, que a nosso ver caracteriza a todos sem exceção". Deverá também anotar-se aqui a análise muito pormenorizada e muito sutil que Piwnik faz do conto "No Moinho", no *Dicionário de Eça de Queiroz* (1993).

A herança que sua mulher recebe em Portugal de uma quinta na margem direita do rio Douro leva Eça a reencontrar, com encantamento, o Portugal rural profundo de que há tantos anos andava afastado, e poucas semanas depois a enviar para a *Gazeta de Notícias* do Rio de Janeiro o conto "Civilização", que mais tarde haveria de ampliar, construindo com essa matéria um dos seus textos mais sutis e encantatórios: a novela *A Cidade e as Serras*.

Pierre Hourcade escreve: "Este romancista é um grande mestre do conto, em qualquer episódio narrado na sua correspondência, na encenação das suas polêmicas e, sobretudo, nas duas ou três novelas completas que escreveu. Afluência vivaz que deixa transbordar num tema parodiado, sem nunca descer à chocarrice espessa, a arte de captar de passagem e de fixar a atenção, a segurança com que doseia o humor e a emoção, a habilidade com que destila os efeitos sem forçar o tom, são na sua prosa uma aliança de dom natural e de mestria estudada" (Hourcade, 1978, p. 92).

Sobre o que é considerado o mais perfeito dos seus contos, "José Matias", Alexander Coleman escreveu: " 'José Matias' dá-nos uma oblíqua e restritiva versão do tema comum também aos *Maias* – a obstrução do sentimento, amor e paixão. Em *Os Maias*, o incesto, tão cuidadosamente colocado na estrutura do enredo, fornece a única barreira ao acabamento e realização da *louca* paixão entre Carlos e Maria. No 'José Matias', os obstáculos não são apenas os óbvios – os vários casamentos de Elisa e os seus estádios de envolvimento fora do casamento, os muros do jardim, e por aí adiante – mas alguma coisa de muito mais profundamente enraizada dentro da enigmática e opaca alma do próprio José Matias" (Coleman, 1980, p. 240).

Isabel Pires de Lima considera que: "Afinal José Matias revela-se *o mais sutil dos homens*, mais que Ulisses, mais que Fradique, ao saber evitar durante vinte longos anos os logros do amor carnal e matrimonial, mantendo-o no domínio da pura idealização, isto é, no domínio da perfeição. Claro que se pode mais prosaicamente dizer que José Matias, dominado por uma nevrose do fracasso, prefere beneficiar com a posse idealizada com medo do fracasso após a posse real. É verdade. Eu prefiro olhá-lo como *o mais sutil dos homens*, um herói, um deus que paga a perseguição da perfeição com o autoaniquilamento inclusivamente físico. Ulisses recusa a perfeição divina e acredita numa espécie de perfeita imperfeição humana junto da sua Penélope, José Matias e Fradique Mendes recusam a imperfeição humana e aspiram à perfeição dos deuses. Fradique alcança-a momentaneamente pelo amor idealizado e carnal e quando se apercebe de que até esse amor em que dois foram *um para o outro e amplamente o mundo todo*, ou seja, o absoluto, é perecível, foge evitando a morte e a sua própria morte. José Matias, esse, empreende a mais complexa das viagens que estes três viajantes empreendem em busca da perfeição: os outros dois salvam-se fisicamente mas perdem a perfeição. Ele sucumbe fisicamente, mas vislumbra-a" (*Eça & Machado*, 2005, pp. 166-167).

Em fino texto, Eugênio Lisboa fez uma exposição sutil deste conto, onde invocou outros escritores europeus que trataram o mesmo tema: Stendhal, André Gide e Thomas Mann. Um pequeno parágrafo resume a história: "Vizinhos, de jardim contíguos (José Matias e Elisa), ele todo espírito, todo distância, todo sombra, todo eterno adiamento de uma posse que, no fundo, não deseja; ela, toda carnalidade, toda emissora de uma luz apelativa e ofuscante e, para o secreto e clandestino Matias, opressiva e mais do que um pouco assustadora". E definindo José Matias: "Para estes seres complexos e torturados, solitários e iluminados, alcançar é perder; possuir é corromper, adiar é durar" (Lisboa, 2009, vol. 1, pp. 72 e 75).

E temos aqui, uma vez mais, um tema caro a Eça de Queiroz, o da impermanência do amor, o da impossibilidade da sua realização plena, ou porque o amante é padre, ou porque o drama do adultério se interpõe na história, ou porque o incesto impede as relações amorosas, ou porque a doença (cleptomania) destrói a ligação, ou ainda, como no caso de José Matias, porque uma hipersensibilidade (ou impotência) não permite relações normais.

Enfim, é esse "enredado caso" de José Matias que leva dois tradutores dos contos de Eça para italiano, Davide Conrieri e Maria Abreu Pinto (*Racconti*, Milano, Bur, 2000), a considerar, no excelente prefácio a essa edição, que esse conto possui "uma inventiva diferente e superior – com uma elegância tão óbvia e deslumbrante, em suma, que somos tentados a subscrever o juízo de Antônio Sérgio: 'Foi nos *Contos* que Eça de Queiroz atingiu o apogeu da sua arte literária'" (Conrieri, 2001, p. 83).

Marie-Hélène Piwnik, ao analisar o conto "O Poeta Lírico", no *Suplemento ao Dicionário de Eça de Queiroz* (2000, p. 409), observa: "Se verificarmos as datas do primeiro e do último conto desta seleção constataremos que a fidelidade de Eça a esta modalidade literária é também uma fidelidade ao realismo. Entre as 'Singularidades', de 1873, e 'José Matias', de 1897, vinte e quatro anos mais tarde, vemos que esta constância e esta propensão não foram nunca desmentidas".

Quanto ao primeiro conto, "Singularidades de uma Rapariga Loura", podemos dizer como dois comentadores escreveram: "Não há dúvida que é entre dois campos opostos – o certo e o errado, o simples e o artificioso, o claro e o equívoco – que se gera o principal conflito do conto. Nenhuma das personagens parece ser capaz de renunciar ao seu modo de atuar, ao seu código de vida, e muito menos, ainda, estar predisposta a procurar compreender a outra: Luísa impedida pela doença – a cleptomania – e por um caráter indefinido. Macário pelos seus inabaláveis princípios morais. Assim, acaba por ser a frustração sentimental – tema predileto do realismo – um dos vetores impulsionadores da narrativa" (Silva e Miguel, 1991, p. 44).

É oportuno referir ainda o conto "Um Dia de Chuva", publicado postumamente em 1929, em *Cartas Inéditas de Fradique Mendes e Mais Páginas Esquecidas*, que Antonio Candido aponta como exemplo, na prosa de Eça de Queiroz, como "Os encantos do inacabado" (Candido, 2000, pp. 20-22). O tema é simples: um sujeito de Lisboa, José Ernesto, vai comprar no norte de Portugal uma quinta depois de ver um anúncio de que ela está à venda.

Visita o solar dessa quinta mas fica retido na casa por um dia de chuva incessante, enquanto o capelão do solar lhe fala na família e nas virtudes de uma filha loira radiosa. José Ernesto, já seduzido, quer falar com o proprietário, encontra a sua filha e seis meses depois casa com ela. Antonio Candido comenta: "O enredo é simples, tecido tchekhovianamente com quase nada, fino e leve como teia de aranha. [...] E assim termina essa leve narrativa de *atmosfera*, cujo princípio estrutural é a surda competição entre a chuva que fecha o mundo e a imagem solar da moça que rompe as brumas".

O. *PROSAS BÁRBARAS*

Publicado em 1903, este conjunto dos primeiros folhetins escritos por Eça de Queiroz entre outubro de 1866 e dezembro de 1867, na *Gazeta de Portugal*, apresenta um notável prefácio de Jaime Batalha Reis onde se descreve a recepção destes textos bizarros, imediatamente notados, "mas como novidade extravagante e burlesca. Geral hilaridade os acolheu desde a própria redação da *Gazeta de Portugal*, até aos centros intelectuais reconhecidos do país..." Batalha Reis informa ainda nesse prefácio: "Os *Folhetins* de Eça de Queiroz fizeram-me uma impressão só comparável em profundidade, consequências subjetivas à que justamente pela mesma época, me fazia a descoberta da música moderna", acrescentando: "Quando a sua obra começou a ser apreciada, deu a impressão de uma como que nova língua portuguesa". O título de *Prosas Bárbaras* fora-lhe sugerido pelo próprio Eça. Informação relevante neste prefácio é o das influências que Eça então experimentava: Heine, Nerval, Michelet, Baudelaire. Outro precioso testemunho desse texto prefacial é a descrição do estado de excitação em que Eça escrevia – um arrebatamento esgotante que outros testemunhos, em outras épocas, confirmam.

Em *Prosas Bárbaras, Ensaio de Análise Estilística*, Maria Isabel Lopes de Paula faz uma análise minuciosa destes primeiros textos de Eça, concluindo: "As crônicas da *Gazeta de Portugal* aparecem-nos como um longo exercício estilístico, rico de experiências em várias direções e de novidades. Revelam-nos um mundo caótico de estilo. Os adjetivos são geralmente empregados não para definir ou precisar coisas ou ideias, mas para se integrarem num meio de palavras que não é ordenado ou selecionado pela atenção à realidade; e por isso o seu valor é geralmente vago ou sugestivo, como um som. [...] Pela primeira vez na literatura portuguesa encontramos certas associações de palavras, certos tipos de adjetivação, de metáfora e de comparação, que podemos relacionar com as experiências do parnasianismo e do simbolismo. Estas experiências não foram possivelmente perdidas e já foi notada uma possível influência das *Prosas Bárbaras* sobre Gomes Leal (cf. Gomes Leal, *Poesias Escolhidas*, Introdução de Vitorino Nemésio)" (Paula, 1945, p. 75). Antônio Machado Pires nota com pertinência que já num desses textos da juventude, "Ao Acaso", de 27 de novembro de 1866, Eça exprimia o sentimento da decadência peninsular: "Ainda ontem eu pensava que nós outros, os peninsulares, nem sempre tínhamos sido uma nação estreita, de pequenas tendências, sonolenta, chata, fria, burguesa, cheia de espantos e de servilidades: e que este velho canto da terra, cheio de árvores e de sol, tinha sido pátria forte, sã, viva, fecunda, formosa, aventureira, épica! Ah! Foi há muito tempo..." (Pires, 1980, p. 77).

Maria da Conceição Nogueira fez uma síntese útil e respectiva análise dos principais temas destes folhetins, a saber: o "Tema da Imortalidade da Matéria e da Imortalidade da Alma"; "O Homem Elemento Discordante na Grande Harmonia da Natureza"; o "Tema dos Deuses Mortos"; o "Tema do Satanismo"; o "Tema da Crítica Social" contido no texto sobre Lisboa; o "Tema da Crítico das Artes" (Nogueira, 1995, pp. 153, 223).

Sugerem-me os textos desta obra a ponderação de um diálogo de Carlos com o avô, em *Os Maias*: "E resta saber por fim (diz Carlos) se o estilo não é uma disciplina do pensamento. Em versos, o avô sabe, é muitas vezes a necessidade de uma rima, que produz a originalidade de uma imagem... E quantas vezes o esforço para completar bem a cadência de uma frase não poderá trazer desenvolvimentos novos e inesperados de uma ideia!"

P. *NOTAS CONTEMPORÂNEAS*

É sob este título que podemos encontrar a mais bela e mais importante recolha de dispersos de Eça de Queiroz, publicada postumamente em 1909, com textos compreendidos entre 1870 e 1895. Salientamos nesta obra um dos mais perfeitos trechos da prosa portuguesa memorialista, que Eça escreveu para o *In Memoriam* do poeta Antero de Quental, em 1896, "Um gênio que era um santo", cuja importância é também a de ser autobiográfica; o artigo sobre Victor Hugo, escrito após a morte do bardo, onde Eça faz menção da sua impenitente "hugolatria", sem todavia omitir um juízo crítico sobre este tão amado homem de letras; três prefácios a obras de amigos seus: *Azulejos*, do conde de Arnoso; *O Brasileiro Soares*, de Luís de Magalhães; *Aquarelas*, de João Dinis; crônicas de enorme beleza literária como "Espiritismo" e "No Mesmo Hotel", a primeira sobre a sua visita ao Centro Espírita de Paris, a segunda sobre o assassinato de Cánovas del Castillo por um anarquista italiano (que bem poderiam ser literariamente consideradas como "contos"); um ensaio de aturada pesquisa sobre a cozinha da Antiguidade clássica; uma crônica de excelente sabor sobre o marquesinho de Blandford, da casa Marlborough, que dispõe de quatro amas e a tumidez e calor de oito seios para as tardes de fastio; os preciosos retratos dos seus amigos Ramalho Ortigão e Eduardo Prado e a importante crônica "Positivismo e Idealismo", onde Eça dá conta da reação antipositivista que presencia em Paris em 1893, com o descrédito do naturalismo, o ressurgimento do espiritualismo e o triunfo da imaginação na literatura.

No que à crônica diz respeito cabe transcrever aqui esta reflexão certeira de Marcello Duarte Mathias: "No fundo, todo o livro de crônicas é uma autobiografia disfarçada: pelos temas escolhidos e a forma de os tratar. Pela adesão ou repúdio a determinadas figuras ou pontos de vista. Pelo que se valoriza ou omite" (Mathias, 2001, p. 97). A prova flagrante desta observação é, sem dúvida, a crônica "Cozinha Arqueológica", ou "As Rosas".

Q. *ÚLTIMAS PÁGINAS*

Publicada em 1912 e organizada por Luís de Magalhães, esta obra póstuma consta essencialmente de três "lendas de santos" por concluir. "São Cristóvão" é, segundo Guerra da Cal, a mais antiga e a mais burilada. Eça já lhe faz referência em 1892 em carta a Ramalho. Datará possivelmente de 1890, segundo aquele exegeta. Antônio Sérgio, no formoso ensaio dos *Ensaios VI*, observa: "Parece verdadeiro o que conjecturei há pouco, a saber: que a ideia do Santo revolucionário social é aquela que emerge repetidamente ao longo da série dos seus escritos. Ora, o Santo paladino da Revolução Social é na obra de Queiroz o *São Cristóvão*. Em primeiro lugar, ele condena a inutilidade dos religiosos eremitas, dos separados dos homens (como foi um Frei Gil no seu final de vida, como foi um Onofre nos seus inícios)". E Sérgio finaliza o seu ensaio deste modo: "A tese filosófica da revolução pelo Santo, da Revolução pelo Amor, como supremo exemplar do procedimento humano; a de que procede de qualquer coisa que é essencial no Mundo; eis a última palavra que nos legou Queiroz, e que resolve o problema psicológico-ético que subjaz ao conjunto dos seus romances".

Sobre esta lenda escreveu também Jaime Cortesão (*Eça e a Questão Social*, 1949): "Em nenhuma outra criação seu espírito se move com tamanha liberdade. Na livre e alada inspiração, na riqueza e profundidade do símbolo, na comunhão direta e enternecida com a natureza, o São Cristóvão afigura-se-me dos mais belos poemas jamais escritos em língua portuguesa". Conclui este autor: "No Santo anuncia a vitória mais alta do socialismo. Esta foi a última e mais bela expressão do escritor. A mais digna de respeito e de atenção compreensiva". Este volume contém a célebre carta a Camilo Castelo Branco que Eça não chega a enviar e deixou na gaveta para a posteridade; a última carta de Fradique, para Eduardo Prado; o texto inacabado e de excelente humor, "O Testamento de Mecenas", originado por uma brincadeira jornalística montada na *Gazeta de Notícias* do Rio, e o importante ensaio de grande interesse biográfico e literário, provavelmente de 1887, "O Francesismo", onde denuncia o monopólio da cultura francesa em Portugal.

R. *SOBRE AS PERSONAGENS*

Afirmou Álvaro Lins que "dificilmente conhecemos o interior de uma figura queiroziana. Conhecemos a sua voz, a sua maneira de viver, os seus hábitos, os seus pecados. Mas não sabemos bem o que está por dentro de todos esses aspectos. Eça nunca perscrutou o *mistério* das personagens, como nunca se deteve em interrogações muito demoradas diante da vida" (Lins, 1959, p. 145). A primeira edição do estudo de Álvaro Lins é de 1938.

A crítica à linearidade do "interior" das personagens é também desenvolvida por Casais Monteiro em já citado artigo da *Seara Nova* (n. 806 de 23 de janeiro de 1943) e coincide com a leitura que José Régio, seu colega na *Presença*, já fizera um ano antes. Escreve Casais Monteiro na referida revista, a propósito de *O Primo Basílio* e do célebre Conselheiro Acácio: "O achado de Eça foi saber dar ao seu arquétipo do conselheiro um corpo que mantém vivo um *espírito* que não passa realmente de uma reunião de mil caracteres gerais de um tipo. Isto não impede que, quando deixamos de considerar os seus personagens um por um, e olhamos apenas à intriga que os reúne, a insuficiência do processo salta à vista. Aí de fato, a riqueza do *retrato* de nada pode valer. O que se reclama é que a ação tenha a necessária vida. Ora como a poderia ela ter, se entre essas personagens não pode saltar a faísca de um conflito intenso? Falta-lhes na verdade a individualização moral que o tornasse possível".

Quem mais eficazmente se debruçou sobre o caráter das personagens queirozianas foi José Régio, nos seus artigos de crítica, reunidos por Eugênio Lisboa em *No Eça nem com uma Flor se Toca* (2002). Observa José Régio, em 1942: "Penso que talvez um escrupuloso estudo da admirável galeria de caricaturas do nosso Eça – mostre que uma das suas forças é criar tipos ou caricaturas, pondo-as a falar com um excepcional poder de caracterização: mas uma das suas fraquezas, se não a sua maior fraqueza, é a sua debilidade na criação de verdadeiros seres humanos complexos, isto é: gente com *corpo e alma*; repito: corpo e alma; pois de dar *sentidos* aos seus bonecos animados, também ele é muito capaz" (p. 31). Régio excetua a Juliana de *O Primo Basílio* (talvez a sua figura mais viva), mas parece muito restritiva a escolha. Ele não chegou a conhecer a Genoveva da *Tragédia da Rua das Flores*, mas conheceu Gonçalo Ramires e Luísa de *O Primo Basílio*, e a Concha de *A Capital*, que estão muito longe de ser caricaturas e personagens superficiais. Mas disto mesmo tinha Eça plena consciência ao escrever, aos 33 anos, em carta para Ramalho Ortigão (3.11.1877), já anteriormente citada: "Faço mundos de cartão, não sei fazer carne nem alma. Como é? Como será? Não me falta o processo, tenho-o superior a Balzac, a Zola, e *tutti quanti*".

E Régio continua: "Mas as virtudes que ficam do grande romancista ainda são várias e pujantes: ainda ele se me afigura muito superior a vários romancistas estrangeiros que por aí nos traduzem como geniais! E essas são precisamente, de romancista: a magistral naturalidade e propriedade do diálogo; a captação de toda a espécie de pormenores; o pitoresco e flagrância do traço caricatural; a aguda percepção de todos os *exteriores* dos personagens; o dom de interessar na narrativa; a intensidade ou sutileza de sensações que o notabiliza na expressão da vida dos sentidos, e é a mola oculta da verdadeira força do seu estilo (tudo isto com imenso *espírito* semeado por todas as suas páginas!) – não são conquistas de quem *nasce* poeta e se *faz* romancista. São dons naturais, graças com que se vem, ou não vem, ao mundo, posto possam ser, depois, muito enriquecidas pelo trabalho, a vontade, o esforço" (p. 74).

E José Régio prossegue: "Só no pequeno romance das 'Singularidades de uma Rapariga Loira', na segunda parte de *O Primo Basílio* (que é magistral) e aqui e ali, além, nalgumas cenas de páginas dos seus romances – atinge

Eça de Queiroz notas profundamente humanas. Depois recomeça a ironia, a caricatura, a crítica, a sátira..." (p. 177).

Num outro artigo Régio alarga o seu elogio à imaginação psicológica do autor de *Os Maias* ao escrever: "Talvez ainda às novelas – especialmente a 'Singularidades de uma Rapariga Loira', *José Matias* ou *Alves & Cia* achemos um tratamento de sentimentos, estudos de alma e casos que dificilmente achamos nos grandes romances" (p. 187).

Tem razão Régio, e muito particularmente, ao acentuar a circunstância poderosa dos "dons naturais" de Eça, que inclui o espírito crítico intrínseco, que lhe confere o supremo dom da caricatura. Por isso só poderemos responder a Régio com esta sua magistral observação: "Pedir a um verdadeiro artista o que, por sua natureza profunda, não nos pode nem pretende dar, parece-nos um erro crítico tão condenável como recusar-lhe o que nos dá" (p. 189).

No *Dicionário de Eça de Queiroz* (1993), Beatriz Berrini dedica um artigo às personagens femininas, observando: "Eça trouxe para a sua ficção poucas personagens femininas, uma vez que a mulher tinha na sua época uma atuação restrita na sociedade. À medida que avança cronologicamente nas suas criações, restringe sempre mais a presença e a área de atuação das mulheres-personagens". Observa ainda: "Todas são infratoras das normas sociais". De fato assim sucede com Amélia, Luísa, Leopoldina, Cândida, Adélia, Mary, Lola, Concha, Gouvarinho, Raquel Cohen, Maria Eduarda, Gracinha". A exegeta brasileira acrescenta ainda: "Pousando o olhar principalmente sobre mulheres casadas, o autor fê-las adúlteras, quase sempre fúteis e pouco inteligentes, facilmente manipuláveis pelos homens, trata-se de criaturas não emancipadas, sem profissão definida, educadas e encaminhadas para o casamento, numa sociedade dominada pelo dinheiro, dentro de estruturas econômicas, sociais e familiares que as condicionam à obediência e à veneração pelo homem. [...] Por outro lado, os textos ecianos parecem mostrar (consciente ou inconscientemente?) a incompatibilidade entre o amor e o casamento" (pp. 704-708).

Não podemos também esquecer uma personagem que, sendo, muito embora, uma experiência literária de um Eça quase estreante nas letras, apresenta já alguma multiplicidade de sentimentos. É Luísa, condessa W. de *O Mistério da Estrada de Sintra*, romance referido na primeira alínea deste capítulo, dedicada a esta obra. Para Maria de Lurdes Sampaio é "uma mulher fora de todos os moldes consagrados, uma mulher que luta pelo que deseja, que corre riscos, que desafia convenções, fazendo as coisas acontecer" (Sampaio, 2005, pp. 182, 183).

Lembraremos ainda que, no já referido *Dicionário de Eça de Queiroz*, uma exegeta brasileira, Simone Caputo Gomes, nos dá uma excelente mostra da caracterização exterior das personagens queirozianas (pp. 153-156) que nos parece um bom complemento das observações de José Régio. Segundo esta autora a caracterização das personagens, temperamentos e inclinações sexuais é feita através dos "pelos do corpo", sobretudo cabelos e bigodes – "Neste particular o 'José Matias' e os romances *A Ilustre Casa de Ramires* e *A Cidade e as Serras* dão-nos exemplos de extrema mestria". A José Matias, "o rapaz airoso, louro como uma espiga, com um bigode crespo de paladino sobre uma boca indecisa de contemplativo", opõe-se o segundo marido e o posterior amante da *divina Elisa*, o Torres Nogueira, "um homem, um macho, um bruto, de rijos bigodes negros que, com o rijo arranque de um antigo pegador de touros, arrancara essa mulher de entre as estrelas e a arremessara para a cama". A sensualidade feminina na obra de Eça é indiciada frequentemente pela abundância de pelos. Leopoldina, a *Quebrais*, destaca-se pela beleza dos olhos, "duma negrura intensa, afogados num fluido, muito quebrados, com grandes pestanas". Gracinha, na visão do desejo incestuoso do irmão, é sensualmente apresentada: "Cabelos magníficos mais lustrosos e negros que a cauda de um corcel de guerra, que lhe rolavam até aos pés". O Conselheiro Acácio, que tinge os cabelos de um preto lustroso, conservava no entanto o bigode "grisalho, farto", ao passo que o Ernestinho, pequenino, "linfático", de "ar tísico", só o poderia apresentar "delgado", um "buço".

No artigo "Eça de Queiroz, Romancista Superficial?", do *Livro do Centenário de Eça de Queiroz* (1945), João Gaspar Simões, ao fazer um paralelo com Camilo, escreve: "Não há em toda a obra de Eça de Queiroz um caso só comparável com o do *Amor de Perdição*, obra em que a paixão atinge o paroxismo. O temperamento dos dois amorosos é magistralmente animado. Na obra de Eça só há amor sensual. É certo esse amor sensual atingir, por vezes, aspectos dramáticos. É o caso da paixão de Carlos por Maria Eduarda. Mas Eça de Queiroz não vai até ao fim do drama. Evita-o. Camilo, temperamento mais sentimental que intelectual, vida agitada por um dramatismo que o seu próprio coração complicava, quando escrevia punha na sua obra a sua própria paixão. Eça, pelo contrário, espírito sereno, cuja existência foi, por assim dizer, comandada pelo desejo de *evitar* aquilo que na sua própria vida poderia ser *tema de romance*, raramente comunicava à sua obra os seus sentimentos. Obrigado a evitar-se a si mesmo, receoso de se mostrar demais, compunha, intelectualmente, *máscaras*, ficções, caricaturas. Os sentimentos das suas personagens tornavam-se assim tão ocultos como os seus próprios.

Deles só podíamos ver aquilo que ele nos deixava entrever de si mesmo: o lado exterior". O arrazoado destas palavras liga-se estreitamente, por este prisma particular, à crítica de Régio.

Se confrontado com a crítica feita à falta de profundidade das suas personagens, talvez Eça respondesse com aquilo que disse numa carta a Fialho de Almeida a propósito de *Os Maias*: "Mas querido amigo, numa obra que pretende ser a reprodução de uma sociedade uniforme, nivelada, chata, sem relevo, e sem saliências (como a nossa incontestavelmente é) – como queria V., a menos que eu falseasse a pintura, que os meus tipos tivessem o destaque, a dissemelhança, a forte e crespa individualidade, a possante e destacante *pessoalidade*, que podem ter, e têm, os tipos de uma vigorosa civilização como a de Paris ou de Londres? V. distingue os homens de Lisboa uns dos outros? V., nos rapazes do Chiado, acha outras diferenças que não sejam o nome e o feitio do nariz? Em Portugal há só *um homem* – que é sempre o mesmo ou sob a forma de *dandy*, ou de padre, ou de amanuense, ou de capitão: é um homem indeciso, débil, sentimental, bondoso, palrador, *deixa-te ir*; sem mola de caráter ou de inteligência, que resista contra as circunstâncias: É o homem que eu pinto – sob os seus *costumes* diversos, casaca ou batina. E é o português verdadeiro. É o português que tem feito este Portugal que vemos" (*Notas Contemporâneas*).

Será este arrazoado totalmente convincente e válido? É-o por certo, mas apenas em parte, porque nem todas as suas personagens pertencem à comunidade amorfa que ele aqui retrata. Se fosse seu propósito fundamental o aprofundamento ou sondagem da alma das personagens, teria sido capaz de o fazer em figuras como Carlos da Maia ou seu avô Afonso, ou Craft, ou o Artur de *A Capital!* Falta avaliar a compatibilidade do ironista-realista, do satírico por vocação e do artista todo entregue a uma missão "vingadora", com a possibilidade de perscrutação em profundidade do psicológico, uma área onde tinha plena consciência das suas lacunas. Tanto assim que, com apenas vinte e dois anos, escrevera que "na arte só têm importância os que criam almas, e não os que reproduzem costumes"... e apontava Shakespeare, e certos tipos capitais de Balzac: o barão Hulot, Goriot, Grandet, que, dizia ele, "realizam o seu destino, longe da associação humana, sob a livre lógica das paixões". Estas observações, que parecem vir ao arrepio do que viria a criar, foram escritas em 1867, nos folhetins da *Gazeta de Portugal*, sob o título póstumo de *Prosas Bárbaras*, no artigo memorialista "Uma Carta (a Carlos Mayer)". Em compensação é nos *Contos* que Eça melhor nos revela

a sua capacidade de introspecção psicológica, ou pelo menos de penetração em candentes problemas da alma humana.

Mas nas personagens a duas dimensões, caricaturadas, Eça é inexcedível ao dar-nos em alguns traços o seu caráter essencial, que se nos grava na mente, através de características muito especiais e salientes. Veja-se, por exemplo, a Titi, de *A Relíquia*, definida essencialmente pelo seu vestido preto, por um lenço amarrado no queixo, por uma sombra e por uns óculos defumados: "Numa sala forrada a papel escuro, encontramos uma senhora muito alta, muito seca, vestida de preto, com um grilhão de ouro no peito; um lenço roxo amarrado no queixo, caía-lhe num bioco lúgubre sobre a testa; e no fundo dessa sombra, negrejavam dois óculos defumados". Observemos agora a figura de Topsius: "Encovado na gola, de guedelha caída, o nariz agudo e pensativo, a calça esguia – o meu erudito amigo parecia-me uma cegonha, risível e cheia de letras, com óculos de ouro na ponta do bico".

Um outro exemplo ainda, a Luísa do conto "Singularidades de uma Rapariga Loura" e a simplicidade magistral com que nos é apresentada: "Era uma rapariga de vinte anos, talvez – fina, fresca, loura, como uma vinheta inglesa: a brancura da pele tinha alguma coisa da transparência das velhas porcelanas, e havia no seu perfil uma linha pura, como de uma medalha antiga". Eis exemplos da "aguda percepção de todos os exteriores das personagens" de que atrás nos falava o fino crítico José Régio.

***

Para concluir esta longa digressão ao longo da vida e obra de Eça de Queiroz, afigura-se-me oportuno referir o que observou uma estudiosa inglesa do gênero biográfico, "A instabilidade de definições e regras para a biografia, sugere que se trata de uma forma incerta, contraditória e variável [...] talvez que a única regra que se mantém é a de que não existe essa coisa a que se chama biografia definitiva" (Lee, 2009, p. 18). Com efeito, nunca daremos por concluído e satisfatório o que temos a dizer sobre este escritor, quando o louvamos, criticamos, comentamos, saboreamos. Continuamente surgem novas perspectivas, novas interpretações, novos documentos que vêm alterar juízos até aí assentes. Este é o sinal distintivo de um grande autor e mais do que suficiente justificação do trabalho que aqui se apresenta, com a convicção de que uma biografia, à semelhança de uma correspondência, ou de um dicionário de autor, é sempre, e provisoriamente, uma obra em aberto.

Como disse o padre Antônio Vieira em 1652, no Sermão de Nossa Senhora de Penha de França, em Lisboa:

> O livro, sendo o mesmo para todos, uns percebem dele muito, outros pouco, outros nada: cada um conforme a sua capacidade; o livro é um mundo que fala, um surdo que responde, um cego que guia, um morto que vive, e, não tendo ação em si mesmo, move os ânimos e causa grandes efeitos.

Não "causará grandes efeitos", decerto, este trabalho mas alguma sugestão ou matéria poderá acrescentar ao edifício imponente que os estudos sobre Eça de Queiroz têm suscitado ao longo de mais de uma centena de anos.

V. CRONOLOGIA

Fundamentada nos dados contidos em: *Antero de Quental, Subsídios para a sua Biografia* de José Bruno Carreiro; *Vida e Obra de Eça de Queirós*, de João Gaspar Simões (3ª edição); *Eça de Queiroz e o seu Tempo*, de João Medina; *Antero de Quental, Fotobiografia*, de Ana Maria Almeida Martins (2008); *Palavra e Imagem*, de Beatriz Berrini (1989); *Dicionário de Camilo Castelo Branco*, de Alexandre Cabral (2ª edição, 2003); *Eça em Aveiro*, de Jorge Campos Henriques (2001), e na última edição da correspondência do escritor, *Eça de Queiroz, Correspondência* (2 vols.), Lisboa, Editorial Caminho, 2008.

1845

– *18 de novembro*: carta do pai de Eça dirigida à mãe, apensa ao Assento do Batismo, onde se declara que nele não figurará o nome desta.
– ***25 de novembro*: nascimento de José Maria Eça de Queiroz na Póvoa de Varzim, na casa de Francisco Augusto Soromenho, natural de Ponte do Lima, empregado na fiscalização do pescado, casado que era com sua prima Emília Amália Pereira d'Eça, irmã da mãe de José Maria.**
– *1 de dezembro*: batizado na Matriz de Vila do Conde, é entregue aos cuidados de uma ama e madrinha, Ana Joaquina Leal de Barros, que vem a falecer em 1851, entre 20 e 26 de maio.

1846

– Ano provável da ida de José Maria para casa dos avós em Verdemilho.
– *10 de fevereiro*: o juiz Queiroz, pai de Eça, sai de Ponte de Lima como delegado onde se encontrava desde 9 de julho de 1844.

1847

– *dezembro*: o avô de Eça, Joaquim José d'Almeida Teixeira de Queiroz, é nomeado Ministro e Secretário de Estado da Justiça e dos Assuntos Eclesiásticos.

– *25 de janeiro*: o juiz Teixeira de Queiroz deixa Viana como delegado onde estava desde 11 de fevereiro de 1846.

1848

– *21 de fevereiro*: o avô de Eça é exonerado a seu pedido do cargo de Ministro e Secretário de Estado da Justiça e dos Assuntos Eclesiásticos.

1849

– *3 de setembro*: casamento dos pais, Carolina Augusta Pereira d'Eça e José Maria de Almeida Teixeira de Queiroz, em Viana do Castelo, na igreja do extinto Convento de Santo Antônio.

– *27 e 30 de novembro*: Camilo data poesias da Casa do Lodeiro, em Santa Cruz do Douro, muito perto de Tormes, onde se dá o drama de Fanny Owen, falecida em 3.8.1854.

1850

– *16 de abril*: morre, em Verdemilho, Joaquim José d'Almeida Teixeira de Queiroz, avô de José Maria.

– *18 de agosto*: morte de Balzac em Paris.

1851

– *Entre 20 e 26 de maio*: morre em Vila do Conde Ana Joaquina Leal de Barros, madrinha e ama de José Maria.

– *15 de novembro*: nasce em Verdemilho Alberto Eça de Queiroz, irmão de Eça (virá a falecer em Lisboa a 5.7.1886).

– *2 de dezembro*: golpe de Estado de Luís Napoleão Bonaparte que virá a ser Napoleão III.

1852

– *14 de fevereiro*: publica-se em Aveiro o primeiro número do jornal *O Campeão do Vouga*, cujo redator principal é o pai de Eça de Queiroz, que vive, presumivelmente, em Aveiro.

– *7 de abril*: José Maria de Almeida Teixeira de Queiroz, pai de Eça, é colocado como juiz da 1ª vara no Porto. Permanece neste cargo até 12 de julho, sendo colocado em Aveiro.

– *17 de abril*: o pai de Eça, abandona o seu cargo de diretor de *O Campeão do Vouga*, para exercer advocacia no Porto, onde passa a residir.

– *1 de dezembro*: começo oficial do segundo Império francês de Napoleão III.

– *11 de dezembro*: Victor Hugo exila-se em Bruxelas.

1853

– *5 de agosto*: publica-se em Bruxelas *Napoléon-le-petit*, de Victor Hugo.

– *30 de setembro*: nasce na freguesia de Vera-Cruz, do concelho de Aveiro, Aurora Amada Eça de Queiroz, irmã de Eça, referida na sua correspondência como "Miló", que virá a falecer em Lisboa, solteira, no Recolhimento da Encarnação, em 10.6.1917.
– *21 de novembro*: publicação na Bélgica de *Les Châtiments* de Victor Hugo.

1854

– *1 de fevereiro*: José Maria de Almeida Teixeira de Queiroz, pai de Eça, toma posse como 1º Juiz de Direito da Comarca de Estarreja.
– *18 de fevereiro*: o juiz Teixeira de Queiroz deixa Aveiro para o posto do Ovar onde permanece até 24 de setembro de 1855.

1855

– *28 de março*: Teodora Joaquina de Queiroz, avó de José Maria, faz o seu testamento.
– *31 de outubro*: Victor Hugo instala-se em Guernesey.
– *9 de novembro*: Victor Hugo instala-se no nº 20 de Hauteville Street, em Guernesey, grande casa sobre a vila e o porto, que comprará no ano seguinte.
– *30 de novembro*: morre, em Verdemilho, Teodora Joaquina, avó de José Maria.
– *Início de dezembro*: data provável da transferência para o Porto de José Maria, para o Colégio da Lapa, dirigido por Joaquim da Costa Ramalho, pai de Ramalho Ortigão, professor neste colégio e nove anos mais velho do que José Maria.
– *11 de dezembro*: o juiz Queiroz é colocado em Estarreja. Ficará até 15 de maio de 1856.

1856

– *9 de abril*: José Maria Teixeira de Queiroz, pai de Eça, é transferido para o Porto.
– *17 de maio*: é desde esta data juiz no 2º Distrito Criminal do Porto.
– *1 de outubro*: Flaubert publica *Madame Bovary* na *Revue de Paris*.
– *15 de dezembro*: a *Revue de Paris* acaba a publicação de *Madame Bovary*.

1857

– *9 de junho*: nasce no Porto Emília de Castro Pamplona, filha dos condes de Resende, que virá a casar com Eça de Queiroz, falecendo na Granja a 5 de julho de 1934, sendo sepultada no cemitério de Arcozelo em local hoje desconhecido.
– *25 de junho*: publicação de *Les Fleurs du Mal* de Baudelaire. Flaubert publica em livro *Madame Bovary*.

1858

– *2 de junho*: Proudhon é condenado a três meses de prisão pela sua obra *De la Justice dans la Révolution et dans l'Église*.
– *25 de julho*: o juiz Queiroz sai do 2º Distrito Criminal do Porto para o 1º Distrito.
– *2 de outubro*: exame de latinidade.
– *4 de outubro*: exame de lógica e de francês.

– *5 de outubro*: exame de filosofia racional e moral, e princípios de direito natural.
– *28 de setembro*: Antero de Quental matricula-se na Universidade de Coimbra no curso de Direito.

1859
– *20 de abril*: Antero de Quental é condenado, em Coimbra, a 8 dias de prisão, pelo Conselho de Decanos, por práticas praxistas.
– *5 de julho*: Eça faz exame de história e retórica.
– *13 de julho*: faz exame de oratória e matemática elementar.
– *26 de setembro*: Victor Hugo publica a recolha de poemas *La Légende des Siècles*, em dois volumes.

1860
– *23 de novembro*: Camilo, preso na cadeia da Relação do Porto, desde 1 de outubro, recebe a visita do rei D. Pedro v e do pai de Eça de Queiroz.

1861
– *abril*: é fundada a Sociedade do Raio, em Coimbra.
– *17 de abril*: Teófilo Braga chega a Coimbra.
– *23 de julho*: Eça faz exames de princípios de física, química etc.
– *10 de outubro*: o pai de Eça, o juiz Teixeira de Queiroz, obtém a transferência para Vila Franca de Xira, tendo-se dado como suspeito no julgamento por adultério de Camilo, sendo favorável à sua absolvição. Era indubitável a amizade do magistrado e Camilo mostrou-se-lhe sempre grato até porque o juiz Queiroz lhe prestou informações valiosas sobre o andamento do processo (cf. Alexandre Cabral, *Dicionário de Camilo Castelo Branco*, pp. 662-664, (2ª ed., 2003). A sua nomeação para Vila Franca de Xira é de 6 de dezembro.
– *1ª quinzena de outubro*: faz exame de francês em Coimbra antes de se matricular na Universidade.
– *14 de outubro*: matricula-se na Universidade de Coimbra, com o nome de José Maria d'Eça de Queiroz, depois de provas de francês, a que alude no ensaio "O Francesismo".
– *16 de outubro*: julgamento de Camilo na Cadeia da Relação do Porto. Os réus são absolvidos.
– *11 de dezembro*: morte do rei D. Pedro v.

1862
– Ano provável do conhecimento de Antero de Quental.
– *4 de abril*: o juiz Queiroz termina o seu posto de juiz em Vila Franca de Xira e passa para Almada.
– *18 de junho*: é aprovado *nemine discrepante* nos exames do primeiro ano jurídico. Reside na Rua do Loureiro n. 12.
– *11 de julho*: o juiz Queiroz termina o seu posto de juiz em Almada. Passa para Elvas, onde fica até 12 de dezembro desse ano.

– *13 de novembro*: colocação do juiz Queiroz na 1ª vara de Lisboa, até 28 de julho de 1868.
– *8 de dezembro*: assina, como segundanista de Direito, o "Manifesto dos Estudantes da Universidade de Coimbra à Opinião Ilustrada do País, 1862-1863", redigido por Antero de Quental, contra o reitor Basílio Alberto de Sousa Pinto e assinada por 314 estudantes. Teófilo Braga figura como primeiranista de Direito, Carlos Mayer como quartanista de Filosofia e Manuel José d'Arriaga como segundanista de Direito. Nesta data a Sociedade do Raio organiza uma retumbante manifestação de desconsideração ao Reitor evacuando a Sala dos Capelos, por ocasião da distribuição dos prêmios escolares.
– *17 de dezembro*: data de uma das fórmulas de adesão à Sociedade do Raio, assinada por Joaquim Gaspar da Câmara Manuel e por Antero de Quental, em Coimbra.
– Flaubert publica *Salambô*.

1863

– *19 de junho*: Eça, aprovado no 2º ano jurídico, irá residir para a Rua do Salvador 16, em Coimbra.
– *Julho*: substituição do reitor da Universidade de Coimbra Basílio de Sousa Pinto.

1864

– *30 de abril*: algumas centenas de estudantes abandonam a Universidade e chegam ao Porto como protesto contra o Duque de Loulé (Rolim de Moura), que recusara o "perdão de ato" pelo nascimento do príncipe D. Carlos. A esta revolta chamou-se "Rolinada".
– *6 de maio*: regresso dos estudantes a Coimbra.
– *13 de maio*: decreto anistiando os estudantes.
– *8 de julho*: Antero de Quental faz ato de formatura, permanecendo em Coimbra.
– *18 de julho*: Eça é aprovado no exame do 3º ano jurídico. Trava relações com Teófilo Braga, que publicara *Visão dos Tempos*.
– *28 de setembro*: fundação da Primeira Internacional.
– *Histoire de Littérature Anglaise*, de Taine.

1865

– *Poema da Mocidade* de Manuel Pinheiro Chagas, que dá origem à polêmica "Bom Senso e Bom Gosto" ou "Questão Coimbrã", contra a chefia literária, considerada despótica, de Antônio Feliciano de Castilho.
– *18 de abril*: representa-se no Teatro Acadêmico a peça de Teófilo Braga *Resignação*, publicada depois com o título "Poeta por Desgraça". Eça encarna a personagem de Garção.
– *28 de junho*: é aprovado no 4º ano jurídico.
– *Agosto*: publicação das *Odes Modernas* de Antero de Quental.
– *27 de setembro*: carta de Castilho ao editor Antônio Maria Pereira, onde eram criticados Antero, Teófilo Braga e Vieira de Castro, no decurso da ruidosa polêmica "Bom Senso e Bom Gosto" que vai durar mais de seis meses.

– *Entre 2 e 11 de novembro*: Antero publica o panfleto *Bom Senso e Bom Gosto – Carta ao Excelentíssimo Senhor Antônio Feliciano de Castilho*.
– *Dezembro*: Antero de Quental publica *A Dignidade das Letras e as Literaturas Oficiais*.
– *Morte de Proudhon*, que Eça virá a comentar no *Distrito de Évora*, n. 11 de 14.2.1867.

1866

– Envia ao Teatro D. Maria II a tradução da peça *Philidor* de Joseph Bouchardy.
– Neste ano estreitam-se as suas relações com o poeta João Penha.
– *7 de fevereiro*: duelo à espada entre Antero de Quental e Ramalho Ortigão, na Arca d'Água, no Porto, ficando o poeta vencedor. As causas estão num folheto de Ramalho, que toma a defesa de Castilho na polêmica "Bom Senso e Bom Gosto", acusando Antero de covardia.
– *23 de março*: sai na *Gazeta de Portugal* o primeiro folhetim publicado por Eça, *Notas Marginais*, de uma série postumamente publicada com o título *Prosas Bárbaras* (esta colaboração durará até 22 de dezembro de 1867).
– *22 de junho*: Eça é aprovado *nemine discrepante* em exames finais, e obtém a Carta de Curso a 23. Foram seus contemporâneos em Coimbra, entre outros: Antero de Quental, Teófilo Braga, Alberto Sampaio, Júlio Lourenço Pinto, Germano Meireles, Vieira de Castro, Antônio de Azevedo, Carlos de Lima Mayer, José Falcão, Manuel de Arriaga e João de Deus.
– *23 de julho*: instala-se em Lisboa no 26 do Rossio, 4º andar, onde residem os pais e irmãos.
– *7 de outubro*: publica o seu segundo folhetim na *Gazeta de Portugal*: *Sinfonia de Abertura*.
– *10 de outubro*: inscreve-se como advogado no Supremo Tribunal de Justiça.
– *(?) novembro*: conhece Jaime Batalha Reis na redação da *Gazeta de Portugal*, no 26 da Travessa da Parreirinha, atual Rua Capelo, arruamento situado entre a Rua Ivens e o Largo do Teatro de São Carlos, episódio descrito por este seu amigo no prefácio de *Prosas Bárbaras*.
– *Dezembro*: Principiam os serões no quarto de Jaime Batalha Reis, à Travessa do Guarda-Mor, 19, no Bairro Alto, esquina da Rua dos Calafates.
– *Final de dezembro*: parte para Évora, onde vai dirigir o jornal de oposição ao governo *Distrito de Évora*.

1867

– *6 de janeiro*: sai o primeiro número do *Distrito de Évora*, jornal bissemanário de oposição ao governo, composto e redigido por Eça. O último número será publicado em 26 de agosto. Estes textos serão postumamente recolhidos com o título de *Páginas de Jornalismo* (Ed. Lello) e *Da Colaboração no Distrito de Évora* (Ed. Livros do Brasil, 3 vols.). Eça instala-se na Travessa dos Frades Grilos.
– Sob o título de "Uma Estreia Fúnebre ou d'Eça", Urbano Loureiro, em cinco números do quinzenário *Bocage, Piparotes Literários*, faz o que parece ter sido a primeira crítica que Eça suscitou, com o folhetim *Sinfonia de Abertura*, depois recolhido em *Prosas Bárbaras*.

– O *Distrito de Évora* publica o seguinte anúncio: "José Maria Eça de Queiroz tem aberto o seu escritório de advogado na Praça de D. Pedro, n. 3, aonde pode ser procurado desde o dia 10 de fevereiro em diante das 11 às 4 horas da tarde".
– *28 de março*: estreia-se no foro com a defesa do réu André Maria Ferreira Vilalobos, processado pela Casa Pia de Évora.
– *28 de junho*: inauguração da estátua de Camões no Chiado.
– *28 de julho*: deixa a direção do *Distrito de Évora*, trespassada para Francisco da Cunha Bravo.
– *Agosto*: regressa a Lisboa, a casa dos pais no Rossio, 26.
– *2 de agosto*: Antero de Quental visita Michelet, na Rue de l'Ouest, 44.
– *20 de dezembro*: o *Diário de Notícias* publica o anúncio seguinte: "O distinto acadêmico o Sr. Eça de Queiroz vai estabelecer-se como advogado na Praça D. Pedro [Rossio], 26, 4º andar. O sr. Eça de Queiroz é um moço de muita inteligência e instrução; tem colaborado na *Gazeta de Portugal* e redigiu ultimamente um periódico em Évora".
– *22 de dezembro*: termina a sua colaboração na *Gazeta de Portugal* com "Memórias de uma Forca".
– *Dezembro*: início da formação do Cenáculo, em casa de Batalha Reis, 1º andar do n. 19 da Travessa do Guarda-Mor, com Eça, Batalha Reis, Salomão Sáragga, Manuel d'Arriaga, Lobo de Moura, João de Deus, Mariano Machado de Faria e Maia, Carlos Mayer, Anselmo de Andrade, Guerra Junqueiro, Oliveira Martins e Ramalho Ortigão. O Cenáculo iria durar até 1871.

1868

– *30 de maio*: 1º número de *La Lanterne*, de Henri Rochefort.
– *29 de julho*: nomeação do juiz Queiroz para a presidência do Tribunal do Comércio, em Lisboa, até 10 de julho de 1876.
– *1 de agosto*: Ramalho Ortigão é nomeado oficial de secretaria da Academia Real das Ciências de Lisboa, transferindo-se do Porto para Lisboa. Demite-se deste cargo em 1910, com a implantação da República.
– *31 de outubro*: Antero de Quental começa a frequentar o Cenáculo de Lisboa, na casa de Batalha Reis, na Travessa do Guarda-Mor, no Bairro Alto, a dois passos do Jardim de São Pedro de Alcântara.

1869

– *7 de julho*: Antero de Quental parte do Porto para a América do Norte a bordo do *Patacho Carolina*, regressando em novembro, depois de visitar Halifax e Nova York.
– *20 de agosto*: Antero de Quental publica em *A Revolução de Setembro* ,"Poesias do Sr. Carlos Fradique Mendes, um Verdadeiro Poeta".
– *29 de agosto*: aparecem em *A Revolução de Setembro* os primeiros versos de Carlos Fradique Mendes da autoria de Eça de Queiroz – "Serenata de Satã às Estrelas".
– *23 de outubro*: Eça parte para a viagem ao Oriente, com Luís Benedito de Castro, conde de Resende, para assistir à abertura do canal do Suez (regressa a 3 de janeiro). No passaporte atribui-se a Eça a categoria de "encarregado de despachos".

– *17 de novembro*: inauguração do canal do Suez.
– *19 de novembro*: Antero de Quental regressa da sua viagem aos Estados Unidos; Flaubert publica *L'Éducation Sentimentale*.
– *26 de novembro*: visto para Beirute, no passaporte de Eça.
– *5 de dezembro*: Antero publica, em *O Primeiro de Janeiro*, versos de Carlos Fradique Mendes: "Poemas do Macadam". Esta figura de poeta, segundo escreve Jaime Batalha Reis em carta para Edgar Prestage, de 11.6.1904, "was not invented by Eça de Queiroz, but Antero, Queiroz and myself".
– *11 de dezembro*: visto para o regresso de Eça a Alexandria.
– *18 de dezembro*: visto para Espanha e Portugal.
– Mudança do Cenáculo para uma sobreloja em frente ao jardim de São Pedro de Alcântara.

1870
– *3 de janeiro*: Eça chega a Lisboa, de regresso da viagem ao Oriente.
– Ramalho Ortigão começa a frequentar o Cenáculo.
– *19, 20, 21 de janeiro*: o *Diário de Notícias* publica uma série de folhetins com o título *De Port-Said a Suez*.
– *Fim de fevereiro-começo de março*: início das relações de Antero de Quental com Oliveira Martins.
– *13 de abril*: a *Revolução de Setembro* publica o primeiro folhetim de *A Morte de Jesus*, que terminará a 8 de julho.
– *9 de maio*: Vieira de Castro (José Cardoso), amigo de Camilo e contemporâneo de Eça em Coimbra, assassina sua mulher Claudina, na Rua das Flores, em Lisboa, 2º andar do n. 105.
– *22 de junho*: anúncio no *Diário do Governo* da abertura do concurso para cônsules de primeira classe.
– *19 de julho*: a França declara guerra à Prússia.
– *21 de julho*: despacho da nomeação de Eça para Administrador do Concelho de Leiria.
– *24 de julho*: início da publicação em folhetins, no *Diário de Notícias*, do romance policial O *Mistério da Estrada de Sintra*, em colaboração com Ramalho Ortigão. A publicação destes folhetins termina a 27 de setembro.
– *30 de julho*: Eça toma posse do cargo de Administrador do Concelho de Leiria, assinando o "Termo de juramento". Hospeda-se talvez nesta data, na Rua da Tipografia n. 13 (no romance Rua da Misericórdia) que fará depois residência do padre Amaro.
– *18 de agosto*: candidata-se ao concurso público aberto pelo *Diário do Governo* de 22 de junho para o provimento dos lugares de cônsul de primeira classe.
– *2 de setembro*: cerco e capitulação de Napoleão III em Sedan. O Imperador é feito prisioneiro.
– *4 de setembro*: destituição de Napoleão III depois da derrota da França, invadida pelos exércitos prussianos. A principal consequência da guerra franco-prussiana foi a formação do Império Alemão. Proclamação da República.
– *24 de setembro a 1 de outubro*: Eça presta provas para cônsul de primeira classe. O júri reúne-se a 1 de outubro para apreciação das provas.

– *27 de setembro*: fim dos folhetins de *O Mistério da Estrada de Sintra*. Deste mesmo ano é a 1ª edição em volume deste romance, editado pela Livraria de Antônio Maria Pereira. A última edição, em vida de Eça, será a 3ª, de 1894.
– *1 de outubro*: o júri do concurso para cônsules classifica Eça em 1º lugar com a nota de "muito bom".
– *2 de outubro*: Victor Hugo publica em França *Les Châtiments* (1ª edição em 1853), poemas de combate contra Napoleão III.
– *17 de outubro*: Manuel Saldanha da Gama, 2º classificado no concurso de cônsules, é nomeado para a Bahia.

1871
– O Cenáculo muda-se para a Rua dos Prazeres, 63, 1º (morada de Antero de Quental), depois de ter estado por pouco tempo na Rua da Cruz de Pau, ao Alto de Santa Catarina. Nesta casa da Rua dos Prazeres planearam-se as Conferências Democráticas do Cassino.
– Carta de Eça a Emídio Garcia, seu professor no 5º ano de Direito, sem data, onde proclama o seu espírito revolucionário e se dá como membro da Internacional.
– *18 de março*: começo da Comuna de Paris.
– *2 de maio*: o *Jornal do Comércio*, de Lisboa, na rubrica "Diversos Boatos": "Também segundo se afirma não tardará a instalar-se na Rua da Prata um centro republicano que terá por instituidores os srs. Antero de Quental, Simão Dias, Eça de Queiroz e Oliveira". Anúncio das Conferências Democráticas na *Revolução de Setembro*.
– *4 de maio*: o *Diário Popular* publica esta notícia: "Afirmam-nos não ser verdade projetarem os srs. Antero de Quental, Eça de Queiroz e outros Cavalheiros, fundar um centro republicano na Rua da Prata".
– *5 de maio*: Ramalho e Eça publicam uma carta [...] no *Diário Popular* desmentindo o republicanismo de *As Farpas*: "As Farpas têm por único partido político o bom senso".
– *Maio*: é posto à venda o 1º número de *As Farpas*, assinadas por Eça de Queiroz e Ramalho Ortigão, com capa de Manuel de Macedo (um diabo espreitando por um óculo). A colaboração de Eça cessará no número de "setembro a outubro" de 1872.
– *17 de maio*: é distribuído o prospecto-programa das Conferências do Cassino.
– *21 a 28 de maio*: "semana sangrenta" da Comuna de Paris.
– *22 de maio*: realiza-se a primeira conferência no Casino Lisbonense, por Antero de Quental, no Largo da Abegoaria, hoje Largo Rafael Bordalo Pinheiro, com o título "O Espírito das Conferências".
– *27 de maio*: Antero de Quental faz a segunda conferência, intitulada "Causas da Decadência dos Povos Peninsulares nos três Últimos Séculos", considerada por Eduardo Lourenço"referência mítica da cultura portuguesa moderna" ou "o seu próprio ato fundador".
– *28 de maio*: execuções em massa (cerca de 17 000 fuzilados) e fim da Comuna de Paris.
– *Junho*: sátira ao Marquês d'Ávila e Bolama, em *As Farpas*, que deu origem à polêmica com Antônio Enes por este ter acusado os seus autores de plágio de Alphonse Karr.

– *6 de junho*: Eça é exonerado do cargo de Administrador do Concelho de Leiria; Augusto Soromenho profere a terceira conferência, "A Literatura Portuguesa".
– *7 de junho*: Alberto de Queiroz, irmão do romancista, publica na *Revolução de Setembro* um artigo sobre a conferência de Augusto Soromenho.
– *12 de junho*: Eça profere a conferência do Cassino (quarta conferência) intitulada "A Nova Literatura ou o Realismo como Nova Expressão da Arte".
– *18 de junho*: data muito provável do célebre "passeio de bote no Tejo", de três internacionalistas espanhóis (Anselmo Lorenzo, Mora e Morago) com José Fontana e Antero de Quental, com o fim de criar um núcleo da Internacional em Lisboa.
– *19 de junho*: Adolfo Coelho realiza a quinta conferência, sobre "O Ensino".
– *20 de junho*: informação do Comissário da Polícia, A. P. Rangel, sobre a quinta conferência.
– *23 de junho*: parecer confidencial do procurador-geral da Coroa, Martens Ferrão (João Baptista da Silva Ferrão de Carvalho Martens).
– *26 de junho*: o governo, dirigido pelo marquês de Ávila e Bolama, publica uma portaria proibindo as conferências, quando Salomão Sáragga se preparava para falar sobre "Os Historiadores Críticos de Jesus".
– *27 de junho*: a imprensa publica o protesto contra o encerramento das Conferências, assinado por Antero de Quental, Adolfo Coelho, Jaime Batalha Reis, Salomão Sáragga e Eça de Queiroz, com trezentas assinaturas. Salomão Sáragga publica no *Diário Popular* uma carta onde explica o que seria a sua conferência que o governo proibira.
– *30 de junho*: folhetim de Manuel Pinheiro Chagas no *Jornal da Noite*, aprovando a proibição.
– *4 de julho*: requerimento ao procurador-geral da Coroa para que lhes instaure um processo, assinado por Antero de Quental e Jaime Batalha Reis. Data da carta de Eça e Salomão Sáragga a Antero de Quental e Batalha Reis, publicada em vários jornais, a 6, dando conta da missão que Antero e Batalha lhes confiaram de pedir satisfações a Manuel Pinheiro Chagas, que os acusara de "comunismo" e tratara de bandidos os que comungavam das suas ideias. Pinheiro Chagas retrata-se.
– *22 de julho*: Antero de Quental publica a "Resposta aos Jornais Católicos", no *Jornal do Comércio* (recolhida nas *Prosas II*) a propósito da sua conferência de 27 de maio no Casino Lisbonense.
– Publicação de *A Comuna de Paris e o Governo de Versalhes*, de José Falcão, monografia de catorze páginas em defesa da Comuna. Eça sai em defesa veemente do seu autor, lente em Coimbra, ameaçado de represálias pelo governo, em *As Farpas* de julho de 1871.
– *14 de agosto*: portaria do *Diário do Governo*, assinada pelo marquês de Ávila e Bolama, proibindo as Conferências do Cassino, que denomina "preleções em que se expõem e procuram sustentar doutrinas e proposições que atacam a Religião e as instituições políticas do Estado". No mesmo órgão e na mesma data, parecer fiscal de Martens Ferrão (Procurador-Geral da Coroa e Fazenda) justificativa da proibição, onde se diz que se pretende "incitar o ódio de classes, e a guerra ao capital, que é a luta contra a propriedade" que "produzem as abjeções do movimento republicano na Espanha, e os horrores da Comuna".

– *6 de setembro*: discurso de Manuel Pinheiro Chagas, no Parlamento, denunciando o socialismo como "um partido altamente nefasto e perigoso", acrescentando: "Entendo que devemos defender a liberdade contra o socialismo, como a temos defendido contra a reação". Recordando os episódios da Comuna, Chagas esclarece: "Nós bem vimos que, quando a Comuna estabeleceu em Paris o seu império despótico, a primeira coisa que fez foi suprimir todas as liberdades". Este discurso é concluído no dia 8.
– *11 de setembro*: o governo do marquês de Ávila e Bolama demite-se.
– *13 de setembro*: governo da presidência de Fontes Pereira de Melo (até 5.3.1877).
– *Novembro*: Eça publica em *As Farpas* uma carta onde reage à sua preterição para o posto consular da Bahia.

1872

– *Janeiro*: *As Farpas* deste mês, em artigo de Eça, mostram-se favoráveis a Camilo na contenda com o bispo do Porto (sobre as labaredas do Inferno). Eça escreve: "Tem a discussão tomado uma feição teológica: o Sr. Camilo Castelo Branco tem trazido a ela toda a originalidade fogosa da sua pena peninsular".
– *16 de março*: Eça é nomeado cônsul de 1ª classe para as Antilhas espanholas, por decreto de João de Andrade Corvo.
– *1 de maio*: Solicitação do governo português a Espanha do *exequatur* para o novo cônsul.
– *24 de outubro*: *Exequatur* de Madrid que acredita Eça como cônsul em Havana.
– *8 de novembro*: data do passaporte português para Havana, como "encarregado de despachos".
– *9 de novembro*: Eça parte para as Antilhas, via Cádiz.
– *Novembro*: Ramalho Ortigão despede-se em *As Farpas* do seu colaborador.
– *Dezembro*: estreia, no Teatro D. Maria II, da comédia em quatro atos *Os Sabichões*, de Ernesto Biester, caricaturando a geração dissidente de Coimbra e o seu prolongamento através das Conferências do Casino.
– *21 de dezembro*: chega a Havana (data do carimbo do passaporte) e é empossado pelo seu antecessor Fernando de Gáver.

1873

– *15 de março*: solicita licença do Ministério dos Negócios Estrangeiros para se ausentar de Cuba no verão, por conselho médico, para evitar as doenças do clima.
– *14 de abril*: autorização do Ministério dos Negócios Estrangeiros (MNE) para se ausentar de Cuba durante os meses de estio.
– *16 de abril*: é autorizado a ausentar-se de Havana e seguir para os Estados Unidos.
– *14 de maio*: passaporte do governo de Cuba autorizando a viagem aos Estados Unidos que não tem como objetivo qualquer missão oficial.
– *30 de maio*: Eça entrega o expediente ao vice-cônsul conforme documentação do Ministério dos Negócios Estrangeiros, informando que nesta data começa a aproveitar a licença que lhe foi concedida.

– *Maio*: Eça embarca no "City of Havana" para Nova York.
– *20 de julho*: carta a Ramalho Ortigão, de Montreal, com um retrato muito vivo dos Estados Unidos, contendo alusões veladas às suas relações com as namoradas norte-americanas: "Eu não tenho estado com o espírito tranquilo para fazer uma viagem de estudo – porque... mas enfim um dia, se Deus o consentir, conversaremos".
– *16 de setembro*: as tropas prussianas acabam de evacuar o território francês.
– *29 de outubro*: emissão do passaporte de regresso a Cuba, dado em Nova York.
– *5 de novembro*: comunica ao MNE que nesta data retomou o serviço no consulado de Havana (ofício de 15 de novembro).
– Camilo, no capítulo x da biografia *O Visconde de Ouguela*, faz uma referência muito elogiosa ao pai de Eça.

1874

– *22 de janeiro*: o *Diário de Notícias* distribui como brinde aos seus assinantes o conto "Singularidades de uma Rapariga Loura".
– *20 de março*: data do passaporte do governo de Cuba para regresso à Europa.
– *27 de março*: entrada em vigor da proibição da emigração chinesa de Macau para Cuba.
– *22 de maio*: o jornal *Gaceta de la Habana* noticia a viagem de regresso de E. Q.
– *8 de junho*: Eça é nomeado adido junto à Direção dos Consulados e dos Negócios Estrangeiros.
– *9 de novembro*: relatório sobre "A Emigração como Força Civilizadora", para o MNE, publicado pela primeira vez por Raul Rego em 1979.
– *13 de novembro*: solicitação do governo português ao governo inglês para a nomeação de cônsul em Newcastle.
– *29 de novembro*: nomeação como cônsul em Newcastle.
– *30 de dezembro*: tomada de posse do consulado de Newcastle. O seu antecessor, o barão Wildik, escreve: "Pelo seu fino trato, e pela condição que revela a sua conversação, depressa conquistará um lugar eminente entre os membros do corpo consular desta cidade [...]".
– Flaubert publica *La Tentation de St. Antoine*.

1875

– *6 de janeiro*: carta a Jaime Batalha Reis onde diz: "Saberás que Newcastle, onde há perto de 100 000 operários, é o centro socialista da Inglaterra. Estou no foco. É desagradável o foco".
– *12 de fevereiro*: carta a Silva Pinto, dada na edição Castilho como de 1877 mas cujo manuscrito consultamos, escreve: "Balzac, com efeito, é o meu mestre... ele é com Dickens, certamente, o maior criador na arte moderna: mas é necessário não ser ingrato para com a influência que tem no realismo Gustavo Flaubert – o seu estilo, a sua profunda ciência dos temperamentos tem feito na arte contemporânea uma revolução importante. Eu procuro filiar-me nestes dois grandes artistas: Balzac e Flaubert...".
– *15 de fevereiro*: inicia-se a publicação de *O Crime do Padre Amaro*, na *Revista Ocidental* (fundada por Antero de Quental e Jaime Batalha Reis), que vai prolongar-se até 15 de maio, em sete fascículos.

– *26 de fevereiro*: telegrama a Jaime Batalha Reis, referente à publicação da primeira versão de *O Crime do Padre Amaro*: "Suspende imediatamente publicação romance manda provas o publicado absurdo não autorizo publicação resto sem provas". Nesta mesma data carta ao mesmo, indignado com as alterações praticadas na edição do romance na *Revista Ocidental*, chegando a escrever: "Estou doente de indignação. Se aqui estivesse o Antero estrangulava-o. O Antero é o maior crítico da península mas entende tanto de arte – como eu de mecânica. O Antero dirigindo a publicação do Padre Amaro é simplesmente hórrido".
– *Princípios de março*: Antero escreve a Oliveira Martins referindo-se nestes termos à primeira versão de *O Crime do Padre Amaro*, da *Revista Ocidental*: "Eu receio muito mais do Padre Amaro (que é Pigault-Lebrun forrado de Flaubert, como V. irá vendo e pasmando) do que do Socialismo, mas o Batalha tem ideias fixas, e algumas bem singulares: diz que o Padre Amaro é *uma revolução*, e não sai daqui" (*Obras Completas, Antero de Quental, Cartas I*, org. Ana Maria Almeida Martins, Lisboa, IN-CM, 2009, p. 404).
– *Março*: Recomeça a escrever em Newcastle uma segunda versão de *O Crime do Padre Amaro*. Comenta em carta o discurso do parlamentar Assunção, a Ramalho Ortigão, deste modo: "Como é extraordinário! Como é imenso! Peço que mo mande todo! Que me mande dois! Que me mande o retrato do homem! Não é uma invenção sua? Você tem lá gênio para isso! Não é uma invenção de Dickens? Não será uma obra inédita de Molière? Passou-se tal sessão, fez-se tal fala? Mas então somos extraordinários. Mas então somos um grande povo? Possuímos, real, vivo, um tipo igual, senão superior, aos grandes tipos funambulescos que os outros países só possuem na idealidade estética da arte!"
– *27 de abril*: *La Faute de l'Abbé Mouret* de Zola.
– *17 de maio*: carta a Ramalho Ortigão onde diz que a segunda versão de *O Crime do Padre Amaro* "está enfim quase pronta".

1876

– *25 de março*: primeira manifestação do Partido Republicano Português com o banquete em Lisboa comemorativo da vitória eleitoral dos republicanos franceses.
– *Julho*: é posta à venda a segunda versão de *O Crime do Padre Amaro*, com a indicação de "Versão definitiva", com um prefácio datado de Akenside Terrace de 5 de julho de 1875, numa edição de 785 exemplares. Antero de Quental reside na Praça da Alegria 12, 2º, local onde Eça situa Damião, personagem de *A Capital!*
– *Novembro*: conclusão de *O Primo Basílio*.
– Morre Luís Benedito de Castro, quinto conde de Resende, companheiro de Eça na viagem ao Oriente. Sucede-lhe no título seu irmão Manuel.

1877

– *Janeiro*: em *As Farpas*, Ramalho Ortigão elogia o mérito literário de *O Crime do Padre Amaro* referindo o silêncio que a crítica fez sobre o romance.
– *21 de fevereiro*: carta a Ernest Chardron a comunicar que está a terminar os últimos retoques de *O Primo Basílio*.

– *14 de abril*: começo da colaboração no jornal do Porto *A Actualidade*, com "Cartas de Londres", que se manterá até 21 de maio de 1878.
– *17 de maio*: envia ao editor Chardron o primeiro original de *O Primo Basílio*.
– *2 de junho*: carta-relatório para o MNE sobre a greve dos mineiros de Northumberland, publicada por Alan Freeland (*Eça de Queiroz, Correspondência Consular*).
– *4 de junho*: adesão de Antero de Quental ao Partido Socialista, aceitando ser deputado nas eleições para deputados de 19 de outubro de 1879. Antero de Quental volta a candidatar-se no ano seguinte.
– *10 de julho*: carta-relatório para o MNE sobre a greve mineira de Northumberland.
– *5 de outubro*: comunica a Chardron o projeto das *Cenas da Vida Real* (*Cenas Portuguesas* ou *Cenas da Vida Portuguesa*), escrevendo: "O encanto destas novelas – que são mais difíceis de fazer que um romance – é que não há digressão, nem declamação, nem filosofia: tudo é interesse e drama – e rapidamente contado; lê-se numa noite e fica-se com a impressão para uma semana". Nesta data envia-lhe o final de *O Primo Basílio*.
– *28 de outubro*: morre em Verdemilho Mateus de Brito, o criado mulato que o avô de Eça trouxera do Brasil.
– *3 de novembro*: em carta a Ramalho Ortigão comunica-lhe que acabou *O Primo Basílio*.
– A linha férrea do Norte chega ao Porto.
– Victor Hugo publica *Histoire d'un Crime*, libelo acusatório contra o golpe de Estado executado por Napoleão III em 2.12.1851.
– Flaubert publica *Trois Contes*.

1878
– O censo da população dá Portugal como tendo 4 160 315 habitantes.
– *18 de janeiro*: carta-relatório para o MNE sobre a greve dos mineiros de Northumberland.
– *28 de janeiro*: comunica a Chardron o projeto definitivo das *Cenas da Vida Real*, que constará de doze volumes, sendo o primeiro *A Capital*.
– *29 de janeiro*: governo de Fontes Pereira de Melo (até 1.6.1879).
– *25 de fevereiro*: data da carta a Joaquim de Araújo, redator de *A Renascença*, do Porto, sobre Ramalho Ortigão.
– *28 de fevereiro*: é posto à venda *O Primo Basílio*.
– *15 de março*: *Histoire d'un Crime*, de V. Hugo.
– *24 de março*: carta de Camilo a Maria Amália Vaz de Carvalho onde escreve: "Essa escola que abriu o E. de Q. vingará por dúzias de anos. Aquilo são fezes amassadas, mas a forma que ele lhes dá é atrativa. Tanto importa que a matéria-prima seja de alabastro como de guano; a estátua é bonita".
– *8 de abril*: carta a Ramalho Ortigão onde define a crise em que se encontra, quer relativa à sua capacidade criativa, quer relativa aos seus problemas sentimentais. Como é frequente, este estado de espírito implica também dificuldades financeiras.
– *18 de abril*: Rafael Bordalo Pinheiro publica em *O Besouro* um desenho alusivo ao *Primo Basílio* e a *Yayá Garcia* de Machado de Assis.

– *27 de abril*: Rafael Bordalo Pinheiro publica em *O Besouro* nova alusão a estas personagens.
– *23 de junho*: comunica ao editor Ernest Chardron o seu novo livro – *O Conde de Abranhos*: "[...] o livro é verdadeiramente um pequeno romance, apresentado sob uma forma nova, que creio não ter precedentes em literatura".
– *28 de junho*: comunica ao editor os doze títulos das *Cenas Portuguesas*.
– *29 de junho*: escreve a Machado de Assis, agradecendo a primeira crítica do escritor brasileiro ao *Primo Basílio*, pedindo-lhe, com uma ponta de ironia, para agradecer aos "seus colegas de literatura e de jornal pela honrosa aceitação que lhes mereceu o *Primo Basílio*".
– *Agosto*: 2ª edição de *O Primo Basílio*.
– *12 de agosto*: carta a Chardron onde diz – "estou bastante contente com *A Capital* – ainda que receio que se repitam as acusações de escândalo, desta vez mais sérias, porque se não trata de mulheres, nem de amores, mas são pinturas um pouco cruéis da vida literária de Lisboa (jornalistas, artistas etc.)".
– *12 de outubro*: declara, em carta ao editor, que *A Capital* está pronta, mas precisa revê-la.
– *10 de novembro*: em carta a Ramalho Ortigão comunica que lhe ocorreu a ideia de escrever *A Batalha do Caia*, sugerindo-lhe que o governo (através do ministro Andrade Corvo) lhe deveria pagar uma indenização para ele conservar na gaveta obra tão escandalosa.
– O brasileiro Cardoso Meneses adapta para o teatro *O Primo Basílio*, drama em cinco atos e quatro quadros, interpretado no Cassino Fluminense do Rio por Furtado Coelho e Lucinda Simões.

1879

– *8 de fevereiro*: prefácio de Camilo para a quinta edição do *Amor de Perdição* (primeira edição de 1862), com uma diatribe ao realismo-naturalismo, onde escreve: "Pois que estou a dobrar o cabo tormentório da morte, já não verei onde vai desaguar este enxurro que rola no bojo a Ideia Novíssima".
– *15 de abril*: carta-relatório ao MNE sobre a greve mineira de Northumberland.
– Demolição do Passeio Público de Lisboa para permitir a abertura da Avenida da Liberdade.
– *25 de abril*: assume o consulado de Bristol, nove meses depois da nomeação (segundo Alan Freeland, *Eça de Queiroz, Correspondência Consular*)
– *Junho*: escreve em Dinan (França) *O Conde de Abranhos*, que ficará inédito até 1925.
– *10 de julho*: comunica a Ramalho Ortigão que anda com os poetas latinos e lê Marcial, de quem diz: "Tem o *trait* diabolicamente mordente e penetrante".
– *Setembro*: Camilo Castelo Branco publica *Eusébio Macário*, anunciado como uma série de "romances facetos", paródia ao romance realista.
– *30 de setembro a 20 de outubro*: estada em Angers onde se faz fotografar com uma bela desconhecida, juntamente com seu irmão Alberto. Há cartas datadas de Angers dos anos: 1879, 1880, 1882 e 1884, sendo a última conhecida de 10 de maio de 1884. *O Mandarim* é datado de Angers, em junho de 1880. Estão publicadas até agora catorze cartas datadas de Angers. Uma das fotografias da "bela desconhecida" tem a data de 1877.
– Escreve em Bristol o importante texto "Idealismo e Realismo" para servir de prefácio à 2ª edição refundida de *O Crime do Padre Amaro*.

1880

– *Janeiro*: chega a Portugal em gozo de férias que durarão até junho.
– É publicada a terceira versão de *O Crime do Padre Amaro* pelo editor Chardron (2ª ed. em livro).
– *8/9 de fevereiro*: data presumível da carta de Antero de Quental com um rasgado elogio à nova edição revista de *O Padre Amaro*, sem data e escrita da Calçada de Sant' Ana 207, 2º (em Lisboa). Antero instalou-se neste endereço em finais de 1879, logo a carta terá sido enviada por ocasião do aparecimento da 2ª edição do romance em livro e a esta edição se refere, ou seja, à de 1880. (Antero muda-se depois para a Rua da Fé em 1881.) Outra referência importante nela contida: o aparecimento da *História de Portugal* de Oliveira Martins (outubro de 1879). Esta carta figura nas edições do romance da Livros do Brasil, incompleta. Beatriz Berrini publicou-a na íntegra na *Colóquio-Letras* 123/124, dedicado a Antero (pp. 208-209).
– *Fevereiro*: cartas para o editor Ernest Chardron comprovam a estada de Eça em Angers nos meses de fevereiro e julho.
– *28 de março*: publicação do conto "Um Poeta Lírico", em *O Atlântico*.
– *28 de abril*: publicação do conto "No Moinho", em *O Atlântico*. Sarau musical em benefício da família de Santos Nazaré, a que Eça assiste.
– *Maio*: É oferecido a Eça de Queiroz, no Montijo, um almoço, caricaturado por Bordalo Pinheiro no *António Maria*, a 20 de maio, a que assistem Ramalho Ortigão, Bordalo, Columbano, Lourenço Malheiro, Jaime de Séguier, Teixeira de Queiroz, Mariano de Carvalho, Ernesto Biester, Cristóvão Aires, Eugênio de Mascarenhas, Eça Leal, Zenóglio etc.
– *8 de maio*: morte de Flaubert em Croisset.
– *11 de maio*: *A Correspondência de Coimbra* noticia que Eça está em Coimbra na Rua das Fangas. A 13 informa que partira para Ovas, para casa do deputado Arala e Costa. Os estudantes ovacionaram-no a 11 na estação de Coimbra.
– *22 de maio*: o *Diário de Portugal*, de Lisboa, anuncia estar concluído o romance prometido por Eça, que se intitula *Os Maias* e começará a ser publicado nos primeiros dias de junho.
– *1 de julho*: o *Diário de Portugal* anuncia que Eça escreveu em Angers *O Mandarim*, "conto fantástico", que em breve será publicado nas suas colunas.
– *7 a 18 de julho*: publicação, em folhetins, de *O Mandarim* no *Diário de Portugal*. O livro sai nesse mesmo ano em setembro ou outubro, com uma segunda edição desse ano. A 3ª edição data de 1889.
– *24 de julho*: tem início a sua colaboração para a *Gazeta de Notícias* do Rio de Janeiro, que durará até 1897.
– *Fins de setembro-princípios de outubro*: aparecimento em livro de *O Mandarim*. Surge neste mesmo ano uma 2ª edição. O prefácio para a edição francesa, importante texto de doutrina literária, só será publicado na 5ª edição, em 1907.
– *31 de outubro*: a *Gazeta de Notícias* do Rio publica "Um Artigo do *Times* sobre o Brasil" de Eça de Queiroz, que vai dar origem a uma polêmica com Manuel Pinheiro Chagas. Este artigo

seria recolhido em *Cartas de Inglaterra*. Uma carta de Bristol de 28 de janeiro de 1881 encerrará o debate por parte de Eça.
– Publicação de *Le Roman Éxperimental* de Zola.
– *29 de dezembro*: publicação da carta "Brasil-Portugal" em *O Atlântico*, como resposta ao artigo de Manuel Pinheiro Chagas do mesmo jornal a 28 de novembro, o que dará origem a grande polêmica entre os dois.
– Celebração nacional do terceiro centenário da morte de Camões, promovida por Teófilo Braga, que assinala o começo da ideia republicana e que acabará por fazer a revolução de 5 de outubro de 1910.

1881
– *6 de fevereiro*: resposta de Eça à réplica de Manuel Pinheiro Chagas, publicada no mesmo jornal *O Atlântico* de 4 e 14 de janeiro.
– Publicação do *Portugal Contemporâneo* de Oliveira Martins, referência importante na obra de Eça de Queiroz, onde Martins traça um quadro devastador do regime liberal e do Portugal da decadência.
– *12 de junho*: data da apreciação crítica de Rodrigues de Freitas ao *Portugal Contemporâneo*.
– *Setembro*: Antero de Quental instala-se em Vila do Conde, na então Praça Velha n. 3, hoje Largo Antero de Quental. Viera da Rua da Fé em Lisboa.
– *14 de novembro*: governo de Fontes Pereira de Melo (até 20.2.1886).
– Flaubert publica *Bouvard et Pécuchet*.

1882
– Está pronta a primeira versão de *A Relíquia*. A segunda será concluída em Portugal, em 1884, mas só em abril de 1887 começará o romance a ser publicado na *Gazeta de Notícias* do Rio de Janeiro.
– *Maio e junho*: Eça encontra-se em Angers.
– *Julho*: regressa ao consulado de Bristol.

1883
– *26 de abril*: Eça é eleito sócio correspondente da Academia Real das Ciências.
– *Abril, maio e julho*: permanência em Portugal.
– *12 de julho*: Eça assina uma declaração de venda da propriedade de *Os Maias* ao editor Chardron, do Porto, com promessa de concluir o romance ao fim do ano. Só cinco anos depois isso aconteceria.
– *20 de julho*: comunica a Ramalho Ortigão que lhe vai remeter *O Mistério da Estrada de Sintra*, "emendado, quase refeito", mais um prólogo.
– *Verão*: Eça, Antônio Feijó, D. José da Câmara e Luís de Magalhães vão a Vila do Conde visitar Antero de Quental. Luís de Magalhães recorda esta visita no *Correio dos Açores* de 11 de setembro de 1923, referindo o ano de 1882. Temos razões para supor que foi em 1883 (*Antero de Quental*, de José Bruno Carreiro, 2º vol., p. 122).

1884

– *Março e maio*: a correspondência comprova a estada de Eça em Angers.
– *4 de março*: pede a Mariano Pina, de Angers, que lhe envie em *grande vitesse* um aparelho de ginástica chamado Régénérateur Musculaire, cuja recepção acusa a 26.
– *10 de maio*: em carta a Oliveira Martins, de Angers, confessa: "Os meus romances, no fundo, são franceses, como eu sou, em quase tudo, um francês – exceto num certo fundo sincero de tristeza lírica que é uma característica portuguesa, num gosto depravado pelo *fadinho*, e no justo amor do bacalhau de cebolada. Em tudo o mais, francês, de província".
– *30 de maio*: carta ao editor Chardron onde lhe propõe publicar, com o título de *Folhetins Românticos*, os seus primeiros escritos, publicados entre 1866 e 1867, na *Gazeta de Portugal*. Serão publicados postumamente, com prefácio de Jaime Batalha Reis e o título de *Prosas Bárbaras*.
– *Fins de julho e começos de agosto*: encontra-se em Portugal. Almoça e faz-se fotografar no Palácio de Cristal, no Porto, com Ramalho Ortigão, Antero de Quental, Junqueiro e Oliveira Martins. Daí resulta a chamada fotografia do "Grupo dos Cinco".
– *1 de agosto*: publicação nas páginas da *Revue Universelle* (Paris) da tradução de *O Mandarim*.
– *26 de julho*: carta a Mariano Pina, do Lazareto de Lisboa, vindo da Inglaterra, por navio: "Enquanto à quarentena é melhor não falar: contar um mal é tornar a sentir-lhe a amargura: – isto é abominável". O Lazareto, instituição destinada a defender o país de epidemias contagiosas, para quem chegava ao reino de barco, situava-se na Torre de São Sebastião da Caparica, chamada Torre Velha, implantada na escarpa de um monte na margem sul do Tejo, em frente da Torre de São Vicente de Belém. Bordalo Pinheiro dedicou-lhe um pequeno álbum, em 1881, intitulado, *No Lazareto*.
– *16 de agosto*: em carta a Luís de Magalhães, de Lisboa, escreve: "O mais verdadeiro grito de paixão, num alexandrino desajeitado, é uma sensaboria. Só há Beleza onde há Ordem. Pula a sua forma!"
– *21 de agosto*: parte de Lisboa para Pindela (Vila Nova de Famalicão).
– *30 de agosto*: depois de uma viagem a Pindela e a Viana do Castelo, com o conde de Ficalho e Bernardo e Vicente Correia de Melo (Arnoso), adoece no Grande Hotel do Porto com uma "sublevação intestinal". Em Viana visita a casa em Santa Marta de Portuzelo que lhe serve de inspiração para recriar a "Quinta do Mosteiro", onde o "Raposão" vai escrever as suas memórias. Continua a trabalhar em *A Relíquia*.
– *Setembro*: vai à Granja visitar Emília de Castro.
– *Outubro*: visita a Costa Nova na companhia da condessa de Resende e de suas filhas Emília e Benedita. Começam as relações mais próximas e "interessadas" de Eça com Emília.
– *8 de dezembro*: o *Correio da Manhã* publica um extrato de *Os Maias*.

1885

– *21 de março*: *Germinal* de Zola.
– *Abril*: publica o conto "Outro Amável Milagre", na obra coletiva *Um Feixe de Penas*.

– *3 de maio*: visita Zola na companhia do jornalista Mariano Pina. Mais tarde dirá a Emília de Castro que Zola teria exclamado ao vê-lo: "Eh quoi, c'est vous! Mais vous êtes un enfant!"
– *22 de maio*: morre Victor Hugo, em Paris.
– *5 de junho*: Mariano Pina descreve em *A Ilustração* o encontro de Zola com Eça: "Zola e Eça de Queiroz".
– *7 de junho*: carta a Mariano Pina que termina deste modo: "Eu detesto a Inglaterra, mas isso não impede que ela seja, como nação pensante, talvez a primeira. Taine disse a segunda... mas Taine era francês".
– *10 de junho*: primeira tentativa de ressurreição de Carlos Fradique Mendes, em carta a Oliveira Martins.
– *18 de junho*: Camilo Castelo Branco é agraciado com o título de visconde de Correia Botelho.
– *15 de junho*: Eça está em Londres para "indagar sobre pedras, nomes de ruas, mobílias e *toilettes*" para a Jerusalém de *A Relíquia*.
– *20 de julho*: carta ao diretor da *Ilustração* (Paris) sobre Victor Hugo, recolhida nas *Notas Contemporâneas*.
– *28 de julho*: carta ao futuro cunhado Manuel, agradecendo-lhe a intervenção no sentido de favorecer a sua aproximação da Emília, com quem virá a casar.
– *15 de agosto*: nova carta a Manuel. As restrições de Emília estão desvanecidas. Começará aqui o namoro.
– *30 de agosto*: Eça pede à condessa de Resende a mão de sua filha Emília.
– *Setembro*: Eça aluga um apartamento em Londres.
– *24 de setembro*: carta a Ramalho Ortigão com uma crítica ao livro deste, *A Holanda*.
– *14 de outubro*: participação a Ramalho Ortigão que pediu a mão de Emília de Castro, em termos sofisticados que quase fazem crer, em desprevenida leitura, num casamento de conveniência. A 20 e 21 de outubro, as participações ao conde e condessa de Ficalho apresentam o mesmo tom.
– *2 de novembro*: chega a Lisboa, para se casar.
– *25 de dezembro*: declaração dos pais onde consta que o romancista é seu filho legítimo: "e que para o legitimar contraímos matrimônio no dia 3 de setembro de 1849 na igreja do antigo Convento de Santo Antônio da cidade de Viana do Castelo", legitimação esta necessária ao seu casamento.
– Publicação da 2ª edição, revista e precedida de um prefácio (de 14.12.1884), de *O Mistério da Estrada de Sintra*.

1886

– *14 de janeiro*: encontra-se no Hotel de Paris, à Rua da Fábrica, no Porto, de onde escreve a Ramalho Ortigão dizendo: "A família é talvez fecunda em trabalho produtivo: a preparação para a família é o tempo mais completo de desperdício e ociosidade que há, fora de ser *político*". Refere ainda que Oliveira Martins vai publicar os *Sonetos* de

Antero: "este livro é dos mais belos livros de poesia [...] que jamais se publicou numa língua moderna".
– *10 de fevereiro*: casa-se no oratório do Solar de Santo Ovídio, com Emília de Castro Pamplona (Resende). Seus padrinhos foram Ramalho Ortigão e Manuel de Castro, o cunhado. Instala-se em Bristol, após viagem via Madrid e Paris.
– *26 de abril*: recebe na casa do 38 de Stoke Bishop, em Bristol, os seus amigos conde de Arnoso e conde de Ficalho. Um *croquis* deste seu amigo permitiu mais tarde identificar esta casa.
– *21 de maio*: data do prefácio de *O Brasileiro Soares*, de Luís de Magalhães.
– *12 de junho*: prefácio para os *Azulejos* do conde de Arnoso onde, sem lhe mencionar o nome, desfere um ataque a Camilo que responderá em "Procissão dos Moribundos", depois recolhida em *Óbolo às Crianças*.
– *5 de julho*: morre em Lisboa o seu irmão Alberto.
– *20 de agosto*: Oliveira Martins prefacia e publica *Os Sonetos Completos de Antero de Quental*, no Porto.
– *3 de outubro*: escreve, de Bristol, ao editor Jules Genelioux recomendando-lhe dois textos biográficos, para este enviar ao professor francês da Faculdade de Letras de Bordeaux, Mr. de Treverret, um feito por Teófilo Braga, de 1878 (recolhido em 1945 na obra *Eça de Queiroz Visto Pelos Seus Contemporâneos*), o outro da autoria de Madame Rattazzi (Marie Letizia Studolmina Wyse Bonaparte, 1831-1902), escrito nos primeiros números da revista por ela dirigida, *Les Matinées Espagnoles* (Madrid-Paris), 1º vol., 1883.
– De férias em Portugal para passar o Natal.

1887

– *16 de janeiro*: nascimento de Maria, o primeiro filho, no Solar de Santo Ovídio, no Porto.
– *21 de fevereiro*: publica em *A Província* uma paródia contra Camilo, anonimamente, mais tarde revelada por Luís de Magalhães no *In Memoriam* de Eça (1922), com o título "Mr. Cumberland, Sessão do Grande Adivinho".
– *Maio*: é posta à venda *A Relíquia*, anteriormente publicada em folhetins na *Gazeta de Notícias* do Rio de Janeiro, de 24 de abril a 10 de junho.
– *2 de maio*: passaporte português para o cônsul em Bristol retornar ao seu posto acompanhado de Mme Queiroz e de uma empregada.
– *12 de maio*: Camilo publica nas *Novidades* o artigo "Procissão de Moribundos", com um elogio ao pai de Eça e diatribes ao filho. Eça responde com uma carta que não chega a enviar-lhe. Esse texto de Camilo é reimpresso nesse mesmo ano no *Óbolo às Crianças*.
– *22 de maio–28 de novembro*: entre estas datas Eça está em Torquay com Emília e a filha, nascida em janeiro.
– *1 de junho*: o *Diário do Governo* publica o anúncio de abertura de concurso para atribuição do prémio literário D. Luís, promovido pela Academia das Ciências.
– *11 de junho*: o juiz Teixeira de Queiroz, pai de Eça, escreve a Camilo agradecendo os elogios que este fizera à sua arte poética, num artigo depois recolhido no *Óbulo às Crianças*, terminando

essa carta deste modo: "Cá vou arrastando os meus 66 anos, cheios de caruncho e de nevralgias, verdade é, mas limpos de mercúrio e de cupaíba. Aperta-lhe cordialmente a mão, e agradece as suas amáveis expressões o seu velho e obrigadíssimo amigo *José Maria d'A. T. de Queiroz*".
– *Junho*: publicação de *A Relíquia*, no Porto, pelo editor Ernest Chardron.
– *2 de julho*: carta de Eça a Luís de Magalhães onde refere que Camilo faz queixas dele nas *Novidades* e que lhe respondeu numa carta que não enviou, sob pretexto de não ter paciência "de a pôr em tinta limpa". Só postumamente seria publicada, nas *Últimas Páginas*.
– *10 de julho*: envia ao secretário da Academia Real das Ciências, Latino Coelho, dois exemplares de *A Relíquia*, para o concurso do prémio literário D. Luís.
– *22 de outubro*: protesta em carta ao editor Genelioux pelo fato de ele proceder à terceira edição de *O Primo Basílio* sem que ele tenha procedido à sua revisão, cuja forma, segundo diz, "a un peu vieilli!"
– *28 de novembro*: Eça encontra-se em Londres, até princípios de dezembro para procurar casa, segundo consta da carta que nesta data escreve a sua mulher, sem que até agora se saiba de fonte certa a razão da mudança de residência para Londres.
– *11 de dezembro*: é votado o parecer do prêmio D. Luís, que indica como vencedor o drama de Henrique Lopes de Mendonça, *O Duque de Viseu*. Eça perde o prêmio a que concorrera.
– 3ª edição de *O Primo Basílio*.
– Presumível ano de redação do importante artigo "O Francesismo", segundo Guerra da Cal (p. 361 da *Biblíografia Queirociana*, tomo 1).

1888
– *5 de janeiro*: Mariano Pina, na *Ilustração*, ataca o parecer do júri que atribuiu o prêmio D. Luís, chamando-lhe "comédia".
– *25 de janeiro*: Carta de Eça a Mariano Pina para o *Repórter* que só vem a ser publicada em maio, pois continha um ataque a Pinheiro Chagas, que estava às portas da morte por ter sido vítima de uma agressão, a 7 de fevereiro.
– *26 de fevereiro*: nasce em Londres José Maria, o segundo filho do romancista, em Ladbroke Gardens, 23, Notting Hill.
– *Fins de abril*: morre em Lisboa seu irmão Carlos, com cerca de 20 anos.
– *15 ou 20 de maio*: está concebida *A Correspondência de Fradique Mendes*.
– *8 de junho*: Pinheiro Chagas replica no *Repórter* à carta de Eça acerca dos prêmios literários.
– *12 de junho*: carta de Eça a Oliveira Martins onde se queixa de que *Os Maias* saíram "uma coisa extensa e sobrecarregada", recomendando-lhe que leia as "100 primeiras páginas; certa ida a Sintra; as corridas; o desafio; a cena no jornal *A Tarde*; e, sobretudo, o sarau literário".
– *Fins de junho*: é posto à venda *Os Maias*, numa edição de cinco mil exemplares, depois de oito anos de gestação. Só em 1903 se fará a 2ª edição.
– *5 de julho*: o *Repórter* publica o texto de Eça "Ainda sobre a Academia", que continua a polêmica com Pinheiro Chagas a propósito do prêmio que *A Relíquia* não recebera. Texto recolhido pelo filho José Maria em *Cartas Inéditas de Fradique Mendes*.

– *25 de julho*: propõe a Jules Genelioux, seu editor no Porto, a publicação em Paris de uma revista ilustrada, de parceria com Mariano Pina. Juntamente envia-lhe o "programa geral".
– *27 de julho*: carta a Mariano Pina considerando o artigo de Fialho de Almeida sobre *Os Maias* "tout à côté", acrescentando: "Criticar o livro, como ele faz não pelo que ele é, mas pelo que deveria ser – é ridículo".
– *2 de agosto*: sátira de Bulhão Pato em verso, *O Grande Maia* contra Eça de Queiroz.
– *8 de agosto*: resposta de Eça a Fialho de Almeida a propósito da crítica que aquele fizera a *Os Maias* publicada no *Repórter* em 20 de julho.
– *14 de agosto*: carta de Antero de Quental a Bulhão Pato solidarizando-se com este seu amigo pelo fato de ter sido retratado por Eça em *Os Maias* na figura do poeta Tomás de Alencar. "Senti no coração o procedimento deplorável do Eça de Queiroz. Sou amigo dele e estimo-o" etc.
– *15 de agosto*: Eça participa a Oliveira Martins que o visconde de Faria, cônsul de Portugal em Paris, vai ser afastado do lugar e pede-lhe que apoie o seu desejo de o ocupar.
– *agosto*: começa a publicar-se, no *Repórter*, *A Correspondência de Fradique Mendes*.
– *28 de agosto*: É publicado o decreto que nomeia Eça para o consulado de Paris.
– *19 de setembro*: carta a Oliveira Martins onde Eça conta o caso rocambolesco da recepção que lhe fez, no consulado de Paris, a consulesa viscondessa de Faria, caso que Bordalo Pinheiro viria a caricaturar. No dia seguinte escreveria à mulher relatando-lhe o sucedido.
– *20 de setembro*: toma posse oficial do consulado de Paris.
– *Outubro*: fixa residência em Paris e vai morar para a Rue Crevaux 5.
– *2 de novembro*: Antero escreve de Vila do Conde a Eça, recusando satisfazer o pedido que este lhe fizera para ser o autor da apresentação da *Revista de Portugal* (cf. *Colóquio-Letras*, 123/124, dedicada a Antero, onde esta carta foi publicada, p. 211).
– *18 de novembro*: Eça escreve a Camilo Castelo Branco, a convidá-lo a colaborar na *Revista de Portugal*. Não se conhece a resposta de Camilo.

1889

– *Fevereiro*: entra em férias que lhe são concedidas até 18 de maio. Vem a Portugal com a família.
– *8 de fevereiro*: publica em *O Tempo* a resposta ao ataque de Pinheiro Chagas que o acusara de caricaturar o poeta Bulhão Pato na personagem Alencar, de *Os Maias*.
– *10 de fevereiro*: publicação da sátira de Bulhão Pato, *Lázaro Cônsul*.
– *14 de março*: prospecto-programa da *Revista de Portugal*.
– *23 de março*: Eça chega à estação de Santa Apolônia em Lisboa perto da uma hora da madrugada, vindo do Porto. Não encontra tipoia para o levar ao centro da cidade e vai à procura de uma, chegando ao Rossio cerca das duas e meia da manhã. Para não acordar a família vai para o Hotel Universal, no Chiado. Numa das cartas de Fradique recriará este episódio.
– *26 de março*: jantar, no Hotel Bragança, com os Vencidos da Vida. *O Tempo* dedica um artigo a esse jantar.

– *29 de março*: artigo de Eça em *O Tempo*, não assinado, sobre os Vencidos da Vida, em resposta a um outro de Pinheiro Chagas.
– *3 de maio*: *O Tempo* anuncia a publicação, na *Revista de Portugal*, de um novo romance *As Monjas de Ribajoia*, de cujo manuscrito não há registro
– *21 de maio*: jantar dos Vencidos em casa do conde de Arnoso.
– 3ª edição de *O Crime do Padre Amaro*, pelo editor Lugan & Genelieux, considerada *ne varietur*.
– *1 de julho*: sai o primeiro número da *Revista de Portugal* de que Eça é diretor. Durará até 1892.
– *18 de julho*: visita com Jaime Batalha Reis a casa-museu Victor Hugo, "que nos fez muita devoção", segundo conta a sua mulher. É a casa da Av. Eylau, hoje Av. Victor Hugo, n. 124, substituída por prédio de andares, onde o poeta faleceu em maio de 1885. (A casa-museu da Place des Vosges só abriu em 1903.)
– *27 de agosto*: sobe com o príncipe D. Carlos à Torre Eiffel, por ocasião da Exposição Universal de Paris. O *Petit Journal* do dia seguinte publica: "Le duc de Bragance acompagné de son aide de camp, le comte de Seisal, du consul général du Portugal à Paris, Mr. Eça de Queiroz, de Mr. Carlos de Valbom, fils de l'Ambassadeur de Portugal en France, a fait hier matin l'ascension de la Tour Eiffel. MM. Salles, Thomas et Berger lui ont fait les honneurs de la tour qu'il a visitée jusqu'au campanile".
– *1 de setembro*: Começa a publicar as "Cartas de Fradique Mendes" na *Revista de Portugal*, 1º volume, que manterá até ao 4º volume de 1892.
– *Setembro*: publicação, em Boston, da tradução para inglês d'*O Primo Basílio*, *Dragon's Teeth!* (Ticknor and Company). A tradução mutilou a obra suprimindo muitas cenas, mas fazendo sucesso.
– *Fim de setembro*: Emília Pardo Bazán entrevista Eça em Paris.
– *16 de outubro*: Eça pede a Manuel da Silva Gaio, secretário da *Revista de Portugal*, para publicar nas *Novidades* e em *O Tempo* a informação de que a tradução das *Minas de Salomão*, publicada nessa revista, não é dele, Eça de Queiroz, mas de outra pessoa, sendo ele apenas o revisor.
– *18 de outubro*: morte em Cascais do rei D. Luís.
– *25 de novembro*: *El Lunes del Imparcial* publica em Madrid um artigo de Emília Pardo Bazán, intitulado "Un Novelista Ibérico", respeitante a Eça, depois publicado no *Jornal de Notícias*, do Porto, em 16.12.1889, resultado de uma entrevista que esta romancista faz ao escritor em Paris.
– *28 de dezembro*: início do reinado de D. Carlos.
– *30 de dezembro*: nasce em Paris, no n. 5 da Rue Crevaux, o terceiro filho, Antônio.

1890

– *Janeiro*: Antero de Quental publica na *Revista de Portugal* o ensaio "Tendências Gerais da Filosofia na Segunda Metade do Século XIX", com continuidade nos números de fevereiro e março. Ficará a ser o mais importante trabalho filosófico do poeta.
– *11 de janeiro*: *Ultimatum* inglês que levaria à definição das fronteiras do império português em África e a uma profunda crise institucional.

– *28 de janeiro*: morre no Porto a condessa de Resende, sogra de Eça.
– *Fevereiro*: Eça publica na *Revista de Portugal* o importante artigo sobre o *Ultimatum*.
– *6 de fevereiro*: Antero de Quental parte para o Porto, assumindo a presidência da Liga Patriótica do Norte, na sequência do *Ultimatum*, hospedando-se em casa de Carolina Michaelis de Vasconcelos e de Joaquim de Vasconcelos, na Rua de Cedofeita 127. É nesta morada, plausivelmente, que Eça verá Antero pela última vez, como relata no *In Memoriam* do poeta.
– Publicação de *Uma Campanha Alegre*, de *As Farpas*, em dois volumes, edição revista de *As Farpas*, pelo editor Corazzi (Companhia Nacional Editora). O segundo volume só aparecerá em 1891.
– *19 de março*: chega ao Porto para tratar de assuntos referentes a partilhas, determinadas pelo falecimento da sogra. O pai do romancista adoece gravemente. A última carta de Eça, de Lisboa, tem a data de 5 de julho.
– *16 de abril*: em carta à mulher, do Porto, diz estar a traduzir *As Minas de Salomão*.
– *25 de abril*: estreia do drama em quatro atos baseado no *Crime do Padre Amaro*, no Rio de Janeiro, que viria a ter mais de quarenta representações.
– *6 de maio*: em carta a Augusto Fábregas, que quis teatralizar *O Crime do Padre Amaro*, Eça considera que o único dos seus livros "próprio a dar um drama patético, de fortes caracteres, de situações morais altamente comoventes", é *Os Maias*.
– *9 de maio*: notícias pessimistas sobre a situação do país, em carta à mulher – "A ideia geral é que o país está na véspera da ruína. Oliveira Martins não cessa de profetizar catástrofes com voz sombria. Todas as noites é o mesmo sermão. Sai a gente de casa dele aterrado. Não é só pelos males do país, mas pelos males individuais, que se devem seguir como consequência dos males públicos. Segundo esse O. M. à bancarrota pública vai seguir-se a miséria de todos".
– *12 de maio*: comunica à mulher, de Lisboa, a sua intenção de vender a *Revista de Portugal*.
– *1 de junho*: Camilo Castelo Branco suicida-se em São Miguel de Seide, depois da visita de um médico.
– *9 de junho*: pergunta à mulher, em carta de Lisboa, se o amigo Eduardo Prado exprime sinais de se interessar pela sua cunhada Benedita.
– *14 de junho*: comunica de Lisboa à mulher: "Fradique é um sucesso; e ocupa parte de todas as conversações em Lisboa, a ponto de se ouvir esse grande nome por cafés, lojas de modas, peristilos de teatros, esquinas de ruas etc. O pior é que se crê geralmente que Fradique existiu, e é ele, não eu, que recebe estas simpatias gerais".
– *5 de julho*: passaporte português para o cônsul regressar ao seu posto de Paris, partindo a 7.
– *Agosto*: comentando o tratado luso-britânico, então assinado pelo governo português, Oliveira Martins escreve – "é o sintoma mais eloquente de que nos encontramos no princípio da liquidação, *Finis Portugalliae*".
– *18 de novembro*: incidente nas relações de Eça com Batalha Reis, mais tarde superado.
– *Novembro*: visita de Antônio Nobre, primeiro à Rue Crevaux, 5, depois ao consulado da Rue de Berri onde encontra Eça.

1891

– *31 de janeiro*: tentativa revolucionária, republicana, no Porto.
– *6 de abril*: nascimento em Paris de Alberto, o quarto filho do escritor. Virá a falecer em Lisboa a 25.1.1938.
– *12 de abril*: Antero escreve a Goran Bjorkman considerando que "il n'y a parmi les contemporains que Eça de Queiroz qui soit vraiment remarquable: il est en même temps réaliste et phantaisiste" (*Antero de Quental, Cartas* II, org. de Ana Maria Almeida Martins, Universidade dos Açores – Editorial Comunicação, p. 1040).
– *30 de abril*: Antero de Quental deixa a casa de Vila do Conde que habitara durante cerca de dez anos para regressar aos Açores.
– Nesta primavera Eça muda-se para o 32 da Rue Charles Laffitte (Neuilly sur Seine).
– 2ª edição de *A Relíquia*.
– *5 de junho*: Antero de Quental embarca em Lisboa para Ponta Delgada, São Miguel.
– *23 de julho*: na ânsia de proventos, Eça propõe a Oliveira Martins a criação de uma *Biblioteca Escolar de Instrução Primária* e confessa a este amigo a sua preferência pelo *Portugal Contemporâneo*.
– Comunica a Jaime Batalha Reis que está a escrever a "vida diabólica e milagrosa de S. Frei Gil".
– *10 de agosto*: importante carta de Eça ao conde de Arnoso sobre a situação política em Portugal, encontrada entre os papéis particulares do rei D. Carlos, onde exprime o receio do desaparecimento da nação – "com o triunfo da revolução – eu creio que Portugal acabou. Só o escrever isto faz vir as lágrimas aos olhos – mas para mim é quase certo que a desaparição do Reino de Portugal há de ser a grande tragédia do fim do século".
– *11 de setembro*: suicídio de Antero de Quental, no Campo de São Francisco, em Ponta Delgada, nos Açores.
– *20 (?) novembro*: missão diplomática de Eça em Londres referente a uma questão das Estradas de Ferro. Hospeda-se no Savoy Hotel.
– *7 de dezembro*: regressa a Paris.

1892

– *17 de janeiro*: Oliveira Martins é nomeado Ministro da Fazenda, no governo de José Dias Ferreira, mantendo esse cargo até 27 de maio desse ano.
– *23 de março*: primeira representação da peça satírica de Abel Botelho *Os Vencidos da Vida*, proibida pouco depois "por ofensas à moral pública". Fialho de Almeida considera esta proibição um "atentado estúpido à liberdade de pensamento" (*Os Gatos*, Lisboa, Clássica Editora, 1950, vol. 5, p. 250).
– *25 de março*: leitura da peça *Os Preciosos*, comédia em três atos por João Marques da Costa, contra os Vencidos da Vida, no Teatro D. Maria II.
– *8 de abril*: o *Diário do Governo* publica: "1º que a peça *Os Vencidos da Vida* contém caricaturas e imitações pessoais, ofensas ao poder e à moral pública; 2º que por todas estas razões está legalmente justificada a sua proibição".

– *10 (?) abril*: Eça vem a Portugal.
– *18 de maio*: escreve do Porto a sua mulher acusando a recepção de um *Dictionary of Miracles*, cuja tradução ele lhe sugere e tem propósitos meramente lucrativos. Trata-se da obra *A Dictionary of Miracles Imitative, Realistic, and Dogmatic*, de Cobham Brewer, publicada em 1834 e reeditada em 1884. Viria a ser publicada pela Parceria Antônio Maria Pereira em 1900, com o nome de Eça de Queiroz, e a indicação, por debaixo do título: "Coordenação Inédita por Concluir", não sendo portanto obra sua.
– *27 de maio*: saída de Oliveira Martins como Ministro da Fazenda.
– *Fins de maio*: acompanhado da cunhada Benedita, Eça visita Beira e a Quinta de Vila Nova, em Santa Cruz do Douro, que virá a ser a "Tormes" de *A Cidade e as Serras*. Escreve o conto "Civilização", matriz dessa novela. A 28 de maio descreve em carta à mulher a descoberta da Quinta de Vila Nova.
– *17 de julho*: comunica a Oliveira Martins que Emídio Navarro lhe trouxera uma mesa de espiritismo, depois das sessões que haviam feito em Neuilly, na Rue de Charles Laffitte, e de que Oliveira Martins participara.
– São publicadas novas "Cartas de Fradique Mendes" na *Gazeta de Notícias* do Rio de janeiro.
– *14 de setembro*: comunica a Oliveira Martins que Antônio Nobre e "um outro decadista", Alberto de Oliveira, também frequentam Neuilly. Termina a carta dizendo: "Não há hoje para um português senão uma solução – *que é*, como tu, viver na História, e esquecer o que é na convivência do *que foi*".
– *Dezembro*: recebe a visita de Antônio Cabral, em Paris, que viria a ser o seu biógrafo em 1916.

1893

– Interrompe o São Frei Gil e começa a escrever a vida de Santo Onofre.
– *3 de abril*: publica o conto "A Aia", na *Gazeta de Notícias* do Rio de Janeiro, com o título "Tema para Versos".
– Visita de Oliveira Martins à casa de Neuilly, na Rue de Charles Laffitte, em Paris.
– *16 de junho*: publica na *Gazeta de Notícias* do Rio de Janeiro a crônica "Positivismo e Idealismo".
– *15 de julho*: menciona em carta à mulher o inventor Luís Serra, com quem virá a fazer uma sociedade e a quem adiantará dinheiro.
– *24 de julho*: diz à mulher, por carta, que Maria Niza (Constança Teles da Gama) foi ao consulado levar-lhe a primeira parte da tradução das *Minas de Salomão*.
– *29 de julho*: Comunica ao editor Genelioux que *A Ilustre Casa de Ramires* está quase pronta.
– *16 a 23 de outubro*: publicação do conto "Civilização" na *Gazeta de Notícias* do Rio de Janeiro, que viria a ser a matriz da novela *A Cidade e as Serras*.
– *17 de novembro*: comunica ao editor Genelioux que já lhe enviou o manuscrito da *Ilustre Casa*.
– *18 de novembro*: em carta ao editor Mathieu Lugan, Eça fala numa "nouvelle phantaisiste", *A Cidade e as Serras*. O primeiro capítulo desta novela será remetido em fevereiro de 1894.

– Muda para a casa da Avenue du Roule 38, onde virá a falecer. O contrato de arrendamento tem a data de 27 de setembro.

1894

– *23 de janeiro*: publicação do conto "O Tesouro", na *Gazeta de Notícias* do Rio de Janeiro.
– *14 de fevereiro*: envia ao editor Lugan o primeiro capítulo de *A Cidade e as Serras*.
– *28, 29 de março*: publicação de "Frei Genebro" na *Gazeta de Notícias* do Rio de Janeiro
– *Abril*: escreve *A Ilustre Casa de Ramires. A Correspondência de Fradique Mendes* está no prelo.
– *26 de abril*: carta a Oliveira Martins, com a crítica ao livro deste sobre o Condestável e à minúcia de registos, onde pergunta – "Como os sabes tu? Que documentos tens para dizer que a rainha, num certo momento, cobriu de beijos o Andeiro, ou que o Mestre passou pensativamente a mão pela face? Estavas lá? Viste?"
– *23 de junho*: em carta ao editor Lugan, sugere a publicação do que hoje é costume chamar a Obra Completa. "Seria esse o negócio lucrativo a fazer, relativamente aos meus trabalhos", assim diz, mas este projeto não teve seguimento.
– *2 de julho*: carta a Lello & Irmão, sucessor de Lugan, onde declara que fica estabelecido que receba 25% do preço de capa pelas suas obras.
– *6 de agosto*: em carta a Alberto de Oliveira, considera como "qualidades de Razão", na prosa, a "precisão, limpidez e ritmo", fazendo importantes considerações sobre o tradicionalismo nas letras.
– *24 de agosto*: morte de Oliveira Martins, em Lisboa.
– *10 de novembro*: projeto de uma nova revista *O Serão*, com Alberto de Oliveira, que não chegará a concretizar.
– 3ª edição de *O Mistério da Estrada de Sintra*, com variantes relativamente às edições anteriores que nos parecem da responsabilidade do editor, A. M. Pereira.

1895

– Organiza com a ajuda de José Sarmento, para a editora Antônio Maria Pereira, o *Almanaque Enciclopédico* para 1896, posto à venda no fim do ano, com o prefácio intitulado "Almanaques".
– *Abril*: passa férias em Portugal (oito meses) com a família, hospedando-se no Chiado, por cima da Ourivesaria Leitão, hoje Casa Vista Alegre, na Rua Nova da Trindade. Aluga casa em Sintra na Quinta dos Castanhais. Permanece em Portugal até final de novembro.
– *8 de abril*: morre em Lisboa Manuel Pinheiro Chagas, o principal opositor que Eça teve de defrontar, desde os tempos da polêmica "Questão Coimbrã".
– *16 de abril*: carta de Luís de Magalhães a Alberto de Oliveira a pedir-lhe ajuda para arrancar de Eça as últimas provas do seu artigo para o *In Memoriam* de Antero de Quental: "Saque-me pois essas provas ao Queiroz, mace-o, sarnize-o, belisque-o. Pelo santo amor do Antero, o Bom Deus lho pagará no Céu".

– *7 de agosto*: publica o conto "O Defunto", na *Gazeta de Notícias* do Rio de Janeiro.
– *28 de setembro*: D. Carlos agracia Bernardo Pinheiro Correia de Melo com o título de conde de Arnoso.
– *6 de novembro*: por carta com esta data escrita de Beja, presume-se que deve ter feito nesta data a primeira visita à propriedade de Corte-Condessa, herdada pelos irmãos Resende: Manuel, Alexandre e Emília.
– *12 de novembro*: está no Porto, no solar de Santo Ovídio, de onde escreve à mulher, relatando-lhe o esvaziamento da casa que virá a ser demolida pouco depois, para abertura da Rua Álvares Cabral.
– *28 de novembro*: carta de Lisboa, a Jaime Moniz solicitando-lhe as *Lendas da Índia* de Gaspar Correia e a *Década II da História da Índia* de Antônio Bocarro.

1896
– *agosto*: recebe a Legião de Honra do governo francês. *O Popular* de 25.8.1896 registra o acontecimento. Emília, em férias com os filhos, em Lion-sur-Mer, escreve: "Acompanho de cá cantando o hino, a tua investidura" (carta de 29.8.1896).
– *Meados de junho*: publicação de *Antero de Quental, In Memoriam*, com o texto de Eça, de demorada elaboração, intitulado "Um Gênio que Era um Santo", depois recolhido em *Notas Contemporâneas*.
– *2 de novembro*: Eça almoça com a Rainha D. Amélia em Paris (segundo o *Jornal do Comércio* de 7 de novembro), acompanhado de Sousa Rosa (Ministro de Portugal em Paris), Bartolomeu Ferreira e esposa e o conde de Rilvas.
– Organiza o *Almanaque Enciclopédico para 1897*, para a editora Antônio Maria Pereira, com o prefácio intitulado "Adão e Eva no Paraíso".

1897
– *5 de maio*: sai o primeiro número da *Revista Moderna*, dirigida pelo brasileiro Martinho Carlos de Arruda Botelho, com a orientação de Eça de Queiroz. Ali sairão também alguns contos seus. A revista durará até abril de 1899, com trinta números publicados.
– *15 de maio*: publicação do conto "A Perfeição", na *Revista Moderna*.
– *25 de junho*: publicação do conto "José Matias", na *Revista Moderna*.
– *21 de julho*: carta ao conde de Arnoso onde refere os erros de direção da *Revista Moderna*, publicada em Paris pelo brasileiro Martinho Carlos Arruda Botelho.
– *5 de agosto*: comunica à mulher que o Dr. Melo Viana insiste para que ele vá fazer uma cura termal a Plombières. Partirá pouco depois. A 8 desse mês já de lá escreve a Emília, encontrando-se no dia 20 ainda nessas termas. Teve por companhia o diplomata brasileiro Domício da Gama. Aí recebe a notícia do assassinato de Cánovas del Castillo sobre a qual escreve uma das suas mais primorosas crônicas: "No Mesmo Hotel" (*Notas Contemporâneas*). Permanece nestas termas dezessete dias.
– *20 de setembro*: termina a colaboração para a *Gazeta de Notícias* do Rio, com "A catástrofe e as Leis da Emoção".

– *20 de novembro*: o número 10 da *Revista Moderna* é dedicado a Eça de Queiroz, e dá início à 1ª edição (inconclusa) de *A Ilustre Casa de Ramires*. Este número teve a colaboração de Eduardo Prado, Maria Amália Vaz de Carvalho, Xavier de Carvalho, Oliveira Lima, conde de Arnoso, Jaime Batalha Reis, Mariano Pina, Domício da Gama, Luís de Magalhães etc.
– Jaime Batalha Reis é nomeado cônsul de primeira classe em Londres.

1898

– *13 janeiro*: Zola publica no *L'Aurore* o célebre panfleto "J'Accuse" a favor de Dreyfus.
– *25 de fevereiro*: carta datada de Viena. É possível que lá tenha ido para tratar de assuntos relacionados com o conde de Caparica, visita assídua em Neuilly (que tinha um antepassado casado com uma senhora austríaca e interesses na Áustria). A carta de Eça ao conde de Arnoso de 8.2.1898 esclarece melhor esta viagem.
– *6 de abril a 12 de junho*: *O Anuário Diplomático* informa que nesse período Eça esteve em férias em Portugal. Deve ter chegado a Lisboa a 9 de abril.
– *10 de abril*: vai a Cascais ver o seu amigo Ramalho Ortigão que se encontra aí doente, comunicando à mulher: "Não está inteiramente uma ruína – e o espírito permanece, vivo, ativo, interessante, até talvez mesmo mais interessante porque se adoçou, se ponderou, e se afinou".
– *15 de abril*: diz a Carlos Mayer que foi a Cascais ver Ramalho Ortigão e perdeu o comboio de regresso a Lisboa – "larguei de Cascais a pé para Carcavelos. Duas léguas e meia, se me faz favor!"
– *16 de abril*: recomenda a Emília o político João Franco, que acaba de partir para Paris com a mulher: "Encontrei-os no Paço. Ele disse-me que te iriam logo ver – porque o Franco ficou muito encantado contigo. Se forem sê muito amável. E talvez mesmo os devas procurar. O Rosa saberá onde eles habitam. O Franco abandonou definitivamente a política, por tédio. É bom rapaz".
– *2 de maio*: em carta em francês para seu filho José Maria, de Lisboa, alude à batalha das Filipinas que os espanhóis perderam a favor dos norte-americanos, declarando-se a favor dos espanhóis.
– *8 de maio*: comunica à mulher que tem frequentado o conde de Arnoso e Carlos Mayer, acrescentando: "Aí, em ambos, sempre política pessimista, e prognósticos do fim da pátria!"
– *17 de maio*: visita em Serpa o solar do conde de Ficalho dali partindo para Corte-Condessa, onde a mulher herdara terras.
– *20 de maio*: assiste aos festejos do centenário da chegada de Vasco da Gama à Índia e recebe uma ovação da varanda do 4º andar do n. 26 no Rossio, morada dos pais. Considera, em carta à mulher, que "a cordialidade é a quarta virtude teologal, apesar de não vir mencionada na cartilha".
– *2 de junho*: nova visita a Santa Cruz do Douro, desta vez com o sobrinho de sua mulher, Luís. Ao chegarem ninguém os esperava na estação, com os muares para subir a serra, como vem descrito em *A Cidade e as Serras*. No conto "Civilização", curiosamente, muito anterior, já este episódio havia sido previsto ou intuído.

– *10 de junho*: regressa a Paris.
– *Julho de 1898*: Eduardo Prado concebe a ideia de fazer Eça ministro de Portugal no Brasil, projeto que Eça desfaz em carta ao conde de Arnoso de 10 de julho.
– *14 de agosto*: Eça tem as segundas provas do seu artigo sobre Eduardo Prado (mais tarde coligido nas *Notas Contemporâneas*) e declara à mulher – este texto "demandaria crítico mais fino e sutil do que eu".
– *25 de dezembro*: publica o conto "Suave Milagre" na *Revista Moderna*, em versão remodelada de "Outro Amável Milagre", publicado em abril de 1885, em *Um Feixe de Penas*.

1899
– *14 de janeiro*: "Banquete da colônia portuguesa"de homenagem a Eça, promovido por Francisco de Lacerda, que deu origem à excelente estatueta-caricatura do escritor, modelada pelo escultor Francisco da Silva Gouveia.
– Permanência em Portugal entre abril e maio. Regressa a França via Salamanca depois de visitar Santa Cruz do Douro.
– Trabalha, em Lisboa, em *A Ilustre Casa de Ramires*.
– Columbano pinta o seu retrato, que não dá por terminado.
– *4 de maio*: passaporte português para o cônsul retornar a Paris.
– *12 de maio*: encontra-se na quinta de Vila Nova, em Santa Cruz do Douro; é a sua última visita.
– *14 de maio*: parte daí para França, via Salamanca.
– *Verão*: passa algumas semanas com a família em Forest-par-Chaumes. O caso Dreyfus (sua recondenação) merece-lhe amargas palavras contra a França, em carta de 26 de setembro a Domício da Gama.
– *9 de outubro*: começo da Guerra dos Bôeres contra os ingleses. Eça manifesta simpatia pelos Bôeres.
– *31 de dezembro*: Eça janta em casa de Eduardo Prado com várias personalidades brasileiras, entre outras, Graça Aranha e Joaquim Nabuco, partindo antes da meia-noite para passar o ano com a família, segundo o diário de Eduardo Prado.

1900
–*15 de fevereiro*: viagem pelo sul de França em busca de saúde – Arcachon, Biarritz, Pau e Lourdes. Regressa a Paris nos primeiros dias de março.
– *Abril*: vilegiatura em St. Germain, nos arredores de Paris.
– *Junho*: José Maria, o filho mais velho, adoece gravemente com "coreia". Emília vai para Fontainebleau. Eça fica em Paris com os outros filhos atacados de escarlatina.
– *28 de julho*: parte para a Suíça, via Genebra, com Ramalho Ortigão, com a saúde fortemente abalada. Visita o Monte Salène, perto de Genebra. A 3 de agosto está no Hotel du Righi Vaudois, sobre o Lago de Genebra, onde se encontra com Eduardo Prado e a mulher. Os dois amigos partem para Itália: Ramalho para Veneza, Prado para a Sicília.
– *9 de agosto*: cada vez pior, decide regressar a Paris, por Lucerna, admitindo ir a Heidelberg consultar um especialista.

– *11 de agosto*: Eça chega a Paris.
– **16 de agosto: morre em Paris, na Avenue du Roule, às 4:35 da tarde.**
– *31 de agosto*: carta de José Maria d'Almeida Teixeira de Queiroz, pai do escritor, a Elizário Luís Monteiro, redator do jornal poveiro *A Praia*, declarando que seu filho nascera na Póvoa de Varzim, em casa de seu parente Francisco José Pereira Soromenho, casado com uma irmã de Carolina Augusta.
– *3 de setembro*: certidão de óbito passada pela Mairie de Neuilly.
– *17 de setembro*: os restos mortais do escritor são transportados a Lisboa, no navio "África", chegando nesta data ao Cais das Colunas, no Terreiro do Paço. É sepultado no cemitério do Alto de São João, no jazigo do cunhado (Alexandre de Castro Pamplona), na rua 17, n. 2884, depois de acompanhado por um cortejo fúnebre com cerca de sessenta carruagens. A 15.9.1989 os seus restos mortais são trasladados para Tormes, para o cemitério de Santa Cruz do Douro. Os restos mortais de sua mulher permanecem no cemitério de Arcozelo, perto da Granja, onde faleceu em 1934, em local que não pôde ser identificado por altura da trasladação de Eça e dos filhos para Santa Cruz do Douro.
– *6 de outubro*: O *New York Times* publica uma notícia de 39 linhas sobre a morte de Eça.
– Publicação de *A Correspondência de Fradique Mendes* e de *A Ilustre Casa de Ramires.*

1901
– *30 de janeiro*: morte do juiz José Maria d'Almeida Teixeira de Queiroz, pai do escritor.
– *15 de junho*: o *Diário do Governo* publica a resolução parlamentar, por iniciativa do conde de Arnoso, da atribuição de uma pensão à família de Eça de Queiroz. Durará até 30.6.1912. Foi-lhe retirada pelo fato de José Maria e Antônio, filhos de Eça, terem participado nas incursões monárquicas de Paiva Couceiro.
– *Junho*: publicação de *A Cidade e as Serras.*

1902
– Publicação de *Contos.*

1903
– Publicação de *Prosas Bárbaras.*
– *9 de novembro*: inauguração do monumento de Eça da autoria de Teixeira Lopes, no Largo Barão de Quintela em Lisboa, com a epígrafe "Sobre a nudez forte da Verdade o manto diáfano da Fantasia".

1905
– Publicação de *Cartas de Inglaterra* e *Ecos de Paris.*

1906
– *6 de novembro*: carta da mãe de Eça, endereçada ao presidente da Câmara Municipal da Póvoa de Varzim, Dr. Antônio Silveira, declarando que o seu filho nascera nessa vila.

1907

– Publicação de *Cartas Familiares e Bilhetes de Paris.*

1908

– Morte da mãe do escritor, Carolina Augusta Pereira d'Eça de Queiroz, com 82 anos, em Lisboa.

Pelo interesse que contém as deslocações profissionais no tempo do juiz Teixeira de Queiroz, pai de Eça, publica-se aqui a respectiva resenha, onde se verifica que ele se encontra no Porto entre 1852 e 1861, ou seja, entre o período do Colégio da Lapa e a partida para Coimbra de seu filho.

Delegado em Valença – 27.7.1841–28.1.1843.
Pico de Regalados – 13.2.1843–19.3.1843.
Ponte de Lima – 14.3.1843–21.4.1844.
Vila Nova de Famalicão – 22.4.1844–8.6.1844.
Ponte de Lima – 9.7.1844–10.11.1846.
Viana – 11.2.1846–25.1.1847.
Barcelos – 24.3.1852–6.4.1852.
1ª Vara do Porto – 7.4.1852–12.7.1852.
Aveiro – 13.7.1852–18.2.1854.

Juiz em Ovar – 21.2.1854–24.9.1855.
Estarreja – 11.12.1855–16.5.1856.
no 2º Distrito Criminal do Porto – 17.5.1856–25.7.1858.
no 1º Distrito Criminal do Porto – 26.7.1858–10.9.1861.
Vila Franca de Xira – 6.12.1861–4.4.1862.
Almada – 5.4.1862–11.7.1862.
Elvas – 12.7.1862–12.11.1862.
na 1ª Vara de Lisboa – 13.11.1862–28.7.1868.

Presidente do Tribunal de Comércio – 29.7.1868–6.1.1875.
Idem – 7.1.1875–10.7.1876.

VI. BIBLIOGRAFIA CONSULTADA

A Eça de Queiroz, na Inauguração do seu Monumento, Realizada em Lisboa a 9 de Novembro de 1903. Porto, Livraria Chardron, 1904.

Abel-Quintero, Margaret. "Eça Beyond Realism: A Study of the Language of Flowers", In: *Os Maias* (policopiado, umi, University Microfilms International usa), University of California, Santa Barbara, 1991.

Abdala Júnior (org.). *Ecos do Brasil, Eça de Queiroz, Leituras Brasileiras e Portuguesas*. São Paulo, Editora Senac, 2000.

Affonso, Domingos de Araújo. "Pereira d'Eça. O Costado Eça de José Maria d'Eça de Queiroz e de Outros Escritores seus Agnados". *Armas e Troféus, Revista de História Heráldica, Genealogia e de Arte*, tomo x, janeiro-março, n. 1, abril-junho, n. 2, 1969.

Almeida, António José de. *Quarenta Anos de Vida Literária e Política*. Lisboa, J. Rodrigues & C.ª, 1934, vol. iii.

Almeida, Luís Crucho de. "Deambulação em Torno do Nascimento de Eça de Queiroz". *Boletim da Faculdade de Direito*, Coimbra, vol. lxxxiii, 2007.

Alves, Dário Castro. *Era Tormes e Amanhecia, Dicionário Gastronómico Cultural de Eça de Queiroz*. Lisboa, Livros do Brasil, 1992.

______. *Era Porto e Entardecia, de Absinto a Zurrapa, Dicionário de Vinhos e Bebidas Alcoólicas em Geral na Obra de Eça de Queiroz*. Lisboa, Pandora, 1994.

______. *Roteiro de* Os Maias *de Eça de Queiroz e de Todas as Comidas e Bebidas no Romance*. Lisboa, Hugin, 2001.

Azeredo, Carlos Magalhães de. *Memórias*. Rio de Janeiro, Academia Brasileira de Letras, 2003.

BAPTISTA, Abel Barros (org.). *A Cidade e as Serras. Uma Revisão*. Coimbra, Angelus Novus, 2001.

BARRETO, Moniz. *Estudos Dispersos*. Lisboa, Portugália Editora, 1963.

BERRINI, Beatriz. *Portugal de Eça de Queiroz*. Lisboa, IN-CM, 1984.

______. *Eça e Pessoa*. Lisboa, A Regra do Jogo, 1985.

______. *Cartas Inéditas de Eça de Queiroz a Ramalho Ortigão, Batalha Reis, e Outros*. Lisboa, Cadernos O Jornal, 1987.

______. *Brasil e Portugal, A Geração de 70*. Porto, Campo das Letras, 2003.

BILAC, Olavo. *Vossa Insolência*. São Paulo, Companhia das Letras, 1996.

BLOOM, Harold. *Gênio, Os 100 Autores Mais Criativos da História da Literatura*. Rio de Janeiro, Editora Objetiva, 2003.

BOURDIN, Viviane. "Eça de Queiroz et Proudhon dans *As Farpas*". *Bulletin des Études Portugaises et Brésiliennes*, tomo 42-43, 1981-82.

BRUNO, José Sampaio. *A Geração Nova (Ensaios Críticos)*. Porto, Lello & Irmão, 1994 (1ª ed. 1885).

CABRAL, António. *Eça de Queiroz, A sua Vida e a Sua Obra. Cartas e Documentos Inéditos*. Lisboa, Livraria Bertrand, 1945 (1ª ed. 1916).

CAL, Ernesto Guerra da. *A Relíquia, Romance Picaresco e Cervantesco*. Lisboa, Ed. Grémio Literário, 1971.

______. *Língua e Estilo de Eça de Queiroz*. Coimbra, Almedina, 1981 (1ª ed. 1954).

______. "Lengua y Estilo de Eça de Queiroz". *Bibliografía Queirociana*. Coimbra, Por Ordem da Universidade, 1975-1984, 6 vols.

CANDIDO, Antonio. "Eça de Queiroz Passado e Presente". In: ABDALA JUNIOR, Benjamin (org.) *Ecos do Brasil. Eça de Queiroz*. São Paulo, Senac, 2000.

CARREIRO, José Bruno. *Antero de Quental, Subsídios para a sua Biografia*. Lisboa, Instituto Cultural de Ponta Delgada, 1948.

CARVALHO, Maria Amália Vaz de. *Pelo Mundo Fora*. Lisboa, Livraria de Antonio Maria Pereira, 1896.

CASTELO BRANCO, Camilo. *Cartas Dispersas, Coligidas e Anotadas por Castelo Branco Chaves*. Porto, Campo das Letras, 2002.

CAVALCANTI, Paulo. *Eça de Queiroz Agitador no Brasil*. Edição Livros do Brasil, 1972 (1ª ed. 1959).

CHAVES, Castelo Branco. *Sobre Eça de Queiroz*. Lisboa, Inquérito, 1939.

COELHO, Jacinto do Prado. "As Ideias e as Formas". *Ocidente*, n. 95, março, 1946.

______. *Ao Contrário de Penélope*. Lisboa, Bertrand, 1976.

COELHO, João Furtado. "A Colina Primordial". *Mealibra*, n. 10, julho, 2002.

COELHO, Joaquim-Francisco. *A Morte de Fradique Mendes*. Lisboa, Assírio & Alvim, 2006.

COELHO, Teresa Pinto. *Apocalipse e Regeneração, o Ultimatum e a Mitologia da Pátria na Literatura Finissecular*. Lisboa, Cosmos, 1996.

______. *A Agulha de Cleópatra, Jaime Batalha Reis e as Relações Culturais Diplomáticas e Culturais Luso-Britânicas*. Lisboa, Cosmos, 2000.

COLEMAN, Alexander. *Eça de Queiroz and European Realism*. New York, New York University Press, 1980.

CONCEIÇÃO, Alexandre da. *Ensaios de Crítica e Literatura*. Coimbra, Imprensa Académica, 1882.

CONRIERI, Davide e PINTO, Maria Abreu. "Os Contos de Eça de Queiroz". *Boletim Cultural Póvoa de Varzim*, vol. XXXVI, 2001.

CORTESÃO, Jaime. *Eça de Queiroz e a Questão Social*. Lisboa, Seara Nova, 1949.

COSTA, Sousa. *Camilo no Drama da sua Vida*. Porto, Editora Civilização, 1959.

CRABBÉ ROCHA, Andrée. *A Epistolografia em Portugal*. Coimbra, Almedina, 1965.

CRUZ, Ireneu. *O Caso Clínico de Eça de Queiroz, Contributo para a sua Patobiografia*. Prefácio de A. Campos Matos. Lisboa, Caminho, 2006.

DICIONÁRIO de Fernando Pessoa e do Modernismo Português. Coordenação de Fernando Cabral Martins. Lisboa, Caminho, 2008.

DIREITOS de Autor à Obra Literária de Eça de Queiroz – Peças do Processo Judicial. Lisboa, Oficinas Gráficas de Ramos Afonso & Moita, 1969.

DISCURSOS de Tormes, 16 de agosto de 2000. Lisboa, Ministério da Cultura, 2000.

DOSSE, François. *Le Pari Biographique*. Paris, Éditions de la Découverte, 2005.

EÇA DE QUEIROZ Visto Pelos Seus Contemporâneos. Prefácio de José Trepa. Porto, Livraria Lello & Irmão, 1945.

EÇA DE QUEIROZ, In Memoriam. Coimbra, Atântida, 1947.

"EÇA DE QUEIROZ Entre os Seus. Apresentado por sua Filha". *Cartas Íntimas*. Porto, Lello & Irmão, 1949.

EÇA DE QUEIROZ e Jaime Batalha Reis, Cartas e Recordações do seu Convívio. Escritos coligidos e apresentados por Beatriz Cinatti Batalha Reis. Porto, Lello & Irmão, 1966.

EÇA & MACHADO, Simpósio Internacional PUC-SP. São Paulo, Editora PUC-SP, 2005.

EDEL, Leon. *Literary Biography*. London, Indiana University Press, 1959.

ELLIS, David. *Literary Lives*. Edinburgh University Press, 2000.

FARO, Arnaldo. *Eça e o Brasil*. São Paulo, Companhia Editora Nacional/Edusp, 1977.

FEIJÓ, Antônio. *Cartas a Luís de Magalhães*. Apresentação, transcrição e notas de Rui Feijó. Lisboa, IN-CM, 2004.

FERREIRA,Vergílio. *Espaço do Invisível III*. Lisboa, Arcádia, 1977.

______. *Conta-Corrente 1 (1969-1976)*. Lisboa, Bertrand, 1980.

______. *Conta-Corrente 2 (1967-1979)*. Lisboa, Bertrand, 1981.

______. *Espaço do Invisível IV*. Lisboa, IN-CM, 1987.

FLAUBERT, Gustave. *Correspondance I: 1830-1851*. Paris, Galimmard, Bibliothèque

______. e MAUPASSANT, Guy. *Correspondance*. Paris, Flammarion, 1993.

FRANÇA, José-Augusto. *As Conferências do Casino no Parlamento*. Lisboa, Livros Horizonte, 1973.

______. *O Romantismo em Portugal*. Lisboa, Livros Horizonte, 1999. (1ª ed. 1974).

FRANCHETTI, Paulo. "Apresentação" de *A Cidade e as Serras*. Notas e comentários de Leila Guenther. Cotia (SP), Ateliê Editorial, 2007.

FRIER, David G. Frier. "The Importance of Beating Ernesto: Making the Facts Fit the Story in Eça's *A Ilustre Casa de Ramires*". *Journal of Iberian and Latin American Studies*. London, vol. 15, nos 2/3, Aug.-Dec. (Ed. Routledge, London), pp. 125-138, 2009.

______."Sim, *ou a Vã Glória de Mandar*, Money, Power and Remorse in Eça's *O Mandarim*". *Luzo-Brazilian Review*, University of Wisconsin, U.S.A., pp. 150,167, 2010.

GARÇÃO, Pedro Mayer. *Cinco Sentidos*. Lisboa, Portugália Editora, 1948.

GIRODON, Jean. "Eça de Queiroz et Madame Bovary". *Biblos*, Coimbra, 1949.

______. "Eça de Queiroz et Balzac". *Revue de Littérature Comparée*, Paris, n. 24, avril-juin, 1950.

______. "O Egipto d'Eça de Queiroz". *Bulletin des Études Portugaises*, tomo XXII, 1959.

______. "Eça de Queiroz et Courbet". *Bulletin des Études Portugaises*, tomo XXIV, 1963.

______. "Eça de Queiroz et Flaubert, Quelques Traces de *L'Éducation Sentimentale* dans *A Capital*". *Bulletin des Études Portugaises et Brésiliennes*, tomo 41, Institut Français de Lisbonne, 1980.

GONÇALVES, Henriqueta Maria de Almeida. *A Imagem da França na Obra Queiroziana, Pós-1888*. Braga, Edições Appacdam, 1998.

GRANDE Dicionário da Literatura Portuguesa e da Teoria Literária. Dir. João José Cochofel. Lisboa, Iniciativas Editoriais, 1977.

HENRIQUES, Jorge. *Eça em Aveiro, Raízes e Outras Histórias*. Câmara Municipal de Aveiro, 2001.

HOLANDA, Aurélio Buarque de. "Linguagem e Estilo de Eça de Queiroz". In: *Livro do Centenário de Eça de Queiroz*. Lisboa, Edições Dois Mundos, 1945.

HOLROYD, Michael. *Works on Papers* (*The Craft of Biography & Autobiography*). London, Abacus, 2002.

HOMEM, Amadeu Carvalho. "Razão e Sentimento na Evolução Espiritual de Ramalho Ortigão". Separata da *Revista de História das Ideias*, Coimbra, Faculdade de Letras, 2000, vol. 21.

HOURCADE, Pierre. "Notes sur le Climat, le Rythme et les Caractères du Roman Queirozien". *Afinidades*, n. 16, novembre, 1946.

______. *Temas da Literatura Portuguesa*. Lisboa, Moraes-Editores, 1978.

KENDALL, Paul Murray. *The Art of Biography*. London, George Allen & Unwin, 1965.

LAPA, Rodrigues. *Crestomatia Arcaica* (Seleção, prefácio e notas). Lisboa, Livraria Sá da Costa, 1976.

LARBAUD, Valery. "Préface". *La Relique*. Paris, Ed. Fernand Sorlot, 1941.

______. *Oeuvres*. Paris, Gallimard, 1958. Bibliothèque de la Pléiade.

LEBESGUE, Philéas. "Eça de Queiroz". In: *Eça de Queiroz In Memoriam*. 2ª ed. Coimbra, Atlântida, 1947.

______. *Portugal no Mercure de France, Aspectos Literários, Artísticos, Sociais, de Fins do Século XIX a Meados do Século XX*. Lisboa, Roma Editora, 2007.

LEE, Hermione. *Biography, a Very Short Introduction*. Oxford University, 2009.

LIMA, Isabel Pires de. *O Complexo da "Miséria Portuguesa" em Eça*. Associação de Jornalistas e Homens de Letras do Porto, 1964.

______. *As Máscaras do Desengano. Para Uma Abordagem Sociológica d'*Os Maias. Lisboa, Caminho, 1987.

______. "Eça Lido por Vergílio Ferreira". In: *Dicionário de Eça de Queiroz*. Lisboa, Caminho, 1993. (1ª ed. 1998).

Lins, Álvaro. *História Literária de Eça de Queiroz*. Lisboa, Bertrand, 1959 (1ª ed. 1939).

Lisboa, Eugénio. *No Eça Nem Com Uma Flor se Toca, Eça Visto por Régio*. Org., seleção e introdução. Lisboa, Instituto Camões, 2002.

______. "*Lusofilias*, L. C. Taylor: Malhas que a Lusofilia Tece". Universidade de Aveiro, 2008.

______. *Indício de Oiro*. Lisboa, IN-CM, 2009, vol. I.

Livro do Centenário de Eça de Queiroz. Lisboa, Edições dois Mundos, 1945.

Lopes, Óscar. *Antero de Quental*. Lisboa, Caminho, 1973.

______. *Álbum de Família, Ensaios sobre Autores Portugueses do Século XIX*. Lisboa, Caminho, 1984.

______. *A Busca de Sentido, Questões de Literatura Portuguesa*. Lisboa, Caminho, 1994.

______. "Os Sonhos na Ficção Queiroziana". *Vária Escrita*, n. 4, Sintra, 1997.

______. *Cinco Motivos de Meditação, Luís de Camões, Eça de Queirós, Raul Brandão, Aquilino Ribeiro, Fernando Pessoa*. Porto, Campo das Letras, 1999.

Lourenço, Antônio Apolinário. *O Grande Maia, A Recepção Imediata d'*Os Maias *de Eça de Queiroz*. Coimbra, Angelus Novus, 2000.

______. *Eça de Queirós e o Naturalismo na Península Ibérica*. Coimbra, Mar da Palavra, 2005.

Lourenço, Eduardo. "Eros e Eça". *O Canto do Signo, Existência e Literatura*. Lisboa, Presença, 1993.

______. "Revisitação da Mitologia Anteriana". Prefácio a *Causas da Decadência dos Povos Peninsulares nos Três Últimos Séculos*. Lisboa, Tinta da China, 2008.

Luzes, Pedro. *Sob o Manto Diáfano do Realismo, Psicanálise de Eça de Queiroz*. Lisboa, Fim de Século, 2001.

Lyra, Heitor. *O Brasil na Vida de Eça de Queiroz*. Lisboa, Livros do Brasil, 1965.

Machado, Álvaro Manuel. "Eça, Proust e o Imaginário Finissecular". *Queirosiana, Estudos sobre Eça de Queirós e a sua Geração*, n. 7-8, dezembro-julho, pp. 13-23, 1995.

Magalhães, José Calvet de. *Eça de Queirós. A Vida Privada*. 4ª ed. Lisboa, Bizâncio, 2000.

Magalhães, Luís de. *Antero de Quental em Vila do Conde*. Recolha, prefácio e notas de Ana Maria Almeida Martins. Lisboa, Tinta da China, 2010.

Maltez, Maria da Conceição Carvalho. *A Construção d'*A Ilustre Casa de Ramires, *de Eça de Queiroz e de* Les Faux Monnayeurs *de André Gide*. Departamento de Línguas e Culturas, Universidade de Aveiro, 2000.

Marinho, Maria José. *O Esssencial sobre Jaime Batalha Reis*. Lisboa, IN-CM, 1996.

Martins, Ana Luiza. *Revistas em Revista, Imprensa e Práticas Culturais em Tempos de República (1890-1922)*. São Paulo, Edusp, 2001.

Martins, Ana Maria Almeida. *Antero de Quental e a Génese do* In Memoriam. Angra do Heroísmo, Direção Regional de Cultura, 2001.

______. *Antero de Quental, Fotobiografia*. Lisboa, IN-CM, 2009 (1ª ed. 1986).

______. *Antero de Quental e a Viagem à América, Remando contra a Maré*. Lisboa, Tinta da China, 2011.

MARTINS, Antônio Coimbra. *Ensaios Queirozianos*. Lisboa, Publicações Europa-América, 1967.

______. "Eva e Eça". Institut Français au Portugal, tomo 28-29, 1967-68.

MARTINS, Joaquim Pedro de Oliveira. *Dispersos*. Org. de Antônio Sérgio. Lisboa, Biblioteca Nacional, 1923-1924, 2. vols.

______. *A Província (Artigos de o Jornal* A Província *de 1885 a 1887)*. Lisboa, Guimarães & C.ª, 1958-1959, 5 vols.

MARTINS, Wilson. *Pontos de Vista (Crítica Literária) 12, 1986-1990*. São Paulo, T. A. S. Queiroz Editor, 1996.

______. *Pontos de Vista (Crítica Literária) 14, 1995-1996-1997*. São Paulo, T. A. S. Queiroz Editor, 2002.

MATHIAS, Marcello Duarte. *A Memória dos Outros*. Lisboa, Gótica, 2001.

MATOS, A. Campos. *Dicionário de Eça de Queiroz* (Org, coordenação e colaboração). Lisboa, Editorial Caminho, 1993 (1ª ed. dez. 1988).

______. *Eça de Queiroz – Emília de Castro, Correspondência Epistolar* (Leitura dos Autógrafos, Introdução e Anotações). Porto, Lello Editores, 1996 (1ª ed. 1995). 2 vols.

______. *Suplemento ao Dicionário de Eça de Queiroz*. Org., coordenação e colaboração. Lisboa, Editorial Caminho, 2000.

______. *Viagem no Portugal de Eça de Queiroz (Roteiro)*. Santa Cruz do Douro, Fundação Eça de Queiroz, 2000.

______. *Polêmica Eça de Queiroz – Pinheiro Chagas "Brasil e Portugal"*. Prefácio e org., Cartoons de Antônio. Lisboa, Parceria A. M. Pereira, 2001.

______. *O Mistério da Estrada de Ponte do Lima, António Feijó e Eça de Queiroz*. Lisboa, Livros Horizonte, 2001.

______. *Sobre Eça de Queiroz*. Lisboa, Livros Horizonte, 2002.

______. *A Casa de Tormes. Inventário de um Património*. 2ª ed. Lisboa, Livros Horizonte, 2006.

______. *Imagens do Portugal Queiroziano*. Lisboa, Livros Horizonte, 2004 (1ª ed. 1976).

______. *7 Biografias de Eça de Queiroz*. Lisboa, Livros Horizonte, 2004.

______. *Eça de Queiroz, Fotobiografia*. Lisboa, Caminho, 2007. (Editora Leya, S. Paulo, 2010.)

______. *A Guerrilha Literária Eça de Queiroz – Camilo Castelo Branco*. Lisboa, Parceria A. M. Pereira, 2008.

______. *Eça de Queiroz Correspondência* (org. e anotações). Lisboa, Caminho, 2008, 2 vols.

______. *Eça de Queiroz – Ramalho Ortigão, Retrato da "Ramalhal Figura"*. Lisboa, Livros Horizonte, 2009.

______. *Roteiro da Lisboa de Eça de Queiroz e Seus Arredores*. Lisboa, Parceria A. M. Pereira, 2011.

______. *Um Caso Insensato da Cultura Nacional. Querela Inútil mas Inevitável*. Lisboa, Edições Colibri, 2012.

______. *Sexo e Sensualidade em Eça de Queiroz*. Lisboa ed. do autor, 2012.

MATOS, Rui Campos. Os Maias, *Uma Antologia Ilustrada*. Lisboa, Parceria A. M. Pereira, 2009.

MATOS, Sérgio Campos. *História, Mitologia, Imaginário Nacional. A História no Curso do Liceus (1895-1939)*. Lisboa, Livros Horizonte, 1990.

______. "Portugal e Brasil: Crônicas Esquecidas de Oliveira Martins." Introdução a J. P. Oliveira Martins, *Portugal e Brasil*. Centro de História da Universidade de Lisboa, 2005.

______. *Consciência Histórica e Nacionalismo, Portugal – Século XIX e XX*. Lisboa, Livros Horizonte, 2008.

MAUPASSANT, Guy de. *Chroniques – Antologie*. Paris, Le Livre de Poche, 2008.

MAUROIS, André. *Aspects de la Biographie*. Paris, Au Sans Pareil, 1928.

______. *Mémoires*, Paris, Flammarion, 1970.

MEDINA, João. *Eça de Queiroz e o Seu Tempo*. Lisboa, Livros Horizonte, 1972.

______. *Eça Político*. Lisboa, Seara Nova, 1974.

______. *Eça de Queiroz e a Geração de 70*. Lisboa, Moraes Editores, 1980.

______. *As Conferências do Casino e o Socialismo em Portugal*. Lisboa, D. Quixote, 1984.

______. *A Geração de 70, Uma Geração Revolucionária e Europeísta*. Câmara Municipal de Cascais, 1999.

______. *Reler Eça de Queiroz, Das* Farpas *aos* Maias. Lisboa, Livros Horizonte, 2000.

______. "O Papagaio de Flaubert ou de Como Nenhuma Palavra Cai no Vazio". In: *Professor Basílio Losada, Ensinar a Pensar com Liberdade e Risco*. Publicaciones de la Universidade de Barcelona, 2000.

______. *Eça, Antero e Vítor Hugo, Estudos sobre a Cultura Portuguesa do Século XIX*. Centro de História da Universidade de Lisboa, 2001.

______. "O Anticlímax como Processo de Humor Queiroziano". *Revista da Faculdade de Letras*, n. 27, Lisboa, 2003.

MELLO, Miguel. *Eça de Queiroz*. Rio de Janeiro, Livraria Italiana e Typographia Ramori & C, 1911.

MELO, Conceição d'Eça de. *Eça de Queirós Revelado por Uma Ilustre Senhora de Sua Família*. Lisboa, Edição da "Alma Nova", 1924.

MENEZES, Djacir. *Crítica Social de Eça de Queiroz*. Prefácio de Galeão Coutinho. Em anexo: apreciações críticas de João Gaspar Simões, Hernani Cidade e Tomás Ribeiro Colaço. Fortaleza, Imprensa do Ceará, 1962. (1ª ed. 1950).

MINÉ, Elza. *Eça de Queirós Jornalista*. 2ª ed. Lisboa, Livros Horizonte, 1986.

______. *Páginas Flutuantes, Eça de Queirós e o Jornalismo no Século XIX*. Cotia, Ateliê Editorial, 2000.

MÔNICA, Maria Filomena. *Eça de Queirós*. Lisboa, Quetzal Editores, 2001.

______; MARINHO, Maria José & SOARES, Maria Isabel. "O Concurso Público que Eça Não Ganhou". *Itinerários, A Investigação nos 25 Anos do ICS*. Lisboa, Imprensa de Ciências Sociais, 2008.

MONTEIRO, Adolfo Casais. "Em Torno de *O Primo Basílio*". *Seara Nova*, n. 806, 23 de janeiro, 1943.

MONTEIRO, Ofélia Paiva. "Sobre a Excentricidade Humorística de Fradique". *Queirosiana, Estudos sobre Eça de Queirós e a sua Geração*, n. 5/6, dezembro-julho, 1993-1994.

______. "Almeida Garrett, Problemática Religiosa". *Atrium* (Revista dos Alunos do Seminário Maior do Porto), n. 25/26, 1999.

______. "Exercícios de Humor: os Contos e Fábulas em Verso de Garrett". *Colóquio-Letras*, Lisboa, 153/154, julho-dez., pp. 141-167, 1999.

______. "A Renovação Garrettiana do Português Literário". *Garrett às Portas do Milénio*. Lisboa, Edições Colibri, pp. 15-33, 2001.

______. *Almeida Garrett, Viagens na Minha Terra*. Edição, introdução, leitura do manuscrito, anotações. Edição Crítica da Obra Completa de Almeida Garrett. Lisboa, IN-CM, 2010.

MOOG, Viana. *Eça de Queiroz, Homens e Ideias do Século XIX (Antologia)*. Rio de Janeiro, Ed. Dois Mundos, 1942.

MOTTA FILHO, Cândido. *A Vida de Eduardo Prado*. Rio de Janeiro, Livraria José Olympio, 1967.

NO Eça Nem Com Uma Flor Se Toca, Eça Visto por Régio. Organização, seleção, introdução de Eugênio Lisboa. Lisboa, Instituto Camões, 2002.

NOBRE, António. *Correspondência*. Organização, introdução e notas de Guilherme de Castilho. Lisboa, Portugália Editora, 1967.

NOGUEIRA, Maria da Conceição. "Prosas Bárbaras, Uma Novidade Extravagante e Burlesca (1ª Fase da Vida Literária de Eça de Queirós)". *Boletim Cultural Póvoa de Varzim*, vol. XXXII, n. 1/2, 1995.

OLIVEIRA, Alberto de. *Eça de Queiroz, Páginas de Memórias*. Lisboa, Portugália Editora, 1945 (1ª ed. 1919).

OLIVEIRA, Lopes de. *Eça de Queiroz. A Sua Vida e a Sua Obra*. Lisboa, Edições Excelcior, 1968 (1ª ed. 1944).

ORTIGÃO, Ramalho. *As Farpas*. Lisboa, Livraria Clássica Editora, 1944, tomo I.

______. *Figuras e Questões Literárias*. Lisboa, Livraria Clássica Editora, 1945, tomo II.

______. *As Farpas*. Lisboa, Livraria Clássica Editora, 1969, tomo III.

PAGEAUX, Daniel-Henri. "*Os Maias*, Eça et la Musique". In: *Eça et la Culture de son Temps, Actes du Colloque de Paris*, 22-23 avril, Paris, Fondation Calouste Gulbenkian, Centre Culturel Portugais, 1988.

______. "Eça Fim-de-século: Perspectivas para a Gênese de *A Cidade e as Serras*". *Queirosiana, Estudos sobre Eça de Queirós e a sua Geração*, n. 5/6, dez.-jul. (1993-1994).

PASSADO (O) Nunca Passa, Catálogo da Coleção José Santos Fernandes. Prefácio de João Medina. Câmara Municipal de Cascais, 2010.

PAILLER, Jean. *Eça de Queirós Écrits sur la France*. Traduits et présentés. Préface de A. Campos Matos. Paris, Éditions L'Harmattan, 1997.

PAULA, Maria Isabel da Silva Granate Lopes de. *Prosas Bárbaras, Ensaio de Análise Estilística*. Lisboa, Revista Ocidente (Separata), 1959.

PESSOA, Fernando. *Páginas de Doutrina Estética*. Selecção, prefácio e notas de Jorge de Sena. Lisboa, Inquérito (1ª ed. 1946), (s/d).

PETIT, Lucette. *Le Champ du Sygne dans le Roman Queirosien*. Paris, Fondation Calouste Gulbenkian, 1987.

______. "Nourriture et Cérémonies de Table: Signe Référentiel et Narratologique dans les Romans d'Eça de Queirós", Traités de Savoir-vivre en Espagne et au Portugal du Moyen Âge à nos Jours, Association de Publication de Clermont II, 1995.

PICCHIO, Luciana Stegagno. "Este Inexplicado *José Matias*... Um Conto Exemplar de Eça". *Queirosiana, Estudos sobre Eça de Queirós e a Sua Geração*, n. 5/6, dez.-jul., 1993-1994.

PIEDADE, Ana Nascimento. *Fradiquismo e Modernidade no Último Eça, 1888-1900*. Lisboa, IN-CM, 2003.

______. *Outra Margem, Estudos de Literatura e Cultura Portuguesa*. Lisboa, IN-CM, 2008.

______. "Eça e Pessoa no Labirinto de Eduardo Lourenço". *Colóquio-Letras*, n. 170, jan.-abr., pp. 132, 137, 2009.

PIMPÃO, Álvaro J. da Costa. *Biblos*, 1945, vol, XXI, pp. 524-529.

______. *Estudos Diversos*. Coimbra Editora, Por Ordem da Universidade, 1972.

PIRES, Antônio Manuel Bettencourt Machado. *A Ideia de Decadência na Geração de 70*. Ponta Delgada, Instituto Universitário dos Açores, 1980.

PITA, Doroteia. "*Ana Conover* (1849-1923): Singularidades de uma Mulher Apaixonada". *Islenha*, Funchal, n. 48, jan.-jun., 2011.

PIWNIK, Marie Hélène. "Du *Jasmineiro* au 202, Paris, d'Émile Zola?" *Eça de Queirós et la Culture de Son Temps*. Paris, Fondation Calouste Gulbenkian, 1988.

______. "Gonçalo Mendes Ramires: História de uma Degeneração". *Eça e os Maias, Cem Anos Depois*. Porto, Ed. Asa, 1990.

______. "Figures du Mythe Portugais dans les Deux Derniers Romans d'Eça de Queiroz". *History of European Ideas*, vol. 16, n. 4-6, pp. 441-446, 1993 (1ª ed. 1991).

______. "*A Cidade e as Serras* de Eça de Queiroz: un Projet Utopique?" *Colloque Utopie et Utopies, l'Imaginaire du Projet Social Européen*. Mont de Marsan: Et-interuniversitaires, 1994, pp. 79-85.

______. "Lecture de *José Matias*". *Queirosiana, Estudos sobre Eça de Queirós e a Sua Geração*, n. 7/8, dez-jul., 1994-1995.

______. "Deux Faux-jumeaux: Gonçalo Mendes Ramires et André Cavaleiro". Sintra, *Vária Escrita*, 1997.

______. "Eça de Queiroz au Seuil du XX Siècle". *Vents du Large, Hommage à George Boisvert*. Paris, Presses Sorbonne Nouvelle, 2002, pp. 345-354.

______. "Um Principiante na Forma Breve: Eça de Queiroz nas Farsas", Separata da *Revista Forma Breve*, 6. Centro de Línguas e Culturas, Universidade de Aveiro, 2008.

______. *Eça de Queiroz Revisitado. Propostas de Leitura*. Guimarães, Opera Omnia, 2012.

PROUDHON, Pierre-Joseph. *De la Justice dans la Révolution et dans l'Église*. Paris, Fayard, 2 vols. (de acordo com a ed. de 1860), 1988.

______. (1865) *Du Principe de l'Art et de sa Destination Sociale*. Paris, Garnier Frères.

PROUST, Marcel. *Contre Sainte-Beuve*. Paris, Gallimard, 1954.

PUJOL, Alfredo. *Machado de Assis, Curso Literário em Sete Conferências*. Rio de Janeiro, Academia Brasileira de Letras, 2007.

QUEIROZ, Eça de. *Folhas Soltas, Palestina, Alta Síria, Sir Galahad, os Santos*. Apresentação de Maria d'Eça de Queiroz. Porto, Lello & Irmão Editores, 1966.

QUEIROZ, J. M. Eça de & J. P. MARTINS, Oliveira, *Correspondência*. Texto introdutório de Paulo Franchetti. Fixação do texto, notas e comentários de Beatriz Berrini. Campinas, Editora da Unicamp, 1995.

QUENTAL, Antero de. *Cartas I, II e III*. Org., prefácio e notas de Ana Maria Almeida Martins. Lisboa, IN-CM, 2009.

______. "Expiação". *Prosas Socio-Políticas*. Publicadas e apresentadas por Joel Serrão. Lisboa, IN-CM (texto de 26-1-1890), (s/d).

RAMALHETE, Clóvis. *Eça de Queiroz*. São Paulo, Livraria Martins Editora, 1960 (1ª ed. 1942).

REAL, Miguel. *O Último Eça*. Lisboa, Quidnovi, 2000.

REGO, José Lins do. *Gordos e Magros*. Rio de Janeiro, Casa Editorial do Brasil, 1942.

REIS, Carlos & MILHEIRO, Maria do Rosário. *A Construção da Narrativa Queirosiana, o Espólio de Eça de Queiroz*. Lisboa, IN-CM, 1989.

______. *Leituras d'* Os Maias. Coimbra, Livraria Almedina, 1990.

______. *Eça de Queirós Cônsul de Portugal à Paris (1888-1900)*. Paris, Centre Culturel C. Gulbenkian, 1997.

______. *Estudos Queirosianos*. Lisboa, Editorial Presença, 1999.

______. *Eça de Queiroz*. Lisboa, Edições 70, 2009.

RIBERO DA SILVA, Francisco. "O Seminário-Colégio da Irmandade da Lapa e as Ideias Pedagógicas dos Inícios de Oitocentos". *Revista da Faculdade de Letras, História*, Porto, 2000, vol. I, pp. 53-66.

ROSA, Alberto Machado da. *Eça, Discípulo de Machado?* Lisboa, Editorial Presença, 1964, (1ª edição 1963).

SACRAMENTO, Mário. *Retrato de Eça de Queirós*. Porto, Ed. Ádito, 1944.

______. *Eça de Queirós, Uma Estética da Ironia*. Coimbra Editora, 1945.

SALAZAR, Abel (c/ o pseudónimo de Roderico Simplício). *Eça de Queirós Esquizotímico*. Lisboa, s/ed., 1946.

SALGADO JÚNIOR, Antônio. *História das Conferências do Casino*. Lisboa, s/ed., 1930 (1871).

SAMPAIO, Maria de Lurdes. *Aventuras Literárias de Eça de Queirós e Ramalho Ortigão*. Coimbra, Angelus Novus, 2005.

SARAIVA, Antônio José. *As Ideias de Eça de Queiroz*. Lisboa, Centro Bibliográfico, 1947.

______. *A Tertúlia Ocidental*. Lisboa, Gradiva, 1990.

SARTRE, Jean-Paul. *Situations X*. Paris, Gallimard, 1976.

SENA, Jorge de. "A Tradução Inglesa de *Os Maias*". *Estudos de Literatura Portuguesa-I*. Lisboa, Edições 70, 1982.

SÉRGIO, Antônio. "Eça de Queiroz e a Sociedade Portuguesa". *Ensaio III*. Lisboa, Livraria Sá da Costa, 1980 (1ª ed. 1932).

______. "Notas sobre a Imaginação, a Fantasia e o Problema Psicológico-moral na Obra Novelística de Queirós". *Ensaio VI*. Lisboa, Livraria Sá da Costa, 1980 (1ª ed. 1946).

SERRÃO, Joel. *O Primeiro Fradique Mendes*. Lisboa, Livros Horizonte, 1985.

SILVA, Maria Adelaide Coelho da & MIGUEL, Arlete. *Leitura de um Conto de Eça de Queirós, Singularidades de uma Rapariga Loura*. Lisboa, Presença, 1991.

SILVEIRA, Francisco Maciel. "A Relíquia: Uma Reflexão Heterodoxa à Fradique Mendes". *Boletim Cultural da Assembleia Distrital de Lisboa*, n. 88, Lisboa, 1982.

SILVEIRA, Pedro. *Carlos Fradique Mendes, Versos, Recolha, prefácio e notas*. Lisboa, Edições 70, 1973.

SIMÕES, João Gaspar. *Liberdade de Espírito*. Porto, Livraria Portugália, 1947.

______. *Vida e Obra de Eça de Queirós*. 3ª ed. Lisboa, Bertrand, 1980 (1ª ed. 1945).

SIMPLÍCIO, Roderico. Veja SALAZAR, Abel.

SIRE, Dominique. *Madame Bovary de Gustave Flaubert et o Primo Basílio de Eça de Queiroz*. Lisboa, Livros Horizonte, 2009.

SOUSA, Américo Guerreiro de. *Inglaterra e França n'*Os Maias*: Idealização e Realidade*. Lisboa, Caminho, 2002.

SOUSA, Frank F. *O Segredo de Eça. Ideologia e Ambiguidade em A Cidade e as Serras*. Lisboa, Cosmos, 1996.

TARRACHA, Ema Ferreira. "Introdução" a *O Primo Basílio*. Lisboa, Editora Ulisseia, 2002.

TEIXEIRA Lopes e a Verdade. Sobre a Nudez Crua da Verdade, o Manto Diáfano da Fantasia. Vila Nova de Gaia, Casa Museu, 2000.

TEYSSIER, Paul. "*Os Maias* Cent ans Après". *Eça de Queirós et la Culture de son Temps*. Paris, Fondation Calouste Gulbenkian, 1988.

TRÉVERRET, A. de. "Le Réalisme dans le Roman Portugais. M. Eça de Queiroz". *Le Correspondant*, 25.8.1892, pp. 736-740. Paris, 1892.

VIANA FILHO, Luís. *A Verdade na Biografia*. São Paulo, Civilização Brasileira, 1945.

VIEIRA, Ana Margarida Dinis. *As Vertentes do Olhar na Ficção Queirosiana*. Lisboa, Veja, 2008.

VIEIRA, Maria do Carmo. *A Arte Mestra da Vida*. Lisboa, Quimera, 2009.

VILELA, Ana Luísa. "Uma Gramática Erótica d'*Os Maias*". *Queirosiana, Estudos sobre Eça de Queirós e a sua Geração*, n. 13-14, Fundação Eça de Queiroz, 2002-2003.

______. "Big Eça Is Watching You. Cenas Ocultas e Espionagem em Eça de Queiroz". *Scriptoria III*, Ensaios de Literatura, Natal (Brasil), EDUFRN (Editora da Universidade Federal do Rio Grande do Norte), 2008.

VII. ÍNDICE ONOMÁSTICO

OBRAS DO AUTOR

Breve História da Arquitectura, Porto, Edições Sen, 1955.

Alguns Problemas da Arquitectura Contemporânea, Porto, 1955.

Imagens do Portugal Queirosiano, Lisboa, Terra Livre, 1976 (2ª ed., IN-CM, 1987; 3ª ed., Lisboa, Livros Horizonte, 2004).

Eça de Queiroz, 1º de Maio, Lisboa, *O Jornal*, Prefácio e fixação do texto, 1979.

Diálogo com António Sérgio, Lisboa, Arquê, 1983 (2ª ed., Editorial Presença, 1989).

Dicionário de Eça de Queiroz, Lisboa, Editorial Caminho, 1987 (2ª ed., 1993).

Eça de Queiroz-Emília de Castro, Correspondência Epistolar, Porto, Lello, 1995 (2ª ed., 1996).

Sobre o Escultor Silva Gouveia e a Estatueta-Caricatura de Eça de Queiroz, Lisboa, 1996.

Diálogo com Eça de Queiroz, Lisboa, Caminho, 1998.

Cartas de Amor de Anna Conover e Mollie Bidwell para José Maria Eça de Queiroz, Cônsul de Portugal em Havana, Lisboa, Assírio & Alvim, 1998.

Eça de Queirós, Marcos Biográficos e Literários, 1845-1900, Lisboa, Instituto Camões, 2000.

Suplemento ao Dicionário de Eça de Queiroz, Lisboa, Caminho, 2000.

A Casa de Tormes, Inventário de um Património, Fundação Eça de Queiroz, 2000 (2ª ed., Livros Horizonte, 2006).

Viagem no Portugal de Eça de Queiroz, Fundação Eça de Queiroz, 2000.

A Igreja Românica de S. Pedro de Rates, Lisboa, Livros Horizonte, 2000.

Ilustrações e Ilustradores na Obra de Eça de Queiroz, Lisboa, Livros Horizonte, 2001.

O Mistério da Estrada de Ponte do Lima, Lisboa, Livros Horizonte, 2001.

Polémica Eça de Queiroz-Pinheiro Chagas "Brasil-Portugal", Lisboa, Parceria A. M. Pereira, 2001.

Sôbre Eça de Queiroz, Lisboa, Livros Horizonte, 2002.

Sete Biografias de Eça de Queiroz, Lisboa, Livros Horizonte, 2004 (2ª ed., Movimento Porto Alegre, Brasil, 2007).

Eça de Queiroz-Ramalho Ortigão. O Mistério da Estrada de Sintra, Prefácio, anotações e fixação do texto, Lisboa, Parceria A.M. Pereira, 2005.

Dicionário de Citações de Eça de Queiroz, Lisboa, Livros Horizonte, 2006.

Eça de Queiroz, Postais Ilustrados, Lisboa, Livros Horizonte, 2006.

Agostinho da Silva e Vasco de Magalhães-Vilhena, Entrevistados sobre António Sérgio, Lisboa, Livros Horizonte, 2007.

Eça de Queiroz, Fotobiografia, Lisboa, Caminho, 2007 (2ª ed. revista, São Paulo, Leya--Caminho, 2010).

Eça de Queiroz et ses Sept Biographes, Paris, Éditions de la Différence, 2008.

A Guerrilha Literária Eça de Queiroz-Camilo Castelo Branco, Lisboa, Parceria A.M.Pereira, 2008.

Eça de Queiroz, Correspondência, Lisboa, Caminho, Org. e notas, 2 vols., 2008.

Eça de Queiroz-Ramalho Ortigão, Retrato da "Ramalhal Figura", Lisboa, Livros Horizonte, 2009.

Eça de Queiroz, Uma Biografia, Porto, Afrontamento, 2009.

Vie et Oeuvre d'Eça de Queiroz, Paris, La Différence, 2010.

Silêncios, Sombra e Ocultações em Eça de Queiroz, Porto Alegre, Movimento, 2011.

Sexo e Sensualidade em Eça de Queiroz, 2012 (2ª ed. revista, 2012).

Título	*Eça de Queiroz. Uma Biografia*
Autor	A. Campos Matos
Editor	Plinio Martins Filho
Produção Editorial	Aline Sato
Revisão	Geraldo Gerson de Souza
Editoração Eletrônica	Fabiana Soares Vieira
	Mariana Real
Capa	Fabiana Soares Vieira
Formato	15,5 x 23 cm
Tipologia	Adobe Garamond Pro
Papel	Chambril Avena 80 g/m² (miolo)
	Couché Fosco 150 g/m² (capa)
Número de Páginas	600
Impressão e Acabamento	Lis Gráfica e Editora